DICTIONNAIRE

DE

DROIT INTERNATIONAL

PUBLIC ET PRIVÉ.

TOME SECOND.

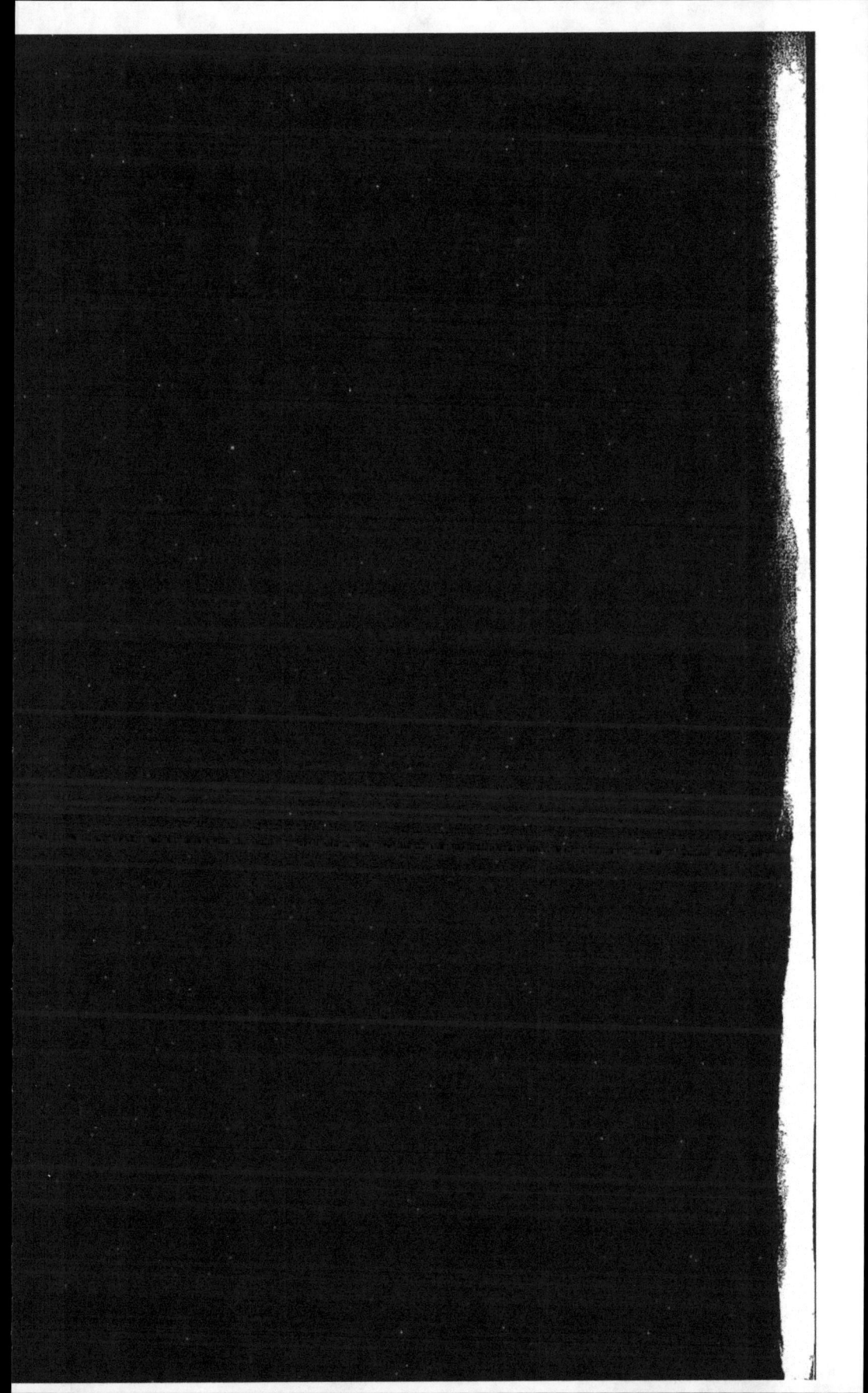

DICTIONNAIRE

DE

DROIT INTERNATIONAL

PUBLIC ET PRIVÉ

PAR

CHARLES CALVO

ENVOYÉ EXTRAORDINAIRE ET MINISTRE PLÉNIPOTENTIAIRE DE LA RÉPUBLIQUE ARGENTINE
AUPRÈS DE S. M. L'EMPEREUR D'ALLEMAGNE, MEMBRE FONDATEUR DE L'INSTITUT
DE DROIT INTERNATIONAL, CORRESPONDANT DE L'ACADÉMIE DES SCIENCES MORALES
ET POLITIQUES DE L'INSTITUT DE FRANCE, DE L'ACADÉMIE ROYALE
D'HISTOIRE DE MADRID, ETC.

TOME SECOND.

BERLIN
PUTTKAMMER & MÜHLBRECHT, EDITEURS
64 UNTER DEN LINDEN

PARIS
GUILLAUMIN & Cie, EDITEURS
14 RUE RICHELIEU

PARIS
G. PEDONE-LAURIEL, EDITEUR
18 RUE SOUFFLOT

PARIS
A. ROUSSEAU, EDITEUR
14 RUE SOUFFLOT

1885

DICTIONNAIRE
DE
DROIT INTERNATIONAL
PUBLIC ET PRIVÉ.

TOME II

N

NABAB. Nom que les Indiens donnent au gouverneur d'une province ou à un général d'armée.

C'est aussi le titre que prennent les princes de l'Inde musulmane.

Les nababs sont subordonnés aux soububs, espèce de vice-roi. Aujourd'hui les uns et les autres sont presque tous soumis à l'Angleterre.

On appelle *Nababie* le territoire dont un nabab est le gouverneur.

On nomme aussi Nababs les Anglais qui reviennent des Indes avec de grandes richesses, après avoir rempli de hauts emplois ou fait le commerce.

NAISSANCE. Dans plusieurs pays le lieu de la *naissance* sert de base pour déterminer la *nationalité* de l'individu. (*Voir* NATIONALITÉ.)

NANKIN (Traité de) 1842.

La prohibition par le gouvernement chinois de l'importation de l'opium avait occasionné des représailles de la part des Anglais, qui s'étaient emparés de la ville de Canton en 1840.

Sur ces entrefaites furent entamées des négociations de paix, qui eurent pour résultat le traité signé le 29 août 1842, à bord du navire anglais le *Cornwallis*, en rade de Nankin.

L'Empereur de la Chine accordait aux sujets anglais le droit de résider avec leurs familles et de tenir leurs établissements dans les ports et villes de Canton, d'Amoy, de Foochoofoo, de Ningpo et de Shanghai.

Et, „comme il est évidemment nécessaire et désirable que les sujets anglais aient quelque port où ils puissent, au besoin, réparer et radouber leurs navires et entretenir des ateliers dans ce but, l'Empereur cède à perpétuité à S. M. la Reine de la Grande-Bretagne, ainsi qu'à ses héritiers et successeurs, l'île de Hong-kong, qui sera dorénavant gouvernée par les lois que S. M. la Reine jugera opportun d'établir."

La Chine s'engageait en outre à payer à l'Angleterre, dans l'espace de trois ans, la somme de 21 millions de dollars, savoir 6 millions pour la valeur de l'opium séquestré à Canton en mars 1839 et comme rançon de la vie des sujets anglais qui avaient été emprisonnés et menacés de mort par les autorités chinoises;

3 millions pour sommes dues à des sujets anglais par les marchands chinois Hongs ou Co-Hongs;

12 millions pour les frais de la guerre.

Les sujets des deux nations devaient être désormais traités sur le pied d'égalité.

NANTISSEMENT. En droit le nantissement est un contrat par lequel un créancier, pour sûreté de sa créance, reçoit de son débiteur remise temporaire d'une chose mobilière ou immobilière. Le créancier reste uniquement détenteur de l'objet dont il est nanti, et si, lorsque le moment de l'exigibilité de la dette est arrivé, le débiteur ne s'acquitte pas, le créancier peut provoquer la vente de l'objet en nantissement, afin de prélever sur le prix le montant de sa créance.

De même un Etat, dans le but d'assurer l'exécution d'un traité, se fait donner un nantissement en obtenant l'autorisation d'occuper une place forte ou toute autre partie du territoire d'un autre Etat. Ce droit d'occupation dure jusqu'à ce que le traité soit exécuté ou que des garanties suffisantes de son exécution aient été fournies.

Si l'exécution du traité ne devient plus possible ou même probable, le droit d'occupation provisoire peut se transformer en possession définitive du territoire offert en nantissement.

NATION. En droit international la nation peut être définie l'ensemble de tous les individus régis par un même gouvernement, bien qu'ils ne soient pas compris dans le même territoire. Car une colonie, le plus souvent éloignée, située au-delà des mers fait partie du domaine national, lorsque cet ensemble est considéré relativement aux autres nations. De même que la nation comprend des territoires divers et séparés les uns des autres, de même elle peut embrasser des peuples de mœurs, de législations et de langues différentes. (*Voir* PEUPLE.)

Il ne faut pas confondre la *nation* avec l'*Etat*, qui n'est qu'un élément constitutif de la nation.

La *nation*, comme l'indique son étymologie (*nasci*, naître), marque un rapport de naissance, d'origine; elle implique la communauté de race, caractérisée généralement par la communauté de langage, de mœurs, de coutumes, et souvent aussi d'aptitudes spéciales, d'un génie particulier; l'agglomération, sur une plus ou moins grande étendue de territoire, ou même sur des territoires divers, d'hommes réunissant ces caractères communs constitue, à nos yeux, la nation.

Une des causes qui font qu'en général les publicistes confondent les notions d'Etat et de nation, c'est qu'habitués à résoudre tout au point de vue du droit international qui embrasse l'ensemble des relations de peuple à peuple, ils oublient que, si ces relations ont besoin d'un pouvoir, il y a au-delà et en dehors de ce même pouvoir le principe qui lui donne naissance et force, c'est-à-dire la nation, dont l'Etat n'est que l'organe. La base vraiment rationnelle de la distinction pratique qui existe entre la nation et l'Etat, ne consiste ni dans la faculté qu'ont plusieurs races d'hommes diverses de vivre sous un même régime, ni dans leur assujettissement à une seule et même autorité souveraine, mais bien dans ce fait que l'Etat n'est qu'une des faces de la nation, non la nation tout entière, et que dans la nation nous trouvons la religion, la science, l'art, le droit, dont l'Etat n'est que l'instrument, la manifestation visible. (*Voir* ÉTAT.)

Tous les individus qui dépendent d'une même nation, sont unis par un lien naturel qu'on nomme *nationalité*. (Voir ce mot.)

On donne aussi le nom de *nation* au groupe des individus d'une même nation qui vivent dans un pays étranger, et plus particulièrement dans les pays du Levant; c'est dans ce sens qu'on dit: toute la nation se rendit chez l'ambassadeur, etc.

Ces groupes peuvent être convoqués par les agents diplomatiques ou les consuls toutes les fois qu'ils le jugent à propos pour le bien général ou particulier, ou lorsqu'ils en sont requis par la nation elle-même.

Les négociants et autres nationaux sont astreints de se rendre à ces assemblées nationales, qui ont lieu à l'ambassade, à la légation ou au consulat.

Les délibérations de la nation peuvent avoir pour objet des réclamations à adresser aux autorités du pays, des demandes de protection pour la sûreté des résidents et des intérêts commerciaux, des réductions de droits, de douane, etc.

La présidence et la police de ces assemblées appartiennent au ministre public ou au consul, qui n'y ont pas voix délibérative, mais aussi ne sont pas tenus de se conformer à leurs décisions.

Dans le Levant la nation élit parmi ses membres des députés, qui ont mission d'assister les consuls dans l'administration de la justice, de veiller, sous le contrôle des ministres publics ou des consuls, aux intérêts du commerce et de la colonie nationale, et de solliciter des assemblées lorsqu'ils les jugent nécessaires.

Chaque fois qu'un consul fait des visites officielles ou assiste à des cérémonies publiques accompagné de la nation, les députés prennent rang immédiatement après lui.

NATION (la) **la plus favorisée.** Les traités de commerce et de navigation contiennent d'ordinaire une clause par laquelle les parties contractantes se confèrent mutuellement le régime de la nation la plus favorisée, c'est-à-dire la participation aux avantages les plus considérables qu'elles ont déjà ou qu'elles viendraient par la suite à accorder à une tierce puissance. Ces avantages consistent notamment dans une diminution des droits de douane et de navigation, ou même dans l'assimilation au pavillon national lui-même, ou le traitement national.

Cette stipulation du traitement de la nation la plus favorisée, suivant les termes dans lesquels elle est libellée, est tantôt gratuite, tantôt conditionnelle et subordonnée à des concessions égales ou équivalentes à celles qui ont été faites pour le pays dont elle généralise la situation privilégiée.

Plusieurs traités renferment la clause que les parties contractantes, en accordant plus tard à d'autres puissances le traitement de la nation la plus favorisée, feront exception formelle du traitement qu'elles se sont mutuellement accordé.

NATIONAL. Pris substantivement, ce mot s'applique à tout individu considéré au point de vue de sa nationalité, c'est-à-dire de la nation de laquelle il fait partie.

Les *nationaux* se dit de la totalité des personnes qui composent une nation, par opposition aux étrangers ou ceux qui appartiennent aux autres nations.

NATIONALITÉ DES PERSONNES. La nationalité est la condition de l'individu qui fait partie d'une nation soit par la naissance, soit par la naturalisation, et le bénéfice qui en résulte pour lui de jouir de tous les droits civils et politiques attribués aux membres de cette nation.

Détermination du caractère national. Le caractère national de l'individu se détermine par la nation à laquelle il appartient.

Il est de règle générale que la première loi personnelle à laquelle il puisse être soumis est celle du pays où il est né ou bien auquel il est rattaché par ses liens de filiation : c'est ce qui constitue sa *nationalité d'origine*.

Mais l'individu peut perdre cette nationalité primitive et en acquérir une autre, notamment au moyen de la naturalisation dans un autre pays, laquelle crée la *nationalité acquise*.

Pour reconnaître le caractère de l'enfant qui vient au monde, il importe donc de rechercher de quelle nation il est membre. Or, comme chaque Etat a le droit incontestable de déterminer les conditions auxquelles les individus commencent ou cessent d'appartenir au peuple ou au pays que cet Etat représente, les législations des divers Etats ne résolvent pas la question dans le même sens : les unes ont surtout égard au rapport territorial et dans le doute se fondent sur le lieu de la naissance; les autres, prenant plutôt en considération les rapports personnels de l'enfant avec ses parents, font dériver la nationalité de la filiation.

Des motifs puisés dans la nature, des raisons de convenance et la pratique journalière concourent en Europe à faire rejeter le principe territorial et adopter le principe personel.

D'abord ce n'est pas du pays, mais bien de ses parents que l'enfant reçoit l'existence, sa manière d'être tient plus encore de ses auteurs que du sol où il est né. Ensuite combien de familles se trouvent en voyage, s'arrêtant tantôt ici, tantôt là, sans jamais entrer en relations étroites et durables avec le lieu de leur séjour ! Il faudrait donc admettre que le hasard, en faisant naître un enfant dans un endroit plutôt que dans un autre, décide de sa nationalité et partant de toute son existence politique, puisque sa véritable patrie ne peut se trouver ailleurs que là où ses parents ont leur établissement principal.

Aussi le principe personnel a-t-il fini par prévaloir dans la plupart des pays de l'Europe, où les enfants sont sujets ou citoyens de l'Etat auquel appartient leur père au moment de leur naissance, qu'ils soient nés dans le pays ou à l'étranger. (*Voir* ENFANT.)

Par contre, tous les Etats de l'Amérique dont la population a sa source principale d'accroissement dans l'immigration étrangère, ont adopté dans une certaine mesure le principe du lieu de naissance pour déterminer la nationalité de l'enfant, en ce sens qu'il suffit de naître sur le territoire national pour être citoyen de l'Etat, quelle que soit la nationalité des parents.

De cette existence d'une double législation sur un point si important surgissent de nombreux conflits, très préjudiciables aux intérêts des deux con-

1*

tinents, et d'autant plus graves que leur solution touche à l'essence même de la souveraineté des Etats. Afin de les prévenir ou de les régler, divers arrangements, juridiques ou conventionnels, ont été essayés entre les Etats intéressés; mais la plupart n'ont eu encore qu'un effet transitoire, et aucun caractère de fixité et d'application générale.

L'arrangement qui nous semble avoir approché le plus du but qu'on se propose d'atteindre, c'est la transaction stipulée par l'article 7 du traité du 21 septembre 1863 entre l'Espagne et la République Argentine, qui porte que, pour régler la nationalité des Espagnols et des Argentins, on observera respectivement dans chaque pays les dispositions de la constitution et des lois de ce pays : de sorte que quand un individu réclame la nationalité argentine ou espagnole, on décide sa réclamation d'après la loi espagnole, s'il se trouve en Espagne, et d'après la loi argentine, s'il se trouve dans la République argentine

Ce mode de procéder qui a été accueilli avec faveur par des jurisconsultes européens, n'est que la mise en pratique de la théorie de la territorialité de la loi, théorie qui constitue un progrès incontestable, car elle a pour fondement principal le respect de l'indépendance des Etats en matière législative.

Mais pour que ce progrès portât ses fruits, il faudrait que les obligations qui découlent de cette sorte de *double nationalité*, fussent reconnues comme suffisantes, comme satisfaites, une fois qu'elles ont été remplies dans l'une des deux parties, c'est-à-dire dans celle où l'individu a eu son *premier* domicile ou domicile d'origine : c'est dans ce sens que les gouvernements devraient chercher des moyens de conciliation en vue de faciliter la pratique de leur législation respective. (*Voir* NATIONALITE dans la IVe édition du *Droit international théorique et pratique.*)

Nationalité dérivant du mariage. La nationalité peut aussi dériver du mariage, en ce sens que les femmes suivent de plein droit la condition nationale de leurs maris. La logique de ce principe ressort de la nature même du contrat conclu par les époux ; car le mariage doit constituer l'unité du ménage et la communauté de droit de la famille, à laquelle ces deux bases essentielles manqueraient absolument, si les époux pouvaient conserver des droits distincts, dépendre de deux Etats différents, si la nationalité du mari n'entraînait pas celle

de la femme, de la même manière que le domicile du mari devient le domicile conjugal.

Dans certains Etats le mariage suffit pour conférer aussi la nationalité aux hommes qui épousent une femme du pays. C'est une sorte de contresens légal, en conflit manifeste avec le principe que nous venons d'exposer et avec les législations qui l'ont adopté et disposent par conséquent que la femme suit la nationalité du mari et non celui-ci la nationalité de sa femme : ces législations ne sauraient sans se contredire reconnaître la valeur d'une nationalité résultant d'un pareil fait. Certes le mariage d'un étranger dans un pays est une forte présomption qu'il entend s'y fixer, et c'est sur cette présomption que se base la concession des nationalités — concession faite d'ailleurs dans la plupart des cas en vue d'avantager l'étranger plutôt que de le léser dans ses intérêts.

Effets de la nationalité. La nationalité d'origine prime la nationalité acquise et suit la personne partout où il lui plait de s'établir ; elle subsiste intacte avec toutes ses conséquences juridiques, aussi longtemps qu'elle n'est pas annulée par le droit public interne qui lui sert de base, ou qu'elle n'est pas modifiée par les dispositions de la nouvelle loi territoriale dont l'individu a librement accepté les bénéfices et les charges.

C'est un principe universellement reconnu que l'individu doit obéissance et fidélité à la souveraineté politique sous laquelle il est né ; mais il n'existe pas de règle générale qui détermine avec précision quand et comment cette obéissance cesse ou se transforme définitivement. Sous ce rapport, chaque nation a ses principes et ses usages qui lient les individus dont elle se compose, quant au droit d'expatriation et de naturalisation. Le seul axiome de droit qui trouve son application en cette matière, c'est que la nationalité d'origine doit être prouvée par celui qui la revendique, s'il veut détruire la portée légale de faits propres à en altérer l'intégrité.

Le droit de changer de nationalité est généralement reconnu à l'individu, et aux autres Etats celui de conférer leur nationalité aux étrangers qui viennent s'établir sur leur territoire.

En ce qui concerne les étrangers, nul ne conteste aux Etats la faculté de réglementer leurs obligations, de leur accorder des privilèges particuliers, et même, si les intéressés y consentent ou le sollicitent comme faveur, de modifier leur nationalité par ce qu'on nomme la naturalisation.

Acquisition et perte de la nationalité. Les conditions dans lesquelles s'acquiert et se perd la nationalité, sont du domaine du droit public interne de chaque Etat.

Il y a deux causes déterminantes du changement de nationalité : la loi et un acte volontaire de l'individu. La cession d'un territoire par traité, vente ou autrement constitue un mode légal de changement de nationalité. Le mariage d'une femme avec un étranger, la naturalisation acquise dans un autre pays, et, pour certains Etats, l'acceptation de fonctions publiques conférées par un autre gouvernement, ainsi que le service militaire à l'étranger sans autorisation préalable, peuvent servir d'exemples de changements de nationalité amenés par la volonté libre de l'individu.

Si le serment de fidélité est le premier lien qui unit le citoyen à l'Etat, il est évident que l'individu ne peut relever simultanément de deux souverainetés, de deux nationalités différentes. L'homme est libre dans le choix des devoirs civiques auxquels il veut s'assujettir ; mais la nature même des choses ne lui permet pas de cumuler des obligations morales et politiques essentiellement inconciliables. Sous ce rapport il y a cependant une distinction importante à faire quant aux actes de sujétion assez caratérisés pour qu'on puisse en inférer la volonté d'acquérir une nationalité nouvelle. Aucun doute n'est évidemment possible quand l'individu né dans un pays se rend dans un autre et y accomplit des actes politiques inhérents à la qualité de citoyen, quand, par exemple, il prend part aux élections, à la nomination des magistrats, etc. Il en est tout autrement des conditions spéciales de serment et d'impôts établies dans quelques pays pour l'exercice de certaines industries ou de certaines opérations commerciales. Les conditions de ce genre sont généralement considérées comme n'ayant pas de caractère politique et comme constituant plutôt des charges locales découlant de la résidence et non de la nationalité, par conséquent obligatoires pour les étrangers. Quant au serment, comme il tient, dans ce cas, à une situation transitoire ou à des établissements dont la formation n'implique pas nécessairement l'abandon de tout esprit de retour, on l'assimile à un serment professionnel qui laisse subsister intacte la nationalité d'origine.

De tous les changements de nationa-

lité reconnus par le droit des gens le plus important, celui qui soulève le plus de difficultés pratiques, c'est la *naturalisation*. (Voir ce mot.)

Certaines conditions subies par la personne, certaines circonstances influant sur sa position ou son *status* individuel peuvent, au point de vue du droit international, modifier temporairement le caractère national sans le détruire d'une manière absolue et définitive : tel est l'effet produit par le *domicile*, fixe ou accidentel, la *résidence* commerciale, l'exercice de certaines industries, de certaines fonctions dans un pays étranger. (*Voir* DOMICILE, RÉSIDENCE, COMMERCE, FONCTIONNAIRE, PROFESSION.)

Ces circonstances ne rompent pas *de plano* les liens qui rattachent l'individu à sa patrie d'origine et ne créent pas par elles seules une nationalité nouvelle ; mais elles créent une situation *sui generis*, à laquelle le droit public interne de chaque pays attache certaines conséquences juridiques, et desquelles le droit international fait découler des présomptions légales et des effets pratiques qui ont parfois la même portée qu'un changement formel de nationalité.

Quelques publicistes prétendent que le domicile dans un pays étranger peut conférer un caractère national : ce qui équivaudrait à attribuer au seul fait du domicile ou de la résidence la force virtuelle de la naturalisation; mais les effets du domicile ne sauraient être poussés jusque là. Il peut se faire que la résidence confère, dans quelques pays, à l'étranger certains droits ou impose certaines obligations, mais sans altérer essentiellement sa nationalité réelle. (*Voir* DOMICILE.)

Quoi qu'il en soit, si le caractère national d'origine ou de naissance peut se perdre ou être suspendu par le fait d'avoir un domicile à l'étranger, il se recouvre facilement.

Le retour effectif au pays natal n'est pas toujours nécessaire, ni même le départ effectif du pays du domicile, si l'individu a pris réellement et de bonne foi ses dispositions pour quitter le lieu de son domicile sans esprit de retour.

Pour l'application de la règle générale que le caractère national d'un individu doit lui être assigné d'après celui du pays où il réside, il y a une différence essentielle entre le départ du pays natal et le retour en ce pays. Bien que le caractère d'origine persiste jusqu'à ce que l'individu ait acquis un nouveau domicile par une résidence ou une installation effective dans un pays étranger, le caractère accidentel provenant du domicile cesse avec le séjour qui l'avait produit.

Etat de guerre. L'état de guerre, les conjonctures exceptionnelles qu'il fait naître et les conséquences qu'il peut entraîner sont de nature à altérer le caractère national des personnes, soit temporairement, soit d'une façon définitive.

La possession par des insurgés d'une place ou d'un lieu quelconque ne change ni ne modifie en rien le caractère national et la condition de ses habitants, tant que le gouvernement dont ils dépendent n'a pas régulièrement reconnu le fait.

Lorsque l'occupation militaire est effectuée par une puissance amie du souverain auquel appartient le territoire occupé, le caractère national des habitants change avec l'allégeance qu'on suppose dans ce cas transmise à la puissance occupante. Toutefois, et en principe, la cession d'une portion de territoire par voie de traité ne détruit pas de plein droit et instantanément le caractère national et les liens de fidélité politique. Ce double changement ne se réalise légalement qu'au moment de la remise et de la réception effectuées dans les formes solennelles, usitées en pareil cas, du territoire cédé conventionnellement.

Cessions de territoires. Il est de droit naturel que la cession régulière ou la conquête d'un territoire délie les habitants de tout serment de soumission envers l'ancien souverain et entraîne fidélité absolue de leur part envers le nouveau. Cependant l'usage veut que dans ces cas le sujet qui entend conserver sa nationalité d'origine et rester fidèle à son ancien souverain, ait le droit d'abandonner le territoire sur lequel ce souverain a cessé de régner.

Ainsi, les habitants ayant eu le choix de quitter le pays ou d'y continuer leur demeure, il n'est que juste d'induire de la permanence de leur séjour un consentement tacite de fidélité à l'égard du conquérant. S'il est vrai que le *status* des citoyens découle de leurs actes, on ne peut mettre en doute que le fait de quitter librement un pays conquis sans esprit de retour *(sine animo revertendi)* ne donne au conquérant le droit d'en inférer la volonté de devenir étranger. Ce moyen de sauvegarder la nationalité et la fidélité d'origine jette sans doute du trouble dans l'existence de ceux qui y ont recours, puisqu'il les oblige à des déplacements pénibles; mais il a le grand avantage de dégager de toute incertitude la situation des parties intéressées et de circonscrire à ceux-là seuls qui y ont des titres, la protection due par le conquérant à ses nouveaux sujets.

Les considérations de haute équité qui ont fait adopter cette règle générale en faveur des habitants du pays, en justifient également l'application aux citoyens naturalisés et aux étrangers, lesquels ne sauraient être arbitrairement dépouillés du droit de se soustraire par un changement de domicile à la souveraineté nouvelle qu'il peut leur convenir de ne pas accepter.

Ce principe, comme tous ceux qui dérivent du droit international, est susceptible d'être modifié, soit par stipulation conventionnelle, soit par l'action contraire d'une loi municipale du conquérant, qui respecterait l'indépendance politique des habitants sans exiger de leur part un changement de domicile.

Récupération de la nationalité. La nationalité d'origine ou autrement acquise, qu'une personne a perdue, peut se récupérer par l'accomplissement de certaines formulités prescrites par les diverses législations. Elles consistent généralement dans une demande adressée au gouvernement de l'Etat dont on désire recouvrer la nationalité; — dans une permission obtenue de ce gouvernement de rentrer sur le territoire national; — dans la déclaration d'intention ou le fait d'y fixer son domicile; — dans la renonciation, s'il y a lieu, à l'emploi ou au service militaire accepté en pays étranger.

Cumul de nationalité. Dans quelques pays la législation ne prohibe point le cumul de deux, même de plusieurs nationalités par une même personne, pourvu toutefois que sa qualité d'étranger ne porte aucune atteinte à l'accomplissement des devoirs auxquels elle est astreinte par sa nationalité primitive; mais la doctrine contraire est mise en pratique par la plupart des législations.

NATIONALITÉ DES NAVIRES. Ce terme s'entend du caractère national inhérent à un navire, lequel fait qu'il appartient à une nationalité déterminée, dépend d'une nation plutôt que d'une autre.

Pour apprécier la nationalité des navires, il faut tenir compte :

1° Des conditions auxquelles elle est soumise;

2° Des preuves que les navires doivent en donner.

Sous ce double rapport il y a lieu de distinguer entre les bâtiments de l'Etat et les bâtiments appartenant aux particuliers : les premiers sont regardés comme une portion des forces militaires de la nation dont ils arborent le pavillon, et ils ont des droits et des devoirs exceptionnels, tandis que les seconds sont assimilés à de simples particuliers et, comme tels, soumis aux lois qui règlent à l'étranger les relations des personnes privées.

Pour reconnaître à des navires frétés par des particuliers, le caractère national et les faire jouir des avantages qui en découlent, les Etats exigent certaines conditions.

En ce qui concerne le navire, l'Etat, pour le considérer comme national, peut exiger qu'il ait été construit dans le pays même, ou qu'il ait été acquis par des nationaux.

Quant aux personnes, l'Etat peut reconnaître comme national le navire dont la totalité ou seulement une partie des propriétaires, des officiers et de l'équipage sont des nationaux.

Le plus ou le moins de rigueur que les divers gouvernements observent par rapport aux conditions de la nationalité dépend de l'état de développement de leur marine. Ainsi l'on conçoit qu'un pays qui ne sait pas construire, qui n'a pas de matelots en nombre suffisant, qui ne possède pas de bons officiers, accueille les bâtiments, les capitaines, les officiers et les équipages étrangers bien plus facilement que l'Etat qui a intérêt à stimuler l'activité de son industrie et l'aptitude de ses nationaux, en laissant peu de place à l'intervention des étrangers dans la construction et l'armement de sa marine.

Chaque Etat est libre de fixer les conditions auxquelles il confère sa nationalité aux navires; aussi les dispositions fondamentales concernant la nationalité des navires présentent-elles, suivant les pays, de nombreuses et frappantes différences. D'une manière générale on peut toutefois réduire à quatre les points principaux sur lesquels elles portent, savoir : 1º la construction ou l'origine du navire; 2º le propriétaire; 3º le capitaine et les officiers qui le commandent; et 4º l'équipage qui le monte. Il faut tenir compte en outre de la nationalité du propriétaire de la cargaison, indépendamment de la destination des marchandises pour un port ennemi ou neutre.

Dans plusieurs pays la nationalité des navires est réglementée par une loi générale, par des règlements spéciaux, par des articles contenus dans les codes de commerce maritime, ou encore par des stipulations conventionnelles.

De même qu'une personne peut se faire naturaliser dans un autre pays, de même un navire peut changer de nationalité.

En temps de paix un Etat est libre de conférer sa nationalité à des navires étrangers en leur accordant provisoirement le droit de porter son pavillon et en les faisant jouir de la protection qui s'y rattache, pourvu que cet acte ne soit guidé par aucune intention frauduleuse ni ne porte préjudice à des droits déjà existants.

En temps de guerre le navire acheté de sujets de belligérants acquiert la nationalité de l'acheteur, dès qu'il est régulièrement inscrit sur le registre des navires de l'Etat duquel l'acheteur dépend.

Les nations maritimes sont libres de fixer les conditions auxquelles elles reconnaissent la nationalité des navires étrangers dans les eaux dépendant de leur territoire; mais les égards que les nations se doivent entre elles exigent que ces conditions ne soient pas de nature à entraver la libre navigation et le commerce maritime.

En tout cas le navire doit être mis à même de fournir la preuve de sa nationalité au moyen de documents authentiques ou de certains signes distinctifs permettant de vérifier à première vue à quelle nation il appartient. (Voir PAVILLON, PAPIERS DE BORD.)

La différence essentielle qui existe entre les navires marchands et les bâtiments de guerre en amène naturellement et logiquement une non moins tranchée dans les conditions d'existence et dans les moyens de constatation de la nationalité.

Les preuves de la nationalité et du caractère d'un navire de guerre résident tout d'abord dans le pavillon et la flamme; en second lieu dans l'attestation de son commandant, donnée au besoin sur sa parole d'honneur, et dans la commission dont il est muni.

Le pavillon et la flamme sont des indices visibles; mais dans certains cas ils ne font foi que lorsque leur déploiement a été accompagné d'un coup de canon, ou d'un salut.

L'attestation du commandant dispense de toute autre preuve; en pleine mer ou ailleurs la puissance étrangère qui ne s'en contenterait pas, manquerait gravement aux égards internationaux ainsi qu'aux principes généraux du droit des gens.

Lorsque, dans des cas tout à fait exceptionnels des doutes s'élèvent sur la nationalité d'un bâtiment de guerre, la commission, signée par les autorités compétentes de la nation à laquelle il appartient, est considérée comme une preuve complète de son caractère national, et suppléant à toute autre preuve.

L'attribution aux navires d'une nationalité, d'un caractère national particulier est une condition essentielle de la sécurité de la navigation maritime, pour laquelle il est indispensable que les navires relèvent d'une nation qui présente pour eux les garanties nécessaires aux autres nations, et protège sa marine dans le cas où les principes du droit des gens seraient violés à son égard.

Certains avantages sont en outre inhérents ou subordonnés à la preuve de la nationalité. Parmi ces avantages figurent des monopoles, des exemptions ou des diminutions de droits de douane accordés à la marine locale et non à la marine étrangère, et assez généralement le cabotage (voir ce mot), le transport de tel ou tel produit particulier, l'*intercourse* colonial, etc.

NATURALISATION. *Définition.* La naturalisation est l'acte par lequel un étranger est admis au nombre des naturels d'un Etat et par suite obtient les mêmes droits et les mêmes privilèges que s'il était né dans le pays.

Toute nation indépendante a le droit de conférer le titre de citoyen à un étranger, sans consulter l'Etat auquel cet étranger appartient par sa naissance. Une conséquence de ce principe général, admis par la plupart des nations, c'est que si le sujet d'un pays émigre volontairement et fixe sa résidence dans un autre pays qui lui confère les droits de citoyen, le pays dans lequel il est né perd tous ses droits sur lui.

La naturalisation n'est pas régie par les règles du droit international, mais par celles du droit public interne de chaque Etat; dès lors elle appartient exclusivement au domaine de la législation territoriale, qui peut seule définir et préciser l'étendue des droits, des privilèges et des immunités de l'ordre civil ou politique dont le nouveau citoyen sera appelé à jouir dans sa patrie d'adoption. On comprendra donc que l'étendue et la nature de ces droits et de ces immunités varient suivant les divers pays où ils sont sollicités suivant les différences de forme de gouvernement et de législation.

En France, aux termes de la loi du 29 juin 1867, „l'étranger qui, après l'âge de 21 ans accomplis, a obtenu l'autorisation d'établir son domicile en France et y a résidé trois années peut être admis à jouir de tous les droits de citoyen français", en vertu d'un décret du chef de l'Etat, sur un rapport du ministre de la justice. Les trois années courent à partir du jour où la demande d'autorisation a été enregistrée au ministère de la justice. Est assimilé à la résidence en France le séjour en pays étranger pour l'exercice d'une fonction conférée par le gouvernement français. Le délai de trois ans n'est même pas absolument obligatoire et peut être abaissé à une année, lorsque celui qui sollicite la naturalisation a rendu des services signalés au pays, y a introduit une industrie, une invention reconnue utile ou formé un grand établissement de commerce ou d'agriculture.

L'étranger naturalisé jouit de tous les droits des nationaux, des droits politiques aussi bien que des droits civils.

Effet de la naturalisation. Le premier des effets de la naturalisation est de rompre les liens qui attachaient le naturalisé au pays dont il abandonne volontairement la nationalité, et surtout de mettre un terme à l'allégeance qu'il devait au gouvernement de ce pays.

La naturalisation n'a point d'effet rétroactif.

La condition de l'étranger naturalisé se trouve réglée par la loi du pays d'adoption dès le moment de la naturalisation, mais seulement à partir de ce moment-là; sa condition antérieure reste soumise à la loi d'origine : d'où il suit qu'en règle générale toutes les questions de capacité se référant à des faits accomplis avant la naturalisation, devront être appréciées d'après la loi d'origine du naturalisé; il s'ensuit que les contrats passés par le naturalisé avant sa naturalisation conservent toute leur valeur, et peuvent être invoqués utilement devant les tribunaux, quand ils ont été faits suivant les formes dont le naturalisé reconnaissait antérieurement la souveraineté, à moins que ces contrats n'aient un objet regardé comme illicite dans le pays dont le naturalisé adopte la nationalité.

La naturalisation n'altère en rien les droits acquis avant son accomplissement, ni même les conséquences légales qui découlent de ces droits antérieurs. Mais de même que le changement de nationalité ne porte point atteinte aux droits acquis en faveur du naturalisé, il ne peut non plus en porter aux droits acquis contre lui. C'est en vertu de ce principe que le naturalisé reste tenu des délits de toute nature dont il a pu se rendre coupable dans son pays d'origine, ainsi que des obligations qu'il a pu y contracter : de sorte que s'il retourne dans son pays d'origine, il pourra y être arrêté, poursuivi, jugé sans que sa nouvelle patrie intervienne en sa faveur.

Si la naturalisation étrangère a été recherchée et acquise au mépris ou en violation des lois du pays d'origine, les liens moraux qui rattachent le citoyen à son lieu de naissance ne sont pas complètement rompus, et, à moins de stipulations conventionnelles expresses, le naturalisé, en rentrant à n'importe quelle époque dans son pays natal, y retombe sous l'action de la juridiction territoriale, qui peut lui demander compte des obligations ou des charges auxquelles il s'est indûment soustrait par l'émigration.

Nature de la naturalisation. La naturalisation est personnelle. En effet la loi exige que l'étranger demande individuellement la naturalisation ; et pour être apte à faire cette demande il faut qu'il soit arrivé à un âge où sa volonté dépende d'une raison assez mûre pour pouvoir peser la détermination qui va changer sa nationalité. Le mineur n'ayant pas une volonté suffisante pour consentir un acte de cette nature, les délais de résidence qui ont été fixés pour le stage ne peuvent courir qu'à partir de la majorité.

Cependant, malgré ce caractère d'individualité qui s'attache à la naturalisation, les effets ne s'arrêtent pas toujours explicitement à la personne qui l'a obtenue; ils s'étendent en plusieurs cas aux membres de sa famille. Le chef d'une famille qui émigre et entre dans une nouvelle société politique, entraîne généralement après lui sa femme et ses enfants encore mineurs : c'est une conséquence de la cohésion, de l'unité de la famille.

L'épouse et les enfants mineurs légitimes qui vivent encore avec leur père, le suivent lorsqu'il devient membre d'un autre Etat; néanmoins l'autorité du pays d'origine conserve le droit d'en décider autrement pour protéger les membres de la famille, dont ce changement de nationalité compromettrait les intérêts. (*Voir* FEMME, ENFANT.)

Naturalisation collective. Il est des cas où la naturalisation peut être dite *collective*, en ce sens qu'elle n'est pas limitée à des individus pris isolément, mais s'étend à des populations, à des villes entières.

C'est ce qui a lieu notamment lorsque s'effectue la cession d'un territoire, ou, pour parler plus exactement, la séparation d'une partie du territoire national par traité, vente ou autrement, laquelle entraîne de fait la dénationalisation de tous ceux de ses habitants qui en sont originaires, et leur confère la nationalité de l'Etat auquel le territoire en question est annexé. (*Voir* CESSION, CONQUÊTE.)

Bien que cette naturalisation pour ainsi dire en masse, dans les circonstances particulières que nous venons d'indiquer, soit universellement reconnue, elle ne se pratique pas cependant sans certaines réserves ou restrictions. On n'admet pas à notre époque qu'on puisse imposer à qui que ce soit un changement de nationalité. Aussi, dans les traités qui régissent les cessions de territoires ou dans les lois générales qui les suivent, on prend toujours des dispositions ayant pour objet de sauvegarder les droits de ceux des habitants qui veulent conserver leur nationalité primitive. On leur réserve entre autres le droit de choisir la nationalité qu'ils préfèrent, d'opter pour celle qu'ils possédaient déjà ou pour celle qui vient en quelque sorte les saisir (*Voir* OPTION.)

NATUREL. (*Voir* ENFANT.)

NAU (B. S.), publiciste allemand. *Grundsätze des Völkerseerechts.* (Principes du droit des gens maritime.) Hambourg, 1802.

NAUFRAGE. Submersion ou bris d'un navire par un accident de mer, qui entraîne la perte totale ou partielle du bâtiment ou de son chargement.

Le naufrage peut avoir lieu en pleine mer, sur une côte, sur un banc de sable avec ou sans bris, avec ou sans échouement.

Le naufrage proprement dit survient par un fait de force majeure, contraire à la volonté de l'homme; s'il était occasionné par la faute volontaire d'une personne à bord, il constituerait un acte de *baraterie* (voir ce mot).

Tout capitaine d'un navire qui a fait naufrage et qui s'est sauvé seul ou avec partie de son équipage, est tenu de faire ou d'adresser à l'agent du service extérieur le plus proche du lieu du sinistre un rapport sur l'évènement.

Les consuls, lorsqu'un naufrage a lieu dans leur circonscription consulaire ou dans le voisinage, sont autorisées à prendre les mesures nécessaires pour le sauvetage ou la conservation du navire et de son chargement. Ils peuvent même procéder à la vente des objets sauvés, à condition d'en rendre compte aux parties intéressées, par l'intermédiaire de leur gouvernement.

Personne n'a le droit de s'emparer de la personne des naufragés ni des objets qui leur appartiennent. Toutefois le droit de recueillir les objets naufragés ou jetés à la mer existe, mais seulement dans le cas où l'on suppose que le propriétaire en est inconnu, ou bien si ce propriétaire a renoncé expressément à ses droits. En pareilles circonstances les débris du bâtiment naufragé et les marchandises qui restent encore du chargement sont des *épaves* (voir ce mot) et appartiennent à ceux à qui la loi du pays les adjuge; mais il est de règle aussi que le propriétaire fasse valoir ses droits et pour cela un délai convenable lui est accordé.

Les assureurs du navire ou du chargement ont également le droit de réclamer ce qui en reste.

Si la réclamation est faite dans le délai prescrit, les objets sauvés, ou le produit de leur vente, sont restitués à qui de droit, sauf toutefois le montant des frais occasionnés par le sauvetage.

Les personnes qui ont aidé au sauvetage et recueilli les naufragés et leurs biens ont droit à un dédommagement, dont la valeur est généralement déterminée par des règlements ou les codes de commerce de chaque pays.

Il est du devoir des Etats situés sur le bord de la mer d'employer tous les moyens dont ils disposent pour porter secours aux navires en détresse, et accueillir les naufragés sans distinction de nationalité; ce devoir n'enlève pas à ces Etats le droit d'exiger le remboursement des dépenses faites par eux pour le sauvetage et l'entretien des naufragés étrangers et d'en réclamer le montant au gouvernement duquel dépendent ces naufragés, si ceux-ci ne sont pas en position de le rembourser eux-mêmes. Mais les Etats doivent supporter les frais de l'organisation du sauvetage, sans pouvoir en réclamer le remboursement aux autres Etats.

De nombreuses stipulations sont intervenues sur cette matière entre les puissances maritimes, sous forme soit de traités spéciaux, soit de clauses insérées dans les conventions consulaires, de commerce et de navigation.

L'application des règles que nous venons d'exposer ne rencontre aucune difficulté ni objection en temps de paix; elles sont admises et observées par toutes les nations; par contre, en temps de guerre, la pratique suivie par les Etats belligérants dans les cas de naufrage et de relâche forcée d'un navire ennemi n'offre pas la même uniformité.

Certains pays, dans un sentiment élevé de justice et d'humanité, repoussent toute idée de capture, tandis que d'autres n'hésitent pas à appliquer la confiscation; d'autres font une exception du cas où le navire fait naufrage pendant que l'ennemi le poursuit, et considèrent comme de bonne prise ce qu'on peut alors en sauver.

Quoi qu'il en soit, on peut regarder comme la règle la plus généralement admise, dans l'état actuel du droit des gens, que les navires de guerre chassés par la tempête ou autre fortune de mer et courant un danger imminent de naufrage ou d'échouement sont, comme les navires marchands, reçus et secourus dans les ports neutres aussi bien que dans les ports ennemis.

NAVARRO VIOLA (Alberto), publiciste sud-américain, né à Buenos-Aires (République Argentine), avocat, secrétaire de la Faculté de droit et des sciences sociales de Buenos Aires; membre de l'Académie Royale de Jurisprudence et de Législation de Madrid, etc.

M. Navarro Viola publie depuis 1878 un *Anuario Bibliográfico de la República Argentina* (Annuaire bibliographique de la République Argentine), Buenos-Aires, 1878—85, 6 vol. in-8⁰.

Cette publication qui fait connaître la culture intellectuelle de la République Argentine, contient plusieurs chapitres sur les ouvrages qui se rapportent aux *Questions internationales*, aux *Sciences sociales*, et aux *Thèses présentées* à l'Université de Buenos-Aires pour recevoir le titre de docteur en jurisprudence; et enfin une bibliographie des journaux, revues, etc., publiés à Buenos-Aires et dans les provinces.

NAVIGATION. Action de naviguer, c'est-à-dire de voyager sur mer, sur les lacs, sur les grandes rivières.

Suivant la nature des voyages, la navigation se divise en deux grandes catégories: la navigation fluviale ou intérieure, et la navigation maritime ou extérieure; et celle-ci se subdivise en navigation côtière ou de *cabotage* (voir ce mot), qui se fait sur les côtes d'un pays, de cap en cap, et en navigation hauturière ou de long cours, qui se fait en pleine mer.

De plus, si l'on considère les moteurs qui font marcher le navire, on distingue la navigation à la rame, la navigation à voile, et la navigation à vapeur.

La navigation, tant intérieure qu'extérieure, a créé des relations entre les diverses nations, créé des obligations et des devoirs mutuels d'un caractère particulier, qui ont fait naître, selon les circonstances, les lieux et les besoins spéciaux, soit un consentement unanime, soit des usages et des coutumes isolés, soit des règlements ou des traités séparés.

Les traités de navigation ont pour objet principal d'assurer la sécurité et la facilité du transit maritime. Ils comprennent l'importation, l'exportation, le transit, le transbordement et l'entrepôt des marchandises; les tarifs de douanes; les droits de navigation (phares, ancrage, pilotage, balises, etc.); les quarantaines; le péage sur les cours d'eau et les canaux; le séjour des bâtiments dans les ports, les rades et les bassins; le cabotage, la pêche, etc.

La forme de ces traités varie selon la nature des stipulations qu'ils embrassent; tantôt ils forment des actes séparés, tantôt ils n'en font qu'un avec les traités de commerce; ils sont conclus pour une période indéfinie, ou limités quant à leur durée à un nombre d'années déterminé. Leurs dispositions s'appliquent aussi bien au présent qu'à l'avenir; elles prévoient, par exemple, certaines éventualités pour les cas de guerre : elles règlent notamment par anticipation la conduite que les contractants auront à suivre, soit entre eux, soit avec les autres pays, relativement à la contrebande de guerre, à la recherche, à la visite et à la saisie des navires neutres ou ennnemis, à l'embargo, etc. (*Voir* ACTE DE NAVIGATION, ARRÊT DE PRINCE, ANGARIE, EMBARGO, BAIE, DÉTROIT, GOLFE, LAC, FLÉUVE, RIVIÈRE, PORT, RADE, CABOTAGE, DROIT MARITIME, JURIDICTION, DROITS DE NAVIGATION, INTERCOURSE, MER, LIBERTÉ DES MERS, MARE CLAUSUM, MARE LIBERUM, NAVIRE.)

NAVIRE. Bâtiment ou embarcation servant sur mer au transport des hommes et des choses.

Les navires sont regardés comme des portions flottantes du territoires de l'Etat duquel ils dépendent et dont ils sont autorisés à porter le pavillon; tant qu'ils se trouvent en pleine mer, la souverai-neté de cet Etat s'étend au navire tout entier; par conséquent l'équipage et en général toutes les personnes qui se trouvent à leur bord, sont censés fouler le sol de leur patrie. La pleine mer n'étant placée ni dans le domaine ni sous le contrôle exclusif d'aucun peuple en particulier, les navires, quels qu'ils soient restent forcément sous l'empire des lois et du gouvernement du pays qui les couvre de sa nationalité, et ne peuvent avoir avec les navires étrangers qu'ils rencontrent que des relations d'un caractère international, régies par l'usage ou les traités.

Papiers de bord. Tout bâtiment qui navigue sur mer doit être muni de certains documents, dits *papiers de bord* (voir ce mot), destinés à justifier en due forme de sa *nationalité* (voir ce mot).

Classification. On distingue les navires en navires marchands ou de commerce et en navires de guerre.

Entre ces deux classes de navire, il existe une différence essentielle, qui rend inégaux leurs droits et leurs immunités dans les relations internationales.

Les navires marchands équipés par des particuliers pour des intérêts commerciaux et personnels, sont placés sous la juridiction de la nation à laquelle ils appartiennent, mais aucune personne de leur bord ne représente le gouvernement de cette nation.

Les navires de guerre, au contraire, armés par l'Etat lui-même et pour sa défense, en sont les représentants à l'étranger, et leurs commandants, leurs officiers et leurs équipages sont de véritables fonctionnaires de ce même Etat, des délégués ou des agents d'une force publique étrangère; il s'ensuit naturellement que les navires de guerre, comme propriété d'un gouvernement, ont droit à l'indépendance et au respect dû au pouvoir souverain dont ils sont les représentants armés.

Immunités des vaisseaux de guerre. Il est toutefois utile de constater que les immunités dont jouissent les navires de guerre, dépendent de leur caractère public plutôt que de leur caractère militaire : elles sont accordées non au navire de guerre, mais au navire national revêtu d'un certain caractère de souveraineté.

A ce point de vue, on peut donc assimiler en quelque sorte le commandant d'un bâtiment de guerre à un agent diplomatique accrédité auprès d'une cour étrangère, l'état-major et l'équipage placés sous ses ordres au personnel officiel et non officiel d'une mission, enfin le navire lui-même à l'hôtel d'un ambassade ou d'une légation.

Cette assimilation a pour première conséquence que tout bâtiment de la marine militaire et l'ensemble du personnel qu'il renferme sont couverts par la fiction de l'exterritorialité, avec toutes les prérogatives et les immunités qui s'y rattachent.

La seconde conséquence à en déduire, c'est qu'aucune autorité autre que celle du gouvernement auquel il appartient, n'a le droit de s'immiscer dans ce qui se passe sur un navire de guerre, d'où il résulte que pénétrer à son bord par force est une violation de pavillon, qui peut entraîner les plus graves conséquences et justifier une rupture de relations entre deux Etats.

Cependant au-dessus de cette immunité juridictionnelle se placent les droits de propre conservation et d'indépendance souveraine. Aussi tout gouvernement est-il autorisé soit à interdire l'accès de ses ports aux bâtiments de guerre étrangers, soit à prendre des moyens de surveillance et de sûreté, s'il croit leur présence dangereuse; il n'outrepasserait même pas son droit, s'il venait dans ce cas à sommer ces navires de quitter le port ou la mer territoriale.

Quelles que soient la nature et l'étendue des privilèges accordés aux bâtiments de guerre, il est évident qu'on ne saurait l'invoquer pour couvrir des actes contraires au droit des gens. En pareil cas, il ne peut plus être question de juridiction, mais bien de défense légitime, et l'Etat menacé ou attaqué a le droit et le devoir de ne prendre conseil que des exigences commandées par la situation.

L'inviolabilité reconnue en tout lieu aux bâtiments de guerre et étendue aux personnes qui les montent, n'entraîne pas l'irresponsabilité de celles-ci; seulement les actions à diriger contre elles doivent être poursuivies par voie diplomatique.

La seule exception, si toutefois c'en est une, apportée au principe d'immunité juridictionnelle est celle qui concerne l'obligation d'observer les règlements sanitaires du pays où le bâtiment de guerre veut aborder. Un Etat est, en effet, toujours libre d'interdire à titre général l'accès de son territoire ou de ne le permettre que sous certaines réserves; or les épreuves sanitaires, n'étant que des précautions hygiéniques, des conditions parfaitement licites mises à l'admission des navires dans les eaux d'un autre Etat, ne peuvent être considérées comme portant atteinte au droit d'exterritorialité garanti aux bâtiments de guerre.

L'immunité découlant de l'exterritorialité couvre les embarcations, canots, chaloupes, et les autres accessoires ou dépendances du bâtiment de guerre; mais elle ne s'étend ni aux marchandises ni aux navires capturés en violation de la neutralité du pays où les prises sont amenées. (*Voir* NEUTRALITÉ, PRISES MARITIMES.

Définition du vaisseau de guerre. En principe ce qui constitue le bâtiment de guerre, ce n'est pas la force de l'armement, le nombre des canons, mais bien le fait de la possession par l'Etat et du commandement par des officiers appartenant à l'armée de mer. C'est pourquoi l'usage et les convenances mutuelles ont fait comprendre dans la catégorie des bâtiments de guerre les navires marchands affrétés spécialement et en entier pour le transport de troupes, de vivres, de rechanges ou d'autres objets appartenant au gouvernement, et commandés par des officiers de la marine militaire.

A la vérité ces navires ne sont pas dans la stricte acception du mot des bâtiments de guerre, puisqu'ils n'appartiennent point à l'Etat et ne sont pas propres au combat; mais tant qu'ils sont exclusivement et intégralement employées au service de la marine militaire, tant qu'ils ne se livrent à aucune opération commerciale, ils sont assimilés aux bâtiments de l'Etat et autorisés comme tels à arborer le pavillon et la flamme de guerre.

L'emploi de ces sortes de bâtiments mixtes, si fréquent autrefois en l'Angleterre, tend d'ailleurs à se restreindre de plus en plus, les grandes puissances maritimes ayant fini par trouver plus avantageux et plus sûr, en même temps que plus économique, d'adjoindre à leur flotte de guerre des bâtiments construits et armés *ad hoc* pour le transport des troupes et des approvisionnements militaires.

Juridiction relative aux navires de guerre. De ce que la souveraineté de l'Etat s'étend sur le navire qui en porte le pavillon, il s'ensuit qu'à l'Etat souverain appartiennent toutes les prérogatives, tous les droits inhérents à cette souveraineté et notamment le droit de juridiction.

Par rapport à l'exercice de cette juridiction, les navires marchands sont placés sur le même pied que les navires de guerre.

L'Etat duquel dépend le navire est souverain absolu en tant qu'il s'agit de crimes et de délits ordinaires commis contrairement aux lois nationales; ses tribunaux sont compétents, à l'exclusion de toute autre juridiction, pour connaître des ceux commis pendant la traversée. Cette compétence s'étend aux délits commis par des personnes du navire non seulement à bord, mais dans les eaux qui environnent le navire. En tout cas, si les crimes ou les délits portent préjudice à des tiers, l'Etat est tenu d'accorder satisfaction.

Mais s'il s'agit de violations du droit des gens, ces offenses peuvent être jugées par les tribunaux du pays où les délinquants sont amenés, alors même que l'acte criminel a été accompli en pleine mer et sous pavillon étranger. Dans ce cas en effet la question de nationalité disparaît, et l'on n'a à se préoccuper que d'un fait délictueux affectant les intérêts de la société toute entière et la sécurité du commerce universel.

La tranquillité et l'ordre doivent être respectés mutuellement en pleine mer; toutefois un Etat ne peut recourir à la force pour faire respecter son droit qu'en cas d'offense d'une gravité exceptionnelle tels que, par exemple, les cas de légitime défense, de déni de justice de la part des autorités étrangères, etc. Cette sorte de police maritime, qui est reconnue en commun à tous les Etats, n'implique ni ne suppose pourtant le droit illimité de procéder en pleine mer à des visites et à des perquisitions à bord des navires pour y rechercher les criminels. Ce dernier droit à l'égard des pavillons étrangers n'existe et ne peut s'exercer qu'autant qu'il a été reconnu et formellement stipulé par traités.

Lorsque les navires se bornent à longer les côtes d'un Etat dans la partie de la mer qui dépend de son territoire, ils sont soumis temporairement à la souveraineté de cet Etat, en ce sens qu'ils doivent respecter les ordonnances militaires ou de police prises par lui pour la sûreté de son territoire et de la population côtière. Sous tous les autres rapports ils sont aussi libres que s'ils se trouvaient en pleine mer.

Au sujet des navires qui pénètrent dans les eaux d'un Etat étranger, remontent un fleuve ou une rivière, jettent l'ancre dans un port, il y a lieu de rappeler la distinction que nous avons établie entre les navires marchands et les navires de guerre : ceux-ci, pouvant être regardés comme représentant en quelque sorte l'Etat dont ils portent le pavillon, jouissent du privilège d'exterritorialité, et bien qu'ils doivent se soumettre aux ordonnances locales sur les ports, aux prescriptions de l'autorité concernant les remorques, les pilotes, les signaux d'approche, la police sanitaire, les quarantaines, etc., ils sont exempts de la juridiction territoriale; les crimes ou les délits commis à leur bord ou par des personnes de leur équipage tombent sous la compétence des tribunaux de la nation à laquelle ces navires appartiennent, et sont jugés selon ses lois.

La souveraineté territoriale n'a pas le droit de s'immiscer dans ce qui survient à bord d'un navire de guerre qui est entré avec son consentement dans ses eaux territoriales; elle ne peut non plus faire aucun acte de juridiction relativement à ce qui arrive dans l'intérieur du navire, même dans l'hypothèse de crimes très-graves commis par des personnes faisant partie de l'équipage. Toutefois la souveraineté territoriale a pleine et entière faculté de prendre les mesures qu'il lui convient pour la défense de l'Etat et la sauvegarde des droits et de l'ordre public.

Si les faits imputables à un navire de guerre ont été perpétrés par ordre ou avec l'autorisation tacite du gouvernement de l'Etat auquel appartient le navire, qui dans ce cas n'en assume pas la responsabilité, ces faits ne doivent point tomber sous le coup des lois locales, comme les faits imputables à des particuliers ou à des fonctionnaires publics abusant du caractère public dont ils sont revêtus; mais ils doivent être jugés d'après les principes qui servent à résoudre les questions d'Etat à Etat.

Lorsqu'un navire de guerre a été l'instrument matériel pour consommer des actes contraires aux droits d'un Etat, le gouvernement de cet Etat a le droit de poursuivre les auteurs de l'acte; mais il n'aura pas le droit de traiter le navire en ennemi après qu'il aura reçu l'assurance que le gouvernement de l'Etat du navire n'était pas complice du fait ou n'a pu l'empêcher.

Quand à bord d'un navire de guerre surviennent des faits entraînant un danger grave, imminent ou devant compromettre la tranquillité du port ou la sûreté de l'Etat, ou quand il y a nécessité urgente de procéder contre le commandant du navire pour s'assurer de sa personne et conserver les preuves de sa culpabilité, ou quand l'intervention de l'autorité locale a été réclamée par le commandant du navire, les droits juridictionnels de la souveraineté territoriale doivent avoir la préséance sur ceux de l'Etat étranger auquel appartient le navire.

Dans ces cas l'Etat auquel appartient le navire peut demander que les personnes de l'équipage qui se trouvent entre les mains des autorités locales, soient envoyées en jugement devant ses tribunaux, et cette demande doit être considérée comme fondée en droit, si ce n'est dans le cas d'un crime commis par le commandant du navire et exécuté dans l'Etat dans les eaux duquel se trouvait le bâtiment; car dans ce cas la juridiction territoriale doit avoir la préférence.

Les crimes commis à terre par les personnes de l'équipage doivent être déférés à l'autorité territoriale ou à celle de l'Etat du navire, en tenant compte des règles établies pour les armées de terre.

Juridiction relative aux navires de commerce. Mais en règle générale, à moins de stipulations contraires, cette exemption acquise aux bâtiments de guerre ne s'applique jamais aux navires de commerce, qui en effet représentent simplement une propriété privée, des intérêts particuliers, et jouent un rôle essentiellement pacifique ; les personnes qui sont à bord ne peuvent donc se soustraire à l'action de la juridiction du pays où ils se trouvent.

L'Etat étranger exerce la police sur tous les navires mouillés dans le port, et ses tribunaux sont compétents pour connaître des procès civils, ainsi que des délits des matelots étrangers, lorsque les navires se trouvent dans les eaux dépendant de son territoire.

L'intérêt même du commerce maritime, a toutefois commandé à cet égard certaines dérogations à ce que cette règle offrait de trop rigoureux ; elles résultent tantôt d'accords internationaux exprès, tantôt de mesures administratives ou de lois locales.

En résumé, en ce qui concerne les navires marchands, pour tous les crimes ou les délits commis par des marins soit à terre ou à bord à l'égard d'étrangers, soit dans des conditions qui troublent l'ordre public ou affectent les intérêts du pays dans les eaux duquel le navire est mouillé, ainsi que pour les affaires dans lesquelles les parties intéressées requièrent spontanément l'intervention, l'aide et l'appui de l'autorité locale, les agents de la force publique du pays ont le droit absolu de poursuivre le coupable, même à son bord, s'il est parvenu à s'y réfugier, sauf dans ce dernier cas à se concerter au besoin avec le consul de la nation intéressée. Un navire marchand mouillé dans un part étranger ne jouit pas en effet du privilège d'asile assuré aux bâtiments de la marine militaire, en dehors, bien entendu, des exceptions stipulées conventionnellement.

Lorsque l'équipage d'un navire a commis un délit à terre ou dans les eaux faisant partie du territoire d'un autre Etat, et qu'il est poursuivi par la justice de cet Etat, les poursuites peuvent être continuées contre ce navire en dehors des eaux qui font partie du territoire et jusque dans la mer libre ; mais lorsque le navire a échappé aux poursuites, il ne peut plus être attaqué en pleine mer par les navires de l'Etat lésé.

Les conflits de juridiction en cette matière tendent, du reste, à devenir de plus en plus rares, par la raison que les principales puissances maritimes ont pris soin de régler conventionnellement les droits ou les immunités dont elles entendent respectivement faire jouir les bâtiments de leur marine marchande. Les stipulations à cet égard consacrent généralement la distinction que nous avons établie entre les faits accomplis par les hommes de l'équipage entre eux à leur bord et les faits qui ont des conséquences extérieures ou qui concernent des étrangers.

Les engagements internationaux sur cette matière font partie tantôt des traités de commerce et de navigation, tantôt des conventions dites consulaires.

Pour que les principes que nous venons de résumer puissent recevoir leur application, pour que le navire marchand soit fondé à réclamer au besoin la protection des autorités territoriales, il faut nécessairement que le pavillon appartienne à une nation amie et que le bâtiment ne soit pas engagé dans des opérations hostiles, prohibées par le droit des gens ou de nature à porter atteinte à la tranquillité et à la sécurité du pays dans les eaux duquel il se trouve. Quand il en est autrement, lorsqu'on porte atteinte à sa souveraineté, le devoir de légitime défense autorise pleinement l'Etat attaqué ou offensé à prendre toutes les mesures qu'il juge nécessaires pour venger l'offense reçue ou pour écarter le danger dont il est menacé.

L'ensemble des principes développés ici au sujet de la souveraineté juridictionnelle ne saurait recevoir d'application qu'entre nations chrétiennes. A l'égard des peuples musulmans et de ceux de l'extrême Orient, on suit exclusivement les règles du droit conventionnel par lequel ils se sont liés avec les États de l'Occident. Quant aux régions barbares où existent à peine quelques établissements européens ayant le caractère de comptoirs commerciaux, l'exercice de la juridiction n'a pas de base fixe et dépend des circonstances. Disons seulement que, sur les côtes occidentales de l'Afrique, la France, dont l'Angleterre, l'Espagne et le Portugal ont suivi l'exemple, revendique et exerce de fait une juridiction directe, souveraine, dans le rayon que ses forces navales peuvent embrasser.

Séjour dans les ports. A moins de prohibitions et de règlements ou de lois formellement contraires les ports sont considérés comme libres et ouverts pour les navires de guerre et les corsaires des peuples avec lesquels on est en paix.

L'usage impose certaines conditions aux bâtiments de guerre mouillés dans des ports étrangers sans arrière-pensée hostile. Voici celles qui sont habituellement exigées :

1° Ces bâtiments doivent entretenir des relations amicales et pacifiques non seulement avec tous les autres navires mouillés dans le même port, mais surtout avec les bâtiments armés appartenant à leurs ennemis.

2° Ils ne peuvent augmenter le nombre et le calibre de leurs canons, ni acheter et embarquer des armes ou des munitions de guerre.

3° Il leur est défendu de renforcer leur équipage et de faire des enrôlements volontaires, même parmi leurs nationaux.

4° Ils doivent s'abstenir de toute enquête sur les forces, l'emplacement ou les ressources de leurs ennemis, et ne pas mettre brusquement à la voile pour poursuivre ceux qui leur seraient signalés.

5° Il leur est également défendu de sortir du port moins de vingt-quatre heures après le navire ennemi qui l'a quitté avant eux.

6° Ils ne peuvent employer ni la force ni la ruse pour recousser les prises faites sur leurs concitoyens, ou pour délivrer des prisonniers de leur nation.

7° Il leur est interdit de procéder à la vente des prises qu'ils ont pu faire tant qu'il n'est pas intervenu un jugement de condamnation et avant d'en avoir l'autorisation du souverain territorial.

A propos de la cinquième condition il se présente une question assez délicate par les conséquences pratiques qu'elle peut avoir. A qui revient de droit la priorité de sortie, lorsqu'il s'agit de deux ou de plusieurs navires de guerre se trouvant dans le même mouillage ? L'usage veut qu'on donne la préférence au navire qui est arrivé le premier. Toutefois, comme cet usage soumet le dernier arrivant à la mauvaise volonté de son adversaire, on s'est dans la pratique arrêté à un expédient qui allie à la simplicité une justice irréprochable : il consiste à autoriser le dernier arrivé à reprendre la mer au gré de ses convenances, en prévenant l'autorité compétente vingt-quatre heures d'avance, afin que l'adversaire puisse, au besoin, user du droit de préférence qui lui est acquis ; le délai ne court alors que du moment où le navire est en état de quitter le port.

En vertu du principe d'exterritorialité, l'exemption de la juridiction locale acquise aux bâtiments de la marine militaire pendant leur séjour dans les eaux neutres, toutes les fois que des accords internationaux n'en ont pas décidé autrement, s'étend aux prises qu'ils amènent et aux prisonniers qui se trouvent à leur bord.

Nous devons toutefois faire remarquer que, suivant les stipulations conventionnelles qui existent entre les belligérants et les neutres, les prisonniers de guerre appartenant aux armées de terre ou de mer amenés dans un port étranger peuvent dans certains cas y être débarqués et remis à l'autorité territoriale.

Paquebots-postes. Les navires employés au service de la malle-poste ne sont pas assimilés aux navires de guerre; par conséquent ils sont assujettis aux règlements de police ou de juridiction territoriale, à moins de nécessités impérieuses. En tout cas, les questions se rattachant à ces navires peuvent être réglées par des conventions entre les gouvernements.

NÉGOCIATEUR. Celui qui est employé pour négocier quelque affaire auprès d'un prince, d'un État, notamment des traités ou des arrangements internationaux.

Se dit surtout des agents diplomatiques, publics ou secrets.

Ces derniers sont envoyés en mission confidentielle ou accrédités secrètement auprès d'un gouvernement étranger pour traiter d'affaires importantes, mais secrètes. Ils n'y ont point le caractère officiel de ministres; ou, s'il leur est attribué, il ne leur est permis de le déployer qu'autant que l'exige le succès de leur mission,

Toutefois ils jouissent de la même sécurité que les ministres publics, mais sans prétendre au cérémonial de ces ministres, et en public ils sont traités comme de simples étrangers. (*Voir* AGENT DIPLOMATIQUE, ENVOYÉ.)

NÉGOCIATION. Action de négocier les affaires publiques ou internationales, d'arranger les différends, de préparer les traités ou les conventions entre un pays et un autre ou plusieurs autres.

Le droit de négocier est un des attributs essentiels de la souveraineté nationale. Il est rare que les souverains ou les chefs d'Etat traitent directement entre eux les accords internationaux par lesquels ils s'entendent se lier; le plus habituellement ils confient à leurs ministres, à leurs agents diplomatiques, et, à leur défaut, à des délégués spéciaux appartenant à un service public quelconque le soin de les représenter, de négocier et de débattre en leur nom les clauses des traités qu'ils veulent conclure. (*Voir* NÉGOCIATEUR, TRAITÉ.) Ainsi les négociations constituent une des fonctions principales des ministres publics. (*Voir* DIPLOMATIE).

Le mode de négocier varie suivant les usages et les circonstances, suivant l'importance de la question qu'on traite et du but qu'on se propose d'atteindre.

Les négociations sont *directes* ou *indirectes*.

Les négociations directes sont celles qui ont lieu directement, immédiatement, entre le ministre étranger et le chef du gouvernement près lequel il est accrédité.

Les négociations sont indirectes lorsqu'elles sont suivies entre l'agent étranger et le ministre des affaires étrangères du pays, ou des commissaires spéciaux délégués par lui à cet effet.

Les négociations sont orales ou écrites.

Les négociations orales sont tantôt des conversations non officielles, dans lesquelles les négociateurs échangent leurs vues sans donner à leurs paroles le caractère d'engagement d'Etat; tantôt la conversation revêt le caractère officiel, dès lors elle peut être considérée comme un engagement d'Etat.

Les négociations écrites consistent dans la lecture ou la communication de pièces écrites se rapportant à certains points de la question en discussion, ou formées de notes résumant l'objet des communications faits oralement.

Les communications diplomatiques écrites s'échangent au moyen de mémoires, de notes, de dépêches ou de simples lettres. Les notes sont de deux sortes : celles qui sont signées par celui de qui elles émanent, et celles qui ne portent pas de signatures et sont appelées *verbales*. Les premières ont un caractère plus directement obligatoire et sont en général réservées pour les actes ou les déclarations impliquant un engagement. Quant aux secondes, elles ont une portée plus restreinte et servent surtout à élucider des points de détail, à résumer des conversations, à servir de *memento* ou à suggérer des transactions dont on n'entend poser que les bases, les points extrêmes; sous ce rapport elles ont une grande analogie avec les protocoles et les *memorandum*. Le plus habituellement l'affaire s'entame de vive voix par un exposé verbal des points de fait et de droit qui s'y rattachent, et se continue ou se termine par la remise de notes écrites impliquant une discussion plus approfondie.

Lorsqu'un Etat désire présenter à un autre des observations sur telle ou telle mesure politique, ou se trouve dans le cas d'éveiller son attention sur un fait qui touche à ses intérêts particuliers, il est rare qu'il ne le fasse pas par une communication écrite, dont son envoyé donne lecture et est autorisé à laisser copie. Le ministre des affaires étrangères qui a reçu la communication, répond, tantôt directement, de vive voix ou par une contre-note, tantôt indirectement, par une dépêche adressée à l'agent accrédité dans le pays qui a pris l'initiative de la démarche.

En principe, chaque gouvernement est sans doute maître de régler comme il l'entend la forme des communications qu'il veut faire parvenir à d'autres pays. Il y a néanmoins des Etats qui refusent d'accueillir ou de donner suite à des observations qui ne leur sont pas présentées par écrit.

L'agent diplomatique qui donne communication de ses dépêches, est ordinairement chargé de les interpréter, d'en développer les différents points et de fournir au ministre des affaires étrangères les explications de détail jugées nécessaires; puis il rend compte de ses démarches ou de ses conversations à son propre gouvernement, en lui faisant part de ses impressions, de ses vues personnelles ou en lui demandant des éclaircissements, de nouvelles instructions.

Il est des cas dans lesquels les instructions n'ont pas prévu ou ont mal précisé le point qu'il s'agit de régler;

l'agent diplomatique peut alors se contenter de prendre *ad referendum* les propositions qui lui sont faites, c'est-à-dire les accueillir sous réserve de l'approbation expresse de son gouvernement.

Il peut aussi se présenter des circonstances où une décision prompte devienne urgente et la distance des lieux soit trop considérable pour que le négociateur attende et reçoive à temps des instructions nouvelles de son gouvernement; le négociateur, placé dans une pareille position, doit accepter ou rejeter la proposition qui lui est soumise, mais seulement *sub spe rati*.

Dans les négociations qui se suivent par voie de conférences, particulièrement lorsque les débats doivent aboutir à la conclusion d'accords internationaux, les résultats de la discussion se consignent toujours dans des procès-verbaux dressés à la fin de chaque réunion et signés par tous ceux qui y ont pris part. (*Voir* PROTOCOLE, TRAITÉ.)

Mais dans les négociations entre les ministres des affaires étrangères et les chefs de mission, on rédige rarement des procès-verbaux ou des protocoles. En tout état de cause l'agent diplomatique, dans le but de s'assurer d'avoir exactement rendu compte à son gouvernement de l'état des négociations, est autorisé à demander de lire sa dépêche au ministre des affaires étrangères avec lequel il a négocié, afin qu'au besoin des rectifications puissent y être faites.

NEGRIN (Ignacio de), officier du corps administratif de la marine espagnole.

Estudios sobre el derecho internacional marítimo, ó exposicion razonada de sus principios fundamentales (Études sur le droit maritime international, ou exposé raisonné de ses principes fondamentaux. Madrid, 1862, in-8⁰.

Manual de las leyes de la guerra continental. Madrid, 1884.

Traduction espagnole du *Manuel des lois de la guerre* publié par l'Institut de droit international.

NEUMANN (Léopold, Baron,) publiciste autrichien, né à Zaleszczyki (Galicie), le 22 octobre 1811.

Recteur de l'Université de Vienne, membre de la Chambre des Seigneurs du *Reichsrath* autrichien; membre de l'Institut de droit international.

Outre un grand nombre d'articles dans divers journaux et recueils périodiques, de brochures juridiques et politiques, M. Neumann a publié :

Un *Traité élémentaire du droit des gens européen moderne*, (Grundriss des heutigen europäischen Völkerrechtes), dont une troisième édition a paru à Vienne en 1882. Cet ouvrage bien connu, destiné à l'enseignement universitaire, a eu un très grand succès. Le but de l'auteur, qui adopte de préférence la méthode historique, est de faire connaître les résultats du progrès du droit des gens jusqu'à nos jours, d'éclairer la théorie par des exemples tirés de la pratique. Le livre est divisé en deux parties principales : le droit de la paix et le droit de la guerre. Un appendice contient les éléments principaux du droit de légation.

Handbuch des Consulatwesens mit besonderer Berücksichtigung des Oesterreichischen (Manuel des affaires de consulat, en égard surtout aux consulats autrichiens.) — Vienne, 1854.

On doit aussi au docteur Neumann une collection importante de documents indispensables à l'étude des relations internationales : c'est le *Recueil des traités et des conventions conclues par l'Autriche avec les puissances étrangères*. Ce recueil commence avec la paix de Hubertsbourg en 1763 et s'étend jusqu'à nos jours. Il comprend 18 volumes. Les 6 premiers comprennent les traités conclus jusqu'en 1856; les 12 autres, rédigés avec la collaboration de M. de Plason, chef de section au ministère des affaires étrangères, les traités conclus depuis lors. Le 6e volume de la première partie, exclusivement consacré aux affaires d'Orient renferme les protocoles des conférences de Vienne et de Paris en 1854, 1855 et 1856. Le Recueil le M. le baron Neumann ne renferme pas seulement les traités; il comprend aussi les lois, ordonnances et circulaires qui ont trait au droit international, aussi qu'un certain nombre de documents.

M. le baron Neumann a publié enfin une conférence sur Hugo Grotius. (Hugo Grotius, 1583—1645.) Berlin, 1884.

NEUTRALISATION. Action de rendre neutre un territoire, une ville, un navire.

Neutraliser un pays, c'est reconnaître que ce pays doit rester neutre, en tout état de cause, dans les différends, même les hostilités, qui surgissent entre d'autres États, et veiller à ce que cette neutralité soit respectée non seulement par les États qui ont sanctionné cette neutralité, mais aussi par tous les États sans exception, et en particulier par les belligérants.

Lorsque plusiers puissances se réunissent entre elles pour reconnaître à un certain pays cette neutralité et la lui garantir, elles fixent par un traité spécial les droits du neutre et précisent pour elles-mêmes l'obligation qu'elles contractent de respecter et de faire respecter cette neutralité.

La protection spéciale qui surgit dans ce cas diffère du protectorat proprement dit; d'une part, en effet, elle n'incombe pas à un seul Etat, et d'autre part elle impose des obligations, des restrictions ou des abstentions mutuelles à tous les protecteurs plutôt qu'elle n'établit des charges directes pour l'Etat neutralisé, lequel conserve l'intégralité de son indépendance souveraine, sauf en cas de contestation au dehors ou de difficultés internationales son recours contre les garants de sa neutralité.

La neutralisation implique pour l'Etat neutralisé la renonciation à toute part active aux guerres des autres Etats.

Nous citerons comme exemples de cette neutralisation la situation dans laquelle sont placées la Suisse et la Belgique dont la neutralité absolue a été assurée par des traités auxquels ont participé toutes les grandes puissances de l'Europe.

Neutraliser un navire, c'est l'autoriser à naviguer sous pavillon neutre; mais en pareil cas l'équipage doit en être composé de telle sorte que le navire ne se trouve pas dans une situation contraire au texte des traités.

NEUTRALITÉ ARMÉE DU NORD (traité) 1780.

Les abus commis par l'Angleterre dans le but de faire prédominer sa suprématie maritime excitaient le ressentiment des principales puissances de l'Europe.

Les puissances du Nord, en particulier, se plaignaient des vaisseaux anglais, qui interceptaient leur commerce, consistant surtout en matériaux pour la construction et l'équipement des vaisseaux.

La capture dans la Méditerranée par les Espagnols de deux navires russes chargés de blés, qu'on supposait destinés à Gibraltar, décida la Russie à protester d'une façon effective.

Panin, le chancelier de l'Empire, persuada l'Impératrice Catherine II de manifester publiquement et solennellement qu'elle ne souffrirait pas plus longtemps les entraves imposées au libre commerce des neutres. Le gouvernement russe publia, le 28 février 1780, une déclaration contenant les points suivant :

1º Les bâtiments neutres pourront naviguer librement de port à port, sur les côtes des nations en guerre.

2º Les marchandises et les effets appartenant aux sujets des Etats belligérants seront libres sur les vaisseaux neutres, pourvu qu'ils ne constituent pas de la contrebande de guerre.

3º L'Impératrice de Russie se réfère, quant à la détermination de la contrebande de guerre, aux articles 10 et 11 du traité de commerce conclu par elle avec l'Angleterre en 1766, mais en en étendant les obligations à toutes les puissances en guerre.

4º En ce qui caractérise un port bloqué, on n'appliquera cette dénomination qu'à celui qui est cerné par des bâtiments de guerre dont la permanence et la proximité en rendent l'entrée évidemment dangereuse,

5º Ces principes serviront de règle dans les procédures et les jugements sur la légalité des prises.

Le Danemark et la Suède furent les premières puissances qui se rallièrent à ces principes; ils notifièrent leur résolution aux Etats belligérants, et signèrent avec la Russie, l'un le 9 juillet 1780, l'autre le 1 août suivant, une convention formelle dite de *neutralité armée*, dont une clause déclarait la Baltique *mare clausum* pour les navires de guerre des Etats belligérants.

Les autres puissances maritimes y accédèrent successivement : la Hollande, les Etats-Unis d'Amérique, la Prusse et l'Autriche en 1781; le Portugal en 1782, les deux Siciles en 1783.

L'Angleterre se borna à déclarer qu'elle continuerait à s'en tenir aux stipulations contenues dans ses traités de commerce et de navigation.

NEUTRALITÉ ARMÉE (Traités de) 1800—1801.

Lorsqu'éclata la révolution française, l'Angleterre ordonna la saisie de tous les navires neutres à destination des ports de la France, sous le prétexte que les lois internationales ne pouvaient être appliquées à ce pays dans la situation où il se trouvait.

De son côté la Convention nationale, dans un sentiment de légitime défense, rendit, le 9 mai 1793, un décret par lequel elle interdisait aux navires neutres, sous peine de confiscation, de fournir des grains et des vivres à l'ennemi, et prononçait l'abrogation du principe que le pavillon couvre la marchandise.

Par représaille, le gouvernement anglais publia, le 8 juin suivant, une ordonnance qui enjoignait à ses corsaires et à ses navires de guerre de capturer tout bâtiment qui chercherait à forcer le blocus des côtes de France.

Les alliés de l'Angleterre essayèrent vainement de justifier ces mesures comme n'ayant qu'un caractère exceptionnel et transitoire; la Russie refusa de s'y associer, se sépara de l'Angleterre et de l'Autriche, et d'accord avec la Suède, le Danemark et la Prusse, posa résolument, dans une convention signée à Saint-Pétersbourg le 16 et le 18 décembre 1800, les bases de la neutralité maritime, lesquelles peuvent se résumer ainsi :

1⁰ Un navire neutre ne sera considéré comme violant le blocus et ne deviendra passible de capture que si, après avoir été averti par le vaisseau de guerre ou le corsaire de l'État qui effectue le blocus, il cherche à rompre la ligne soit par la force, soit par la ruse.

2⁰ Les navires marchands naviguant en convoi sous l'escorte d'un navire de guerre sont exempts de toute visite, et la parole de l'officier convoyeur suffit pour prouver qu'ils ne transportent pas d'articles de contrebande de guerre.

Avant que cette nouvelle coalition eût eu le temps de s'affermir et de s'étendre, l'Angleterre déclara la guerre au Danemark pour s'y être associé et bombarda Copenhague; puis, elle reprit ses négociations avec la Russie, se flattant, en raison des succès de sa marine contre le Danemark, d'amener le cabinet de Saint-Pétersbourg non seulement à rompre la neutralité armée, mais encore à adhérer aux doctrines professées par l'Amirauté britannique; mais elle fut déçue en partie dans cet espoir; pour prix de quelques avantages commerciaux, elle dut souscrire à la convention signée à Saint-Pétersbourg le 17 juin 1801, par elle et les puissances de la Baltique.

C'était, à proprement parler, un nouveau code maritime, dans lequel étaient consacrés les principes suivants :

1⁰ Les navires neutres pourront naviguer librement vers les ports et sur les côtes des nations belligérantes.

2⁰ Les marchandises chargées à leur bord seront libres, à l'exception de celles dites de *contrebande de guerre* et des *propriétés ennemies*; la marchandise ennemie d'origine, mais achetée et transportée par le neutre, devant dans tous les cas conserver le bénéfice acquis au pavillon de celui-ci.

3⁰ Afin d'éviter toute espèce de doute sur la nature des articles qui constituent la contrebande de guerre, les parties contractantes se réfèrent à l'article XI du traité de commerce conclu entre elles le 21 février 1797.

4⁰ On ne considérera comme port bloqué que celui dont l'entrée offrira un danger réel à raison du nombre des bâtiments de guerre chargés d'en interdire l'accès.

5⁰ L'action judiciaire contre les navires neutres saisis pour cause de soupçons fondés ou de faits évidemment coupables sera entamée sans aucun retard, et le mode de procédure en sera uniforme et strictement légal.

La question de la visite des navires convoyés était résolue en ces termes par l'article 4 :

1⁰ Le droit de visiter les navires marchands possédés par les sujets de l'une des deux puissances et naviguant sous l'escorte d'un navire de guerre de leur nation appartiendra exclusivement aux navires du même rang de l'État belligérant et ne pourra être exercé par des armateurs particuliers ni par les corsaires.

2⁰ Les propriétaires des navires destinés à partir en convoi sous l'escorte d'un bâtiment de guerre devront, avant de recevoir leurs instructions nautiques, présenter au chef du convoi leurs passeports et leurs certificats de mer dans la forme déterminée par le traité.

3⁰ Lorsqu'un convoi sera rencontré par un navire de guerre des parties belligérantes, ce dernier, à moins que l'état de la mer ou les parages dans lesquels la rencontre a lieu, ne l'en empêchent, devra se tenir hors de portée du canon et envoyer une chaloupe au bâtiment convoyeur pour procéder de commun accord à l'examen des papiers et des certificats constatant que l'un est autorisé à escorter tels et tels navires, avec tel ou tel chargement du port A au port B, et que l'autre appartient réellement à la marine royale ou impériale de la nation dont il porte le pavillon.

4⁰ Une fois la régularité des papiers reconnue, tout soupçon légitime sera considéré comme dissipé. Dans le cas contraire, le chef du convoi, après y avoir été invité en due forme par le belligérant, devra mettre en panne et s'arrêter le temps nécessaire pour que le navire de guerre belligérant puisse opérer la visite des navires composant le convoi.

5° Si, après l'examen des documents, le capitaine du bâtiment de guerre croit avoir de justes raisons de retenir un ou plusieurs des navires convoyés, il sera libre de le faire en remettant préalablement le capitaine et l'équipage au chef de l'escorte, lequel, à son tour, aura le droit de placer à bord des navires séquestrés un de ses officiers pour suivre la procédure d'enquête qu'il y aura lieu d'instruire. Le navire capturé sera alors conduit sans délai au port de la nation belligérante le plus proche et le plus convenable pour y être soumis à une enquête régulière.

Une dernière clause défend au chef du convoi de s'opposer par la force à l'accomplissement des actes prescrits par le commandant du navire belligérant.

Diverses stipulations accessoires du traité consacraient des garanties nouvelles en faveur des neutres; elles disposaient notamment qu'en cas de détention mal fondée ou d'infraction aux lois établies, une indemnité convenable sera due aux propriétaires du navire et du chargement, en raison des préjudices qu'ils auront éprouvés.

Pour obvier à l'emploi abusif de pavillons tiers, l'article 7 établit que pour qu'un navire puisse être considéré comme appartenant légitimement à la nation dont il arbore les couleurs, il faudra que le capitaine et la moitié de l'équipage soient sujets de la même nation, et que les papiers et les passe-ports soient en bonne et due forme.

NEUTRE, NEUTRALITÉ. *Définition.* Le *neutre* est celui qui ne prend fait et cause ni pour l'une ni pour l'autre des parties dans une contestation quelconque; se dit, en droit international, des Etats qui ne prennent aucune part à une guerre soutenue par d'autres Etats.

La *neutralité* est la situation de ces Etats, en d'autres termes la non-participation à une lutte engagée entre deux ou plusieurs nations, l'abstention de tout acte de guerre.

Les Etats neutres ne renoncent pas à leur droit de faire la guerre; mais tant qu'ils restent neutres, ils s'abstiennent d'y participer.

La situation que cette abstention crée à la nation neutre a son caractère propre, ses circonstances particulières, ses responsabilités, qui en sont les conséquences naturelles et rationnelles.

Classification. La neutralité peut être envisagée sous deux aspects différents, se rapportant l'un aux principes généraux

du droit des gens, l'autre aux règles spéciales consacrées par des engagements internationaux écrits : d'où l'on peut établir deux sortes de neutralité : celle qui est naturelle ou parfaite, et celle qui découle d'engagements conventionnels.

Sous le premier nom nous désignons la neutralité qu'un Etat doit observer dans les guerres qui éclatent entre deux ou un plus grand nombre d'Etats indépendants et souverains.

La neutralité *parfaite,* stricte ou complète, exige qu'un Etat se tienne tout-à-fait à l'écart des opérations militaires de la guerre et ne donne aide et appui à aucun des belligérants, du moins en ce qui peut leur être utile ou nécessaire en vue de la guerre et qu'il se conduise impartialement. Tant qu'un Etat reste fidèle à ces devoirs, il a droit de demander d'être traité comme ami par chacun des belligérants.

Dès que, au contraire, un Etat neutre s'écarte de ces devoirs en un point quelconque même en observant encore les autres, sa neutralité n'est qu'imparfaite, et dès lors il ne peut plus réclamer que le traitement qui correspond à une neutralité limitée.

La neutralité *imparfaite* peut être de deux sortes : elle peut être *impartiale,* en tant que les deux belligérants ont liberté égale de poursuivre les opérations de la guerre ou certaines opérations, telles que le passage de troupes, l'achat de provisions militaires, l'enrôlement de soldats ou de marins sur le territoire du neutre; ou elle peut être *modifiée* par un engagement antérieur envers des parties, celui, par exemple, de lui fournir un contingent de troupes. Or des accords de ce genre participent évidemment de la nature de l'alliance, de sorte que l'autre belligérant est libre de décider s'il regarde l'Etat qui se trouve dans cette situation comme neutre ou comme l'allié de son ennemi. (*Voir* ALLIANCE.)

Cependant lorsqu'un Etat s'est engagé par des traités antérieurs à l'existence d'une guerre, à une époque dont il n'en pouvait prévoir l'explosion, à fournir un contingent de troupes à un autre Etat devenu l'un des belligérants, il est admis que la présence de ces troupes sur le territoire ennemi ne soit pas considérée comme contraire à la neutralité de l'Etat qui les a fournies, pourvu que cet Etat déclare son intention de demeurer neutre et observe strictement les engagements contractés par lui. Ses troupes fournies à l'un des belligérants en vertu de ces traités sont regardées et traitées comme des soldats ennemis; mais l'Etat qui les a fournies antérieurement à la prévision de la guerre n'est pas devenu ennemi par le seul fait de la rupture de la paix entre deux autres Etats.

La neutralité *conventionnelle* est celle dont les conditions et les limites sont spécifiées dans des engagements internationaux. Ces engagements varient dans leur portée suivant qu'ils ont été conclus à titre éventuel en pleine paix, à titre transitoire pendant le cours d'une guerre, ou à titre permanent, pour placer, par exemple, la sûreté d'un Etat faible sous la garantie collective d'une ou de plusieurs grandes puissances.

La neutralité d'un Etat peut aussi reposer sur la configuration topographique de son territoire et être la conséquence durable, permanente, de ses relations avec les autres puissances : cette neutralité est dite *perpétuelle*.

Pendant la guerre l'Etat neutralisé et les belligérants acquièrent respectivement tous les droits et sont tenus de remplir les uns à l'égard des autres tous les devoirs résultant de la neutralité. L'Etat neutralisé a le droit d'armer pour défendre sa neutralité; il est même obligé de le faire; et si sa neutralité est menacée ou violée, il peut invoquer la clause de garantie.

La garantie fournie par les Etats garants les oblige à agir tous en commun, et chacun d'eux isolément, pour assurer l'exécution de la clause qui les engage, que la neutralité soit violée par un Etat étranger au traité, ou par un des garants, ou par l'Etat neutralisé lui-même.

Neutralité collective. La neutralité collective n'a qu'une conséquence : c'est que les Etats garants sont tenus de se réunir en conférence lorsque la neutralité est menacée ou violée, et d'aviser en commun aux moyens de la défendre; c'est pourquoi l'Etat neutre, lorsque sa neutralité est menacée ou violée, a le droit d'en appeler à la conférence; de même quand un Etat étranger ou l'un des Etats garants a à se plaindre de l'Etat neutralisé, il doit également s'adresser à la conférence.

Neutralité partielle. Il peut arriver aussi que certaines portions du territoire appartenant à l'un ou à l'autre des belligérants soient à abri des actes de guerre en vertu de traités préexistants.

Ce genre de neutralité est parfois établi au moment même de la déclaration de guerre par des accords spéciaux que les belligérants arrêtent entre eux afin de localiser pour ainsi dire les hostilités.

Ainsi, par exemple, des puissances possédant des colonies peuvent convenir que celles-ci n'auront point à souffrir d'une guerre dont le théâtre serait en Europe.

En résumé, cet état de choses ne constitue pas une neutralité spéciale; il rentre dans la catégorie des neutralités conventionnelles, puisqu'il résulte soit de stipulations antérieures, soit d'arrangements particuliers et connexes à la guerre déclarée.

Parfois cette localisation des hostilités n'est établie par aucune stipulation formelle; elle découle des circonstances mêmes de la guerre et repose sur l'accord tacite des parties.

Déclaration de neutralité. Pour rester neutre il n'est pas besoin d'une déclaration; la neutralité va de soi; elle est la règle en tant que les actes d'un Etat n'impliquent pas une participation à la guerre.

Cependant depuis le commencement du siècle la guerre a rarement éclaté sans être précédée d'une déclaration. Cette déclaration est de deux sortes: l'une émanant des belligérants et indiquant aux neutres les immunités qui leur seront réservées, ainsi que les devoirs qu'ils auront à remplir; l'autre provenant des neutres eux-mêmes et faisant connaître le rôle qu'ils entendent jouer au milieu de la lutte et les droits qu'ils sont décidés à revendiquer. Strictement obligatoires toutes deux pour ceux qui les font, ces déclarations fixent et déterminent en droit la position des uns et des autres, en traçant avec plus ou moins de rigueur des limites dans lesquelles chacun peut se mouvoir sans compromettre son caractère de belligérant ou de neutre.

Droits et devoirs des neutres. Parmi les droits appartenant aux nations indépendantes on ne saurait contester celui de demeurer en paix entre elles comme avec les Etats qui se font la guerre; mais à ce droit correspondent des devoirs que l'Etat neutre doit remplir

Ce devoirs se réduisent à ne pas se mêler aux hostilités; à ne fournir ni armes, ni munitions, ni effets militaires, ni subsides à aucune des parties belligérantes; à respecter les ports et les villes qui sont le théâtre d'opérations stratégiques; à interdire à leurs sujets de prendre aucune part à la lutte, et à empêcher qu'on ne reçoive ou ne vende dans leurs eaux juridictionnelles les prises opérées par les belligérants. Cette dernière règle ne souffre d'exception que pour les relâches forcées et temporaires.

Le premier devoir imposé à l'Etat neutre est celui d'observer une complète impartialité dans ses relations avec les belligérants, de s'abstenir de tout acte ayant le caractère d'une faveur, d'un secours accordé à l'un pour nuire à l'autre.

L'Etat neutre ne doit ni envoyer des troupes à l'un des belligérants ni mettre des vaisseaux de guerre à sa disposition; il doit aussi empêcher que ses sujets ne prennent part aux hostilités en s'enrôlant dans l'une ou l'autre armée, en un mot en coopérant à l'accroissement des forces de l'un d'eux.

Mais lorsque des citoyens d'un Etat neutre entrent de leur propre initiative, sans autorisation de leur gouvernement, au service de l'un des belligérants, ces citoyens perdent dès lors les droits de sujets neutres. Ce fait cependant n'engage en rien l'Etat auquel ils appartiennent par leur origine, car les citoyens isolés ne représentent pas l'Etat. Toutefois il pourrait encourir le reproche fondé d'enfreindre la neutralité, s'il tolérait sciemment sur son territoire la formation de corps francs ou de volontaires destinés à seconder l'un des belligérants au détriment de l'autre.

Aucun belligérant n'a le droit de lever de force des troupes sur le territoire d'un neutre. Ces levées ne sauraient donc se faire sans le consentement de l'Etat sur le territoire duquel elles ont lieu; mais celui-ci, en autorisant l'un des belligérants à recruter des troupes chez lui, prend indirectement part à la guerre et viole les devoirs de la neutralité.

Ce que nous venons de dire de la levée de troupes doit s'appliquer également à la construction ou à l'équipement de vaisseaux armés en guerre par les soins ou pour le compte de l'un des belligérants. L'Etat neutre est moralement tenu d'exercer à ce sujet une surveillance des plus rigoureuses. Pour constituer le délit il n'est d'ailleurs pas nécessaire que l'armement du navire de guerre ou du corsaire soit complet; il suffit qu'il soit commencé ou préparé.

Les neutres doivent s'abstenir de fournir à l'un des belligérants aucun secours propre à accroître ses forces. C'est pourquoi le fait de procurer des armes ou du matériel de guerre à l'un des adversaires en présence est considéré comme une infraction aux devoirs de la neutralité, toutes les fois que le gouvernement ou le souverain de l'Etat neutre a concouru à la fourniture; mais l'Etat ne saurait être rendu responsable des envois d'armes, de munitions ou de matériel de

guerre faits par de simples particuliers à titre de pure spéculation privée. Les expéditionnaires sont sans doute exposés à la confiscation de leur marchandise comme contrebande de guerre; mais le devoir de l'Etat neutre ne va pas au delà de l'obligation de s'opposer autant que possible à des envois faits dans des conditions qui masqueraient sous forme de transactions commerciales l'intention réelle de seconder une cause plutôt que l'autre.

En général l'Etat ne peut, sans sortir de la neutralité, fournir en aucun cas à l'un des belligérants des articles qui lui servent à faire la guerre.

Tout autre à cet égard est la position de ses nationaux : ceux-ci, n'étant animés d'aucun intérêt politique envers les parties belligérantes, sont prêts à vendre à l'un ou à l'autre les articles utiles à la guerre qui font l'objet de leur commerce ordinaire. De cette façon des secours, parfois très-importants, peuvent être fournis à un belligérant et le mettre en état de continuer la lutte. Il s'agit de savoir si un secours donné de la sorte constitue une violation de la neutralité, ou bien s'il est dans les limites des droits du citoyen neutre.

Or, comme en temps de paix les citoyens de l'Etat neutre ont le droit de commercer avec le belligérant, on peut se demander s'il est juste ou raisonnable de les priver de ce droit de commerce paisible et de compromettre ainsi leurs intérêts pour une guerre qu'ils n'ont aucunement provoquée et qui ne les regarde pas. La condition de la neutralité une fois maintenue, condition qui consiste à ne rien fournir à l'un des belligérants dans le but de lui venir en aide contre son adversaire, quel motif y a-t-il de troubler les droits et les relations qui existaient avant la guerre entre le neutre et l'un ou l'autre belligérant?

Toutes les restrictions que met au commerce du neutre l'usage moderne des nations, se bornent à la saisie et à la confiscation du chargement, parfois même du navire, si le neutre transporte de la contrebande de guerre pour le compte de l'ennemi, à la perte du navire et de la cargaison s'il tente de forcer un blocus.

Dans son propre pays, sur ses propres marchés, dans ses propres fabriques, l'usage ne défend pas au neutre de vendre au belligérant des denrées qui, expédiées par la voie maritime, deviendront contrebande de guerre.

L'Etat neutre ne doit point fournir de subsides pécuniaires à l'un des belligérants. Or les emprunts publics doivent être assimilés à des subsides et considérés à ce titre comme prohibés toutes les fois qu'ils sont évidemment contractés pour faire la guerre. Dans ce cas, en effet, ils constituent une participation indirecte aux hostilités, en d'autres termes une véritable violation de la neutralité. Toutefois un gouvernement ne saurait être rendu responsable ni se trouver compromis parce que quelques-uns de ses sujets feraient pour leur compte privé des prêts ou expédieraient des valeurs à l'un des belligérants.

La fourniture de vivres aux belligérants ou l'autorisation d'en acheter sur le territoire neutre pour leur approvisionnement n'est pas non plus regardée comme un acte illicite, pourvu qu'elle s'étende aux deux adversaires indistinctement.

Un des principes constants du droit international est qu'une nation neutre ne saurait permettre à un corps de troupes belligérantes de trouver chez elle une base d'attaque qui lui facilite la poursuite de ses opérations militaires. Mais les soldats qui pénètrent en pays neutre, s'ils sont dès ce moment obligés de renoncer à la continuation des mouvements stratégiques qu'ils opéraient, doivent être accueillis et traités individuellement avec bienveillance et charité. L'Etat neutre ne compromet pas sa situation en les accueillant, en leur donnant les vivres, les secours et les soins dont ils peuvent avoir besoin. La première précaution qu'il ait à prendre à l'égard de ces réfugiés, c'est de les désarmer. Il doit ensuite, par prudence, les interner, c'est-à-dire les éloigner le plus possible du théâtre des hostilités.

La doctrine comme la pratique du droit international varient quant aux mesures ultérieures. Dans les temps modernes, la règle générale veut que les soldats soient menés dans l'intérieur du pays et retenus par la puissance neutre jusqu'à la fin de la guerre.

On s'exposerait à perdre la qualité de neutre en permettant, en tolérant même le passage de corps d'armée sur le territoire neutre; car si ce passage profite seulement à l'un des belligérants sans pouvoir profiter à l'autre, ce dernier peut exiger que le neutre le refuse à son adversaire.

Il faut toutefois faire une exception pour l'admission et le transport sur le territoire neutre de blessés et de malades appartenant aux armées belligérantes, ou la réception et la protection dans les ports neutres des navires de guerre belligérants en détresse.

Lorsque la neutralité vient à être violée et qu'il est constaté que la violation est imputable à l'Etat neutre lui-même, le belligérant dont les droits ou les intérêts se trouvent lésés peut soit exiger des dédommagements ou une satisfaction quelconque, et même, dans des circonstances données, en faire un *casus belli*, soit se borner à déclarer qu'à l'avenir il ne respectera plus la neutralité de l'Etat qui y a le premier porté atteinte.

Quoique les obligations imposées par la neutralité atteignent tous les sujets du souverain qui a proclamé vouloir rester neutre, il est incontestable que les actes illicites imputables à un individu ne revêtent jamais le caractère de ceux qui engagent directement le gouvernement. Les particuliers peuvent en effet se livrer à de nombreux actes plus ou moins hostiles, mais essentiellement privés, n'ayant pas le caractère d'atteintes à la neutralité. Ainsi, en principe, aucun gouvernement ne saurait être rendu responsable de ce qu'une ou plusieurs personnes placées sous sa juridiction enfreignent les lois et prennent une part active à la guerre, à moins toutefois qu'elles n'y aient participé avec son assentiment, ou qu'il ne s'agisse d'un enrôlement en masse.

En règle générale on peut dire que les infractions individuelles ne dépassent pas la sphère de la personne qui les commet, et que le belligérant dont les droits se trouvent lésés, ne saurait exiger qu'une chose du gouvernement dont relèvent les coupables : la répression du délit commis. Le belligérant n'a le droit de considérer la neutralité comme violée du fait de l'Etat neutre lui-même que si celui-ci a toléré les abus qui portent atteinte à la neutralité, ou n'a pas employé dans une mesure suffisante les moyens de répression dont il dispose. Réciproquement l'Etat neutre ne serait pas justifié de réclamer contre les violations de sa neutralité commises individuellement par des soldats ou des sujets des belligérants, à moins qu'il n'y ait abus ou tolérance de la part du gouvernement ou des chefs militaires.

Neutralité armée. L'Etat neutre a pour devoir non seulement d'observer la neutralité, mais encore de faire respecter cette situation par les tiers. Il peut au besoin mettre sur pied des forces de terre ou de mer, afin de sauvegarder ses droits contre toute attaque et d'empêcher les belligérants de pénétrer sur son territoire : c'est ce qu'on appelle une *neutralité armée.* La neutralité, lorsque l'État qui la proclame n'est pas en mesure de la faire respecter par un recours éventuel à l'emploi de la force, est sans doute une garantie tant soit peu précaire. Il est donc admis que le neutre qui ne se sent pas assez fort pour se défendre seul, est en droit de s'allier à d'autres pour combiner une action et des secours contre les atteintes que les belligérants pourraient porter à leur commune neutralité.

Violation d'un territoire neutre. L'impuissance de l'État neutre de protéger ses droits ne saurait légitimer une violation de son territoire par les belligérants. L'entrée ou le passage de leurs troupes sur le sol de la contrée neutre, en un mot l'usage de cette contrée en vue d'opérations stratégiques, constitue en tout état de cause une infraction à la neutralité; mais cette violation de la part de l'un des combattants provoque, par la force même des choses, des représailles de la part de l'autre, qui ne peut laisser son adversaire profiter seul d'un avantage que les circonstances mettent à la portée de tous les deux. Chaque partie n'en commet pas moins un abus de la force, contre lequel toutes les nations ont le devoir de protester et de réclamer.

Les droits des neutres ne constituent pas, à proprement parler, une classification particulière, les neutres n'en ayant pas d'autres que ceux que toutes les nations tiennent du droit primitif; mais ces droits sont limités par les devoirs spéciaux de la neutralité. Ainsi en temps de guerre le droit d'indépendance de chaque nation neutre est modifié par le devoir de ne commettre aucun acte d'hostilité; la liberté de commerce est restreinte par le devoir imposé aux neutres de ne pas secourir l'un des belligérants au préjudice de l'autre, etc.

Le territoire neutre doit être à l'abri de toutes les entreprises des belligérants de quelque nature qu'elles soient; les neutres ont le droit incontestable de s'opposer par tous les moyens en leur pouvoir, même par la force des armes, à toutes les tentatives qu'un belligérant pourrait faire pour user de leur territoire.

La nation neutre qui consentirait au passage des troupes de l'une des parties belligérantes manquerait à son caractère et donnerait à l'autre partie un juste motif de guerre.

Transit de troupes et de flottes. Cependant il peut se présenter des exceptions à cette règle. Ainsi il peut se faire qu'une servitude d'ordre public ou une convention conclue avant que la guerre fût prévue, imposent à un État neutre l'obligation de tolérer le passage des troupes de l'un des belligérants. En pareil cas l'accomplissement de cette obligation ne doit pas être envisagé comme une assistance donnée à ce belligérant et partant comme une violation des devoirs de la neutralité.

Le droit international ne permet pas davantage qu'on conduise ou fasse passer des prisonniers sur un pays neutre voisin ou limitrophe, ni qu'en pareil cas ce pays accorde le passage.

Le transit maritime est régi par des principes analogues. Ainsi une escadre, un navire de guerre qui se dirige vers les côtes ennemies, peut traverser les eaux neutres sans en violer la neutralité. Cette différence se fonde sur ce que les nations ne peuvent protéger matériellement, c'est-à-dire au moyen de navires et de forts, toute l'étendue de leurs mers juridictionnelles; que le fait de naviguer ne constitue pas intrinsèquement un acte dommageable; qu'enfin il est difficile d'interdire un simple passage aux vaisseaux belligérants, qu'il est d'usage d'admettre dans l'intérieur des ports et des rades militaires. Il va sans dire toutefois que cette liberté de passage accordée aux bâtiments de guerre implique pour eux la stricte obligation de ne commettre dans les eaux neutres aucun acte hostile de nature à porter atteinte au respect de la souveraineté territoriale.

La liberté accordée aux navires des belligérants de traverser les mers territoriales ne s'étend pas non plus jusqu'à l'accès dans l'intérieur des ports, des rades et des baies, duquel chaque État fixe les conditions au gré de ses convenances.

L'inviolabilité du territoire maritime neutre, dans le sens que nous venons d'exposer, a été consacrée par un grand nombre de traités.

L'admission dans les ports d'un État neutre d'une forte escadre belligérante n'est jamais un fait indifférent. Aussi certaines nations ont-elles limité le nombre des bâtiments de guerre appartenant à une même escadre qu'elles consentent à admettre à la fois dans leurs eaux.

La libre admission des navires de commerce ennemis est pour les États neutres un de ces droits de souveraineté et d'indépendance qui ne comportent ni gêne ni exception d'aucune espèce ; mais à la sortie de ses ports, alors surtout qu'il s'agit de cargaisons, telles qu'armes et munitions destinées pour le théâtre des hostilités, chaque gouvernement est libre d'édicter les restrictions qu'il croit les plus propres à sauvegarder le maintien de ses rapports de bonne intelligence avec les belligérants.

Commerce des neutres. Les hostilités survenues entre deux nations ne peuvent avoir d'influence sur la liberté du commerce et de la navigation des peuples restés neutres, laquelle doit être respectée par ceux qui ont les armes à la main. Les neutres peuvent librement commercer en temps de guerre comme ils le faisaient en temps de paix, et même avec l'une ou l'autre des parties belligérantes, ou avec toutes les deux.

Mais comme il n'existe pas de droit sans devoir corrélatif, la liberté de commerce du neutre en temps de guerre repose sur trois conditions essentielles, savoir : 1⁰ l'abstention de prendre aucune part aux hostilités et partant de rien porter aux belligérants qui puisse avoir un rapport direct et immédiat avec la guerre ; 2⁰ l'observation à l'égard des belligérants d'une entière impartialité, sans chercher à favoriser l'un ou l'autre par son commerce ; 3⁰ le respect des blocus et en ne forçant point l'entrée dans les lieux bloqués. (*Voir* BLOCUS, CONTREBANDE.)

Les neutres peuvent sans inconvénient vendre sur leur propre territoire même les choses spécialement utilisables à la guerre à quiconque se présente pour les acheter, surtout lorsqu'ils le font sans partialité, sans montrer de faveur plutôt pour un belligérant que pour l'autre. Comme les droits de la guerre ne sauraient s'exercer sur ce territoire, le belligérant ne peut, en se prévalant de ces droits, entraver aucune branche de commerce qui se pratique dans la juridiction d'un Etat neutre ; et l'Etat neutre en permettant à ses nationaux de continuer leur commerce comme avant la guerre ne fait qu'user de droits imprescriptibles que ne peuvent être limités que par des conventions spéciales. Il n'est pas tenu d'interdire à ses nationaux de trafiquer de n'importe quelles marchandises avec les négociants qui fréquentent ses ports, fussent-ils les sujets des puissances belligérantes, car la souveraineté de l'Etat neutre sur son propre territoire est absolue relativement aux nations en guerre, aussi bien que par rapport à celles qui entretiennent entre elles des relations pacifiques.

Contrebande. Le commerce ne devient contrebande que lorsque la marchandise est transportée au delà de la juridiction de l'Etat neutre, et dirigée vers les ports d'un ennemi ou vers ses navires sur la haute mer. Toutefois ce genre de commerce ne saurait être qualifié d'illicite d'une façon absolue ; le droit de l'interrupter ne résulte pas d'obligations inhérentes à la nature même de la neutralités ; c'est un droit purement conventionnel, une sorte de transaction entre la force des belligérants et le droit des neutres ; ceux-ci peuvent s'y livrer ; mais ils s'exposent pendant le transport, à la saisie et à la confiscation de la marchandise, dont le droit est réservé au belligérant en pleine mer.

Quant à l'Etat neutre, dans ces circonstances rien ne lui fait un devoir d'empêcher aux négociants qui viennent dans ses ports d'en emporter les marchandises qu'ils y ont achetées, par la raison qu'elles peuvent être destinées à l'usage d'un belligérant. C'est aux puissances belligérantes qu'il appartient de faire respecter les droits de la guerre, si elles le jugent à propos, en pleine mer ou sur le territoire ennemi.

NEYRON (Pierre Joseph), publiciste allemand, né à Alt-Brandenbourg en 1740, mort à Berlin le 13 février 1806.

Professeur de droit public à Brunswick.

On a de lui : *De vi fœderum inter gentes.* (De la force des alliances entre les nations.) Gœttingue, 1770.

Il a écrit en français : *Essai historique et politique sur les garanties, et en général sur les diverses méthodes d'assurer les traités publics.* Gœttingue, 1777, in-8⁰.

Principes du droit des gens européen conventionnel et coutumier. Brunswick, 1783, 1 vol., in-8⁰. (La suite de ce livre qui devrait traiter du droit des gens en temps de guerre, n'a point paru.)

NIMÈGUE (traité de paix de) 1678—1679. Louis XIV, voulant se venger des Hollandais qui, par la triple-alliance, avaient arrêté le cours de ses conquêtes, se servit du prétexte de quelques médailles injurieuses qui avaient été frappées en Hollande à l'occasion de la paix d'Aix-la-Chapelle (1668) (*Voir* AIX-LA-CHAPELLE), pour leur faire la guerre. Son premier soin fut de dissoudre la triple-alliance et de mettre l'Angleterre et la Suède dans ses intérêts. Mais ce qui favorisa surtout les projets du roi de France, ce fut l'occupation en 1670, par les troupes françaises, de la Lorraine, que lui avait cédée le duc Charles IV par un traité signé à Montmartre le 6 février 1662 ; cette occupation coupait toute communication entre les Pays-Bas et la Franche-Comté, d'où les Hollandais auraient pu recevoir des secours de la part de l'Espagne. Les victoires des Français déterminèrent une alliance contre eux avec les Provinces Unies, dans laquelle entrèrent successivement l'Espagne, plusieurs princes allemands et l'Empereur d'Allemagne (1673—1676). Cette alliance sauva la Hollande.

Les Français, obligés de porter leurs armes ailleurs, abandonnèrent toutes les places qu'ils occupaient sur le territoire des Provinces-Unies, à l'exception de Maestricht. En 1675 des négociations de paix furent entamées, sous la médiation du Pape et de l'Angleterre; l'année suivante des conférences s'ouvrirent dans la ville de Nimègue, où furent assignés : le 10 août 1678 entre la France et les Etats-Généraux de Hollande un traité, par lequel la France rendit aux Hollandais la ville de Maestricht, avec comtés et seigneuries en dépendant.

Le 17 septembre 1678, un traité entre la France et l'Espagne, aux termes duquel la première de ces puissances rendait à la seconde les villes de Charleroi, de Binche, d'Ash, d'Oudenarde et de Courtrai, qui avaient été cédées à la France par la paix d'Aix-la-Chapelle, la ville et le duché de Limbourg, le pays d'outre-Meuse, la ville de Gand et d'autres places des Pays-Bas, ainsi que Puy Cerva en Catalogne; le roi d'Espagne cédait à celui de France toute la Franche-Comté avec plusieurs villes des Pays-Bas espagnols, notamment Valenciennes, Bouchain, Condé, Cambrai, Aire, Saint Omer, Ypres, Werwick, Warneton, Poperingue, Bailleul, Castel, Bavai, Maubeuge.

Le 5 février 1679, un traité entre la France, la Suède et l'Empire, par lequel était renouvelé le traité de Munster (1648) (*Voir* WESTPHALIE), si ce n'est que la France renonçait au droit de garnison dans Philippsbourg; l'Empereur cédait à la France la ville de Fribourg en Brisgau; une partie de la Lorraine, sauf Nancy avec sa banlieue, était restituée au duc.

Le 12 octobre 1679 un traité de paix entre les Suédois et les Hollandais.

Après le rétablissement de la paix entre la France, l'Empereur et la Suède,

les alliés du Nord se virent forcés de la conclure avec la France et la Suède.

NISANI-CHÉRIF. Ordre ou commandement émanant directement du Sultan empereur de Turquie, et sur lequel est apposé ordinairement son *hatti-chérif* ou sa signature. (*Voir* HATTI-CHÉRIF)

NOBILIAIRE. Qui appartient à la noblesse : un titre nobiliaire ; la classe nobiliaire.

On appelle particule nobiliaire, la préposition qui précède le nom des nobles.

En France et en Espagne c'est la préposition *de*; en Allemagne *von*; en Hollande *van*; en Danemark *af*, etc.

La particule *de* ne se place jamais seule devant le nom; elle doit être accompagnée du prénom, ou du titre de la personne : ainsi l'on ne dit pas de Montmorency, de Noailles, mais Charles de Montmorency ou le duc de Montmorency, ou bien encore Monsieur ou Monseigneur de Montmorency.

On fait exception pour les noms qui commencent par une voyelle ou une *h* muette et devant lesquels l'*e* s'élide; ainsi que pour ceux d'une seule syllabe : de Thou, de Sèze.

Employé substantivement le *nobiliaire* signifie le registre dans lequel sont inscrits les noms des familles nobles d'un pays, d'une province, avec leurs titres, et leurs armoiries.

NOBLE. Qui appartient à une classe distinguée ou privilégiée dans l'Etat, par droit de naissance, ou par une concession du souverain.

Dans l'ancienne Rome, noble se disait de ceux qui avaient une longue série d'aïeux célèbres ou connus, qu'ils fissent ou non partie de la classe privilégiée des patriciens; il y avait en effet des familles très nobles parmi les plébéiens.

Chez les nations modernes, on range parmi les nobles les personnes de naissance ancienne et illustre, dont les ancêtres ont possédé une seigneurie, porté un titre, ou reçu de princes souverains des lettres d'anoblissement. Dans l'origine les nobles jouissaient de privilèges plus ou moins étendus, que le temps a diminués dans presque tous les pays et même détruits tout à fait dans plusieurs.

Noble homme, qualité que prenaient quelquefois non seulement ceux qui étaient nobles de fait et de droit, mais même quelques bourgeois dans les actes qu'ils passaient.

NOBLESSE. Etat légal attribué à certaines personnes ou aux membres de certaines familles pour les distinguer des autres citoyens d'un pays.

Il y avait autrefois en France la noblesse d'épée et la noblesse de robe, selon que ceux qui en faisaient partie se consacraient spécialement au service militaire ou exerçaient certaines magistratures.

Les princes du sang formaient ce qu'on appelait la noblesse couronnée.

On distinguait aussi : la noblesse de race ou de parage, transmise héréditairement en ligne paternelle;

La noblesse par lettres, conférée par le roi pour services rendus : la noblesse d'office, conférée par la possession de certaines fonctions ou de certaines décorations.

La *noblesse*, dans un sens collectif, se dit de tout le corps des hommes qualifiés nobles.

NOM. Mot qui désigne une personne.

Les Romains avaient trois noms : le *prénom* (prænomen), qui désignait l'individu; le *nom* (nomen), qui distinguait la *gens* ou race à laquelle l'individu appartenait; et le *cognomen*, qui marquait la branche, la famille; quelquefois à ces trois noms s'en joignait un quatrième : le surnom (*agnomen*), tiré d'une action remarquable ou de quelque circonstance extraordinaire : ainsi Publius Cornelius Scipio Africanus.

Chez les nations modernes, l'individu porte généralement deux noms : le nom de famille et le nom de baptême; ce dernier est le nom ou prénom donné à l'enfant soit lorsqu'il est présenté aux fonts baptismaux, soit lorsqu'est dressé son acte de naissance. Pendant longtemps, au moyen-âge, on désigna les individus seulement par leur nom de baptême, auquel on ajoutait celui du père : ainsi l'on disait „Jean fils de Pierre“, ou „Jean-Pierre“; beaucoup de noms ainsi formés sont devenus des noms de famille.

De ces manières de nommer les personnes résultait une grande confusion, car un nombre considérable de personnes se trouvaient avoir les mêmes noms : afin d'y remédier on a adopté l'usage des noms de famille héréditaires, qui furent introduits en Europe du 10e au 12e siècle.

Quelques nobles se bornèrent à prendre leur prénom pour nom de famille; mais la plupart ajoutèrent à leur prénom le nom de leur fief ou de leur principal manoir : c'est ainsi que se formèrent les noms composés comme Jacques de Bour-

bon, Godefroy de Bouillon, Jean d'Armagnac, etc.

Les gens qui ne possédaient ni fiefs ni domaines, tirèrent leur nom de leur profession, de leur pays d'origine, de quelque caractère physique ou moral, de quelque circonstance de localité, d'un sobriquet transmis de père en fils, enfin d'une variété infinie de particularités, dont il serait difficile de retrouver l'origine.

Le nom de famille ou patronymique est une propriété de la famille qui le porte; et la preuve de cette propriété se fait au moyen des actes de l'état civil et de la généalogie des personnes. La perpétuité et l'invariabilité des noms de famille sont devenues d'une importance essentielle pour la stabilité et la régularité de l'ordre civil dans les Etats modernes; car ces noms sont le moyen le plus sûr de non seulement pour constater l'identité des individus, mais pour déterminer leur filiation et leur état civil. Aussi des lois établissent-elles des règles spéciales pour les changements ou même les rectifications de noms. En général, il faut un décret du gouvernement pour être autorisé à changer de nom, et un arrêt de l'autorité judiciaire pour rectifier un nom inexact; tout changement, toute modification de nom faite sans autorisation est passible de peines édictées par la loi.

Les noms de famille sont encore inconnus dans les pays musulmans, où les individus dont désignés uniquement par le nom d'un des héros de l'islamisme; le nom s'éteint et disparaît avec la personne.

En style de pratique, *nom* se dit de la qualité qu'a une personne pour faire une chose, du titre en vertu duquel elle agit, ou prétend à quelque chose, comme dans ces locutions : procéder *au nom* et comme tuteur; — céder ses droits, *noms* et raisons, c'est-à-dire transférer ses droits et ses titres en vertu desquels on prétend à une chose; — répondre d'une chose en son propre *nom*, c'est-à-dire s'en faire personnellement responsable etc.

Nom de guerre, nom que chaque soldat prenait autrefois en entrant au service.

Nom de religion, nom que les religieux ou les religieuses prennent en entrant au couvent.

Nom social. Terme de commerce.

Le *nom social* ou raison sociale consiste dans le nom sous lequel des négociants associés font connaître au public leur association, et celui que les associés doivent signer pour représenter leur maison de commerce.

La signature est ordinairement dévolue à l'un des associés; mais cette signature du nom social lie non seulement celui qui la donne, mais encore, tous les autres associés. (*Voir* SOCIÉTÉ, COMMERCE, COMMERÇANT.)

NOMADE. Se dit des peuples qui n'ont point d'habitation fixe.

Ces peuples, n'ayant ni territoire propre ni domicile stable, ne sont point considérés comme des Etats; cependant on les traite sur le même pied: on conclut même avec eux des traités internationaux, lorsqu'ils jouissent d'une organisation politique et expriment, par l'intermédiaire de leurs chefs ou de leurs assemblées, une volonté commune.

Dans tous les cas les Etats sur le territoire desquels ils se meuvent, sont bien forcés de les contraindre à respecter les obligations imposées par le droit international, et partant de régler avec eux certaines conditions au moyen de traités qui, comme tous les autres, revêtent le caractère international.

Ou peut classer dans cette catégorie les Arabes dits Bédouins, répandus dans les déserts de l'Arabie, de la Syrie, de l'Égypte et de l'Afrique barbaresque, où ils vivent en familles gouvernées par des cheikhs, ou en grandes tribus obéissant à des émirs; les Turcomans et les Tartares, qui parcourent le plateau central de l'Asie; les Indiens de l'Amérique.

NOMARQUE. C'est le titre donné, dans le royaume de Grèce, à un fonctionnaire dont les attribution diffèrent peu de celle des préfets (Voir ce mot) en France.

La portion du territoire qu'administre un nomarque, se nomme *nomarchie*.

Les *nomarchies* correspondent à peu près aux départements français.

NOMINATION. Action de nommer à quelque emploi.

Droit de nommer à un emploi, à une dignité, comme dans cette phrase: „Cette place est à la nomination du roi.“

Effet de la nomination — se dit, dans le sens passif, de celui qui a été nommé à un emploi, ainsi: „il a reçu sa nomination“ — „je l'ai vu depuis sa *nomination au ministère*, c'est-à-dire depuis qu'il a été nommé ministre.

NON-ACTIVITÉ. Position d'un employé qui momentanément n'exerce aucune fonction.

Il y a cette différence avec la *disponibilité* que celle-ci consiste dans une privation provisoire de l'emploi par punition ou autrement; la non-activité est le retrait définitif des fonctions, soit par raison d'âge ou de santé, soit par la mise à la retraite ou à la pension.

NONCE. Les nonces sont les représentants du Pape à l'étranger.

Autrefois c'étaient de véritables ambassadeurs, chargés par le Souverain Pontife de le représenter auprès des chefs d'Etat pour la transaction de toutes affaires de quelque nature que ce soit; mais depuis que le Pape a été privé de ses possessions territoriales, leur mission est purement ecclésiastique, et ils ne représentent plus le souverain Pontife qu'en sa qualité de chef de l'Eglise catholique romaine.

On pourrait dire qu'ils ont perdu le caractère de ministres publics ou d'envoyés au sens strict du mot, puisqu'ils ne sont plus les représentants d'un Etat; néanmoins leur importance est demeurée indépendante du maintien du pouvoir du Pape, et on continue de leur accorder les privilèges des agents diplomatiques. Ils ont rang d'ambassadeurs et jouissent même de la préséance sur les ambassadeurs des puissances catholiques, qui leur avait été conservée par les règlements de Vienne de 1815 et d'Aix-la-Chapelle de 1818.

Les nonces du Pape sont porteurs de bulles, qui leur servent à la fois de lettres de créance et de pouvoir général. (*Voir* BULLE.) Lorsqu'ils quittent une mission, ils ne remettent pas de lettres de rappel; leur rappel donne lieu seulement à une lettre que le cardinal secrétaire d'Etat du Vatican adresse au ministre des affaires étrangères du pays où le nonce était accrédité.

Comme les nonces ne présentent pas de lettres de rappel, il ne leur est pas remis de lettres de recréance. (*Voir* RECRÉANCE.)

Pour leur réception et la remise de la bulle qui leur tient lieu de lettres de créance, les nonces ont droit à une audience solennelle; mais l'audience peut être privée, suivant la volonté des deux cours ou selon l'usage établi.

Il y a une distinction à établir entre les nonces et les légats pontificaux.

Les nonces ne sont jamais des cardinaux; leur mission est permanente et ils prennent résidence dans les pays où ils sont envoyés.

Les légats, qui sont toujours choisis parmi les cardinaux, sont, à proprement dire, des ambassadeurs extraordinaires chargés de missions spéciales et passagères. *(Voir* LÉGATS.)

Les uns et les autres ne sont généralement envoyés que dans les pays catholiques qui reconnaissent la suprématie spirituelle du Pape.

NONCE (en Pologne). Autrefois, dans le royaume de Pologne, on désignait sous le titre de *nonces* les députés envoyés par la noblesse des petites diètes, ou diètes de district à la grande diète ou diète centrale et générale du royaume, pour y composer la chambre de la noblesse.

NONCIATURE. L'emploi ou les fonctions de nonce du Pape.

Temps pendant lequel le même dignitaire ou titulaire exerce ses fonctions.

Le palais ou l'hôtel que le nonce habite.

On appelait aussi autrefois *nonciature* un pays dépendant du Pape où un nonce exerçait une juridiction.

En Pologne, charge de nonce à la diète du royaume.

NON-COMBATTANT. Se dit d'une personne qui suit une armée en qualité d'employé ou d'auxiliaire passif sans prendre aucune part aux combats.

On comprend dans cette catégorie les agents administratifs, les employés de l'intendance, les médecins, les aumôniers militaires, les domestiques, les cantiniers, etc.

Il va de soi que, pour conserver ce caractère, ces personnes doivent s'abstenir avec soin de tout acte agressif quelconque.

Il est contraire aux usages de la guerre d'attaquer isolément, de blesser ou de tuer les personnes de cette catégorie, cependant ces personnes sont exposées aux dangers généraux que la guerre entraîne pour une armée; alors il est naturellement permis au non-combattant de se défendre; il peut donc être blessé ou tué, comme aussi être fait prisonnier, lorsque le corps auquel il s'est joint se rend ou est pris; mais dans ce dernier cas l'ennemi n'est autorisé à retenir les non-combattants en captivité que quand leur présence auprès de l'adversaire constitue un danger pour celui qui les a capturés.

NON - INTERVENTION. Abstention d'intervenir, de s'immiscer dans une transaction, dans une affaire.

Au point de vue du droit des gens, le système de non-intervention est un système de politique internationale, consistant à ne pas intervenir dans les affaires des autres Etats et par suite à ne pas permettre que les autres y interviennent.

NORSA (César), publiciste italien, né à Mantoue le 10 mai 1831; membre de la Société de législation comparée de Paris, correspondant de l'Académie de jurisprudence de Madrid, associé de l'Institut de droit international.

M. Norsa est l'éditeur de la *Revue de la jurisprudence italienne en matière de droit international.*

Parmi les nombreux travaux qu'il a publiés sur des matières de droit, nous citerons particulièrement le suivant, qui se rapporte plus directement à une question de droit international privé: *Sul conflitto internazionale delle leggi cambiarie e sulla condizione giuridica dei possessori d'effetti commerciali tratti sulla Francia da luoghi esseri, e payabile in Francia durante la guerra franco-prussiana e durante il moratorio stabilito dalle leggi e dai decreti del governo francese.* (Sur le conflit international des lois du change, et sur la position juridique des possesseurs d'effets de commerce tirés de l'étranger sur la France, et payables en France pendant la guerre franco-prussienne et pendant le délai établi par les lois et par les décrets du gouvernement français.)

Après avoir discuté la question spéciale du conflit qu'il signale, en se conformant aux règles du droit international privé, M. Norsa, en forme de conclusion, formule le vœu de voir l'ensemble des nations civilisées adopter un droit uniforme en matière de lettres de change.

NOTABLE. Se dit des citoyens les plus considérables d'une ville, d'une province, d'un Etat, ceux qui exercent les professions libérales, avocats, notaires, médecins, principaux commerçants et propriétaires.

En France, avant 1789, les notables d'une ville étaient les habitants qui avaient le droit d'élection et d'éligibilité aux fonctions municipales.

C'étaient aussi les principaux membres de la noblesse, de la magistrature et du clergé: le roi convoquait, dans certaines occasions, des réunions, dites assemblées des notables, qui avaient les mêmes attributions que les Etats généraux, si ce n'est que leurs membres n'avaient que voix consultative.

Aujourd'hui on appelle *notables* ou *notables commerçants* les principaux banquiers et négociants d'une place de commerce, inscrits sur les listes destinées à former les assemblées qui élisent les juges des tribunaux de commerce et les membres des chambres de commerce.

Dans les Echelles du Levant, on donne le titre de *notables* aux principaux habitants, qui sont dans certains cas appelés à concourir avec les consuls à l'administration de la justice.

NOTAIRE. Officier ministériel ou fonctionnaire public établi pour rédiger et recevoir tout les actes et les contrats auxquels les parties doivent ou veulent faire donner le caractère d'authenticité attaché aux actes de l'autorité publique. (*Voir* ACTES, CONTRATS, AUTHENTIQUE.)

NOTAIRE APOSTOLIQUE. Fonctionnaire institué autrefois par les papes dans les pays catholiques pour rédiger tout les actes relatifs aux matières d'intérêt temporel ecclésiastique, dont il fallait envoyer des expéditions à Rome. Aujourd'hui il n'y a plus de notaires apostoliques qu'à Rome même, où ils sont chargés de faire toutes les expéditions concernant les affaires ecclésiastiques.

NOTE. Dans un sens général on peut dire qu'une *note* est un extrait sommaire d'un acte plus étendu, un exposé succinct d'une affaire.

En diplomatie, on donne le nom de note à toute communication écrite, notamment en vue de la conclusion d'une négociation, échangée par les agents diplomatiques entre eux, ou avec le gouvernement auprès duquel ils sont accrédités.

Les notes sont de deux sortes : celles qui sont signées par celui de qui elles émanent, et celles qui ne portent pas de signature et sont appelées *verbales*.

Les premières, à raison même de leur forme, ont un caractère plus directement obligatoire, et sont en général réservées pour les actés ou les déclarations impliquant un engagement. Quant aux secondes, elles ont une portée plus restreinte et servent surtout à élucider des points de détail, à résumer des conversations, à servir de *memento* ou à suggérer des transactions dont on n'entend poser que les bases, les points extrêmes.

Les réponses aux notes sont ordinairement conçues dans la même forme.

Les notes sont rédigées à la troisième personne, qu'on emploie pour désigner aussi bien le fonctionnaire qui les adresse que celui auquel elles sont adressées. Elles commencent généralement par

l'énonciation de la qualité de la personne qui écrit et se terminent par la formule de courtoisie attribuée à la personne à laquelle elles sont destinées; généralement aussi la date précède la signature.

On appelle *notes ad referendum* les dépêches qu'un agent diplomatique adresse à son gouvernement pour lui demander des instructions nouvelles, lorsque les négociations auxquelles il prend part dépassent les limites des pouvoirs qui lui ont été donnés dans l'origine. (*Voir* NÉGOCIATION.)

Les notes ne s'échangent pas seulement entre les agents diplomatiques, leurs propres gouvernements et les gouvernements auprès desquels ils sont accrédités; ils est des circonstances où des notes sont adressées par un ministre des affaires étrangères d'un Etat à celui d'un autre; mais ce genre de notes est réservé pour les circonstances où la communication a pour objet une demande directe, une réclamation formelle d'un gouvernement à une autre.

NOTIFICATION. Acte par lequel on donne, dans des formes usitées, connaissance d'une chose, d'un fait, d'un évènement.

La plupart des souverains ont coutume de se notifier réciproquement les évènements importants qui concernent leurs personnes ou leurs familles. (*Voir* CORRESPONDANCE DES SOUVERAINS.)

Les chefs d'Etat font également part, par des lettres officielles, de certains actes qui les concernent directement, eux ou leur gouvernement.

NOTIFICATION DE BLOCUS. (*Voir* BLOCUS.)

NOTORIÉTÉ. Etat de ce qui est notaire, c'est-à-dire connu de tout, public.

On appelle *acte de notoriété* l'acte passé devant notaire, et par lequel des témoins suppléent sur un point de fait à des preuves écrites.

NOVATION. En droit, substitution d'une obligation nouvelle à une ancienne, qui se trouve ainsi supprimée.

La *novation* est un des modes d'extinction des obligations.

Lorsqu'il s'agit de dettes, la novation s'opère de trois manières : par substitution d'une nouvelle dette à l'ancienne, laquelle se trouve ainsi éteinte; par substitution d'un nouveau débiteur au débiteur primitif, qui est alors déchargé par le créancier; et par substitution d'un nouveau créancier à l'ancien, envers lequel le débiteur se trouve dégagé.

La novation éteint tous les accessoires de l'ancienne obligation, à l'égard des parties principales et de leurs coobligés.

NOVELLES. Constitutions impériales promulguées par l'Empereur Théodose et ses successeurs après la rédaction du code théodosien.

Ce nom est plus particulièrement donné aux constitutions de l'Empereur Justinien, formant la quatrième et dernière partie du corps du droit romain (*corpus juris*). Elles comprennent 165 constitutions en 13 édits ; on les appelle *novelles,* par ce qu'elles furent faites sur de nouveaux cas et après la révision du code compilé par les ordres de Justinien, et qu'en résumé elles apportèrent des changements essentiels à l'ancien droit romain.

La plupart ont été publiées en grec, quelques-unes en latin et d'autres dans les deux langues ; la publication en a eu lieu de l'an 535 à l'an 565 de notre ère.

Il existe encore une autre collection de 134 novelles, dans une version latine, faite sur le texte grec ; elle est généralement connue sous la dénomination de *Livre des Authentiques,* ou simplement d'*Authentiques.*

NUE PROPRIÉTÉ. Terme de jurisprudence : se dit de la possession d'un fonds dont une autre personne a la jouissance ou l'usufruit.

Celui qui n'a que cette possession est dit *nu propriétaire ;* il est pendant tout le temps que subsiste l'usufruit, privé du droit de percevoir les fruits ou les revenus produits par la chose, la propriété qui lui appartient.

NULLITÉ. Se dit, en jurisprudence, du vice ou du défaut qui rend un acte ou un jugement nul et sans valeur ; il peut aussi être appliqué aux traités, aux engagements internationaux.

Les nullités peuvent provenir du fond ou de la forme des actes, des jugements, des contrats en général.

C'est aussi l'état de l'acte reconnu nul et non avenu, par suite d'un vice de fond ou de forme qui l'empêche de produire son effet.

NUÑEZ-ORTEGA (A.), publiciste, Ministre-Résident du Mexique en Belgique.

I. *Derecho internacional Mexicano.* (Droit international mexicain.) Mexico, 3 vol. in-4⁰.

La première partie contient les traités et les conventions conclus et ratifiés par la République mexicaine depuis sa déclaration d'indépendance jusqu'en 1878, ainsi que divers documents qui s'y rattachent.

La deuxième partie donne les traités conclus, mais non ratifiés par la République mexicaine, avec un appendice qui contient divers documents importants.

La troisième partie est un recueil de lois, décrets qui constituent le droit international mexicain ou qui s'y rattachent.

Ce recueil de traités est très complet ; l'auteur donne non seulement le texte espagnol des conventions, mais aussi le texte en langues étrangères. Il est en outre accompagné de cartes géographiques anciennes et modernes, facsimilées sur les originaux. On peut le considérer comme une publication remarquable par le soin qu'on y a apporté. Elle est officielle.

Le second volume a été imprimé pour l'usage particulier du ministère des affaires étrangères et n'est pas dans le commerce.

Le troisième volume contient des données très complètes sur toutes les dispositions relatives aux consuls, aux étrangers et spécialement aux Espagnols, etc.

Memorias sobre las relaciones diplomáticas de México con los Estados libres y soberanos de la America del Sur (Mémoires sur les relations diplomatiques du Mexique avec les Etats libres et souverains de l'Amérique du Sud). Mexique, 1878. 1 vol. in-4⁰.

C'est une histoire complète de ces rapports. Leur tendance générale est favorable à ces Etats, tout en s'opposant aux idées d'alliance mises en avant par Bolivar, mais reconnues impracticables et utopistes.

Historia diplomática del establecimiento llamado Belice (Histoire diplomatique de l'établissement appelé Bélize). Mexico, 1879, in-fol. M. S. (inédit).

Cette histoire diplomatique de l'établissement de Belize est un travail volumineux sur l'origine, le développement et les conditions actuelles de cette colonie enclavée dans le Yucatan.

Noticia histórica sobre las relaciones políticas y comerciales habidas entre México y el Japon durante el siglo XVII (Notice historique sur les relations politiques et commerciales qui ont eu lieu entre le Mexique et le Japon pendant le XVIIe siècle). Mexico, 1878. 30 pag.

C'est une étude qui n'a qu'une valeur purement historique. Elle a été traduite en allemand et se trouve dans l'*Oesterreichische Monatschrift für den Orient* (15 avril 1878).

Belice : estudio sobre el origen de este

nombre (Etude sur l'origine du nom de Bélize). México, 1877. 23 pag.

NYS (Ernest), publiciste belge.
Le droit de la guerre et les précurseurs de Grotius, Paris, 1882, in-8°, 187 pag.
Le livre est divisé en trois chapitres, dont le premier expose *La notion et la science du droit international au moyen-âge* et les rôles respectifs de l'*Empire* et de la *Papauté;* le seconde chapitre traite du *Droit de la guerre;* et le troisième est consacré à des notices sur les *Précurseurs de Grotius*.
La guerre maritime, étude de droit international. Paris, 1881, in-8°.
L'auteur étudie successivement la *liberté des mers*, la *course*, la *contrebande de guerre*, le *blocus*, le *droit de visite et de recherche*, le *convoi*, le *commerce des neutres*, la *juridiction de prises* et le *respect de la propriété privée*. Ces études sont à la fois historiques et juridiques; M. Nys se prononce invariablement pour les solutions dans un sens équitable et libéral.

NYSTADT (traité de paix de). 1721.
La paix entre la Suède et la Russie fut signée le 10 septembre 1721 à Nystad, ville de la Finlande.

La Suède céda à la Russie la Livonie, l'Esthonie, l'Ingrie et une partie de la Carélie, le district du fief de Wibourg, spécifié dans l'article du règlement des frontières, avec les îles d'Oesel, de Dagœ, de Mœn et toutes les autres depuis la frontière de Courlande sur les côtes de Livonie, d'Esthonie et d'Ingrie et du côte oriental de Réval; sur la mer qui voie Wibourg, vers le midi et l'est: les limites du district de Wibourg et de la Carélie commençaient sur la côte septentrionale du golfe de Finlande pris de Wickolax et s'étendaient de là à une demi-lieue du rivage de la mer jusque vis-à-vis de Willayoki, et de là plus avant dans le pays.

Le Czar restitua à la Suède le grand-duché de Finlande, excepté la partie réservée dans le règlement des frontières.

C'est à partir de la conclusion de cette paix glorieuse pour la Russie que le Czar Pierre I prit le titre d'Empereur de toutes les Russies, qui a été conservé par ses successeurs.

O.

OBÉDIENCE. Terme de théologie, équivalant à obéissance et exprimant l'état de dépendance d'un fidèle à son supérieur spirituel.
On appelle *pays d'obédience* les Etats dans lesquels le Pape nomme aux bénéfices qui viennent à vaquer.
Dans les temps de schisme où il y avait deux papes à la fois, le mot *obédience* servait à désigner les différents pays qui reconnaissaient l'un ou l'autre pape.
On nomme *ambassade d'obédience* celle qu'un souverain ou un corps de fidèles envoie au Pape pour prêter le serment ou l'hommage d'obédience, l'assurer de son obéissance filiale. L'ambassadeur envoyé à cet effet est dit *ambassadeur d'obédience;* il est ordinairement reçu par le Souverain Pontife en plein consistoire, avec un cérémonial particulier.
Les *Lettres d'obédience* consistent dans les lettres qu'un supérieur donne à des religieux ou à des religieuses appartenant aux ordres enseignants et que le gouvernement reçoit comme équivalent d'un certificat de capacité.

OBLIGATION. Ce qui oblige ou engage.
En droit, c'est le lien qui astreint une personne envers une autre ou plusieurs autres à faire ou à ne pas faire quelque chose; il s'applique aussi bien aux nations, aux Etats, aux gouvernements: l'obligation peut résulter de la loi ou d'un contrat.
En droit international, le terme *obligation* peut être considéré comme synonyme de celui de *devoir* (voir ce mot).

OBLIGATOIRE. Qui a la force d'obliger.
Se dit des lois, des contrats en général, des traités internationaux, et plus spécialement de certaines clauses de ces actes dans lesquelles l'obligation d'exé-

cuter le traité est expressément libellée ou formulée.

OBLITÉRATION. Dans l'administration des postes, on oblitère, c'est-à-dire qu'on macule ou efface en partie, en les marquant avec un timbre pointillé à l'encre noire, les *timbres-poste* (voir ce mot) apposés sur les lettres, afin qu'on ne puisse plus s'en servir.

OBREPTICE. Terme de chancellerie. Qui a été obtenu au moyen d'un exposé où est omis quelque chose d'essentiel, une vérité qui aurait dû être exprimée : une grâce obreptice, une concession obreptice, etc.

OBREPTION. Réticence qui rend une lettre, un acte obreptice.

Moyens d'obreption, moyens par lesquels on cherche à prouver que des lettres en chancellerie sont obreptices.

OCHOA (Cárlos de), jurisconsulte espagnol. Avocat de l'illustre Collège de Madrid.

Códigos, leyes y tratados vigentes, recopilacion novisima de la legislacion de España (Codes, lois et traités en vigueur, compilation nouvelle de la législation de l'Espagne). Paris, 1885, 1 vol. in-4°, 660 pag.

C'est le seul livre de ce genre qui existe en Espagne, qui jusqu'à présent, ne possédait pas de recueil manuel des lois existantes.

OCCUPATION. Action d'occuper, de s'emparer d'un lieu, d'une terre.

Dans le droit moderne, lorsqu'il s'agit de choses n'appartenant à personne, la prise de possession, avec l'intention de s'en rendre propriétaire, est considérée comme une manière légale d'acquérir la propriété ; mais la simple intention de prendre possession, quoique manifestée par des signes extérieurs, ou même une prise de possession provisoire ne suffisent pas pour constituer la propriété définitive ; l'occupation temporaire ne peut engendrer qu'un droit factice ; il n'y a de vraie occupation que celle qui est effective et durable, elle consiste dans le fait d'organiser administrativement le pays occupé et d'y exercer le pouvoir.

OCCUPATION MILITAIRE. Action de se rendre maître d'un pays, d'une place par la force armée.

Conséquences de l'occupation. La présence de troupes belligérantes sur le territoire ennemi a pour conséquence de plein droit, sans déclaration préalable, de soumettre la partie de ce territoire occupée aux lois martiales de l'armée qui en prend possession.

L'occupation militaire implique la possession du territoire, mais seulement en ce sens que l'occupant peut y faire exécuter ses volontés, et cela aussi longtemps que l'état de guerre continue.

L'occupation d'un territoire par l'ennemi a pour effet de suspendre dans ses limites de territoire le pouvoir de l'Etat souverain. A partir du moment de l'occupation, les lois que rend cet Etat n'y entrent plus en vigueur ; l'autorité de tous les corps constitués, dont le siège n'est pas sur le territoire occupé, est suspendue.

Quant au pouvoir de l'ennemi qui occupe le territoire, il est bien entendu qu'il ne remplace pas celui de l'Etat vaincu, lequel n'est que suspendu et ne saurait passer dans toute son étendue à l'envahisseur, qui n'est nullement investi de la souveraineté ; en effet, l'occupation constitue un rapport essentiellement différent de la conquête ; le territoire occupé n'est pas encore séparé de l'Etat auquel il appartient ; ses habitants en sont restés citoyens ; il n'y a donc pas changement de souveraineté.

La sujétion volontaire ou forcée du vaincu et le maintien de son attitude pacifique impliquent en fait de la part du vainqueur l'obligation stricte de protéger les personnes et de respecter les principes du droit naturel, par conséquent de mettre fin à toute acte hostile, à toute mesure violente sur le territoire occupé.

Mais lorsque les habitants du pays ou du lieu occupé se soulèvent contre l'occupation, il est manifeste que ceux qui refusent de déposer les armes et prolongent ainsi les hostilités, déclarent virtuellement vouloir user du droit de guerre ; or, cette situation ayant été librement choisie par eux, ils doivent en accepter les conséquences, sans pouvoir se plaindre de celles que le vainqueur fait peser sur eux.

Généralement la simple occupation n'a pas pour effet de paralyser et de faire suspendre l'action des lois municipales, les intérêts qu'elles régissent pouvant difficilement se trouver en conflit avec les intérêts stratégiques du vainqueur.

Droits de l'occupant. Le droit international ne reconnaît pas à l'occupant la faculté de changer les lois des territoires sur lesquels se trouvent ses troupes, ni d'y administrer la justice en son nom. Ce pouvoir tient en effet à l'exercice de la souveraineté, laquelle ne dérive que des droits inhérents à une conquête devenue irrévocable.

Cependant, si des nécessités militaires l'y contraignent, l'occupant peut empêcher l'application de certaines lois, et substituer le pouvoir militaire à l'autorité légale du pays, mais uniquement dans la mesure où cette autorité constitue une force pour l'ennemi, et par conséquent un danger pour l'armée d'occupation.

En tout cas, les autorités du territoire occupé doivent se soumettre au pouvoir de fait de l'occupant, sans que celui-ci puisse exiger de leur part d'autre serment que de suivre les ordres que l'autorité militaire leur donnera ; mais l'occupant ne peut les obliger à remplir leurs fonctions, si elles en jugent l'exercice incompatible avec leurs devoirs.

Les autorités militaires et les autorités administratives doivent se mettre d'accord pour prendre les mesures nécessaires pour assurer l'ordre et la tranquillité dans le territoire occupé.

Lorsque les autorités du pays occupé refusent de se soumettre au pouvoir de l'occupant ou qu'elles se sont retirées à son approche, l'autorité militaire doit instituer des autorités provisoires pour remplacer les fonctionnaires réfractaires ou absents.

Crimes et délits commis par l'occupant. Les soldats qui commettent des crimes ou des délits de droit commun dans le pays occupé, sont punissables d'après le code pénal militaire et la loi nationale de l'armée.

Quant aux crimes qui n'ont pas un caractère militaire et ne sont pas prévus par la législation de l'Etat occupant, l'occupant, en vertu des lois générales de la guerre, est libre de pourvoir à leur répression soit par l'entremise des tribunaux ou des autorités existant dans le pays avant son arrivée, soit par les tribunaux qu'il y installe de son chef en se prévalant de l'état de siège.

Lorsque le fait délictueux qu'ils ont à juger, n'est pas prévu par leur propre législation, les tribunaux se guident d'après l'équité et les principes du droit naturel.

Impôts dans les pays occupés. En principe, l'action des lois politiques et fiscales étant suspendue tant que dure l'occupation ennemie, les propriétaires de biens-fonds sont dispensés de payer les impôts dûs à un souverain territorial. Généralement le vainqueur s'arroge le droit de percevoir l'impôt sur les territoires qu'il occupe, de sorte que la cré-

ance de l'Etat sur les contribuables est ainsi forcément à la disposition de l'occupant ; et, une fois perçue par lui, elle ne saurait l'être une seconde fois par l'Etat envahi, à l'égard duquel se trouve libéré chaque contribuable qui a payé.

Lorsqu'une armée envahit une contrée, il faut qu'elle y subsiste ; or, comme elle ne peut être tenue de payer les frais de la guerre, la loi de nécessité permet d'imposer des contributions ou des réquisitions en nature ou en argent et d'appliquer à l'entretien des troupes le produit d'une portion de l'usufruit des terres, dont la libre jouissance et l'exploitation sont laissées aux habitants du pays. *(Voir* CONTRIBUTIONS DE GUERRE, RÉQUISITIONS.)

Propriétés privées. L'occupation militaire ne produit d'effet sur la propriété privée que dans les cas exceptionnels qui donnent ouverture au droit de confiscation ; elle laisse dès lors subsister intact le droit de transfert. C'est là un principe reconnu par la loi universelle des nations civilisées, lequel soustrait aux conséquences de l'état de guerre les actes, les obligations et les contrats civils étrangers au négoce proprement dit. Or ce qui est vrai pour les particuliers ne l'est pas moins pour une municipalité ou toute autre corporation du même genre.

Administration des pays occupés. Il n'existe pas de règle uniforme dans la marche suivie pour l'administration des territoires militairement occupés, pour la sanction des contrats relatifs à la propriété, ou pour l'authenticité des actes publics passés en temps de guerre sur le théâtre des hostilités. Chaque nation a ses usages : les unes, tant que l'occupation n'a pas pris le caractère de conquête définitive, s'en tiennent au *status ante bellum* et d'autres, au contraire, en modifient une partie pour y substituer leur propres lois.

(Voir CONTRAT, CRÉANCES ET DETTES DE L'ENNEMI.)

Occupation passagère. L'occupation n'est souvent qu'un fait accidentel, une opération militaire transitoire.

Des troupes envahissantes peuvent désirer simplement traverser un territoire afin de pousser leurs opérations sur un autre ; ou elles peuvent vouloir établir un contrôle permanent sur des pays où elles se répandent ; ou bien encore elles stationnent assez près de certaines contrées pour pouvoir y entrer en cas de besoin, sans avoir toutefois l'intention d'une occupation permanente.

De pareilles circonstances constituent ce qu'on appelle l'occupation par interprétation ou virtuelle, qu'il faut distinguer de l'occupation effective ou réelle.

Quelque courte qu'en soit la durée, cette occupation entraîne en faveur des troupes envahissantes, à l'égard des habitants, l'exercice de quelque autorité, dont les limites sont nécessairement vagues et moins étendues que dans le cas de l'occupation fixe et nettement caractérisée. Cette autorité consiste surtout à prendre les mesures propres à assurer la marche des troupes, à les approvisionner, à prévenir ou à réprimer les soulèvements armés qui pourraient survenir à l'arrière ou sur les flancs de l'armée.

Cessation de l'occupation. Les effets immédiats de l'occupation, c'est-à-dire ceux découlant directement du fait même de l'exercice des droits de la guerre, de l'usurpation temporaire du gouvernement du pays, cessent du moment que les troupes ennemies se retirent du territoire occupé. Les habitants rentrent sous l'autorité du gouvernement national, qui peut déclarer nuls les actes du gouvernement ennemi intérimaire; il y a toutefois une exception à faire pour les actes administratifs et judiciaires, qui n'ont d'importance qu'en droit privé et demeurent valables. Ainsi les jugements rendus par des tribunaux institués par l'autorité occupante conservent leur effet après la rentrée du pays sous son ancienne souveraineté.

Si les tribunaux nationaux ont été maintenus par l'autorité occupante, aucune raison ne pourrait être invoquée pour invalider les jugements rendus par eux pendant l'occupation; il en est de même de tous les actes et les contrats intervenus entre les habitants : ils restent obligatoires et sont exécutoires après la retraite des troupes ennemies.

A la fin de la guerre, si le traité de paix stipule la restitution du territoire occupé pendant la guerre, le territoire doit être rendu dans l'état où il se trouvait lors de la conclusion de la paix. Toutefois les changements causés par la guerre ne peuvent faire l'objet de réclamations; mais toute détérioration ultérieure est interdite. L'occupant n'est pas tenu non plus à la restitution des fruits qu'il a perçus; par contre les dépenses faites par lui peuvent ne pas lui être remboursés; mais il a en outre la faculté d'enlever les choses à lui appartenant, de détruire ou d'emporter les ouvrages qu'il a construits à ses frais pendant

l'occupation, et de rétablir les lieux comme ils étaient avant le commencement des travaux. Le traité peut cependant stipuler des arrangements particuliers à cet égard.

L'occupation ne cesse pas toujours avec la fin des hostilités; quelquefois elle est prolongée après la conclusion de la paix comme une garantie jugée nécessaire pour assurer l'exécution de certaines dispositions du traité qui a mis un terme à la guerre : les territoires alors occupés demeurent en quelque sorte comme un gage entre les mains du vainqueur jusqu'à l'accomplissement de ces conditions.

Dans ces cas cette occupation militaire en temps de paix perd naturellement des rigueurs qu'elle avait en temps de guerre, d'autant plus que l'Etat vaincu a récupéré intégralement ses droits de propriété et de souveraineté sur le territoire ainsi occupé; aussi intervient-il ordinairement des arrangements spéciaux entre les deux Etats pour régler les rapports des troupes étrangères avec les autorités nationales et les habitants pendant la durée de l'occupation.

Il existe une différence essentielle entre l'occupation après la paix et l'occupation pendant la guerre. Tant que duraient les hostilités, l'Etat occupant était envahisseur; il n'avait aucun droit ni sur le territoire ni sur les habitants; son pouvoir ne reposait que sur la force; cette occupation se réglait d'après les coutumes de la guerre. L'occupation qui a lieu en temps de paix résulte d'un traité et, par conséquent, repose sur un droit; l'occupant est un étranger et non un ennemi; son pouvoir est limité et déterminé par une convention; il se règle d'après le régime du droit des gens en temps de paix, qui repose sur le respect des devoirs, des droits et des intérêts respectifs des Etats.

OCTROI. Se disait autrefois de toute concession ou de tout privilège accordé par le souverain. Ainsi le roi *octroyait* des lettres de noblesse, des lettre de grâce, etc.

Par contre se disait aussi de subsides accordés par le peuple au souverain.

Aujourd'hui, on appelle *octrois* les contributions que les villes s'imposent pour faire face à leurs dépenses; elles sont ainsi nommées, parce qu'elles ne pouvaient, dans l'origine, être levées qu'en vertu de lettres patentes *octroyées* par le souverain.

Les octrois consistent principalement en droits ou taxes perçus sur certaines

3*

denrées à l'entrée des villes et à leur profit, sauf parfois les prélèvements déterminés par la loi au bénéfice du trésor public.

Les ministres publics, à moins de conventions spéciales fondées sur le principe de la réciprocité, restent soumis aux taxes d'octroi. Toutefois en France les consuls étrangers n'en sont pas affranchis même par la loi de réciprocité ou des stipulations expresses.

ŒCUMÉNIQUE. Qui concerne toute la terre habitée, universel.

Se dit plus particulièrement des conciles.

Les conciles *œcuméniques* ou généraux sont ceux qui représentent l'universalité de l'Eglise catholique : ils se composent d'évêques et de docteurs en théologie, convoqués par le Pape, en plus ou moins grand nombre, de toutes les parties du monde chrétien.

Ces conciles diffèrent des autres en ce que ces derniers ne représentent qu'une partie de la Chrétienté.

Les évêques de Constantinople prennent le titre de patriarche œcuménique.

OFFENSIF, OFFENSIVE. Qui attaque, qui sert à attaquer : armes offensives, force offensive.

L'exercice de la force offensive est réglé par le droit des gens. (*Voir* DROIT DE LA GUERRE.)

La guerre *offensive* est celle dans laquelle on attaque l'ennemi. (Voir guerre.)

Traité *offensif*, convention par laquelle deux ou plusieurs Etats s'engagent mutuellement à entrer conjointement en guerre contre un autre Etat. Un traité peut être à la fois offensif et défensif; dans ce cas l'accord ne se borne pas à l'initiative de l'agression; il embrasse en outre les mesures nécessaires pour se défendre mutuellement contre l'attaque d'autrui.

Lorsque plusieurs Etats participent à la conclusion de pareils traités, on donne à cette sorte d'alliance la dénomination de ligue, à laquelle on ajoute l'épithète d'offensive, d'offensive et défensive, selon la nature des stipulations. (*Voir* LIGUE.)

Pris substantivement, le mot *offensive* signifie une manière de guerre qui consiste à attaquer. (*Voir* AGRESSION, ATTAQUE.)

OFFICE. Se dit quelquefois pour fonctions : office de secrétaire, de conseiller, etc.

Autrefois on nommait offices certaines dignités, certaines charges avec juridiction : office de connétable, de chancelier, de juge, etc.

On appelait grands offices de la couronne certaines fonctions honorifiques qui donnaient aux titulaires le droit d'approcher de la personne du roi, telles que les offices de grand-chambellan, de grand-maître des cérémonies, de grand-aumônier, etc.

L'expression d'*office* s'applique à un acte fait par un fonctionnaire sans qu'il en soit requis et en raison du seul devoir de sa charge : ainsi le juge a informé d'*office*, c'est-à-dire parce que le devoir de sa charge le lui prescrit.

Nommé d'office veut dire nommé par une autorité, un juge, un tribunal : tels des experts; l'avocat d'office est celui que le président d'un tribunal nomme pour défendre un accusé qui ne veut pas de défenseur.

On donnait le titre de Saint-Office à la congrégation de l'Inquisition établie à Rome, le tribunal de l'Inquisition. (*Voir* INQUISITION.)

Le mot *office* signifie aussi bureau, agence : office de publicité, de correspondances, etc.

En Angleterre il est presque synonyme de ministère, de direction, d'administration : le *Foreign office* est, à proprement dire, le ministère des affaires étrangères.

En langage diplomatique, on donne le nom d'*office* à toute communication sur des questions d'intérêt général : *avis, message, lettre, note, dépêche,* etc. (Voir ces mots.) Ces mots s'emploient le plus souvent et indifféremment les uns pour les autres; mais le terme d'*office* paraît s'appliquer plus particulièrement à la *note officielle,* c'est-à-dire à celle où il est spécifié que le ministre public est *chargé* par son gouvernement, a l'*ordre* ou l'*autorisation* de faire la communication que contient sa note.

OFFICIEL. Qui émane du gouvernement, de l'autorité, qui est publié par eux : déclaration, proposition officielle.

OFFICIER. Ce mot désigne en général quiconque possède un office, une charge, un emploi; mais il se dit plus spécialement de celui qui exerce un commandement dans l'armée.

On peut donc distinguer les officiers en deux classes : les *officiers militaires* ou ceux qui ont un grade dans les armées de terre ou de mer; et les officiers *civils,* tels que les maires et les adjoints, dits aussi *officiers de l'état civil;* les notaires, les avoués, les huissiers, les greffiers, désignés, en France, plus spécialement sous la dénomination d'*officiers ministériels*, parce que leur nomination définitive est sujette à la sanction du ministère de la justice.

OFFICIEUX. Se dit, par opposition à *officiel*, de ce qui a le caractère de simple communication, et non d'ordre ou de prescription, de la part du gouvernement ou d'une autorité.

Des renseignements peuvent être *officieux* et non *officiels*.

OLDENDORF (Jean), jurisconsulte allemand, né à Hambourg vers 1480, mort à Marbourg le 3 juin 1567.

Il fut professeur de droit successivement à Greifswald, à Rostock, à Cologne et à Marbourg.

Ses principaux ouvrages sont:

Was Billigkeit und Recht ist (Ce qui est équitable et droit). 1529. in-8º.

Isagoge seu elementaria introductio juris naturæ, gentium et civilis, una cum expositione in leyes XII tabularum (Isagoge [enseignement du droit], ou introduction élémentaire du droit naturel, des gens et civil, avec un exposé des lois des 12 tables). Cologne, 1549. C'est un des premiers essais d'un système du droit naturel dans le sens moderne du mot.

De copia verborum et rerum in jure civili, ex constantissimis locorum sententiis, indices (Tables d'un grand nombre de termes et de choses du droit civil, d'après les façons de parler locales les plus usitées). Cologne, 1542. in-folio.

OLIGARCHIE. Forme de gouvernement politique dans lequel le pouvoir est entre les mains d'un petit nombre d'individus ou de familles.

L'oligarchie est une aristocratie réduite à quelques privilégiés.

OLIVA (traité de paix d') 1660. Ce traité fut conclu le 3 mai 1660, au village d'Oliva près de Dantzig, d'une part par le roi de Suède Charles XI, et de l'autre part par le roi de Pologne Jean Casimir, et ses alliés l'Empereur Léopold, et l'électeur de Brandebourg Frédéric-Guillaume.

Le roi de Pologne renonçait à toutes prétentions au royaume de Suède et au grand-duché de Finlande, et cédait au roi de Suède toute la Livonie transdunienne, mais la Livonie méridionale restait à la Pologne.

Le duc de Courlande fut restauré dans son duché, diminué du district situé sur la rive gauche de la Duna, et de l'île de Rünen.

OLIVI (Luigi), publiciste italien.

Gli arbitrati internazionali (Les arbitrages internationaux), Bologne 1877.

Pour l'auteur, l'arbitrage n'est qu'une institution judiciaire et rentre dans le droit privé.

OLMEDO Y LEON (Joseph de), publiciste espagnol.

Elementos del derecho público de la paz y de la guerra, ilustrados con noticios históricas, leyes y doctrinas del derecho español (Éléments du droit public de la paix et de la guerre, enrichies de notices historiques, lois et doctrines du droit espagnol). Madrid, 1771, 2 vol. in-8º.

OLYMPIADE. Période de quatre ans s'écoulant d'une célébration à l'autre des jeux olympiques, qu'on célébrait près d'Olympie en Péloponèse.

Les Grecs l'avaient prise pour base de la supputation du temps; elle sert encore à déterminer leur chronologie.

Une olympiade est composée de quatre années, dont chacune, commençant à la nouvelle lune après le solstice d'été, correspond à deux années juliennes et comprend les six derniers mois de l'une et les six premiers mois de la suivante.

L'ère des olympiades devrait commencer avec les premiers jeux olympiques; mais comme la célébration de ces jeux fut interrompue dans l'origine, l'ère commune ne date que de la 23e célébration, 23 ans avant la fondation de Rome, 773 ans avant Jésus-Christ, qui naquit la première année de la 195e olympiade.

On a compté par olympiades jusqu'à la 304e, 147 ans après J.-C., époque où l'ère des olympiades a été remplacée par l'ère chrétienne.

OMPTEDA (Thierry Henri Louis baron d'), publiciste allemand, né à Welmsdorf, comté d'Hoya, le 5 mai 1746, mort à Ratisbonne le 18 mai 1803.

Il fut en 1783 délégué de la Grande-Bretagne et du duché de Brunswick auprès de la diète de Ratisbonne.

Literatur des gesammten, sowohl natürlichen als positiven Völkerrechts. (Bibliographie de l'ensemble du droit des gens naturel et positif.) Ratisbonne, 1785. 2 vol. in-8º.

Ce livre embrasse la partie littéraire du droit des gens, sur laquelle il renferme des informations curieuses et de la plus grande utilité, qu'on ne saurait trouver ailleurs, notamment une énumération d'ouvrages très complète. L'ouvrage d'Ompteda ne va que jusqu'en

1784. Kamptz (voir ce nom) l'a continué en le mettant à jour jusqu'en 1817. (Berlin, 1817. 1 vol. in-8º.)

OPINION. Avis ou sentiment de celui qui se prononce sur une affaire mise en délibération.

On appelle aussi *opinion* la note écrite dans laquelle est consigné cet avis. (*Voir* NOTE, MÉMOIRE.)

Au pluriel, s'emploie comme synonyme de voix, vote ou *suffrage* (voir ces mots) : d'où les expressions : recueillir, ou prendre les opinions, aller aux opinions; — les opinions sont partagées ou divisées; — et, par suite, l'opinion de la majorité ou de la minorité.

L'*opinion publique*, ou simplement l'*opinion*, ce que le public pense sur quelque chose, sur quelqu'un.

On dit : le pouvoir, l'empire de l'opinion — „respecter ou braver l'opinion" — „l'opinion gouverne le monde."

OPPENHEIM (H.), publiciste allemand. *System des Völkerrechts* (Système du droit des gens). Francfort 1845. in-8º.

Der freie Deutsche Rhein (Le Rhin allemand libre). Stuttgart, 1842. C'est une dissertation sur la libre navigation du Rhin, résumant les nombreux débats auxquels cette question a donné lieu depuis 1792.

Praktisches Lehrbuch der Consulate aller Länder (Traité pratique des Consulats de tous les pays). Erlangen, 1854.

OPPOSITION. Empêchement, obstacle qu'une personne met à quelque chose.

En droit, c'est l'obstacle qu'on met, suivant les formes judiciaires, à une chose ou à l'exécution d'une chose : ainsi on forme opposition à un mariage, à une vente, à un paiement, etc.

Opposition se dit aussi d'une différence d'opinion, d'une manière de voir contraire. Dans le langage parlementaire on appelle le parti de l'opposition, ou simplement l'opposition, la partie d'une assemblée qui parle et vote contre une mesure proposée, qui se trouve en opposition d'idées ou de vues avec la majorité; par extension, le parti attaché aux opinions de la minorité opposante d'une assemblée.

Dans un sens plus restreint, on désigne sous le nom d'*opposition* la partie d'une assemblée délibérante qui parle et vote systématiquement contre un ministère et toutes les mesures qui en émanent, comme étant l'organe et l'expression d'un système particulier.

Se dit aussi de ceux qui en dehors de l'assemblée professent et soutiennent les mêmes opinions que l'opposition — écrivain, journal de l'opposition; et par suite faire de l'opposition, c'est se montrer, par des discours ou des esprits, hostile à la direction donnée aux affaires publiques par le gouvernement.

OPTION. Faculté et action d'opter, de choisir entre deux choses, entre deux partis.

Lorsqu'un territoire passe en la possession d'un autre souverain par la conquête ou par une cession amenée par les nécessités de la guerre, les habitants peuvent être appelés à choisir, à *opter* entre l'ancienne et la nouvelle nationalité, de sorte que quiconque ne déclare pas vouloir conserver son ancienne nationalité est considéré comme ayant accepté la nouvelle.

Par contre les personnes qui font la déclaration requise sont désormais considérées comme des étrangers dans le pays cédé et peuvent être dans certains cas contraintes de le quitter.

ORATEUR. Celui qui prononce un discours devant des personnes assemblées.

On donne le titre d'orateur *(speaker)* en Angleterre au président de chaque Chambre du parlement; aux Etats-Unis, au président de la Chambre des représentants au Congrès fédéral et en général au président de la seconde Chambre des législatures des divers Etats.

Le président ou orateur de la Chambre des Lords d'Angleterre est le lord chancelier en fonctions, lequel doit sa nomination au souverain, tandis que l'orateur de la Chambre des Communes est élu par les membres de cette chambre; seulement ce choix est sujet à l'approbation de la Couronne; il reste en fonctions jusqu'à la dissolution du parlement pour lequel il a été élu. Il ne peut prendre la parole et voter qu'au sein des comités; cependant lorsqu'il y a égalité de votes dans une délibération de la Chambre, l'orateur a le vote prépondérant, qui décide de la majorité.

Aux Etats-Unis l'orateur, soit au Congrès, soit dans les législatures d'Etat, est élu pour toute la durée d'un Congrès ou d'une législature.

ORDONNANCE. Acte, décision émanée de l'autorité supérieure.

Sous l'ancien régime, lois et constitutions des rois de France; on disait au pluriel, en termes de palais, *ordonnances royaux* (autrefois les adjectifs en *al* avaient même forme et par conséquent même désinence au pluriel pour le masculin et le féminin).

Dans les temps plus modernes, le mot *ordonnance* s'applique seulement à des règlements ou actes décrétés par le souverain pour l'exécution des lois ou pour des objets d'administration; ce terme est remplacé souvent par celui de *décret*. (Voir ce mot.)

On donne, en France, aussi le nom d'*ordonnance* aux décisions du conseil d'Etat en matière contentieuse, lorsqu'elles sont revêtues de l'approbation du chef de l'Etat, ainsi qu'à certains actes d'ordre judiciaire.

ORDRE. Ce mot a des acceptions diverses, qui sont respectivement d'une application usuelle dans le langage du droit des gens, savoir :

Disposition des choses selon des rapports apparents et constants, arrangement des parties d'un tout, mises au rang, à la place qui convient à chacune d'elles.

Loi, règle établie par la nature, par l'autorité, par l'usage, etc.

Ordre de choses, l'ensemble des conditions dans lesquelles on vit, — peut se dire d'un système, d'un régime particulier, — notamment de gouvernement ou d'administration.

Ordre d'idées, système, classe, enchaînement d'idées relatives à un objet déterminé.

Nom donné aux différentes classes, subordonnées entre elles, qui composent un Etat, une corporation : l'ordre judiciaire, l'ordre des avocats, etc. Les *ordres* se disait absolument des trois classes dont se composaient les Etats en France avant la Révolution : 1º l'ordre du clergé, 2¹ l'ordre de la noblesse, 3º l'ordre du tiers-état.

L'ordre hiérarchique, les différents degrés de dignité, de pouvoir, d'autorité subordonnés les uns aux autres et considérés dans leurs rapports mutuels, tant dans le gouvernement politique que dans celui de l'Eglise.

Espèce, catégorie : dans le langage scientifique, le mot *ordre* sert à dénommer certaines divisions, naturelles ou artificielles, établies parmi les choses qu'on considère.

Compagnie ou corporation, dont les membres s'obligent à vivre sous certaines règles, et le plus souvent portent des marques extérieures destinées à les distinguer : ordre religieux, ordre militaire.

Compagnies de chevalerie, distinctions honorifiques, instituées par des chefs d'Etat : en France l'ordre de la Légion d'honneur; en Angleterre, l'ordre de la Jarretière, l'ordre du Bain; en Espagne, l'ordre de la Toison d'or, etc. etc. — se dit aussi du collier, du ruban ou des autres insignes de ces ordres de chevalerie. (*Voir* DÉCORATION.)

Prescription, injonction, commandement émané de l'autorité : ordre verbal, ordre par écrit. — *Par ordre*, signifié par une injonction d'une autorité supérieure. *Jusqu'à nouvel ordre*, jusqu'à ce qu'un ordre nouveau soit donné.

Dans la langue parlementaire on appelle *ordre du jour* le règlement fait pour chaque jour, qui détermine la succession, ou l'ordre des travaux dont l'assemblée doit s'occuper dans la séance. — Passer à l'ordre du jour signifie cesser la discussion de la question sur laquelle on délibère pour passer à celle qui est inscrite immédiatement après dans le programme de la séance. — Demander l'ordre du jour, c'est demander qu'on écarte une proposition pour reprendre la discussion courante.

Le rappel à l'ordre (ordre doit être pris ici dans le sens de discipline, subordination), est une sorte de blâme que le président d'une assemblée inflige à un des membres qui enfreint les convenances ou les règlements parlementaires.

Mot d'ordre, résolution commune que prend un parti, une compagnie, et à laquelle tous les membres obéissent.

L'ordre commun, la loi commune aux choses.

L'ordre de la nature, les lois qui constituent l'ensemble de ce qu'on appelle la nature.

L'ordre social, la société considérée relativement aux règles qui lui servent de fondement.

L'ordre moral, les lois sur laquelle repose la morale.

ORDRE JUDICIAIRE. On appelle l'*ordre judiciaire* l'ensemble des institutions judiciaires qui régissent un pays et sont destinées à assurer l'application des lois, à protéger la personne, les propriétés et la liberté de chacun, même contre les entreprises du pouvoir.

Se dit aussi des magistrats qui appartiennent à l'ordre ou corporation des juges, aux membres des cours et des tribunaux en général. (*Voir* JUGE, JURIDICTION, JUSTICE.)

ORDRE PUBLIC. C'est l'ensemble des lois et des règlements qui garantissent la sûreté de la société.

On entend plus généralement par ces

lois les lois de *police* et de *sûreté*, celles qui ont pour but de réprimer les *crimes*, les *délits* et les *contraventions*. (Voir ces mots.)

Ces lois sont en dehors de la théorie des statuts : pour leur application le principe de la personalité prévaut sur le principe de la réalité ; cette exception est fondée sur le principe de la *souveraineté des Etats* (voir ce terme).

O'REILLY (A. B.), publiciste espagnol.
Práctica cónsular de España (La pratique consulaire de l'Espagne). Le Havre 1864. in-8°.

Recueil de formulaires de chancellerie pour les consulats, avec les règlements et décrets régissant les consulats.

ORGANIQUE. En législation, en politique on appelle lois *organiques* celles qui ont pour objet d'organiser un Etat, une institution quelconque, de régler le mode et l'action des institutions dont le principe a été consacré par la constitution ou les lois constitutionnelles : on peut ranger dans cette catégorie les lois municipales, électorales, etc.

ORIENT. L'ensemble des Etats, des provinces de l'Asie et du nord de l'Afrique. (*Voir* LEVANT.)

On appelle l'*extrême Orient* les parties de l'Asie qui sont le plus à l'Orient, telles que la Chine et le Japon.

Dans ces régions les consuls étrangers jouissent de certaines prérogatives et exercent une juridiction exceptionnelle. (*Voir* CONSULS, JURIDICTION.)

ORIGINAL. Le manuscrit primitif d'un texte, d'un contrat d'un traité, d'un acte quelconque ; on l'appelle aussi *minute*.

Se dit aussi du texte par opposition à copie, à traduction.

L'original d'un contrat est le titre même qui porte la signature des parties et forme seul la preuve de l'engagement ou de la convention.

ORIGINE (Certificat d'). On appelle *certificat d'origine* un certificat constatant l'origine véritable de certaines marchandises mises à bord des navires, afin de faciliter la perception des droits de douane dans le pays où elles doivent être importées, attendu que la quotité de ces droits varie suivant que ces marchandises sont ou non le produit du sol ou de l'industrie du pays d'où elles proviennent.

Ce certificat doit être délivré par le consul en résidence dans le port d'expédition. (*Voir* MARCHANDISES, NAVIGATION, NAVIRE.)

ORTEGA Y COTES (Ignacio Joseph), publiciste espagnol.
Questiones de Derecho público en interpretacion de los tratados. Insertanse al fin las cedulas del Almirantazgo y la Instruccion dada á los ministros de la Marina. Obra dedicada, ofrecida y consagrada a Christo crucificado. (Questions de droit public interprétant les Traités de Paix. Suivies des cédules de l'Amirauté et des instructions données aux ministres de la Marine. Ouvrage dédié, offert et consacré au Christ crucifié.) Madrid, 1747. 1 vol. in-4°.

ORTOLAN (Joseph Louis Elzéar), jurisconsulte français, né à Toulon le 21 août 1802, mort à Paris en 1873.
Professeur de droit à la Faculté de Paris.
Parmi ses principaux ouvrages il faut citer :
Explication historique des Institutes de Justinien. 1827. 5e édition, 1851.
Histoire de la législation romaine. 1828. 3e édition en 1855, in-8°.
Histoire du droit constitutionnel en Europe pendant le moyen-âge. 1831, in-8°.
Origines du gouvernement représentatif. De la pairie en France et en Angleterre. Déposition des rois par les assemblées nationales. 1831.
Etudes sur les constitutions des Pays-Bas, des ligues anséatiques, de l'Espagne, du Portugal, de la Sicile, etc. 1831—1837.
Sur les déclarations du droit de l'homme. Influence de la Révolution française sur la législation constitutionnelle de l'Europe. 1835.
Des lois du développement historique de l'humanité. 1840.
Sur la souveraineté du peuple et les principes du gouvernement républicain moderne. 1848, in-8°.
Eléments du droit pénal, avec une introduction philosophique et historique et l'explication raisonnée du droit pénal français. 1856, in-8°. 3e édition en 1863. 4e édition mise au courant de la législation française et étrangère par E. Bonnier. 2 vol. in-8°, 1875.

ORTOLAN (Jean Félicité Théodore), officier de la marine française, né le 12 janvier 1808, mort à Toulon le 5 décembre 1874.
Il a publié en 1844—1845 un ouvrage très estimé sur le droit maritime, sous le titre *Règles internationales et diplomatie*

de la mer. (2 vol. in-8⁰.) Il en a paru en 1864 une quatrième édition, mise en harmonie avec le dernier état des traités, et suivie d'un appendice spécial, contenant, avec les actes du Congrès de Paris de 1856, les principaux documents officiels relatifs à la guerre d'Orient et à la guerre des Etats-Unis.

Selon M. Ortolan, le droit international a trois sources, savoir : 1⁰ la raison, qui fournit à l'homme la faculté d'acquérir la connaissance abstraite de ce qui est juste ou injuste entre les nations, indépendamment de toute prescription positive : c'est l'élément qui correspond au *droit international naturel,* ou à la philosophie du droit; 2⁰ la coutume, et 3⁰ les traités publics : ces deux derniers éléments constituent le *droit international positif,* qui se subdivise en droit international *coutumier,* selon qu'on l'envisage au point de vue de l'un ou de l'autre de ces éléments.

ORTOLAN (Eugène), publiciste français, né à Paris le 1ᵉʳ avril 1824.

Des moyens d'acquérir le domaine international ou propriété d'Etat entre les nations d'après le droit des gens public, comparés aux moyens d'acquérir la propriété entre particuliers d'après le droit privé, et suivis de l'examen des principes de l'équilibre politique. 1851, 1 vol. in-8⁰.

OSNABRUCK (Congrès de) 1644. *(Voir* WESTPHALIE.)

OSTRACISME. Jugement par lequel, dans plusieurs villes de la Grèce, le peuple assemblé bannissait pour un certain nombre d'années un citoyen que son autorité ou son influence rendait suspect : ce n'était pas une peine qu'on lui infligeait et aucun déshonneur n'y était attaché; mais c'était une mesure de sûreté publique prise contre une personnalité causant de l'ombrage à l'ordre social.

Le peuple pouvait rappeler de l'exil les citoyens ostracisés lorsqu'il croyait avoir besoin de leurs services, avant l'expiration du terme de leur bannissement.

OTAGE. Sûreté qu'on donne à des ennemis ou à des alliés pour l'exécution de quelque engagement d'un traité, en remettant entre leurs mains une ou plusieurs personnes.

Se dit aussi de ces personnes livrées ainsi en otage.

Ces personnes sont des prisonniers d'une espèce particulière, libres sur leur parole dans la ville fixée pour leur résidence. Ils peuvent être retenus jusqu'à l'exécution du traité ou jusqu'à ce que cette exécution soit suffisamment assurée; mais ils ne peuvent être retenus plus longtemps sous le prétexte que d'autres contestations sont encore pendantes entre les deux Etats. Si le chef d'Etat qui les a fournis, manque à ses engagements, on doit se borner à interdire aux otages le retour dans leur pays; ils peuvent être dès lors considérés en traités comme prisonniers de guerre.

Lorsqu'un Etat se saisit lui-même de certaines personnes pour s'en servir comme d'otages, il est tenu de pourvoir à leurs besoins et de les traiter selon leur rang.

A notre époque on peut dire que le système d'enlever ou de recevoir des otages est à peu près abandonné; c'est à peine si l'on en trouve encore l'usage chez certains peuples sauvages de l'Amérique et de l'Océanie.

Quant aux nations civilisées, lorsqu'elles se croient fondées à craindre un manque de bonne foi, une inexécution incomplète ou trop lente de telles ou telles obligations internationales, elles préfèrent en général, avec raison, recourir à des nantissements matériels, en se faisant remettre des forteresses pour otages.

OTAGE DE RANÇON. En cas de capture maritime, il est des circonstances où la capture exige des otages pour mieux assurer l'accomplissement des traités de rançon.

D'après les règlements de la marine française, le capitaine d'un corsaire, qui, après l'accomplissement des formalités prescrites, rançonne à la mer un bâtiment ennemi, est tenu de prendre pour otages de la rançon et d'amener dans un port français au moins un des principaux officiers du navire rançonné et en outre cinq hommes de l'équipage, lorsque l'équipage est composé de 30 hommes au plus, trois lorsqu'il n'est que de 20 hommes, et deux pour les autres cas.

Le décès des otages ou leur délivrance par force n'exempte pas du paiement de la dette contractée, attendu que le capteur est supposé n'avoir accepté un garant personnel qu'à titre de sécurité nécessaire et complémentaire. *(Voir* RANÇON, PRISE, CORSAIRE, COURSE.)

OUVERTURE. Première proposition qu'on fait pour faire connaître qu'on est disposé à négocier, à traiter relativement à quelque affaire, à consentir à quelque chose : ainsi l'on dit faire des ouvertures de paix, d'alliance, etc.

P

PACHA, BACHA. Mot turc qui signifie gouverneur, grand dignitaire. C'est un titre honorifique donné aux grands personnages, soit qu'ils appartiennent à l'administration civile ou militaire, soit qu'ils n'aient aucune charge dans l'Etat.

On porte devant les pachas comme insigne de leur dignité des queues de cheval, flottant au bout d'une lance, surmontée d'une boule dorée. On en porte une seule ou deux devant les uns, et jusqu'à trois devant les autres, selon le rang qu'ils occupent dans la hiérarchie. Les pachas à trois queues sont les premiers personnages de l'empire, comme le Khédive ou vice-roi d'Égypte, le grand-vézir, le capitan-pacha ou ministre de la marine, etc.

La plupart des gouverneurs de provinces ont le titre de *pacha* : de là le nom de *pachalik* qu'on donne à leur gouvernement.

Au lieu de *pacha* les Arabes disent Bacha, parce que la lettre *p* manque dans leur langue.

PACTE. En droit ce terme est synonyme de contrat ou de convention.

Dans l'histoire on a donné ce nom à plusieurs conventions politiques conclues entre un prince et ses sujets, ou par plusieurs souverains ou plusieurs Etats entre eux, mais le pacte se dit plus spécialement de l'accord par lequel plusieurs Etats formulent en commun une règle générale et absolue qu'ils s'engagent à observer : ce pacte, rédigé ordinairement en forme de convention, a pour eux force de loi et de traité (*pactum instar legis*); mais il y a cette différence entre le pacte et le traité, que ce dernier crée un *droit purement conventionnel*, tandis que le premier constitue un *droit nécessaire*..

On appelait *pacte* autrefois le tribut que les sujets payaient au prince, à condition qu'il les défendrait et les protégerait.

Pacte de famille, convention réglant les intérêts d'une famille entre ses membres, la position et les droits de chacun,

l'ordre de succession. De nombreux accords de ce genre sont intervenus entre les princes et leurs agnats; mais on désigne plus particulièrement sous le nom de *pacte de famille* le traité conclu le 16 août 1761 entre Louis XV, roi de France, et Charles III, roi d'Espagne; par lequel les parties contractantes s'engagaient à traiter comme ennemie toute puissance qui déclarerait la guerre à l'une d'elles.

Pacte fédéral, acte qui lie des Etats confédérés entre eux : se dit notamment de la constitution fédérale de la Suisse.

Pacte colonial, convention entre un pays et ses colonies, par laquelle la métropole s'attribue des droits sur les produits coloniaux en retour de certaines garanties ou de certains avantages particuliers ou réciproques.

PACTE fondamental de la Confédération Pérou-bolivienne, signé à Tacnu le 1er mai 1837. (*Voir* TACNU.)

PADICHAH, PADISHA. Mot persan qui signifie prince ou roi.

Titre d'honneur que porte le sultan de Turquie.

PAGE. Jeune garçon attaché au service d'un roi, d'un prince, d'un seigneur.

L'institution des pages est tombée en désuétude dans la plupart des cours de l'Europe.

Il y avait autrefois des pages attachés au service des ambassadeurs; on peut considérer comme leurs successeurs les *attachés d'ambassade ou de légation*. (*Voir* ATTACHÉ.)

PAIR. Sous le régime féodal on appelait *pairs* les principaux vassaux d'un seigneur, qui avaient entre eux également droit de juger avec lui : on les nommait ainsi parce qu'ils étaient égaux (*pares*) entre eux en pouvoir et en dignité; on leur donnait aussi le titre de *barons* ou seigneurs.

Les anciens rois de France avaient leurs pairs, d'abord au nombre de sept, et plus tard de douze, c'étaient les grand-vassaux de la couronne. Enfin le titre de pair fut étendu à tous ceux qui possédaient des terres érigées en pairies et qui avaient droit de séance au parlement de Paris ; le nombre en devint illimité.

On appelait *duc et pair* le seigneur qui avait à la fois le titre de duc et celui de pair.

La pairie, abolie en France en 1789 avec les parlements, fut rétablie en 1814 par la Restauration et forma avec la Chambre des députés un corps législatif et politique ; il y avait alors des pairs héréditaires et des pairs viagers. La Chambre des pairs a été supprimée en février 1848.

L'Angleterre a aussi des pairs ; cette dignité est héréditaire et inhérente à la haute noblesse. La pairie, reposant sur les seigneuries territoriales, passe quelquefois aux femmes. Les pairs anglais forment un corps politique, qu'on nomme la Chambre des Lords, dite par opposition à la Chambre des communes. C'est la Chambre-haute du parlement du Royaume-Uni.

PAIRIE. Dignité attachée à un grand fief relevant immédiatement de la couronne.

Fief ou domaine auquel cette dignité était attachée.

Duché-pairie, comté-pairie : duché, comté auquel étaient joint le titre de pair.

Pairie héréditaire, titre de pair transmissible à l'aîné des héritiers mâles.

Pairie personne, titre et dignité de pair à vie seulement.

Pairie femelle, celle qui pouvait passer aux femmes.

Dignité de membre de l'ancienne chambre des Pairs en France, et de membre de la Chambre des Lords en Angleterre.

PAIVA (V. F. N.), jurisconsulte portugais.

Elementos de direito dos gentes, (Eléments du droit des gens). Coimbre 1864.

PAIX. Etat d'une nation qui n'a pas d'ennemis à combattre,

Se dit aussi des rapports réguliers et tranquilles d'un Etat avec un autre, ainsi que des traités qui ont pour objet d'établir ces rapports, ou de les rétablir, lorsqu'ils ont été troublés ou interrompus.

C'est surtout à la suite d'une guerre que les nations recherchent la paix, c'est-à-dire de rétablir les relations d'amitié et de bonne harmonie que les hostilités avaient rompues.

Réalisation de la paix. Il y a trois moyens principaux de réaliser la paix :

1° la cessation de fait des hostilités de la part des belligérants et la reprise entre eux des relations qui existaient avant la guerre ; 2° la soumission absolue de l'un des Etats belligérants à l'autre par suite de conquête et d'absorption ; 3° la conclusion d'un traité général et formel de paix.

L'usage consacré veut que les belligérants, quand ils entendent mettre fin à la guerre, fassent une déclaration expresse pour constater la cessation des hostilités. Toutefois, comme il n'existe à cet égard aucune obligation impérative, ils peuvent par une espèce de convention tacite suspendre de fait tout acte de guerre et rétablir immédiatement entre eux des relations d'amitié et de bonne intelligence.

Un pareil mode de procéder n'est pas sans inconvénient. Dans cet état de choses le *statu quo* accepté par les belligérants lors de la suspension des hostilités, peut sans doute servir de base naturelle au rétablissement des relations pacifiques ; mais en l'absence d'une déclaration expresse on ne saurait en inférer que les griefs qui ont donné naissance à la guerre ou que la guerre a suscités, se trouvent abandonnés ; ils doivent plutôt être considérés comme restant à l'état de question ouverte ou comme n'ayant plus de raison d'être. Le *statu quo post bellum* subsiste tant qu'on ne conteste pas les modifications de fait opérées par la guerre ; pour le reste le *statu quo ante bellum* demeure la règle. En outre le moment précis auquel la guerre a cessé pour faire place à la paix est incertain. Un point de départ fixe est nécessaire pour la cessation des hostilités d'un côté comme de l'autre. Une déclaration explicite du rétablissement de la paix permet seule de constater le règlement définitif des différends qui avaient occasionné la rupture, et de déterminer dans quelle mesure les parties ont renoncé à leurs prétentions respectives ; autrement les causes de la guerre subsisteraient pour une guerre nouvelle.

S'il est un cas où un traité de paix ne soit pas indispensable, c'est celui de la retraite ou de l'expulsion d'un envahisseur ; car alors il y a un résultat matériel acquis : le territoire momentanément occupé est définitivement affranchi.

Soumission du vaincu. La soumission du vaincu ou vainqueur par suite de conquête ou d'absorption peut être absolue ou conditionnelle.

La soumission, même sans condition, doit être interprétée selon les lois de l'humanité, c'est-à-dire que le vainqueur n'a pas le droit d'exiger ce qu'un homme n'a pas le droit d'imposer à un autre. Suivant les lois modernes de la guerre, l'Etat vainqueur est fondé à dépouiller l'Etat vaincu de tout ou partie de son domaine souverain; mais il ne peut jamais s'emparer des droits privés de l'ennemi ni enchaîner la liberté des personnes. Le droit extrême du vainqueur s'arrête à l'annexion du territoire conquis, sur lequel il n'acquiert ainsi que des droits publics. La conquête ne donne pas un pouvoir absolu sur les personnes et les biens; les habitants et leurs familles ont leur existence indépendante, et l'Etat ne peut disposer d'eux arbitrairement. (*Voir* CONQUÊTE, CESSION DE TERRITOIRE, ANNEXION.)

Traités de paix. Les traités de paix sont des conventions par lesquelles deux ou plusieurs souverains consacrent entre eux d'une manière expresse la fin des hostilités, sans que pour cela l'une des parties tombe pour l'avenir sous la dépendance absolue de l'autre : c'est cette réserve qui distingue le traité de paix de la soumission ou de la conquête proprement dite.

Il ne faut pas confondre la *trève* ou l'*armistice* avec le traité de paix: ce dernier met un terme aux hostilités, tandis que l'armistice ne fait que les suspendre pour un temps déterminé. Au fond la suspension d'armes constitue sans doute un acheminement vers la conclusion d'un traité définitif, puisqu'elle est destinée à en faciliter la négociation; mais elle n'est pas la paix elle-même et n'en entraîne pas les conséquences. (*Voir* ARMISTICE, TRÈVE.)

Afin que les traités de paix soient revêtus d'un caractère parfaitement légal, le droit des gens a dû exiger pour leur conclusion des conditions analogues à celles que le droit civil prescrit à l'égard des engagements les plus sérieux, et principalement des conditions de capacité personnelle de la part des contractants. Ces conditions sont réglées par le droit public ou politique de chaque pays, selon la forme de gouvernement qui le régit.

En principe on peut établir que l'autorité suprême investie de la faculté de déclarer la guerre possède seule aussi celle de signer la paix.

Cependant, si la personne revêtue du plus haut pouvoir et du droit de représenter l'Etat ne peut d'après la constitution conclure la paix sans le consentement des chambres, cette restriction doit être respectée, et le traité ne sera valable et exécutoire que si la ratification est accordée, ou si, par suite d'un changement de constitution, elle n'est pas requise.

Il peut aussi se rencontrer des circonstances par suite desquelles un souverain ne serait plus capable d'exercer la prérogative qu'il tient de son titre ou de la constitution de ses Etats, de traiter de la paix.

Lorsque, par exemple, un prince est devenu prisonnier de guerre, il se trouve dépouillé de la liberté de ses actes et de ses décisions, qui peuvent dès lors sembler dominées par une pression irrésistible. Or l'équité naturelle ne permet pas de faire subir à toute une nation les conséquences d'une pareille situation. Le chef d'Etat tombé en captivité est désormais regardé comme en tutelle, et partant comme inhabile à traiter par lui-même, à engager ses sujets par des actes au prix desquels il serait tenté d'acheter sa mise en liberté. En pareil cas ce sont les corps constitués de la nation, privée temporairement de son souverain, qui sont appelés à exercer le pouvoir de négocier et de conclure la paix.

L'autorité générale de conclure les traités de paix implique nécessairement la faculté d'en stipuler les conditions. Lorsqu'une nation a conféré à son pouvoir exécutif, sans réserve, le droit de traiter et de contracter des engagements avec les autres Etats, elle est considérée comme l'ayant investi de toute l'autorité nécessaire pour faire un contrat valable. Or les lois fondamentales d'un Etat peuvent retirer au pouvoir exécutif la faculté d'aliéner ce qui appartient à l'Etat; mais si elles ne comportent pas de disposition expresse à cet effet, on est en droit d'en déduire que l'Etat a conféré au pouvoir chargé de conclure des traités une autorité proportionnée à tous les besoins de la nation; et les Etats étrangers n'ont pas d'autre présomption pour nouer des relations sûres avec le gouvernement. Il s'ensuit que le pouvoir exécutif peut alors engager la nation par l'aliénation d'une partie de son territoire. Les aliénations auxquelles il consent sont valables parce qu'elles sont censées émaner de la volonté de la nation. (*Voir* ALIÉNATION.)

Négociations préliminaires. L'ouverture des négociations pour la conclusion de la paix soulève deux questions préliminaires.

Il s'agit d'abord de savoir quelles formalités seront observées dans la conduite des négociations : or il n'existe point de règles fixes à cet égard. S'il surgit quelque difficulté sur un point de forme, on s'entend généralement pour l'aplanir avant d'aborder l'œuvre principale, la discussion et la signature du traité.

Un sujet plus urgent, plus important, c'est le choix de l'endroit où les négociations doivent s'ouvrir. Cette question est plutôt du domaine des convenances. On recherche surtout un lieu qui soit d'un accès facile et commode pour chacun des belligérants; mais il est rare que l'on choisisse le territoire de l'un deux. Le plus souvent les négociations ont lieu sur le territoire d'une puissance neutre.

Préliminaires de paix. Dans la plupart des cas de nombreux pourparlers et travaux préparatoires retardent la signature du traité de paix définitif; alors, afin d'assurer immédiatement le rétablissement de la paix, on a recours aux *préliminaires de paix.*

Ces préliminaires ne sont souvent qu'un sommaire abrégé des stipulations essentielles de la paix définitive; mais souvent aussi ils prennent la forme de véritables traités. Dans l'un et l'autre cas, dès qu'ils ont été signés et ratifiés, ils deviennent obligatoires et produisent les mêmes effets que les traités définitifs par lesquels ils doivent être remplacés à moins qu'on ne soit expressément convenu du contraire : ce qui changerait le traité préliminaire en un simple projet.

La conclusion des préliminaires ne suspend pas les négociations pour le traité définitif. (*Voir* PRÉLIMINAIRES.)

Rédaction des traités de paix. Le traité de paix est en général un instrument complexe, entouré de certaines garanties propres à en assurer le maintien et la durée; il est d'ordinaire accompagné de conditions spéciales qui ne rétablissent pas toujours les choses identiquement sur le pied où elles étaient avant la guerre : en effet, le traité peut stipuler une cession ou un échange de territoire, une rectification de frontières, la concession d'avantages commerciaux, voire même des subsides, des indemnités pécuniaires ou un pacte d'alliance.

Dans les traités de paix il y a lieu de distinguer les articles *généraux* et les articles *particuliers.*

Les articles généraux comportent généralement le rétablissement de la paix, la cessation des hostilités et de leurs conséquences immédiates, l'échange ou la restitution des prisonniers, l'amnistie, la reprise du commerce, de la correspondance, etc.

Les articles particuliers renferment plus spécialement les conditions de la paix.

Après l'introduction, qui énonce les motifs du traité et les noms des plénipotentiaires, on commence par ranger les articles généraux, puis on fait suivre les articles particuliers; enfin un dernier article règle le mode des ratifications, le temps et le lieu de leur échange.

Quelquefois, après que le traité a été rédigé, on y ajoute des articles séparés, mais en les déclarant expressément aussi obligatoires que s'ils étaient insérés dans le traité même. Ces articles ont ordinairement trait aux conditions mêmes de la paix ou à l'exécution du traité. Ils peuvent être ou publics ou secrets; dans ce dernier cas c'est que leur révélation au public pourrait entraîner quelque danger en raison de leur nature ou de la situation des parties D'autrefois les articles séparés n'ont la valeur que de clauses de réserve et d'exception, ayant pour objet d'empêcher que ce qui a été accordé dans l'espèce ne tire à conséquence; ils concernent surtout les titres et la langue dont on s'est servi pour la rédaction du traité.

Il peut arriver que plus de deux puissances aient pris une part directe à la guerre, et que toutes ces puissances doivent concourir à la paix. En pareil cas, ou bien on rédige un seul traité auquel toutes les puissances sont parties contractantes principales, ou bien chaque puissance signe avec son ennemi un traité séparé, duquel il ne résulte ni droit ni obligation pour les autres puissances, à moins que ces traités conclus séparément ne soient rendus communs par un accord exprès; ou bien encore une puissance accède à un traité déjà conclu, auquel elle devient dès lors partie principale, en obtenant ainsi tous les droits et en se chargeant de toutes les obligations qu'elle aurait eues si elle eût signé immédiatement le document principal. (*Voir* ACCESSION.)

Quand il existe des alliances entre un des belligérants et d'autres nations, il est évident que ces dernières doivent être comprises dans le traité de paix conclu avec le premier. (*Voir* ALLIANCE.)

Parfois aussi un traité de paix concerne de différentes manières des puissances qui n'ont pas pris une part directe à la guerre, mais qui étaient des auxiliaires, ou qui du moins avaient quelque intérêt à la guerre ou à la paix. Il se peut alors que l'une des puissances contractantes principales stipule quelque chose en leur faveur, soit en les comprenant dans le traité de manière à étendre sur elles la paix et l'amitié, sans toutefois les rendre par là parties contractantes principales, soit en insérant simplement dans le traité une clause qui leur soit particulière; or dans ce cas il n'est pas nécessaire qu'elles signifient formellement leur acceptation. Il se peut encore qu'on ajoute au traité des conventions séparées conclues avec ou entre de tels Etat et que ces conventions soient déclarées faire partie du document principal,

Chaque nation a le droit d'employer sa langue dans la rédaction des traités du paix.

Des tierces puissances peuvent être invitées à accéder au traité en vue d'obtenir leur assentiment ou de leur faire honneur. Toutes les fois qu'une puissance accède à un traité de paix soit dans ces dernières conditions, soit comme partie principale contractante, elle dresse un acte d'accession, dans lequel le traité de paix est inséré, et les parties principales rédigent un acte d'acceptation, renfermant le traité de paix et l'acte d'accession. (*Voir* ACCESSION.)

D'autres fois certaines puissances protestent formellement contre un traité de paix ou contre un ou plusieurs de ses articles; dans ce cas elles adressent un acte de protestation aux principales puissances contractantes. (*Voir* PROTESTATION.)

Effets des traités de paix. Les traités de paix embrassent tous les effets des accords internationaux et des conventions publiques ordinaires; mais en outre ils entraînent avec eux des conséquences qui leur sont propres et particulières.

En règle générale les traités de paix mettent fin à toute espèce de réclamations d'Etat à Etat, sauf sur les points découlant de faits accomplis pendant la guerre et pouvant prêter à des règlements particuliers. De ce nombre sont, par exemple, les débats sur les intérêts privés, les affaires contentieuses, les obligations souscrites par les prisonniers pour leur subsistance, les frais d'entretien des troupes, les réquisitions, etc.

Ces mêmes traités renferment toujours une clause générale d'oubli, c'est-à-dire une déclaration portant que les belligé-rants regardent leurs inimitiés comme entièrement apaisées et promettent réciproquement de ne plus en faire un sujet de guerre. La stipulation est forcément complétée par une amnistie en faveur des personnes et le pardon de tous les délits de trahison dont les sujets des Etats belligérants ont pu se rendre coupables. Lorsque cette clause n'est pas expressément énoncée, elle est virtuellement sous-entendue, car l'amnistie est un des éléments essentiels de la paix. (*Voir* AMNISTIE.)

Une conséquence nécessaire et logique de la conclusion de la paix, c'est que, dès que le traité est signé, les prisonniers doivent être remis en liberté. (*Voir* PRISONNIERS.)

L'état de possession au moment de la conclusion de la paix est considéré comme la base du nouvel ordre public créé par la paix : chacun conserve la souveraineté du territoire qu'il occupe. Le traité peut cependant établir la paix sur d'autres bases que l'état de possession ou rétablir souvent les choses telles qu'elles existaient avant la guerre. Lorsque le vaincu ne peut obtenir la paix qu'au prix d'une portion de son territoire, cette cession fait partie intégrante du traité de paix ou d'un acte spécial y annexé, dans lequel les contrées cédées sont énumérées, les nouvelles frontières entre les Etats contractants délimitées, etc. La paix seule donne la sanction du droit à la conquête ou à l'annexion violente.

La cession ou la prise de possession par suite de la conquête n'est considérée comme définitive et valable qu'autant qu'elle est consacrée par le traité de paix, qui contient ordinairement une renonciation formelle de l'ancien souverain au territoire que lui arrache le sort des armes. Le traité de paix ne règle pas seulement la question de possession; il pose en outre les bases des nouvelles relations que les modifications territoriales établissent entre les différentes parties intéressées. (*Voir* CONQUÊTE, CESSION, ANNEXION, POSSESSION.)

Toutes les pratiques, tous les actes violents de la guerre cessent avec la signature de la paix. Le vainqueur perd donc tout droit de percevoir les impôts, d'ordonner des réquisitions, de lever des contributions de guerre sur le territoire ennemi encore occupé. Dès que la paix est conclue, les caisses publiques ne peuvent plus être saisies par l'occupant; elles doivent être remises sans retard aux autorités régulières. (*Voir* CONTRI-BUTIONS, RÉQUISITIONS.)

Mais lorsque l'armée se trouve en pays ennemi au moment de la conclusion de la paix, le départ des troupes exige un certain temps; il y a donc des mesures transitoires à prendre pour la sécurité de ces troupes jusqu'à ce que l'évacuation du pays occupé soit définitivement consommée; ces mesures ne doivent en aucun cas conserver le caractère arbitraire de la guerre, et tous les actes d'hostilité commis après la paix doivent être réprimés et punis, et des dédommagements doivent être alloués aux personnes qui en sont victimes.

Cependant la conclusion de la paix ne met pas toujours un terme à l'occupation du territoire de l'un des belligérants par l'autre. C'est ce qui a lieu lorsque, par les préliminaires ou le traité de paix, a été stipulé le paiement d'une indemnité de guerre d'une telle importance que ce paiement ne peut s'effectuer intégralement que dans un certain délai et par des acomptes successifs. En garantie de l'exécution de ces arrangements les troupes victorieuses continuent d'occuper une partie du territoire ennemi, qu'elles doivent évacuer ou entièrement à la fois lors du paiement intégral, ou progressivement à mesure du versement des acomptes. (*Voir* OCCUPATION.)

Le traité de paix n'invalide pas les engagements contractés antérieurement à l'état de guerre, pourvu que ces engagements aient établi des rapports permanents et réels inhérents à ces territoires, les choses restituées à chacune des parties étant censées reprendre leur ancien caractère légal.

Il n'altère pas non plus les créances définitives ayant pour objet des prestations déterminées, exigibles déjà avant l'ouverture des hostilités; car la guerre n'est pas une cause destructive des dettes. (*Voir* CRÉANCE, DETTE.)

Les droits privés des sujets et des souverains belligérants, ainsi que ceux de leurs familles, ne subissent aucun changement, à moins de dispositions particulières.

En résumé on peut établir que la paix, quand le traité ne contient pas de stipulation contraire, ou bien ne change pas la situation dans laquelle les choses se trouvent au moment de la conclusion, ou les rétablit dans l'état d'avant la guerre.

En ce qui concerne les prises maritimes, on conçoit que les navires, avec leurs chargements, dont la capture a été jugée légitime, ne soient pas rendus ou ne donnent lieu à aucune indemnité; mais il est d'usage de restituer ceux dont la condamnation n'a pas encore été prononcée au moment de la conclusion de la paix, ou d'en payer la valeur.

Les conventions dont la mise en pratique avait été suspendue pendant la guerre, rentrent en vigueur de plein droit à la conclusion de la paix, à moins qu'elles n'aient été modifiées par le traité de paix ou qu'elles ne se rapportent à des choses que la guerre a anéanties ou matériellement modifiées. Ainsi lorsque par suite du traité de paix un Etat est privé d'une existence indépendante, il est évident que les contrats publics passés avec cet Etat cessent avec la cessation de sa personnalité distincte.

Validité des traités de paix. Le traité de paix n'est parfait et définitivement obligatoire qu'après l'échange des ratifications; cependant il peut avoir un effet rétroactif, qui remonte jusqu'à la date de sa signature. La mise en vigueur peut aussi en être différée à une époque postérieure à la ratification. Par contre l'acte de ratification peut avoir un effet rétrospectif et confirmer le traité conformément aux termes de ses clauses.

Quoi qu'il en soit, dans la plupart des cas on n'attend pas la ratification du traité pour mettre fin aux hostilités; elles cessent de fait bien antérieurement, en vertu d'un armistice ou de préliminaires de paix qu'en général les belligérants concluent pour entamer les négociations qui doivent aboutir au traité définitif; cet armistice se prolonge jusqu'à l'issue de ces négociations.

Souvent le traité même fixe un délai pour la mise à exécution de ses clauses, par exemple pour l'évacuation du territoire occupé, le paiement d'indemnités de guerre, etc. Mais cette disposition particulière n'arrête pas les effets du traité en ce qui concerne son objet principal, la paix proprement dite, c'est-à-dire la cessation des hostilités et le rétablissement des relations réciproques antérieures à la guerre.

Lorsque la paix a mis fin aux hostilités, il est du devoir de l'Etat d'en donner connaissance à ses sujets en temps convenable; et s'il ne l'a pas fait, l'Etat est tenu en justice d'indemniser ses sujets qui agissent dans l'ignorance de la conclusion de la paix.

Les traités de paix sont également valables, qu'ils se concluent avec les autorités qui ont déclaré la guerre ou avec un autre gouvernement *de facto* nouvellement établi. Il est de principe en effet que les nations n'ont ni à s'immiscer dans les affaires intérieures d'aucune autre, ni à se préoccuper des titres du parti qui possède l'autorité souveraine. Elles ne doivent tenir compte que du fait de la possession de cette autorité et des pouvoirs dont ceux qui la possèdent sont investis par la forme de gouvernement existant ou par les lois fondamentales en vigueur au moment de la négociation du traité. Lors donc qu'un traité de paix a été régulièrement conclu par les personnes compétentes, il est obligatoire pour la nation entière, et partant pour tous les gouvernements qui se succèdent au pouvoir.

Quelquefois encore certaines clauses des traités de paix rendent nécessaires des arrangements ultérieurs ou complémentaires; les parties s'entendent à cet effet par des conventions additionnelles spéciales; ou bien elles nomment des commissions chargées d'aviser et de veiller au mode d'exécution.

Pour que le traité de paix soit valide, il faut le concours des trois conditions suivantes :

1º Que les parties contractantes soient dûment autorisées à les conclure ;

2º Qu'elles y donnent leur plein assentiment ;

Et 3º que ce consentement soit libre et spontané.

A ces trois conditions on peut en ajouter deux autres, savoir : que l'entente et l'adhésion aux stipulations soient réciproques, et que l'exécution en soit praticable et facile.

Violation des traités de paix. La nonexécution ou la violation d'une ou de plusieurs dispositions du traité constitue une infraction de nature à occasionner de nouvelles complications, à entraîner même la nullité du traité; elle affranchit en tout cas la partie adverse de l'obligation de l'accomplir de son côté, ou lui donne le droit de demander un dédommagement, une réparation et des garanties pour l'avenir.

La violation des stipulations du traité diffère essentiellement de la rupture de la paix ; elle doit être traitée comme toutes les violations de conventions, et elle peut suivant les circonstances amener de dangereuses complications, provoquer même une nouvelle guerre.

Parmi les faits regardés comme des violations de traité, on range la demande injustifiable de délais pour l'accomplissement des stipulations.

La non-observation des articles du traité entraîne la rupture du traité entier.

Garantie des traités de paix. Pour assurer l'exécution des traités de paix, la partie qui y a intérêt recourt parfois à des garanties, puisées le plus souvent soit dans le dépôt à titre de gage de valeurs mobilières, soit dans l'occupation temporaire de forteresses, de villes ou de portions de territoire, soit dans l'intervention d'un souverain tiers, qui fortifie de sa propre parole les engagements pris par l'une des parties contractantes.

Rupture des traités de paix. Le traité de paix peut se rompre de deux manières : soit par une conduite contraire à l'essence de tout pacte pacifique, comme, par exemple, la reprise des hostilités sans motif plausible après le délai convenu pour la fin de la lutte ou en invoquant de nouveau la cause qui a motivé la gerre ; soit par l'infraction à quelqu'une des clauses du traité.

Les stipulations relatives aux prises, aux blocus, aux prisonniers et à la contrebande de guerre ne peuvent être annulées qu'en vertu de nouvelles conventions; mais les obligations des traités, même de ceux qui sont perpétuels, expirent toujours lorsqu'une des parties contractantes cesse d'être indépendante ou éprouve dans son état une modification incompatible avec la lettre et l'esprit de ces traités.

PALAIS. Maison vaste et somptueuse destinée à l'habitation d'un prince, d'un grand personnage. Dans le principe ce nom était réservé à la demeure des souverains. De là sont venues ces expressions: les coutumes du palais, c'est-à-dire l'étiquette qu'on y observe; révolution de palais, révolte qui a lieu dans l'intérieur du palais d'un souverain ; *maire du palais*, premier officier de la maison royale (voir ce terme).

Plus tard la dénomination de *palais* a été étendue aux édifices où s'exercent les grandes fonctions de l'administration publique : le *Palais* du sénat, de la chambre des députés, etc.

Le *Palais de justice* ou simplement le *Palais*, en France lieu où siègent les tribunaux. En terme de pratique, on nomme *jours de palais* les jours où l'on plaide au Palais; *style du palais, termes de palais,* les formules et les termes de pratique dont on se sert dans les actes judiciaires et dans les plaidoieries ; *gens de palais,* les juges, les avocats, etc.

PALATIN. Titre de dignité donné à ceux qui avaient quelque office dans le palais d'un prince, et à des seigneurs qui avaient un palais où l'on rendait la justice.

Le comte palatin, sous les rois francs, jugeait les contestations entre les officiers du palais et administrait les domaines royaux.

Ce titre, tombé partout ailleurs en désuétude, a subsisté jusqu'au commencement de notre siècle dans l'Empire Germanique, où les comtes palatins étaient les premiers dignitaires. Le plus puissant parmi eux était le comte palatin ou électeur palatin du Rhin, qui a en 1805 échangé son titre féodal contre celui de roi de Bavière.

Le titre de palatin était aussi usité dans l'ancien royaume de Pologne, où il était donné aux gouverneurs des voivodies ou des provinces. Ces palatins, dont les fonctions n'étaient pas héréditaires, étaient nommés par le roi.

En Hongrie les gouverneurs des comitats sont qualifiés de palatins. Il y avait en outre pour toute la Hongrie un grand palatin, qui était le représentant du roi, général en chef de l'armée, chef suprême de la justice, en un mot remplissait les fonctions de régent ou de vice-roi en l'absence ou pendant la minorité du roi : c'était un magnat que choisissait l'assemblée nationale sur une liste de quatre candidats présentés par le souverain, pour le remplacer dans toutes les affaires importantes.

Depuis l'annexion à l'Autriche, c'était toujours un archiduc qui était palatin de Hongrie.

PALATINAT. Dignité de palatin. En Pologne, synonyme de province ou voivodie; en Hongrie, de comitat ou comté.

C'était aussi le nom donné à un pays allemand sous la domination de l'Électeur palatin (Bavière). Aujourd'hui c'est le nom de la Bavière rhénane.

PANAMA (Congrès de). Panama, ville des Etats-Unis de Colombie, sur la côte nord du golfe du même nom.

Il s'y est tenu, en 1826, un congrès de plénipotentiaires de divers Etats de l'Amérique, en vue de réaliser un projet de fonder un pacte d'union et de ligue perpétuelles entre tous les Etats de l'Amérique.

Après leur affranchissement de la do-

mination métropolitaine, l'idée était née chez les républiques formées des anciennes colonies espagnoles de former entre elles une confédération d'un caractère à demi-politique et à demi-international, sans qu'il fût porté atteinte à la souveraineté de chaque Etat, ni aux formes de leurs gouvernements respectifs, ni à leurs relations avec les nations étrangères.

Dès 1822, le général Bolivar, président de la Colombie, république qui comprenait alors en outre des pays connus aujourd'hui sous ce nom, l'Équateur et le Vénézuéla, avait invité les gouvernements du Pérou, du Chili, de Buenos-Aires et du Mexique, à envoyer des plénipotentiaires à une conférence qui se réunirait dans l'isthme de Panama ou en tout autre lieu qui serait choisi par la majorité.

La conférence n'eut pas lieu; mais cette initiative eut pour résultat la conclusion entre les divers Etats de traités particuliers tendant à la formation „d'une alliance défensive à perpétuité, à l'effet de soutenir leur indépendance de la nation espagnole et de toute autre domination étrangère.“

En 1824, Bolivar, alors à la tête du gouvernement républicain du Pérou, renouvela son invitation aux autres républiques américaines de former un congrès général.

Cette invitation fut acceptée avec enthousiasme, et le 22 juin 1826 les plénipotentiaires de la Colombie, de l'Amérique centrale, du Pérou et du Mexique (deux pour chaque Etat) s'assemblèrent à Panama.

Le congrès termina sa session le 15 juillet suivant, après avoir signé quatre traités, dont le premier consistait en un pacte d'union, de ligue et de confédération entre les républiques de la Colombie, de l'Amérique Centrale, du Pérou et les Etats-Unis du Mexique; le second stipulait le transfert de l'assemblée américaine dans la ville de Tacubayu, au Mexique; le troisième fixait les contingents armés que chacune des républiques confédérées devait fournir à la ligue; le quatrième réglait l'envoi et la marche de ces contingents.

En somme, le Congrès de Panama, n'aboutit à aucun résultat pratique; seule la Colombie ratifia les conventions qui y avaient été conclus; mais elle ne put obtenir l'échange des ratifications des autres gouvernements.

Lorsque, en 1831, fut reprise l'idée de

4

réunir de nouveau le congrès américain, le ministre des affaires étrangères du Mexique disait, dans la circulaire qu'il adressa à cet effet aux autres Etats hispano-américains : „que le Congrès de Panama n'avait pas produit les résultats salutaires qu'on devait en attendre, et qu'une des causes qui avaient contribué à son avortement et entraîné d'une manière très directe sa dissolution, c'était le grand appareil qu'on avait voulu lui donner, ainsi que la présence d'agents de puissances qui n'étaient intéressées d'aucune façon à la réussite du projet.“

Ces derniers mots faisaient allusion à la présence au congrès d'un commissaire de la Grande-Bretagne et d'un envoyé du roi des Pays-Bas, qui avaient en effet, sur invitation expresse, assisté aux travaux des plénipotentiaires américains, et qui, sans prendre aucune part aux délibérations, avaient cependant émis des opinions, donné des avis de nature à refroidir l'ardeur des confédérés.

Le commissaire britannique s'était borné à conseiller aux plénipotentiaires de témoigner du respect pour les institutions des autres peuples, de dissiper les soupçons généralement répandus que l'Amérique républicaine prétendait établir un système politique opposé à celui de l'Europe, et de consentir à un sacrifice pécuniaire en faveur de l'Espagne. La mission de l'envoyé néerlandais avait un caractère purement privé : il exprima aux plénipotentiaires les vœux que son souverain faisait pour le bonheur des républiques alliées, dont les égards qu'il devait aux grandes puissances l'avaient empêché de reconnaître encore l'indépendance.

Les Etats-Unis avaient également eu l'intention de se faire représenter au Congrès de Panama ; mais de leurs deux envoyés l'un mourut en se rendant dans l'isthme, et l'autre n'arriva qu'après l'ajournement à Tacubaya.

Les instructions dont les plénipotentiaires des Etat-Unis étaient munis portaient qu'ils devaient prendre part aux conférences, à condition qu'elles seraient entièrement diplomatiques et non législatives, et qu'aucun des gouvernements ne serait obligé par le vote de la majorité, sans que le traité eût été ratifié conformément à sa constitution respective. Se maintenant dans les bornes de la politique de neutralité observée par les Etats-Unis à l'égard de l'Espagne et de ses colonies, ils ne devaient contracter aucune alliance offensive ; il devaient enfin conseiller aux nouvelles républiques de n'accorder à aucune nation des privilèges exclusifs.

Enfin le Congrès de Panama, quels qu'en eussent été les résultats, ne pouvait, en aucun cas, avoir la portée qu'avait présumée celui qui en avait pris l'initiative ; car ce n'avait pas été un congrès général américain dans le sens rigoureux du mot, puisque la Bolivie, le Chili, Buenos-Aires, le Paraguay et le Brésil n'y furent pas représentés : non pas que ces Etats fussent opposés à l'idée en principe ; mais plusieurs n'étaient pas d'accord sur le mode de la mettre à exécution.

PANDECTES. Recueil de décisions des anciens jurisconsultes romains, formé par ordre de l'Empereur Justinien ; il est divisé en 50 livres.

On lui donne aussi le nom de *Digeste*. Pour parler plus exactement, les *Pandectes* sont la traduction en grec. du *Digeste*, qui est le recueil originaire des lois, écrites en latin.

PANDO (José Maria de) publiciste sud-américain, né à Lima en 1787, mort en 1840.

Il fut chargé d'affaires d'Espagne aux Pays-Bas en 1815, à Lisbonne en 1820, puis secrétaire de la légation à Paris en 1822 ; étant retourné au Perou en 1814, il fut ministre des finances, ministre plénipotentiaire au Congrès de Panama, et administrateur général des postes en 1833.

Il ne reste guère de lui qu'une œuvre posthume, sous le titre de *Elementos del derecho internacional* (Éléments du droit international), publiée pour la première fois en 1843, et dont d'autres éditions ont été imprimées à Madrid, à Caracas, à Santiago (Chili) et à Lima. L'ouvrage de Pando n'est pas, à proprement parler, un livre fini, complet ; c'est plutôt un recueil de notes prises en vue de la composition ultérieure d'un livre, ou une espèce de *memorandum* pour servir de guide dans l'exercice de diverses fonctions diplomatiques.

Nous citerons encore de Pando *Pensamientos i apuntes sobre la moral y la política* (Pensées et notes sur la morale et la politique), Cadix, 1837.

PANGERMANISME. Système politique tendant à réunir sous une seule et même domination tous les peuples d'origine germanique ou allemande.

PANHELLÉNISME. Tendance des peuples de race grecque ou hellénique à former un seul corps de nation.

PANISLAMISME. Système à la fois politique et religieux qui tendrait à ramener sous le sceptre du sultan de Turquie toutes les populations qui professent le mahométisme ou islamisme, quelle que soit leur race ou leur origine primitive, et en quelque pays qu'elles soient fixées.

PANSLAVISME. Système politique ayant pour base l'union de tous les peuples de race slave.

Ce système se présente sous deux formes : dans l'une, il s'agirait de rattacher tous les pays slaves à l'empire des Czars de Russie; l'autre tend plutôt à une confédération des peuples slaves : cette tendance est identique à celle qui rapproche de plus en plus les peuples allemands les uns des autres.

PAPAUTÉ. Dignité de pape, pouvoir du pape. Temps pendant lequel un pape occupe le Saint-Siège.

PAPE. Le chef de l'Eglise catholique.

Dans les premiers temps du christianisme le Pape n'était que l'évêque de Rome. Cependant ce titre lui donnait une sorte de suprématie sur les autres évêques. Dans le cours du temps, vers le 8e siècle, il devint souverain temporel de Rome et d'un territoire adjacent, qui prit le nom d'Etat de l'Eglise; mais depuis le mois de septembre 1870, la capitale du royaume d'Italie ayant été transférée à Rome, le pape est réduit à l'exercice d'une autorité spirituelle dans la sphère des affaires religieuses des nations catholiques.

Les Etats qui représentent ces nations, ont continué d'accréditer, comme ils le faisaient précédemment, des agents diplomatiques auprès du pape, qui, de son côté, accrédite auprès d'eux des envoyés spéciaux, auxquels on donne les noms de *légats*, de *nonces*, d'*internonces*, etc., selon la nature des missions dont ils sont chargés et du rang auquel ils sont élevés. (*Voir* LÉGAT, NONCE, INTERNONCE.)

Le Pape est élu par les cardinaux enfermés dans le *conclave* (voir ce mot) et est choisi parmi eux. Il a la souveraine autorité sur l'Eglise catholique romaine, fait observer les règlements ou *canons* (voir ce mot), nomme les cardinaux, préconise les évêques, crée ou supprime les ordres religieux, assemble les conciles, veille au maintien du dogme et des doctrines, accorde des dispenses, des indulgences, prononce ou lève les excommunications, etc.

On donne aussi au Pape les titres de *Souverain Pontife*, de *Saint-Père*, en s'adressant à lui on dit *Votre Sainteté*.

PAPIERS DE BORD. On appelle ainsi les papiers ou documents qu'un capitaine de navire est tenu d'avoir à son bord, pour justifier de sa nationalité, de sa provenance, de sa destination et de la propriété de tout ce qui se trouve dans le navire.

Ces papiers consistent le plus ordinairement dans un acte indiquant le signalement du navire, ses dimensions, son nom, des détails sur sa construction, dans un passeport ou patente de navigation, dans un acte autorisant le navire à porter le pavillon national, dans un rôle de l'équipage mentionnant les noms et la nationalité des matelots, et dans un acte d'achat ou de propriété.

On peut aussi réunir en un seul document tous les actes ou une partie d'entre eux.

Ces papiers donnent lieu à une grande diversité d'usages entre les nations; leur nombre, leur nature et leur libellé varient d'ailleurs à l'infini d'un pays à l'autre et sont réglés par les codes ou les lois intérieures de chaque Etat.

Le capitaine est tenu de produire ses papiers de bord chaque fois qu'il en est légitimement requis. Il se met en cas de suspicion, lorsqu'il n'a pas de papiers, ou lorsqu'il a détruit ceux qu'il avait, ou lorsqu'il a des papiers doubles : ce qui fait naître la présomption qu'ils sont faux ou falsifiés.

On a aussi rangé parmi les motifs de soupçon le fait par des navires arrêtés de jeter leurs papiers à la mer. Les gouvernements ont publié des défenses à cet égard et en ont fait des stipulations expresses dans les traités. En général le jet des papiers de bord à la mer, leur suppression ou leur destruction donne lieu à la prise d'un bâtiment en temps de guerre. (*Voir* JET A LA MER.)

PAPIER-MONNAIE. Papier auquel le gouvernement donne la valeur de l'argent monnayé et cours forcé : c'est une monnaie fictive, sans valeur intrinsèque comme le métal.

Ce papier a généralement pour objet de faciliter les échanges et les transports de fonds.

Les billets de banque dont l'émission et la circulation sont autorisées par le gouvernement, rentrent dans cette catégorie; cependant le cours n'en est en général point forcé, et on est libre de les accepter ou de les refuser en paiement.

PARACHRONISME. Erreur de chronologie consistant à placer un événement à une date postérieure à celle qui marque l'époque réelle où il est arrivé.

PARAGUAY, indépendance (acte d') de la République du Paraguay.

La province du Paraguay, qui dans l'origine faisait partie de l'ancienne vice-royauté de Buenos-Aires, était affranchie de fait de la domination espagnole depuis 1811; mais ce fut pour être livrée au pouvoir d'un dictateur, qui dura jusqu'au 1840, époque de la mort du docteur Francia.

Alors fut organisé un nouveau gouvernement d'une forme plus libérale, qui commença ses travaux par la ratification de l'autonomie et de l'indépendance du pays. A cet effet il convoqua un congrès, qui adopta l'acte dont voici le passage principal :

1º La République du Paraguay, dans le Rio de la Plata, est pour toujours, de fait et de droit, une nation libre et indépendante de tout pouvoir étranger;

2º Jamais elle ne sera le patrimoine d'une personne ou d'une famille;

3º A l'avenir le gouvernement qui sera nommé pour présider aux destinées de la nation, prêtera en présence du Congrès, le serment de défendre et de sauvegarder l'intégrité et l'indépendance du territoire de la République, sans l'accomplissement de laquelle formalité il ne pourra prendre possession de l'autorité, excepté le gouvernement actuel, qui a déjà prêté ce serment le jour même de son inauguration;

4º Les employés militaires et ecclésiastiques seront tenus de prêter serment à la teneur du présent acte à partir du jour de sa promulgation;

5º Aucun citoyen ne pourra à l'avenir occuper un emploi public, sans prêter préalablement le serment indiqué en l'article qui précède;

6º Le gouvernement suprême communiquera officiellement cette déclaration solennelle aux gouvernements voisins et à celui de la Confédération Argentine et rendra ensuite compte au Congrès souverain du résultat de cette démarche;

7º Le présent acte sera communiqué au Pouvoir Exécutif de la République, afin qu'il le fasse publier dans le territoire de la nation avec toute la solennité possible, qu'il l'exécute et le fasse exécuter ainsi qu'il convient.

PARDESSUS (Jean Marie), jurisconsulte français, né à Blois le 11 août 1772, mort le 26 mai 1853.

Il fit partie des différentes assemblées législatives de 1806 à 1830. Il gagna au concours en 1809 la chaire de droit commercial à la Faculté de Paris. Nommé en 1821 conseiller à la Cour de cassation; il donna sa démission en 1830.

Il a écrit de nombreux et remarquables ouvrages de jurisprudence.

Son *Cours de droit commercial* est estimé comme le traité le plus complet sur cette matière. (1813–1817, 4 vol. in-8' et in-4º. Une sixième édition en a été publiée en 1856—1857 par M. Eugène de Rozière, petit-fils de l'auteur. Paris, 4 vol. in-8º.)

Traité des servitudes. 1806, 2 vol. in-8º.

Eléments de jurisprudence commerciale. 1811, in-8º.

Collection des lois maritimes antérieures au XVIIIe siècle. 1828—1845, 6 vol. in-4º.

Us et coutumes de la mer dans l'antiquité et au moyen-âge. 1847, 2 vol. in-4º.

Tableau du commerce antérieurement à la découverte de l'Amérique. 1834, in-4º.

Essai historique sur l'organisation judiciaire et l'administration depuis Hugues Capet jusqu'à Louis XII, servant de préface au 21e volume du *Recueil des ordonnances des rois de France.*

PAREATIS. Mot latin qui signifie „Obéissez".

Permission qu'on obtenait autrefois en chancellerie afin de pouvoir exécuter un jugement ou un arrêt hors du ressort du tribunal par lequel il avait été rendu.

Nom des lettres de chancellerie que le roi délivrait à cet effet.

C'est encore la requête qu'on adresse à un juge pour obtenir de lui une ordonnance autorisant à exécuter dans sa juridiction un jugement ou une décision d'un autre juge. (*Voir* EXÉCUTION PAREE.)

PARFAIT. Complet, total, bien défini.

Ainsi on qualifie de *devoirs parfaits* les devoirs qui sont nettement déterminés et dont on peut exiger l'accomplissement. (*Voir* DEVOIR.)

PARIEU (Marie Louis Pierre Félix Esquirou), jurisconsulte français, né à Aurillac le 13 avril 1815. Ministre de l'instruction publique de 1849 à 1851 et ministre-président du Conseil d'Etat en 1870 ; membre de l'Académie des sciences morales et politiques ; président de l'In-

stitut de droit international de 1877 à
1879.

*La politique française dans la question
monétaire cosmopolite.* Paris, 1875.

Principes de la science politique. 2ᵉ édition, 1875.

*Traité des impôts considérés sous le rap-
port historique, économique et politique en
France et à l'étranger.* 2ᵉ édition. 4 vol.
1866 – 1867.

PARIS et HUBERTSBOURG (traités
de paix de) 1763. Malgré la paix d'Aix-
la-Chapelle, les Anglais, prenant pour
prétexte un différend survenu au sujet
de la délimitation de l'Acadie ou Nou-
velle-Ecosse, commencèrent, sans déclaration préalable de guerre, le 8 juin
1755, les hostilités en Amérique contre
la France, qui, en revanche, envahit l'é-
lectorat de Hanovre.

L'Angleterre mit ce pays sous la sauvegarde du roi de Prusse par un traité
signé à Londres le 16 janvier 1756.

Telle fut l'origine de la guerre dit de
Sept ans (voir ce mot), qui embrassa bientôt une partie de l'Europe, et dans laquelle
s'immiscèrent la plupart des puissances.
Elle se termina par les traités de paix
de Paris et de Hubertsbourg.

Le premier de ces traités fut signé à
Paris le 10 février 1763 entre la France,
l'Angleterre, l'Espagne et le Portugal.
Il renouvelle tous les traités existants
entre les parties contractantes depuis
celui de Westphalie.

La France cède à l'Angleterre la Nou-
velle-Ecosse, le Canada, l'île du Cap
Breton, toutes les autres îles et côtes
dans le golfe et le fleuve Saint-Laurent,
l'île de Grenade et les Grenadines en
Amérique, etc.

L'Angleterre cède à la France les îles
de Saint-Pierre et de Miquelon, situées
sur les côtes de l'île de Terre-Neuve, les
îles de Belle-Ile, la Martinique, la Guadeloupe, Marie-Galante, la Désirade et
Sainte-Lucie; Saint-Vincent, la Dominique et Tabago restent aux Anglais.

Les confins entre les deux nations en
Amérique sont fixés par une ligne tirée
au milieu du Mississipi depuis sa naissance jusqu'à son embouchure, à l'exception de la ville et de l'île de la Nouvelle-Orléans, qui demeurent à la France;
mais la Nouvelle-Orléans, avec la partie
de la Louisiane située à l'ouest du Mississipi, avait été cédée aux Espagnols,
par une convention secrète entre les
cours de Madrid et de Versailles signée
le 3 novembre 1762, dans le but de dé-

dommager l'Espagne de la Floride, qu'elle
abandonnait à l'Angleterre.

En Afrique l'île de Gorée est rendue
à la France qui cède à l'Angleterre la
rivière du Sénégal et les forts et comptoirs de Saint-Louis, de Pador et de
Galam.

Aux Indes Orientales, l'Angleterre restitue à la France tout ce qu'elle possédait en 1749 sur les côtes de Coroman-
del, d'Orixa, de Malabar et de Bengale;
et la France rend à l'Angleterre Natal
et Tabonaulx dans l'île de Sumatra.

En Europe, l'île de Minorque et le fort
Saint-Philippe sont rendus à l'Angleterre;
et la France restitue les pays appartenant à l'électeur de Hanovre, au landgrave de Hesse et au comte de Lippe-
Buckebourg.

L'Espagne recouvre l'île de Cuba.

Enfin tous les pays et territoires qui
pourraient avoir été conquis dans quelque partie du monde, que ce soit par les
armes des rois de France, d'Espagne,
d'Angleterre et de Portugal, et qui ne
sont pas compris dans ce traité à titre
de restitution ou de cession, seront rendus sans compensation.

Par le traité signé à Hubertsbourg le
15 février 1763 entre l'Impératrice d'Autriche et le Roi de Prusse, l'Impératrice
renonce à toutes prétentions sur les
Etats du roi de Prusse, lui restitue la
ville et le comté de Glatz, les forteresses
de Wésel et de Gueldre.

Par un autre traité signé le même jour
avec l'électeur de Saxe, roi de Pologne,
la Prusse lui restitue les villes de Leipzig, de Wittenberg et de Torgau et s'engage à évacuer promptement la Saxe.

Ces traités ont eu pour résultat la constitution définitive de la monarchie prussienne, devenue en Allemagne le contre-
poids de la puissance de l'Autriche.

PARIS (Convention de), 1800. Une des
dispositions du premier traité de commerce que les Etats-Unis avaient conclu
avec la France en 1778 portait que les
navires de guerre et les corsaires français pourraient librement entrer dans les
ports de la République et y amener
leurs prises sans aucune restriction, tandis que, sauf les cas de relâche forcée, la
même faveur devait être refusée à tous
les navires ennemis de la France sans
distinction de classe.

Cette inégalité de traitement au profit
d'un seul des belligérants provoqua des
représailles de la part de l'Angleterre, alors
en guerre avec la France; les croiseurs
anglais s'emparèrent de plusieurs car-

gaisons françaises embarquées sous pavillon nord-américain. La France insista auprès du gouvernement de Washington pour qu'il s'opposât à ces violences et fît respecter les privilèges de son pavillon ; mais ce gouvernement soutint que l'Angleterre, en agissant comme elle le faisait, obéissait à sa propre législation et que dès lors les Etats-Unis n'avaient pas le pouvoir de s'opposer aux mesures qui atteignaient le commerce français.

La discussion infructeuse engagée à ce sujet amena en 1796 le directoire de la République française à rendre un nouveau décret, qui déclarait de bonne prise toutes les cargaisons neutres ou ennemies capturées sous pavillon des Etats-Unis par les corsaires français.

L'exécution de ces mesures, donna lieu à des actes arbitraires, qui exaspérèrent les Américains, au point qu'on craignit que la guerre n'éclatât, lorsque le président des Etats-Unis se décida à essayer les voies de conciliation ; et le 30 septembre 1800 fut conclue la convention, dite *Convention de Paris.*

Cette convention stipule la restitution réciproque des navires pris de part et d'autre, ainsi que des propriétés capturées et non encore condamnées définitivement.

Les dettes contractées par l'une des deux nations envers les particuliers de l'autre, ou par des particuliers de l'une envers ceux de l'autre, seront acquittées ; mais la clause ne se rapporte pas aux indemnités réclamées pour des captures ou pour des condamnations.

Le commerce est déclaré libre entre les deux nations, qui jouiront dans les ports l'une de l'autre, relativement au commerce et à la navigation, à leurs vaisseaux et à leurs corsaires, ainsi qu'à leurs prises, des privilèges de la nation la plus favorisée : de sorte que les Français ne pouvaient plus réclamer les avantages que le traité de 1778 avait stipulés en leur faveur qu'autant que ces mêmes avantages avaient été accordés aux Anglais par la convention de 1794.

La convention reconnaît le principe que la navire couvre la cargaison, c'est-à-dire que les marchandises appartenant aux sujets d'une puissance avec laquelle on est en guerre, pourront être librement transportées sur des navires neutres, excepté celles de contrebande, qui sont nominativement désignées dans un des articles, mais, de même que le bâtiment couvre la cargaison, il la confisque aussi, c'est-à-dire que tout ce que les citoyens respectifs auront chargé sur des navires ennemis perdra par là sa qualité de neutre.

Les navires sous convois ne pourront être visités.

Dans le cas d'une guerre entre les deux nations, les citoyens et habitants respectifs auront six mois pour se retirer avec leurs effets, qu'ils pourront emporter ou vendre sous le moindre empêchement ; et les sommes que les individus de l'une des deux nations doivent à ceux de l'autre, ni les fonds qu'ils ont dans les établissements publics ne pourront être saisis.

Une clause spéciale détermine le droit de nommer les consuls.

La faculté est accordée aux citoyens des deux républiques de disposer par testament, par donation ou autrement, des biens que les Américains possèdent dans le territoire européen de la République française, et les Français dans le territoire des Etats-Unis ; ils pourront aussi succéder *ab intestat* sans avoir besoin de lettres du naturalisation.

PARIS (traité de) 1803. Par ce traité signé à Paris le 30 avril 1803, la France cède aux Etats-Unis, à toujours et en pleine souveraineté, le territoire de la Louisiane, qui venait d'être rétrocédé à la France par l'Espagne selon le traité de Madrid du 21 mars 1801.

Cette cession conférait aux habitants de la Louisiane, la faculté d'être admis à tous les droits de citoyens des Etats-Unis, aussitôt qu'il serait possible, d'après les principes de la Constitution fédérale.

Le prix de la cession était une somme de 60 millions de francs à payer par les Etats-Unis au moyen d'un fonds de 11,250,000 piastres, portant intérêt de 6 pour 100 par an, payable tous les six mois à Londres, à Amsterdam ou à Paris.

L'acquisition de la Louisiane a eu la plus haute importance pour les Etats-Unis : non seulement elle leur donnait une véritable consistance géographique ; mais de plus elle les rendait maîtres des bouches du Mississipi et assurait ainsi la liberté de leur commerce sur l'Ohio et au-delà des monts Alleghanys.

PARIS (traité de) 1810. Ce traité, conclu, le 16 mars 1810, par l'Empereur Napoléon et son frère Louis, roi de Hollande, était une des conséquences du système prohibitif adopté par la France à l'égard de l'Angleterre ; il amena la cessation d'existence de la Hollande comme Etat indépendant et sa réunion à l'Empire français.

Le traité commençait par stipuler que „jusqu'à ce que le gouvernement anglais eût solennellement renoncé aux dispositions comprises dans ses ordres du Conseil de 1807, tout commerce quelconque entre les ports de la Hollande et les ports de l'Angleterre était interdit"; et, pour veiller à l'exécution de cet article, „un corps de troupes de 18,000 hommes, dont 3000 de cavalerie et composé de 6000 Français et de 12,000 Hollandais, devait être placé à toutes les embouchures des rivières avec des employés des douanes françaises".

Il était réservé que les dispositions qui précèdent devaient être rapportées, aussitôt que l'Angleterre aurait révoqué ses ordres du Conseil de 1807, et dès ce moment les troupes françaises évacueraient la Hollande et la laisseraient jouir de l'intégrité de son indépendance.

Il est ensuite expliqué que, comme il était de principe constitutionnel en France que le *thalweg* du Rhin était la limite de l'empire français, et comme les chantiers d'Anvers étaient découverts et exposés par la situation actuelle des limites des deux États, le Roi de Hollande cédait à l'Empereur des Français le Brabant hollandais, la totalité de la Zélande, y compris l'île de Schouwen, la partie de la Gueldre située sur la rive gauche du Waal.

Toute marchandise de fabriques anglaises était prohibée en Hollande. Des mesures de police étaient prescrites pour surveiller et faire arrêter les assureurs de contrebande, les contrebandiers, leurs fauteurs, etc.; en un mot, le gouvernement hollandais prenait l'engagement de détruire la contrebande.

A ce traité le roi Louis demanda qu'on ajoutât dix articles, par lesquels ils réservaient certains droits et certaines libertés pour la Hollande, et notamment la libre navigation, sans aucune entrave, sur les eaux qui devaient former la limite entre la France et la Hollande. Aucun de ces articles ne fut admis.

Le 1er juillet suivant le roi Louis abdiqua, et la Hollande fut réunie à l'empire français par un décret daté de Rambouillet le 9 juillet 1810.

PARIS (traité de paix de) 1814. Les revers éprouvés par les armées françaises dans la désastreuse campagne de Russie en 1812 favorisèrent la formation contre la France d'une 6e coalition, à la tête de laquelle se trouvait comme toujours l'Angleterre et qui se composait de la Russie, de la Prusse, de la Suède, de

l'Autriche, et des ducs de Mecklembourg, les seuls princes d'Allemagne qui eussent renoncé formellement à la Confédération du Rhin. La France avait pour alliés le Danemark et la plupart des États de l'Allemagne; mais ceux-ci ne tardèrent pas à l'abandonner.

Dans les premiers mois de l'année 1814 la France était envahie de toutes parts; le 31 mars, Paris capitulait, après une bataille acharnée livrée sous ses murs; et le 10 avril, à Fontainebleau, Napoléon renonçait, pour lui et ses héritiers, aux trônes de France et d'Italie.

Le lendemain, fut signé à Paris entre le prince de Metternich au nom de l'Autriche, le comte de Nesselrode au nom de la Russie, le baron de Hardenberg au nom de la Prusse, et les maréchaux Ney et Macdonald, et M. de Caulaincourt, au nom de Napoléon, un traité aux termes duquel Napoléon Bonaparte renonçait pour lui, ses successeurs et descendants, ainsi que pour chacun des membres de sa famille, à tout droit de souveraineté et de domination tant sur l'empire français et sur le royaume d'Italie que sur tous autres pays; il devait posséder sa vie durant l'Île d'Elbe en toute souveraineté; les duchés de Parme, de Plaisance et de Guastalla étaient donnés en toute souveraineté à l'Impératrice Marie Louise et, après elle, à son fils et à sa descendance.

Cette abdication et l'occupation de Paris par les troupes alliées eurent pour première conséquence la restauration des princes de la maison de Bourbon sur le trône de France. Louis XVIII fit son entrée dans la capitale le 3 mai 1814, et aussitôt on se préoccupa de fixer les rapports futurs de la France avec les autres États européens; à cet effet un traité de paix fut signé à Paris le 30 mai.

Toutes les puissances ne furent pas comprises dans le même instrument; chacun des alliés conclut son traité particulier avec la France, mais tous ces traités sont parfaitement conformes les uns aux autres, sauf quelques articles additionnels concernant directement chaque partie contractante.

Les signataires de la paix furent:

Pour la France, le prince de Talleyrand-Périgord, ministre des affaires étrangères de Louis XVIII;

Pour l'Autriche, le prince de Metternich, ministre des affaires étrangères, et le comte de Stadion, ministre d'État;

Pour l'Angleterre, le vicomte de Castlereagh, ministre des affaires étran-

gères, le comte Aberdeen, ambassadeur à Vienne; le vicomte de Cathcart, ambassadeur à St. Pétersbourg, et M. Stewart, ministre plénipotentiaire à Berlin;
Pour la Prusse, le baron de Hardenberg, chancelier d'Etat, et le baron de Humboldt, ministre plénipotentiaire à Vienne;
Pour la Russie, le comte de Razoumoffski, ambassadeur à Vienne, et le comte de Nesselrode, secrétaire de l'Etat.

Le préambule du traité explique qu'il a pour but de „mettre fin aux longues agitations de l'Europe et aux malheurs des peuples par une paix solide, fondée sur une juste répartition de forces entre les puissances et portant dans ses stipulations la garantie de sa durée."

L'article 2 assure à la France non seulement l'intégrité de ses limites telles qu'elles existaient au 1er janvier 1792, mais encore une augmentation de territoire comprenant dans le département de Jemmapes les cantons de Dour, de Merbe, le Château de Beaumont et de Chimay, dont les trois premiers furent réunis au département du Nord, et le quatrième à celui des Ardennes; — dans le département de Sambre et Meuse les cantons de Valcour, de Florennes, de Beauraing et de Gédinne, réunis au département des Ardennes; — dans le département de la Moselle, le canton de Tholey, et la partie située au midi d'une ligne de Perle à Fromersdorf; — dans le département de la Saar, les cantons de Saarbruck et d'Arneval et une partie de celui de Lebach, réunis au département de la Moselle; — une partie des départements du Mont-Tonnerre et du Bas-Rhin, de manière que le thalweg du Rhin constituait la limite, — dans le département du Mont-Blanc, les préfectures de Cambéry (sous Montmélian) et d'Annecy; — une légère rectification de frontières entre le département du Doubs et la principauté de Neuchâtel; — du côté du pays de Vaud, les cantons de Frangy et une partie de ceux de Saint Julien, de Reignier et de la Roche; — la principauté d'Avignon, le comtat Venaissin, le comté du Montbéliard et toutes les enclaves qui appartenaient autrefois à l'Allemagne.

La navigation du Rhin est déclarée libre.

L'article 6 stipule que la Hollande, replacée sous la souveraineté de la maison d'Orange; recevra un accroissement de territoire; mais le souverain de ce pays ne pourra porter aucune couronne étrangère.

Les Etats d'Allemagne seront indépendants et réunis par un lien fédératif.

La Suisse continuera de se gouverner par elle-même.

La partie de l'Italie qui n'écherra pas à l'Autriche sera composée d'Etats souverains.

L'Ile de Malte et dépendances appartiendront à l'Angleterre qui promet de rendre à la France les colonies qu'elle possédait au 1er janvier 1792, à l'exception de Tabago, de Sainte-Lucie, de l'Ile de France, et de la partie de St.-Domingue qui avait appartenu à l'Espagne et qui lui est rétrocédée.

La France recouvre aussi la Guadeloupe, qui avait été cédée à la Suède, et la Guyane française, dont les Portugais avaient pris possession.

Les puissances contractantes convinrent enfin, par un article spécial, d'envoyer des plénipotentiaires à Vienne pour régler dans un congrès général les arrangements destinés à compléter les dispositions de ce traité.

Parmi les articles additionnels ajoutés aux traités conclus séparément par chacune des parties contractantes, nous mentionnerons celui du traité anglais, par lequel le roi de France s'engage à unir, au futur congrès, ses efforts à ceux du roi d'Angleterre pour faire prononcer par toutes les puissances de la Chrétienté l'abolition de la traite des noirs; et l'unique article additionnel de la Prusse, par lequel cette puissance rentrait dans la possession de la principauté de Neuchâtel.

Par un acte signé à la Haye le 21 juillet 1814, le traité de Paris fut complété en ce qui regardait la Hollande: l'accroissement territorial promis à cette puissance par l'article 6 se réalisa au moyen de l'annexion de la Belgique, qui ne forma plus avec la Hollande qu'un seul et même Etat, régi par la constitution établie dans ce dernier pays.

PARIS (traité de) 1831—1832.

L'Angleterre, n'ayant pu obtenir que les Congrès de Vienne et de Vérone proclamassent l'abolition immédiate de l'esclavage dans toutes les colonies européennes d'Amérique, poursuivit le même but par une voie indirecte et s'appliqua avec persévérance à empêcher au moins la continuation du trafic des noirs sur la côte d'Afrique.

A la suite de longues négociations, elle réussit à faire partager ses vues par la France, qui conclut avec elle, à Paris, le 30 novembre 1831, un traité tendant à la supression de la traite des noirs. Le traité stipulait d'abord l'établissement de croisières communes pour arrêter les négriers.

Parmi les mesures consenties de part et d'autre, pour atteindre ce but, figure en premier lieu l'admission du droit de visite, qui pouvait être exercé réciproquement à bord des navires de commerce de l'une et de l'autre nation ; seulement il était limité aux parages ci-après indiqués, savoir : le long de la côte occidentale d'Afrique, depuis le Cap Vert jusqu'à la distance de 10 degrés au sud de l'équateur, c'est-à-dire du 10e degré de latitude méridionale au 15e degré de latitude septentrionale jusqu'au 30e degré de longitude occidentale à partir du méridien de Paris : tout autour de l'île de Madagascar dans une zone d'environ 20 lieues de largeur ; à la même distance des côtes de l'île de Cuba, des côtes de l'île de Porto Rico, des côtes du Brésil.

Le droit de visite ne pouvait être exercé que par des navires de guerre, dont le nombre devait être fixé chaque année par une convention spéciale.

Les navires capturés pour s'être livrés à la traite ou comme soupçonnés d'être armés pour ce trafic, devaient être, ainsi que leurs équipages, remis sans délai à la juridiction de la nation à laquelle ils appartenaient pour être jugés d'après les lois en vigueur dans leurs pays respectifs.

Ce traité a été ultérieurement confirmé et développé par une convention supplémentaire intervenue le 22 mars 1832 entre les deux puissances. Il y est stipulé que, en cas de confiscation d'un navire, une portion du produit net de la vente du navire et de sa cargaison, fixée actuellement à 65 pour 100, sera mise à la disposition du gouvernement du pays auquel appartiendra le bâtiment capteur, pour être distribuée par ses soins entre l'état-major et l'équipage de ce bâtiment.

Lorsqu'un navire de commerce de l'une ou de l'autre des deux nations aura été visité et arrêté induement ou sans motif suffisant de suspicion, ou lorsque la visite et l'arrestation auront été accompagnées d'abus ou de vexations, le commandant du croiseur ou l'officier qui aura abordé ce navire, ou celui à qui la conduite en aura été confiée, sera, suivant les circonstances, passible de dommages et intérêts envers le capitaine, l'armateur et les chargeurs. Ces dommages et intérêts pourront être prononcés par le tribunal devant lequel aura été in-

struite la procédure contre le navire arrêté ; et le gouvernement du pays auquel appartiendra l'officier qui aura donné lieu à cette condamnation en paiera le montant dans le délai d'un an.

Les deux gouvernements convenaient en outre d'assurer la liberté immédiate de tous les esclaves qui seraient trouvés à bord des bâtiments capturés.

Diverses puissances maritimes adhérèrent à ces traités ; nous citerons notamment la Sardaigne, qui y accéda par un traité signé avec la France et l'Angleterre à Turin le 8 août 1834 ; la Suède par un traité signé à Stockholm le 21 mai 1836 ; les villes libres de Hambourg, de Brême et de Lubeck par un traité signé à Hambourg le 9 juin 1837 ; la Toscane par un traité du 24 novembre 1837 ; les Deux-Siciles par traité le 1er février 1838.

PARIS (traité de) 1856.

La question des Lieux-Saints et le traitement des Chrétiens par les autorités musulmanes était une source continuelle de démêlés entre la Porte et la Russie ; les réclamations de cette dernière puissance aboutirent, en 1853, à une guerre, qui entraîna l'intervention armée de la France et de l'Angleterre, puis de la Sardaigne, intervention motivée par le désir de maintenir l'indépendance de l'Empire ottoman et la libre navigation de la Mer Noire, et d'écarter le danger d'une domination politique ou religieuse en Orient au profit exclusif d'une seule puissance. Elle eut pour résultat final la conclusion, le 30 mars 1856, d'un traité de paix, auquel les puissances belligérantes convièrent l'Autriche et la Prusse à concourir.

Aux conférences qui eurent lieu à Paris à cet effet l'Empereur des Français était représenté par le comte Colonna Walewski, ministre des affaires étrangères, et par le baron de Bourqueney, ministre plénipotentiaire en Autriche ;

La Reine d'Angleterre, par le comte de Clarendon, principal secrétaire d'Etat pour les affaires étrangères ; et par le baron Cowley, ambassadeur à Paris ;

L'Empereur de Russie, par le comte Orloff, membre du conseil de l'Empire et du Comité des ministres, et par le baron de Brunnow, ministre plénipotentiaire près la Confédération germanique ;

L'Empereur des Ottomans, par Aali Pacha, grand-vizir, et Djémil Bey, ambassadeur à Paris ;

L'Empereur d'Autriche, par le comte de Buol-Schauenstein, ministre des affaires étrangères, et par le baron de Hubner, ministre plénipotentiaire en France;

Le Roi de Sardaigne, par le comte de Cavour, président du conseil des ministres, et par le marquis de Villamarina, ministre plénipotentiaire en France;

Le Roi de Prusse, par le baron de Manteuffel, président du conseil et ministre des affaires étrangères, et par le comte de Hatzfeldt, ministre plénipotentiaire en France.

Après la déclaration ordinaire relative au rétablissement de la paix, le traité pourvoyait à la restitution des places qui avaient été prises de part et d'autre pendant la guerre.

L'Empereur de Russie s'engageait à rendre au Sultan la ville et la citadelle de Cars, ainsi que les autres parties du territoire turc dont les troupes russes se trouvaient en possession.

De leurs côtés la France, l'Angleterre, la Sardaigne et la Turquie restituaient à la Russie les villes de Sébastopol, de Balaklava, de Kamiesch, d'Eupatoria, de Kersch, d'Jeni-Kaleh, de Kinburn, et les autres territoires occupés par les troupes alliées.

En général le traité était basé sur la règle de l'*uti possidetis ante bellum*, et consacrait plusieurs principes importants, qui ont fait depuis lors partie du droit public européen.

Les règles générales de ce droit ont été étendues aux relations internationales avec la Porte, et le respect de l'indépendance et de l'intégrité du territoire de l'Empire ottoman a été sanctionné d'une manière absolue.

Afin de prévenir le retour de complications comme celles auxquelles la paix venait de mettre fin, il a été convenu qu'avant d'en appeler aux armes, toute puissance qui à l'avenir aurait des démêlés avec la Turquie, serait obligée de soumettre son différend à la médiation des autres puissances.

La question des droits civils et politiques des sujets chrétiens du Sultan, qui avait servi de prétexte à la rupture entre la Russie et la Turquie, a été résolue par la consécration indirecte donnée à un firman du Sultan déterminant l'égalité de conditions de tous ses sujets sans distinction de religion ni de race, et par l'engagement qu'ont pris toutes les parties contractantes de ne s'immiscer ni directement ni indirectement dans l'administration intérieure de la Turquie.

Un autre grand principe a en outre été consacré par le même traité: c'est celui de la libre navigation du Danube et de la neutralisation de la Mer Noire, dont l'accès était désormais interdit à tout vaisseaux de guerre, à l'exception de ceux employés de concert par la Russie et la France pour faire le service de garde-côtes: et, afin de mieux écarter les entraves mises jusque là à l'abord des diverses embouchures du Danube, la Russie a dû subir une rectification de sa frontière en Bessarabie.

La nouvelle frontière partait de la Mer Noire, à un kilomètre à l'est du lac Bournou-Sola, rejoignait perpendiculairement la route d'Ackerman, qu'elle suivait jusqu'au val de Trajan, passait ensuite au sud de Belgrade, remontait le long de la rivière d'Yulpouck jusqu'à la hauteur de Saratsika et aboutissait à Kotamori sur le Pruth. En amont de ce point l'ancienne frontière entre la Russie et la Turquie n'était en rien modifiée.

Le territoire ainsi cédé par la Russie était annexé à la principauté de Moldavie.

Il fut stipulé que les Principautés de Valachie et de Moldavie continueraient de jouir, sous la suzeraineté de la Porte et sous la garantie des puissances contractantes, des privilèges et des immunités dont elles étaient en possession; sans qu'aucune des puissances eût aucun droit particulier d'ingérence dans leurs affaires intérieures.

De même fut reconnue l'indépendance administrative de la Principauté de Serbie, qui, sous la protection de la Porte, devait conserver son administration indépendante et nationale, et sa pleine liberté de culte, de législation, de commerce et de navigation; mais la Porte elle-même ne pourrait à l'avenir intervenir à main armée dans les affaires intérieures de la nouvelle principauté sans l'accord préalable des puissances garantes.

Enfin l'Empereur de Russie et le Sultan maintenaient dans son intégrité l'état de leurs possessions respectives en Asie, tel qu'il existait légalement avant la rupture.

Au traité même furent annexées trois conventions distinctes, signées le même jour, destinées à en fortifier les stipulations.

Par la première, dite *convention des détroits*, les sept États signataires du traité de paix du 30 mars, confirmant le protocole de Londres du 10 juillet 1841, déclarent qu'en temps de paix l'accès des Dardanelles demeure fermé à tout bâtiment de guerre étranger quelconque, à l'exception des navires légers affectés au service particulier des ambassades à Constantinople, et des navires que les puissances contractantes voudraient entretenir à l'embouchure du Danube pour en assurer la libre navigation et y protéger la marine marchande, mais dont le nombre ne devait pas excéder deux pour chaque puissance; pour les uns comme pour les autres l'entrée du détroit et le passage dans la Mer Noire sont d'ailleurs subordonnés à la demande d'un firman exprès.

La seconde convention, conclue séparément entre la Russie et la Turquie, fixait le nombre, la force et les dimensions des navires armés que ces deux puissances pouvaient entretenir le long de leurs côtes respectives pour la surveillance du commerce et de la navigation dans la Mer Noire.

La troisième annexe, signée par la Russie, l'Angleterre et la France, ne se rattachait pas directement à l'objet du traité : elle concernait particulièrement les Iles d'Aland, dans le golfe de Bothnie, que la Russie possédait depuis 1808, et qu'elle prenait ici l'engagement de ne pas fortifier.

PARIS (traité de) 1856. Après la conclusion du traité de Paris du 30 mars 1856, l'Empereur d'Autriche, l'Empereur des Français et la Reine du Royaume-Uni de la Grande-Bretagne et d'Irlande, voulant régler entre eux l'action combinée qu'entraînerait de leur part toute infraction aux stipulations de la paix de Paris, ont conclu à Paris, le 15 avril suivant, une convention particulière, par lesquels ils s'engageaient à garantir solidairement entre eux l'indépendance et l'intégrité de l'empire ottoman, toute infraction aux stipulations du traité de Paris du 30 mars 1856 devant être considérée par les puissances qui l'ont signé comme *casus belli*.

PARIS (Congrès de). A la suite du traité de paix signé à Paris le 30 mars 1856 (voir ce traité), lequel mit fin à la guerre, dite guerre de Crimée, soutenue contre la Russie par la Turquie, ayant pour alliés la France, l'Angleterre et la Sardaigne, un Congrès fut tenu à Paris, auquel étaient représentées les puissances qui venaient de prendre part à la conclusion de la paix, savoir : l'Autriche, la France, la Grande-Bretagne, la Prusse, la Russie, la Sardaigne et la Turquie.

La clôture en eut lieu le 16 avril suivant, après la signature par tous les plénipotentiaires présents d'une déclaration consacrant des principes nouveaux de droit maritime, concernant particulièrement la course, les blocus et les droits des neutres en temps de guerre.

Le document est ainsi conçu :

„Les plénipotentiaires qui ont signé le traité de Paris du 30 mars 1856, réunis en conférence,

„Considérant :

„Que le droit maritime en temps de guerre a été pendant longtemps l'objet de contestations regrettables;

„Que l'incertitude des droits et des devoirs en cette matière donne lieu entre les neutres et les belligérants à des divergences d'opinion qui peuvent faire naître des difficultés sérieuses et même des conflits;

„Qu'il y a par conséquent avantage à établir une doctrine uniforme sur un point aussi important;

„Que les plénipotentiaires assemblés au Congrès de Paris ne sauraient mieux répondre aux intentions dont leurs gouvernements sont animés, qu'en cherchant à introduire dans les rapports internationaux des principes fixes à cet égard;

„Dûment autorisés, les susdits plénipotentiaires sont convenus de se concerter sur les moyens d'atteindre ce but, et, étant tombés d'accord, ont arrêté la déclaration solennelle ci-après :

„1° La course est et demeure abolie;

„2° Le pavillon neutre couvre la marchandise ennemie, à l'exception de la contrebande de guerre;

„3° La marchandise neutre, à l'exception de la contrebande de guerre, n'est pas saisissable sous pavillon ennemi;

„4° Les blocus, pour être obligatoires, doivent être effectifs, c'est-à-dire maintenus par une force suffisante pour interdire réellement l'accès du littoral de l'ennemi.

„Les gouvernements des plénipotentiaires soussignés s'engagent à porter cette déclaration à la connaissance des Etats qui n'ont pas été appelés à participer au Congrès de Paris, et à les inviter à y accéder.

„Convaincus que les maximes qu'ils viennent de proclamer, ne sauraient être accueillies qu'avec gratitude par le monde entier, les plénipotentiaires soussignés ne doutent pas que les efforts de leurs gouvernements pour en généraliser l'adoption ne soient couronnés d'un plein succès.

„La présente déclaration n'est et ne sera

obligatoire qu'entre les puissances qui y ont ou qui y auront accédé."

Tous les États européens, moins l'Espagne et tous les Etats américains, à l'exception des Etats-Unis et du Mexique, accédèrent à la déclaration du 16 avril.

Le gouvernement des Etats-Unis subordonnait son adhésion à la condition qu'on y ajoutât l'alinéa suivant au premier paragraphe :

„Et la propriété privée des sujets de „l'une ou l'autre des puissances belli-„gérantes ne sera pas sujette à capture „par les navires de l'autre partie, sauf „en cas de contrebande de guerre."

Au moyen de cet amendement, le gouvernement des Etats-Unis consentait à accéder à la proposition qui lui était soumise et à accepter également les trois autres principes renfermés dans la déclaration du 16 avril ; mais si cette demande n'était pas accueillie, il déclarait approuver seulement le deuxième, le troisième et le quatrième paragraphe, mais non le premier.

L'Espagne et le Mexique, partageant les scrupules des Etats-Unis à l'endroit des armements en course, se réservèrent le droit de faire usage de corsaires, et ne donnèrent en conséquence leur adhésion formelle qu'aux trois derniers paragraphes de la déclaration.

En résumé, les Etats qui, par voie d'accession directe sous forme de notes ou par voie indirecte sous forme de stipulations conventionnelles, se sont approprié les principes proclamés par le Congrès de Paris sont, dans l'ordre alphabétique : Bade, Bavière, Belgique, Brême, Bolivie, Brésil, Brunswick, Chili, Confédération Argentine, Danemark, Équateur, Etats Romains, Grèce, Guatemala, Hambourg, Haïti, Hesse, Lubeck, Mecklembourg-Schwerin, Mecklembourg-Strelitz, Nouvelle-Grenade, Oldenbourg, Pays-Bas, Pérou, Portugal, Salvador, Saxe (trois duchés), Saxe-Royale, Suède et Norwége, Suisse, Uruguay, Wurtemberg.

PARIS (Traité de). 1857. Le canton suisse de Neuchâtel, quoique n'ayant pas cessé de faire partie de la Confédération avait, en 1814, fait retour au roi de Prusse comme souverain ; mais, en 1848, il avait de nouveau proclamé son indépendance, et était depuis cette époque en proie à une agitation incessante. Dans le but d'y mettre fin, sur l'intervention des autres puissances, le roi de Prusse consentit à renoncer à son droit de souveraineté sur cette possession isolée et éloignée de ses autres Etats.

A cet effet a été conclu à Paris le 26 mai 1857, entre la Prusse, la Confédération suisse, la France, l'Angleterre, l'Autriche et la Russie un traité, aux termes duquel le Roi de Prusse déclare renoncer à perpétuité, pour lui, ses héritiers et successeurs, à ses droits souverains sur la principauté de Neuchâtel et le comté de Valengin.

L'Etat de Neuchâtel, reconnu ainsi indépendant, continuera de faire partie de la Confédération suisse sur le même pied que les autres cantons.

PARIS (convention de). 1858. Aux termes du traité de Paris du 30 mars 1856, une commission spéciale, sur la composition de laquelle les puissances contractantes devaient s'entendre, avait pour tâche de s'enquérir de l'état actuel des Principautés de Valachie et de Moldavie et de proposer les bases de leur future organisation.

Cette commission ayant terminé son rapport, les puissances intéressées ont nommé des plénipotentiaires chargés de se réunir en conférence pour en prendre connaissance et négocier en conséquence une convention qui en consacre l'objet.

Ces conférences ont eu lieu à Paris du 22 mai au 19 août 1858.

Les plénipotentiaires qui y ont pris part étaient, savoir: Pour la France M. le Comte Colonna Walewski, ministre des affaires étrangères.;

Pour l'Autriche, M. le baron de Hubner, ambassadeur en France ;

Pour l'Angleterre, M. le Comte Cowley, ambassadeur en France ;

Pour la Prusse, M. le Comte de Hatzfeldt, ministre plénipotentiaire en France;

Pour la Russie M. le Comte de Kisscleff, ambassadeur en France ;

Pour la Sardaigne, M. le Marquis de Villamarina, ministre plénipotentiaire en France ;

Et pour la Turquie, Fuad Pacha, ministre des affaires étrangères.

Voici les principales dispositions de la convention signée dans la dernière conférence.

Les principautés de Moldavie et de Valachie demeurent sous la suzeraineté de Sultan.

Elles continueront de jouir sous la garantie collective des puissances contractantes, des privilèges et des immunités dont elles sont en possession ; en conséquence elles s'administreront librement et en dehors de toute ingérence de la Porte dans les limites stipulées par l'accord des puissances garantes avec la Cour Suzeraine.

Les pouvoirs publics seront confiés dans chaque principauté à un hospodar et à une assemblée élective, avec le concours d'une commission centrale commune aux deux principautés. L'hospodar sera élue à vie par l'assemblée,

L'investiture sera conférée aux hospodars par le Sultan.

Les Principautés serviront à la Porte un tribut annuel d'un million cinq cent mille piastres pour la Moldavie, et de deux millions cinq cent mille piastres pour la Valachie.

Le principe de la séparation administrative des deux principautés formait, comme on le voit, la base de cette réorganisation; cependant il était fait exception pour certaines lois considérées comme étant d'intérêt général et communes aux deux principautés, telles que celles ayant pour objet l'unité de législation; l'établissement, le maintien ou l'amélioration de l'union douanière, postale, télégraphique; la fixation du taux monétaire et les différentes matières d'utilité publique communes aux deux principautés.

La commission centrale était chargée de la préparation de ces lois communes, qu'elle devait soumettre, par l'intermédiaire des hospodars, aux délibérations de chacune des assemblées.

De plus, comme les dispositions constitutives de la nouvelle organisation des principautés étaient placées sous la sauve-garde de la commission centrale, celle-ci a le devoir d'apprécier si les lois d'intérêt spécial à chacune des principautés sont compatibles avec les dispositions constitutives, de sorte que ces lois spéciales ne peuvent être sanctionnées par l'un ou l'autre hospodar qu'après avoir été communiquées par lui à la commission centrale.

Afin de garantir l'unité prescrite de législation, il était institué une haute cour de justice et de cassation commune aux deux principautés, devant laquelle exclusivement devaient être portés en cassation les arrêts rendus par les cours et les jugements prononcés par les tribunaux dans l'une ou l'autre principauté. Cette cour suprême, dont les membres étaient inamovibles, devait siéger à Tockshani, ville située sur la frontière intérieure des deux principautés.

L'unité était également admise pour la régime militaire. Les milices régulières existant dans les deux principautés devaient recevoir une organisation identique, pour pouvoir au besoin se réunir et former une armée unique; mais cette réunion ne peut avoir lieu que par suite du commun accord des deux hospodars et après en avoir donné avis à la cour suzeraine.

En cas d'agression extérieure, les mesures de défense doivent être combinées avec les principautés par la cour suzeraine, à qui il appartient de provoquer, par une entente avec les cours garantes, les mesures nécessaires pour le rétablissement de l'ordre, s'il venait à être compromis.

Les Moldaves et les Valaques sont tous égaux devant l'impôt et également admissibles aux emplois publics dans l'une et l'autre principauté.

Les traités internationaux qui seront conclus par la cour suzeraine avec les puissances étrangères seront applicables aux principautés dans tout ce qui ne portera pas atteinte à leurs immunités.

En cas de violation des immunités des principautés, les hospodars adresseront un recours à la puissance suzeraine; et s'il n'est pas fait droit à leur réclamation, ils pourront la faire parvenir par leurs agents aux représentants des puissances garantes à Constantinople.

Lorsque les Principautés procédèrent, conformément à la convention du 19 août 1858, à l'élection d'un hospodar pour chacune d'elles, il se trouva que le même personnage, le colonel Couza avait été élu dans l'une et l'autre principauté. La Porte, d'accord sur ce point avec le gouvernement autrichien, déclara que cette double élection était une infraction manifeste à la convention, dont elle réclama l'exacte et rigoureuse exécution. La conférence des puissances garantes s'assembla de nouveau à Paris le 13 avril 1859, et le 6 septembre suivant, la Porte, prenant en considération la recommandation faite par cinq des puissances garantes — la France, l'Angleterre, la Russie, la Prusse et la Sardaigne —, qui, tout en reconnaissant que la double élection du colonel Couza n'était pas conforme au prévision de la convention du 19 août, néanmoins pour prévenir des éventualités regrettables qui pourraient surgir d'une nouvelle élection, et afin de lever les obstacles qui s'opposaient à l'organisation définitive de l'administration dans les deux principautés, engageaient la Cour suzeraine à conférer exceptionnellement l'investiture au colonel Couza comme hospodar de Moldavie et de Valachie, la Porte, disons-nous, fit cette concession pour cette fois exceptionnellement, en insistant sur le maintien dans chacune des deux principautés d'une administration séparée et distincte l'une de l'autre, sauf les cas prévus par la convention.

L'Autriche, qui avait appuyé les objections de la Porte à la double élection adhéra aussi à l'exception accordée en dernier lieu.

PARIS (traité de). 1861. Depuis 1848 les Communes de Menton et de Roquebrune, qui faisaient partie de la principauté de Monaco, se trouvaient dans une position anormale à l'égard de la Principauté, par suite de revendications extérieures, qui devinrent sans objet et comme non avenues par suite de la réunion du comté de Nice à la France.

Dans ces circonstances l'Empereur des Français et le Prince de Monaco, animés du désir de faire cesser un état de choses aussi irrégulier que contraire aux intérêts des populations, conclurent le 2 février 1861 à Paris, un traité par lequel le Prince a renoncé à tous ses droits directs ou indirects sur les communes de Menton et de Roquebrune, quelles que soient la nature et le régime de ces droits, sauf réserve des propriétés particulières appartenant au Prince, dont il a été dépossédé en 1848.

Cette renonciation était faite moyennant une somme de 4 millions payée au Prince dans les 15 jours.

Une union de douanes était effectuée entre la France et la Principauté.

PARIS (traité de) 1877. L'Ile de Saint-Barthélémy, une des Antilles, qui d'origine appartenait à la France, avait été cédée, par cette puissance en 1784 à la Suède, qui en conserva la possession jusqu'en 1877.

Le 10 août de cette année un traité est intervenu entre la France et la Suède, par lequel celle-ci a rétrocédé à celle-là sa colonie, sur laquelle le roi de Suède et de Norwége a renoncé à tous ses droits et titres, sous la réserve expresse du consentement de la population.

Cette population a été en effet consultée et s'est prononcée en faveur de la réunion de l'île de Saint-Barthélémy à la France; et par une loi du 2 mars 1878, l'île a été déclarée annexe, ainsi qu'elle l'avait déjà été antérieurement de la Guadeloupe, dont elle est considérée comme une dépendance au point de vue politique, administratif et judiciaire.

PARLEMENT. Nom donné à diverses assemblées politiques, législatives ou judiciaires.

En France, avant la révolution, on appelait ainsi des cours souveraines, instituées successivement dans les principales villes du royaume, pour administrer la justice en dernier ressort au nom du roi.

Postérieurement la dénomination de parlement a été appliquée aux assemblées qui représentaient la nation; et qui prirent plus généralement celle d'*Etats généraux.* Le nom de parlement n'est resté qu'en Angleterre, où il sert à désigner les deux assemblées — la Chambre des *Lords* et la Chambre des *Communes* (voir ces mots) — qui partagent avec le souverain le pouvoir législatif.

Puis, à l'imitation de ce qui a lieu en Angleterre, dans les autres pays où le gouvernement représentatif est en usage, ce titre a été donné à l'ensemble des deux chambres législatives et parfois à la chambre des députés seule.

Le mot *parlement* signifie aussi la durée de la session d'un parlement depuis son ouverture jusqu'aux vacances.

Autrefois il se disait aussi en France, de l'étendue ou du ressort de la juridiction d'un parlement : ainsi le parlement de Paris s'étendait jusqu'à Lyon etc.

PARLEMENTAIRE (adjectif). Qui appartient au parlement, qui est relatif à l'action du parlement.

Régime, éloquence, usage parlementaire.

PARLEMENTAIRE (substantif). Personne envoyée pour faire ou pour écouter des propositions.

Se dit plus particulièrement, en temps de guerre, des personnes, en général des officiers, envoyées en mission au nom de l'un des belligérants vers une place ou un corps des troupes ennemies dans le but de négocier avec le chef de ces troupes.

Les parlementaires se distinguent par le drapeau ou pavillon parlementaire; ils sont placés sous la protection du droit international. Ils sont considérés comme personnes inviolables et sacrées tant qu'ils n'abusent pas de leur position privilégiée pour espionner ou pour provoquer des trahisons; mais dans ces cas il faut que la culpabilité soit démontrée d'une manière incontestable. Ils sont d'ordinaire accompagnés jusqu'aux avant-postes par un trompette ou un tambour portant un drapeau blanc en signe de reconnaissance. Quiconque blesse ou tue volontairement un parlementaire porteur des insignes de sa mission se rend coupable d'une flagrante violation des lois de la guerre;

mais si le porteur d'un drapeau parlementaire est accidentellement blessé ou tué pendant un combat, cet accident ne peut donner lieu à aucune réclamation au nom du droit international : le fait d'arborer un drapeau parlementaire n'entraîne pas nécessairement pour l'ennemi l'obligation de suspendre le feu.

Il est parfois d'usage de bander les yeux aux parlementaires à l'aller comme au retour, et aussi longtemps qu'ils se trouvent en dedans des lignes ennemies : mais, sauf cette précaution, toute facilité doit leur être accordée pour l'entier accomplissement de leur mandat. Ainsi ils ne peuvent être faits prisonniers, et l'on doit leur fournir le moyen de s'en retourner librement et sans danger. Toutefois les chefs militaires ne sont pas tenus de recevoir en tout temps un parlementaire : la simple prudence leur prescrit de prendre les mesures nécessaires pour que sa présence ne porte aucun préjudice à leur cause. On peut notamment lui interdire toute communication avec d'autres personnes que le commandant des troupes.

Souvent même on retient les parlementaires, lorsque des circonstances imprévues les mettent à même de découvrir des faits de nature à nuire aux opérations de l'armée qui les reçoit; mais alors le parlementaire ne doit pas être retenu au delà du temps requis pour l'exécution de ces opérations. Le retenir plus longtemps serait commettre une félonie.

Il peut aussi survenir des nécessités de la guerre qui contraignent momentanément une armée à ne point recevoir de parlementaires; dans ce cas cette armée est tenue d'en avertir l'ennemi, si elle ne veut pas que son refus soit considéré comme le sont les actes de guerre dirigés contre les parlementaires.

On nomme aussi *parlementaire* ou *vaisseau parlementaire* le navire qu'on envoie porter des propositions à une flotte ou dans un port de la nation avec laquelle on est en guerre. (*Voir* CARTEL.)

PARODIE. Écrit, en vers ou en prose, par lequel on tourne en raillerie un autre ouvrage au moyen de quelques changements de son texte, ou en se servant de ses expressions ou de ses idées dans un sens comique ou plaisant.

C'est un genre de critique permis, à moins que sous le titre de *parodie* ne se cache un véritable plagiat; mais si la parodie ne sort pas de certaines limites elle ne peut être confondue avec le plagiat ou la contrefaçon et ne donne lieu,

comme l'un et l'autre, à aucune revendication de la part de l'auteur de l'ouvrage parodié. (*Voir* PROPRIÉTÉ LITTÉRAIRE, ARTISTIQUE; CONTREFAÇON, PLAGIAT.)

PAROISSE. Circonscription territoriale sur laquelle s'étend la juridiction d'un curé ou d'un desservant.

Dans quelques pays la *paroisse* est une division purement administrative : ainsi dans l'Union américaine du Nord, l'État de la Louisiane, d'origine française, est partagé civilement et juridiquement en *paroisses*, au lieu de l'être en comtés (*counties*), comme les autres États de la Confédération d'origine anglaise.

PAROLDO, publiciste italien.

Saggio di codificazione del diritto internazionale (Essai de codification du droit international). Turin, 1851.

Ce projet de code international, qui a devancé ceux entrepris depuis par MM. Dudley Field et Bluntschli, n'a pas les développements que ces derniers ont donnés à leurs plans, qui forment des codes à peu près complets. M. Paroldo s'est borné à codifier les règles du droit pendant la paix et celles qui concernent le commerce des neutres.

Cet ouvrage est divisé en trois livres qui contiennent 555 articles.

PAROLE. En droit international, on entend par le terme de *parole* l'acte par lequel une personne s'engage sur l'honneur ou sur sa bonne foi à faire ou à ne pas faire certains actes, lorsque l'ennemi, auquel il en donne l'assurance, lui aura rendu une liberté partielle ou complète.

Tel est, par exemple, l'engagement que prend un prisonnier de guerre de ne pas s'évader, ou de ne pas porter les armes contre le belligérant qui l'a pris et le remet en liberté. (*Voir* PRISONNIER.)

PARTAGE. Dans une assemblée délibérante, dans un tribunal, division égale des voix pour et contre la matière ou la proposition en discussion.

PARTAGE DE BIENS. Division de choses, mobilières et immobilières, en plusieurs portions.

Le domaine des États, comme celui des particuliers, est susceptible de partage, lorsque les États, par une cause quelconque, cessent d'exister et que plusieurs autres sont appelés à les remplacer.

Lorsque le mode de partage de l'État

n'a pas été stipulé, le partage doit avoir lieu d'après les principes du droit public.

Ainsi le domaine public, déterminé soit par la nature (cours d'eau, routes, places, ports, etc.), soit par sa destination qui le consacre exclusivement à des services publics (édifices et établissements réservés à l'administration, à la justice, etc.), passe à l'Etat sur le territoire duquel il est situé; et dans ce cas l'Etat qui en devient possesseur n'est tenu de dédommager les autres Etats que si les établissements dont il s'agit satisfaisaient aussi aux besoins de la population des autres Etats co-partageants.

Quant à la fortune privée de l'Etat absorbé, laquelle appartient au fisc et peut consister, par exemple, en certaines industries, en certaines terres, en numéraire, en provisions de diverses sortes, en un mot les caisses publiques et en général les propriétés privées de l'Etat, ne servant qu'indirectement des intérêts publics, doivent à moins de motif spécial de dérogation, être partagés proportionnellement au chiffre des populations respectives des Etats co-partageants, sauf toutefois cette modification que les immeubles doivent être attribués à l'Etat sur le territoire duquel ils sont situés et que leur valeur seule fasse l'objet du partage. (*Voir* DOMAINE, ACQUISITION DE TERRITOIRE, ANNEXION, CESSION, CONQUÊTE.)

PARTI. Union formée par plusieurs personnes dans un même intérêt ou une même opinion contre d'autres qui ont une opinion, un intérêt différent.

Les partis politiques, lorsqu'ils luttent à main armée dans l'intérieur d'un pays, ne sont pas considérés comme des personnes internationales, dans le vrai sens du mot, tant qu'ils n'ont pas réussi à fonder réellement un Etat.

Les Etats étrangers ne sont pas tenus de les reconnaître comme belligérants; mais ils sont libres de le faire suivant leur convenance ou s'ils ont des motifs particuliers : le seul motif vraiment rationnel et légitime pour qu'un Etat attribue le caractère de belligérant aux factions d'un autre Etat, c'est que la lutte de ces factions compromet les droits et les intérêts du gouvernement étranger, qui, par la reconnaissance du titre du belligérant, définit la position qu'il entend assurer à l'égard des combattants.

Dès qu'ils sont reconnus belligérants, les deux partis en cause acquièrent au même titre les droits que les règles internationales attachent à ce caractère; ils peuvent placer leurs revendications sous la protection du droit des gens, mais aussi ils ont à respecter les obligations imposées par ce droit.

PARTIBUS (IN). Dans la hiérarchie catholique, comme il n'y a pas d'évêque sans siège, le Pape, lorsqu'il veut conférer le titre d'évêque à un prêtre, crée fictivement un siège épiscopal dans un pays habité par des peuples qui ne sont pas catholiques, mais des païens, des *infidèles*, de sorte que cet évêché est dit *in partibus infidelium* ou simplement *in partibus* : c'est un titre sans fonctions, purement honorifique, ne donnant droit à aucune juridiction extérieure; les prélats qui en sont revêtus sont généralement attachés comme coâdjuteurs à des évêques diocésains, employés dans les nonciatures ou dans les bureaux de la curie romaine.

PARTICULE (*nobiliaire*). On appelle *particule nobiliaire* la préposition ou la syllabe que les nobles placent devant leur nom : c'est le plus généralement la préposition de ou sa traduction dans les autres langues. (*Voir* NOBILIAIRE.)

PARTIE. En droit, on donne le nom de *partie* à chacune des personnes, qui plaident l'une contre l'autre, ou qui contractent ensemble.

La partie demanderesse, celle qui a intenté l'action; la partie défenderesse celle qui est assignée; la partie adverse, celle qui plaide contre une autre.

Les parties intéressées, celles qui ont un intérêt dans un procès ou dans un contrat.

On donne le nom de *parties belligérantes* aux puissances qui sont en guerre. (*Voir* BELLIGÉRANT, ENNEMI, GUERRE.)

PARTISAN. Celui qui est attaché à un parti, à une personne, qui embrasse le parti de quelqu'un ou de quelque chose et en prend la défense.

En terme militaire, on donne le nom de partisan à l'officier qui commande des troupes légères ou irrégulières pour faire une guerre de surprises ou d'avant-postes.

Se dit aussi des troupes qui font cette espèce de guerre. (*Voir* CORPS FRANCS, GUÉRILLA.)

PASSAGE. Action de passer, en parlant tant des personnes qui passent que du lieu par où l'on passe.

Les souverains et les agents revêtus d'un caractère diplomatique, et, dans une mesure plus restreinte, les agents consulaires jouissent du privilège d'exterritorialité lorsqu'ils sont de passage, voyagent ou séjournent temporairement dans un pays étranger. (*Voir* EXTERRITORIALITÉ, SOUVERAIN, AGENT DIPLOMATIQUE, AMBASSADEUR, MINISTRE, ENVOYÉ, CONSUL.)

Les troupes étrangères auxquelles un État accorde la permission de passer ou de séjourner sur son territoire, ont droit également aux prérogatives de l'exterritorialité, tant en corps qu'individuellement, c'est-à-dire pour chacune des personnes qui composent ces troupes. Une permission de ce genre implique, de la part du gouvernement qui l'accorde, l'abandon tacite de ses droits juridictionnels et la concession aux officiers étrangers du privilège exclusif de maintenir la discipline parmi leurs soldats et de rester seuls chargés de réprimer les méfaits qu'ils viendraient à commettre.

Mais pour que dans l'espèce il y ait matière à immunité, le passage ou le séjour des troupes doit avoir été régulièrement sollicité et accordé; s'il n'en avait pas été ainsi, ce serait un cas de violation de territoire, un acte d'hostilité, qui ne saurait créer aucun droit, aucun privilège en dehors de ceux qu'une guerre ouvertement déclarée confère à l'ennemi.

Lorsque le passage de la frontière est le résultat de circonstances de force majeure et conserve un caractère innocent, l'État offensé rentre aussitôt dans le plein exercice de sa souveraineté et de sa juridiction; il ne manquerait donc à aucun devoir international en faisant arrêter et désarmer les troupes étrangères qui foulent indûment son sol et en réclamant du chef de cet envahissement une réparation légitime. (*Voir* DÉSARMEMENT.)

Pendant la guerre, les neutres ont le droit de s'opposer, même par la force des armes, à toutes les tentatives qu'un belligérant pourrait faire pour user de leur territoire, et notamment de refuser à l'un des belligérants le passage de ses armées pour aller à la rencontre de l'ennemi, d'autant plus que la nation neutre qui consentirait au passage des troupes de l'une des parties belligérantes manquerait à son caractère et donnerait à l'autre un juste motif de lui déclarer la guerre.

Cependant il peut se faire qu'une servitude d'ordre public ou une convention conclu avant que la guerre fût prévue, imposent à un État neutre l'obligation de tolérer le passage des troupes de l'un des belligérants. En pareil cas l'accomplissement de cette obligation ne doit pas être envisagé comme une assistance donnée à ce belligérant et partant comme une violation des devoirs de la neutralité.

Le droit international ne permet pas non plus qu'on conduise ou fasse passer des prisonniers sur un pays neutre voisin ou limitrophe, ni qu'en pareil cas ce pays accorde le passage.

L'inviolabilité du territoire maritime neutre est également reconnue, dans le sens que nous venons d'exposer; toutefois le passage ou le transit par une mer neutre subit des modifications que comporte naturellement le caractère distinct de l'élément sur lequel ils reçoivent leur application. Ainsi une escadre, un navire de guerre qui se dirige vers les côtes ennemies peut traverser les eaux neutres sans en violer la neutralité. Cette différence se fonde sur ce que les nations ne peuvent protéger matériellement, c'est-à-dire au moyen de navires et de forts, toute l'étendue de leurs mers juridictionnelles; que le fait de naviguer ne constitue pas intrinsèquement un acte dommageable, qu'enfin il est difficile d'interdire un simple passage aux vaisseaux belligérants, qu'il est d'usage d'admettre dans l'intérieur des ports et des rades militaires. Il va sans dire toutefois que cette liberté de passage accordée aux bâtiments de guerre implique pour eux la stricte obligation de ne commettre dans les eaux neutres aucun acte hostile de nature à porter atteinte au respect de la souveraineté territoriale.

PASSAROWITZ (traité de paix de). 1718. La guerre que la Porte avait déclarée en 1714 à la République de Venise, sous le prétexte que celle-ci avait contrevenu aux conditions de la paix de Carlowitz en molestant des sujets ottomans et en soutenant les rebelles du Monténégro, tourna pas à l'avantage des armes turques.

L'Empereur d'Autriche était intervenu comme garant de la paix de Carlowitz, et sa médiation ayant été refusée, il s'allia aux Vénitiens, qui eurent en peu de temps dépouillé les Turcs de plusieurs places dans l'Albanie et la Dalmatie; de leur côté les troupes autrichiennes s'étaient emparées de Belgrade, de Semendria, d'Orszova et d'autres places sur la Save et le Danube.

Dans ces circonstances les belligérants acceptèrent la médiation de l'Angleterre et de la Hollande et consentirent à la tenue d'un congrès, qui fut fixé à Passarowitz, petite ville de la Serbie sur le confluent de la Morawa et du Danube.

La paix fut signée le 21 juillet 1718. Le traité conclu entre l'Autriche et la Turquie renferme les conditions suivantes :

La partie de la Valachie située en deçà de la rivière d'Aluta, avec la forteresse de Temesvar, reste entre les mains de l'Empereur; la rivière d'Aluta, depuis l'endroit où elle sort de la Transylvanie jusqu'à son entrée dans le Danube, et de là le Danube jusqu'à l'endroit où la rivière de Timok se déverse dans ce fleuve, serviront de limites entre les deux empires.

Belgrade, Parakin, Issolaz, Schahak, Bedka et Belina, avec leurs territoires, ainsi que les forts situés sur les deux rives de la Save depuis le Drina jusqu'à l'Unna; Jassenowitz et Dobiza, avec quelques tours et îles situées sur la rive orientale de l'Unna depuis l'endroit où cette rivière se jette dans la Save jusqu'à Vieux Novi, demeureront en la possession de l'Empereur, à qui est rendu Nouveau-Novi, situé sur la rive occidentale de l'Unna, qui avait été cédé à la Turquie par une convention postérieure à la paix de Carlowitz.

Les endroits situés dans la Croatie et éloignés de la Save devaient, avec leurs territoires, rester pendant 24 ans dans la possession de la partie qui les occupait soit en vertu de la paix de Carlowitz, soit pour les avoir conquis depuis; dans cet intervalle, des commissaires, nommés pour la démarcation des frontières, devaient déterminer le territoire réciproque. Par cet arrangement une grande partie de la Serbie restait au pouvoir de l'Autriche.

Par son traité particulier avec la Porte, la république de Venise gardait les forteresses d'Imoschi, de Tiscovatz, de Sternizza, d'Unista, de Proloch, d'Erxano, et tous les lieux ouverts ou fermés et fortifiés de l'Herzégovine, de la Dalmatie et de l'Albanie dont elle était alors en possession.

Les îles de Cérigo dans l'Archipel étaient rendues aux Vénitiens.

Le territoire de la république de Raguse restait combiné avec celui de la Porte, avec libre communication entre les terres de la Porte et celles de la république de Venise du côté de Castel-Nouvo et de Risano.

La liberté de commerce est accordée aux sujets des deux Etats. Les vaisseaux portant pavillon de Saint-Marc seront respectés, et les Vénitiens, aussi bien que d'autres chrétiens qui s'y embarqueront, n'auront rien à craindre de l'esclavage.

Ce traité est resté en vigueur entre les Vénitiens et les Turcs, tant que la République de Venise a duré.

PASSEPORT. En administration, c'est la permission donnée par l'autorité, qui garantit en même temps la liberté et la sûreté de ceux qui voyagent; c'est un ordre écrit délivré par l'autorité publique, qui invite les autorités civiles et militaires à laisser circuler librement d'un lieu à un autre la personne qui en est porteur.

Le passeport sert à constater l'identité d'une personne; il est délivré à un voyageur pour le recommander à la protection des autorités de l'endroit où il se rend, ainsi que des lieux par où il passe, et pour lever les obstacles qui pourraient l'arrêter.

Parmi les attributions des consuls figure l'autorisation de délivrer des passeports. L'usage veut qu'ils n'en délivrent qu'aux sujets de leur propre pays résidant dans les limites de leur consulat, mais non aux étrangers. Cependant ils sont ordinairement requis de mettre leur visa sur les passeports des étrangers qui s'embarquent dans le lieu de leur résidence consulaire à destination des pays du consul : c'est affaire de tolérance de la part des Etats; chaque Etat est libre de supprimer ou de limiter le droit de ses consuls de délivrer ou même de viser les passeports.

Un passeport, pour être valable, doit être délivré par le ministre compétent du pays de la personne qui s'en sert, ou du moins par l'agent diplomatique de ce pays dans l'Etat où l'on doit s'en servir; toutefois l'usage a étendu le même effet aux passeports délivrés par les consuls dans leur juridiction consulaire. (Voir CONSUL.)

Les agents diplomatiques, avant de partir pour le poste qu'ils vont occuper à l'étranger, ont soin de se munir d'un passeport, qui atteste leur caractère. Ces passeports leur sont ordinairement délivrés, ainsi qu'à leur famille et aux personnes de leur suite, par le ministre des affaires étrangères.

Bien que le ministre public n'entre dans la jouissance intégrale de ses droits et de ses immunités qu'à partir du moment où sa réception officielle a eu lieu, le passeport dont il est muni suffit pour lui ouvrir l'accès du territoire de la nation où il est envoyé.

En langage diplomatique, on dit qu'un agent ou ministre public *demande ses passeports,* lorsqu'il déclare au gouvernement près lequel il est accrédité, l'intention de se retirer : ce qui a lieu quand il a l'occasion ou croit avoir un motif sérieux de manifester son mécontentement : c'est souvent le commencement d'une rupture entre les puissances.

Il peut advenir, par contre, que ce soit le gouvernement étranger qui ait des raisons de mécontentement contre le ministre accrédité auprès de lui, et dans ce cas le gouvernement envoie à celui-ci ses passeports, c'est-à-dire l'ordre de quitter le pays à bref délai.

En temps de guerre les ministres étrangers, en outre du passeport dont ils sont munis, sont tenus de se procurer un sauf-conduit pour aborder ou traverser le territoire ennemi sans crainte d'y être détenus.

Il en est d'ailleurs de même à l'égard des simples particuliers.

A ce propos il importe d'établir ici la différence qui existe entre le passeport et le *sauf-conduit.*

Le sauf-conduit ne se délivre qu'en temps de guerre et s'applique exclusivement à des choses et à des lieux déterminés; il permet aux porteurs de marchandises ainsi favorisées de traverser sans encombre les lignes des armées; il n'a par conséquent rien d'individuel. Le passeport, au contraire, est essentiellement personnel et ne peut servir qu'au porteur, à sa suite et à ses bagages.

Le voyageur muni d'un passeport ne compromet pas son caractère national quand par suite de maladie il prolonge son séjour sur le territoire ennemi au delà du terme qui lui a été assigné; mais il peut devenir passible des lois ordinaires de la guerre, s'il dépasse volontairement les limites de son passeport sans autre motif valable que le désir d'achever des opérations commerciales qu'il a pu entamer.

Les passeports et les sauf-conduits peuvent se diviser en deux classes, l'une comprenant ceux qui sont limités à des lieux et à des objets déterminés, l'autre ceux qui sont généraux, c'est-à-dire qui n'impliquent aucune restriction particulière. Ces derniers ne peuvent être délivrés que par l'autorité suprême du pays ou par des délégués *ad hoc,* tandis que les premiers rentrent dans la compétence des chefs des armées de terre ou de mer pour la circonscription territoriale à laquelle chacun d'eux est préposé.

Le droit d'annuler ou de révoquer les passeports et les sauf-conduits appartient aux mêmes autorités qui ont pouvoir de les délivrer, et qui sont seules en mesure d'apprécier quand l'intérêt de l'Etat commande d'en faire cesser l'effet.

L'usage des passeports et des sauf-conduits en temps de guerre provoque de nombreux abus et actes de mauvaise foi, que la législation de tous les pays punit avec une juste sévérité. Les porteurs de ces titres ne peuvent échapper aux châtiments édictés qu'en prouvant qu'ils ont été eux-mêmes victimes des manœuvres ou de la pression de l'ennemi. (*Voir* SAUF-CONDUIT.)

Les navires, au nombre des papiers de bord dont ils sont pourvus, doivent avoir un passe-port ou une patente de navigation, émanant du gouvernement du pays auquel appartient le navire, c'est un acte autorisant le navire, qu'il soit de guerre ou de commerce, à porter le pavillon national; délivré à des navires marchands étrangers, c'est un permis de mettre en mer, qui fait connaître que le navire sort de tel port et qu'il a acquitté les droits de navigation. (*Voir* PAPIERS DE BORD.)

En temps de guerre, les Etats neutres ont le droit de délivrer des passe-ports, qui doivent être respectés. (*Voir* NEUTRALITÉ.)

PASTO (traité de). Traité d'union, d'amitié et d'alliance entre l'Equateur et la Nouvelle-Grenade, signé à Pasto le 8 décembre 1832.

Les Etats de l'Equateur et de la Nouvelle-Grenade, qui avaient été constitués en sections du midi et du centre du territoire de la République de Colombie, désirant contracter un pacte d'union, d'amitié et d'intime alliance, afin de mettre un terme aux différends qui s'étaient élevés au sujet de leurs limites, d'établir leurs relations mutuelles et de faciliter la réunion, aussi tôt que possible, d'une assemblée des plénipotentiaires des trois Etats qui composaient la Colombie, ont résolu de conclure un traité par lequel ces points ont été réglés en termes clairs, précis et positifs.

Tout d'abord les deux Etats se reconnaissent réciproquement comme souverains et indépendants.

Ensuite est réglée la question des frontières, lesquelles sont désormais les mêmes que celles qui, aux termes de la

5*

loi colombienne du 25 juin 1824, séparaient les provinces de l'ancien département . de Cauca d'Equateur; par conséquent les provinces de Pasto et de Buenaventura demeurent incorporées à la Nouvelle-Grenade, tandis que le sont à l'Equateur les villes situées au sud de la rivière Carchi, qui forme la ligne de démarcation, fixée par l'article 22 de la loi susénoncée, entre les provinces de Passo et d'Imbobura.

En dehors de ces limites, chaque Etat s'engage à ne pas admettre dans son territoire les villes qui, se séparant de fait de l'autre, manifesteraient le désir d'y être annexées.

Aucune acquisition, aucun échange, aucune aliénation, aucune nouvelle démarcation de territoire entre les deux Etats ne pourront avoir lieu à l'avenir qu'au moyen de traités publics conclus par leurs gouvernements.

Tous les différends qui pourront s'élever entre l'Equateur et la Nouvelle-Grenade seront réglés par des moyens pacifiques et amiables sans recours à la force des armes.

Les Etats de l'Equateur et de la Nouvelle-Grenade contractent spontanément un pacte d'Union et d'alliance intime, de ferme et constante amitié, pour la sûreté de leur indépendance et de leur liberté et pour leur bien-être général et réciproque. Ils s'obligent en outre à conserver l'intégrité du territoire de la République de Colombie qui appartient à chacun, et ils ne peuvent faire aucune cession ou concession de nature à le diminuer le moins du monde; ils ne devront non plus tolérer l'introduction d'une puissance étrangère dans ces limites : à ces fins ils offrent de s'aider mutuellement l'un l'autre et de se prêter, au besoin, l'assistance qui sera alors stipulée par des conventions spéciales.

Chaque Etat s'engage à payer sa part proportionnelle des dettes intérieures et extérieures consolidées au compte de la République de Colombie.

Ils prennent aussi l'engagement d'observer fidèlement les traités conclus par le gouvernement de la République de Colombie avec les nations étrangères, pendant tout le temps qu'ils ne seront pas modifiés ou déclarés sans vigueur, conformément aux principes du droit des gens.

Les deux Etats devaient envoyer leurs députés à une assemblée de plénipotentiaires, ou à une corporation ou à une autorité qui devait être convoquée dans le but de régler les affaires des trois

sections qui formaient la République de Colombie, et de se prononcer sur leur future destinée.

Aucun résident des provinces de Pasto et de Buenaventura ne devait être en rien inquiété pour avoir manifesté des opinions en faveur de l'Equateur, ou servi son gouvernement, ou défendu sa cause les armes à la main ou autrement.

Des mesures préliminaires sont prises pour l'extradition réciproque des criminels, les crimes purement politiques exceptés.

En attendant la conclusion d'un traité général de commerce, les citoyens des deux Etats auront liberté d'entrée et de sortie, dans les ports et territoires de l'un et de l'autre, où ils jouiront de tous les droits civils et de commerce, en se soumettant aux impôts et aux restrictions établis ou à établir dans chaque Etat.

Les individus, ayant des droits domiciliaires dans l'un des deux Etats et possédant des propriétés dans l'autre, jouiront respectivement de la protection des lois de chaque Etat pour leurs personnes et leurs biens, dont ils seront libres de transporter les produits au lieu de leur résidence ou de leur domicile, en observant les règlements établis dans chaque Etat à cet égard.

Ce n'est que le 26 juin 1835 que ce traité a été ratifié.

PATAILLE (Henri Jules Simon), publiciste français, né à Gênes en 1808.

Depuis 1856, il est le principal rédacteur d'un recueil de jurisprudence spéciale, les *Annales de la propriété industrielle, artistique et littéraire.*

Il a publié, en collaboration avec M. Huguet le *Code international de la propriété industrielle, artistique et littéraire, guide pratique des inventeurs, auteurs, compositeurs, artistes et fabricants français et étrangers.* Paris, 1855, in-8⁰.

PATENTE ou PATENTES. Commission, diplôme accordé par un souverain, une autorité publique, une corporation, etc., et portant une déclaration destinée à être rendue publique, ou l'autorisation d'exercer une profession, une industrie ou certaines fonctions.

Dans cette dernière catégorie doit être rangée la patente dont les consuls sont munis pour exercer leurs fonctions.

La patente du consul est l'acte, qui l'investit de son emploi, qui le commissionne; elle consiste dans le document officiel, signé par le chef suprême de l'Etat auquel le consul appartient, et exprimant le titre et les attributions qui lui sont conférés.

L'original de cette patente doit être communiqué par la voie diplomatique au gouvernement du pays sur le territoire duquel le consul est appelé à résider, pour que ce gouvernement le revête de l'*exéquatur* (voir ce mot).

(*Voir* COMMISSION, DIPLOME, LETTRES PATENTES).

PATENTE DE NATIONALITÉ. Acte qui indique la nationalité d'un navire, et ordinairement le nom du navire, le numéro sous lequel il est inscrit dans le port auquel il appartient, son tonnage et son jaugeage, les noms de ses propriétaires, etc.

(*Voir* NATIONALITÉ DES NAVIRES, PAPIERS DE BORD.)

PATENTE DE PROTECTION. On appelle ainsi un acte délivré par les consuls aux étrangers autorisés à réclamer, dans la juridiction du consulat, la protection de la nationalité que le consul respectif représente, comme cela a lieu dans la plupart des pays du Levant et de l'extrême Orient.

(*Voir* PROTECTION, LEVANT, ORIENT.)

Cet acte consiste simplement en un extrait d'un registre spécial tenu à la chancellerie du consulat, et analogue à celui dont il est fait usage pour l'*immatriculation* (voir ce mot) des nationaux.

Cet extrait, sous forme de patente ou lettre de protection, est délivré à chacun des protégés pour lui servir de titre et le faire reconnaître par les autorités territoriales.

Cette patente de protection peut être retirée aux individus pour lesquels la protection n'était que facultative, ou à ceux qui s'en rendent indignes par leur mauvaise conduite : il va sans dire que le retrait de la patente implique, pour celui à qui elle est retirée, l'exclusion de la protection, et entraîne de plein droit la perte des privilèges qui y sont attachés.

PATENTE DE SANTÉ. Les patentes de santé sont des actes délivrés aux navires, au moment de leur mise à la mer, par les consuls ou par les autorités du port d'expédition ou de départ, afin de constater l'état sanitaire de l'équipage et des passagers, ainsi que du pays d'où part le bâtiment. C'est d'après les termes de cet acte qu'on motive la libre admission d'un navire, ou qu'on

l'oblige à entrer en *quarantaine* (voir ce mot).

On distingue trois sortes de patentes de santé.

La patente *nette*, qui atteste que le navire est parti d'un pays dont le bon état sanitaire habituel n'a été altéré par aucune maladie épidémique;

La patente *brute*, qui est délivrée dans les pays habituellement malsains, ou dans un pays qu'a envahi une maladie pestilentielle;

La patente *suspecte*, qui se délivre lorsque le navire a relâché dans un port ou communiqué avec d'autres navires dont l'état sanitaire est douteux.

En principe, tout navire qui aborde dans un port doit être porteur d'une patente de santé exposant quel était l'état sanitaire du lieu de sa provenance au moment de son départ.

L'énoncé de la patente ne doit pas faire connaître seulement l'état de la santé publique dans l'endroit d'où le navire a été expédié, mais aussi le nombre des passagers et des gens de l'équipage, de manière à fournir le moyen de s'assurer si, pendant la traversée, il n'est survenu aucun décès à bord, ou s'il n'a été embarqué personne de provenance suspecte.

Les patentes de santé, dans la plupart des pays étrangers, sont délivrées par des administrations chargées spécialement de la police sanitaire. Les consuls ne les délivrent directement que lorsque les règlements ou les usages locaux leur en confèrent le droit; dans les autres circonstances, leur devoir se borne en général à viser les pièces qui émanent de l'autorité locale compétente, et à faire accomplir par les capitaines les obligations que les lois territoriales leur imposent en cette matière.

La patente de santé n'est considérée comme valable que si elle a été délivrée dans les quarante-huit heures qui ont précédé le départ. Si le départ est retardé, la patente doit être visée par l'autorité qui l'a délivrée, avec mention que l'état sanitaire est resté le même ou qu'il a éprouvé quelque changement.

Dans les cas de relâche en cours de voyage, le capitaine du navire doit faire viser sa patente par l'agent consulaire de son pays et, à son défaut, par les autorités locales dans tous les lieux où son navire a relâché. Mais s'il s'écoule plus de cinq jours entre la date du visa et le départ du navire, il devient nécessaire pour le capitaine de réclamer un nouveau visa sanitaire et de soumettre une seconde fois la patente à la légalisation du consulat du pays de destination.

(Voir SANTÉ, SANITAIRE, NAVIRE.)

PATERNITÉ. En droit, *paternité* ne signifie pas seulement la qualité de père, mais aussi la relation entre le père et l'enfant. *(Voir* FILIATION.)

On distingue la *paternité légitime,* qui est le résultat du mariage; la *paternité* naturelle, qui a lieu hors du mariage, et la *paternité civile,* créée par l'*adoption.* (Voir ce mot.)

En France, en Italie, la recherche de la paternité est interdite par la loi; elle est, au contraire, admise dans d'autres pays, notamment en Autriche, en Prusse, en Bavière, en Saxe, en Espagne, etc.

Par exemple, si une action en imposition de paternité naturelle est exercée contre un Français en pays étranger, la décision du tribunal local, si elle lui imprime la qualité de père naturel, est regardée comme non avenue en France.

Si une action du même genre est intentée en France, elle doit être repoussée, quand même elle serait exercée par des étrangers ou contre des étrangers dont la loi nationale autorise la recherche.

PATRIARCHE. Père de famille, nom donné dans l'Ecriture sainte aux premiers chefs de famille qui ont précédé Moïse.

Dans la hiérarchie chrétienne, ce titre a été attribué aux évêques des premiers sièges épiscopaux; il a été conservé par quelques évêques catholiques romains, mais uniquement comme titre honorifique.

Dans l'église grecque, on qualifie de patriarche l'évêque de Constantinople, qui est le chef de tous les évêques de l'Empire turc.

Les Arméniens dissidents ont pour chef un patriarche, qui prend le titre de *Catholicos.*

Le *patriarcat* se dit de la dignité des évêques qui ont le titre de patriarche, — ainsi que de l'étendue du territoire soumis à la juridiction d'un patriarche, — et aussi du temps pendant lequel un patriarche a occupé son siège.

PATRICE. Dignité créée dans l'empire romain par l'Empereur Constantin; ceux qui en étaient revêtus tenaient le premier rang dans l'empire; ils n'avaient au-dessus d'eux que les consuls; ils occupaient généralement les plus hauts emplois de

l'Etat. Le titre de patrice était une distinction personnelle, non héréditaire.

La dignité de patrice n'était pas réservée exclusivement aux sujets de l'empire, elle était parfois accordée à des princes étrangers.

Plus tard les Papes s'attribuèrent aussi le droit de créer des patrices, et donnèrent même ce titre à des empereurs d'Allemagne; et dans plusieurs pays germaniques les souverains conférèrent aussi la qualification de patrice aux personnages les plus distingués de leur cour.

PATRICIAT. Ordre des patriciens à Rome.

Dignité de patricien — rang des familles patriciennes.

Dignité de patrice.

Par extention se dit de tout système de domination de classe ou de caste.

PATRICIEN, PATRICIENNE. Dans l'ancienne Rome les patriciens formaient le premier ordre des citoyens; composé d'un certain nombre de familles nobles, dont les chefs avaient été choisis par les rois pour former le sénat.

Les patriciens, dans les premiers temps, étaient seuls admissibles aux grandes magistratures.

Le titre de patricien était porté, au moyen-âge, par les nobles et certaines familles de quelques républiques de l'Italie, de quelques grandes villes de l'Allemagne et de la Suisse. Ces familles avaient le privilège exclusif des fonctions municipales.

Se dit, par extension, des nobles et des privilégiés de quelque pays que ce soit.

PATRIE. Le pays, et, dans un sens plus restreint, la province, la ville où l'on est né; la nation dont on fait partie, la société politique dont on est membre; l'Etat dans lequel on possède des droits politiques.

Prise dans ces dernières acceptions, la patrie de l'individu ne dépend pas seulement du fait de sa naissance dans un lieu plutôt que dans un autre; elle peut s'acquérir par d'autres faits soit étrangers à sa volonté : guerre, conquête, exil, déportation; soit provenant de son libre arbitre, de son gré personnel : expatriation, émigration, naturalisation étrangère. Toutefois on peut faire observer que, rigoureusement parlant, l'individu dans ces cas ne change pas précisément de patrie, sa naissance et le lieu où elle s'est accomplie étant des choses inconvertibles en soi; mais qu'il change plutôt de *nationalité*, terme dont celui de *patrie* peut être considéré comme à peu près le synonyme ou l'équivalent dans les sens que nous lui attribuons en dernier lieu. (*Voir* NATIONALITÉ, NATURALISATION, CONQUÊTE, EXPATRIATION, ÉMIGRATION.)

La *Mère-patrie* se dit par rapport aux colonies ou à des pays annexés ou dépendants de l'État qui a fondé et possède les unes ou a acquis les autres et qui les gouverne; dans ce sens on dit aussi *Métropole* (voir ce mot).

PATRONYMIQUE. Se dit, chez les Anciens, du nom du père ou de l'auteur de la race ou de celui donné à des descendants d'après un des aïeux les plus illustres : ainsi les Atrides était le nom patronymique d'Agamemnon, de Ménélas et de leurs descendants, parce qu'ils avaient Atrée pour ancêtre.

Chez les nations modernes c'est le nom primitif, commun à tous les descendants d'une même race, le nom de famille, par opposition aux noms de fiefs, de seigneuries, de terres ou les surnoms sous lesquels les divers membres d'une famille sont distingués dans les rapports de société.

Le nom patronymique doit figurer le premier, sinon seul, dans les actes authentiques.

PAVILLON. Espèce d'étendard qui se place sur un navire; arboré au mât de l'arrière, le pavillon sert à indiquer la nation à laquelle appartient le bâtiment; hissé à un autre mât, il indique le rang de l'officier qui commande.

Le pavillon est pour la marine ce que le drapeau est pour l'armée.

Le pavillon est le signe apparent du caractère national d'un navire. Chaque État a des couleurs particulières, sous lesquelles naviguent ses nationaux et qui ne peuvent être arborées sans sa permission.

Se servir du pavillon d'un État étranger sans l'autorisation de cet État est un acte qui est considéré comme une infraction au droit international, comme une manœuvre frauduleuse et attentatoire à l'honneur de l'État étranger. L'État dont on a usurpé abusivement le pavillon et celui à l'égard duquel on se sert d'un faux pavillon, ont l'un et l'autre le droit d'exiger la punition des coupables et, suivant les circonstances, de les punir eux-mêmes.

Les États qui ne sont pas situés au bord de la mer ont, comme les États maritimes, le droit d'avoir une marine et un pavillon spécial; car on ne saurait contraindre une nation à se servir de navires étrangers pour les besoins de son commerce.

Les preuves de la nationalité et du caractère d'un navire de guerre résident dans le pavillon et surtout dans la flamme militaire arborée au haut de ses mâts; puis dans l'attestation de son commandant, et dans la commission dont il est muni.

Le pavillon et la flamme sont des indices visibles; mais dans certains cas ils ne font foi que lorsque leur déploiement a été accompagné d'un coup de canon qu'on appelle coup d'assurance, ou d'un salut.

L'attestation du commandant dispense de toute autre preuve : en pleine mer ou ailleurs la puissance étrangère qui ne s'en contenterait pas, manquerait gravement aux égards internationaux ainsi qu'aux principes généraux du droit des gens.

Le droit des gens autorise en temps de guerre, pour se soustraire aux poursuites de l'ennemi, l'emploi d'un pavillon supposé; mais il l'interdit rigoureusement comme moyen d'attaque ou de surprise. Dès que le feu est ouvert, l'usage invariable des peuples civilisés veut que chaque navire combatte sous ses propres couleurs. Le fait de combattre sous pavillon étranger est une violation du droit des gens, qui fait considérer et traiter comme pirates ceux qui s'en rendent coupables.

Les immunités ou les prérogatives accordées à une nation s'étendent aux objets sur lesquels s'étend le pavillon de cette nation : ainsi en temps de guerre le pavillon d'une puissance neutre couvre non seulement le navire neutre, mais même les marchandises embarquées sur son bord, bien qu'elles appartiennent à des ressortissants de l'un des belligérants, à l'exception toutefois de la contrebande de guerre; cependant la nature du pavillon n'entraîne pas la conséquence contraire; car il est de règle que la marchandise neutre, à l'exception de la contrebande de guerre, n'est pas saisissable sous pavillon de guerre, bien que le soit le navire sur laquelle elle est embarquée; ce double principe a été consacré par la déclaration du Congrès de Paris du 15 avril 1856.

Il est généralement admis que les consuls étrangers ont le droit d'arborer le pavillon de leur nation sur la maison qu'ils habitent ; plusieurs traités entre les États musulmans et les États chrétiens contiennent même formellement cette disposition.

Les agents diplomatiques et autres à l'étranger doivent arborer leur pavillon à l'occasion des fêtes et des cérémonies; ils sont tenus de la faire en cas de guerre, pour faire respecter le siège de l'agence par les belligérants.

Il est d'usage que les navires mouillés dans un port étranger *hissent* leurs pavillons les jours de fêtes et de solennités nationales ou célébrées par le pays où ils séjournent; le cérémonial maritime a établi des règles à cet égard. (*Voir* CÉRÉMONIAL, PAVOIS.)

PAVOIS. Grand bouclier demi-cylindrique ou carré, qui couvrait presque entièrement le combattant.

Quand les seigneurs francs avaient élu un roi, ils l'élevaient sur un grand pavois et lui faisaient faire trois fois le tour du camp, où le peuple, assemblé en armes, confirmait le choix : d'où *élever sur le pavois* est devenu synonyme de nommer roi, élever au pouvoir suprême.

Dans la marine, on appelle *pavois* les tentures et les pavillons, les flammes etc. dont on décore le bord d'un navire les jours de fête ou de solennité. *Pavoiser* un bâtiment, c'est le garnir de ses pavois et de ses pavillons.

Un des points les plus contestés entre les marines des différentes nations, c'est l'ordre dans lequel doivent se placer les pavillons à bord des navires pavoisés. Faute d'une entente commune à cet égard, chaque État a réglé la question selon ses convenances particulières Par un arrêté ministériel du 26 avril 1827, le gouvernement français a établi comme règle que, lors des pavois en France même, les bâtiments de la marine militaire doivent donner la place d'honneur au pavillon des navires de guerre étrangers présents au mouillage, dans l'ordre suivant : à la première place le pavillon de la nation à laquelle appartient l'officier le plus élevé en grade, et à grade égal au pavillon du pays dont le navire est le plus ancien sur la rade, et successivement aux pavillons des autres bâtiments étrangers d'après le grade des commandants, ou en cas d'égalité d'après la date de leur arrivée dans le port. Le même arrêté porte qu'à l'étranger les bâtiments de guerre français qui auront à pavoiser arboreront à la première place d'honneur le pavillon de la nation dans les eaux de laquelle ils se trouvent,

ensuite le pavillon des autres navires de guerre qui sont au même mouillage selon l'ordre établi pour les ports français, enfin ceux des nations étrangères dont les consuls, présents sur les lieux, arborent simultanément leurs couleurs.

Ces règles ont été modifiées en 1851 par l'ordonnance sur le service à bord des bâtiments de la flotte; l'emploi de pavillons étrangers a été défendu, et celui des couleurs nationales et des pavillons de signaux français a été seul prescrit pour les pavoisements. Le décret du 20 mai 1868, en confirmant l'ensemble des dispositions de celui de 1851, a en outre laissé aux commandants de la marine militaire française une certaine latitude qui leur permet de se conformer aux usages locaux, mais sans jamais placer au même mât des couleurs étrangères et la flamme ou le pavillon national.

PAYEMENT. C'est l'acquittement d'une obligation; ce qu'on donne pour accomplir cet acquittement.

Au point de vue du droit international privé, la loi à suivre, en ce qui concerne l'extinction d'une obligation par voie de *payement*, est celle du lieu où le payement doit être effectué, et ce lieu est celui qui résulte soit d'une désignation formelle faite par les parties, soit de la nature même de l'obligation : Ainsi pour le vendeur d'un immeuble le lieu du payement est le lieu où l'immeuble est situé.

A défaut d'indications spéciales, la loi du lieu du payement est déterminée par le domicile du débiteur, au moment où il a contracté l'obligation.

Quant aux formes du payement, c'est la loi du lieu où le payement doit se faire qui doit être appliquée; c'est d'après cette loi que doivent être réglées les difficultés. Les voies d'exécution sont celles du lieu du payement. En cas de conflit entre les créanciers, c'est également d'après la loi locale qu'il sera jugé.

Si l'objet du payement est une somme d'argent, le payement devra se faire dans une des monnaies qui ont cours dans le pays où il s'effectue. Si les parties ont déterminé la monnaie et que cette monnaie ait une valeur différente de celle du lieu où le payement se fait, c'est la valeur du lieu du gouvernement qui devra être fournie.

Par *jour du payement* on entend le jour fixé pour l'acquittement d'une dette.

PAYS. Région, contrée, territoire, ou seulement une certaine portion de territoire.

Signifie aussi *patrie*, lieu de naissance. (*Voir* PATRIE.)

Se dit encore des habitants d'un pays, et s'emploie alors comme synonyme de *nation*, de *peuple*, d'*Etat*. (Voir ces mots.)

Si nous considérons le mot *pays* par rapport à certaines conditions politiques ou administratives, nous avons :

Pays d'Etats, les provinces de l'ancienne France où la noblesse, le clergé et la bourgeoisie nommaient des Etats provinciaux pour voter et répartir les impôts.

Pays d'élection, où les impôts étaient établis par des assesseurs élus et autres officiers créés à cet effet.

Pays coutumier, pays qui étaient régis par des usages particuliers, par une coutume locale.

Pays de droit écrit, provinces où le droit romain était en vigueur pour décider les affaires.

Pays de concordat, provinces où les matières ecclésiastiques se réglaient selon le concordat fait entre le roi de France François 1er et le Pape Léon X.

Pays d'obédience, provinces non comprises dans le concordat, où le pape nommait à certains bénéfices.

Pays de chrétienté, ceux où est professé le christianisme comme culte prédominant.

PÉAGE. On appelle ainsi un droit ou une taxe perçue pour le passage sur un pont, un chemin, un canal.

Autrefois la navigation maritime était assujettie à certains péages : certains Etats riverains faisaient payer un droit aux navires qui passaient par des détroits, des golfes, des embouchures de fleuves baignant les côtes de leur territoire; mais les nations se sont entendues pour abolir ces privilèges, supprimer cette taxation, qui n'était qu'une entrave à la liberté maritime et commerciale.

PÊCHE. Action de prendre du poisson à la ligne, au filet ou autrement.

Sous le rapport des lieux où elle s'exécute, on distingue la *pêche fluviale*, qui s'exerce dans les fleuves, les rivières, les lacs, les étangs, etc., et la *pêche maritime*, qui a lieu dans la mer.

La *pêche maritime* se subdivise en *grande* et en *petite pêche* : la *grande pêche*, comprenant la pêche de la baleine, de la morue et autres dans des parages lointains, exige un certain nombre de bâtiments et de grandes expéditions maritimes. La *petite pêche* comprend la *pêche côtière*, qui exploite les parages voisins des côtes, et la *pêche à pied*, qui s'exerce de plain pied, sans quitter le rivage, où le pêcheur dispose ses engins soit pour prendre le poisson, soit pour retenir celui que la marée y amène.

La *pêche fluviale* est en quelque sorte la propriété des pays où passent ou sont situés les cours d'eau sur lesquels elle s'exerce; en général les Etats la règlent en faveur des habitants de ces pays.

Il en est de même de la *pêche à pied* et de la *pêche côtière*, tant qu'elles ne dépassent pas la zone des mers territoriales.

Quant à la *grande pêche*, elle est libre et illimitée pour tous : c'est un droit naturel, qui résulte de la liberté des mers (*Voir* LIBERTÉ DES MERS, NAVIGATION) : la pleine mer est ouverte à la pêche de toutes les nations et de tous les individus.

Les bateaux et les barques adonnés exclusivement à la pêche maritime à proximité des côtes ne sont le plus souvent munis d'autres papiers de bord qu'un simple rôle d'équipage : cela suffit pour les mettre, en temps de guerre, à l'abri de toute capture, pourvu qu'ils ne se livrent accessoirement à aucun trafic, à aucune opération, à aucun transport maritime proprement dit.

Par contre ce privilège d'exemption de capture n'est dans aucun pays étendu aux navires qui se livrent en haute mer à ce qu'on appelle la grande pêche, telle que celle de la morue, du cachalot, de la baleine et du veau marin; ces navires sont en effet considérés comme adonnés à des opérations à la fois commerciales et industrielles.

PÊCHERESSE (Trève). On appelle *trève pêcheresse* une convention fait entre des nations belligérantes pour respecter réciproquement les pêcheries et les bateaux pêcheurs pendant la guerre

PÊCHEUR (Anneau du). On donne le nom d'*Anneau du pêcheur* à un anneau qui sert de sceau ou cachet au Pape pour signer les brefs apostoliques.

Cette dénomination provient de ce que cet anneau porte l'image de Saint-Pierre, qui fut pêcheur, assis dans sa barque, et de ce que le Pape est le successeur du premier des apôtres. L'anneau doit être brisé à la mort de chaque pontife.

PECQUET (Antoine), publiciste français, né à Paris en 1704, mort dans la même ville le 27 août 1762.

D'abord employé au ministre des affaires étrangères, puis grand-maître des eaux et forêts de Rouen, et intendant de l'École militaire.

On a de lui : *Discours sur l'art de négocier avec les souverains.* Paris, 1737, in-12º.

L'esprit des maximes politiques. Paris, 1757, in-4º ou 3 vol. in-12'.

Lois frontières de la France. Paris, 1758, 2 vol. in-4º.

PEINE. Punition, châtiment ce qu'on fait subir pour quelque chose jugée répréhensible ou coupable.

En droit, la *peine* est la punition d'un crime, d'un délit, d'une contravention aux lois ou aux ordres et aux réglements des autorités : on nomme peines *criminelles* celles qui s'appliquent aux crimes, *correctionnelles* celles qui sont infligées aux délits, et de *simple police* celles qui ont pour objet de punir les contraventions.

Les peines *criminelles* sont *afflictives* ou *infamantes* : les premières frappent directement et, pour ainsi dire, physiquement l'individu, en le privant de sa liberté ou même de la vie; elles consistent dans la détention, la réclusion, la déportation, les travaux forcés à temps ou à perpétuité, la mort; les secondes frappent le condamné moralement, d'une flétrissure, d'infamie : c'est le bannissement et la dégradation civique; les peines sont presque toutes afflictives et infamantes à la fois, mais les unes et les autres privent le condamné de ses droits civils.

La peine *capitale* est le nom donné à la peine de mort.

La détermination des différentes peines affectées à chaque genre d'infraction aux lois fait l'objet du code pénal.

PÉKIN (traité de) 1860. L'exécution du traité de Tien-Tsin ayant rencontré des entraves de la part des autorités chinoises, les hostilités furent reprises et amenèrent les troupes alliées de la France et de l'Angleterre jusque dans la capitale de l'Empire chinois, où le 25 octobre 1860 fut signée une convention de paix additionnelle, par laquelle il était stipulé que le traité de Tien-Tsin devait être fidèlement mis à exécution dans toutes ses clauses, immédiatement après l'échange des ratifications, sauf les modifications y apportées par la nouvelle convention

Parmi ces modifications figurait en premier lieu l'élévation de l'indemnité stipulée primitivement de deux millions de taëls au chiffre de huit millions.

La ville et le port de Tien-Tsin, dans la province de Petcheli, était ouvert au commerce étranger, aux mêmes conditions que les autres villes et ports de l'Empire où ce commerce était déjà permis.

Il était de plus convenu qu'un édit impérial ordonnerait aux autorités supérieures de toutes les provinces de la Chine de permettre à tout Chinois qui voudrait aller dans les pays situés au delà des mers pour s'y établir, de s'embarquer, lui et sa famille, sur les bâtiments français qui se trouveraient dans les ports de la Chine ouverts au commerce étranger.

Des traités identiques furent conclus entre l'Angleterre et le gouvernement chinois, aux mêmes lieux et aux mêmes dates.

PÊLE-MÊLE (Le). En terme d'étiquette de cour ou diplomatique, confusion, mélange des personnes sans distinction des rangs et des dignités.

Pour prévenir les disputes de préséance dans les rencontres personnelles, dans les audiences, réceptions ou cérémonies officielles, entre ministres publics, hauts dignitaires ou fonctionnaires, on s'abandonne aux hasards du *pêle-mêle*, qui coupe court à toute discussion de rang et d'étiquette.

Pour les signatures d'actes officiels, internationaux, — traités, protocoles, etc. — on peut aussi recourir au *pêle-mêle*, en le combinant avec l'*alternat* (voir ce mot), et en mentionnant expressément qu'on a cru devoir user de cet expédient.

PÉNAL. Qui assujettit à quelque peine : loi pénale, clause pénale.

Dans une convention, dans un contrat, la clause pénale est celle par laquelle une personne, dans le but d'en assurer l'exécution, s'engage à quelque chose, en cas d'inexécution, ou celle qui stipule des dommages et intérêts déterminés à l'avance par les parties pour le cas où l'une d'elles ne remplirait pas ses engagements.

Qui concerne les peines : code pénal, lequel renferme les peines portées contre les crimes et les délits.

PÉNALITÉ. Système des peines établies par les lois : pénalité nationale, territoriale; pénalité étrangère.

Se dit aussi du caractère de ce qui est pénal, c'est-à-dire susceptible d'une peine ou punition : pénalité criminelle, correctionnelle, etc.

S'emploie souvent comme synonyme de *peine*. (Voir ce mot).

PEÑA Y PEÑA (Manuel de la) jurisconsulte mexicain né à Tacuba (Mexique) en 1789, mort le 2 janvier 1850.

Président de l'Académie de Jurisprudence et recteur du Collège des avocats.

En 1843, il fut envoyé comme ministre plénipotentiaire près S. M. Catholique pour négocier un traité d'extradition.

Lecciones de práctica forense. (Leçons de pratique judiciaire.) Mexico, 1859. 4 vol.

Les volumes 3 et 4 sont entièrement consacrés à des questions de droit international privé. C'est un ouvrage remarquable surtout en ce qui regarde les usurpations commises par la diplomatie européenne en Amérique.

Le premier volume traite de plusieurs questions relatives aux consuls étrangers. Le ton général de l'ouvrage est peu libéral et contraire aux pratiques modernes. Il a exercé une influence défavorable sur les rapports diplomatiques du gouvernement mexicain.

PENSIONNAIRE. Titre qu'on donnait dans les Provinces - Unies de Hollande au premier magistrat d'une province, ou d'une cité, à cause de la pension ou des appointements réglés qu'il recevait. Chaque province et même chaque ville avait son pensionnaire.

On donnait de même le nom de *grand-pensionnaire* au premier ministre de la république, c'est-à-dire au secrétaire d'État des Etats-Généraux. Ces fonctions consistaient à proposer à l'assemblée les matières sur lesquelles elle devait délibérer, à recueillir les suffrages, à recevoir les notes diplomatiques des puissances étrangères, à traiter avec les ambassadeurs, à surveiller l'administration des finances. Le grand-pensionnaire demeurait en place pendant cinq ans; il pouvait être réélu.

PEREIRA PINTO (Antonio), publiciste brésilien.

Directeur des archives publiques de l'Empire, ancien membre de l'Institut historique et géographique du Brésil.

Apontamentos para o direito internacional, ou colecçao completa dos tratados celebrados elo Brasil com differentes naçoes estrangeiras, acompanhada de mua noticia historica, e documentada sobre as convençoes mais importantes. (Documents pour le droit international, ou collection complète des traités conclus par le Brésil avec les différentes nations étrangères, accompagnés d'une notice historique, et de notes sur les conventions les plus importantes.) Rio de Janeiro, 1864-66. 3 vol. in-8°.

Ce recueil comprend non seulement les traités que le Brésil a signés depuis qu'il forme, sous le gouvernement impérial, un Etat indépendant, jusqu'en l'année 1865, mais aussi les actes dont il était l'objet particulier, pendant qu'il n'était encore qu'une colonie, de la part du Portugal, sa métropole, ou qui se rattachaient plus directement à lui dans les relations et les conventions de la puissance métropolitaine avec les autres nations, à partir de 1808 jusqu'à la constitution de l'Empire en 1825.

PERELS (F.), publiciste allemand, Conseiller d'amirauté à Berlin.

Associé de l'Institut de droit international.

Auslieferung desertirter Schiffsmannschaften. (Extradition des matelots qui ont déserté.) Berlin, 1883.

Das internationale Seerecht der Gegenwart. Berlin, 1882. 8°. Traduit de l'allemand par M. L. Arendt, directeur au Ministère des affaires étrangères de Belgique, sous le titre de :

Manuel de droit maritime international, Paris, 1884. 1 vol. in 8°.

Ce livre qui a une grande autorité est divisé en deux parties. La première traite du droit maritime dans l'état de paix: les chapitres qui se rapportent à la souveraineté sur les eaux du littoral, à la nationalité des navires, à la situation juridique des bâtiments de guerre et de commerce en dehors des eaux territoriales méritent une attention particulière.

Le droit maritime dans l'état de guerre fait l'objet de la seconde partie; l'auteur y développe ses idées sur la neutralité, la contrebande de guerre, le blocus, le droit de visite et les affaires de prises.

La traduction française est enrichie de quelques documents nouveaux.

Handbuch des allgemeinen öffentlichen Seerechts im Deutschen Reiche. (Manuel du droit maritime public de l'Empire d'Allemagne.) Berlin, 1884. 8°,

C'est un traité complet du droit maritime allemand, matière qui jusqu'ici n'avait fait l'objet que de monographies. L'auteur traite des bâtiments de mer, des droits et devoirs des équipages, des relations maritimes, du droit d'épave et des sinistres maritimes.

PEREZ GOMAR (Gregorio), publiciste sud-américain, né en 1834 à Montévidéo (République de l'Uruguay). Professeur de droit international à l'Université de Montévidéo, ex-ministre des affaires étrangères et actuellement envoyé extraordinaire et ministre plénipotentiaire près différentes cours d'Europe.

Curso de derecho de gentes, precedido de una introduction sobre el derecho natural. (Cours de droit de gens précédé d'une introduction sur le droit naturel.) Montévidéo 1864—66. 2 vol. in-8º.

L'introduction renferme une étude sur le droit naturel où l'auteur donne une idée du droit en général et de l'activité humaine pour le réaliser.

Le premier volume est consacré à l'état de paix. Il traite de l'individualité et de l'égalité des nations, de leurs droits réels, de l'occupation considérée comme un moyen de compléter le droit réel et d'assurer une domination ; du droit conventionnel et de ses formes ; du droit diplomatique ; des moyens d'action et de répression en temps de paix, etc.

Le deuxième volume traite de l'état de guerre. L'auteur s'occupe aussi des hostilités sur mer, de leurs différences d'avec les hostilités sur terre, il expose les modifications apportées par le traité de Paris, et traite de la course et des prises maritimes ; des conventions en temps de guerre et de celles qui mettent fin aux hostilités ou les suspendent.

L'ouvrage est suivi d'un résumé historique divisé comme suit.

Première période : Des temps les plus reculés jusqu'à Grotius.

Seconde période : De Grotius à Lamberti et à Galiani.

Troisième période : De ces auteurs à la première neutralité armée européenne.

Quatrième période : Cette neutralité armée jusqu'à nos jours.

PERMUTATION. Changement, échange d'une chose pour une autre.

Se dit plus particulièrement de l'échange d'un emploi contre un autre ; ainsi l'on dit : tel fonctionnaire a eu la permission de permuter avec un de ses collègues, c'est-à-dire que l'un et l'autre ont changé mutuellement de résidence ou d'emploi.

PÉROU. Proclamation d'indépendance. 1821.

Le Pérou, qui formait une vice-royauté de la monarchie espagnole, fut celle des colonies qui arbora la dernière le drapeau de l'indépendance.

C'est avec le secours d'une armée de patriotes commandée par le général argentin San-Martin, qu'elle parvint à s'affranchir.

Entré victorieux à Lima le 12 juillet 1821, le général convoqua une assemblée des notables habitants, qui proclama l'indépendance comme l'expression de la volonté générale. En voici la teneur.

„Dans la ville royale de Lima, 15 juillet 1821.

„Les notables qui la composent, s'étant assemblés hier dans le Très Excellent Sénat, avec le Très Excellent et Très Illustre Monseigneur l'Archevêque de la Sainte Église métropolitaine, les Prélats des couvents religieux, Titulaires de Castille, et divers habitants de la Capitale. dans le but d'accomplir ce qui avait été décidé dans la lettre officielle du Très Excellent Monseigneur le général en chef de l'armée libératrice du Pérou, José de San-Martin, en date d'hier, et du contenu de laquelle il a été donné lecture, et persuadés que cette lettre contient exactement ce que les personnes d'une probité, d'un savoir et d'un patriotisme connus, qui habitent la capitale, exprimeraient, si l'on consultait l'opinion générale relativement à l'indépendance, vote qui servirait de guide au dit général pour procéder à la prestation de serment :

„Tous se prononçant pour eux-mêmes et convaincus de l'opinion des habitants de la capitale, ont déclaré que la volonté générale était décidée pour l'indépendance du Pérou de la domination espagnole et de toute autre domination étrangère quelconque, et qu'ils procéderaient à sa sanction au moyen de la prestation d'un serment solennel."

Cet acte, promulgué quelques jours après (le 28 juillet), s'étendait en même temps à la province du Haut-Pérou, qui avait été réunie à la République du Pérou à qui elle demeura attachée jusqu'en 1825, époque où le congrès péruvien en consentit la séparation (*Voir* INDÉPENDANCE DE LA BOLIVIE.)

PERPÉTUEL. Qui ne cesse pas, qui dure toujours, qui ne doit point finir.

En jurisprudence, par rapport à la pénalité, la *perpétuité* est limitée à la durée de la vie d'un homme.

En diplomatie *perpétuel* signifie simplement : d'une durée indéfinie, dont la durée n'a point été fixée, limitée : ainsi l'alliance *perpétuelle* est celle dont le terme n'a été ni déterminé ni stipulé.

PERQUISITION. Recherche que l'on fait d'une personne ou d'une chose, et surtout d'un objet caché.

En droit, ce terme s'applique aux recherches faites par une autorité judiciaire ou autre au domicile d'un prévenu, pour inspecter ou saisir les papiers ou les objets suspects qui sont en sa possession et peuvent mettre sur la voie de la vérité.

En droit international, on appelle droit de *perquisition* ou de *recherche* la faculté que les Etats se sont mutuellement accordée d'arrêter les navires les uns des autres au passage pour y pratiquer certaines constatations, notamment celle de la sincérité du pavillon et, pour les navires marchands, celle de la composition du chargement.

Ce droit se confond avec celui de *visite* ou d'*inspection* dont il n'est qu'une phase ou une circonstance.

On a voulu établir une distinction entre la *visite* et la *perquisition*, en ce que la première se pratique plus particulièrement en temps de guerre, et la seconde en temps de paix; mais, nous le répétons, l'une implique l'autre, car il ne saurait y avoir de perquisition sans visite, et la visite ne saurait avoir d'autre but que des perquisitions. (*Voir* VISITE.)

PERSÉCUTION. Poursuite violente et injuste, vexation.

Se dit en particulier des poursuites pour cause religieuse.

Le droit international réprouve toute persécution de ce genre.

Il considère comme contraire aux droits de l'humanité et par conséquent comme nul tout traité qui prescrirait des poursuites pour opinions religieuses; et l'Etat qui, dans certaines circonstances, ou sous une pression quelconque, se serait engagé à persécuter telle ou telle confession religieuse, serait admis à ne pas exécuter le traité.

La différence de religion pourrait encore moins justifier de pousser la persécution jusqu'à la guerre.

PERSONNE. Un homme ou une femme.

L'individu, homme ou femme, considéré en lui-même, abstraction faite de toute autre circonstance, l'être personnel considéré par opposition à l'Etat ou à la société.

En droit on oppose *personne* à *chose*, et l'on donne ce nom à tous les individus qui font partie de la société civile et peuvent exercer des droits.

Les lois civiles règlent ce qui est relatif à l'état et à la capacité des personnes.

Tout individu est une *personne*, c'est-à-dire capable d'acquérir et d'exercer des droits.

Toutes les personnes qui résident dans un Etat, même à titre temporaire, sont considérées comme sujet de ce même Etat; et les lois de chaque Etat régissent les personnes, ainsi que les choses, qui se trouvent dans les limites de son territoire.

L'individu peut être considéré comme sujet à la loi à raison de sa personne, de ses biens et de ses actes : de là autant de séries de lois d'un ordre différent, qui le régissent dans ces différents modes d'être ou d'agir; ces lois ainsi classées sont désignées plus particulièrement sous la dénomination de *statuts*, et divisées en deux classes : *statuts personnels et statuts réels*. (*Voir* STATUTS.)

De plus, comme l'individu a la faculté d'exercer son activité en dehors de son propre pays, il peut être considéré comme sujet aux lois de divers pays sous les différents rapports que nous venons d'indiquer. Cette sujétion peut être d'une nature permanente, ou bien n'avoir qu'un caractère temporaire et transitoire : elle est déterminée, suivant l'un ou l'autre cas, par la *nationalité* ou par le *domicile* de la personne. (*Voir* NATIONALITÉ, DOMICILE, ÉTRANGER, JURIDICTION.)

L'état de guerre peut nécessairement modifier la situation des personnes chez les nations belligérantes; cependant on peut établir en principe que pour tout ce qui concerne les droits privés des habitants des pays belligérants ou des pays occupés ou conquis, on continue d'observer les règles admises en temps de paix; les lois de la guerre n'entrent en vigueur que lorsque le droit public est en cause. (*Voir* GUERRE, OCCUPATION MILITAIRE, CONQUÊTE.)

PERSONNE CIVILE ou MORALE. Se dit d'un être moral, collectif ou impersonnel, auquel la loi reconnaît une partie des droits civils exercés par les citoyens : tels sont les Etats, les communes, certaines corporations ou associations.

Ainsi la personne civile peut acquérir et aliéner des immeubles, ester en justice; elle peut être engagée ou obligée par la signature de son directeur ou de son représentant régulier; toutefois aucun des individus ou particuliers qui la composent ou y participent n'est engagé ou obligé personnellement en dehors de ce que prescrivent les actes publics, lois, règlements ou statuts. (*Voir* ÉTAT, COMMUNE, CORPORATION.)

PERSONNE INTERNATIONALE. La *personne internationale* ou *du droit international* est la personne morale ou civile qui est seule reconnue habile à agir et responsable, seule admise dans les rapports de nation à nation.

Les Etats, étant chez eux la personne éminente, et au dehors les détenteurs et les garants du droit international, sont, au point de vue de ce droit, les personnes par excellence. (*Voir* ÉTAT.)

Les souverains et les agents diplomatiques des Etats ne sont des personnes internationales que dans un sens dérivé, parce qu'ils sont les représentants des Etats et entrent comme tels en relation avec d'autres Etats. (*Voir* SOUVERAIN, AGENT DIPLOMATIQUE.)

Les individus pris isolément ne sont pas des personnes dans la véritable acception du mot; cependant ils ont droit à être protégés par le droit international, lorsque les droits garantis par ce droit à chaque homme sont violés en leur personne.

PERSONNEL. L'ensemble des personnes qui font partie d'une administration publique ou privée.

La partie d'une administration qui s'occupe de la nomination et de l'avancement des employés.

Nous n'avons à nous occuper ici que du personnel diplomatique.

Ce personnel est organisé et composé à peu près de la même manière dans la plupart des pays : il se compose d'ambassadeurs, de ministres, — ministres plénipotentiaires, ministres résidents, — d'envoyés, qui prennent habituellement la qualification d'extraordinaires, de chargés d'affaires, etc.

Ce n'est pas là à proprement dire le personnel des missions, car il n'y a en jeu qu'une personne, le ministre public, qui est le chef de l'ambassade ou de la légation, selon le cas; le personnel proprement dit consiste dans les personnes attachées à divers titres à la mission ou au service particulier du ministre.

Ce personnel varie en nombre suivant le rang et l'importance du poste auquel il est attaché; il se divise naturellement en deux catégories :

1º Le personnel officiel;
2º Le personnel non officiel;

Le personnel officiel comprend les conseillers et les secrétaires d'ambassade ou de légation, les attachés ou élèves, les secrétaires interprètes ou drogmans, le chancelier, les pages dans les missions d'apparat, les aumôniers, lorsqu'une chapelle est annexée à l'ambassade ou à la légation; on pourrait y ajouter les courriers chargés du transport des dépêches diplomatiques.

On range dans le personnel non officiel de la mission les officiers de la maison du ministre, ses domestiques. Son médecin et les secrétaires intimes, qui, dans la règle, ne sont employés qu'aux affaires particulières du ministre, sont également considérés comme n'appartenant point officiellement à la mission. (*Voir* AGENT DIPLOMATIQUE, AMBASSADE, LÉGATION, MISSION, MINISTRE PUBLIC, CONSEILLER, SECRÉTAIRE, ATTACHÉ, COURRIER, CHANCELIÈRE, etc.)

PERTE. Privation de quelque chose d'avantageux; diminution de bien, de profit, de bénéfice.

Destruction, ruine, dommage.

Perte *indirecte*. (*Voir* INDIRECT, DOMMAGE.)

PERTILE, publiciste italien, professeur à l'Université de Padoue, a publié en 1877 :

Elementi di diritto internazionale moderno ad uso delle scuole (Éléments de droit international moderne à l'usage des écoles).

PESTEL (Frédéric Guillaume), jurisconsulte allemand, né à Rinteln en 1724, mort à Leyde en 1805.

Il fut en 1748 professeur de droit à Rinteln et en 1763 professeur de droit naturel et de droit public germanique à Leyde.

Fundamenta jurisprudentiæ naturalis (Fondements de la jurisprudence naturelle). Leyde 1773—1806, 1 vol. in 8º. Traduit en français par Blonde, avocat au Parlement de Paris. Utrecht 1775.

De necessitate et usu juris gentium dissertatio (Dissertation sur la nécessité et l'usage du droit des gens).

Selecta capita juris gentium maritimi (Chapitres choisis du droit des gens maritime). Leyde, 1785.

De dominio maris Mediterranei (Du domaine de la mer Méditerranée). Rinteln, 1764.

De servitutibus commerciorum (Des servitudes du commerce). Rinteln, 1763, in-4º.

De differentiis præcipuis in veteri ac recentiori gentium europæarum politica. Leyde, 1778, in-4º.

De fructibus qui ex jurisprudentia perfectiori ad populos Europaeos saeculo XVIII pervenerunt. Leyde, 1789, in-8°.

PÉTITION. Demande par écrit à une autorité.

En France, avant 1789, on se servait plus ordinairement des mots *placet, supplique;* mais depuis cette époque les demandes, au lieu d'être adressées généralement et directement au souverain, le sont aux ministres ou aux Chambres législatives; chacune de ces chambres a une commission spéciale des *pétitions.*

Ce droit de *pétition* est reconnue dans tous les Etats constitutionnels.

Dans l'histoire d'Angleterre on appelle *pétition des droits* une requête formée par les chefs du Parlement en 1628 et adoptée par le roi Charles Ier: c'est un acte confirmatif des libertés nationales.

En logique, on nomme *pétition de principe* un sophisme ou défaut de raisonnement qui consiste à supposer comme certain ce qui ne l'est pas et a besoin d'être prouvé, à alléguer pour preuve ce qui fait l'objet même de la question.

Le *cercle vicieux* est une double pétition de principe.

PETTO (IN). Expression italienne, qui signifie mot à mot dans l'intérieur du cœur. Par suite : à part soi, intérieurement, en secret.

Se dit particulièrement du Pape lorsqu'il nomme un cardinal sans le proclamer ni l'instituer. Ainsi l'on dit : le Pape a créé plusieurs cardinaux et il en a réservé un in petto.

Cette formalité s'explique de la manière suivante :

Il arrive parfois qu'un prélat ayant droit au cardinalat remplit des fonctions auxquelles il serait obligé de renoncer sur le champ, dès qu'il serait revêtu de la pourpre : telles sont entre autres les fonctions de nonce du Saint-Siège. Or il peut être de l'intérêt de l'Eglise de maintenir le prélat à son poste, sans préjudicier à ses droits au cardinalat. En pareil cas, le Pape, au lieu de le proclamer immédiatement cardinal, réserve sa nomination in petto : ce qui veut dire que le nouveau cardinal prend rang dans le Sacré collège, non à partir du jour où sa nomination deviendra définitive, mais à partir du jour où sa promotion a été réservée in petto.

La réserve in petto a encore une autre conséquence pratique.

Si dans l'intervalle entre la réserve in petto et la nomination définitive le Pape venait à mourir, son successeur serait tenu de consommer la promotion simplement réservée. C'est pourquoi les Papes, le jour du Consistoire où ils annoncent la réserve in petto, consignent le nom du titulaire dans un pli cacheté, qu'ils déposent dans leur archives secrètes. A chaque décès d'un pape, on procède à l'ouverture de ces plis, et le pape nouvellement élu est obligé de respecter le choix de son prédécesseur.

PEUPLADE. Se dit, comme diminutif de peuple, de rassemblement d'hommes, fixes ou errants, dans les pays non encore civilisés.

Se dit aussi d'un nombre d'hommes et de femmes, qui passe ou qu'on envoie d'un pays dans un autre pour le peupler.

PEUPLE. Multitude d'hommes vivant sur le même territoire et sous le même gouvernement : le peuple romain, le peuple français; dans ce sens ce mot est à peu près synonyme de *nation* (voir ce mot; ETAT).

Cependant on appelle aussi *peuple* une multitude d'hommes qui n'habitent pas le même pays, mais qui ont une même origine ou une même religion : les peuples du Nord, les peuples d'Orient, les peuples germaniques, slaves, latins, hispano-américains, etc., les peuples chrétiens, les peuples musulmans; le peuple juif, qui est dispersé par toute la terre, etc.

Au pluriel, *peuples,* se dit, dans un Etat composé de diverses provinces qui n'ont pas été réunies en même temps, des habitants de ces provinces, qui sont parfois de races différentes et ont des lois, des mœurs, des coutumes particulières : par exemple, les peuples qui composent l'empire d'Autriche.

Peuple s'emploie aussi pour *population,* des habitants d'une même ville, d'une même contrée; la multitude, le public considéré dans son ensemble.

La masse de la nation, par opposition à certaines classes élevées ou privilégiées.

Une partie de la nation considérée au point de vue des divisions établies en politique.

La partie de la nation qui ne vit que de son travail, considérée par rapport aux classes plus aisées et plus instruites.

Le bas peuple, le petit peuple, la partie la plus inférieure de la population.

PFEIFFER (Burchard Guillaume), publiciste allemand, né à Cassel en 1777, mort en 1852.

Conseiller à la cour de Cassel en 1817.

Vermischte Aufsätze über Gegenstände des deutschen und römischen Privatrechts (Mélanges sur les matières de droit privé allemand et romain). Marbourg 1800, in-8°.

Das Recht der Kriegseroberung in Bezug auf Staatscapitalien. Cassel 1823. (Du droit de conquête par rapport aux fonds d'Etat.)

Praktische Ausführungen aus allen Theilen der Rechtswissenschaft (Déductions pratiques concernant toutes les parties de la jurisprudence). Hanovre 1825—1846. 8 vol. in-4°.

Das Princip des internationalen Privatrechts (Du principe du droit international privé). Tubingue 1851.

PHANARIOTES. On désigne sous ce nom certaines familles, certaines dynasties princières, la plupart d'origine grecque, et dont les membres ont pendant longtemps rempli auprès des sultans et des pachas les fonctions de secrétaires intimes, de drogmans ou interprètes. Plusieurs d'entre eux ont été, dans le dernier siècle et au commencement de celui-ci, choisis par les sultans de Constantinople comme hospodars des principautés de Valachie et de Moldavie.

Ils tiraient leur nom du quartier de Constantinople, le *Phanar* ou *Fanal,* qui leur avait été assigné pour habitation et où résident encore le patriarche et la plupart des grandes familles grecques.

PHARAON. Titre par lequel on désigne, notamment dans la Bible, les rois de l'ancienne Égypte, qu'on appelle par suite en périphrase „la Terre des Pharaons."

PHARE. Tour construite près du bord de la mer ou sur un point élevé de la côte, et au sommet de laquelle on entretient des feux ou des fanaux allumés pendant la nuit, dans le but de guider les navires, de les avertir de leur position, de leur signaler un danger, de leur indiquer l'entrée d'une passe, d'une rade ou d'un port.

Les gouvernements ont soin de faire connaître l'existence, l'établissement et la situation des phares placés sur leurs côtes maritimes.

Il est naturel et juste que la navigation contribue à l'entretien d'établissements créés dans son intérêt; c'est pourquoi, dans les ports où ils abordent, les navires de commerce sont généralement astreints à payer des droits pour phares ou fanaux.

Ces droits font souvent l'objet de clauses particulières dans les traités de commerce et de navigation.

PHILLIMORE (Sir Robert), jurisconsulte anglais, né le 5 novembre 1810.

Président de la haute Cour de l'amirauté britannique, et membre du Conseil privé de la Reine.

Il a publié en 1847 un traité sur „Les lois du Domicile" (*Laws on domicil*) et de 1854 à 61 des „Commentaires sur le droit international" (*Commentaries upon international law*). 4 vol. in-8°.

Ce dernier ouvrage est un des plus savants et des plus complets qu'on ait encore écrit sur le droit des gens, envisagé sous toutes ses faces et dans toutes les circonstances de la vie des nations. Ce droit, selon Sir R. Phillimore, a pour fondements les traités et les principes de justice. Les deux premiers volumes sont consacrés au droit des gens pendant la paix; le troisième, au droit de la guerre; le quatrième, au droit international privé. Ces divers volumes abondent de faits, de précédents judiciaires et de renseignements bibliographiques concernant les travaux spéciaux publiés dans les différents pays sur la matière.

Une troisième édition en a été publiée en 1879, qui tient le livre au courant des évènements survenus depuis sa première apparition, ainsi que des réformes et des progrès réalisés récemment dans la science du droit international, public et privé.

Du droit international maritime. 1854—1861, 2e édition 1871.

PHILOSOPHE. Dans l'origine on donnait ce titre à ceux qui se livraient à l'étude de la physique et de la morale; plus tard il a été réservé à ceux qui s'appliquent plus particulièrement à l'étude de l'homme et de la société.

Les ouvrages des philosophes, tant anciens que modernes, sont une source précieuse de documents pour l'étude et le développement du droit international, dont les principales questions ont été traitées par la plupart d'entre eux, dans leur rapports avec la morale, l'équité, la logique et la législation générale.

PHILOSOPHIE. C'est la science des principes généraux de toute chose, le système des notions générales sur l'ensemble des choses.

Se dit aussi de la doctrine philosophique particulière à chaque école ou à chaque philosophe ayant fait école : la philosophie ancienne, moderne; stoïcienne, scolastique, écossaise, éclectique; la philosophie de Platon, d'Aristote, d'Epicure, de Bacon, de Descartes, de Kant; la philosophie chrétienne, païenne.

Quelquefois on distingue un système de philosophie par le caractère particulier qui le distingue : la philosophie sensualiste, spiritualiste, critique.

La *philosophie de la nature* ou *philosophie naturelle* est celle qui a pour objet l'étude des lois et des causes des phénomènes qu'offre l'ensemble de l'univers.

Philosophie naturelle se dit aussi, par opposition à *philosophie morale*, de l'ensemble des sciences astronomique, physique, chimique et biologique.

La *philosophie sociale* comprend l'étude de la société et de la morale.

On appelle aussi *philosophie* l'ensemble des principes fondamentaux sur lesquels repose une science, un art particulier, ou la recherche de ces principes : philosophie des sciences, de la physique, de l'histoire, du droit, et plus spécialement du droit des gens ou international.

PIÈCE. En terme de pratique, toute sorte d'écriture servant à quelque procès, — tout document écrit utile pour constater un fait, — tout ce qu'on produit pour établir un droit.

Pièces justificatives, à l'appui, celles qui servent à prouver ce qu'on avance.

Pièces de comparaison, celles dont l'écriture et la signature sont reconnues certaines, et auxquelles on confronte d'autres pièces douteuses ou arguées de faux.

Pièces diplomatiques, notes ou autres documents relatifs à une négociation.

PIERANTONI (Auguste), jurisconsulte italien, né à Chiéti (Naples) le 24 juin 1840. Avocat aux Cours de cassation du royaume d'Italie; actuellement professeur de droit à l'université de Rome, sénateur au parlement italien, un des fondateurs de l'Institut de droit international.

On peut dire que M. Pierantoni a concentré ses études sur les réformes à opérer dans la pratique du droit des gens entre les divers Etats : c'est ce qui ressort de l'énumération de ses principaux ouvrages :

Il Progresso del diritto pubblico e delle Genti (Progrès du droit public et des gens). Modène, 1870.

Storia degli studi del diritto internazionale in Italia (Histoire des études du droit international en Italie). Modène, 1870.

TOME II

Cet ouvrage a été traduit en allemand par M. Leone Roncali. Vienne, 1872.

Gli Arbitrati internazionali e il trattato di Washington (Les arbitrages internationaux et le traité de Washington). Naples, 1872.

Storia del diritto internazionale nel secolo XIX (Histoire du droit international au 19e siècle). Naples, 1877.

Dans ce livre M. Pierantoni, qui appartient à la nouvelle école nationale italienne, expose, plutôt qu'il ne fait une histoire proprement dite du droit des gens, les opinions de cette école sur la valeur juridique des principaux événements de la politique internationale de notre temps, tout en signalant les réformes tentées jusqu'à ce jour.

On doit aussi à M. Pierantoni une traduction en italien du *Projet de code de droit international* de M. Dudley Field, qu'il a fait précéder d'une introduction intitulée :

La Riforma del diritto delle genti e l'Instituto di Diritto internazionale di Gand (La réforme du droit des gens et l'Institut de droit international de Gand). Naples, 1874.

Nous citerons encore les travaux suivants relatifs à des questions spéciales :

Delle incompatibilità del Codice penale toscano col diritto pubblico nazionale (Des incompatibilités du code pénal toscan avec le droit public national). 1869.

La questione anglo-americana dell'Alabama. Studio di diritto internazionale pubblico e marittimo (La question anglo-américaine de l'*Alabama*. Etude de droit international public et maritime). 1870.

I fiumi e la convenzione internazionale di Mannheim. Memoria di diritto internazionale (Les fleuves et la convention internationale de Mannheim. Mémoire de droit international). — Cet ouvrage a eu 3 éditions.

La revisione del trattato di Parigi. Considerazioni politico-giuridiche (La révision du traité de Paris. Considérations politiques et juridiques). Florence, 1871.

La famiglia, la nazione, lo stato. Lezione inaugurale del corso di diritto costituzionale nella regia Università di Napoli (La famille, la nation, l'Etat. Discours d'inauguration du cours de droit constitutionnel à l'Université royale des Naples).

Trattato di diritto costituzionale (Traité de droit constitutionnel). Naples, 1873.

Rapport en français à l'Institut de droit international sur *L'inviolabilité de la propriété privée dans la guerre maritime, et les opinions émises sur ce sujet par les publicistes italiens.*

La pena di morte negli stati moderni (La peine de mort dans les États modernes).

Alberigo Gentili, là sua vita, i sui tempi, le sue opere (Albérie Gentilis, sa vie, son époque, ses œuvres).

Trattato di diritto internazionale (Traité de droit international). 3 vol. — Il n'a encore paru que le premier volume (Rome, 1881).

Dans ce volume le savant professeur commence par exposer sommairement les fondements, les principes généraux et les sources du droit international, qui, selon lui, „est destiné à régler l'organisme de la société des peuples, comme le droit interne est destiné à régler les relations des individus et l'organisme des sociétés qui existent dans l'intérieur de l'État". Ensuite il aborde la partie historique, qu'il prend pour ainsi dire *ab ovo*, puisqu'il remonte jusqu'aux époques préhistoriques, recherche les éléments et les origines du droit des gens chez les nations les plus anciennes et ensuit graduellement les formations et les développements jusqu'à des époques plus rapprochées de nous. Ce premier volume se ferme sur la fin du 14e siècle de notre ère.

PILLAGE. Action de piller, de dépouiller avec violence une ville, une maison des objets qu'elle renferme ou qui s'y trouvent : c'est un des tristes accidents de la guerre.

Le pillage, qui était fort en usage dans les temps anciens, constitue désormais une violation du droit des gens. (*Voir* DÉVASTATION.)

Le pillage des prises maritimes et des navires naufragés est également interdit : les capteurs ne doivent maltraiter ni les navires ni les gens capturés, et les habitants des côtes doivent secours aux naufragés. (*Voir* PRISE, NAUFRAGES.)

PILOTE. Marin expérimenté dans la conduite des navires.

On appelle plus généralement *pilotes* les marins qui ont fait une étude particulière des côtes, des ports, des courants, des périls qui avoisinent les abords de la terre, et sont par suite employés pour secourir les navires en danger, et pour diriger ceux qui, à l'embouchure des fleuves, à l'entrée des rades, ont des passes périlleuses à parcourir et ne connaissent pas le chemin qu'ils ont à suivre.

Le pilotage est généralement soumis à un tarif; les frais en font partie des droits dits de navigation.

Dans la plupart des ports, la police de la navigation oblige les navires qui entrent ou qui sortent à employer des pilotes appartenant au port. Ce tarif est le plus souvent réglé par des clauses spéciales des traités de commerce et de navigation.

PIMENTA BUENO (J. A.), publiciste brésilien.

Direito internacional privado (Droit international privé). Rio de Janeiro, 1863. in-8°.

Application des principes du droit international privé à la législation en vigueur au Brésil.

PINEDO (Federico), jurisconsulte sud-américain, professeur de droit à l'Université de Buenos-Aires.

Derecho de gentes (Droit des gens).

Le savant professeur résume la science du droit dans des tableaux synoptiques, dont la forme condensée en rend l'étude et la compréhension plus facile et plus prompte. Selon lui „le droit des gens tire son autorité de la loi primitive et de la loi secondaire, formées par les pactes et les usages".

PIÑERO (Norberto), publiciste sud-américain, né à Buenos-Aires.

La letra de cambio ante el derecho internacional privado — con una introduccion del Dr. D. Amancio Alcorta (La lettre de change devant le droit international privé — avec une introduction). Buenos-Aires, 1882, in-4°.

PINHEIRO FERREIRA (Silvestre), diplomate et publiciste portugais, né le 31 décembre 1769 et mort en 1847 à Lisbonne.

Professeur de philosophie à l'université de Coimbre en 1793. Chargé d'affaires du Portugal à Berlin de 1802 à 1807. Ministre des affaires étrangères de 1821 en 1824. Correspondant de l'Institut de France.

Cours de droit public interne et externe. Paris, 1830—1838, 3 vol. in-8°.

Précis du droit public interne et externe. 1841, in-8°.

Principes du droit public constitutionnel, administratif et des gens. 1834, 3 vol. in-12.

La doctrine de M. Pinheiro Ferreira se distingue par un caractère absolu, qui ne tient pas toujours suffisamment compte des faits; ainsi pour lui le droit des nations dérive de droits et de devoirs existant antérieurement à l'emploi de la force et indépendamment de toute législation.

Commentaires sur le „Précis du droit des gens" de Martens. Paris, 1833, in-8⁰.

Notes au „Droit des gens de Vattel". 1835—1836, 3 vol. in-8⁰.

Supplément au Guide diplomatique de M. le baron Ch. de Martens. Paris, 1837, in-8⁰.

PINTO (A. P.), publiciste brésilien.

Apontamentos para o direito internacional on collecçao completa dos tratados celebrados pelo Brasil com differentes naçoes estrangeiras (Recueil des traités conclus par le Brésil). Rio de Janeiro, 1864—1869. 4 vol. in-8⁰.

Ce recueil est suivi de notices historiques sur les principaux traités.

PIRATERIE. *Définition et caractère.* Dans le langage international, il faut entendre par ce mot tout vol ou pillage d'un navire ami, toute déprédation, tout acte de violence commis à main armée en pleine mer contre la personne ou les biens d'un étranger, soit en temps de paix, soit en temps de guerre. Est dit pirate quiconque commet un de ces actes ou y prend part.

A cette définition générale, empruntée au droit des gens, vient s'en ajouter une seconde qui dérive exclusivement des lois particulières édictées par chaque Etat pour réprimer la piraterie, et en vertu desquelles on a assimilé à ce crime, pour les rendre passibles des mêmes peines et justiciables des mêmes tribunaux, des faits qui au point de vue international n'ont pas intrinsèquement un caractère criminel, ni même délictueux, la traite des noirs, par exemple, dans les pays qui n'ont pas aboli l'esclavage.

Mais, si, d'après les vrais principes du droit des gens, ni la traite des nègres, ni le fait de naviguer sans patente ou avec une patente fausse ne peuvent être considérés comme des actes de piraterie, il est beaucoup d'autres faits délictueux qu'on doit de toute justice assimiler à ce crime. Ainsi, par exemple, le vol et l'homicide commis à bord d'un navire en pleine mer ne constituent que des délits ou des crimes ordinaires, justiciables des seuls tribunaux du pays auquel le navire appartient; mais lorsque ces mêmes actes sont imputables à un équipage révolté, qui s'est violemment emparé du navire, et dont la situation a par suite cessé d'être régulière et normale, ils se transforment en véritables

faits de piraterie clairement et catégoriquement définis.

Un gouvernement est-il fondé en droit à proclamer *pirates* et à punir de mort les rebelles qui parcourent les mers pour s'emparer des biens appartenant aux sujets ou citoyens demeurés fidèles au pouvoir établi? Pour résoudre cette question, il faut tenir compte du nombre et de la position des rebelles vis-à-vis du gouvernement qu'ils attaquent, de la portée, de l'organisation et des forces matérielles de l'insurrection.

En principe, et tant qu'elle ne se propose que le renversement du pouvoir établi, la substitution d'un gouvernement à un autre, la rébellion est un crime politique, rentrant exclusivement dans le droit public interne de chaque nation. Le gouvernement dont la rébellion met l'existence en jeu, est souverain pour poursuivre et réprimer, par les forces dont il dispose, les attaques dirigées contre lui; mais il ne suffit pas qu'il attache au fait la qualification de piraterie pour que cette rébellion se transforme *ipso facto* vis-à-vis des Etats étrangers en crime de droit des gens et devienne punissable comme tel. Cela est si vrai que le pays où a éclaté une rébellion qui par sa puissance et sa durée assume le caractère de guerre civile, peut, à son point de vue, ne voir que des actes de piraterie dans ce que les autres pays, étrangers à la lutte, considèrent et respectent comme des actes de belligérants.

Comme il est généralement admis que les navires armés par des factions opposées au gouvernement de fait et non reconnus comme belligérants manquent de toute représentation, il s'ensuit que ces navires peuvent être détenus et pris en haute mer et même dans les eaux de leur propre Etat, quand ils commettent des violations du droit des gens au détriment de nations tierces ou de leurs citoyens, ou quand ils abordent dans les ports de ces nations; et dans l'un et l'autre cas ils peuvent être remis au gouvernement à l'obéissance duquel ils se sont soustraits par la rébellion.

Quant aux révoltes isolées, en quelque sorte individuelles, aboutissant à des actes de déprédation en pleine mer commis sous un pavillon qui n'est pas reconnu appartenir à un Etat constitué et souverain, il est évident qu'elles comportent pleinement l'assimilation à la piraterie et la répression comme crime du droit des gens.

6*

On peut résumer ainsi la règle du droit des gens qui prévaut à l'égard des pirates :

Les pirates, n'ayant ni pavillon ni nationalité et étant ennemis de toutes les nations, peuvent être attaqués, pris et jugés partout et par tous les États.

Dans les cas de piraterie, la puissance qui les constate a le droit de les poursuivre et de les punir.

Le bâtiment et les individus qui le montent, étant dénationalisés, ne peuvent réclamer aucun privilège de nationalité.

La puissance qui a saisi le bâtiment et arrêté l'équipage est dès lors juge de la validité de la prise et de la culpabilité des individus.

Répression. La piraterie a de tout temps été réprimée par les châtiments les plus sévères; à une époque qui n'est pas très éloignée de nous, toutes les nations maritimes procédaient à l'égard des pirates dans la même forme sommaire, c'est-à-dire qu'elles les faisaient pendre au bout des vergues au moment même où l'on parvenait à s'emparer d'eux. L'adoucissement des mœurs, et un sentiment plus vrai des devoirs qu'impose la justice humaine, ont proscrit cet usage barbare; et de nos jours chaque nation a réglementé les formes de procédure à observer pour la répression de la piraterie; les peines qu'elles infligent sont toujours rigoureuses; mais du moins elles sont graduées et entourées des garanties voulues pour épargner des innocents et ne frapper que les coupables.

La plupart des nations maritimes réservent à des tribunaux d'exception la connaissance et le jugement de la piraterie. Et ici nous devons rappeler la distinction entre la piraterie *internationale*, qui relève du droit des gens, et celle qu'on peut appeler *légale*, parce qu'elle ne découle que d'une qualification sanctionnée par la loi propre de telle ou telle nation. Cette dernière sorte de piraterie, n'ayant aucun caractère d'universalité, ne saurait être justiciable que des tribunaux du pays qui l'a élevée à la hauteur de crime maritime; au contraire la piraterie du droit des gens peut être punie par tout État qui parvient à s'emparer des coupables. D'une part, en effet, le navire, par les actes criminels auxquels il a été employé, a perdu toute nationalité, tout droit au privilège juridictionnel qu'implique son origine; d'autre part, les pirates, en s'attaquant aux intérêts du commerce maritime tout entier, en se plaçant en dehors de toutes

les lois sociales et morales, cessent d'être citoyens d'aucun pays et deviennent justiciables de toutes les nations civilisées.

Les objets de toute espèce trouvés en la possession des pirates doivent être restitués à leurs légitimes propriétaires, le vol ne pouvant jamais devenir un titre légitime d'appropriation; mais, en tout cas, la restitution aux propriétaires des objets dont ils ont été dépouillés, ou de leur produit quand ils ont été vendus à des tiers, est subordonnée aux preuves et aux justifications établies par la législation intérieure de chaque État.

Dans le cas de naufrage ou d'échouement d'un bâtiment pirate les habitants des côtes n'ont pas plus le droit de le piller que tout autre bâtiment naufragé; le sauvetage est effectué par les soins des autorités locales, et les objets sauvés appartiennent à ceux que les lois du pays ont désignés.

Les prises faites par les pirates et conduites dans les ports sont restituées aux propriétaires.

Corsaires et pirates. Il ne faut pas confondre les corsaires avec les pirates, dont ils diffèrent en ce qu'ils sont commissionnés et autorisés par leur souverain pour courir la mer en temps de guerre, tandis que les pirates courent la mer en tout temps sans commission d'aucun souverain. (*Voir* CORSAIRE, COURSE, LETTRE DE MARQUE.)

Le droit des gens attribue le caractère de pirate à tout navire qui reçoit des lettres de marque de deux ou de plusieurs gouvernements. Cependant les lois particulières des États limitent habituellement cette qualification et ses conséquences au capitaine et aux officiers du navire, en exceptant les simples matelots. Toutefois les gouvernements régis par des lois différentes sont libres de repousser l'exception, et peuvent en pareil cas traiter comme pirates tous les hommes de l'équipage.

La question a été posée de savoir si l'on doit considérer comme actes de piraterie, selon le droit des gens, les actes que commet le navire d'un pays neutre armé pour faire la course avec lettres de marque délivrées par un belligérant et qui s'empare des navires de l'autre belligérant resté en paix avec le pays auquel il appartient par sa nationalité.

A défaut d'une pratique constante et bien définie, les principaux États semblent avoir implicitement résolu la question de principe en s'obligeant mutuellement à interdire à leurs sujets d'accepter des lettres de marque d'aucun gouvernement étranger. Dans quelques traités on ne se borne même pas à cette prohibition; on est allé jusqu'à établir que ceux qui entreprendront la course dans de pareilles conditions, seront regardés comme pirates.

PISTOYE (Alphonse de), publiciste français, né à Saint-Mihiel en 1806, mort en 1876.

Chef de division au ministère des travaux publics.

Il a publié, en collaboration avec M. Duverdy (voir ce nom), un *Traité des prises maritimes, dans lequel on a refondu en partie le traité de Valin en l'appropriant à la législation nouvelle.* Paris, 1854-1859, 2 vol. in-8°.

Ouvrage contenant un grand nombre de décisions inédites de l'ancien conseil des prises, et les actes émanés en 1854 des gouvernements belligérants et neutres; augmenté en 1859 d'une annexe renfermant la déclaration du Congrès de Paris, plusieurs autres documents de droit maritime et les décisions du conseil des prises de 1854 à 1856.

PLACARD. En diplomatie, se dit d'une lettre, d'une pièce quelconque, dont le parchemin est dans toute son étendue et non plié.

PLACET. Synonyme de pétition.

Se disait autrefois plus particulièrement des demandes par écrit qu'on adressait aux souverains pour obtenir justice, une grâce ou une faveur.

PLAGIAT. Action de celui qui s'approprie et donne comme siennes les pensées et les inventions d'autrui, qui imite ou copie servilement des passages ou des portions d'un livre sans en citer l'auteur.

Le plagiat donne lieu à des appréciations diverses suivant les différents pays. Ainsi, d'après la jurisprudence anglaise, ce n'est pas commettre un plagiat que de transporter sur la scène un sujet traité par un auteur sous forme de roman, lors même que le romancier a lui même tiré une pièce de son ouvrage.

Le plagiat n'est qu'un larcin, dont la critique littéraire et l'opinion publique sont seules juges; il ne faut donc pas le confondre avec la contrefaçon; toutefois s'il en résulte un préjudice pour l'auteur de l'ouvrage original, celui-ci peut toujours en faire l'objet d'une action en dommages et intérêts.

PLÈBE, PLÉBÉIEN. La plèbe, dans l'ancienne Rome, était la troisième et dernière classe du peuple; elle se composait de tous les citoyens libres qui n'appartenaient ni à l'ordre des patriciens ni à celui des chevaliers.

La *plèbe* diffère du *peuple* en ce que la dénomination de *peuple* désigne tous les citoyens y compris les patriciens, tandis que le mot de *plèbe* désigne les citoyens autres que les patriciens.

Longtemps exclus de toutes les dignités publiques, les plébéiens se firent successivement admettre à toutes les magistratures patriciennes; dès lors la distinction entre plébéiens et patriciens ne fut plus que nominale, du moins au point de vue politique.

Dans les sociétés modernes, on qualifie de plébéien le citoyen qui n'appartient pas à la noblesse.

PLÉBISCITE. Chez les Romains on appelait *plébiscite* une loi décrétée par la *plèbe* ou le peuple convoqué par tribus dans les comices, en opposition aux lois promulguées par le sénat seul, auxquelles on donnait le nom de *sénatusconsultes*. Le plébiscite était proposé au peuple par un *tribun.*

Les *plébiscites* finirent par acquérir la même force obligatoire que les *lois* (286 av. J. C.), et dès ce moment les deux termes devinrent à peu près synonymes.

La dénomination de *plébiscite* fut adoptée en France par la première république pour désigner les résolutions soumises à l'approbation du peuple et acceptées par lui. Dans ce nouveau sens le *plébiscite* s'applique surtout à l'acceptation d'une constitution, à la proclamation du chef de l'Etat.

PLÉNIER, PLÉNIÈRE. Qui est complet, entier.

S'emploie dans ces expressions : *Cour plénière*, assemblée solennelle que les rois ou les princes souverains tenaient le jour de quelque grande fête, ou lorsqu'ils voulaient en donner une.

Se dit en général d'une réunion complète des membres d'une corporation, d'une assemblée politique ou judiciaire : ainsi lorsque les diverses fractions ou les deux chambres d'un parlement ou d'une législature tiennent une assemblée conjointe dans un même local, lorsque toutes les chambres d'une cour d'appel tiennent séance ensemble.

On qualifie de *plénière* l'*indulgence* qui accorde remission pleine et entière de toutes les peines d'une faute.

PLÉNIPOTENTIAIRE. Envoyé. d'un chef d'Etat, lequel est pourvu d'un plein pouvoir pour quelque négociation.

En donnant aux mots leur vraie lignification, *plénipotentiaire* serait un agent diplomatique envoyé en mission non permanente et muni de pleins pouvoirs.

Cependant les agents diplomatiques de seconde classe ajoutent ordinairement ce titre à celui de leurs fonctions, ainsi les ministres se disent *ministres plénipotentiaires.*

Mais cette qualification de *plénipotentiaire* n'est le plus généralement conférée que comme un simple titre, sans correspondre à des pouvoirs illimités. (*Voir* AGENT DIPLOMATIQUE, AMBASSADEUR, ENVOYÉ, MINISTRE.)

PLI. Est employé pour *enveloppe* de lettre on de paquet de papiers; se dit de la lettre ou des papiers mêmes.

Le *pli cacheté* est une lettre secrète que le fonctionnaire à qui elle est remise par l'autorité de laquelle il dépend, ne doit ouvrir qu'en un certain lieu indiqué d'avance, ou dans des circonstances prévues.

PLURALITÉ. Le plus grand nombre.

La pluralité des voix, des votes, ou des suffrages.

On nomme pluralité *absolue,* celle qui se forme de plus de la moitié de la totalité des votes; et pluralité *relative,* celle qui ne se forme que de la supériorité du nombre des voix qu'obtient une chose soumise à la votation, cette supériorité fût-elle d'une seule voix.

On emploie aussi dans le même sens le terme *majorité* (Voir ce mot).

PODESTAT. Ancien titre de diverses magistratures en Italie et dans la Provence.

Les podestats, dans certaines villes, étaient de simples officiers de justice et de police, le plus souvent étrangers à la ville qu'ils gouvernaient; ailleurs, notamment à Gênes, le podestat considéré comme le premier magistrat, avait toute l'autorité; mais il ne restait qu'un an au pouvoir.

PŒHLS (Meno), publiciste allemand. *Darstellung des Seer. chts nach gemcinem und Hamburgischem' Rechte.* (Exposé du droit maritime d'après le droit commun et le droit hambourgeois.) 4 vol. 8⁰. Hamburg, 1830-33.

PŒLITZ (Carles Henri Louis), publiciste allemand, né le 17 avril 1772 à

Ernstthal, successivement professeur de droit à Dresde, à Leipzig et à Wittenberg, mort le 27 février 1838.

Ses principales publications relatives au droit public sont : *Die Staatswissenschaften im Lichte unserer Zeit,* Leipzig 1823, 2de édition. 1827. (Les sciences politiques au point de vue de notre époque.); *Staatswissenschaftliche Vorlesungen für die gebildeten Leser in constitutionnellen Staaten.* Leipzig, 1821-33. (Cours de droit public pour les gens du monde dans les pays constitutionnels.); *Die europäischen Verfassungen seit 1789.* Leipzig, 1817-25, 2de édition 1833-34. (Les constitutions européennes depuis 1789.); *Practisches Völkerrecht* (Droit des gens pratique), Leipzig, 1824.

POIDS ET MESURES. L'ensemble des mesures et des poids en usage chez une nation, avec les rapports qui existent entre eux, forme le système des *poids et mesures* de cette nation.

On rencontre presque autant de systèmes de poids et mesures qu'il y a de nations différentes.

Plusieurs tentatives ont été faites pour établir l'unité des poids et des mesures, en adoptant dans tous les pays un système uniforme ou équivalent, comme on est parvenu à le faire pour le service des postes et des télégraphes. Des conférences et des congrès ont eu lieu dans ce but; mais on n'a encore obtenu que des résultats incomplets. Quelques Etats seulement ont abandonné leurs anciens poids et mesures pour y substituer le système métrique et décimal, en usage en France; ou tout au moins ont introduit chez eux l'emploi facultatif des poids et mesures métriques simultanément et parallèlement avec celui des anciens poids et mesures, destinés à tomber peu à peu en désuétude.

Dans les chancelleries diplomatiques et consulaires à l'étranger, les agents ou les chanceliers, lorsqu'ils ont à mentionner dans des actes ou des documents des mesures ou des poids étrangers, sont en général tenus d'en faire connaître simultanément la conversion en mesures ou en poids de leurs pays respectifs.

POLÉMARQUE. Commandant d'armée chez les anciens Grecs.

A Athènes, le polémarque, qui était en même temps troisième archonte, n'était pas général, il était plutôt ministre de la guerre et avait l'administration des affaires militaires.

POLICE. Partie de l'administration qui a pour objet d'assurer la tranquillité de l'Etat, la sécurité des citoyens et le respect des propriétés.

Les fonctionnaires qui font partie de cette administration et exercent par conséquent la police.

Les lois et les règlements de police obligent indistinctement tous ceux qui habitent un pays; l'étranger devient le sujet *casuel* de la loi du lieu dans lequel il passe ou séjourne.

Les ministres publics étrangers font exception à cette règle : ils ne sont pas, en principe, soumis aux lois et aux règlements de la police locale. (*Voir* AGENT DIPLOMATIQUE, MINISTRE, CONSUL.)

Tribunal de police ou *de simple police*, tribunal connaissant des infractions aux règlements de police.

Police correctionnelle, tribunal connaissant des délits qui sont plus graves que les contraventions de police, et ne le sont pas assez pour être déférés aux tribunaux jugeant en matière criminelle.

POLITESSE. Manière de vivre, d'agir, de parler civile et honnête, acquise par l'usage.

Action conforme à la politesse.

La politesse épistolaire consiste à ne pas s'écarter des préceptes de la politesse dans la rédaction, la conduite en général de la correspondance; elle est de règle dans les relations diplomatiques ou internationales.

Un principe élémentaire prescrit que toute lettre demande une réponse, et pour cette réponse il faut en mesurer les formes au rang et à la position des personnes auxquelles on écrit.

Pour exprimer la considération dans la forme de la correspondance épistolaire, il faut avoir égard à l'*inscription*, au *traitement*, à la *courtoisie*, à la *souscription*, à la *date*, à la *réclame*, à la *suscription* (Voir ces mots).

POLITIQUE (adjectif). Qui a rapport aux affaires publiques, au gouvernement d'un Etat, aux relations mutuelles des Etats entre eux.

Droit politique, les lois qui règlent les formes du gouvernement. (*Voir* DROIT.)

Droits politiques, droits en vertu desquels un citoyen prend part au gouvernement de son pays, (*Voir* DROITS.)

Domicile politique, le lieu où l'on exerce ses droits politiques. (*Voir* DOMICILE.)

Economie politique, science qui traite de l'art de gouverner, et aussi de la production et de la distribution de richesses d'un pays. (*Voir* ÉCONOMIE.)

Le mot *politique* exprime encore le résultat de l'opinion sur les affaires publiques : d'où parti politique; haines ou sympathies politiques.

Par rapport aux personnes, on appelle un homme *politique*, ou simplement un *politique* celui qui s'occupe des affaires publiques, ou qui y prend part, qui s'applique à la connaissance des affaires ou du gouvernement des Etats.

POLITIQUE (substantif). La science du gouvernement des Etats, l'art de gouverner un Etat et de diriger ses relations avec les autres.

Système particulier qu'adopte un gouvernement.

La politique d'un Etat peut se diviser en deux branches : l'une tout *intérieure*, ayant pour objet la sûreté et la tranquillité des citoyens; l'autre, à proprement dire *extérieure*, concernant les intérêts de la nation au dehors, ses relations avec les autres Etats; cette dernière politique est abandonnée aux règles du droit des gens et fait plus spécialement la matière du droit international. Se dit, dans un sens général, des affaires publiques, des évènements qui s'y rapportent.

POLL. En Angleterre, supputation des votes dans l'élection des membres de la Chambre des Communes.

Signifie aussi la liste de ceux qui ont droit de voter.

Aux Etats-Unis, *poll* est à peu près synonyme d'élection par le suffrage.

POLSON (Archer), publiciste anglais.

Principles of the law of nations, with practical notes and supplementary essays on the law of blockade and of contraband of war (Principes du droit des gens, avec des notes pratiques et des essais supplémentaires sur le droit de blocus et de contrebande de guerre). Londres 1848.

Il en a paru en 1854 une autre édition, à laquelle est ajouté le *Traité de la diplomatie* de Thomas Hartwell Home (*Voir* HOME.)

M. Polson soutient que le droit des gens a son principe dans la volonté des nations, son autorité dans leur consentement, et son évidence dans les usages et les conventions; le droit international doit son origine à la pratique et aux usages des nations.

POLYGAMIE. Etat d'un homme marié à plusieurs femmes, ou d'une femme mariée à plusieurs hommes à la fois.

Ce dernier cas de *polygamie* est généralement distingué du premier par la dénomination de *polyandrie;* la *polyandrie* n'existe que chez quelques populations encore demi-barbares de l'Asie et de l'Océanie.

Quant à la *polygamie* proprement dite, elles est en vigueur chez les Musulmans et en général dans presque tout l'Orient. Elle est interdite chez les nations chrétiennes, qui la réprouvent et la condamnent même comme une violation des lois; aussi ne consentent-elles pas à ce qu'un étranger pratique sur leur territoire la polygamie, quand même elle est admise par la loi de son pays.

PONTIFE. Ministre d'un culte.

Le titre de *Pontife* était dans l'ancienne Rome le plus élevé de la hiérarchie sacerdotale; les pontifes étaient au nombre de 8, dont 4 étaient choisis parmi les patriciens et 4 parmi les plébéiens.

Chez les Hébreux, on appelait *pontife* ou *grand-pontife,* le grand-prêtre, chef des sacrificateurs.

Dans la liturgie catholique, les évêques sont qualifiés de *pontifes.*

Souverain Pontife est un titre qu'on donne au Pape, chef de l'Église catholique.

PONTIFICAT. Dignité de grand-pontife.

Chez les Chrétiens, dignité du souverain Pontife ou du Pape.

Se dit aussi du temps qu'un Pape est sur le siège de Saint-Pierre.

POPULATION. L'ensemble, le nombre des individus qui habitent une contrée.

On nomme *population absolue* le nombre d'habitants d'un pays, abstraction faite de l'étendue du territoire qu'ils occupent.

La population *relative* est le nombre moyen d'individus vivant sur une étendue donnée.

Ainsi, par exemple, en 1856 la population absolue de la France était d'environ 37,000,000 habitants, et sa population relative de 68 habitants par kilomètre carré.

Se dit aussi d'une réunion d'hommes de même pays, de même condition.

PORLIER SAENZ DE ASTIGUETA (Antonio Domingo de), publiciste espagnol.

El joven diplomático (Le jeune diplomate). Madrid, 1829. 1 vol. in-8°.

PORT. Lieu sur une côte où la mer, s'enfonçant dans les terres, offre un abri aux navires contre les vents et les tempêtes.

Se dit aussi d'une ville bâtie auprès ou autour d'un port; de l'endroit dans un port même, ou dans une rivière, où l'on embarque et débarque les marchandises.

On distingue les ports en *ports de mer* ou *maritimes,* ceux qui sont situés sur la mer même, et en *ports intérieurs,* ceux qui sont situés à certaine distance dans les terres, sur des fleuves.

On les distingue aussi en *ports de guerre* ou *militaires,* ceux où stationnent ordinairement les bâtiments de guerre d'un Etat; et en *ports marchands* ou *de commerce,* ceux qui reçoivent les bâtiments employés au commerce, au transport des marchandises.

Par rapport aux navires, on nomme *port d'armement* le port où sont inscrits le bâtiment et les hommes, qui composent son équipage; et *port de destination,* le port déterminé comme but du voyage du navire.

Un port est dit *franc* ou *libre,* lorsqu'il n'y est point perçu de droits de douane, ni même d'impôt quelconque; il est dit simplement *ouvert,* quand l'entrée en est libre au commerce de toutes les nations, pourvu que leurs navires paient les droits de douane prescrits par les règlements locaux; le *port fermé* est celui dont l'entrée est prohibée aux navires étrangers, à l'exception des cas de nécessité.

On appelle *port consulaire* le port dans lequel résident des consuls des nations étrangères. (*Voir* ANSE, BAIE, RADE.)

Les ports appartiennent de plein droit à la nation qui possède les côtes sur lesquelles ils sont situés. Cette propriété est sanctionnée et reconnue comme incontestable par le droit international. La possession souveraine des ports donne à l'Etat qui en jouit le droit de les déclarer fermés, ouverts ou francs, et d'y soumettre librement les navires et les marchandises qui y arrivent du dehors, à tels droits fiscaux ou à tels règlements intérieurs qu'il juge convenables à ses intérêts. Seulement, pour que ces mesures soient conformes aux principes du droit international, il faut qu'elles soient appliquées à toutes les nations et ne constituent pas de ces privilèges qui renversent la loi de l'égalité des Etats. Le pays qui sans juste raison fermerait ses ports au commerce d'une nation en les laissant ouverts à celui d'une autre manquerait à un de ses devoirs les plus essentiels et s'exposerait à des mesures de rétorsion. En principe, un port ouvert au commerce est donc tacitement considéré comme accessible aux navires de toutes les nations, et la libre entrée accordée aux navires marchands s'étend aux bâtiments de guerre des Etats amis.

Cependant il est des circonstances spéciales qui autorisent un Etat à refuser l'admission dans ses ports des navires de guerre d'un autre Etat. L'admission des bâtiments de guerre dans certains ports est quelquefois aussi subordonnée à des motifs d'ordre public et de sécurité. C'est ainsi, par exemple, que dans certaines places de commerce on ne laisse pénétrer les bâtiments de marine militaire qu'après qu'ils ont déposé en lieu sûr les poudres qu'ils ont à bord, et ils ne peuvent les rembarquer qu'au moment de leur départ.

Pour prévenir toute espèce de difficultés en ce qui concerne la marine militaire, plusieurs gouvernements ont réglé la question au moyen de clauses conventionnelles; ils ont stipulé notamment qu'ils ne recevront dans leurs ports qu'un nombre limité de navires de guerre étrangers, variant de trois à six au plus.

L'Etat territorial exerce la police sur tous les navires de commerce mouillés dans un de ses ports, et ses tribunaux sont compétents, pour connaître des procès civils ainsi que des délits des matelots étrangers, lorsque les navires se trouvent dans les eaux dépendantes de son territoire.

Quant aux navires de guerre, bien qu'ils doivent se soumettre aux ordonnances locales sur les ports, ils sont exempts de la juridiction territoriale : les crimes et les délits commis à leur bord tombent sous la compétence des tribunaux de la nation à laquelle ces navires appartiennent et sont jugés selon ses lois. (*Voir* JURIDICTION.)

En droit l'accès et la sortie d'un port bloqué sont interdits aussi bien aux navires de guerre, qu'aux navires de commerce. ((*Voir* BLOCUS.)

PORT AU PRINCE (traité de paix entre la France et la République d'Haïti. 1838.

À la fin du siècle dernier, la Révolution française avait eu son contre-coup jusque dans les colonies de la France, notamment à Saint-Domingue, où la lutte s'engagea entre les nègres esclaves et leurs maîtres. Les troupes envoyées d'Europe furent forcées d'évacuer l'île à la fin de l'année 1803, et alors les noirs se proclamèrent indépendants et formèrent un gouvernement sous le nom d'*Empire d'Haïti*.

La constitution qui établissait cet état de choses porte la date du 20 mai 1805. Elle était précédée d'un préambule et d'une *déclaration préliminaire,* par lesquels étaient affirmées la souveraineté et l'indépendance du nouvel Etat. En voici les passages principaux.

Déclaration préliminaire. Articles premier. Le peuple habitant l'île ci-devant appelée Saint-Domingue, convient ici de se former en Etat libre, souverain et indépendant de toute autre puissance de l'Univers, sous le nom d'Empire d'Haïti.

2° L'esclavage est à jamais aboli.

3° Les citoyens haïtiens sont frères ; chez eux l'égalité aux yeux de la loi est incontestablement reconnue, et il ne peut exister d'autres titres, avantages, ou privilèges que ceux qui résultent nécessairement de la considération et de la récompense des services rendus à la liberté et à l'indépendance.

4° La loi est une pour tous, soit qu'elle punisse, soit qu'elle protège.

5° La loi n'a point d'effet rétroactif.

6° La propriété est sacrée ; sa violation sera rigoureusement poursuivi.

7° La qualité de citoyen d'Haïti se perd par l'émigration et par la naturalisation en pays étranger, et par la condamnation à des peines afflictives ou déshonorantes. Le premier cas emporte peine de mort et confiscation de propriétés.

8° La qualité de citoyen est suspendue par l'effet des banqueroutes et des faillites.

9° Nul n'est digne d'être Haïtien, s'il n'est bon père, bon fils, bon époux et surtout bon soldat.

10° La faculté n'est point accordée aux pères ou aux mères de déshériter leurs enfants.

11° Tout citoyen doit posséder un art mécanique.

12° Aucun blanc, quelle que soit sa nation, ne mettra le pied sur ce territoire, à titre de maître ou de propriétaire et ne pourra à l'avenir y acquérir aucune propriété.

13° L'article précédent ne pourra produire aucun effet tant à l'égard des femmes blanches qui sont naturalisées haïtiennes par le gouvernement qu'à l'égard des enfants nés ou à naître d'elles. Sont aussi compris dans les dispositions du présent article les Allemands et les Polonais naturalisés par le gouvernement.

14° Toute exception de couleur parmi les enfants d'une seule et même famille dont le chef de l'Etat est le père devant nécessairement cesser, les Haïtiens ne seront désormais connus que sous la dénomination générique de Noirs.

15° L'Empire d'Haïti est un et indivisible . . . . .

18°. Sont parties intégrantes de l'Empire les îles ci-après désignées : Samuna, la Tortue, la Gonaïre, les Cayemites, l'Ile à Vache, la Saom et autres îles adjacentes.

Depuis la proclamation de cette constitution la forme du gouvernement haïtien subit de nombreux changements et finit par devenir en 1820 la République d'Haïti.

C'est avec ce gouvernement que la France, qui depuis 1806 n'avait plus fait aucune tentative de reconquérir son ancienne colonie, consentit à traiter pour reconnaître son indépendance.

Par une ordonnance en date du 17 avril 1825, le roi de France Charles X concédait aux habitants de la Partie Française de l'Ile de Saint-Domingue l'indépendance pleine et entière de leur gouvernement, à condition que les ports seraient ouverts au commerce de toutes les nations, que les droits perçus dans ces ports sur les navires et sur les marchandises, tant à l'entrée qu'à la sortie, seraient égaux et uniformes pour tous les pavillons, excepté pour le pavillon français, en faveur duquel ces droits seraient réduits de moitié ; enfin que les habitants paieraient à la France, en cinq termes égaux d'année en année, le premier échéant le 31 décembre 1825, la somme de 150,000,000 francs, destinée à dédommager les anciens colons qui réclameront une indemnité.

Cette simple ordonnance a été substituée et confirmée par un traité signé à Port au Prince le 12 février 1838 entre la France et la République d'Haïti, aux termes duquel le roi des Français reconnaît, pour lui, ses héritiers et successeurs, la République d'Haïti comme Etat libre, souverain et indépendant.

Il était stipulé en outre que le consuls, les citoyens, les navires et les marchandises ou produits de chacun des deux pays devaient jouir à tous égards dans l'autre du traitement accordé à la nation la plus favorisée.

Enfin le solde de l'indemnité due par la République d'Haïti était réduit à la somme de 60 millions de francs.

PORTE (la). La Porte ottomane, la Sublime Porte, ou simplement la Porte sont des dénominations par lesquelles, dans les relations diplomatiques et les traités publics, on désigne la cour et le cabinet de Sultan, Empereur de Turquie, ou le gouvernement turc ou ottoman.

PORTEFEUILLE. Carton plié en deux et couvert de peau ou d'étoffe, où l'on renferme des papiers, des dessins, etc.

Il se fait aussi des portefeuilles de cuir, de maroquin, sans carton : tels sont ceux des avocats, des ministres.

Par suite on a fait du mot de *portefeuille* le synonyme de fonctions de ministre, de département ministériel : c'est ainsi qu'on dit le *portefeuille* de l'*intérieur*, etc. pour le ministère ou le département de l'intérieur etc.

On appelle *ministre à portefeuille* celui qui a la direction d'un département, en est le titulaire ; et *ministre sans portefeuille,* celui qui n'a pas de département attitré, qui fait simplement partie d'un ministère ou cabinet sans remplir de fonctions administratives.

POSITIF. Sur quoi l'on peut poser, compter, — qui est constant, certain, — qui s'appuie sur les faits, sur l'expérience, sur les notions *à posteriori*, par opposition à ce qui se déduit des notions *a priori* ; se dit aussi par opposition à ce qui émane de l'imagination et n'est qu'idéal.

En droit, il se dit de ce qui est écrit ou prescrit, par opposition à naturel.

Le *droit positif,* l'ensemble des lois qui régissent un peuple et sont fondées sur des règles constantes, positives, ce qui est établi par les lois et les coutumes des hommes : c'est pourquoi on le nomme aussi *droit positif humain,* par opposition au *droit positif divin*, qu'on applique à tout ce que Dieu a ordonné et qui ne fait pas partie du droit naturel. (*Voir* DROIT.)

POSSESSION. Détention, jouissance d'une chose, d'un bien quelconque ; faculté d'en jouir, d'en disposer.

Action ou droit de posséder à titre de propriétaire. Une des principales sources du droit de propriété des nations relativement aux territoires sur lesquels elles sont établies, consiste dans la possession exclusive non contestée, suffisament prolongée et non interrompue de ces territoires. Ce principe, qui repose sur le consentement tacite des hommes, est obligatoire pour tous les Etats et acquiert par la sanction du temps une force égale à celle qui résulte d'un contrat formel ou d'un droit international positif. Il s'applique à tous les nouveaux territoires qu'un Etat peut acquérir par les moyens reconnus par le droit des gens. (*Voir* ACQUISITION DE TERRITOIRE.)

Prise de possession se dit de l'acte par lequel un souverain, un Etat s'assure la possession d'un territoire.

L'occupation d'un pays, d'une ville par des troupes ennemies entraîne une prise de possession temporaire (*Voir* OCCUPATION MILITAIRE); et souvent, à la cessation de la guerre, à moins de dispositions contraires, l'état de possession au moment de la conclusion du traité est considéré comme la base du nouvel ordre public créé par la paix. (*Voir* PAIX, POSTLIMINIE.)

S'il s'agit de territoires qui ne font partie d'aucun autre Etat, une nation peut en acquérir la souveraineté par la prise de possession ; mais il faut que cette prise de possession soit effective, c'est-à-dire accompagnée ou suivie d'un commencement d'organisation administrative. Le simple fait de planter un drapeau ne suffit pas pour donner ou soutenir un titre exclusif à un pays dont on n'a point fait un usage actuel, quoique la pratique des nations se soit en bien des cas prévalue de mesures semblables.

La prise de possession peut s'opérer par des particuliers ; mais si ceux-ci ont agi sans pouvoirs, leurs actes doivent être ratifiés par l'Etat duquel ils dépendent, pour que leur occupation revête un caractère définitif et valable à l'égard des autres Etats.

Lorsqu'il n'existe pas de titre spécial d'acquisition, quand même on peut prouver que la prise de possession a été dans l'origine accomplie par violence et au mépris du droit, si, par contre, la possession paisible dure depuis assez de temps pour que la stabilité et la nécessité de l'ordre de choses établi soient reconnues par la population, on doit admettre que l'état de fait opéré par la force s'est avec le temps transformé en état légal.

POSSESSIONS. Terres possédées par un Etat, par un particulier.

S'emploie comme synonyme ou équivalent de colonies : les possessions de la France en Afrique et en Amérique.

POST-CONSULAT. Terme de chronologie se rapportant à l'histoire romaine : mention, dans une date postérieure à la durée des fonctions d'un consul, de ce consul sans parler de son successeur.

Cette date est dite *post-consulaire.*

POSTE. Lieu assigné à quelqu'un pour un office quelconque.

Se dit de toute sorte d'emplois et de fonctions.

POSTES. Administration publique chargée du transport des lettres et des dépêches, des valeurs et des colis.

Les échanges de correspondance comprennent les lettres, les imprimés de toute nature et les échantillons de marchandises n'ayant aucune valeur vénale.

La taxe est généralement graduée d'après l'échelle ascendante du poids.

Dans la plupart des cas, le port des lettres ordinaires, quel qu'en soit le poids, peut être acquitté d'avance par l'envoyeur ou laissé à la charge du destinataire ; les lettres chargées ou recommandées doivent seules être affranchies au bureau de départ. Il en est de même des journaux, des prospectus, des catalogues, des papiers de musique, des livres, des brochures et des échantillons de marchandises.

En dehors des correspondances proprement dites, les postes se chargent aussi de la transmission de *valeurs papier,* c'est-à-dire de lettres déclarées contenir des titres ou des valeurs payables au porteur. L'envoi de ces sortes de lettres est soumis à des conditions particulières, notamment à un affranchissement obligatoire, à un double port, à un droit de commission de tant pour cent, à l'apposition de plusieurs cachets et à des déclarations écrites certifiant le montant des sommes expédiées. Le destinataire est tenu de donner décharge des valeurs reçues, et en cas de perte la poste rembourse la somme déclarée.

Service international. Le service de l'administration des postes est, à proprement dire, circonscrit aux limites territoriales de chaque Etat ; cependant il y a un mouvement continuel de correspondance par lettres et par dépêches télégraphiques d'un pays à l'autre, même entre toutes les contrées du globe ; aussi les divers Etats ont-ils pensé à assurer la régularité et la sécurité de cette *intercourse* de leur pays avec les autres.

Aujourd'hui presque tous les Etats sont liés entre eux par des conventions postales qui assurent et régularisent l'échange quotidien ou périodique des correspondances.

Ces conventions diffèrent peu les unes des autres : toutes ont pour but de régler le mode de transmission, la nature et le poids des objets envoyés, d'établir les tarifs des droits à percevoir de part et d'autre, ainsi que le partage du produit de ces droits entre les parties contractantes, enfin d'arrêter les mesures administratives nécessaires pour assurer la marche du service des postes.

Les correspondances relatives exclusivement aux différents services publics, qui sont adressées d'un pays dans l'autre, et dont la circulation en franchise est autorisée sur le territoire de l'Etat auquel appartient le fontionnaire ou l'autorité de qui elles émanent, sont exemptes de tout prix de port.

Les lettres ou les paquets contenant soit de l'or ou de l'argent monnayé, soit des bijoux ou des effets précieux ou tout autre objet passible de droits de douane, sont parfois exclus des transports postaux.

Indépendamment des échanges directs d'un pays à l'autre, les Etats s'expédient encore réciproquement, par l'entremise des pays tiers, des correspondances qui constituent ce qu'on appelle le transit international ou les dépêches closes.

Les lettres, les échantillons et les imprimés mal adressés, mal dirigés ou tombés au rebut pour une cause quelconque, sont renvoyés dans le pays de provenance par l'entremise des bureaux d'échange respectivement établis à cet effet. Le délai fixé pour ces sortes de renvois est ordinairement d'un mois.

Les indemnités pour perte de lettres ou de valeurs sont à la charge de l'Etat par la faute duquel l'objet a été perdu ou égaré.

Pour assurer réciproquement l'intégralité du produit des correspondances les gouvernements s'engagent par une clause générale à empêcher que ces correspondances ne soient transmises par d'autres voies que celles de leurs postes respectives.

Enfin, les conventions de poste établissent un mode particulier de comptabilité, la répartition des dépenses du service et le partage des recettes, par moitié ou proportionnellement à l'étendue des territoires respectifs parcourus.

Dans l'intérêt du commerce, les bureaux de poste ont, depuis quelques années, prêté leur entremise à des envois au moyen de *mandats de poste* ou d'*articles d'argent sur l'étranger*, qui sont tirés par les bureaux d'une des administrations de l'autre pays, et réciproquement.

Les sommes ainsi transmises ne doivent pas excéder certaines limites.

Sur chaque envoi de ce genre il est perçu une taxe spéciale, qui est toujours acquittée par l'envoyeur et dont le produit se partage par moitié entre les administrations respectives.

La délivrance des mandats de poste et les acquits qui en donnent décharge, s'opèrent sans autre frais que cette taxe proportionnelle.

En outre de ces services multiples, certains gouvernements sont convenus d'emprunter aussi l'intermédiaire des postes pour faciliter à leurs habitants l'abonnement aux journaux et aux publications périodiques de toute nature paraissant dans l'un et l'autre pays.

Voici le mode de procéder : le prix de l'abonnement est converti par le bureau de poste de dépôt en un mandat de poste au profit de l'éditeur, après déduction, s'il y a lieu, d'un droit perçu à titre de commission; ensuite un récépissé est remis gratuitement au déposant, et le mandat d'abonnement est transmis directement et sans frais à l'éditeur, qui en touche le montant sans débours dans tout bureau de poste du pays de destination.

Les deux administrations règlent la forme du mandat d'abonnement et toutes les autres mesures de détail ou d'ordre nécessaires pour assurer l'exécution de l'arrangement.

Quant au droit de commission auquel donne lieu chaque abonnement, il est perçu par le bureau de poste de dépôt, soit par prélèvement sur le prix de l'abonnement, soit en sus de ce prix, suivant les conditions indiquées par les éditeurs. Le produit de ce droit est partagé entre les administrations des deux pays.

Enfin des arrangements intervenus entre certains gouvernements autorisent les bureaux de poste respectifs à opérer le recouvrement d'un pays dans l'autre des factures et des effets de commerce, moyennant une commission à attribuer par parts égales au facteur et au receveur chargés de l'encaissement.

L'envoi des valeurs se fait sous forme de lettre recommandée adressée directement par le déposant au bureau de poste qui doit encaisser les fonds. Les valeurs doivent être payées en une seule fois; celles qui n'ont pu être recouvrées sont renvoyées en franchise au déposant, sans que l'administration postale chargée du recouvrement soit tenue à aucune mesure conservatoire ou constatation quelconque du non-paiement; toutefois les parties contractantes pourront ultérieurement se charger de faire protester les effets de commerce. En cas de perte de la lettre recommandée ou des valeurs il sera payé au déposant une indemnité; mais en cas de perte des sommes encaissées l'administration qui a opéré le recouvrement est tenue au remboursement intégral.

Union postale universelle. Depuis plusieurs années une diverses conventions qui réglaient le service des correspondances d'un Etat à l'autre ou de plusieurs Etats entre eux sont en quelque sorte condensées, englobées dans une convention générale internationale, qui porte le nom de „Convention de Paris" et la date du 1er juin 1878.

Les Etats qui ont conclu cette convention, ainsi que ceux qui y ont donné leur adhésion depuis sa conclusion — et il n'y a guère d'excepté que quelques pays de l'Asie, de l'Afrique ou de l'Océanie en dehors de la civilisation européenne —, forment entre eux comme une association solidaire internationale sous la dénomination d'*Union postale universelle*, dont la direction a son siège à Berne.

Voici, aux termes de la convention, comment les communications postales se trouvent réglées pour le territoire entier de l'Union, sur toute l'étendue duquel la liberté de transit est garantie.

Les taxes pour le transport des envois postaux, y compromis leur remise au domicile des destinataires dans les pays de l'Union où le service de distribution est organisé, sont fixées comme suit :

1º Pour les lettres à 25 centimes en cas d'affranchissement, et au double dans le cas contraire, par chaque lettre et par chaque poids de 15 grammes ou fraction de 15 grammes;

2º Pour les cartes postales, à 10 centimes par carte;

3º Pour les imprimés de toute nature, les papiers d'affaires et les échantillons de marchandises, à 5 centimes par chaque objet ou paquet portant une adresse particulière et par chaque poids de 50 grammes ou fraction de 50 grammes.

En cas d'insuffisance d'affranchissement les objets de correspondance de toute nature sont passibles, à la charge des destinataires, d'une taxe double du montant de l'insuffisance.

Les objets ci-dessus énumérés peuvent être expédiés sous recommandation, moyennant que l'envoyeur paie en sus du prix d'affranchissement ordinaire un droit fixe de 25 centimes au maximum dans les Etats européens, et de 50 centimes au maximum dans les autres pays, y compris la délivrance d'un bulletin de dépôt à l'expéditeur.

En cas de perte d'un envoi recommandé, sauf le cas de force majeure, il est dû une indemnité de 50 francs à l'expéditeur, ou, sur la demande de celui-ci, au destinataire, par l'administration sur le territoire ou dans le service maritime de laquelle la perte a eu lieu, c'est-à-dire où la trace de l'objet a disparu. Toutefois, par mesure de transition, il est permis aux administrations des pays hors d'Europe, dont la législation est actuellement contraire au principe de la responsabilité, d'ajourner l'application de la clause qui précède jusqu'au jour où elles auront pu obtenir du pouvoir législatif l'autorisation d'y souscrire. Jusqu'à ce moment les autres administrations de l'Union ne sont pas astreintes à payer une indemnité pour la perte dans leurs services respectifs d'envois recommandés à destination ou provenant de ces pays.

L'affranchissement de tout envoi ne peut être opéré qu'au moyen de timbres-poste valables dans le pays d'origine pour la correspondance des particuliers. Les correspondances officielles relatives au service des postes et échangées entre les administratioes postales sont seules exemptées de cette obligation et admises à la franchise.

Les lettres et les autres envois postaux ne peuvent dans le pays d'origine comme dans celui de destination être frappés, à la charge des expéditeurs ou des destinataires, d'aucune taxe ni d'aucun droit postal autres que ceux prévus par la convention.

Il n'est perçu aucun supplément de taxe pour la réexpédition d'envois postaux dans l'intérieur de l'Union.

Il est interdit au public d'expédier par la voie de la poste des lettres ou des paquets contenant des matières d'or ou d'argent, des pièces de monnaie, des bijoux ou des objets précieux, des envois quelconques contenant des objets passibles de droits de douane. Dans le cas où un envoi tombant sous une des ces prohibitions serait livré par une administration de l'Union à une autre administration de l'Union, celle-ci procéderait de la manière et dans les formes prévues par sa législation ou par ses règlements intérieurs. Est d'ailleurs réservé le droit du gouvernement de tout pays de l'Union de ne pas effectuer sur son territoire le transport ou la distribution des objets jouissant de la modération de taxe, à l'égard desquels il n'a pas été satisfait aux lois, aux ordonnances ou aux décrets qui règlent les conditions de leur publication ou de leur circulation dans ce pays, ainsi que des correspondances de toute nature portant ostensiblement des inscriptions interdites par les dispositions légales ou réglementaires en vigueur dans le même pays.

Le service des lettres avec valeurs déclarées et celui des mandats de poste font l'objet d'arrangements particuliers entre les divers pays ou groupes de pays de l'Union. Les divers offices pour leurs rapports respectifs ont la faculté de déterminer, pour les valeurs-papier déclarées, un maximum, qui dans aucun cas ne peut être inférieur à 5,000 fr. par lettre, et les diverses administrations intervenant dans le transport ne sont engagées que jusqu'à concurrence du maximum qu'elles ont respectivement adopté. Aucun mandat ne peut excéder la somme de 500 fr. effectifs ou une somme approximative dans la monnaie respective de chaque pays.

A moins d'arrangement contraire entre les offices d'origine et ceux de destination, la transmission des valeurs déclarées, échangées entre pays non limitrophes, s'opère à découvert et par les voies utilisées pour l'acheminement des correspondances ordinaires. La taxe des lettres contenant des valeurs déclarées doit être acquittée à l'avance, elle se compose : 1° du port et du droit fixe, applicables à une lettre recommandée du même poids et pour la même destination; 2° d'un droit proportionnel d'assurance, calculé par 200 fr. ou fractions de 200 fr. déclarées, à raison de 10 centimes pour les pays limitrophes ou reliés entre eux par un service maritime direct, et à raison de 25 centimes pour les autres pays.

Pour chaque envoi de fonds la taxe générale à payer par l'expéditeur est fixée, valeur métallique, à 25 centimes par 25 fr. ou à l'équivalent dans la monnaie respective des pays contractants, avec faculté d'arrondir les fractions. Toutefois les administrations des pays contractants sont autorisés à percevoir au minimum 50 centimes pour tout mandat n'excédant pas 50 fr.

La convention du 1er juin 1878 a été mise à exécution le 1er avril 1879; elle doit demeurer en vigueur pendant un temps indéterminé; mais chaque partie contractante a le droit de se retirer de l'Union, moyennant un avertissement donné une année à l'avance par son gouvernement au gouvernement de la Confédération suisse.

Les pays qui n'ont pas pris part à la Convention sont admis à y adhérer sur leur demande, notifiée au gouvernement suisse et par ce gouvernement à tous les pays de l'Union.

POSTHUME. Qui ne se fait, ne survient qu'après la mort d'une personne.

Se dit d'un ouvrage publié après la mort de l'auteur.

Les œuvres posthumes jouissent du droit de propriété en faveur des ayant-droit de l'auteur défunt, au même titre que les œuvres publiées de son vivant et sur lesquelles l'auteur possédait de lui-même et directement le droit de propriété exclusive.

D'après la législation française les propriétaires d'ouvrages posthumes ont les mêmes droits que les auteurs. Lorsque la succession est dévolue à l'Etat, le droit exclusif s'éteint, sans préjudice des droits des créanciers et de l'exécution des traités de cession qui ont pu être consentis par les auteurs ou leurs représentants. (*Voir* PROPRIÉTÉ LITTÉRAIRE.)

POSTLIMINIE. Le droit de *postliminie (jus postliminii)* est une fiction juridique en vertu de laquelle les choses ou les personnes qui sont tombées au pouvoir de l'ennemi, recouvrent leur état primitif lorsqu'elles rentrent sous la puissance de la nation à laquelle elles appartenaient avant la guerre, et que dans ce cas elles sont censées n'avoir jamais quitté. L'acte de la capture se confondant en quelque sorte avec celui de la reprise ou de la réintégration dans l'ancien *status*, on suppose que les individus ou les objets saisis n'ont perdu un seul instant ni leur caractère national ni leurs qualités civiles, non plus par conséquent les droits qui y étaient attachés et dont l'exercice n'aurait été ainsi que suspendu pendant la guerre.

L'étendue de ce droit n'est point absolue; elle se modifie naturellement selon la nature particulière des évènements auxquels il se rapporte. La loi de l'ancienne Rome l'appliquait indistinctement aux objets mobiliers et aux immeubles.

Depuis le moyen-âge, le respect de la propriété privée rend assez rare l'application de la règle du *postliminium*, qui s'applique en général uniquement aux immeubles; mais le principe n'en subsiste pas moins, et toutes les fois que des biens immobiliers appartenant à des particuliers et séquestrés par l'ennemi rentrent dans le domaine éminent de la nation de laquelle les propriétaires dépendent, ces biens bénéficient du droit de retour.

La règle peut se résumer ainsi : les biens immeubles dont l'ennemi s'était emparé retournent à leurs propriétaires légitimes d'avant la guerre, si l'ennemi vient à être repoussé; et si celui-ci, pendant qu'il les occupait, les a aliénés, pareille aliénation est considérée comme nulle et n'infirme pas la revendication des propriétaires dépossédés. Cependant le traité de paix peut stipuler des dispositions spéciales, voire même contraires, à cet égard.

Quant aux choses immobilières, le caractère distinct que les législations modernes leur attribuent ne permet plus de les assujettir à l'exercice du droit de postliminie; on en excepte du moins les objets qui, d'après les usages généraux ou les lois intérieures, sont devenus propriétés ennemies à titre de butin de guerre.

En ce qui concerne les personnes, nous devons rappeler que l'adoucissement des mœurs a fait supprimer l'esclavage auquel les peuples de l'antiquité réduisaient les prisonniers de guerre. Sous l'empire du droit des gens moderne, le *jus postliminii personarum* de la législation romaine n'est plus qu'une formule tombée en désuétude et d'ailleurs inutile; en effet la captivité ne dépouille pas le prisonnier de ses droits individuels; elle constitue une simple suspension matérielle de sa liberté; par conséquent elle n'implique qu'une interruption temporaire des droits civils, dont le fait de la détention empêche l'exercice. Ainsi le prisonnier, pendant la durée de sa captivité, est libre de faire administrer ses biens et soigner ses intérêts par des mandataires; il peut même y être pourvu d'office par le gouvernement de la nation à laquelle il appartient. La condition légale du prisonnier de guerre est celle d'un absent, et produit les effets que les lois de chaque État attachent à cette qualité. Dès qu'il recouvre la liberté, le prisonnier reprend la pleine jouissance de ses droits.

Il peut arriver qu'un belligérant établisse sur le territoire qu'il occupe un gouvernement ou une autorité suprême, et crée ainsi une espèce d'interrègne dans le pouvoir de l'ancien souverain. En semblable circonstance, si celui-ci venait à être réintégré, l'application du droit de *postliminie* ne saurait être contestée; mais elle se heurte à certaines exceptions.

Ainsi tous les changements opérés dans la constitution du pays pendant l'invasion cessent d'être obligatoires. En ce cas, les relations politiques précédemment établies entre le souverain et le peuple rentreront en vigueur, à moins que le pouvoir constitutionnel ne juge utile d'y faire des changements ou de maintenir certaines parties de la constitution intermédiaire.

Par suite du rétablissement de l'ancien état de choses, les institutions administratives et les actes purement réglementaires pourront être révoqués par le gouvernement intermédiaire. Le souverain restauré peut rétablir les lois, l'administration et les autorités publiques, telles qu'elles existaient avant l'invasion; mais les droits privés nés sous ce régime, ainsi que les jugements rendus à la même époque, sont à l'abri de toute contestation, pourvu qu'ils puissent se concilier avec l'ordre de choses rétabli. Les conventions publiques conclues dans l'intervalle avec des souverains étrangers continuent à subsister, lorsqu'elles sont d'une nature réelle (*in rem*), sauf la faculté de les abroger par suite d'un changement de circonstances ou pour d'autres motifs légitimes.

Le souverain rétabli doit s'abstenir de faire un usage rétroactif de ses droits, à raison de tout ce qui s'est passé pendant son expulsion conformément aux règles établies par le pouvoir intermédiaire. Ainsi, par exemple, il serait injuste de réclamer des arriérés d'impôts ou de services qui, aux termes des lois précédentes, auraient dû lui être payés pendant le temps de son absence; car le gouvernement intermédiaire a succédé valablement aux droits et aux engagements de l'ancien État. Au contraire les impôts échus à cette époque, mais non recouvrés, sont dus incontestablement au souverain restauré; il peut en outre réclamer l'exécution des marchés passés avec le gouvernement intermédiaire.

Les aliénations de biens qui font partie du domaine de l'État et non du domaine privé de la famille souveraine, opérées par le gouvernement intermédiaire, sont considérées comme valables.

Aucun de ces actes rétroactifs ne saurait naturellement se produire chez un peuple complètement conquis par le vainqueur, c'est-à-dire ayant perdu son indépendance, attendu que, quand même il parviendrait à recouvrer sa liberté, il ne serait pas en son pouvoir d'annuler les faits qui se sont accomplis pendant la période de conquête.

Lorsque la conquête a été reconnue, confirmée par le traité de paix, l'aliénation des domaines de l'État et les emprunts contractés au nom du pays conquis sont valables et réguliers; et si plus tard l'ancien gouvernement vient à être restauré, il n'aura pas le droit d'en prononcer la nullité; il ne pourra non plus donner aux lois ou aux règlements qu'il édictera un effet rétroactif, en les déclarant applicables à l'époque pendant laquelle le pays était occupé par l'ennemi : force lui est de subir les conséquences des actes du gouvernement intérimaire auxquels il n'a pu s'opposer.

Lorsqu'un territoire occupé par l'ennemi rentre sous l'autorité de son souverain légitime avant ou après la fin de la guerre, soit par la force des circonstances, soit par suite d'un traité de paix, on considère que le droit de ce souverain n'a point été interrompu : l'application du *jus postliminii* n'admet dans ce cas ni doute ni discussion.

Lorsque la restitution est stipulée par le traité de paix, le territoire ou les lieux occupés doivent être rendus dans l'état où ils se trouvaient lors de l'occupation; toutefois les changements survenus depuis ne peuvent être l'objet d'aucune réclamation; le détenteur n'est pas tenu non plus à la restitution des fruits perçus par lui; il jouit en outre de la faculté d'enlever les choses à lui appartenant affectées à l'usage des lieux occupés par lui.

L'Etat qui n'a pas été occupé par l'ennemi, comme le peuple qui, à la suite d'une révolution, conquiert une nationalité propre, a aussi bien le droit de rétablir les institutions par lesquelles il était précédemment régi que d'en adopter de nouvelles; mais les publicistes ne sont pas d'accord sur l'exercice du droit de postliminie, lorsque l'Etat a obtenu son indépendance grâce au secours que lui a prêté une autre nation.

Les nations alliées contre un ennemi commun devant être considérées comme un seul Etat, le principe juridique que nous analysons est applicable aux choses et aux personnes saisies par l'un ou l'autre des alliés.

Quant au territoire où ce principe peut être mis en pratique, il convient d'envisager la nature de l'alliance. Ainsi, dans le cas d'une alliance générale, on en fera respectivement l'application au territoire de chacune des parties contractantes. Lorsque, de deux puissances alliées, l'une est complètement subjuguée et que l'autre ne dépose pas les armes, l'association des belligérants continue de subsister, et, par suite, le droit de *postliminie* subsiste également. Lors donc que la première de ces deux nations

recouvre sa liberté, les anciens propriétaires peuvent *ipso fcto* revendiquer leurs biens.

Le droit de postliminie, tenant essentiellement à l'état de guerre, n'a d'effet que pendant la durée des hostilités et cesse en général avec le rétablissement de la paix; toutefois, à moins de stipulation contraire, expresse ou implicite, il est encore susceptible d'être appliqué après la paix dans les espèces qui n'ont pas été résolues par le traité et pour lesquelles la mise en pratique de l'*uti possidetis* n'est pas possible. Ainsi, par exemple, lorsque le traité de paix ne contient pas de dispositions formelles sur les propriétés saisies pendant la guerre, ces propriétés restent dans l'état où le traité les a trouvées et sont ainsi acquises à ceux qui les détiennent. Comme les traités de paix ont pour effet de donner la sanction du droit aux changements matériels survenus pendant la guerre, il en résulte que les droits reconnus à la conclusion de la paix ne peuvent être changés que par la création de nouveaux droits.

En résumé, la postliminie est un droit qui prend fin avec le fait anormal qui lui a donné naissance, et s'efface intégralement par la conclusion de la paix, en ce sens que les biens publics ou privés recouvrés par leurs légitimes propriétaires sont, en cas de nouvelle guerre, assimilés à ceux qui n'ont jamais été dans la possession de l'ennemi.

Le droit de postliminie est également applicable aux reprises maritimes; mais cette application qui touche à la fois aux intérêts des belligérants et à ceux des neutres, ne comporte pas de règle fixe et invariable, parce que la question rentrant plutôt dans le domaine du droit public que dans celui du droit international, chaque peuple l'a résolue à son point de vue particulier. (*Voir* REPRISES.)

POTENTAT. Prince puissant. S'emploie comme synonyme de souverain, empereur, roi, etc.

POTHIER (Robert Joseph), jurisconsulte français, né à Orléans le 9 janvier 1699, mort dans la même ville le 2 mars 1772.

Il fut conseiller au Châtelet, puis au présidial d'Orléans, où il professa le droit français. Ses ouvrages de droit civil lui ont acquis une grande renommée; on peut dire qu'ils ont servi de base aux codes français, dans lesquels de nombreux préceptes émis par Pothier ont été insérés presque mot pour mot.

Ses traités sur les *Obligations* et sur les *Contrats* sont encore consultés avec fruit.

Dans son *Traité de la propriété*, le célèbre jurisconsulte commente l'ordonnance de la Marine de 1681, en ce qui concerne les prises maritimes.

Les œuvres complètes de Pothier ont été réunies un grand nombre de fois; la dernière édition est celle de 1861, par Bugnet, qui les a annotées et mises en corrélation avec le code civil et la législation actuelle. (Paris, 11 volumes in-8°.)

POUILLET (E.), publiciste français; avocat à la Cour de Paris.

Traité théorique et pratique des dessins et modèles de fabrique. Paris, 1884, 1 vol. in-8°. 208 pag.

Commentaire de la législation actuelle sur cette matière. L'auteur propose d'abroger le décret de 1806 qui régit les dessins et modèles.

POURPRE. Matière colorante d'un rouge foncé et éclatant, employé pour la teinture.

Etoffe teinte en pourpre, en usage chez les anciens.

Pendant longtemps la pourpre fut réservée aux rois et aux princes souverains; par suite ce mot a été employé comme synonyme de dignité souveraine.

Chez les Romains le droit de porter la pourpre n'appartenait qu'aux triomphateurs, aux consuls et plus tard aux empereurs : c'est pourquoi la *pourpre* se dit pour la dignité même de consul, et l'expression *prendre la pourpre* est devenue synonyme de *se faire proclamer empereur*.

Dans les temps modernes la robe de pourpre a été réservée aux plus hauts dignitaires de l'Eglise catholique : d'où l'expression *pourpre romaine* pour désigner la dignité de Cardinal. (*Voir* CARDINAL.)

La pourpre désigne aussi la magistrature dans certaines cours de justice, parce que leurs membres sont revêtus de toges rouges.

POURSUITE. Tout acte qui a pour but immédiat de contraindre à l'accomplissement d'une obligation.

Procédure pour obtenir la réparation d'un grief, le paiement d'une créance, la répression d'un délit, la punition d'un crime.

Les poursuites sont qualifiées selon la juridiction devant laquelle elles sont intentées : poursuites civiles, commerciales, correctionnelles, criminelles.

Elles sont dits publiques, lorsqu'elles sont requises ou exercées par l'autorité, pour la punition d'un délit ou d'un crime.

Il est de règle générale que les tribunaux d'aucun pays n'autorisent des poursuites civiles ou criminelles contre les personnes qui jouissent du privilège de l'exterritorialité. (*Voir* EXTERRITORIALITÉ, AGENT DIPLOMATIQUE, SOUVERAIN.)

POURVOI. Recours contre une décision quelconque, notamment contre celle rendue par une cour souveraine.

Acte par lequel on invoque une autorité ou une juridiction supérieure pour faire réformer ou annuler une décision, ou pour empêcher qu'elle ne soit mise à exécution : pourvoi en cassation, au Conseil d'Etat, etc.

Pourvoi en grâce, acte par lequel un condamné fait appel à la clémence du chef de l'Etat pour obtenir soit une commutation de peine, soit sa libération complète. On dit plus ordinairement *recours en grâce*.

POUVOIR (puissance). Autorité, droit de commander. Particulièrement l'autorité qui gouverne l'Etat, les personnes investies de cette autorité.

En politique on distingue généralement trois pouvoirs : le *législatif*, chargé de faire les lois; l'*exécutif*, qui fait exécuter, et le *judiciaire*, qui a pour mission de poursuivre les infractions aux lois. (*Voir* ÉTAT.)

Dans les gouvernements constitutionnels on entend par les pouvoirs de l'Etat le pouvoir exécutif ou le chef de l'Etat — roi, empereur, président —, et les chambres qui constituent le pouvoir législatif.

On distingue encore, selon le caractère de l'autorité exercée, le pouvoir *temporel*, gouvernement civil de l'Etat s'exerçant sur les choses de l'ordre séculier; et le pouvoir *spirituel*, ou l'autorité ecclésiastique, puissance qui n'appartient qu'à l'Eglise et consiste en la faculté de décider en matière de religion.

Pouvoir *absolu* se dit de la souveraineté quand elle n'est pas limitée par une constitution, et que le souverain peut faire ou défaire les lois sans avoir à consulter les représentants de la nation.

Le pouvoir *suprême*, c'est l'autorité du monarque.

En jurisprudence on appelle *pouvoir discrétionnaire* la faculté laissée à un juge de décider en certains cas selon son ap-

préciation personnelle, et, notamment dans les cours d'assises, d'ordonner toutes les mesures qu'il croit être utiles pour la découverte de la vérité.

Par extension, *pouvoir illimité* que prend ou reçoit un gouvernement dans certaines circonstances; ainsi la dictature est un pouvoir discrétionnaire. (*Voir* DICTATURE.)

POUVOIR (capacité). Faculté par laquelle on peut faire une chose.

En droit, *pouvoir* est synonyme de *capacité*, capacité légale de faire une chose: ainsi une femme n'a pas *pouvoir* d'agir en justice sans l'autorisation de son mari.

Pouvoir se dit aussi du droit d'agir par une autre personne — acte par lequel on donne pouvoir d'agir; ce sens *pouvoir* est synonyme de *mandat*, de *procuration* (voir ces mots); il s'emploie souvent au pluriel.

On appelle *plein pouvoir* ou *pleins pouvoirs* ceux qui autorisent la personne qui en est munie, ou le mandataire, à représenter entièrement, en tout et pour tout, la personne qui les a délivrés, soit pour toutes les affaires à traiter pendant la durée fixée des pouvoirs, soit pour une affaire spécialement déterminée.

Les ministres publics ou agents diplomatiques, lorsqu'ils se rendent dans le pays où ils sont envoyés, en outre de la lettre de créance destinée à leur servir d'introduction auprès du chef d'Etat près lequel ils sont accrédités, sont munis d'un plein pouvoir, indiquant l'objet et les limites de leur mission.

Les ministres publics en mission permanente ne reçoivent pas habituellement de plein pouvoir dressé séparément; leur plein pouvoir se trouve inséré dans la lettre de créance, ou, pour parler plus exactement, c'est leur lettre de créance qui leur sert de plein pouvoir, à moins toutefois qu'ils ne soient chargés d'une négociation particulière, indépendamment de leur mission permanente.

Pour qu'un agent diplomatique puisse engager une négociation particulière, il faut qu'il soit porteur d'un plein pouvoir *ad hoc* ou plein pouvoir spécial, formulé dans les termes les plus étendus, mais de fait restreint par des instructions qui en circonscrivent les limites.

Les pleins pouvoirs ne peuvent concerner qu'une affaire déterminée, et l'on peut les qualifier alors de pouvoirs *spéciaux;* comme aussi ils peuvent autoriser toute espèce de négociation et dans ce cas ce sont des pouvoirs généraux; les uns et les autres sont limités ou illimités; mais les derniers seuls sont des *pleins pouvoirs* proprement dits.

Un plein pouvoir spécial est nécessaire pour une négociation déterminée, lors même que l'agent diplomatique aurait été antérieurement muni d'un plein pouvoir général.

Les ministres envoyés à un congrès ou à une conférence n'ont pas ordinairement de lettres de créance, mais seulement des pleins pouvoirs, dont ils échangent entre eux des copies collationnées sur leur original, ou qu'ils remettent, s'il y a lieu, au ministre directeur ou médiateur présidant les négociations.

Les pleins pouvoirs sont parfois sous forme de lettres patentes : c'est surtout dans le cas où l'agent diplomatique est accrédité auprès d'un congrès de ministres publics. D'autres fois ils prennent la forme de lettres cachetées, lettres de conseil ou de cabinet, particulièrement dans le cas où l'envoyé doit être accrédité près d'un gouvernement.

Quand le plein pouvoir est écrit séparément, c'est-à-dire qu'il ne fait pas partie de lettres de créance, il porte en tête le nom et les titres du chef d'Etat qui notifie la commission donnée à l'agent diplomatique, dont suivent les noms et les titres; puis sont exposés le but et l'étendue de la mission, et l'acte se termine par la promesse de ratification des engagements qui seront contractés par l'agent muni des pouvoirs. L'écrit est revêtu du sceau de l'Etat et de la signature du souverain et contresigné par le ministre des affaires étrangères.

Les actions faites dans la limite des pouvoirs d'un ministre public, notamment les engagements pris dans des traités conclus, obligent l'Etat que représente le ministre. (*Voir* TRAITÉ.)

Les pouvoirs seuls ne suffisent pas pour conférer la position et les droits de ministre public; pour qu'un envoyé soit ministre public il faut que non seulement il ait des pouvoirs, mais aussi qu'il soit accrédité.

Un agent diplomatique peut avoir besoin de plusieurs pouvoirs; tel est le cas lorsqu'il est accrédité sous plusieurs rapports, comme, par exemple, dans une confédération, auprès du gouvernement central et auprès des gouvernements particuliers des différents Etats.

(*Voir* ACCRÉDITER, CRÉANCE, CONSEIL, CABINET, LETTRES PATENTES.)

Pouvoirs (au pluriel) se dit aussi des titres d'éligibilité et des pièces à l'appui de l'élection d'un membre d'un parlement, d'une Chambre législative, d'une corporation élective. Dans les assemblées de cette nature, à l'ouverture de chaque session, on procède à l'examen de l'élection de chaque membre, afin de reconnaître si elle ne présente aucune irrégularité et si l'élu remplit les conditions et a les qualifications requises : c'est ce qu'on nomme la vérification des pouvoirs.

PRADIER-FODÉRÉ (Paul Louis Ernest), publiciste français, né à Strasbourg le 11 juillet 1826.

Il a été professeur de droit public au Collège arménien de Paris, et à l'Université de Lima; il est actuellement conseiller à la Cour d'appel de Lyon, associé de l'Institut de droit international.

Outre de nombreux articles dans le *Journal de droit administratif*, la *Revue pratique*, le *Journal de droit international privé*, la *Revue de droit international et de législation comparée*, et d'autres recueils juridiques, M. Pradier-Fodéré a publié :

Cours de droit politique et d'économie sociale. Paris, 1859, in-8⁰.

Précis de droit administratif. 1 vol. in-8⁰. Paris, 1853—1858. 2ᵉ édition, 1866.

Précis de droit commercial. 1 vol. in-8⁰, 1866.

Eléments de droit public et d'économie politique. 1859, in-18.

La question de l'Alabama et le droit des gens.

Commentaire sur le code de justice militaire. 1 vol. 1873.

Rapport au Président de la République du Pérou sur l'institution d'une faculté des sciences politiques et administratives. Lima, 1874.

Principes généraux de droit, de politique et de législation. 1 vol. in-8⁰, 1879.

Compendio del curso de Enciclopedia del derecho (Abrégé du cours de l'Encyclopédie du droit, professé à la Faculté des sciences politiques et administratives de Lima). Lima.

Compendio del curso de derecho administrativo (Abrégé du cours de droit administratif, professé à la même faculté). Lima.

Enfin M. Pradier Fodéré vient de nous faire connaître une autre branche du cours qu'il a professé au Pérou, en publiant son *Cours de droit diplomatique à l'usage des agents politiques du ministère des affaires étrangères des Etats européens et américains.* 2 vol. in-8⁰, Paris, 1881.

Le *droit diplomatique* est la partie du droit public externe qui a pour objet spécial les rapports extérieurs des Etats; c'est le droit international borné aux matières qui concernent la diplomatie; malgré cette limitation, le sujet n'en est pas moins vaste, car il comprend, d'après la méthode adoptée par M. Pradier Fodéré, la diplomatie dans son idée générale (chapitre I), le cérémonial (chap. II, III et IV), le droit de légation dans les temps anciens et modernes (chap. V); l'organisation du ministère des affaires étrangères (chap. VI); le personnel, le rôle, les immunités des agents diplomatiques (chap. de VII à XIV); les congrès et les conférences (chap. XV), et la fin des missions diplomatiques (chap. XVI).

L'ouvrage se termine par les textes relatifs à l'organisation du service diplomatique en France et par une table analytique très complète.

M. Pradier a aussi une réputation toute particulière comme traducteur et commentateur. Sa traduction de Grotius est considérée comme la plus complète et la plus exacte qui ait encore été publiée. (*Voir* GROTIUS.)

On en peut dire autant de sa traduction des livres du publiciste italien Fiore : *Le nouveau droit international public et le droit international privé* qu'il a le premier fait connaître en France. (*Voir* FIORE.)

On doit aussi à M. Pradier Fodéré une édition du *Droit des gens* par Vattel, que par ses annotations il a mis au courant des progrès que le droit moderne a faits depuis que cet ouvrage a été écrit; cette édition est précédée d'un essai et d'une dissertation sur Vattel et sur ses doctrines, dans lesquels le commentateur expose nettement le caractère de l'œuvre et les progrès accomplis par le publiciste suisse. (*Voir* VATTEL.)

Enfin M. Pradier - Fodéré vient de publier un *Traité de droit international public européen et américain, suivant les progrès de la science et de la pratique contemporaine.* Paris, 1885, 4 voll. 8⁰.

PRADT (Dominique Dufour Abbé de), publiciste français, né en 1759 à Allanches, mort en 1837, auteur des ouvrages:

Du congrès de Vienne par l'auteur de l'antidote au congrès de Rastatt. 2 voll. Paris, 1815.

L'Europe après le congrès d'Aix-la-Chapelle. Paris, 1819.

Le congrès de Carlsbad. 2 voll. Paris et Bruxelles, 1819-20.

PRAGMATIQUE. Edit d'un prince, rendu avec le consentement des grands de l'Etat ; plus particulièrement disposition d'un souverain concernant ses Etats et sa famille.

Le plus souvent on ajoute le mot *sanction* à celui de *pragmatique :* la *pragmatique sanction,* qui signifie littéralement loi ou ordonnance sur les affaires, est le nom donné en général aux ordonnances des rois de France et aux résolutions de la diète de l'Empire germanique du onzième au quinzième siècle.

Toutefois ce nom n'a été réservé qu'à certains actes célèbres dans l'histoire, savoir :

La *pragmatique sanction de Saint-Louis,* datée de 1269, laquelle règle les relations du royaume de France avec le Saint-Siège.

La *pragmatique sanction de Charles VII* ou *de Bourges,* de 1438 ; c'est une extension de la précédente ; elle fut supprimée par Louis XI en 1461, et remplacée par le concordat de François 1er en 1516.

La *pragmatique autrichienne,* par laquelle l'Empereur Charles VI déclara sa fille Marie-Thérèse héritière de ses Etats.

La *pragmatique sanction de Charles III,* abolissant, en 1767, l'ordre des Jésuites en Espagne.

PRAGUE (traité de paix de) 1866. Le règlement de la question de souveraineté sur les duchés de Sleswig et de Holstein, et un différend relatif à la suprématie dans la Confédération Germanique allumèrent la guerre entre l'Autriche et la Prusse. Le sort des armes fut favorable à cette dernière puissance, qui imposa à sa rivale le traité conclu à Prague le 3 août 1866, lequel est tout à son avantage.

Il est vrai que l'intégrité de la monarchie autrichienne était maintenue sauf toutefois le royaume lombard-vénitien, que l'Autriche consentait à abandonner, pour qu'il fût réuni au royaume d'Italie sans autre condition onéreuse que la liquidation des dettes grevant les parties des pays cédés.

Mais l'empereur d'Autriche transférait au roi de Prusse tous ses droits acquis par la paix de Vienne du 30 octobre 1864 sur les duchés de Holstein et de Sleswig, „avec la réserve que les populations des districts septentrionaux de Sleswig, si elles exprimaient par un suffrage libre le désir d'appartenir au Danemark, devraient être cédées à cet Etat." — Or jamais les populations en question n'ont été mises en demeure de profiter de cette réserve.

Bien plus l'empereur d'Autriche reconnaissait la dissolution de la Confédération germanique telle qu'elle avait existé jusqu'à ce jour, et donnait son consentement à une nouvelle organisation de l'Allemagne, de laquelle il était exclu. Il promettait également de reconnaître une confédération restreinte que le roi de Prusse allait fonder au nord de la ligne du Mein, et il consentait à ce que les Etats situés au sud de cette ligne formassent une association dont l'union nationale avec la Confédération du Nord demeurait réservée à un arrangement ultérieur et qui aurait une existence nationale indépendante.

Enfin l'Autriche devait payer à la Prusse une indemnité de 40,000,000 thalers pour les frais de guerre.

PRATIQUE. L'application des principes, des règles d'un art ou d'une science ; se dit par opposition à la théorie, qui en est la connaissance raisonnée.

En parlant de projets, de plans, se dit de leur exécution par opposition à la simple conception.

Méthode, procédé, manière de faire quelque chose. Usage, coutume, façon d'agir reçue dans un pays, dans une classe particulière de personnes, ou en certaines circonstances : pratiques licites et illicites de la guerre. (*Voir* GUERRE.)

On appelle *libre pratique,* admission à *la libre pratique* la permission accordée au capitaine d'un navire par l'autorité compétente dans le port où il aborde, de communiquer avec la terre et de décharger des marchandises. Cette liberté s'accorde ordinairement après que le navire a justifié de son état sanitaire ou fait une quarantaine.

PRÉALABLE. Qui doit être dit ou fait, ou examiné avant qu'on passe outre.

En langage parlementaire „la *question préalable,*" dans les assemblées délibérantes, se dit d'une décision qui prescrit qu'avant toute discussion on ne délibérera pas sur une proposition qui vient d'être faite : c'est un moyen d'écarter une proposition. Demander la question préalable équivaut à demander qu'on décide s'il y a lieu ou non de délibérer sur une proposition, et même plus souvent qu'on ne délibère pas sur cette proposition.

PRÉAMBULE. Ce qui se dit ou s'écrit avant de commencer quelque chose ;

en guise d'introduction ou d'avant-propos pour préparer l'auditeur ou le lecteur à ce qui doit suivre.

L'exorde d'un discours peut être considéré comme le préambule.

Le *préambule* d'une loi, d'une ordonnance, se dit de la partie préliminaire dans laquelle le législateur expose les motifs et l'objet de nouveau règlement.

Le *préambule* d'un traité ou d'une convention est la partie du traité dans laquelle est énoncé le motif de la négociation. Le préambule est placé en tête de l'acte international ; il commence par les noms des Etats ou des souverains contractants, énonce ensuite en termes précis les motifs du traité, les principes et les intentions des parties contractantes, et se termine par la mention des noms, des titres et des qualités des plénipotentiaires chargés de suivre les négociations, et qui, après s'être communiqué réciproquement leurs pleins pouvoirs, ont concouru à la rédaction des stipulations du traité.

PRÉCAIRE. Qui ne s'exerce que par permission, par tolérance, et est par conséquent sujet à révocation.

Par analogie, qui est incertain, n'a pas une base solide : pouvoir précaire.

Commerce précaire se dit du commerce que deux nations ennemies font ensemble sous un pavillon neutre.

En jurisprudence, *par précaire, à titre de précaire,* se dit des choses dont on ne jouit que par une concession toujours révocable au gré de celui qui l'a faite.

Posséder par précaire, c'est posséder non comme propriétaire, mais seulement comme usufruitier, comme teneur à bail, comme emprunteur ou comme dépositaire.

PRÉCÉDENT. Usage déjà établi; fait antérieur ou précédent.

Se dit d'un fait, d'un exemple antérieur qu'on invoque, comme autorité. (*Voir* ANTÉCÉDENT.)

PRÉCEPTE. Règle, enseignement; ce qui est simplement recommandé et non absolument ordonné comme les préceptes de la morale, d'un art, d'une science.

PRÉCEPTION. Nom donné autrefois en France à des lettres ou à des édits que le roi écrivait pour permettre certaines choses que la loi défendait, tels que les mariages illicites, des transports d'héritages dans des conditions extra-légales.

PRÉCONISATION. Acte par lequel un cardinal ou le pape lui-même déclare en plein consistoire qu'un ecclésiastique nommé par un souverain à un évêché ou à un bénéfice, et dont la nomination est soumise à l'agrément du pape, a les qualités requises.

C'est à la suite de cette déclaration solennelle que le pape décerne la bulle d'institution canonique.

PRÉDÉCESSEUR. Celui qui a précédé quelqu'un dans un emploi, dans une dignité. Ainsi le prédécesseur d'un roi est le prince qui a occupé le trône avant lui.

Prédécesseur est opposé à *successeur* (Voir ce mot).

Au pluriel, se dit de ceux qui ont vécu avant nous dans le même pays.

PRÉEMPTION. Action d'acheter d'avance ou par préférence à d'autres personnes.

Droit de préemption, droit qui consiste à pouvoir prendre ou revendiquer un objet avant toutes autres personnes : ainsi certains propriétaires peuvent exercer un droit de préemption relativement à des terres d'alluvion contiguës à leur bien-fonds, et qu'ils peuvent obtenir par préférence au prix de l'expertise.

Le droit de préemption, en terme d'administration, est le droit que la douane a d'acheter sur le champ, au prix déclaré par le propriétaire, une marchandise que celui-ci cherche à faire passer en lui attribuant une valeur trop faible. Quand la douane exerce ce droit, elle paie un dixième en sus de la valeur déclarée.

Le *droit de préemption* se dit aussi d'une préférence d'achat qui, en temps de guerre, lorsqu'il s'agit de navires soupçonnés de contrebande, est substituée à la confiscation : dans ce cas les capteurs retiennent par devers eux les articles de commerce illicite en en payant la valeur aux neutres.

Quoique cette pratique constitue une atteinte assez sérieuse à la liberté des transactions commerciales et au respect de la propriété privée, elle est admise par la plupart des nations maritimes, et plusieurs traités en ont consacré le principe.

Toutefois l'exercice n'en est justifié que lorsqu'il se produit dans des cas de force majeure; et il va sans dire que le belligérant qui y aurait recours sans y être moralement contraint ou sans indemniser ceux au préjudice desquels il l'exercerait, engagerait sa responsabilité et devrait en subir les conséquences au même titre que, s'il s'emparait indûment de marchandises de commerce licite.

PRÉFACE D'HONNEUR. Mots d'honneur et de respect qu'on prononce avant de nommer quelqu'un ou quelque chose.

Les titres et les qualités des personnes peuvent être compris dans cette catégorie.

PRÉFECTURE. Titre de plusieurs charges importantes dans l'empire romain.

Grande subdivision de l'empire administrée par un préfet.

Division administrative dans plusieurs pays, notamment en France, où chaque département comprend une préfecture et un certain nombre de *sous-préfectures*. (Voir ce mot.)

Préfecture maritime, chef-lieu d'un arrondissement maritime.

Le mot *préfecture* désigne non seulement les fonctions du préfet, mais aussi l'ensemble de son service. Il s'emploie en outre pour exprimer la durée des fonctions d'un préfet, l'étendue de territoire qu'il administre, la ville où il réside, l'hôtel où il habite et se trouvent ses bureaux.

Au Saint-Siège on appelle *préfecture apostolique* la congrégation qui fournit des missionaires pour les pays idolâtres.

PRÉFÉRENCE. En droit, on nomme *préférence* l'avantage qu'on donne à une personne sur une autre.

Par exemple, les biens d'un débiteur sont le gage commun de ses créanciers, et le prix doit s'en distribuer entre eux par contribution, à moins toutefois qu'il n'existe en faveur de quelques-uns des causes légitimes de *préférence*.

Ces causes légitimes de *préférence* sont le plus ordinairement les *privilèges* et les *hypothèques*. (Voir ces mots.)

L'examen du droit de préférence appartient en grande partie au *statut réel*. (*Voir* STATUTS.)

S'il s'agit de l'exercice du droit de préférence par un étranger, il faut que la cause de préférence soit reconnue par la loi du lieu où est situé le bien qui en est l'objet; que la jouissance de cette cause de préférence soit permise aux étrangers par la même législation; et qu'elle soit accordée à l'étranger par sa loi nationale.

La règle générale pour résoudre les conflits, c'est que les conditions de validité du droit réclamé sur des biens étrangers sont celles que fixe la loi du lieu où les biens sont situés.

PRÉFET. Dans l'ancienne Rome on appelait *préfets* des magistrats préposés au gouvernement de certaines villes, puis, sous l'empire, à de grandes divisions territoriales : ces derniers fonctionnaires ne relevaient directement que de l'Empereur.

Le titre de *préfet* s'appliquait en outre à divers fonctionnaires de l'ordre civil et militaire. Il y avait, entre autres, le préfet de Rome, *præfectus Urbi*, dont les attributions embrassaient la police et la justice ; ce préfet suppléait les rois, les consuls ou les empereurs en leur absence. Intérimaire sous les rois et les consuls, cette charge devint permanente sous les empereurs.

Nous mentionnerons encore le *préfet du prétoire*, dans le principe chef de la légion prétorienne destinée à la garde des empereurs. (*Voir* PRÉTOIRE.)

Dans les pays modernes on nomme préfets les fonctionnaires préposés à l'administration d'une préfecture, là ou le territoire comporte ce genre de divisions.

Dans l'organisation administrative actuelle de la France, le préfet est le magistrat chargé de l'administration générale d'un département; il a sous ses ordres les sous-préfets, qui administrent chacun un arrondissement.

Le préfet maritime est un officier de la marine militaire investi du commandement dans un arrondissement maritime.

Le *préfet de police* est un magistrat chargé spécialement de la police dans le département de la Seine.

Préfet est aussi le titre d'un magistrat dans quelques cantons de la Suisse.

On donne le titre de *préfet apostolique* aux ecclésiastiques placés à la tête du clergé et du service religieux dans certaines colonies.

Dans la curie romaine, on nomme *préfet des brefs* le chef des secrétaires du Pape, qui est chargé d'expédier les *brefs*. (Voir ce mot.)

PRÉJUDICIEL. Qui doit être jugé, examiné en premier lieu.

On appelle *question* ou *exception préjudicielle* une question qui doit être jugée avant la contestation principale; *moyens préjudiciels* les moyens par lesquels on soutient la question préjudicielle.

PRÉLAT. Titre particulier des dignitaires ecclésiastiques supérieurs ayant une juridiction spirituelle, tels que les cardinaux, les archevêques, les évêques, les abbés crossés et mitrés.

A la cour du Pape ce titre est accordé à tout ecclésiastique qui a droit de porter le violet.

PRÉLATURE. Dignité de prélat.
Bénéfice attaché aux fonctions de prélat.

Se dit aussi des prélats considérés collectivement, et, en particulier, de l'ensemble des prélats qui, à la cour de Rome, ont droit de porter le violet.

PRÉLÈVEMENT. Dans son sens absolu, ce mot signifie l'action de prendre ou de recevoir d'avance, préalablement à l'accomplissement de certaines conditions ou de certaines formalités, la portion d'un total, par exemple une somme partielle déterminée sur une somme plus forte, avant la liquidation ou l'apurement des comptes.

En droit international privé, le *prélèvement* s'applique plus particulièrement au partage des successions dont les biens dépendants se trouvent dans des pays différents. Les législations sont en conflit sur ce point, les unes reconnaissant le droit de prélèvement par les héritiers dans des conditions définies, les autres ne l'admettant pas dans les mêmes conditions ou même absolument.

La loi française, dans le cas de partage d'une même succession entre des co-héritiers étrangers et des co-héritiers français, autorise ces derniers à prélever sur les biens dépendant de la succession situés en France une portion égale à la valeur des biens situés en pays étranger dont ils sont exclus, à quelque titre que ce soit, en vertu des lois et des coutumes locales.

Ce droit s'exerce aussi bien sur les meubles que sur les immeubles; et il faut qu'il y ait au moins une partie des biens de la succession en France; car autrement le prélèvement serait illusoire. Il faut aussi que la succession soit régie, au moins en partie, par la loi étrangère; car autrement le prélèvement n'aurait pas de raison d'être. Il faut enfin que les héritiers français soient exclus, en vertu de la loi étrangère, de la succession régie par cette loi; car autrement le prélèvement ne pourrait se justifier, puisque aucun intérêt ne serait lésé.

En tout cas le prélèvement ne peut s'exercer que sur la part des héritiers qui ont profité de l'exclusion; il ne saurait s'effectuer au détriment d'héritiers étrangers qui n'ont sur les biens situés dans leur pays obtenu qu'une part égale à celle qu'un partage fait conformément à la loi française, leur avait attribuée.

Lorsque tous les héritiers d'une succession, dans les circonstances dont il s'agit, sont étrangers, la loi de prélèvement n'est pas applicable; mais elle l'est lorsque tous les héritiers sont Français.

La loi de prélèvement ne s'applique pas non plus par rapport aux pays avec lesquels sont intervenus des traités postérieurs à la loi (1819), par lesquels a été établi un système de réciprocité ou des stipulations spéciales.

PRÉLIMINAIRE. Qui précède le sujet principal, qui sert parfois à l'éclaircir: connaissances, notions préliminaires; observations préliminaires.

Dans un traité, dans un contrat, *articles préliminaires* ou conditions qu'on règle avant d'entrer dans la discussion des détails et dont on convient d'abord pour faciliter la conclusion.

Pris substantivement, le mot *préliminaire* s'emploie pour commencement d'arrangement, essai de conciliation.

Les *préliminaires de paix* consistent dans une convention provisoire à laquelle les belligérants consentent afin d'assurer immédiatement la cessation des hostilités, en attendant la signature du traité de paix définitif, souvent retardée par des travaux préparatoires et de longs pourparlers. (*Voir* PAIX.)

Deux clauses principales se rencontrent généralement dans les préliminaires de paix: l'une concernant l'*armistice*, et l'autre l'*amnistie*. (Voir ces mots.)

Il ne faut pas confondre les *articles préliminaires*, insérés dans le traité définitif, avec les *préliminaires de paix*, qui n'ont rien de commun avec eux, si ce n'est que de tendre au même but.

PREMIER. Qui précède les autres par rapport au temps, au lieu, à l'ordre.

Titre d'honneur attaché à certaines charges: le premier ministre, le premier président.

Monsieur le premier se disait autrefois, en France, en parlant du premier écuyer du roi.

PRÉNOM. Nom qu'on met d'ordinaire avant le nom de famille, afin de distinguer la personne qui le porte.

A la différence de l'usage qui prévalait chez les Romains, où chaque individu ne pouvait porter qu'un prénom, chez les peuples modernes la même personne peut recevoir plusieurs prénoms à la fois.

Chez les peuples chrétiens, les prénoms sont le plus souvent empruntés à la liste des saints inscrits au calendrier; ils se confondent alors avec les *noms de baptême*, c'est-à-dire ceux que l'enfant reçoit lorsqu'il est présenté aux fonts baptismaux.

En France, il n'est permis de donner pour prénoms aux enfants nouveau-nés que des noms indiqués dans les différents calendriers ou ceux de personnages connus dans l'histoire.

Un prénom ne peut être changé ni rectifié sans un arrêt d'une autorité judiciaire. *(Voir* NOM.)

PRÉPONDÉRANT. Qui a plus de poids qu'un autre.

Voix prépondérante. Voix qui l'emporte en cas de partage des suffrages dans une délibération ou un vote au scrutin; dans une élection celle qui, dans le cas d'égalité, détermine les suffrages pour ou contre, en se joignant à l'un ou à l'autre parti.

Dans certaines assemblées, dans certaines corporations, le président a le privilège de la voix prépondérante, c'est-à-dire que son vote donne la majorité au parti ou à l'opinion en faveur de qui il est exprimé.

On dit d'une raison, d'un argument qu'ils sont prépondérants, lorsqu'ils entraînent la conviction.

PRÉPOSÉ. Synoyme de fonctionnaire, d'agent.

En France se dit plus particulièrement des employés des douanes, de la régie, des contributions indirectes.

PRÉPOTENCE. Puissance prépondérante, pouvoir dominant, autorité excessive. — La prépotence des souverains, la prépotence d'une classe de la société sur les autres, etc.

PRÉROGATIVE. Avantage attaché à certaines dignités, à certaines fonctions.

La prérogative confère à celui qui la possède un pouvoir, une autorité que n'ont pas les autres, et qui le distingue de ceux qui ne l'ont pas.

Le mot *prérogative* s'emploie généralement pour désigner les droits politiques ou personnels d'un souverain par rapport à ses sujets et à l'autorité suprême dont il est investi.

On l'applique parfois aussi à certains groupes, à certaines autorités supérieures de la nation, et l'on dit, par exemple, les prérogatives du congrès, du sénat, les prérogatives de la cour, etc.

En politique, on appelle *prérogative royale* les droits, les pouvoirs que la constitution accorde au roi, et *prérogative parlementaire*, ceux qui appartiennent au parlement.

Les souverains, lorsqu'ils voyagent, et les agents diplomatiques ou ministres publics, qui représentent la nation à laquelle ils appartiennent, jouissent de prérogatives internationales inhérentes à leur caractère, parmi lesquelles figurent en première ligne l'*exterritorialité*, l'*inviolabilité* et l'*immunité* personnelle ou exemption des juridictions ordinaires. (Voir ces mots, et SOUVERAIN, AGENT DIPLOMATIQUE, MINISTRES, etc.)

PRESBOURG (traité de paix de) 1805. La réconciliation opérée par la paix d'Amiens entre la France et l'Angleterre ne fut pas de longue durée.

Du côté de la France, la réunion à la République française, par sénatus-consulte du 21 septembre 1802, de la partie du Piémont qui n'avait pas été incorporée à la République cisalpine, et la médiation, par acte du 19 février 1803, suivie du traité d'alliance du 27 septembre de la même année, dans les affaires de la Suisse, provoquèrent des plaintes de la part du gouvernement anglais.

Mais Bonaparte opposa au cabinet de Londres des griefs d'une nature plus grave, qu'il considérait comme des infractions manifestes au traité d'Amiens, savoir : la prolongation du séjour des armées anglaises en Egypte, la non-restitution aux Hollandais du Cap de Bonne-Espérance, et le refus formel de rendre Malte à l'ordre de Saint-Jean.

A la suite des négociations engagées dans le but de régler ces différends, le plénipotentiaire anglais remit au gouvernement français, le 10 mai 1803, un projet d'arrangement, qui renfermait les articles suivants :

Le gouvernement français s'engagera à ne pas faire pposition à la cession de l'île de Lampedouse par le roi des Deux-Siciles au roi d'Angleterre, qui restera en possession de l'île de Malte jusqu'à ce qu'il ait été pris des arrangements pour le mettre à même d'occuper Lampedouse comme station navale; après quoi l'île de Malte sera remise aux habitants et reconnue comme Etat indépendant; toutefois un article, qui devait rester secret, ajoutait que l'Angleterre ne serait requise d'évacuer Malte qu'à l'expiration du terme de dix ans.

Le territoire de la République batave sera évacué par les troupes françaises dans l'espace d'un mois après la conclusion d'une convention fondée sur les principes de ce projet.

Le roi d'Etrurie, la République cisalpine et la République ligurienne seront reconnue par l'Angleterre.

La Suisse sera évacuée par les troupes françaises.

Une provision territoriale convenable sera assignée au roi de Sardaigne en Italie.

Cet ultimatum ayant été rejeté par la France, la guerre fut déclarée. Alors se forma une troisième coalition contre la France. L'Angleterre entra seule d'abord en campagne; mais bientôt la Suède, la Russie, les Deux-Siciles et l'Autriche se joignirent à elle; la Prusse et l'Empire germanique gardèrent la neutralité.

Les succès presque constants des troudes françaises, couronnés par la bataille d'Austerlitz, perdue, le 2 décembre 1805, par les armées réunies de l'Autriche et de la Russie, déterminèrent l'empereur François II à demander la paix.

Cette paix, qui fut signée à Presbourg le 26 décembre, consacre la réunion à la France du Piémont, des duchés de Parme et de Plaisance et de l'Etat de Gênes.

L'Empereur reconnaît Bonaparte comme roi d'Italie, et renonce à la partie des Etats de la République de Venise à lui cédée par les traités de Campo-Formio et de Lunéville, laquelle sera réunie au royaume d'Italie.

Les électeurs de Bavière et de Wurtemberg, alliés de Bonaparte, sont reconnus en qualité de rois, sans cesser néanmoins d'appartenir à la Confédération Germanique.

La maison d'Autriche consent aux cessions suivantes :

Au roi de Bavière le margraviat de Burgau, le Vorarlberg, les comtés de Hohenems et de Kœnigsegg-Rothenfels, les seigneuries de Tetnang et d'Argen, le Tyrol avec Brixen et Trente, la principauté d'Eichstedt en Franconie, et la partie de la principauté de Passau qui avait été donnée à l'ancien grand-duc de Toscane;

Au roi de Wurtemberg les villes sur le Danube Ehingen, Munderfingen, Riedlingen, Mengen et Salgau; les deux comtés de Hohenberg, le landgraviat de Nellenbourg et la préfecture d'Altorff avec leurs dépendances, la ville de Constance exceptée; la partie du Brisgau faisant enclave dans les possessions wurtembergeoises et les villes de Willingen et de Breunlingen;

A l'électeur de Bade le reste du Brisgau, la ville de Constance et la commanderie de Meinau.

Enfin l'empereur d'Autriche renonce, tant pour lui, ses héritiers et successeurs, que pour les princes de sa maison, leurs héritiers et successeurs, à tous droits de souveraineté ou de suzeraineté, à toutes prétentions quelconques, actuelles et éventuelles, sur tous les Etats sans exception des rois de Bavière et de Wurtemberg et de l'électeur de Bade et *vice versa.*

L'empereur d'Autriche reçoit les pays de Salzbourg et de Berchtesgaden, qui avaient été donnés au grand-duc de Toscane, à qui, en dédommagement de cette cession et de celle des principautés d'Eichstedt et de Passau, est promise la principauté de Wurzbourg.

Par le traité de Presbourg l'Autriche perdait une étendue de territoire renfermant une population de 2,785,000 habitants et un revenu de 13,610,000 florins. Ce qui rendait cette perte plus sérieuse sous le rapport politique, c'est qu'elle lui coupait toute communication avec la Suisse et l'Italie et lui enlevait son influence sur l'Allemagne.

PRESCRIPTION. Terme de jurisprudence : c'est l'acquisition de la propriété par la possession paisible non interrompue qu'on en a eue pendant un laps de temps réglé par la loi : c'est la *prescription acquisitive.*

La prescription acquisitive confère donc un droit réel, le droit de propriété : à ce titre elle est soumise aux principes de la loi territoriale, et réglée par la loi du lieu où est situé le bien litigieux. On peut dire que la prescription ne s'applique qu'aux biens immobiliers; en fait de meubles, en effet, comme la possession vaut titre, la prescription devient superflue. Toutefois cette règle souffre exception à l'égard des choses perdues ou volées. Dans ce cas il faut qu'il se soit écoulé un certain laps de temps — 3 ans communément — pour que le possesseur soit à l'abri de la revendication.

Du moment qu'il est admis que les Etats acquièrent la propriété par les mêmes moyens et de la même manière que les individus, la prescription doit être considérée comme un mode normal d'acquérir des territoires. (*Voir* ACQUISITION.)

La prescription est aussi le moyen de se libérer d'une obligation par un certain laps de temps, comme celle d'une dette par suite de la non-réclamation du créancier dans un délai déterminé : c'est la *prescription libératoire.*

Pour l'appréciation de cette prescription extinctive des obligations, il y a controverse entre les différentes législations : les unes penchent pour la loi du lieu où l'obligation a été contractée, les autres pour la loi personnelle du débiteur, et ces dernières varient encore entre la loi du domicile du débiteur et sa loi nationale.

Outre les prescriptions que nous venons d'indiquer, la loi en établit d'autres qui portent sur différentes catégories de choses, de réclamations, et dont les délais varient ordinairement de 6 mois à 5 ans.

Ainsi les arrérages de rentes, de pensions alimentaires, les loyers des maisons ou de fermes, les intérêts d'argent prêté, en général tout ce qui est payable par année se prescrit par 5 ans.

L'action pour les honoraires d'officiers ministériels ou publics, de médecins et de quelques autres professions se prescrit par 2 ans ou par un an; ainsi que celle des marchands pour marchandises vendues aux particuliers; celle des ouvriers et des gens de travail pour leurs salaires par 6 mois.

En matière criminelle, la prescription est un moyen d'obtenir l'impunité.

En France, l'action publique et l'action civile résultant d'un crime qui entraîne la peine de mort ou une peine afflictive ou infamante se prescrivent par dix ans révolus à partir du jour où le crime a été commis, s'il n'a été fait aucun acte d'instruction et de poursuite dans l'intervalle. La durée est seulement de 3 ans, s'il s'agit d'un délit, et d'un an, s'il s'agit d'une simple contravention.

La prescription s'étend aux peines après qu'elles ont été prononcées.

En France les peines en matière criminelle se prescrivent par 20 ans à compter de la date de l'arrêt ou du jugement; en matière correctionnelle, par 5 ans; et celles que prononce un tribunal de simple police, par 2 ans.

Pour les différents cas où il y a prescription — acquisitive, libératoire ou autre —, la prescription peut être *interrompue* ou *suspendue*.

L'*interruption* a lieu lorsque la possession cesse définitivement ou seulement pendant un certain temps. Elle est dite *naturelle*, lorsque le possesseur est privé de la jouissance de la chose pendant plus d'un an; elle est *civile*, quand le propriétaire ou le créancier dirige des poursuites légales, et quand il existe une demande judiciaire contre le détenteur.

La *suspension* a lieu en faveur de certains propriétaires; de certains créanciers qui se trouvent dans l'impossibilité d'agir ou sont incapables d'aliéner : tels sont les mineurs, les interdits, les héritiers

bénéficiaires à l'égard des créances qu'ils ont contre la succession, etc. La prescription ne court pas entre époux.

Les effets de l'*interruption* et de la *suspension* diffèrent essentiellement : la première rend inutile le laps de temps écoulé antérieurement, tandis que la seconde ne fait qu'arrêter pour quelque temps le cours de la prescription sans l'empêcher de se continuer ensuite.

La prescription se compte par jours; elle est acquise lorsque le dernier jour du terme est fini.

Quant à la supputation du terme prescriptif, le temps accompli doit être compté d'après la loi du pays où il a été accompli.

Par exemple, dans le cas d'une prescription dont la durée est de dix ans en France et de quatre en Allemagne, si le débiteur a abandonné la nationalité française au bout de deux ans et demi, il aura accompli le quart de la prescription; il lui restera trois quarts à achever, c'est-à-dire trois ans seulement de la prescription allemande; la prescription sera ainsi comptée d'après les deux législations.

On ne peut renoncer d'avance à la prescription, mais on peut renoncer au bénéfice de la prescription acquise. Cependant les créanciers, ayant généralement la faculté d'exercer les droits de leurs débiteurs, peuvent opposer la prescription du chef de leurs débiteurs, lors même que ceux-ci y renoncent.

La prescription peut être opposée en tout état de cause, même en appel.

PRÉSÉANCE. Droit de prendre place au-dessus de quelqu'un ou de le précéder.

En langage diplomatique, la *préséance* signifie la préférence dans l'ordre, dans le rang à suivre, lorsque plusieurs Etats, dans leurs relations extérieures, viennent à se rencontrer; c'est la primauté de rang, le droit d'occuper la place qui est regardée comme la plus honorable.

En Europe les lois de la courtoisie internationale ont fait accorder à certains Etats ce qu'on désigne sous le nom d'*honneurs royaux* (voir ce mot). Les souverains qui jouissent de ces honneurs ont la préséance sur ceux qui en sont privés; il en est de même pour ceux qui jouissent des honneurs royaux sans avoir été couronnés et ceux qui ont été sacrés : ce sont ces derniers qui ont le droit de préséance.

Il est bon de faire observer que cette règle est basée sur le consentement tacite des parties; mais elle ne s'étend pas aux relations avec les Etats qui n'admettent pas de semblables principes.

D'après les principes généraux du droit international, les républiques occupent, quant à la préséance, le même rang que les monarchies ou tout autre Etat souverain.

Les représentants des Etats monarchiques mi-souverains et dépendants prennent rang à la suite des représentants des Etats souverains et indépendants, bien que logiquement leur place soit à côté des représentants du pays dont ils reçoivent la protection ou dont ils reconnaissent la suzeraineté.

Quant aux ministres publics, le règlement de Vienne du 18 mars 1815 et le protocole d'Aix-la-Chapelle du 21 novembre 1818 ont réglé leur rang entre eux (voir RANG, AGENTS DIPLOMATIQUES); mais lorsque des négociations se poursuivent sous la direction d'une ou de plusieurs puissances médiatrices, les ministres publics de celles-ci, quand même il seraient d'un rang inférieur aux ministres des Etats contestants, peuvent prendre le pas sur ces derniers. S'il s'agissait d'établir une préséance entre les ministres prenant part à la négociation, on prendrait pour base les règlements de 1815 et 1818, ou l'on suivrait l'alternat, ou l'on aurait recours à un tirage au sort.

A la table des conférences, la place d'honneur est celle qu'occupe le président de la séance; les deux places immédiatement à sa droite et à sa gauche sont considérées comme places de préséance; les autres descendent en passant de droite à gauche à partir des deux premières.

Lors de la conclusion d'un traité, pour l'ordre des signatures on se conforme au cérémonial diplomatique. (Voir CÉRÉMONIAL.)

Lorsqu'un navire de guerre est mouillé dans un port étranger et que des cérémonies publiques se célèbrent à terre, il est d'usage que le commandant et son état-major débarquent pour prendre parti à ces cérémonies et y figurer selon leur rang. Si les officiers de plusieurs navires se trouvent là ensemble, la préséance entre eux se règle dans ce cas d'après les grades, et à grade égal d'après l'ordre d'arrivée au mouillage. En cas de conflit, ceux qui les soulèvent ont naturellement le droit, sous leur responsabilité personnelle, de ne pas occuper une place relativement inférieure à celle

qu'ils considèrent leur être due. (Voir CÉRÉMONIAL.)

PRÉSENTATION. Action de présenter, d'introduire en présence de quelqu'un.

Présentation à la cour, cérémonie qui consiste à présenter au souverain et à sa famille ceux qui sont admis à la cour.

Le premier devoir d'un ministre étranger dès qu'il arrive dans le lieu où il doit résider, c'est de solliciter du ministre des affaires étrangères une audience du chef de l'Etat pour lui être présenté et lui remettre ses lettres de créance.

Chaque pays a son cérémonial pour ces formalités. (Voir AGENT DIPLOMATIQUE, MINISTRE, LETTRES DE CRÉANCE, AUDIENCE, CÉRÉMONIAL.)

PRÉSIDENCE. Action, droit de présider, c'est-à-dire d'occuper le premier rang dans une assemblée avec le droit d'y maintenir l'ordre et de régler les discussions.

La dignité, la fonction de président.

Le temps pendant lequel une même personne exerce la présidence : la présidence peut être temporaire ou perpétuelle.

Fonction du pouvoir exécutif dans les républiques.

Dans certaines contrées, division administrative, notamment dans l'Inde anglaise : présidence de Madras.

PRÉSIDENT. Celui qui préside une assemblée, un tribunal, une compagnie, et en dirige les délibérations.

C'est le titre donné au premier magistrat, au chef du pouvoir exécutif dans les républiques : le président de la République française, des Etats-Unis.

On appelait autrefois en France président à mortier ou au mortier, celui qui avait droit de porter le mortier, sorte de bonnet carré, lorsqu'il était dans l'exercice de ses fonctions. (Voir MORTIER.)

PRÉSIDIAL. Ancien terme de jurisprudence.

On donnait en France ce nom à des tribunaux inférieurs au parlement, qui avaient une juridiction civile et criminelle et jugeaient en dernier ressort.

On appelait par suite sentence présidiale celle qui était rendue sans appel.

Ces tribunaux n'existent plus depuis la révolution de 1789.

PRÉSOMPTIF. Héritier présomptif, celui qui doit naturellement hériter de quelqu'un; celui qui hériterait d'une personne si elle mourait ab intestat, soit en ligne directe, soit en ligne collatérale.

Se dit particulièrement du prince destiné à régner par l'ordre de la naissance : c'est l'héritier présomptif de la couronne.

Dans les pays où les femmes héritent du trône, on dit l'héritière présomptive.

PRESSE. Se dit, par dérivation, des produits de la typographie, ou de certaines catégories d'imprimés, et plus particulièrement des journaux, qui forment ce qu'on appelle la *presse périodique.*

On nomme *liberté de la presse* le droit qu'on a de publier sa pensée par la voie de l'imprimerie, sans être soumis à une censure préalable ; dans presque tous les pays cette liberté est régie, limitée par des lois ou des règlements qui en restreignent l'exercice ; et l'on a rangé dans une catégorie particulière, sous le nom de *délits de presse*, et soumis à une pénalité spéciale les actes et les écrits qui outre-passent ces limites et enfreignent cette règlementation.

PRESSE MARITIME. Autrefois enrôlement forcé des matelots dans la marine militaire.

Ordinairement, en Angleterre, le recrutement des marins est volontaire ; ce n'est qu'en temps de guerre et en cas d'urgence qu'on avait recours à ce moyen violent, et c'est surtout sur les matelots marchands et pêcheurs qu'il s'exerçait en les enlevant de vive force pour les transporter à bord des bâtiments de l'Etat.

La presse est aujourd'hui abolie dans tous les pays, et les matelots de la marine de guerre se recrutent par la conscription, l'inscription maritime, ou les enrôlements volontaires.

PRÉTENDANT. Se dit particulièrement d'un prince qui prétend avoir des droits à un trône occupé par un autre.

Dans l'histoire d'Angleterre on a désigné spécialement sous ce titre les princes de la Maison de Stuart, qui ont pendant longtemps réclamé le trône, et cela plusieurs fois par la voie des armes.

PRÉTEUR. Haut fonctionnaire dans l'Ancienne Rome.

Dans les premiers temps de la république, le préteur était un chef militaire et civil ; puis le préteur ne fut plus qu'un magistrat adjoint aux consuls et chargé de rendre la justice.

Après leur sortie de fonctions, les consuls, sous le nom de préteurs et quelquefois de propréteurs, étaient envoyés dans les provinces pour les gouverner.

Les empereurs créèrent des préteurs *céréals, fiscaux, fidéicommissaires,* pour juger les contestations relatives aux approvisionnements, au trésor de l'empereur et aux fidéicommis.

PRÉTOIRE. Chez les Romains, maison et tribunal du préteur.

On appelait aussi de ce nom la tente du général en chef dans un camp romain ; plus tard le camp qu'occupait la troupe d'élite des *prétoriens,* dont le chef portait le titre de *préfet du prétoire.*

Il y eut d'abord un seul préfet du prétoire, puis deux, puis quatre. D'abord investis d'une autorité purement militaire, ils finirent par acquérir la juridiction et par s'emparer de toute l'autorité. L'empereur Constantin les réduisit au pouvoir civil ; mais il leur donna en même temps autorité à chacun sur un quart de l'empire, divisé en quatre grandes préfectures. La charge du préfet du prétoire en occident dura jusqu'à la fin de l'empire.

PRÉTORIENS. On appelait ainsi à Rome, les soldats composant la cohorte, qui veillait autour du général et gardait l'espace de cent pieds carrés autour de sa tente et qu'on appelait le prétoire ; et sous l'empire les soldats des cohortes prétoriennes réunis en un seul corps et préposés à la garde des empereurs.

Ces soldats sont devenus célèbres par leurs dérèglement et leur indiscipline : c'étaient eux qui pendant plusieurs siècles disposèrent de la pourpre impériale.

PREUVE. En droit on qualifie de *preuve* tont ce qui tend à établir la vérité d'un fait ou d'une convention.

Les *preuves* se font par titres ou par témoins:

La preuve par titres, ou *littérale* ou *écrite*, résulte d'un acte écrit qui constate qu'un fait a eu lieu, qu'une obligation a été contractée, subsiste encore ou est éteinte ; elle est *authentique,* lorsqu'elle résulte d'un acte dressé par un officier public.

La preuve *testimoniale* ou par *témoins* est surtout usitée en matière criminelle et correctionnelle ; elle l'est peu en matière civile, d'où elle est exclue pour les choses qui ont pu faire l'objet d'un contrat. En matière de commerce elle peut s'appliquer à tous les actes. Les livres du commerce, régulièrement tenus, peuvent être admis par le juge pour faire preuve entre commerçants pour faits de commerce.

Lorsqu'une affaire déférée à un tribunal ne peut être appréciée et résolue que conformément à la loi d'un autre pays, c'est aux parties en cause à justifier de l'existence de cette loi et à en fournir un texte authentique Les formes de cette justification, les conditions d'authenticité, la nature et l'étendue des preuves à fournir à l'appui d'un droit, enfin les garanties spéciales requises pour la validité du témoignage verbal dans les pays qui admettent la preuve testimoniale avec ou sans serment en matière civile, varient sans doute suivant les circonstances; mais elles sont exclusivement régies par les lois de procédure ou les usages de l'État sur le territoire duquel le différend doit être vidé, et ne rentrent à aucun point de vue dans le domaine du droit international.

Lorsque la justice d'un pays est saisie d'une contestation entre étrangers, la doctrine qui prévaut relativement à la loi qu'il faudra appliquer aux preuves, c'est quant aux formes on doit suivre la *lex fori* (Voir ce terme), et quant à l'admissibilité des preuves, la loi nationale des parties ou, suivant les cas, la loi du pays où elles ont traité, la loi du lieu de l'acte: un acte doit pouvoir servir de preuve partout où il sera présenté conforme à la loi du pays où il a été dressé; seulement la règle *locus regit actum* (Voir ce terme) ne peut être admise ici qu'avec un caractère facultatif et non impératif.

Pour la preuve par témoins, c'est également l'application de la règle *locus regit actum* qui prévaut.

PRÉVARICATION. Ce mot sert à exprimer en général tout délit commis par un fonctionnaire dans l'exercice de ses fonctions; et, dans un sens plus restreint, l'action de manquer par mauvaise foi aux devoirs de son emploi.

Un déni de justice de la part d'un juge est une prévarication.

PRÉVENTION. État de l'individu contre lequel il existe un soupçon ou une accusation de délit ou de crime et qui est envoyé devant un tribunal pour être jugé. Cet état dure jusqu'à la condamnation ou à l'acquittement.

L'inculpé, mis ainsi en prévention, prend alors le nom de *prévenu*.

PRÉVÔT. Nom donné autrefois en France à divers magistrats ou fonctionnaires chargés d'une juridiction ou préposés à une haute surveillance.

Le *prévôt royal* était le premier juge royal; ses appels ressortissaient aux baillages et aux sénéchaussées.

Le *prévôt de la connétablie* commandait les gardes de la connétablie. (Voir ce mot).

Le *prévôt de l'hôtel*, dit aussi *grand-prévôt de France* ou simplement *grand-prévôt*, était un officier de la maison du roi, lequel était chargé de juger les personnes de la suite de la cour, en quelque lieu que la cour se transportât.

Le *prévôt des marchands* était le premier magistrat de la bourgeoisie de Paris, le chef de l'administration municipale.

On appelait aussi *prévôts* les juges des *cours prévôtales* (Voir ce terme).

PRÉVÔTAL. Qui concerne la juridiction du prévôt, qui est de sa compétence; qui a le caractère de la justice prévôtale, c'est-à-dire d'une justice sommaire, sans appel: on dit en France sentence prévôtal, lois prévôtales, juges prévôtaux.

Cours prévôtales, cours judiciaires présidées par les différents prévôts; toutes ces juridictions furent abolies par la révolution française. Néanmoins sous l'Empire et la Restauration on donna de nouveau cette dénomination à des tribunaux exceptionnels, composés des juges civils et présidés par un juge militaire ayant le titre de *prévôt*.

Ces cours prévôtales de l'Empire, établies en 1810, ne connaissaient que des faits de contrebande, leur mission spéciale étant d'empêcher l'introduction de marchandises étrangères et de réprimer les infractions au blocus continental.

Les cours prévôtales de la Restauration jugeaient surtout les délits et les crimes politiques; leurs jugements étaient exécutoires dans les 24 heures: ce qui interdisait tout recours en grâce ou en cassation; elles furent abolies en 1818.

PRIMAT. Nom donné, dans la hiérarchie ecclésiastique, à quelques archevêques qui, en vertu d'anciens droits, ont une sorte de suprématie, supériorité de dignité ou de juridiction, sur les évêques et les autres archevêques d'une région: primat d'Afrique, primat des Gaules.

En France, le titre de primat qui était porté par l'archevêque de Lyon, est purement honorifique.

Dans la Grèce moderne on appelle *primats* les principaux citoyens d'une localité.

PRIMAUTÉ. Prééminence, premier rang.

Se dit de la puissance que le pape tient de droit divin de faire recevoir, observer et exécuter les canons de l'Eglise ; et aussi, par extension, de l'autorité spirituelle attribuée à quelqes princes protestants.

PRIME. En terme d'administration publique, on nomme *prime* toute somme accordée, à titre d'encouragement, à l'industrie, aux arts, à l'agriculture, au commerce, à la navigation : ainsi lorsque le gouvernement ouvre des concours entre les agriculteurs ou certaines classes d'industriels, on donne le nom de *primes* aux récompenses qu'il décerne. Cependant on désigne par ce nom plus particulièrement les sommes payées à l'exportation de certains produits fabriqués. Ces sommes sont censées représenter les droits perçus par la douane à l'importation des matières premières qui sont entrées dans la confection de ces produits ; *(Voir* DRAWBACK.) Les primes ont pour objet de neutraliser l'inconvénient de ces droits et de mettre le fabricant national dans la possibilité de concourir avec l'étranger dans les pays étrangers, comme s'il s'était servi de matières premières franches d'impôt. Ces primes sont dites *primes de sortie.*

Les traités internationaux, notamment ceux de commerce et de navigation, stipulent quelquefois l'allocation réciproque aux sujets respectifs des deux nations contractantes — des primes qui sont accordées aux sujets propres.

Dans le cas contraire, certains traités renferment une stipulation portant que si l'une des deux nations accorde une prime de sortie à ses sujets, l'autre aura la faculté d'augmenter le droit d'entrée du montant de la prime.

PRINCE. Titre de dignité, de supériorité.

Il est attribué plus spécialement à celui qui possède une souveraineté en titre ou qui est d'une maison souveraine ; mais il se dit aussi de celui qui, sans être souverain ni de maison souveraine, possède des terres, qui ont le titre de principautés, ou bien à celui à qui un souverain a conféré le titre de prince.

Enfin le titre de prince n'est quelquefois qu'un titre honorifique, sans territoire ni autorité réelle, porté par des familles de l'ancien régime, ou des nobles de création plus moderne.

Prince royal, impérial, héréditaire sont les titres qu'on donne aux fils aînés des monarques, selon la dénomination que porte la monarchie, royaume ou empire ;

dans l'un ou l'autre cas le *prince royal* ou *impérial* peut être dit *prince héréditaire ;* mais ce dernier titre est le seul auquel ont droit les fils aînés des souverains, qui ne sont ni rois ni empereurs.

On dit absolument *les Princes* pour désigner les enfants, les frères ou les oncles du souverain.

Les *princes du sang* sont ceux qui sont issus de maison royale ou impériale par la branche masculine,

Monsieur le Prince se disait du premier prince de sang, à la cour de France.

Dans un sens absolu, *le Prince* signifie le souverain du pays dont on parle.

En droit on appelle *prince* le gouverneur quel qu'il soit ; par suite un *fait du prince* se dit d'un acte de gouvernement qui fait fonction de force majeure et auquel on ne peut résister. On peut classer dans cette catégorie l'*arrêt de prince,* (Voir ce terme.)

On appelle *Princes de l'Eglise* les cardinaux, même les évêques.

Dans l'histoire le titre de prince a été attaché, selon les pays et les temps, à des dignités différentes.

Chez les Juifs les *Princes du peuple* étaient ceux qui étaient à la tête des tribus ; les *Princes de la Synagogue,* ceux qui présidaient les assemblées populaires ou religieuses ; le *Prince des prêtres* était le grand-prêtre en exercice.

A Rome on appelait *Prince du Sénat,* le sénateur que le censeur lisait le premier en lisant la liste des sénateurs ; — *prince de la jeunesse* ou de l'*ordre équestre,* le chevalier que le censeur nommait le premier en faisant le dénombrement de l'ordre ; sous l'empire ce titre resta réservé à l'héritier présomptif du trône.

PRINCE (Le), titre d'un ouvrage, tristement célèbre, du Florentin Machiavel, dans lequel il expose la politique des princes et leur enseigne l'art de réussir dans leurs desseins.

Cet ouvrage a été très diversement jugé : les uns le réprouvent comme un écrit dangereux ; les autres n'y voient qu'une sanglante satire contre la conduite des princes contemporains de l'auteur.

PRINCESSE. Femme ou fille de prince.

Ce titre se donne aussi à une femme souveraine d'un Etat.

Princesse royale ou impériale, femme de l'héritier présomptif de la couronne ; et dans quelques pays, l'héritière présomptive de la couronne.

PRINCIPAUTÉ. Dignité de prince : dans se sens on dit aussi *principat*.

Terre qui donne le titre de prince.

Petit Etat indépendant dont le chef a la qualité de principe.

PRINCIPE. Dans le sens logique ou philosophique, opinion ou proposition que l'esprit prend pour point de départ ; se dit, relativement aux conséquences qu'on en déduit, de toute proposition, vraie ou fausse, mais qu'on tient pour vraie.

C'est encore le premier précepte, la première règle d'une science ou d'un art.

Maxime, règle de conduite : principe de morale, d'honneur, de justice. — Le droit international a pour fondement les principes de justice qui doivent présider aux relations des Etats.

Principe se dit aussi des vérités premières, des causes naturelles, des faits généraux au delà desquels le raisonnement humain ne peut remonter.

PRINCIPICULE. Prince d'un petit Etat.

Prince encore au berceau, ou sous la conduite d'un gouverneur.

PRISE MARITIME. Action de prendre un navire.

Le navire pris, capturé.

En droit maritime on donne le nom de *prises* aux navires ennemis, de guerre ou de commerce, capturés par les croiseurs de l'Etat ou par des corsairs, et aussi aux navires neutres saisis pour violation des devoirs que leur impose la neutralité.

Droit de prise. Les navires de guerre de l'ennemi peuvent être capturés en pleine mer ou dans les eaux des Etats belligérants.

Plusieurs puissances maritimes reconnaissent en outre à la marine de guerre le droit de saisir les navires de commerce qui sont la propriété de nationaux ennemis et de confisquer les marchandises trouvées à bord.

Dans ce cas le droit de prise ne porte pas sur la propriété privée de l'ennemi trouvée à terre, mais seulement sur les navires et les marchandises qui la renferment.

Le droit de prise ne porte pas non plus sur les navires naufragés et leur cargaison, ni sur les bateaux employés à la pêche côtière.

Le droit de prise ne peut être exercé sur mer que par des belligérants, soit par des navires particuliers armés en course et désignés sous le nom générique de *corsaires*. (Voir ce mot.)

Les règles de droit international qui concernent les bâtiments de guerre en cette matière, s'appliquent également aux navires commissionnés en course. Pour les uns comme pour les autres l'exercice du droit de prise n'est légitime que dans l'étendue de leur territoire national et sur la haute mer ; il est interdit dans les limites du territoire juridictionnel des Etats neutres, lequel comprend non seulement les ports, les caps et les baies, mais encore une certaine distance en mer à partir de la terre. Cette interdiction est spécialement consacrée par la législation de la plupart des puissances maritimes, qui considère comme illégales les prises faites dans les eaux neutres, de sorte que si un navire de guerre capture un navire ennemi dans les eaux dépendant du territoire d'un Etat neutre, cet Etat a le droit d'exiger la remise de cette prise et de la mettre en liberté.

L'exercice du droit de prise est également limité au seul temps que dure une guerre ; car sans guerre le droit de prise n'existe pas. Aussi généralement les tribunaux de prises n'entrent-ils en fonctions qu'après le commencement d'une guerre et finissent avec elle, de sorte que souvent les prises faites, mais non jugées avant la fin de la guerre ont été restituées volontairement pas les puissances au nom desquelles elles avaient été opérées.

Navires neutres. Dès que la guerre est déclarée, sauf les délais de faveur accordés d'habitude aux navires mouillés dans les ports ou supposés en cours de voyage avant d'avoir pu connaître la rupture de la paix, tous les bâtiments ennemis deviennent passibles de capture. Il sont même les seuls que le belligérant ait le droit d'appréhender ; mais certains actes, certains faits impliquant agression, culpabilité ou complicité indirecte avec l'ennemi, font perdre au navire neutre son caractère pacifique et autorisent à procéder contre lui comme s'il était véritablement la propriété de l'une des parties engagées dans la lutte. Au nombre des circonstances qui légitiment la capture des neutres, on peut citer le transport de troupes, de vivres, de munition, d'armes, de correspondances pour compte ennemi, la violation des blocus, la simulation de pavillon, l'irrégularité dans les pièces de bord etc.

Il est toutefois une distinction à établir entre ces deux sortes des prises.

La capture d'un navire portant pavillon ennemi constitue *prima facie* un acte légitime de guerre, une prise complète, la sentence administrative dont elle reste passible ayant pour objet bien moins de statuer sur le fait matériel de la saisie que d'en apprécier la régularité et d'en attribuer la propriété définitive et incommutable au capteur ou à son souverain. Il en est tout autrement des navires saisis sous pavillon neutre : là les présomptions de droit en faveur de la validité de la prise n'existent plus; les intérêts sont beaucoup plus complexes, plus délicats, et, à moins d'actes dont le caractère manifestement hostile n'a en quelque sorte pas besoin d'être démontré, les plus puissantes raisons de convenances internationales militent tout d'abord en faveur du capturé. Pour le navire ennemi on peut dire que la légitimité de sa captivité est exclusivement subordonnée à une constatation d'identité, tandis que, pour valider la saisie d'un neutre, il faut avant tout justifier des circonstances qui ont pu placer le navire en dehors du droit commun et lui faire perdre le bénéfice de l'inviolabilité acquise au caractère pacifique de son pavillon.

L'absence ou l'irrégularité de certaines pièces de bord et la simulation de pavillon sont en dehors des actes vraiment hostiles la principale cause des saisies dont les neutres sont victimes en temps de guerre maritime. Mais dans ces circonstances la capture n'entraîne condamnation et confiscation que lorsque les soupçons de fraude et de culpabilité sont juridiquement démontrés.

Titre à la possession des prises. La capture ne se conçoit pas abstraitement sans une prise de possession effective, et le droit de propriété sur la chose saisie ne prend naissance, ne passe définitivement, d'une façon incommutable, du capturé au capteur que lorsque la sentence du tribunal compétent en a dépouillé le premier au profit du second.

La conduite de la prise en lieu sûr (*perductio intra præsidia*) était autrefois une condition nécessaire et essentielle pour le transfert du titre de propriété. Cette obligation absolue a perdu de nos jours toute valeur pratique, puisque, même dans les cas où elle a été remplie, la portée juridique en est subordonnée à la sentence qui statue sur la validité de la prise.

En principe, le titre suprême à la possession des prises maritimes réside dans l'Etat, à qui seul appartiennent en conséquence les bénéfices résultant de l'exercice du droit de capture (*bello parta cedunt reipublicæ*). Ce n'est donc que par une concession purement gracieuse de l'Etat que les prises peuvent en fin de compte être attribuées en tout ou en partie à celui qui les a opérées. Le mode de partager le produit des captures n'est pas du domaine du droit international; il est exclusivement régi par la législation interne de chaque nation et présente des divergences très sensibles d'un pays à l'autre.

Lorsque le capteur d'un navire ennemi abandonne sa prise, il est entendu qu'il renonce aux droits qu'il pouvait avoir sur elle.

Jugement des prises. La prise n'est définitive et le capturé n'est irrévocablement dépouillé de sa propriété que par le jugement qui a statué sur sa validité. Tant que cette sentence de condamnation n'est pas intervenue, le capteur ne possède qu'un droit précaire susceptible d'être annulé, si les juges décident que la prise doit être restituée à ceux au préjudice de qui elle a été opérée.

Il est si vrai qu'aussi longtemps que sa validité n'a pas acquis force de chose jugée, la prise n'appartient pas en toute propriété au capteur, que tous les pays reconnaissent au souverain la faculté de rendre à la paix les navires et les cargaisons non encore condamnés par les tribunaux compétents. Lorsque de semblables restitutions ont lieu, il est de règle que navires et cargaisons soient rendus à qui de droit *in statu quo*, sans indemnité aucune, si ce n'est contre remboursement des frais de garde et de conservation.

Tant que la prise n'a pas été jugée, le capteur ne possède sur elle qu'un droit imparfait qui lui impose des obligations particulières, dont l'oubli engage sa responsabilité, tant à l'égard de son propre gouvernement qu'à l'égard des propriétaires et des chargeurs du navire saisi. Son premier devoir est de rédiger un procès-verbal détaillé des circonstances et des motifs de la prise; il doit ensuite dresser un inventaire sommaire de tous les objets dont il s'est emparé, puis faire fermer et sceller les écoutilles. Il est de règle que le capitaine du bâtiment capturé assiste à l'opération et revête de sa signature les pièces qui en constatent l'accomplissement, ainsi que le procès-verbal dit de capture. Ce n'est qu'après avoir rempli ces diverses formalités que le capteur amarine la prise en plaçant à bord un officier et des matelots empruntés à son propre équipage, qui sont chargés de conduire le navire capturé et sa cargaison en lieu sûr pour y être jugés.

Traitement des prises. En règle générale, il est défendu au capteur de saborder ou d'incendier les prises qu'il fait en pleine mer. Ce n'est que dans des circonstances de force majeure bien constatée, par exemple quand le capteur est menacé de poursuites par l'ennemi, n'a pas le moyen de fournir un équipage de prise, remplit une mission pressée, ou veut cacher sa marche aux croiseurs belligérants, qu'il peut, sous sa propre responsabilité, détruire sa prise, au lieu de l'expédier dans un port du pays dont il porte le pavillon. Mais dans tous les cas le capteur ne peut procéder à la destruction du bâtiment capturé qu'après en avoir fait sortir les personnes qui se trouvent à bord, et, autant que possible, retiré la cargaison en tout ou en partie.

En dehors d'une nécessité impérieuse de guerre, tout capteur est obligé d'expédier et de faire conduire sa prise, dans le plus court délai possible, dans les limites juridictionnelles du pays dont il relève, pour que le tribunal compétent puisse statuer sur sa validité.

Les règlements de la plupart des contrées maritimes interdisent de faire entrer les prises non jugées dans les ports étrangers autrement qu'en relâche forcée, pour cause d'avaries ou manque de vivres; ils défendent également la vente des prises ennemies, cet acte impliquant une atteinte sérieuse aux devoirs de la neutralité. Nous n'avons pas besoin d'ajouter que si la prise était fortuitement amenée dans un port ennemi, elle pourrait être revendiquée comme *reprise* par le souverain territorial, et que de graves conflits seraient à craindre dans le cas où le navire capturé serait conduit dans un port de la nation sous les couleurs de laquelle il naviguait.

Tribunaux des prises. Les captures sont jugées et les prises déterminées par des tribunaux spéciaux appelés cours d'amirauté, tribunaux ou conseils des prises, commissionnés par les autorités souveraines de ces pays pour prendre connaissance de toutes les questions concernant la légitimité des captures, le droit et le mode de disposer des prises et les réclamations qui s'y rattachent.

Chaque Etat organise ses tribunaux des prises et en règle la jurisprudence selon ses intérêts. D'après cette jurisprudence, les tribunaux des prises décident si la capture est conforme à la coutume, si la cargaison constitue en tout ou en partie de la contrebande de guerre, de la marchandise ennemie ou de la marchandise neutre; à qui et dans quelles proportions doit revenir la propriété de la prise.

Le jugement des prises maritimes appartient aux tribunaux du pays de celui qui a fait la capture.

Le tribunal d'un pays neutre ne peut prononcer la validité ou la condamnation des prises que les belligérants amènent dans les limites juridictionnelles.

Cette doctrine, qui exclut toute autre juridiction que celles des tribunaux du capteur, pour décider de la validité des prises faites en temps de guerre sous l'autorité de son gouvernement, admet toutefois deux exceptions : 1⁰ lorsque la capture a été faite dans les limites d'un territoire neutre; 2⁰ lorsqu'elle a été opérée par des bâtiments de guerre armés, en pays neutre. Dans ces deux cas, les tribunaux de l'Etat neutre ont qualité et juridiction pour statuer sur la validité des captures et affirmer la neutralité de leur gouvernement en ordonnant, s'il y a lieu, la restitution à qui de droit de la propriété saisie. Ces exceptions ont même été étendues par les règlements administratifs de certains Etats à la restitution illimitée et sans réserve des propriétés injustement capturées au préjudice de leurs sujets et fortuitement amenées dans leurs ports.

Lorsque celui qui a fait une prise l'a conduite dans un port neutre, il faut distinguer si ce port appartient au souverain du navire capturé ou à un Etat tiers. Dans ce dernier cas, la question ne peut soulever de doute.

Mais elle n'est pas aussi facile à résoudre lorsqu'il s'agit d'une prise conduite dans un des ports de la nation dont le navire capturé porte le pavillon. Les opinions sont essentiellement divisées sur ce point : les uns accordent la compétence aux tribunaux du capteur, les autres à ceux du capturé.

D'après les diverses idées émises sur cette matière, il demeure établi que le souverain du capteur a le droit de résoudre le différend dans tous les cas où la prise a lieu en pleine mer, pourvu qu'elle ait été faite par une navire dûment autorisé et sans préjudice pour les personnes qui sont restées étrangères aux hostilités; si, au contraire, la capture s'est faite dans les eaux d'une puissance neutre, celle-ci, dont la souveraineté est ainsi violée, a le droit d'exiger l'abandon de la prise.

Procédure. Pour les règles et les formes de procédure consacrées en matière de prises, il existe aujourd'hui une pratique qui diffère assez peu d'un pays à l'autre. Ainsi l'usage a prévalu partout d'adopter comme base de procédure une instruction sommaire confiée à l'autorité judiciaire ou administrative du port où la prise a été conduite, et dont les résultats écrits sont ensuite adressés au tribunal appelé à statuer sur la prise.

Voici généralement comment on procède à cette instruction. Le capteur, dès qu'il arrive au mouillage, est tenu de remettre à l'autorité chargée de faire l'instruction l'ensemble des documents qu'il a en sa possession, tels que procès-verbal de capture, inventaire de prise, papiers de bord, plis cachetés, interrogatoire des capturés, enfin la confirmation sous serment des déclarations consignées dans ses rapports de mer. Ces premières formalités remplies, un délégué spécial se rend à bord de la prise, lève les scellés, dresse en présence des intéressés un inventaire détaillé tant du navire que de la cargaison, ordonne, s'il y a lieu, la vente des marchandises périssables et fait emmagasiner à terre celles qui doivent être conservées. Aussitôt qu'il se trouve muni du dossier résumant cette instruction préliminaire et des pièces ou mémoires que les capturés ont pu de leur côté faire dresser pour la défense de leurs droits, le tribunal procède au jugement sur la validité ou l'illégitimité de la capture.

Règles relatives aux prises. Les tribunaux de prises maritimes doivent être guidés dans leurs décisions par les règles et les principes généraux du droit international ; il faut par conséquent qu'ils consultent de préférence les lois spéciales et les stipulations conventionnelles en vigueur entre l'Etat du capteur et celui de la prise. Lorsque ces éléments font défaut, ils ne peuvent naturellement prendre pour base de leurs jugements que les préceptes du droit commun et les inspirations de la saine équité.

Dans les temps modernes l'usage a prévalu pour les belligérants de faire connaître au commencement de la guerre les règles particulières qu'ils entendent imposer en matière de prises aux commandants des navires armés ; l'observation de ces prescriptions n'est toutefois obligatoire pour les juges qu'autant qu'elles sont en harmonie avec les principes généraux du droit international.

Lorsqu'un navire est déclaré de bonne prise, la propriété de ce navire ainsi que de son chargement, dans le cas où le jugement du tribunal s'applique à l'un et à l'autre, est attribuée soit à l'Etat belligérant dont le capteur ressortit, soit, suivant les circonstances, au capteur lui-même ; toutefois les navires de guerre et la contrebande de guerre sont toujours attribués à l'Etat, et jamais au capteur.

Le droit international n'interdit pas la faculté de vendre, dans le but d'exécuter le jugement, la prise conduite dans un port neutre ; mais si l'Etat neutre a des réclamations à faire, il peut, pour assurer son recours, s'opposer à la vente.

Lorsqu'une prise est déclarée irrégulière, le navire et son chargement doivent être sans retard restitués à leurs propriétaires.

Sauf pour les pays et dans les cas où la loi municipale ouvre le recours en appel, les jugements des prises sont définitifs en ce qui concerne la validité de la capture et l'attribution de la propriété de la prise à celui qui s'en est emparé ; ils mettent fin à toute controverse, à toute procédure judiciaire entre le capteur et le capturé ; mais ils réservent à celui-ci tous ses droits dans son propre pays, et constituent même un commencement de preuve par écrit pour les actions accessoires ou connexes, telles que celles qui découlent des polices d'assurances contre les risques de guerre.

Responsabilité du capteur. Tout capteur est responsable des prises qu'il fait et des préjudices que ces actes ont occasionnés à des tiers. Lors donc que la capture n'est pas déclarée bonne et valable par les tribunaux appelés à la juger et que la restitution aux ayant-droit en est ordonnée, il peut, suivant les circonstances, être condamné soit à des dommages-intérêts, soit au payement des frais de procédure : sous ce rapport les tribunaux sont souverains pour apprécier s'il y a lieu ou non à indemnité.

La sentence du tribunal des prises met fin à la responsabilité du capteur en même temps qu'elle donne ouverture à celle de l'Etat. Un semblable jugement est bien définitif à l'égard des sujets du pays ; mais il ne saurait avoir le même caractère à l'égard des étrangers, dont les gouvernements peuvent, certaines circonstances étant données, exiger que leurs nationaux soient dédommagés des préjudices qu'ils ont soufferts et, en cas de refus, recourir soit à des actes de représailles, soit à une rupture d'hostilité.

Dans le cas où le capteur est dans l'impossibilité de payer les dommages-intérêts, l'Etat auquel il appartient doit-il le faire à sa place ? Pour résoudre cette question, il faut distinguer entre les vaisseaux de guerre et les corsaires. Dans tous les pays ces derniers doivent fournir un cautionnement, destiné entre autres choses à assurer aux neutres satisfaction dans le cas où il leur serait portée préjudice. On doit donc rendre responsable le capitaine d'abord, ensuite le propriétaire : dans le cas où le capitaine et le propriétaire ne seraient pas une seule et même personne, leurs ressources privées et le cautionnement doivent être mis à contribution.

Ce principe a été reconnu formellement par de nombreux traités.

Lorsqu'un navire est pris par l'ennemi, le capitaine peut proposer le rachat, c'est-à-dire le payement au capteur d'un prix convenu pour la restitution de son navire. (Voir RACHAT.)

Le droit de faire des prises cesse avec le rétablissement de la paix ; au moment de la conclusion, un terme est fixé, proportionné à la distance des lieux, après lequel les prises sont rendues à leurs propriétaires.

On conçoit que les navires, avec leurs chargements, dont la capture a été jugée légitime par les tribunaux compétents des pays belligérants avant la paix, ne soient pas rendus ou ne donnent lieu à aucune indemnité ; mais il est d'usage de restituer ceux dont la condamnation n'a pas encore été prononcée au moment de la conclusion de la paix, ou d'engager la valeur.

Prises en commun. Partage des prises.

On appelle captures ou prises en commun celles qui sont opérées soit par deux ou plusieurs navires agissant de conserve ou isolément, soit avec le concours ou sous la protection de troupes de terre.

L'usage général est de répartir le produit de la prise entre tous ceux qui ont effectivement et matériellement coopéré à la capture. L'appréciation de la part de coopération nécessaire pour constituer une capture en commun dépend en grande partie du caractère des navires et de leur situation respective au moment où la prise a été faite.

Dans les prises opérées par des vaisseaux de guerre, tous ceux qui sont présents au moment de la capture ont droit au partage de leur produit net. Mais le bâtiment qui réclame une semblable participation doit avoir été présent à l'acte de la capture ou au moins au commencement de la chasse et du combat, c'est-

à-dire que son intervention doit avoir été au moins morale, si elle n'a pu être matérielle, s'il n'y a pas eu concours immédiat, direct et effectif.

Quand les circonstances qui ont accompagné la capture n'établissent pas d'une manière satisfaisante la présomption d'*animus capiendi*, ainsi qu'il arrive, par exemple, lorsque le bâtiment réclamant a dirigé sa route vers un lieu différent de celui où le fait s'est accompli, toute réclamation de sa part aux bénéfices de la prise est mal fondée. Cependant la divergence dans la route suivie n'est pas toujours un motif suffisant pour invalider une demande de partage ; car deux vaisseaux peuvent très bien ne pas parcourir la même ligne pour atteindre le but commun qu'ils ont l'un et l'autre en vue. Toutefois lorsque le bâtiment réclamant a changé de route avant que la capture ait été opérée et a ainsi prouvé qu'il renonçait à tout dessein de continuer la chasse, sa réclamation ne saurait être admise, pas plus que lorsqu'il s'agit d'une simple reconnaissance sans intention manifeste de s'emparer du navire surveillé. Il est également difficile de supposer l'existence de l'*animus capiendi* lorsqu'on n'a fait qu'apercevoir la prise du haut des mâts. Dans toutes les espèces de ce genre la preuve doit être fournie par la partie qui réclame une participation aux bénéfices de la prise. Or il ne suffit pas que le bâtiment qui prétend avoir concouru à la capture, prouve qu'il était en vue de celui qui l'a définitivement opérée ; il faut encore qu'il ait été vu par le navire capturé. Ce double fait se constate d'abord directement par les dépositions des témoins, ensuite implicitement par une déduction corrélative et incontestable.

On entend par *être en vue* le fait d'être aperçu à la fois par le capteur et par le capturé, de sorte que la présence du tiers puisse être considérée comme une cause d'intimidation ou de découragement pour le navire poursuivi et d'appui moral pour le poursuivant. Cette dernière condition n'est même pas indispensable, s'il est constaté qu'après que le prétendant au bénéfice de la capture a été aperçu des deux parties en présence, les obscurités de la nuit l'ont seules empêché de conserver la même position et qu'il a continué de marcher dans la direction qu'il suivait lorsqu'il s'est approché de la prise.

Les services rendus antérieurement ou postérieurement à l'amarinage d'une prise

8*

ne donnent aucun droit aux bénéfices qui en proviennent.

Les navires convoyeurs peuvent être admis aux bénéfices des prises, pourvu qu'ils soient munis de l'autorisation nécessaire et que la capture n'ait pas lieu à une distance telle qu'elle les empêcherait de remplir le devoir spécial qui leur est imposé, celui de protéger le convoi confié à leur garde. En abandonnant le convoi pour chasser une prise, ils perdent tous les droits attachés à leur caractère militaire.

Lorsque plusieurs navires sont réunis pour opérer sur un même point ou pour mener à fin la même entreprise, et lorsqu'ils sont sous les ordres d'un seul et même chef, l'usage a prévalu d'accorder à tous un droit égal de participation aux bénéfices des prises, quand bien même ils ne se seraient pas trouvés en vue au moment de la capture.

Dans ces circonstances, l'unique point à résoudre est de savoir si effectivement tous les bâtiments en question faisaient partie de l'escadre au moment de la prise. Par exemple, pour les navires employés au blocus de ports ou de côtes, le service de croisière est considéré comme collectif et solidaire, et tous les bâtiments qui font partie de l'escadre ont droit au partage de toutes les prises faites, bien que quelques-uns d'entre eux n'y aient pas coopéré.

Cependant le fait de la réunion ne suffit pas pour conférer un droit absolu de partage à tous les navires qui composent le groupe; il est encore nécessaire que ces navires soient revêtus d'un caractère militaire. Par exemple, si un navire faisant partie d'une escadre chargée de maintenir un blocus se trouve avarié au point d'être hors d'état de rendre aucun service au moment de la capture, il est considéré comme exclu du partage.

La même règle est appliquée aux bâtiments de transport qui, en raison de leur destination particulière, ne peuvent intervenir dans des actes de cette nature.

Si, au moment d'une capture opérée par une escadre, un ou plusieurs des bâtiments qui en font partie viennent à se séparer des autres, de manière à ne pouvoir concourir à l'opération commune, on considère ces bâtiments comme ayant cessé de faire partie de l'escadre et ne devant plus par suite jouir des avantages qui échoient aux autres. Par contre, le gros de l'escadre ne peut réclamer le partage des prises faites par ces bâtiments qui s'en sont détachés.

Il en est de même de deux navires faisant route de conserve et qui viennent à se séparer soit pour cause de mauvais temps, soit afin de continuer chacun de son côté la chasse d'un ennemi : les prises faites par chacun d'eux ne sont point partagées avec le gros de la flotte ou de l'escadre dont il fait partie, à moins que celle-ci n'y ait apporté un concours direct. La même chose arrive lorsqu'un navire, temporairement détaché d'une armée navale, rejoint le corps de bataille avant qu'un résultat définitif ait été obtenu.

Enfin, lorsque deux navires poursuivent ensemble un navire ennemi et que l'un d'eux reçoit l'ordre de donner chasse à un autre adversaire, tous les deux sont considérés comme ayant participé à la capture des navires poursuivis, quel que soit celui qui ait amariné la prise.

Certaines opérations militaires faites en commun par des forces navales et des forces de terre conduisent parfois à la capture de navires ou de marchandises ennemis; lorsque les règlements sur les armées en campagne n'établissent pas à ce sujet des prescriptions différentes, on applique dans ce cas les principes généraux que nous venons de résumer. Seulement, pour qu'il y ait lieu à partage égal du produit des prises, il ne suffit pas, comme pour la marine, que les deux forces soient employées d'une manière générale à la poursuite du même but hostile; il faut encore que les troupes de terre aient directement et effectivement concouru à l'acte même de la capture; leur présence passive sur le lieu de l'engagement ou dans le voisinage de l'action ne leur ouvre aucun droit au butin.

Les prises opérées conjointement par des embarcations armées se partagent avec les navires dont les embarcations sont détachées, celles-ci constituant une partie intégrante des bâtiments qui les ont équipées. Mais lorsqu'une de ces embarcations a agi séparément du navire auquel elle appartient pour se mettre à la disposition d'un autre bâtiment, ce dernier entre en partage des droits résultant de prises que l'embarcation peut avoir faites.

Les prises faites par des transports sont soumises aux mêmes règles. L'escadre à laquelle ces navires-transports appartiennent, participe au produit de leurs prises, quelle que soit la distance à laquelle se trouve la flotte au moment où la capture a eu lieu; mais il faut pour cela que le caractère des navires et leur situation respective soient établis par des preuves suffisamment précises.

Les corsaires, n'étant pas obligés, comme les bâtiments de guerre, d'attaquer l'ennemi partout où ils le rencontrent, ne jouissent pas de l'ensemble des droits et des avantages acquis aux navires de la marine militaire, c'est-à-dire qu'on ne leur applique pas la présomption de l'*animus capiendi* : leur intention de procéder ou de coopérer à une capture doit être démontrée par des actes précis, ou établie par des preuves non équivoques. Aussi leur refuse-t-on toute participation aux prises pour le fait seul de s'être trouvés en vue lorsque les captures ont été opérées.

Dans le cas de prises faites par un corsaire conjointement avec un bâtiment de guerre, les droits de ce dernier ne priment pas ceux qui appartiennent en propre au corsaire, et il y a lieu à concert entre eux pour la surveillance des intérêts respectifs et la sauvegarde des droits des tiers.

Quand, la poursuite ayant eu lieu en commun, le corsaire se trouve le premier à portée de canon et ouvre le feu, tandis que le navire de guerre s'empare réellement de la prise, on les considère tous deux comme l'ayant faite en commun, et le bénéfice en est partagé entre eux par portions égales. Dans le cas où un des capteurs a eu à supporter des dépenses pour la conservation des intérêts communs, le remboursement s'en effectue sur la totalité de la prise, et le restant net donne seul lieu à la répartition règlementaire.

La jurisprudence consacrée pour les corsaires relativement aux prises faites en commun s'applique aux garde-côtes, munis de lettres de marque en temps de guerre.

Les navires alliés ont droit au partage des prises. Sous ce rapport on ne distingue point si le produit des prises faites en commun est adjugé aux gouvernements ou attribué aux officiers et aux équipages des navires capteurs.

Lorsque le gouvernement d'un des capteurs alliés décide qu'il y a lieu de restituer la prise et que le gouvernement de l'autre est d'un avis contraire, les juges se bornent à fixer la part qui revient aux deux groupes des capteurs, en laissant chacun libre de disposer de son lot.

En l'absence de règlements fixant le mode de partage des prises opérées en commun, la répartition se fait par les voies judiciaires. La règle habituelle des tribunaux est dans ce cas de prendre pour base la force relative des navires capteurs, déterminée d'après le chiffre de l'équipage du bâtiment qui a amariné la prise et le nombre des hommes placés à bord des navires qui ont coopéré à la capture. Cette même règle s'applique aux prises faites en commun par un bâtiment de l'Etat et un navire privé, national ou allié, qu'il soit ou non muni de lettres de marque.

On appelle *conseil des prises*, la commission et extraordinaire établie en temps de guerre pour juger des prises de navires capturés.

La *part de prise* est la somme d'argent qui revient à chaque marin d'un navire qui en a pris un autre, après la vente du navire capturé et de sa cargaison, et après le procès qui a prononcé la validité de la prise.

PRISONNIER. Celui qui est privé de liberté; en droit celui qui est arrêté, pris pour être mis en prison, celui qui y est enfermé ou détenu.

Prisonnier d'Etat. celui qui est arrêté ou enfermé pour un acte qui pouvait mettre en péril la sûreté de l'Etat.

Prisonnier de guerre, celui qui a été pris à la guerre.

Prisonniers de guerre. Dans la règle tous les ennemis peuvent être faits prisonniers; mais on considère plus spécialement comme prisonnier de guerre l'ennemi armé ou attaché à l'armée adverse par un service actif, après qu'il est tombé au pouvoir de l'autre armée soit en combattant, soit blessé, soit en se rendant personnellement, soit à la suite d'une capitulation collective.

Tous les soldats, tous les hommes qui font partie d'une levée en masse dans le pays ennemi, tous ceux qui sont attachés aux différents services de l'armée et concourent directement au but de la guerre, tous les hommes et tous les officiers rendus inaptes au service sur le champ de bataille ou ailleurs, s'ils sont pris, tous les ennemis qui jettent bas leurs armes et demandent quartier, sont prisonniers de guerre et comme tels exposés aux inconvénients inhérents à cet état; mais ils ont droit aussi à jouir de certains privilèges relatifs qui y sont attachés.

Peuvent être aussi déclarés et retenus prisonniers de guerre les individus qui accompagnent l'armée dans un but quelconque, tels que les cantiniers, les fournisseurs, les *reporters* de journaux, etc., s'ils viennent à être capturés avec le corps auquel ils sont joints ou dans une poursuite; mais ils ne peuvent être gardés en captivité que lorsque leur présence dans le camp ennemi est un danger pour l'Etat qui les a faits prisonniers.

Le même traitement s'applique aussi au chef et aux principaux fonctionnaires du gouvernement ennemi, à ses agents diplomatiques, à toutes les personnes dont les services sont d'une utilité particulière à l'armée ennemie ou à son gouvernement, s'ils sont pris sur le théâtre de la guerre sans être pourvus de sauf-conduits délivrés par les chefs des troupes qui les ont arrêtés.

Le prisonnier de guerre est un ennemi public; par conséquent, il est prisonnier du gouvernement et non de la personne qui l'a capturé. Aucune rançon ne peut être payée par un prisonnier soit à l'individu qui l'a arrêté, soit au commandant du corps auquel celui-ci appartient; le gouvernement seul relâche les captifs, d'après les règles qu'il a prescrites.

Effet de la captivité. Les effets de la captivité commencent à courir pour les prisonniers de guerre dès le moment où, réduits à l'impossibilité d'opposer de la résistance, ils se sont rendus volontairement, conditionnellement ou sans conditions, et ont obtenu la vie sauve.

Les prisonniers de guerre ne sont passibles d'aucune peine en raison de leur caractère d'ennemis. On ne doit leur infliger aucun mauvais traitement, aucun outrage; ils peuvent être tout au plus emprisonnés ou internés, s'il est jugé nécessaire, pour empêcher leur évasion. Toutefois leur internement et la manière de les traiter peuvent varier selon que le réclament les mesures de sûreté à prendre contre eux.

On peut dire en résumé que le traitement du prisonnier de guerre consiste principalement, sinon uniquement, dans la privation effective et temporaire de sa liberté. Aussi les arrangements particuliers que les parties belligérantes concluent entre elles n'ont-ils plus pour but de sauvegarder la vie et d'assurer le bon traitement des prisonniers faits sur les champs de bataille; ils tendent uniquement à préciser les conditions de leur échange ou de leur mise en liberté.

Souverains prisonniers. Le droit des gens n'exempte pas la personne des chefs des Etats des périls et des violences de la guerre, surtout lorsqu'ils portent eux-mêmes les armes; mais les souverains des puissances belligérantes ne se regardent point comme ennemis personnels, du moins quant aux dehors; c'est pourquoi malgré l'état de guerre ils continuent d'observer réciproquement les règles d'une généreuse et courtoise déférence : si l'un d'eux est fait prisonnier, ou son adversaire lui rend sa liberté sur parole, ou bien, s'il le détient en captivité, il le traite avec des égards particuliers.

Déserteurs. Les déserteurs et les transfuges nationaux capturés au milieu des rangs ennemis perdent tout droit d'être traités comme prisonniers de guerre et d'invoquer le bénéfice des lois de la guerre. (*Voir* DÉSERTEURS, TRANSFUGES.)

Traitement des prisonniers. Chaque pays, selon l'organisation de ses armées et l'étendue des pouvoirs qu'il confère à ses généraux, suit des usages et des principes différents en ce qui concerne le traitement des prisonniers.

L'entretien des prisonniers de guerre est à la charge du belligérant qui les retient en son pouvoir; celui-ci doit même leur faire donner les soins que réclame leur santé.

Les lois ou les usages du pays déterminent le genre de nourriture à donner aux prisonniers. Il est admis que le gouvernement qui les détient, peut lors de la conclusion de la paix exiger le remboursement ou la compensation des frais que lui a coûtés leur entretien. De plus l'Etat auquel appartiennent les prisonniers peut être rendu par le traité responsable des dettes qu'ils ont contractées, et obligé de fournir satisfaction pour les dommages qu'ils ont causés pendant leur captivité.

Rien ne s'oppose d'ailleurs à ce que les prisonniers soient occupés, dans les pays où ils se trouvent, à des travaux d'utilité publique, ou qu'ils soient autorisés à exercer des industries manuelles.

Les prisonniers ne peuvent être contraints à prendre les armes contre leur patrie, ni à donner des renseignements qui pourraient compromettre les intérêts de leur gouvernement. Cependant on peut les employer à construire des fortifications sur quelque point éloigné du théâtre de la lutte, ces travaux ne constituant pas une participation directe et immédiate aux hostilités.

Quelquefois - et c'est ce qui a lieu surtout à l'égard des officiers — on laisse aux prisonniers, sur l'assurance qu'ils donnent de ne pas s'éloigner de l'endroit assigné pour leur résidence, une assez grande liberté de mouvements : alors ils sont dits prisonniers sur parole.

Par contre les prisonniers peuvent être internés dans une forteresse, une ville ou un autre lieu, et même enfermés dans des prisons, si la sûreté de l'Etat l'exige : cette dernière mesure ne doit être appliquée que dans des cas extrêmes, et presque exclusivement contre des prisonniers qui ont tenté de s'enfuir.

On peut faire feu sur un prisonnier de guerre qui s'évade ou le tuer de toute autre manière dans sa fuite; s'il est repris, aucune peine ne saurait lui être infligée pour le seul fait de sa tentative d'évasion; il pourra être pris à son égard des mesures plus rigoureuses pour l'empêcher de renouveler sa tentative.

Mais si une conspiration ayant pour but une évasion générale est découverte, les conspirateurs peuvent être punis sévèrement et même mis à mort.

La peine capitale peut être infligée aussi aux prisonniers de guerre convaincus de tentative de rébellion contre les autorités du gouvernement dont ils sont les prisonniers.

Lorsque des prisonniers de guerre qui ont réussi à s'échapper, reprennent les armes et tombent de nouveau au pouvoir de l'ennemi, ils ne peuvent pas être punis pour leur évasion, mais sont traités comme simples prisonniers de guerre et soumis à une surveillance plus rigide.

Si les évadés se réfugient sur le territoire d'un Etat neutre, il n'appartient pas aux autorités de cet Etat de les arrêter ou de les interner. Mais si les prisonniers qui se sont échappés sur un territoire neutre, avaient commis quelque crime ou délit de droit commun dans le pays de leur captivité, l'Etat qui les retenait pourrait demander leur extradition, fondée non sur ce qu'ils sont des prisonniers, mais sur ce qu'is sont des criminels.

Prisonniers relâchés sur parole. Il arrive parfois que des prisonniers soient relâchés sur l'engagement de ne plus prendre part aux hostilités jusqu'à la conclusion de la paix, ou sous réserve d'être décomptés en cas d'échange ultérieur. Ces deux combinaisons exigent de part et d'autre une entière bonne foi et une scrupuleuse attention à remplir l'engagement moral qui leur sert de base.

L'engagement pris ainsi par le prisonnier ne se rapporte qu'au service actif en campagne. Ainsi les prisonniers relâchés sur parole peuvent, par exemple, être employés à lever et à instruire les re-

crues, à travailler aux fortifications des places non assiégées, à comprimer des soulèvements civils, à combattre des ennemis qui ne sont pas alliés du belligérants auxquels ils ont donné leur parole, à remplir des fonctions civiles ou des missions diplomatiques.

Le prisonnier qui, en dehors de ces exceptions, reprend les armes contre l'Etat qui l'a libéré, est considéré comme ayant violé sa parole, et peut, s'il est capturé de nouveau, être puni militairement et même condamné à mort. Mais si la guerre cesse, il ne peut plus être poursuivi et puni.

Dans tous les cas le prisonnier qui engage sa parole, peut être désavoué par son propre gouvernement; alors son devoir est de retourner en captivité; et si l'ennemi refuse de le recevoir, il est dégagé de sa parole et libre.

Echanges de prisonniers. Les belligérants ont presque uniformément adopté l'usage d'échanger réciproquement les militaires et les marins respectivement capturés. L'échange rentrant dans le domaine du droit des gens volontaire et n'ayant pas pour base une obligation stricte, sa mise en pratique est subordonnée aux convenances des parties belligérantes.

La règle la plus habituellement observée à cet égard consiste à opérer l'échange homme pour homme et grade pour grade.

On met généralement pour condition à l'échange des prisonniers que les hommes échangés ne participeront plus comme soldats à la guerre engagée, ou bien on fixe un délai pendant lequel ils ne devront pas prendre part aux hostilités.

L'échange des prisonniers pendant le cours des hostilités se règle par des conventions spéciales appelées cartels. Quant aux prisonniers qui n'ont pas encore pu recouvrer leur liberté au moment où la lutte cesse, ils acquièrent le droit de rentrer dans leur patrie en vertu d'un article exprès du traité de paix qui met fin à la guerre.

En dehors des mesures exceptionnelles prises en faveur de tel ou tel prisonnier le mode d'échange se débat et se règle le plus ordinairement par l'entremise d'un Etat neutre; tantôt par des commissaires *ad hoc*, que l'un des belligérants envoie à l'autre; tantôt par des délégués, que les commandants en chef choisissent dans les rangs de l'armée, avec ou sans réserve de l'approbation des gouvernements belligérants au nom desquels ils stipulent.

Libération. Le caractère spécial que revêt le prisonnier de guerre cesse du moment où il recouvre sa liberté, soit par un échange régulier, soit par la fuite, soit par la permission absolue ou conditionnelle de retourner dans son pays, soit par le rachat dans les pays où cet usage existe, soit enfin par la convention qui marque le terme de la guerre.

Dès que la paix est signée, les prisonniers doivent être remis en liberté. Cette libération est de droit ; seulement, comme il pourrait y avoir des inconvénients et même des dangers à relâcher les prisonniers, surtout lorsqu'ils sont en grand nombre, sans les astreindre à une certaine discipline, il est d'usage de les reconduire dans leur pays sous la surveillance des autorités militaires. Quant au remboursement des frais occasionnés par l'entretien des prisonniers durant leur captivité et par leur transport jusqu'à la frontière, il peut faire l'objet d'arrangements particuliers entre les Etats contractants ; mais que ce remboursement soit exigé ou non, la discussion de cette question ne saurait entraver le rapatriement des prisonniers.

PRIVÉ. Appliqué aux personnes, désigne celles qui sont de simples particuliers, qui n'ont aucun emploi public : un homme privé.

Appliqué aux choses, se dit par opposition à public.

Autorité privée, se dit par opposition à autorité publique, à autorité légitime.

Acte sous seing privé, acte fait sans l'intervention d'un officier public.

Conseil privé ou Conseil d'Etat privé : autrefois conseil présidé par le chancelier et jugeant les affaires des particuliers dans lesquelles le roi n'avait pas d'intérêt ; actuellement conseil particulier qui ne s'assemble que sur une convocation expresse ordonnée par le souverain.

PRIVILÈGE. Avantage accordé à une seule personne ou à plusieurs pour en jouir à l'exécution des autres.

Faculté accordée à un particulier ou à une communauté de faire une chose ou de jouir d'un avantage en dehors du droit commun.

En politique, le privilège s'entend des avantages propres à certaines classes de la société, de droits et d'avantages attachés à certaines conditions, à certains emplois.

Les privilèges concédés par la constitution d'un pays au souverain ou à l'un des grands corps de l'Etat prennent plus particulièrement le nom de *prérogatives.*

Il ne faut cependant pas confondre les deux mots, qui l'un et l'autre expriment l'idée d'une chose qui met en dehors de la loi commune la personne qui en jouit ; mais la *prérogative* désigne principalement une distinction honorifique, une préférence particulière accordée au rang ; le *privilège*, un avantage réel, positif, qui a plutôt rapport à l'intérêt.

En France, sous l'ancienne monarchie, on appelait *privilège du roi* l'autorisation donnée par le souverain d'imprimer un ouvrage après qu'il avait passé à la censure, avec défense aux autres de le publier.

En matière commerciale, le privilège est le monopole, faculté ou droit d'exploiter ou de vendre seul une chose déterminée.

En jurisprudence, c'est le droit légal d'un créancier en raison de la qualité de sa créance, d'être préféré aux autres créanciers, de se faire payer préférablement à tous autres sur certains objets.

PRIVILÉGIÉ. Qui a un privilège, qui jouit d'un privilège : une classe privilégiée, la classe des privilégiés.

Créancier privilégié, qui a le droit d'être payé préférablement aux autres.

PROCÉDURE. Manière de procéder en justice ; forme suivant laquelle les affaires sont instruites devant les tribunaux ; règles qui doivent être suivies, quand il s'agit d'obtenir la décision d'un tribunal sur une contestation.

La procédure est dite *civile*, lorsque la contestation concerne l'état des personnes, l'usage ou la disposition des propriétés ; *criminelle*, quand il s'agit de poursuivre des crimes ou des délits, des atteintes contre la sûreté des personnes ou des propriétés ; *commerciale*, lorsque le différend à régler existe entre des négociants pour des questions de commerce.

En matière civile, la procédure se divise en procédure *judiciaire* et en procédure *extra-judiciaire.* La première comprend la série des actes à faire pour obtenir un jugement ; elle règle la compétence du juge, les formes à suivre pour l'instruction de l'affaire, la rédaction et l'exécution des jugements. La seconde contient les règles à observer dans les actes qui n'ont point directement pour objet la solution d'un différend, et qui pourtant peuvent intéresser le ministère du juge ou des officiers de justice.

Les règles de procédure ont un lien intime avec le droit public de chaque pays. Lorsque des personnes ont un procès en dehors de leur pays, c'est la *lex fori* (voir ce terme) qu'il faut suivre quant à la procédure, c'est-à-dire la loi du lieu où siège le tribunal devant lequel l'affaire est portée. Il en est de même en ce qui concerne l'exécution des jugements : la loi du pays où se fait l'exécution est celle qu'il faut suivre.

Les étrangers porteraient atteinte à la souveraineté de l'Etat, s'ils substituaient, dans les procédures qui les intéressent, leur loi nationale à la loi du pays où ils plaident.

PROCÈS. Instance devant un juge ou un tribunal sur un différend entre deux ou plusieurs parties.

Tout procès commence par une demande, se continue et s'explique par l'instruction et se termine par un jugement.

On distingue le *procès civil*, celui dans lequel le demandeur poursuit une réparation purement civile; et le *procès criminel*, qui a pour but de faire prononcer une peine contre l'auteur d'une infraction à la loi, d'un fait qualifié de crime par la loi.

(*Voir* JURIDICTION, JUSTICE, COMPÉTENCE, INSTRUCTION.)

PROCÈS-VERBAL. Acte par lequel un fait est constaté avec toutes ses circonstances.

C'est le document écrit par lequel un magistrat, un agent de l'autorité, un fonctionnaire public, un expert, etc rend compte de ce qu'il a fait et de ce qu'il a vu ou entendu dans l'exercice de ses fonctions, ainsi que de ce qui a été fait ou dit en sa présence.

Se dit aussi de la relation par écrit de ce qui s'est passé dans une séance, dans une cérémonie, etc.; du résumé des travaux et des décisions d'une assemblée délibérante, d'un conseil administratif.

Les résolutions des assemblées délibérantes ne sont définitives que quand le procès-verbal a été adopté.

PROCHRONISME. Erreur de date qui consiste à placer chronologiquement un événement avant sa date exacte, dans un temps antérieur à celui où il est arrivé réellement.

C'est le contraire du *parachronisme*. (Voir ce mot.)

Aujourd'hui on emploie généralement le mot *anachronisme* pour désigner toute espèce d'erreur chronologique.

PROCLAMATION. Action d'annoncer une chose à haute voix, afin de la rendre publique et notoire.

Publication solennelle : proclamation d'une loi, d'un édit.

L'écrit qui contient ce qu'on proclame, qu'on publie : proclamation au peuple, à l'armée.

Nomination solennelle : proclamation d'un empereur, d'un chef.

Pris dans un sens restreint, le terme *proclamation* s'applique à la constatation rendue publique du résultat du scrutin pour l'élection des députés, lorsque la majorité est acquise à l'un des candidats.

PROCONSUL. On appelait ainsi à Rome un magistrat qui remplissait les fonctions de consul, sans en avoir le titre, hors de la ville et de son territoire; c'étaient généralement d'anciens consuls, qui en quittant le consulat, recevaient le commandement d'une province ou d'une armée.

Sous l'empire romain, on donna le titre de *proconsuls* aux gouverneurs des provinces dont l'administration était abandonnée au Sénat, et qu'on appela pour cela *provinces proconsulaires; des propréteurs* régissaient les autres provinces, dont l'empereur se réservait le gouvernement.

PROCURATEUR. Dans l'empire romain, titre de magistrats envoyés par l'empereur pour le représenter dans certaines provinces. Ils étaient plus spécialement chargés des affaires concernant le trésor public. Parfois ils remplissaient les fonctions de gouverneurs, c'est-à-dire de préteur ou de proconsul, mais seulement dans des pays peu considérables.

Au moyen-âge, ce fut le titre d'un des principaux magistrats dans quelques républiques d'Italie, notamment à Venise et à Gênes.

PROCURATION. Pouvoir donné par quelqu'un à une autre personne d'agir en son nom.

L'acte par lequel est donné ce pouvoir et qui en fait foi. (*Voir* POUVOIR, MANDAT.)

PROCUREUR. Celui ou celle qui a pouvoir d'agir pour un autre. On dit aussi *procureur fondé*, c'est-à-dire fondé de pouvoirs.

On donne le titre de procureurs à certains magistrats qui exercent les fonctions du ministère public près les cours et les tribunaux : le procureur général auprès d'une cour supérieure; et le procureur du roi, impérial ou de la République (selon le cas) auprès d'un tribunal de première instance.

Le *procureur fiscal,* ou simplement le *fiscal,* exerçait autrefois son ministère auprès des juridictions seigneuriales.

PRODICTATEUR. Titre d'un magistrat qui avait l'autorité dictatoriale, et qui fut créé à Rome parce que l'absence des consuls empêchait de désigner régulièrement un dictateur.

PRODUCTION. Action de produire, de mettre en avant, de faire voir.

Particulièrement, un terme de procédure, action de produire, de déposer des titres, des écritures dans un procès.

PROFESSION. Déclaration publique.

Faire profession d'une religion, l'exercer ouvertement; faire profession d'une doctrine, la pratiquer et la soutenir publiquement, manifestement.

Profession de foi, formule contenant les principes de religion auxquels on est attaché; — par extension, écrit renfermant les opinions d'un candidat à la députation ou autre; — profession de foi monarchique, républicaine, etc.

Dans un autre sens, profession signifie le genre d'état ou de travail auquel on se dévoue, l'emploi qu'on exerce : — embrasser, exercer une profession. — La profession de médecin, d'avocat.

PROGRAMME. Ecrit qu'on affiche ou qu'on distribue pour faire connaître les détails d'une fête, d'un cours, les conditions d'un concours, etc.

Par extension, indication générale d'une doctrine, d'une politique : un ministère, une administration, un parti ont leur programme.

PROGRÈS. Mouvement en avant; avancement, accroissement en bien ou en mal.

En philosophie, le progrès indique la marche du genre humain, envisagé dans sa collectivité, de la société vers la perfection, vers un développement de plus en plus étendu de ses facultés.

Absolument se dit du mouvement progressif de la civilisation, des institutions politiques.

PROGRESSISTE. Qui est ami ou partisan du progrès, et plus particulièrement du progrès politique et social : c'est la qualification prise par certaines groupes politiques.

PROHIBITION. Défense, interdiction.

Se dit de la défense de faire entrer dans un pays ou d'en laisser sortir, d'importer ou d'exporter certaines marchandises.

PROJECTILE. Corps de nature quelconque lancé par une arme de jet; s'emploie spécialement pour désigner les corps lancés par les bouches-à-feu, tels que bombes, boulets, balles, etc.

Par une déclaration du 11 décembre 1868, tous les Etats de l'Europe se sont engagés à „renoncer mutuellement, en cas de guerre entre eux, à l'emploi par leurs troupes de terre et de mer de tous projectiles d'un poids inférieur à 400 grammes, qui serait ou explosible ou chargé de matières fulminantes ou inflammables."

Cette restriction paraît toutefois s'appliquer uniquement aux balles de fusil, et non aux projectiles de l'artillerie. *(Voir* ARMES.)

PROJET. Dessein, entreprise, ce qu'on a l'intention de faire dans un temps plus ou moins éloigné.

Première rédaction d'une chose qu'on a dessein d'exécuter ou qu'on propose pour être exécutée :

Projet d'acte, rédaction préparatoire d'un acte.

Projet de loi, la première pensée ou le plan primitif d'une mesure, d'une résolution législative, soumise aux délibérations d'une assemblée, qui par son vote doit lui donner la forme et la force de loi.

PROLÉTAIRE. Le *prolétaire,* chez les Romains, était le citoyen pauvre, appartenant à la dernière classe de peuple et ne pouvant être utile à l'Etat que par le nombre de ses enfants; il était exempt d'impôts.

Se dit aujourd'hui des citoyens dépourvus de fortune, vivant au jour le jour.

La classe prolétaire, la classe la plus indigente.

PROLÉTARIAT. Etat de prolétaire. La classe des prolétaires.

PROMOTION. Acte par lequel on élève à la fois plusieurs personnes à un même grade, à une même dignité.

Se dit aussi, dans le sens passif, de la nomination, de l'élévation d'une ou de plusieurs personnes à un grade, à un emploi supérieur.

PROMULGATION. Publication solennelle des lois, suivant les formes requises.

Les lois sont exécutoires dans le pays qu'elles concernent à partir du jour de leur promulgation.

Les traités que les Etats concluent

avec d'autres, étant assimilés à des lois d'ordre public, demandent, comme ces lois, à être rendus publics, c'est-à-dire à être promulgués. Cette promulgation ne peut avoir lieu qu'après que le traité a été ratifié et sanctionné par les divers pouvoirs dont l'intervention est exigée par le droit public interne de chaque État.

Les formes et les conditions de la promulgation sont régies dans chaque pays par les règles consacrées pour les lois ordinaires, dont le droit international ne saurait méconnaître ni combattre la stricte application.

Une exception existe forcément pour certains traités ou certaines clauses qui, dans la volonté même des parties contractantes et à cause de leur caractère tout particulièrement politique, doivent demeurer *secrets* temporairement ou à titre perpétuel. La force obligatoire de ces sortes d'engagements découle de la ratification seule; ils lient *ipso facto* les gouvernements qui les ont souscrits; mais faute de promulgation les effets ne s'en étendent pas aux citoyens, à qui ils demeurent inconnus.

PROPAGANDE. Congrégation établie par le Pape pour s'occuper spécialement des affaires relatives à la propagation de la foi catholique.

En général, toute institution qui a pour objet la propagation d'une croyance religieuse.

Par analogie, toute association dont le but est de propager certaines opinions, un système politique, social, etc.

PROPOSITION. Action de proposer, de soumettre à un examen, à une délibération.

La chose ainsi soumise, ou proposée en vue d'arriver à une conclusion, à un accord.

Dans les congrès ou les conférences où les États se font représenter par des plénipotentiaires, chacun des gouvernements représentés a l'initiative des propositions à faire, et le plus souvent l'exercice de cette initiative dépend des circonstances.

Les plénipotentiaires conviennent entre eux si les questions qui doivent être mises en délibération, seront présentées, proposées par le plénipotentiaire qui préside le congrès ou la conférence, ou si ce sera à tour de rôle que chaque plénipotentiaire portera la parole. Il est généralement d'usage que chaque plénipotentiaire propose lui-même ce qui se rapporte aux intérêts particuliers de l'État qu'il représente.

Les propositions se font par écrit, afin qu'elles servent de base à la discussion, indépendamment des négociations qui se poursuivent de vive voix en grande partie.

PROPRÉFET. Dans l'histoire romaine, lieutenant d'un préfet. (*Voir* PRÉFET.)

PROPRÉTEUR. C'est le titre que les Romains donnaient aux préteurs désignés dans le principe pour rester à Rome, et qui, après y avoir rempli leurs fonctions, étaient envoyés dans une province pour l'administrer avec l'autorité de préteurs. (*Voir* PRÉTEUR.)

PROPRIÉTÉ. Le droit par lequel une chose appartient en propre à quelqu'un, qui, en raison de ce droit, a la faculté exclusive d'en jouir et d'en disposer.

La chose même qui fait l'objet du droit de propriété, la chose possédée, qui appartient en propre à quelqu'un.

Il y a plusieurs espèces de propriétés. Elle est dite propriété *foncière* ou *immobilière* suivant qu'elle a pour objet la terre et tout ce qui par nature ou destination est attaché à la terre, des biens-fonds, des choses immobilières; et propriété *mobilière*, lorsqu'elle s'applique à ce qui n'est pas attaché à la terre. (*Voir* BIEN-FONDS, IMMEUBLE, MEUBLE.)

PROPRIÉTÉ LITTÉRAIRE, propriété artistique. *Définition.* On entend par *propriété littéraire* le droit reconnu à l'*auteur* d'un ouvrage de littérature ou de sciences, de disposer privativement de son œuvre, de la publier, de la vendre, en un mot de profiter des bénéfices de sa publication. (*Voir* AUTEUR.)

La propriété littéraire a pour objet les écrits, les livres imprimés et les pièces de théâtre.

On range encore parmi les choses qui constituent la propriété littéraire non seulement les livres proprement dits, mais aussi les leçons orales des professeurs, les discours prononcés dans les assemblées politiques, les mémoires académiques, les sermons, les réquisitoires, les plaidoyers, les abrégés, les notes, les commentaires et les suppléments non tombés dans le domaine public, les traductions et les compilations, les tableaux nominatifs ou synoptiques, les plans et les cartes, les correspondances privées, les articles de revues ou de journaux sauf ceux de pure polémique, les œuvres posthumes, anonymes ou pseudonymes;

en un mot toute production qu'on peut dire un effet du travail intellectuel.

Droit des auteurs. Le droit exclusif de publication et de reproduction s'étend à toutes les parties de l'ouvrage et spécialement au titre, à moins que ce titre ne soit générique, c'est-à-dire un de ceux auxquels il est d'usage d'ajouter d'autres mots, tels que *dictionnaire, histoire, manuel, traité, guide,* et autres analogues; dans ces cas chacun peut se servir de pareils titres à condition de ne pas en user de façon à produire une confusion avec d'autres ouvrages du même genre, et à constituer une concurrence déloyale.

Tout auteur d'une œuvre littéraire a la faculté d'en aliéner la propriété au profit de tiers, éditeurs ou autres, les cessionnaires se trouvent alors substitués à l'exercice de ses droits.

Il est généralement établi que toute cession de droit d'auteur doit se faire par écrit; cette règle est le corollaire nécessaire de celle qui exige que le consentement du propriétaire d'une œuvre littéraire, à l'effet d'autoriser l'impression ou la réimpression de cette œuvre par une autre personne, soit donné par écrit.

L'éditeur est censé l'auteur d'un ouvrage anonyme ou pseudonyme, et peut seul exercer les droits de propriété littéraire aussi longtemps que l'auteur véritable ne s'est pas fait connaître.

Dans la plupart des pays, la propriété exclusive des œuvres d'esprit et d'art est conférée par la loi aux auteurs ou à leurs représentants, dans de certaines limites et suivant certaines règles commandées par l'intérêt de la société tout entière; elle revêt en général le caractère d'une jouissance temporaire et privative, et à l'expiration de laquelle l'œuvre tombe dans le domaine public; mais cette limitation du droit n'en infirme en rien l'essence, puisque la loi sanctionne en même temps les mesures propres à empêcher qu'il n'y soit porté atteinte, ou à réparer les torts qui lui sont causés.

Toute violation des lois et des règlements sur la propriété littéraire, toute atteinte portée aux droits de l'auteur sur son invention, de l'écrivain sur son écrit, constitue une *contrefaçon,* délit contre lequel l'auteur possède un recours légal. (*Voir* CONTREFAÇON.)

Exercice des droits d'auteur. La propriété des œuvres dramatiques a deux modes d'exercice : l'impression, et la représentation ou l'exécution : l'usurpation de ce second droit ne constitue pas, à vrai dire, une contrefaçon, mais seulement une atteinte à la propriété intellectuelle, atteinte passible de poursuites.

La *traduction* n'est pas non plus une contrefaçon dans l'acception propre du mot; elle constitue en quelque sorte un droit exceptionnel, subordonné à l'accomplissement de certaines formalités et entouré de certaines garanties par les traités internationaux, dont la violation peut éventuellement donner lieu à une action en justice. (*Voir* TRADUCTION.)

Les notes ajoutées à un ouvrage constituent une propriété particulière. Une convention spéciale peut intervenir entre l'auteur de ces notes et l'éditeur ou le propriétaire du livre ; mais lorsque pareille convention n'a pas été conclue, les travaux d'annotation confèrent un droit exclusif à celui qui les a exécutés. (*Voir* ANNOTATION.)

Conventions littéraires. La plupart des Etats sont liés par de nombreuses conventions internationales qui assurent de larges garanties à la propriété littéraire. En général c'est la réciprocité qui sert de base à ces traités.

Les clauses qui s'y rapportent sont tantôt libellées en termes généraux, tantôt formulées de manière à exprimer nettement que les dispositions légales relatives au droit de propriété dans chaque Etat seront réciproquement appliquées, c'est-à-dire que les auteurs de toutes productions du domaine littéraire ou artistique jouiront de part et d'autre, dans chacun des deux Etats contractants, des avantages qui y sont ou y seront attribués par la loi à la propriété des ouvrages de littérature ou d'art, et auront la même protection, le même recours légal contre toute atteinte portée à leurs droits, que si cette atteinte avait été commise à l'égard d'auteurs d'ouvrages publiés pour la première fois dans le pays même.

Le second principe consacré par le droit conventionnel concerne la durée de la propriété littéraire; quelques traités n'ont établi à cet égard aucune restriction, mais le plus grand nombre contiennent la réserve „que les avantages stipulés ne sont réciproquement assurés aux auteurs que pendant l'existence de leurs droits dans le pays où la publication originale a été faite, et que la durée de leur jouissance dans l'autre pays ne pourra excéder celle fixée par la loi pour les auteurs nationaux.“

En général les traités comprennent non seulement la publication et la reproduction des œuvres d'esprit, mais encore la représentation des œuvres dramatiques.

Il est ordinairement entendu que la protection stipulée en faveur des auteurs d'œuvres dramatiques n'a pas pour objet de prohiber les imitations faites de bonne foi ou les appropriations aux scènes respectives, mais seulement d'empêcher les traductions en contrefaçon.

La généralité des traités accordent aux écrivains le privilège exclusif de faire traduire leurs ouvrages; mais le plus habituellement ce privilège n'est que temporaire et ne subsiste que pendant cinq années; encore faut-il que l'auteur en indique la réserve en tête de son ouvrage et fasse publier une traduction en partie dans le délai d'un an, et en totalité dans celui de trois ans; pour les œuvres dramatiques, le délai n'est d'ordinaire que de trois ans après l'enregistrement de l'ouvrage original.

Les articles extraits de journaux ou de recueils périodiques peuvent être librement reproduits ou traduits, pourvu que l'on spécifie la source à laquelle ils ont été puisés et que les auteurs n'aient pas formellement déclaré dans le journal ou le recueil où ils ont fait paraître ces articles qu'ils en interdisent la reproduction; mais il est de règle que cette interdiction ne peut jamais s'étendre aux articles de pure polémique et de discussion politique.

Un grand nombre de conventions autorisent expressément la publication des *chrestomathies*, c'est-à-dire de fragments, d'extraits ou de choix de morceaux entiers d'ouvrages parus dans l'un ou dans l'autre pays, pourvu que ces recueils soient spécialement appropriés et adaptés à l'enseignement, et qu'ils soient accompagnés de notes explicatives ou de traductions dans la langue du pays où ils sont imprimés.

Pour assurer la protection à tous les ouvrages d'esprit, il suffit que les auteurs ou les éditeurs justifient de leur droit de propriété, en établissant par un certificat de l'autorité publique compétente en chaque pays que l'ouvrage en question est une œuvre originale qui, dans le pays où elle a été publiée, jouit de la protection légale contre la contrefaçon ou la reproduction illicite.

La durée des conventions varie habituellement de six à douze ans; quelques-unes ne vont pas au delà de quatre à cinq; mais toutes portent la mention que, le terme originel expiré, les engagements souscrits continueront d'être en vigueur d'année en année jusqu'à due dénonciation par l'un ou l'autre des deux Etats.

Il est généralement admis que les stipulations conventionnelles s'étendent aussi bien aux ouvrages parus qu'à ceux publiés postérieurement sans restriction d'aucune sorte; cependant la garantie de la non-rétroactivité est parfois réservée, mais plus particulièrement aux œuvres dramatiques.

Dans les cas où l'antériorité du droit de libre réimpression est reconnue, les conventions stipulent d'ordinaire certains arrangements et certains délais en vue : 1° de l'achèvement des volumes ou des livraisons d'ouvrages de reproduction non autorisée en cours de publication ; 2° de l'usage des clichés, des bois, des planches gravées de toute sorte et des pierres lithographiques se rattachant à ces ouvrages, imprimés ou en voie d'impression, avant la mise en vigueur des conventions.

Comme complément de garantie en faveur de la propriété littéraire et artistique, la plupart des traités consacrent des mesures spéciales pour empêcher et punir réciproquement l'introduction, l'exportation, la circulation, la vente et l'exposition d'ouvrages non autorisée, soit que les reproductions proviennent de l'un des deux pays, soit qu'elles proviennent d'un tiers pays quelconque.

Le commerce des œuvres d'esprit est généralement favorisé, soit par une exemption complète de taxes douanières, soit par des droits d'entrée extrêmement modérés; mais on comprend que, dans un intérêt de haute police et pour la sauve-garde des mœurs ou de la sécurité publique, chaque Etat se soit réservé le droit de permettre, de surveiller ou d'interdire, par des mesures de législation ou de police intérieure, la circulation, la représentation ou l'exposition de tout ouvrage considéré comme dangereux ou nuisible.

Une réserve semblable existe naturellement aussi en ce qui concerne les œuvres qui, d'après la législation intérieure ou des stipulations conventionnellement arrêtées avec d'autres puissances, constituent ou viendraient à constituer des contrefaçons ou des violations du droit d'auteur.

Souvent le sort des conventions littéraires est lié à celui des traités de commerce, dans le texte desquels elles se trouvent pour ainsi dire enclavées, quoique ces deux genres de conventions aient à régler des intérêts de nature différente ;

aussi est-ce avec raison que le congrès international de la propriété artistique, qui s'est tenu à Paris en septembre 1878, a émis le vœu que „les traités internationaux relatifs à la propriété artistique doivent être indépendants des traités de commerce".

Comme ces derniers traités, les conventions littéraires et artistiques se terminent d'ordinaire par la clause générale du traitement réciproque de la nation la plus favorisée, laquelle permet aux deux parties contractantes de revendiquer éventuellement à son profit les avantages plus considérables et les facilités nouvelles que l'une ou l'autre viendrait à accorder à un autre pays.

A moins de stipulations expresses en sens contraire, les traités sur la propriété des œuvres d'esprit s'étendent de plein droit aux possessions, aux dépendances, aux territoires ou aux colonies des puissances contractantes.

Législation littéraire française. Quoique le droit des auteurs à la propriété de leurs œuvres soit désormais généralement reconnu, l'exercice de ce droit et les garanties qui lui sont accordées subissent des variations selon la jurisprudence et la législation des différents pays.

Voici le résumé des lois actuellement en vigueur en France :

La législation française (loi du 19—24 juillet 1793) consacre le principe du droit viager de l'auteur à la jouissance exclusive de son œuvre, et en étend la durée jusqu'à cinquante ans (loi du 14 juillet 1866) en faveur de ses héritiers ou ayant-cause.

Le droit absolu des auteurs comprend les traductions, qui ne peuvent être faites sans leur autorisation. Il en est de même de la représentation ou de l'exécution des ouvrages dramatiques.

Les ouvrages dramatiques des auteurs vivants ne peuvent être représentés sur aucun théâtre public sans leur consentement formel et par écrit, sous peine de confiscation à leur profit du produit total des représentations. Le code pénal (art. 428) punit d'une amende de 50 à 500 fr., en outre de la confiscation des recettes, les directeurs ou les entrepreneurs de spectacles ou les associations d'artistes qui font représenter sur un théâtre des ouvrages dramatiques contrairement aux lois et aux règlements concernant la propriété des auteurs.

La loi du 19 juillet 1866 assure pendant cinquante ans aux héritiers ou aux ayant-droit des auteurs dramatiques un droit de propriété sur leurs œuvres.

Les auteurs sont libres de céder leurs droits à des tiers en tout ou en partie.

Les propriétaires d'ouvrages posthumes ont les mêmes droits que les auteurs. Lorsque la succession est dévolue à l'État, le droit exclusif s'éteint, sans préjudice des droits des créanciers et de l'exécution des traités de cession qui ont pu être consentis par les auteurs ou leurs représentants.

Toute atteinte portée aux droits des auteurs ou de leurs cessionnaires est une contrefaçon et donne lieu à une saisie et à une action correctionnelle. La constatation de la propriété s'établit par le dépôt de deux exemplaires des ouvrages au ministère de l'intérieur à Paris, ou aux chefs-lieux de préfecture dans les départements; le dépôt n'est pas nécessaire non plus pour exercer le droit de représentation ou d'exécution d'une œuvre dramatique ou musicale; il n'est prescrit que pour la reproduction ou la publication imprimée de l'œuvre.

Les droits des auteurs sont réglés par la législation française seule, lorsque la publication a eu lieu originairement en France; et par la loi française combinée avec les conventions internationales et les législations des pays d'origine, lorsque la première publication a eu lieu à l'étranger. Les garanties consacrées par la législation française sont acquises de plein droit aux ouvrages étrangers dont la contrefaçon sur le territoire français est passible des peines portées par le Code pénal (loi du 28 mars 1852); toutefois les auteurs étrangers dont les œuvres ont été publiées, représentées ou exécutées originairement en France, peuvent seuls jouir en pays étrangers du bénéfice des conventions internationales conclues par la France avec les divers Etats.

Dans les arrangements les plus récents que la France a conclus, c'est le principe des législations internes respectives qui prévaut : ainsi il n'est fixé aucune durée conventionnelle aux droits garantis; l'étranger dont l'ouvrage a été publié en France, est protégé quant à la durée de ses droits par la législation française; de même le Français, quant à la durée de sa propriété à l'étranger, est régi par les lois du pays co-contractant.

PROPRIÉTÉ PRIVÉE. Lorsque la chose sur laquelle repose un droit exclusif de possession, appartient à une personne, à un groupe ou à un corps particulier, elle constitue ce qu'on appelle une *propriété privée* ou individuelle, tandis que, quand elle s'agit d'un Etat, il prend le nom de *propriété publique* ou nationale.

Les Etats, en vertu de leur droit de domaine éminent, ont juridiction sur les biens immeubles situés dans les limites de leur territoire. Chaque Etat a la liberté d'édicter, au gré de ses convenances et de ses intérêts, les lois déterminant la forme et les règles de procédure concernant l'acquisition, la perte et le transfert de la propriété immobilière.

Les biens meubles sont régis par d'autres règles que les bien-fonds; dépendant davantage de la personne qui les possède et n'ayant pas le caractère de fixité et d'immuabilité qui distinguant la propriété immobilière, les objets mobiliers sont assujettis aux lois en vigueur dans le lieu où réside la personne à laquelle ils appartiennent. Ainsi, par exemple, c'est la loi du pays où le propriétaire de biens-meubles avait son domicile au moment de sa mort, qui régira la portion mobilière de sa succession, et non la loi de la contrée dans laquelle les biens peuvent se trouver.

En temps de guerre, le belligérant qui occupe le pays ennemi est tenu de respecter la propriété privée. à laquelle il ne peut porter atteinte que lorsque les opérations militaires l'exigent. (*Voir* BELLIGÉRANT, ENNEMI, GUERRE, OCCUPATION MILITAIRE.)

Lorsque la simple occupation fait place à la conquête, c'est-à-dire à la prise de possession par l'un des belligérants du territoire de son adversaire, la propriété privée demeure incommutable entre les mains de ses légitimes possesseurs, dont les droits de propriété subsistent intacts.

Les personnes qui font partie de l'armée n'ont pas le droit de s'emparer d'objets appartenant à des particuliers ou de les endommager volontairement : de pareils actes doivent être réprimés sévèrement par les autorités militaires.

Le droit international défend de se livrer au *pillage* et de faire du *butin*. (Voir ces mots.)

En résumé, on peut établir comme règle générale dans les guerres terrestres le respect de la propriété privée, laquelle n'est sujette à capture ou à destruction que dans des cas extraordinaires ou exceptionnels.

Le principe contraire prévaut dans les guerres maritimes : les navires marchands, ainsi que leurs cargaisons, quoique constituant essentiellement une propriété particulière, sont passibles de capture et de confiscation, et leurs équipages en cas de prise sont considérés et traités comme prisonniers de guerre. (*Voir* GUERRE, NAVIRE, MARCHANDISES, PRISE MARITIME.)

PROPRIÉTÉ PUBLIQUE. Elle consiste dans les biens et les choses possédés par l'Etat, ou par le souverain comme chef de la nation. L'ensemble de ces biens sont rangés sous la dénomination générale de *domaine public* ou *national*. (*Voir* DOMAINE.)

En temps de guerre, le belligérant peut s'emparer de la propriété publique mobilière de l'ennemi autant, qu'elle peut servir aux opérations militaires, ainsi que d'occuper provisoirement les édifices publics, les terres appartenant à l'Etat ennemi, de les administrer et d'en percevoir les revenus; il ne peut les détruire que si les opérations le rendent nécessaire. Mais la propriété de ces immeubles ne lui est acquise que si, lors de la paix, la souveraineté du territoire lui est transférée. (*Voir* GUERRE, BELLIGÉRANT, ENNEMI, OCCUPATION, CONQUÊTE.)

PROPRIO MOTU. Locution latine, signifiant *de son propre mouvement*, laquelle s'emploie dans les bulles émanant du Saint-Siège. (*Voir* MOTU PROPRIO.)

PROQUESTEUR. Dans l'histoire romaine, lieutenant du questeur.

Se disait aussi de celui qui, ayant été questeur à Rome, était envoyé dans une province pour y remplir les mêmes fonctions. (*Voir* QUESTEUR.)

PROROGATION. Extension de temps, délai, remise.

En jurisprudence, on appelle *prorogation de terme* le délai de grâce qu'un créancier accorde à son débiteur qui n'a pas pu se libérer à l'échéance; — *prorogation de juridiction* l'action de se soumettre pour le jugement d'une affaire à la juridiction d'un tribunal dont on n'est pas justiciable.

Dans le langage parlementaire acte par lequel le chef de l'Etat *proroge* les chambres législatives, c'est-à-dire en suspend les travaux pendant un délai déterminé et en remet la reprise à un certain jour.

Lorsqu'une assemblée prononce elle-même sa prorogation, on dit qu'elle se proroge.

On appelle aussi *prorogation* l'acte par lequel des Etats qui sont liés par un traité, s'entendent pour en prolonger les effets sans attendre son échéance. La forme et les termes d'un pareil acte varient beaucoup : en tout cas il est d'usage de le consacrer par écrit avant l'expiration normale du traité auquel la prorogation s'applique.

PROSCRIPTION. Dans l'ancienne Rome, condamnation, sans formes judiciaires, à mort ou tout au moins au bannissement ; elle était généralement accompagnée de la confiscation des biens.

La proscription pouvait être exécutée par qui que ce soit ; pour faciliter cette exécution, les noms des *proscrits* étaient inscrits sur des tableaux exposés en public, qu'on appelait *tables de proscription*.

Par extension, on taxe de *proscriptions* les mesures violentes prises contre les personnes dans les temps de troubles civils.

Proscription est aussi synonyme d'abolition, de destruction : proscription d'un usage, d'un mot.

PROSCRIT. Celui qui est atteint par la proscription : frappé de proscription ou d'une condamnation comparée à la proscription.

Celui qui ne peut retourner dans son pays à cause de condamnations politiques ou autres.

PROTECTEUR. Celui qui protège, défend, soutient le faible, qui prend soin des intérêts d'une personne.

Celui qui soutient, favorise une chose : protecteur des arts et des sciences.

Le mot protecteur a été aussi employé comme titre pour désigner une dignité une fonction.

En Angleterre, c'était jusqu'en 1660 le titre que prenait le régent pendant la minorité du roi ; ce fut aussi celui sous lequel Cromwell gouverna la république.

Au commencement de notre siècle, l'Empereur Napoléon se faisait appeler protecteur de la Confédération du Rhin.

Au Vatican, on donne le nom de *protecteur* au cardinal chargé du soin des affaires consistoriales de certains royaumes ou de certains ordres religieux : on dit, par exemple, protecteur d'Espagne, protecteur des dominicains.

PROTECTEUR (adjectif), qui protège, qui garantit, qui sert de défense : — lois *protectrices* de la liberté.

En économie politique, droits *protecteurs*, droits de douane imposés sur les produits étrangers pour en élever le prix de manière à permettre aux produits nationaux de ne pas se vendre plus cher et de leur faire ainsi concurrence avec succès.

Système, régime protecteur, ou de protection, système qui consiste à favoriser l'industrie nationale soit en écartant par des droits de douane élevés ou même par une prohibition absolue les marchandises étrangères qui pourraient lui faire concurrence, soit en accordant des primes pour encourager certaines industries.

PROTECTION. Action de protéger, de préserver de mal, de prendre soin des intérêts de quelqu'un.

L'Etat a le droit et le devoir de protéger ses nationaux à l'étranger par tous les moyens autorisés par le droit international. (*Voir* ÉTAT, ÉTRANGER.)

Les représentants de l'Etat à l'étranger, ambassadeurs, ministres publics, agents diplomatiques, doivent protéger leurs nationaux contre les procédés arbitraires et les dénis de justice dont ils peuvent avoir à souffrir de la part des autorités locales, surtout s'il s'agit d'atteintes portées aux traités ou aux conventions en vigueur. Toutefois cette protection ne saurait être qu'officieuse et facultative dans les affaires purement privées, sans corrélation avec les intérêts généraux du pays. Encore un semblable appui ne peut-il être prêté que par l'intermédiaire du ministre des affaires étrangères et n'a-t-il aucun effet suspensif quant à l'action des tribunaux. (*Voir* AGENT DIPLOMATIQUE, AMBASSADEUR, MINISTRE.)

Le même devoir de protection incombe aux consuls, qui ont le droit d'élever des réclamations et même d'intenter une action, dans le cas où il est porté atteinte aux intérêts de leurs nationaux et sans qu'ils aient besoin d'y être autorisés spécialement par les personnes pour le bénéfice desquelles ils agissent ; mais ils ne peuvent recevoir aucune restitution sans une autorisation expresse des parties intéressées. (*Voir* CONSUL.)

En temps de guerre les Etats neutres ont le droit de protéger leurs nationaux et leurs propriétés hors même de leur territoire, dans la mesure où le droit international autorise cette protection en temps de paix. (*Voir* NEUTRE, NEUTRALITÉ, ÉTRANGER, GUERRE.)

PROTECTION DES ÉTRANGERS. On donne aussi le nom de *protection* à l'application que certaines grandes puissances étendent à d'autres nations étrangères de leurs lois ou de leurs prérogatives, notamment dans les pays musulmans. (*Voir* BARBARIE, LEVANT, JURIDICTION, CONSUL.)

La protection des consuls d'une nation peut en certains cas être accordée aux étrangers qui la réclament, comme, par exemple, lorsque ces étrangers appartiennent à une nation amie ou alliée et sont privés d'un agent de leur pays; lorsque, par suite de la rupture ou de la suspension des relations diplomatiques de leur gouvernement avec celui du pays dans lequel ils résident, ils ne peuvent recourir à leurs protecteurs naturels; enfin dans les cas de troubles, de guerre civile ou même de guerre extérieure.

Mais cette intervention des consuls en faveur des étrangers est purement officieuse; elle ne saurait être nulle part réclamée comme un droit; en tous cas la protection ne doit être accordée qu'autant quelle ne porte pas préjudice à des intérêts nationaux.

Dans aucun cas un consul ne peut accorder sa protection à un étranger qui a dans le pays de sa résidence un représentant de sa nation; ce serait en effet enlever à sa juridiction naturelle un individu qui n'a alors aucun motif fondé pour recourir à une autre qui lui est étrangère, et à laquelle il n'a par conséquent aucun droit.

Par contre, on comprend que la protection soit accordée aux étrangers qui n'ont point d'agent diplomatique ou consulaire de leur nation dans le pays où ils se trouvent; en pareil cas, la protection est isolée et individuelle; elle n'est pas accordée collectivement à un corps de nation comme dans les circonstances que nous avons indiquées plus haut, mais uniquement à ceux des membres de cette nation qui la sollicitent, et à qui elle peut être retirée, s'ils s'en rendent indignes.

Dans le Levant la protection consulaire a un caractère particulier, une étendue plus large; l'exercice en est réglé par des traités ou des pactes internationaux. (*Voir* CAPITULATIONS.)

PROTECTIONNISME. Système de protection commerciale, notamment au moyen de l'imposition de droits élevés sur les marchandises de provenance étrangère.

PROTECTIONNISTE. Partisan du protectionnisme.

PROTECTORAT. Dignité de *Protecteur*. En droit international, situation d'un

gouvernement à l'égard d'un autre gouvernement moins puissant auquel il prête son appui.

Le protectorat, par sa nature même, est un fait libre et volontaire, qui ne peut ni ne doit jamais s'imposer par la force.

Le plus souvent le protectorat fait l'objet d'un traité, dit *traité de protection,* par lequel l'Etat le plus puissant prend l'obligation de protéger le plus faible en toute éventualité de le défendre contre tous les ennemis quels qu'ils puissent être.

Dans les temps modernes les traités de protection ne portent plus atteinte à l'indépendance nationale, à l'autonomie de l'Etat protégé, quoique dans la plupart des cas la puissance protectrice exerce le droit de garnison sur le territoire qu'elle a mandat de défendre.

L'Etat qui sollicite ou accepte le protectorat d'une nation étrangère doit veiller soigneusement à conserver et à exercer dans leur intégralité les droits de sa souveraineté, c'est-à-dire qu'il doit avoir soin de les conserver *de jure et de facto;* car ce n'est que dans ces conditions que les effets du protectorat ne changent en rien la valeur et la considération internationales de l'Etat soumis au protectorat.

Pour empêcher que le protectorat ne dégénère en une véritable dépendance, il est nécessaire, d'une part, que l'Etat qui se place sous la protection d'un autre Etat se réserve expressément et dans tous le cas le droit de se gouverner lui-même et d'édicter les lois qu'il juge convenables; d'autre part, que le traité spécial qui établit le protectorat détermine les relations qui doivent exister entre les deux peuples et l'ensemble des droits qu'assume l'Etat protecteur.

Le protectorat est considéré comme dissous de fait par la non-exécution de l'engagement pris, ou par la prétention à l'exercice de droits et de facultés non stipulés dans le traité.

PROTESTANT. Nom donné d'abord aux Luthériens parce qu'ils protestèrent en 1529 contre la seconde diète de Spire, qui apportait des restrictions à la liberté de conscience accordée par la première diète de 1526, puis à toutes les autres Eglises issues de la Réforme.

PROTESTANTISME. Croyance des Eglises protestantes.

L'ensemble des nations protestantes.

PROTESTATION. Acte par lequel on proteste contre quelque chose, c'est-à-dire qu'on déclare qu'on ne laisse faire une chose que parce qu'on ne peut pas l'empêcher, qu'on tient une chose pour illégale et nulle, qu'on ne l'accepte pas et qu'on a l'intention de se pourvoir contre.

L'écrit qui contient la protestation.

En politique, on a recours aux protestations pour prévenir l'établissement d'un principe avancé par un Etat, l'adoption d'une mesure qu'on regarde comme nuisible ou du moins pour prévenir les inductions qu'on pourrait tirer du silence gardé par la partie lésée, pour réserver ses droits ou toute revendication ultérieure, contre les actes de violence qu'on est sur le moment impuissant à repousser.

Les anciens protestaient par des cérémonies religieuses, où étaient prononcées des conjurations contre l'acte qu'on eût voulu, mais qu'on ne pouvait pas empêcher.

Les peuples modernes se contentent d'un document écrit, qui revêt différentes formes, celles de manifeste, de mémoire, ou de déclaration publique ou officielle, suivant les circonstances. Quelquefois même on admet les formes judiciaires et l'intervention des tribunaux.

L'acte de protestation doit exprimer clairement le fait qui y donne lieu et annoncer la réserve qu'on fait de tous ses droits pour l'avenir, ainsi que l'intention qu'on a de les faire valoir en temps et lieu.

Lorsqu'une protestation est faite entre les mains d'un ministre accrédité auprès d'un gouvernement étranger, ce ministre, à moins d'être muni d'instructions préalables, ne peut l'accepter qu'*ad referendum*, et il doit s'abstenir de toute démarche et de toute réponse jusqu'à ce qu'elles lui soient recommandées et prescrites par le gouvernement qu'il représente.

Par contre, les ministres publics se trouvent quelquefois dans le cas de protester contre des mesures prises par le gouvernement auprès duquel ils sont accrédités, et qu'ils jugent contraires aux intérêts de leur pays, ou au caractère public des agents diplomatiques.

Si la puissance à laquelle est adressée une protestation y répond pour en réfuter les allégations, l'acte qu'elle publie à cet effet reçoit le nom de *contre-protestation*.

L'histoire est pleine de protestations de populations, de corporations, de princes se plaignant d'atteintes portées à leurs droits, leurs privilèges, de souverains revendiquant des territoires dont ils avaient été dépossédés.

Mais la plus célèbre des protestations, par le fait surtout qu'elle subsiste toujours, c'est celle des princes et des théologiens allemands assemblés à Augsbourg en 1529, qui protestèrent contre l'interdiction prononcée par la diète de Spire de rien innover en matière de foi : de là la dénomination de *protestants* à tous ceux qui par suite se détachèrent de la communion catholique romaine (*Voir* PROTESTANT.)

PROTOCOLE. En diplomatie, on appelle *protocole* le compte-rendu ou le procès-verbal des conférences, tenues entre les plénipotentiaires de diverses puissances.

Lorsque des négociations sont engagées entre plusieurs plénipotentiaires, les délibérations doivent être constatées par des documents officiels, et le plus en usage est un procès-verbal de chaque séance : c'est ce procès-verbal auquel, depuis le Congrès de Vienne, on donne le nom de *protocole*.

En tête du protocole on met la date de la séance; après quoi on fait suivre un rapport substantiel de la discussion, en rapportant les opinions exposées par chacun des négociateurs et en formulant, s'il y a lieu, les résolutions qui ont été arrêtées.

S'il s'agit d'une première séance, on le commence par la mention de l'échange et de la vérification des pleins pouvoirs des négociateurs.

Dans chacune des séances suivantes, on fait la lecture du protocole de la séance précédente, et l'on ne passe aux délibérations qu'après son adoption par les plénipotentiaires présents.

Le protocole, pour être valable, doit être adopté officiellement par les négociateurs: ce qu'ils font en le revêtant de leurs signatures.

Les engagements constatés par les protocoles ne sont considérés que comme des engagements verbaux, n'ayant ni la force ni le caractère que les traités reçoivent de leurs stipulations contractuelles et des ratifications. La nature et la portée des engagements résultant d'un protocole sont déterminées par les termes mêmes du protocole.

Les travaux des conférences ne se traduisent pas toujours sous la forme solennelle de traités signés entre tous les Etats qui y ont pris part; suivant l'importance des questions débattues, on se contente souvent de consigner par écrit les principes ou les points de détail sur lesquels l'accord s'est établi dans les documents diplomatiques qui prennent tantôt le nom de *protocole,* tantôt celui de *déclaration,* et donnent ensuite lieu à un échange de notes ministérielles.

PROTOCOLE DIPLOMATIQUE. Le *protocole diplomatique* ou de *chancellerie* est la règle du cérémonial à observer dans les écrits de toute nature usités dans les relations officielles entre les Etats ainsi qu'entre les ministres. Il embrasse les qualifications et les titres à donner aux Etats, à leurs ministres, et indique les formes et la courtoisie d'usage dans les divers documents internationaux.

PROTONOTAIRE. Dans le Bas-Empire on nommait ainsi le premier notaire ou grand-chancelier des empereurs d'Orient.

Les rois de France, de la race des Carlovingiens, adoptèrent la même dénomination pour des fonctions analogues.

Aujourd'hui on nomme ainsi, à la cour du Pape, 12 officiers supérieurs aux autres notaires apostoliques, et dont les fonctions consistent à rédiger les procès-verbaux d'intronisation des papes, à écrire toutes les délibérations et les décisions des consistoires publics, en un mot à expédier dans les grandes causes les actes que les simples notaires apostoliques expédient dans les petites.

Les protonotaires ont le rang de prélats; ils portent le violet et le rochet. Le collège des protonotaires est le premier des collèges des prélats qui ne sont pas évêques. (*Voir* NOTAIRE APOSTOLIQUE.)

Dans l'Eglise grecque, le *protonotaire* est un des grands officiers du patriarche, auprès de qui il remplit l'emploi de secrétaire.

PROUDHON (Jean Baptiste Victor), jurisconsulte français, né à Chanans (Doubs) le 1er février 1758, mort à Dijon le 20 novembre 1838.

Doyen de la Faculté de droit de Dijon, il partagea son temps entre les devoirs du professorat et la composition d'ouvrages de droit justement estimés, parmi lesquels nous mentionnerons :

Cours de droit français. 1810, 2 vol. in-8º.

Traité du domaine public. 1833.

De la distinction des biens. 1839.

De l'état des personnes.

PROUDHON (Pierre Joseph), publiciste français, né à Besançon le 15 juillet 1809, mort à Paris le 26 janvier 1865.

Les ouvrages de Proudhon, empreints d'un caractère plus ou moins philosophique, se rapportent à l'économie politique sociale plutôt qu'au droit international; cependant nous devons faire une exception pour *La guerre et la paix; recherches sur le principe et la constitution du droit des gens.* Paris, 1861, 2 vol. in-8º.

PROVÉDITEUR. Nom de certains fonctionnaires publics dans l'ancienne république de Venise.

Il y avait le *provéditeur de terre,* qui était chargé de la surveillance des monuments publics; et le *provéditeur de mer,* qui commandait la flotte en l'absence de l'amiral.

Les gouverneurs civils dans les Iles Ioniennes, à l'époque où elles appartenaient à la république de Venise, portaient également le titre de *provéditeur.*

PROVINCE. Certaine étendue de pays qui fait partie d'un Etat.

Division territoriale.

Les Romains avaient donné ce nom aux pays conquis hors de l'Italie et administrés par des gouverneurs romains. Anciennement en France, une partie du territoire gouvernée au nom du roi par un gouverneur particulier.

Province ecclésiastique se dit de l'étendue de la juridiction d'un métropolitain.

PROVISIONS. En terme d'ancienne chancellerie on appelait lettre de provision ou simplement *provisions* l'ordre royal par lequel un office était conféré à quelqu'un.

En France, on désigne sous le nom de *provisions consulaires* le brevet ou la commission que reçoit un consul lorsqu'il est envoyé dans un poste à l'étranger.

Les *provisions consulaires* sont signées par le chef de l'Etat et contresignées par le ministre des affaires étrangères. Elles portent en substance que le consul doit jouir de l'autorité et des prérogatives attachées à ses fonctions, et enjoignent à tous navigateurs, commerçants et autres ressortissants de l'Etat au nom duquel le consul est institué, de le reconnaître en sa capacité et de lui obéir.

PROVISOIRE. Qui se fait en attendant une autre chose.

Arrangement provisoire, pris préalablement à la conclusion d'une convention *finale.*

Ainsi, par exemple, les préliminaires de paix peuvent être regardés comme un arrangement provisoire par rapport au traité de paix, qu'ils préparent en quelque sorte et suppléent jusqu'à ce qu'il les remplace ou leur donne une consécration définitive.

Gouvernement provisoire, celui qui s'installe au cours d'une révolution, en attendant l'organisation d'un gouvernement définitif.

En jurisprudence, on dit *provisoire* un jugement rendu par provision, c'est-à-dire préalablement à un autre et exécutoire provisoirement, nonobstant le recours qu'on peut diriger contre lui.

Exécution provisoire, celle qui a lieu nonobstant appel du jugement.

Matière provisoire, ce qui requiert célérité, et, en raison de l'urgence, demande un jugement par provision.

PROVOCATION. Excitation à un acte quelconque.

En temps de guerre, le droit international condamne toute provocation à un acte criminel, lors même que cet acte serait utile à la cause pour laquelle on combat.

Provocation est pris aussi dans le sens d'agression : provocation d'un combat.

PROXÈNE. Chez les anciens Grecs, divers Etats, dans les pays fréquentés par leurs nationaux, chargeaient spécialement un ou plusieurs citoyens de ces pays de recevoir et de protéger les marchands et les autres étrangers appartenant à l'Etat qu'ils représentaient, de gérer leurs biens, en cas de décès, etc., comme aussi de veiller, autant que le leur permettaient leurs devoirs envers leur propre pays, aux intérêts politiques que l'autre Etat pouvait y avoir, de sorte que le mandat de ces délégués ou intermédiaires réunissait à la fois quelque chose des agents diplomatiques et des agents consulaires; mais leur ingérence n'avait aucun caractère officiel, du moins vis-à-vis des autorités de leur résidence. On leur donnait le titre de *proxènes*.

A Sparte et à Athènes les *proxènes* étaient des fonctionnaires, nommés dans la première de ces républiques, par les rois et dans la seconde par le peuple, pour recevoir et introduire les ambassadeurs, et pour juger les contestations entre les marchands étrangers.

PRUTH (traité de paix du), 1711. Sous le prétexte que le Czar de Russie avait construit des places fortes sur les frontières de Crimée, fait des excursions sur le territoire turc, et occupé une partie de la Pologne par laquelle il paraissait vouloir se frayer une route pour entrer en Turquie, la Porte avait le 20 novembre 1710, déclaré la guerre à la Russie.

Le Czar, qui avait ouvert la campagne par une expédition en Moldavie, se vit bientôt enfermé, à Falczi sur le Pruth, par une armée de plus de 200,000 hommes, tandis que la sienne en comptait au plus 38,000. Il fit demander la paix, qui fut en effet signée le 21 juillet à Falczi même ou dans la plaine dite Hoesgesti, située entre Housz et Falczi, aux conditions suivantes :

Le Czar s'engageait à rendre la forteresse d'Azof avec son territoire et ses dépendances; à raser les forteresses nouvellement construites de Taganrok sur la mer d'Azof, de Kamennoi Zason sur la rive gauche du Don, et de Samara à l'embouchure de la rivière de ce nom dans le Don; et à ne plus se mêler des affaires des Polonais et des Cosaques soumis à la Pologne ou dépendant du Khan des Tartares.

PRYTANE. Un des premiers magistrats dans quelques républiques grecques.

A Athènes c'était le titre porté par chacun des 50 membres des 10 sections du sénat, lesquels avaient alternativement la préséance dans ce corps pendant 35 ou 36 jours.

On appelait *prytanée* l'endroit où ils se réunissaient, et qui servait en outre à différents usages civils et religieux : ainsi les prytanes et les citoyens qui avaient rendu des services, étaient nourris dans le prytanée aux frais de l'Etat.

C'était aussi le nom d'un tribunal auquel on déférait les cas où des objets inanimés avaient causé mort d'homme.

PSEUDONYME. Qui prend un faux nom, un nom supposé.

Auteur pseudonyme celui qui, en publiant ses ouvrages, prend un autre nom que le sien.

Écrit pseudonyme, celui qui est publié sous un nom supposé.

La pseudonymie ne porte pas atteinte au droit de propriété attaché à toute œuvre d'art ou d'esprit; seulement l'éditeur d'un ouvrage *anonyme* (voir ce mot) ou pseudonyme est censé en être l'auteur et peut seul exercer les droits de propriété littéraire aussi longtemps que l'auteur véritable ne s'est pas fait connaître. (*Voir* PROPRIÉTÉ LITTÉRAIRE.)

PUBLIC. Qui appartient à tout un peuple, concerne tout un peuple.

Droit public, droit qui règle les rapports de l'Etat et des citoyens, et aussi les rapports des nations entre elles (voir ce terme) : se dit aussi de la science qui traite des droits des Etats, de leur constitution.

Morale publique, l'ensemble des préceptes que les hommes doivent observer à l'égard de leurs semblables.

Puissance publique, la puissance de la nation.

Autorité publique, l'ensemble des fonctionnaires chargés de l'administration publique, officier public, fonctionnaire public, personne publique, personne investie de l'autorité, qui exerce quelque fonction publique.

La *chose publique*, l'Etat, le gouvernement de l'Etat.

Services publics, les diverses branches de l'administration des affaires de l'Etat.

Ministère public, magistrature instituée auprès des tribunaux pour requérir l'exécution des lois.

Vie publique, les actions d'un homme revêtu d'une autorité, chargé d'un emploi, en tant qu'elles se rapportent à ses fonctions : se dit par opposition à *vie privée*.

Charges publiques, impositions, taxes que chacun est obligé de payer pour subvenir aux dépenses de l'Etat.

Bien public, l'avantage, l'intérêt de tout, l'utilité générale.

Public signifie aussi qui est commun, à l'usage de tous : voie publique, place publique, école publique, etc.

Edifices publics, ceux qui sont employés aux différents services publics.

Qui a lieu en présence de tout le monde : audience publique, séance publique, cours public, débats publics.

Qui est manifeste, connu de tout le monde : bruit public, nouvelle publique.

Le *public* se dit pour le peuple pris en général, et, dans un sens plus restreint, pour un nombre plus ou moins considérable de personnes réunies pour assister à un spectacle, à une cérémonie, à une réunion.

En public, en présence, à la vue de tout le monde.

PUBLICAIN. Nom donné chez les Juifs aux percepteurs des impôts, et chez les Romains aux collecteurs, aux fermiers des deniers publics.

PUBLICATION. Action de publier, de rendre public et notoire; acte par lequel on rend une chose publique.

En général, les traités et les conventions sont rendus publics après que l'é-change des ratifications a été opéré. Le texte en est inséré au journal officiel par les soins du ministre des affaires étrangères.

Dans les cas où le traité a dû être approuvé par les chambres législatives, sa publication dans le journal du gouvernement est précédée de la teneur de la loi qui a donné l'approbation. Cette publication reçoit aussi le nom de *promulgation*, selon la forme dans laquelle elle est faite. (*Voir* PROMULGATION.)

PUBLICISTE. Celui qui écrit sur le droit public, sur l'économie sociale, sur la politique, ou qui est versé dans ces matières.

Les œuvres des publicistes sont une des sources les plus abondantes du droit international. Mais une condition est indispensable, pour qu'un ouvrage soit considéré comme tel, c'est qu'il provienne d'une autorité reconnue.

Pour conserver toute leur autorité, les publicistes n'ont pas besoin d'être unanimes dans l'expression de leurs opinions. Leur divergence offre même un gage certain d'impartialité, et c'est pour cela que, dans les différends internationaux, on cite fréquemment les auteurs qui ont écrit avant la naissance du conflit pour la solution duquel leurs opinions sont invoquées.

Dans beaucoup de circonstances l'autorité accordée aux publicistes est en quelque sorte consacrée par l'appui que les doctrines professées théoriquement reçoivent de la part des hommes politiques, des gouvernements ou des cours de justice.

PUBLICITÉ. Notoriété publique. Qualité de ce qui est rendu public : la publicité d'une audience, des débats parlementaires.

La publicité donnée à un traité est une garantie de son exécution. Cependant certains traités ne sont point portés à la connaissance du public; mais ce manque de publicité ne porte aucune atteinte à leur validité, à leur caractère obligatoire et à leur exécution ultérieure.

PUETTER (Jean-Etienne), publiciste allemand, né à Iserlohn le 25 juin 1725, mort en 1807. Nommé en 1746, professeur de droit public à Gœttingue, accompagna en 1762 et 1790 l'ambassade du Brandebourg qui se rendait à Ratisbonne pour l'élection de l'empereur. Principaux ouvrages : *Elementa juris publici germanici* (Eléments du droit public allemand). Gœttingue 1754; réimprimé depuis 1770 sous le titre de *Institutiones juris publici germanici* (Institutions du droit public allemand); *l'rimæ lineæ juris privati principum* (Eléments du droit privé des princes). 1768, 2e édition 1791; *Erörterungen und Beispiele des deutschen Staats- und Fürstenrechts* (Exemples tirés du droit public allemand et du droit des princes). Goettingue 1793, 1794; *Ueber die Missheirathen deutscher Fürsten und Grafen* (Mésalliances des princes et comtes allemands); *Historische Entwickelung der heutigen Staatsverfassung des Deutschen Reiches* (Histoire de la constitution de l'Empire d'Allemagne). Goettingue 1786; 3e éd. 1793; *Literatur des deutschen Staatsrechts* (Bibliographie du droit public allemand). Goettingue 1776-83.

PUFENDORF (Samuel), publiciste et historien allemand, né à Chemnitz en 1632, mort à Berlin en 1694.

Il publia en 1572 son livre intitulé *De jure naturæ et gentium* (Du droit naturel et des gens), dont il fit ensuite un abrégé connu sous le titre *De officiis hominis et civis* (Des devoirs de l'homme et du citoyen).

Pufendorf est un disciple de Grotius; et son ouvrage, quoique inférieur à celui du maître, marque cependant un progrès dans les doctrines du droit international. Il n'admet pas l'existence du droit naturel. A ses yeux, tous les droits internationaux s'appuient également sur le droit naturel, les privilèges mêmes des ambassadeurs n'ont pas d'autre origine. Le grand inconvénient de cette doctrine, c'est la confusion presque inévitable qu'elle amène entre la morale et le droit, et qui a même entraîné les disciples de cette école à envisager le droit international comme faisant partie des sciences morales.

Entre autres productions de Pufendorf, nous citerons ses *Elementa jurisprudentiæ universalis* (Eléments de jurisprudence universelle) publiés à Leyde en 1660, dans lesquels on trouve une dissertation sur le droit de la guerre; et son grand ouvrage d'histoire, „Introduction à l'histoire des Etats européens", écrit en allemand, publié à Francfort en 1682, traduit en français par Rouxel en 1710, continué en allemand par Oehlenschlaeger, et en français par Lamartinière (Amsterdam, 1722); le tout a été réimprimé sous le titre d'*Introduction à l'histoire générale et politique de l'Univers* par de Grâce, Paris, 1753.

PUISSANCE. Pouvoir, autorité. La puissance implique une idée de supériorité.

Puissance législative, la partie des pouvoirs publics qui a le droit de faire des lois; puissance exécutive, celle qui applique ces lois et pourvoit à l'administration.

Puissance maritale, se dit des droits et de l'autorité que la loi confère au mari par rapport au *status* légal de sa femme.

La *puissance paternelle* est le pouvoir que la loi et, en l'absence de la loi, la coutume et les mœurs donnent au père sur ses enfants. (*Voir* PUISSANCE PATERNELLE.)

Domination, empire : c'est dans cette acception qu'on dit : Rome soumit tout l'univers à sa puissance. La puissance de ce prince s'étend loin.

Puissance s'emploie aussi pour synonyme d'Etat souverain, surtout lorsqu'il s'agit d'un grand pays.

C'est dans ce sens que, dans les traités, les conventions, on emploie habituellement la formule : „les hautes puissances contractantes"; c'est le titre que les souverains prennent dans les traités qu'ils concluent entre eux.

Selon que son territoire est situé, en tout ou partie, sur la terre ferme ou est baigné par une mer, on qualifie la puissance de continentale ou de maritime.

Le titre de *grande puissance* est réservé à certains Etats, qui sont en Europe : l'Allemagne, l'Autriche - Hongrie, la Grande-Bretagne, la France, l'Italie, la Russie, et dans l'Amérique les Etats-Unis.

Par rapport à ces *grandes puissances* les autres Etats sont dits *petites puissances* ou *puissances secondaires.*

PUISSANCE PATERNELLE. Les diverses législations varient sur le caractère et l'étendue de l'autorité qu'un père a sur ses enfants, sur les droits qu'elle confère, sur sa durée, et sur la participation que peut y avoir la mère : ainsi la législation romaine considérait la puissance paternelle comme un pouvoir de domination créé en faveur du père, tandis que la plupart des législations modernes l'envisagent comme une protection établie dans l'intérêt de l'enfant.

En cas de conflit, lorsque cette puissance s'exerce dans un pays étranger, c'est la loi nationale de la famille qu'il faut en principe appliquer. Cependant ce principe ne doit pas être admis dans sa rigueur absolue, surtout en ce qui concerne le droit de correction, lequel doit être limité par les lois de police et d'ordre public du pays où se trouve l'étranger. Ainsi si une question touchant le droit de correction d'un étranger sur son enfant est soulevée en France, c'est la loi française qui doit être appliquée; relativement à un Français dans un autre pays, c'est la loi étrangère qui prévaut comme accessoire de la puissance paternelle.

Certaines législations attribuent un droit d'usufruit aux pères et aux mères sur les biens de leurs enfants mineurs et non émancipés. Cet usufruit légal est généralement considéré comme une institution de statut personnel et régi par la loi nationale. Ainsi un père français aurait la jouissance légale des biens de ses enfants situés en Angleterre, quoique le droit anglais n'admette pas cette jouissance légale au profit du père.

PUNITION. Action de punir, de faire subir à quelqu'un le châtiment d'une faute qu'il a commise.

Le châtiment ou la peine infligée.

(*Voir* PEINE, PÉNALITÉ.)

PURITAIN. Nom donné en Angleterre à une secte protestante, qui prétend s'en tenir strictement à la lettre de l'Ecriture Sainte et réduire le culte à sa pureté primitive en supprimant la hiérarchie épiscopale et la pompe des cérémonies religieuses.

Se dit, par extension, des personnes qui affectent une grande austérité de principes moraux ou politiques.

PUTTLINGEN (Jean, baron Vesque de), publiciste autrichien.

Handbuch des in Oesterreich-Ungarn geltenden internationalen Privatrechts (Manuel du droit privé international en vigueur en Autriche-Hongrie). 2e édition. Vienne, 1878.

Cet ouvrage comprend, en outre du droit privé que spécifie son titre, le droit pénal et l'extradition; il renferme de nombreux renseignements pratiques, des renvois à des lois, à des conventions internationales, principalement d'après les archives du ministère des affaires étrangères d'Autriche-Hongrie.

Uebersicht der Verträge Oesterreichs mit auswärtigen Staaten von dem Regierungs-Antritt Maria Theresias bis auf die neueste Zeit (Résumé des traités de l'Autriche avec les Etats étrangers depuis le commencement du règne de Marie-Thérèse jusqu'aux temps le plus récents). in-8°. Vienne, 1854.

PYRÉNÉES (traité des). 1659. Les Espagnols, ayant été exclus du traité conclu à Munster en 1648 entre l'Empereur et la France, continuèrent, malgré la paix de Westphalie, la guerre qui avait éclaté entre eux et les Français en 1635.

Les Pays-Bas furent le principal théâtre des hostilités, auxquelles mit fin la victoire remportée aux Dunes (entre Dunkerque et Nieuport) le 14 juin 1658 par le maréchal de Turenne sur Don Juan d'Autriche et le Prince de Condé, qui commandait alors les Espagnols avec le titre de généralissime.

Les succès des armées françaises provoquèrent de la part de l'Espagne la demande d'une suspension d'armes, qui fut signée le 8 mai 1659 et à l'aide de laquelle furent ouvertes des négociations de paix entre les deux premiers ministres de l'une et de l'autre couronne, le cardinal de Mazarin, assisté du Marquis de Lyonne, et de Don Louis de Haro, assisté du secrétaire d'Etat Pierre Colonna. Les plénipotentiaires tinrent leurs conférences dans un pavillon construit au milieu de l'Ile des Faisans, située dans la rivière de Bidassoa, qui sort des Pyrénées et se jette dans le golfe de Biscaye.

Le traité, qui contient 121 articles, fut signé dans la 24e conférence tenue le 7 novembre.

En voici les principales dispositions:

Du premier article jusqu'au 32e inclusivement, il n'est question que du renouvellement de l'amitié et des intérêts de commerce.

Au 33e article, le mariage du roi de France est arrêté avec l'infante Marie-Thérèse, qui, moyennant le payement d'une somme de 500,000 écus d'or, renonce à toute prétention, pour elle et les enfants à naître de son mariage, à la succession aux Etats du roi d'Espagne à quelque titre que ce puisse être.

En fait de stipulations territoriales, la France conserve tout le comté d'Artois, à la réserve de Saint-Omer et d'Aire; dans la Flandre Gravelines, Bourbourg, Saint-Venant et leurs dépendances; dans le Hainaut, Landrecies et le Quesnay, avec leurs bailliages et annexes; dans le duché de Luxembourg, Thionville, Montmédy et plusieurs autres localités moins importantes; enfin Marienbourg, Philippeville et Avesnes.

Du côté des Pyrénées l'Espagne cède à la France le comté de Roussillon et de Conflans, à la réserve des lieux situés dans les Pyrénées du côté de l'Espagne; la partie du comté de Cerdagne située dans les Pyrénées du côté de la France. Les Pyrénées devaient servir de limites entre les deux Etats — ces limites ont été ultérieurement réglées plus particulièrement par une convention signée le 12 novembre 1660.

Le roi d'Espagne renonce aux droits que sa naissance lui donnait sur l'Alsace, le Sundgau et les autres pays et places cédés à la France par le traité de Munster.

Certaines restitutions sont consenties par la France au roi d'Espagne dans le comté de Bourgogne, dans les Pays-Bas, en Italie, dans les comtés de Cerdagne et de Catalogne.

Le duc de Lorraine est rétabli dans son duché, à la réserve de Moyenvic, du duché de Bar et du comté de Clermont, qui sont incorporés à la couronne de France.

Le Prince de Condé est rétabli dans tous ses biens, honneurs et dignités.

Les ducs de Savoie et de Modène, qui avaient été les alliés de la France contre l'Espagne, sont également restaurés dans l'état où ils étaient avant la guerre.

Les droits du roi de France sur le royaume de Navarre continuent d'être réservés.

Enfin la France s'engage à ne donner aucune aide ni assistance publique ou secrète au Portugal, que, soit dit en passant, l'Espagne espérait pouvoir soumettre, après avoir fait sa paix avec la France.

Le traité des Pyrénées outre les avantages réels qu'il procura à la France, eut entre autres pour résultat, par le mariage d'une infante avec Louis XIV, de préparer l'avènement de la dynastie des Bourbons au trône d'Espagne.

Q

QUADRUPLE ALLIANCE (traité de la) 1718. Bien que la paix d'Utrecht fût l'œuvre de presque tous les Etats de l'Europe, elle n'avait point réussi à mettre d'accord les deux puissances qui y étaient le plus directement intéressées, l'Empereur et le roi d'Espagne.

L'Empereur ne reconnaissait pas Philippe V comme roi d'Espagne et ce dernier n'avait pas renoncé à ses droits sur les possessions de la monarchie espagnole que la paix d'Utrecht avait données à l'Empereur; le cardinal Alberoni, ministre de Philippe V, ne méditait rien de moins que de renouveler les droits du Duc d'Anjou à la couronne de France et de rétablir le prétendant Stuart sur le trône d'Angleterre et de recouvrer par les armes les Etats d'Italie démembrés de la monarchie espagnole. C'est pour déjouer ces projets que fut conçue la *triple alliance*, conclue en 1717 par la France, l'Angleterre et la Hollande (*Voir* TRIPLE ALLIANCE), alliance à laquelle l'Empereur n'avait point pris part.

Sur ces entrefaites une flotte espagnole reprit l'île de Sardaigne à l'Empereur. C'est alors que fut négocié entre la France, l'Angleterre et l'Empereur le traité connu sous le nom de *quadruple alliance*, ainsi appelé par ce qu'on y stipula aussi au nom des Hollandais, qu'on présumait disposés à y entrer, mais qui y refusèrent d'abord leur adhésion; et un traité fut signé à Londres le 2 août 1718; les Etats-Généraux n'y accédèrent que le 16 février 1719.

Ce traité n'est, à proprement dire, qu'un projet d'accommodement entre l'Empereur, le roi d'Espagne et le duc de Savoie. Le roi d'Espagne devait rendre la Sardaigne à l'Empereur. L'Empereur devait reconnaître Philippe V pour légitime roi d'Espagne et renoncer à tous les Etats de la Monarchie espagnole cédés par la paix d'Utrecht à Philippe, qui, à son tour, devait renoncer aux provinces d'Italie et des Pays-Bas, adjugées à l'empereur soit par la paix d'Utrecht, soit par la Quadruple Alliance, et à son droit de réversion sur la Sicile.

Le duc de Savoie devait renoncer à ses droits sur la Sicile, en faveur de l'Empereur, qui devait lui céder la Sardaigne.

Ce projet d'accommodement était suivi d'une alliance entre l'Empereur, la France et l'Angleterre, renouvelant les traités d'Utrecht, de Bade et de la triple alliance.

Le duc de Savoie accéda au traité de Londres le 10 novembre 1718. Le roi d'Espagne ayant refusé son adhésion, la France et l'Angleterre lui déclarèrent la guerre, et, attaqué vigoureusement par terre et par mer, il se décida à signer le traité le 26 janvier 1720.

La quadruple alliance fut confirmée de nouveau par une ratification générale de toutes les parties contractantes signée à Lablaye le 17 février suivant.

QUADRUPLE ALLIANCE (traité de la) 1834. La Reine régente d'Espagne, pendant la minorité de sa fille Isabelle II, reine d'Espagne, et le duc de Bragance, régent du Portugal, au nom de la Reine Dona Maria II, étant convaincus que les intérêts des deux couronnes et la sûreté de leurs Etats respectifs réclament le concours immédiat et rigoureux de leurs efforts pour mettre fin aux hostilités, qui, quoique dirigées en premier lieu contre le trône de Sa Majesté Très-fidèle, fournissent maintenant un refuge et un appui aux sujets mécontents et rebelles de la couronne d'Espagne, et Leurs Majestés désirant en même temps pourvoir aux moyens nécessaires de rendre aux sujets de chacune d'Elles les bienfaits de la paix intérieure et d'affermir, par de bons offices réciproques, l'amitié qu'elles désirent établir et cimenter entre leurs Etats respectifs, ont résolu d'unir leurs forces afin de contraindre l'Infant Don Carlos d'Espagne et l'Infant Dom Miguel de Portugal à se retirer des possessions portugaises.

Par suite de cet accord les régents se sont adressés au Roi d'Angleterre et au Roi de France, lesquels, considérant l'intérêt qu'ils doivent toujours prendre à la sûreté de la monarchie espagnole, et étant de plus animés du plus vif désir d'aider au rétablissement de la paix dans la péninsule, ainsi que dans toutes les autres parties de l'Europe, et Sa Majesté Britannique, en particulier, considérant en outre les obligations spéciales que lui impose son alliance ancienne avec le Portugal, Leurs Majestés ont conclu à Londres, le 22 avril 1834, un traité dit de la Quadruple Alliance, par lequel le duc de Bragance s'obligeait à mettre en action tous les moyens en son pouvoir

pour forcer l'Infant Don Carlos à sortir des domaines portugais.

La Reine d'Espagne, de son côté, s'engageait à faire entrer sur le territoire portugais le nombre de troupes espagnoles suffisant et nécessaire pour coopérer avec les troupes portugaises à l'expulsion de Don Carlos et Don Miguel du territoire portugais.

Le Roi d'Angleterre s'engageait à coopérer en employant une force navale pour seconder les opérations que devaient entreprendre les troupes espagnoles et portugaises, aux termes du traité.

Dans le cas où la coopération de la France serait jugée nécessaire par les parties contractantes, le roi des Français prenait l'engagement de faire à cet égard tout ce qui serait décidé d'un commun accord entre lui et ses trois alliés.

Le traité se terminait par la promesse d'une rente, au niveau de leur naissance et de leur rang, à faire aux infants dès qu'ils auront quitté la Péninsule.

Le 18 août suivant des articles additionnels furent ajoutés au traité du mois d'avril.

Le premier de ces articles concernait les mesures à prendre par le gouvernement français pour empêcher qu'il ne fut envoyé de France aucuns renforts, armes et munitions de guerre aux insurgés de l'Espagne.

Par le second article, le roi d'Angleterre s'engageait à fournir à la Reine d'Espagne les armes et les munitions dont elle pouvait avoir besoin et même à aider Sa Majesté, s'il devenait nécessaire, par l'envoi d'une force navale.

Le troisième article comportait un engagement de la part du Régent du Porgal, de prêter, en cas de besoin, par les moyens en son pouvoir, aide à la Reine d'Espagne, conformément à la convention du 22 avril 1834.

QUAKER. Membre d'une secte chrétienne, fondée vers 1650 en Angleterre, et qui compte des prosélytes dans ce pays, en Hollande et aux Etats-Unis.

Les Quakers n'admettent aucun culte extérieur, aucune hiérarchie ecclésiastique. Ils se refusent à prêter aucun serment, et à entrer au service militaire.

QUALIFICATION. Attribution d'une qualité, d'un titre.

Ainsi des règlements spéciaux attribuent aux agents diplomatiques à l'étranger les qualifications hiérarchiques d'ambassadeur, de ministre plénipotentiaire, d'envoyé extraordinaire, etc.

Qualification honorifique se dit de certains mots qu'on ajoute au titre principal d'un souverain, d'un prince ou d'une personne de haut rang pour rendre honneur à celui qui porte ce titre.

Ainsi l'on ajoute le mot *Majesté* au titre d'empereur ou de roi : Sa Majesté le roi; etc.; le mot *Altesse* à divers titres de noblesse : Son Altesse le Prince, le Duc, le Comte, etc.

QUALITÉ. Le mot *qualité* exprime l'état des personnes dans la société, suivant qu'il en dérive des droits particuliers.

Par suite, la qualité est le titre qu'on porte en raison de cet état, ou de sa position, ou de sa profession, ou même de sa naissance : ainsi l'on dit la qualité de citoyen, d'avocat, de juré, d'électeur, de prince, etc.

Dans une acception plus restreinte, *qualité* est pris pour synonyme de *noblesse*, et l'on dit un *homme de qualité* de celui qui est de noble extraction.

En jurisprudence, le terme *qualité* a le sens de *capacité* ou de *faculté*; la qualité est le titre qui rend habile à exercer un droit : avoir qualité c'est-à-dire avoir capacité pour faire un acte : contracter, ester en justice, intervenir dans une affaire.

Dans une action en justice, on appelle *qualités* un acte rédigé par les conseils des parties, lequel contient les noms, les professions et les demeures des parties, les points de fait et de droit qui sont l'objet du litige, et les conclusions des conseils. Cet acte passe dans la rédaction du jugement, dont il précède le dispositif.

QUARANTAINE: Séjour plus ou moins prolongé que doivent faire, dans un isolement rigoureux et dans un lieu destiné à cet effet, avant de pouvoir débarquer leurs passagers et leurs marchandises dans le port où ils veulent entrer, les navires qui arrivent d'un pays où règne une maladie contagieuse.

Les quarantaines ont été nommé ainsi, parce que primitivement la durée en était de 40 jours; depuis on a abrégé considérablement cette période suivant les divers cas de patente de santé du lieu de départ délivrée par les autorités sanitaires.

Il y a obligation pour les marins et les passagers de se soumettre à toutes les précautions et les formalités que les règlements locaux prescrivent dans le but de préserver la salubrité du pays.

Les frais de gardes de la santé mis à bord des navires, et ceux des gardiens qui servent les personnes dans les *lazarets* (bâtiments réservés aux voyageurs pour pratiquer la quarantaine) sont habituellement à la charge des personnes assujetties à la quarantaine.

Les traités de commerce internationaux, à défaut de traités exprès, renferment des clauses relatives aux règlements et aux formalités sanitaires à observer, et notamment à propos des quarantaines dans les ports des parties contractantes.

QUARITSCH, publiciste allemand.

Compendium des europäischen Völkerrechts (Abrégé du droit des gens européen). Berlin, 1875, 1 vol. in-8°.

Cet ouvrage, dans son cadre restreint, se recommande surtout par l'ordre et la clarté. Selon l'auteur, il n'existe point de pouvoir législatif supérieur aux Etats; il en conclut que le droit des gens ne peut naître que du consentement unanime des Etats vivant en quelque sorte en communauté internationale.

QUARTIER. Dans les généalogies on appelle *quartier* ou *quartier de noblesse* chaque degré de descendance dans une famille noble, tant dans la ligne paternelle que dans la ligne maternelle.

La supputation des quartiers sert à démontrer la filiation, à prouver la famille à laquelle on prétendait appartenir. Pour opérer cette preuve, on fait suivre aux quartiers, à partir de la personne dont on voulait calculer la noblesse, une progression géométrique croissante, dont la raison était le nombre 2. Cette personne forme le premier degré, qui donne 1 quartier; le second degré produit 2 quartiers, ceux du père et de la mère; le troisième degré en fournit 4, ceux du père et de la mère du père et ceux du père et de la mère de la mère; et ainsi de suite en remontant jusqu'à ce qu'on ne trouve plus de titres suffisants pour établir la généalogie d'une façon positive.

Quand le calcul est terminé, on en consigne le résultat sur un tableau appelé *table* ou *arbre généalogique*.

La preuve de l'ascendance s'établit au moyen de documents authentiques, tels que actes de naissance, certificats de baptême, contrats de mariage, donations, testaments, etc.

Un certain nombre d'emplois ou d'offices n'étaient, avant la révolution, et ne sont encore dans quelques pays, accessibles qu'aux personnes pouvant faire preuve de noblesse et justifier d'un plus ou moins grand nombre de quartiers.

QUESADA (Vicente G.), publiciste sud-américain, né à Buenos-Aires le 5 avril 1830. Envoyé extraordinaire et ministre plénipotentiaire de la République Argentine auprès de l'Empire du Brésil.

M. Quesada fait autorité en matière de droit public sud-américain qu'il cultive de préférence. Ses travaux relatifs aux questions de frontières et à l'histoire internationale des Etats de l'Amérique du sud sont nombreux.

La Patagonia y las tierras australes del continente Americano. Buenos-Aires, 1875, 1 vol. in-8°. (La Patagonie et les terres australes du continent américain.)

España y Portugal, tratados de límites 1750-1777. (L'Espagne et le Portugal, traités de frontières 1750-1777), publié dans la *Nueva Revista de Buenos Aires.* Tome I p. 99-124.

El Brasil y el Rio de la Plata. Statu-quo de 1864. Armisticio de 1812. (Le Brésil et le Rio de la Plata. Statu-quo de 1864. Armistice de 1812.) Ibid. tome I p. 190-239.

La guerra entre el Imperio del Brasil y la República Argentina. (La guerre entre l'Empire du Brésil et la République Argentine.) Ibid. tome II p. 49-79.

La cuestion de límites con Chile. Bajo el punto de vista de la historia diplomática, del derecho de gentes y de la política internacional (La question des frontières du Chili. Au point de vue de l'histoire diplomatique, du droit des gens et de la politique internationale). Ibid. Tome II, pag. 275-418.

La independencia de la República del Uruguay 1828. Estudio de la negociacion diplomática de los generales Guido y Balcarce en Rio de Janeiro, á la luz de documentos secretos é inéditos facilitados por el Sr. Dn. Cárlos Guido y Spano (L'indépendance de la République de l'Uruguay 1828. Etude des négociations diplomatiques des Généraux Guido et Balcarce à Rio Janeiro, en vertu de documents secrets et inédits fournis par M. C. Guido y Spano). Ibid. Tome II, p. 510-541 et p. 625-653.

Intervencion del Brasil en el Rio de la Plata. Negociaciones diplomáticas. Tratado de alianza entre el gobierno de Rosas y el Imperio. Guerra de Montevideo. Precursores de la coalicion contra Rosas (Intervention du Brésil dans le Rio de la Plata. Négociations diplomatiques. Traité d'alliance entre le gouvernement de Rosas et l'Empire. Guerre de Montévideo. Précurseurs de la coalition contre Rosas). Ibid. Tome II, pag. 46-65.

La República Oriental y el Brasil. Proyecto de venta territorial. Negociacion secrete de 1845 (La République Orientale et le Brésil. Projet de vente territoriale. Négociation secrète de 1845). Ibid. Tome III, pag. 216-240.

La alianza contra Rosas y Oribe. El Brasil, Montevideo y las provincias de Entre Rios y Corrientes (L'alliance contre Rosas et Oribe. Le Brésil, Montévideo et les provinces d'Entre Rios et de Corrientes). Ibid. Tome III, pag. 378-409.

La política brasilera-uruguaya. Tratados de límites de 1851-1852. Las teorias de D. Andrés Lamas, la diplomacia del Imperio y los derechos Argentinos (La politique Brésiliano-Uruguayenne. Traité de frontières de 1851-1852. Les théories de M. Andrés Lamas, la diplomatie de l'Empire et les droits argentins). Ibid. Tome III, pag. 508-582.

Derecho internacional latino-americano. Del principio conservador de las nacionalidades en este continente. Precedentes de derecho internacional americano. Congreso de Plenipotenciarios (Droit international latino-américain. Du principe conservateur des nationalités dans ce continent. Précédents du droit international americain. Congrès des plénipotentiaires). Ibid. Tom. IV, pag. 575-620.

Historia colonial Argentina, las Capitulaciones para el descubrimiento del Rio de la Plata y Chile (Histoire coloniale argentine, les capitulations pour la découverte du Rio de la Plata et du Chili). Ibid. Tome XI, pag. 492-572.

Derecho internacional latino-americano. El Uti-possidetis juris y el derecho constitucional. (Le droit international latino-americain. L'Uti-possidetis juris et le droit constitutionnel. Ibid. Tome V, p. 240-265.

QUESADA (Ernesto), fils du précédent, né à Buenos-Aires (République Argentine) le 1er juin 1858. Docteur en droit et avocat, professeur au Collège national, ancien directeur de la Bibliothèque publique (1877—1878), délégué aux Congrès d'américanistes et de géographie commerciale de Bruxelles (1879), secrétaire de la Commission pour la codification de la législation militaire, directeur propriétaire de la *Nueva Revista de Buenos Aires*, membre de la Société de législation comparée.

Outre sa *Nueva Revista*, revue mensuelle destinée spécialement à l'étude des questions de droit international public et privé des nations de l'Amérique latine, et dans laquelle ont paru des travaux fort importants sur ces sciences au point de vue américain, M. Quesada a fait paraître :

Apúntes sobre derecho internacional privado (Notes sur le droit international privé).

Ce travail (1re et 2e partie) a été publié en 1878 en collaboration avec feu le Dr. A. Mitre. C'est un résumé du cours dicté cette année-là à l'Université de Buenos-Aires par le professeur Dr. A. Alcosta.

La quiebra de las sociedades anónimas en el derecho argentino y extrangero (De la faillite des sociétés anonymes dans le droit argentin et étranger). Buenos-Aires, 1882. 1 vol. in-8⁰.

C'est une étude sérieuse de législation comparée à propos des réformes proposées pour le Code de commerce argentin par les Drs. Villegas et Vicente G. Quesada.

Estudios sobre quiebras (Etudes sur les faillites). Buenos-Aires, 1883. 1 vol. in-8⁰.

Contient un chapitre intitulé: *De la faillite dans le droit international privé selon les législations européennes et américaines.*

Las reformas del Código Civil (Les réformes du Code civil). Cette monographie publiée en 1884 est relative au Code civil argentin dans lequel sont réglés les questions du droit international privé.

QUESTEUR. Magistrat de l'ancienne Rome.

Il y en avait deux classes distinctes : les *questeurs criminels* et les *questeurs civils.*

Les questeurs criminels avaient pour fonction de rechercher les individus coupables de crimes et de veiller à l'exécution des sentences rendues contre eux. Ils étaient au nombre de deux. Leur institution, qui remonte à l'époque des rois, disparut après le décemvirat.

Les *questeurs civils* étaient chargés du maniement des deniers publics. Il y avait des questeurs spéciaux pour Rome, dits *urbains*, et des questeurs *provinciaux* pour les provinces, où ils remplissaient aussi les fonctions d'intendants militaires, de fournisseurs ou commissaires des guerres; souvent même ils rendaient la justice à la place du préteur. Créés au commencement de la République, ils furent supprimés par les Empereurs, qui les remplacèrent par les préfets.

Aujourd'hui, le titre de *questeur* sert à désigner, dans certains pays, deux ou trois membres de chaque assemblée législative, qui sont chargés par elle des soins de son administration intérieure et de la surveillance de l'emploi de son budget particulier.

QUESTION. Proposition à examiner, à discuter : question de droit, question de fait, question politique, etc.

Tout point soumis à la décision d'un juge.

Le sujet en discussion, *question préalable, question préjudicielle.* (*Voir* PRÉALABLE, PRÉJUDICIEL.)

Autrefois on appelait *question* la torture à laquelle on soumettait les accusés pour leur arracher des aveux. Cette institution barbare est abolie chez tous les peuples civilisés.

QUESTURE. Chez les Romains, dignité ou charge de questeur; durée des fonctions d'un questeur.

Le bureau des questeurs d'une assemblée délibérante.

QUORUM. Terme parlementaire.

Mot latin par lequel en Angleterre et aux Etats-Unis on désigne le nombre des membres d'une assemblée suffisant pour délibérer.

Le *quorum* est de trois pour la Chambre des lords, et de cinquante pour la Chambre des communes.

R

RACHAT. On entend par *rachat* ou *rançon* le prix convenu entre le capteur et le propriétaire des biens saisis pour la restitution de ces biens.

Lorsqu'il s'agit d'un navire pris en rade, dans un port, dans une baie ou en pleine mer, il est d'usage de dresser deux copies du contrat par lequel le capturé s'engage à payer au capteur une somme déterminée, de gré à gré dans un délai fixé. L'une de ces copies, appelée *cédule de rachat*, reste entre les mains du capteur; l'autre sert de sauf-conduit au navire.

L'autorisation accordée par le belligérant à un ou à plusieurs de ses navires pour capturer la propriété ennemie implique le droit de faire des contrats de rachat. Du moment qu'un navire a été rançonné et mis en liberté, les compatriotes et les alliés du capteur perdent le droit de le capturer tant qu'il reste dans les conditions de temps, de direction, de destination et de chargement stipulées dans son contrat.

Le contrat de rachat garantit le navire rançonné contre les cas de capture, mais non contre les fortunes de mer. Lors donc que le rachat est suivi de naufrage ou d'échouement avec bris, les propriétaires ou les cautions du navire ne se trouvent pas libérés des engagements qu'ils ont pris et du paiement du prix stipulé.

Lorsque l'exception de perte totale en pleine mer ou sur les côtes a été expressément stipulée dans le contrat de rançon, la rupture de ce contrat est subordonnée à la preuve qu'il y a eu force majeure et non baraterie de patron imputable au capitaine.

Le contrat de rachat perd toute valeur légale pour le capteur lorsqu'il est lui-même capturé par un navire de guerre ou un corsaire appartenant au pays dont le navire rançonné portait le pavillon; en effet il est de principe, d'une part, qu'en dehors des cas de recousse dans le délai de vingt-quatre heures, les sujets d'un même Etat ne peuvent avoir le droit de se rançonner entre eux, et, d'autre part, que les contrats de rachat sont essentiellement personnels.

Dans certaines circonstances on exige des otages pour mieux assurer l'accomplissement des traités de rançon. Le décès de l'otage ou sa délivrance par force n'exempte pas du paiement de la dette contractée, attendu que le capteur est supposé n'avoir accepté un garant personnel qu'à titre de sécurité nécessaire ou complémentaire.

RADE. Etendue de mer, enfermée en partie par des terres et plus ou moins abritée des vents, où les navires peuvent tenir à l'ancre.

Les rades appartiennent de plein droit à la nation qui possède les côtes sur lesquelles elles sont situées. Cette propriété est sanctionnée et reconnue comme incontestable par le droit international. La possession souveraine des rades donne à l'Etat qui en jouit le droit de les déclarer fermées, ouvertes ou franches, et d'y soumettre les navires et les marchandises qui y arrivent du dehors à tels règlements intérieurs qu'il juge convenables. Seulement, pour que ces mesures et ces prescriptions soient conformes aux principes du droit international, il faut qu'elles revêtent un caractère général, c'est-à-dire qu'elles soient appliquées à toutes les nations. Le pays qui, sans juste raison, fermerait ses ports au commerce d'une nation en les laissant ouverts à celui d'une autre, s'exposerait à des mesures de rétorsion. En principe, une rade ouverte au commerce est donc tacitement considérée comme accessible aux navires de toutes les nations, et la libre entrée accordée aux navires marchands s'étend aux bâtiments de guerre des Etats amis. Il y a cependant certaines circonstances spéciales d'ordre public et de sécurité qui autorisent un Etat à refuser l'admission dans ses rades et ses ports des navires de guerre d'un autre Etat.

RADICAL. En politique, on qualifie ainsi l'homme qui pousse les opinions du parti qu'il a adopté jusqu'au point le plus avancé; mais on applique cette qualification plus spécialement à ceux qui proposent des réformes dans le sens démocratique et prétendent réformer les institutions jusque dans leurs racines.

Le parti radical, les radicaux.

Le radicalisme et le système des radicaux, des partisans de la réforme complète de la société politique.

RAÏA ou RAYAH. Nom sous lequel la Porte ottomane désigne ses sujets non mahométans, tels que les chrétiens, les juifs, etc.

Ils sont soumis à un impôt de capitation.

RAISON D'ÉTAT. Considérations d'intérêt public, par lesquelles on se conduit dans le gouvernement d'un Etat. (*Voir* ÉTAT.)

RAISON SOCIALE. C'est la dénomination sous laquelle une maison de commerce est connue dans le commerce et à la Bourse, pour les engagements où elle intervient.

Cette dénomination se forme ordinairement de l'assemblage des noms de tous les associés ou seulement de quelques-uns, rangés et énoncés de la manière que la société a déterminée.

La *raison sociale*, qu'on nomme aussi raison de commerce ou *nom social* (voir ce terme), doit être la signature de la maison de commerce qui l'a adoptée.

C'est elle qu'on inscrit au bas des lettres missives, des billets, des lettres de change, des contrats en général que souscrit la maison de commerce; c'est en son nom que doivent être intentées ou défendues les actions judiciaires, etc.

RAJAH ou RADJA. Titre de princes indous. Ils sont aujourd'hui presque tous tributaires des Anglais.

Un titre supérieur est celui de *Maharajah*, qui signifie *grand prince* et se donne à celui dont dépendent plusieurs autres rajahs. Tel le souverain de Lahore.

RAMIREZ (José H.), *Código de los extranjeros. Diccionario de derecho internacional público y privado de la República Méjicana.*

(Code des étrangers. Dictionnaire de droit international public et privé de la république mexicaine). Mexico 1870. 2 vol.

Le premier volume renferme un résumé de la science du droit international, le deuxième qui est le premier du dictionnaire, va jusqu'à la lettre *C*.

RANÇON. Prix qu'on donne pour délivrer un captif, un prisonnier de guerre.

Ce mode de délivrance n'est plus en usage chez les nations civilisées, qui y ont substitué l'échange des prisonniers.

Composition en argent, moyennant laquelle un corsaire relâche un bâtiment marchand ennemi qu'il a capturé.

On appelle *billet de rançon* l'acte par lequel on stipule ce mode de rachat. (*Voir* RACHAT.)

RANG. Degré d'honneur attribué à certaines personnes en raison de leur naissance, de leur dignité, de leurs fonctions.

Les Etats, comme personnes morales, sont égaux entre eux; mais de cette égalité il ne résulte pas que tous aient le même rang et puissent s'arroger à volonté un titre élevé. (*Voir* ÉTAT, PRÉSÉANCE); l'égalité du rang des Etats peut être modifiée par les traités et les usages.

Il en est de même pour le rang qu'observent entre eux les chefs d'Etats et les agents diplomatiques qui les représentent. (*Voir* SOUVERAIN, AGENT DIPLOMATIQUE, PRÉSÉANCE, CÉRÉMONIAL, ÉTIQUETTE.)

RAPATRIEMEMT. Rentrée dans leur patrie de troupes qui avaient été envoyées dans une expédition lointaine.

Renvoi dans son pays d'un marin naufragé ou resté dans une contrée étrangère; ce renvoi s'effectue par les soins des agents consulaires, qui sont aussi chargés de rapatrier leurs nationaux nécessiteux, qui n'ont pas les moyens de subvenir aux frais de leur retour dans leur patrie.

RAPPEL. Il se dit particulièrement de ceux qui ont été disgraciés ou exilés: on nomme *lettres de rappel* un ordre du souverain rappelant quelqu'un du bannissement.

Lorsqu'un agent diplomatique est accrédité auprès d'un gouvernement pour un temps indéterminé, sa mission cesse ordinairement à la suite d'un *rappel*.

Ce rappel a lieu soit quand le but de la mission est atteint ou qu'on n'a plus espoir de l'atteindre, soit pour des motifs particuliers indépendants des relations entre les deux Etats, soit sur la demande de l'Etat auprès duquel l'agent diplomatique réside, pour cause de mésintelligence.

Le rappel n'a d'effet pour l'Etat auprès duquel l'envoyé était accrédité que lorsqu'il lui a été officiellement notifié. C'est pourquoi dans le cas où l'agent diplomatique est rappelé par son gouvernement, il commence par en donner avis au ministre des affaires étrangères du pays où il réside, en sollicitant une audience du chef de l'Etat pour prendre congé et présenter sa lettre de rappel, c'est-à-dire la notification écrite, par laquelle le chef de l'Etat qui a accrédité un envoyé diplomatique, fait connaître au chef de l'Etat auprès duquel cet envoyé était accrédité, que la mission qui lui était confiée doit cesser.

Si l'agent diplomatique est rappelé dans son pays sur la demande même du gouvernement auprès duquel il remplit ses fonctions, ce sont les circonstances qui décident s'il y a lieu ou non de solliciter une audience de congé.

Quand le gouvernement auprès duquel réside un agent diplomatique, juge à propos de le renvoyer pour cause de conduite jugée inconvenante, il est d'usage de notifier au gouvernement qui l'a accrédité que son représentant n'est plus acceptable et de demander son rappel. Si l'offense commise par l'agent est d'un caractère grave, il peut être renvoyé sans attendre le rappel de son propre gouvernement. Le gouvernement qui demande le rappel peut ou non faire connaître les raisons sur lesquelles il base sa demande; mais on ne saurait exiger une pareille explication. Il suffit que le représentant ne soit plus acceptable. Dans ce cas la courtoisie internationale prescrit son rappel immédiat; et si cependant l'autre gouvernement ne satisfait pas à la demande, le renvoi de l'agent s'ensuit comme conséquence nécessaire; il s'effectue par une simple notification et l'envoi des passeports. Le renvoi d'un agent diplomatique pour conduite inconvenante, soit de son fait personnel, soit dans l'accomplissement de ses fonctions officielles, n'est pas un acte de manque d'égards ou d'hostilité envers le gouvernement qui l'a accrédité et ne saurait par conséquent être un motif de guerre.

Le renvoi d'un ministre peut également avoir lieu lorsque la conduite tenue par l'Etat qu'il représente, amène une rupture subite des relations entre les deux pays. Il est d'usage dans ce cas d'adresser à l'agent, avec ses passeports, une note dans laquelle sont exposés les faits qui motivent sa sortie du territoire, et est fixé un délai pour son départ.

Lorsqu'une ambassade extraordinaire a atteint le but ou le terme fixé pour sa mission, elle expire de plano sans qu'il soit nécessaire de produire des lettres spéciales de rappel.

On appelle *droit de rappel* le droit qu'a chaque Etat, pour des motifs d'ordre public, dont lui seul est juge, notamment à l'occasion du service militaire, de rappeler ceux de ses ressortissants qui se trouvent à l'étranger.

Néanmoins pour obtenir leur retour il ne peut réclamer l'assistance des autorités étrangères, qui ne sont point tenues de seconder l'exécution de ses ordres, puisqu'il s'agit de rapports entre un citoyen et son gouvernement, et que l'Etat étranger n'a aucun intérêt à porter atteinte à la liberté personnelle des voyageurs ou des autres personnes qui séjournent sur son territoire. L'Etat qui use du droit de rappel peut adresser des instructions spéciales à ses agents diplomatiques et consulaires.

L'Etat étranger ne serait pas justifié non plus à s'opposer au départ des sujets rappelés. Toutefois on admet une exception pour le cas où il s'agit, après une déclaration de guerre, d'étrangers résidant sur le territoire de l'un des belligérants et rappelés par l'autre pour être incorporés dans son armée.

De ce que, en droit strict, les Etats belligérants ne sauraient être tenus de se fournir mutuellement des ressources pour accroître leurs moyens d'attaque et de défense, on tire la conséquence que les individus isolés que leur gouvernement rappelle du dehors pour les faire entrer dans les rangs de son armée active, doivent être exclus du nombre de ceux que le belligérant autorise à sortir de son territoire. Cependant il est plus équitable de prendre en considération que, comme ils ne sont pas encore soldats et sont seulement destinés à le devenir lorsqu'ils auront franchi la frontière, ils doivent conserver le caractère de simples particuliers et rester, au même titre que les commerçants, absolument libres tant que leur conduite ne fournit aucun sujet de plainte.

Dans le langage parlementaire, *rappel à l'ordre*, faculté accordée au président d'une assemblée de rappeler à l'ordre, au respect des lois ou des convenances l'orateur qui les enfreint, et de le réprimander.

Rappel à la question, action de rappeler à la question en discussion l'orateur qui s'en écarte.

Rappel au règlement, action de réclamer contre une violation du règlement et de rappeler ce qu'il prescrit.

Rappel est pris aussi pour synonyme d'abrogation, de suppression : le *rappel* d'une loi, d'une ordonnance, etc.

RAPPORT. Compte-rendu, exposé sommaire qu'on fait à quelqu'un sur un travail dont on a été chargé : ainsi les ministres font au chef de l'Etat des rapports pour motiver les projets de lois ou de décrets qu'ils leur soumettent; dans les assemblées les commissions adressent par l'organe d'un de leurs membres des rapports sur les matières qui ont été déférées à leur examen spécial.

Le mot *rapport* se dit aussi du commerce que les hommes ont entre eux, de leurs connexions, de leurs relations réciproques. (*Voir* RELATION.)

RAPPORTEUR. Celui qui est chargé par un comité, etc. d'exposer l'opinion de ce comité sur une question : ainsi la commission du budget a nommé son rapporteur.

Le rapporteur est généralement choisi parmi les membres de la commission dont l'opinion a prévalu. Il est chargé de défendre son rapport devant l'assemblée.

En langage judiciaire, on appelle *rapporteur* ou *juge rapporteur* celui qui a été chargé spécialement d'une affaire, d'un règlement de compte et en fait le rapport au tribunal.

Officier rapporteur, l'officier qui fait les fonctions de juge d'instruction et d'accusateur public dans un conseil de guerre ou de discipline.

RASTADT (Congrès de) de 1797 à 1799. Conformément aux stipulations du traité de Campo-Formio, les plénipotentiaires de la République française et de l'Empire germanique se réunirent à Rastadt, le 9 décembre 1797.

Les ministres français, nommés par le directoire étaient, outre le général Bonaparte, deux anciens membres de la convention, Treilhard et Bonnier d'Arco; on leur adjoignit comme secrétaire général M. Rosenstiel, consul de France à Elbing.

L'Empereur était représenté comme chef de l'Empire par le commissaire impérial, le comte de Metternich-Winnebourg-Beilstein, comme roi de Hongrie et de Bohême par le ministre plénipotentiaire, le comte Louis de Cobenzl, et comme archiduc d'Autriche par le comte de Lerbach.

Les Etats de l'Empire étaient représentés par des subdélégués : pour l'Electeur de Mayence, le baron d'Albini, son chancelier et ministre d'Etat; — pour l'Electeur de Saxe, le comte de Loeben, qui plus tard, le 27 février 1799, fut remplacé par le comte de Hohenthal; — pour le duc de Bavière, le comte de Freysing, qui, le 16 février 1798, céda la place au comte de Morawitzky, remplacé, à son tour, le 11 mars 1799, par le baron de Rechberg et Rothenlœven; — pour le prince évêque de Wurtzbourg, le chanoine comte de Stadion; — pour l'Electeur de Brunswick, M. de Reden; — pour le landgrave de Hesse-Darmstadt, le baron de Gatzert, son ministre; pour le margrave de Bade, le ministre baron d'Edelsheim et le conseiller intime Meyer; — pour la ville d'Augsbourg, MM. de Pflummern et Schmidt; — pour la ville de Francfort, MM. de Gunderode et Schweizer.

M. de Bildt fut admis comme ministre du roi de Suède pour ses possessions en Allemagne. On a admis également une ambassade prussienne composée du comte de Gœrtz, du baron de Jacobi Klœst et de M. de Dohm, et un ministre du roi de Danemark, M. de Rosenkranz; on ne put refuser d'admettre ces plénipotentiaires, parce que leurs souverains étaient membre de l'Empire.

Cette assemblée, qui siégea pendant 15 mois, n'aboutit à aucun résultat, ou du moins elle eut le résultat contraire de celui qu'on en attendait. Au lieu de la pacification de l'Empire d'Allemagne, elle en précipita la dissolution et ralluma la guerre entre la France et l'Autriche.

Il est vrai de dire que pendant qu'on négociait à Rastadt, de graves évènements avaient mis la paix en question dans le reste de l'Europe. Une révolution s'était opérée à Rome et dans la Suisse; les armées françaises avaient occupé Malte et envahi l'Egypte. Il s'était formé contre la France une seconde coalition, dans laquelle l'Angleterre, qui en était l'instigatrice, avait fait entrer la Russie et la Turquie.

Au mois d'octobre 1798, un corps de 25,000 Russes avait traversé la Gallicie, était entré en Moravie, d'où il avait marché sur le Danube.

Dans une note datée de 2 janvier 1799, les plénipotentiaires français déclarèrent, au nom de leur gouvernement, que si la diète de Ratisbonne consentait à l'entrée des troupes russes sur le territoire de l'Empire, ou même si elle ne s'y opposait pas efficacement, la marche de l'armée russe sur le territoire germanique serait regardée comme une violation de la neutralité de la part de l'Empire et que les négociations de Rastadt seraient rompues.

Le gouvernement autrichien n'ayant pas répondu à cette note, l'armée française passa le Rhin dans la nuit du 28 février au 1er mars, sur divers points entre Bâle et Strasbourg, et les hostilités commencèrent.

Le 8 avril, le commissaire impérial, le comte de Metternich, fit savoir aux ministres de France que, puisque la guerre avait recommencé de fait et que la sûreté du congrès était menacée, il avait reçu l'ordre de ne plus prendre part aux négociations et de quitter Rastadt.

Le Congrès de Rastadt était ainsi terminé de fait, parce que la députation de l'Empire ne pouvait pas délibérer sans un chef représentant l'Empereur.

Cependant les ministres de France essayèrent de traiter séparément avec les Etats d'Empire, et s'informèrent auprès du ministre directorial s'ils ne pouvaient pas continuer d'échanger des notes avec la députation. Ce ministre leur dit qu'on pouvait bien recevoir leurs notes, mais qu'on n'y répondrait point. Ils persistèrent néanmoins à rester à Rastadt.

Mais, le 28 avril, le colonel des hussards Szeklers leur signifia l'ordre de quitter Rastadt dans les 24 heures; ils lui firent demander une charte, que cet officier leur refusa. Les trois ministres n'étaient pas à 50 pas de la ville, qu'ils furent assaillis par un détachement de ces mêmes hussards, qui les assassinèrent et s'emparèrent de leurs papiers. Jean Debry, après avoir été frappé de quelques coups de sabre, réussit à se sauver à la faveur de la nuit et conserva assez force pour se traîner jusqu'à Rastadt, où le lendemain tous les plénipotentiaires réunis signèrent une protestation laissant à l'Autriche toute la responsabilité de cet attentat et de cette violation du droit des gens.

RATIFICATION. Approbation, confirmation authentique ou officielle de ce qui a été fait ou promis.

L'acte écrit contenant la ratification. La ratification est l'acte qui donne à un traité sa consécration et transporte du négociateur à l'autorité suprême de chaque Etat le devoir d'en assurer l'exécution; c'est, en d'autres termes, l'acte par lequel le chef d'un gouvernement approuve, confirme et déclare accepter ce qui a été convenu et stipulé en son nom par l'agent diplomatique qu'il avait muni à cet effet de pleins pouvoirs spéciaux.

Il est d'usage d'insérer dans les traités une clause spéciale qui réserve la ratifi-

cation; toutefois cette réserve peut résulter des circonstances dans lesquelles le traité a été conclu, et elle est présumée exister lorsqu'elle n'a pas été expressément formulée. De plus les traités déterminent en général le délai dans lequel ils devront être ratifiés, et le lieu où les ratifications seront échangées.

La ratification a lieu suivant les formes propres à la constitution de chaque part; pour être susceptible de ratification, le traité doit donc être conforme aux lois constitutionnelles de l'Etat.

Le droit de ratifier appartient, dans les monarchies, au souverain seul ou assisté de délégués de la représentation nationale; et, dans les républiques, au chef du pouvoir exécutif avec le concours direct ou indirect d'un des grands pouvoirs de l'Etat.

Une ratification doit être donnée pleine et entière, c'est-à-dire qu'elle doit ne contenir aucune réserve, porter sur l'ensemble de l'acte auquel elle s'applique, être dressée en autant d'instruments qu'il y a de parties contractantes, enfin être produite et échangée dans les délais convenus. Rigoureusement, l'acte de ratification doit aussi reproduire, mot à mot, toutes les stipulations qu'il sanctionne; cependant, dans la pratique certains Etats, notamment l'Allemagne, ont adopté une marche différente: ils se bornent à transcrire l'intitulé, le préambule, le premier et le dernier article des traités, ainsi que la date de la signature et le nom des plénipotentiaires.

Cette dérogation à la règle, quand elle est agréée par la partie co-contractante, n'a pas d'importance majeure, la confrontation des textes originaires suffisant pour dissiper les doutes qui pourraient s'élever sur la teneur des engagements pris; mais il en est tout autrement de l'exemple donné par quelques républiques américaines, les Etats-Unis entre autres, que l'on a vues, tantôt produire des ratifications conditionnelles, tantôt modifier le libellé ou le sens des articles arrêtés par leurs *plénipotentiaires*.

Les principes consacrés en cette matière autorisent pleinement l'Etat auquel on soumet de pareils instruments, à en décliner l'échange et à ajourner sa ratification.

Il faut admettre cependant que, par suite d'un vote parlementaire ou d'obscurité de rédaction, ou de toute autre circonstance imprévue, un traité ne soit jugé susceptible d'être ratifié ou de devenir définitivement exécutoire qu'à l'aide d'un commentaire interprétatif, de certains changements de pure forme. La seule marche rationnelle à suivre dans ce cas, si l'on ne veut ou ne peut recourir à des articles additionnels ou à des déclarations spéciales annexées au traité, consiste à insérer dans le procès-verbal d'échange des ratifications les réserves et les explications sur lesquelles les deux parties sont finalement tombées d'accord.

Il est de principe que les instruments de ratification soient produits et échangés dans le délai convenu au moment de la signature des traités. Lorsque des circonstances de force majeure imposent des retards sous ce rapport, les engagements pris ne se trouvent pas annulés de plein droit; ils conservent au contraire toute leur valeur; seulement, quand on peut préciser les limites de l'ajournement, habituellement on a recours soit à un échange de notes ou de déclarations spécifiant les causes du retard et la volonté de maintenir l'accord intervenu entre les parties, soit à une convention *ad hoc* prorogeant les délais de ratification.

Le moment venu, les instruments se produisent de part et l'autre; ils sont minutieusement collationnés; et s'ils sont reconnus exacts, on procède à leur échange en dressant procès-verbal de l'accomplissement de cette formalité.

L'échange des ratifications n'exige pas, comme la signature des traités, la production de pleins-pouvoirs souverains : c'est une de ces missions ordinaires qui peuvent être confiées à n'importe quel délégué du gouvernement intéressé, et qui rentrent *de plano* dans les attributions *générales* de l'agent diplomatique accrédité dans le pays.

Les instruments de ratification une fois revêtus des signatures nécessaires à leur validité, il est procédé à leur échange entre les parties contractantes. Ce n'est qu'à dater de l'accomplissement de cette formalité, dont il doit être dressé procès-verbal, que le traité entre véritablement en vigueur et que courent les délais assignés à la durée.

Tant que la ratification n'a pas eu lieu, les traités, quoique signés par les négociateurs, ne sont qu'une promesse solennelle d'engagement, que les Etats peuvent ou accepter ou repousser, sans pouvoir toutefois la modifier : il faut qu'ils la repoussent ou l'acceptent tout entière, car y apporter un changement quelconque, ce serait rouvrir les négociations.

Quelquefois pourtant la mise à exécution précède le fait matériel de l'échange des ratifications ; mais c'est là une exception, qui demande à être expressément conçenue.

En vertu de ce principe de droit qu'à moins de stipulation contraire tout contrat oblige les parties à dater du jour de sa signature, l'échange des ratifications agit rétroactivement, c'est-à-dire fait remonter les effets du traité jusqu'au moment même de sa conclusion.

Cette règle n'a cependant rien d'inflexible, et l'on s'en écarte fréquemment dans la pratique, notamment pour les traités de cession, qui ne sortissent leur plein et entier effet qu'au moment même de l'abandon réel et effectif du territoire cédé, dont le caractère national par rapport aux personnes et aux choses demeure intact, tant que le possesseur de fait ne s'est pas matériellement dessaisi de ce qui a fait l'objet de la cession.

Le droit de ne pas ratifier un traité est aussi incontestable que celui de le conclure, et il existe virtuellement, même quand il n'a pas été réservé en termes exprès.

Seulement, comme le refus de ratification implique le désaveu de la parole donnée, de la promesse faite par le négociateur, et comme un semblable désaveu peut avoir des conséquences très sérieuses pour les deux parties contractantes, les justes égards que les peuples se doivent entre eux veulent que l'exercice de ce droit se renferme dans les limites les plus étroites et soit toujours commandé par des raisons d'ordre majeur. Au nombre des causes qui légitiment un refus de ratification, on peut citer : l'impossibilité physique ou morale d'exécuter les conditions stipulées ; une erreur évidente relativement à un fait essentiel ; un changement fortuit survenu au cours des négociations ou même du but que les plénipotentiaires étaient chargés de poursuivre; l'absence de pleins-pouvoirs ; l'insertion de clauses non prévues ou formellement défendues par les instructions données aux négociateurs ; l'oubli de stipulations essentielles posées comme condition *sine qua non*; enfin des engagements contraires à des lois spéciales ou au droit public interne de l'une ou de l'autre nation contractante.

Le refus de ratification par l'une des parties contractantes entraîne de fait l'anéantissement du traité signé par son plénipotentiaire.

L'intention de ratifier un traité peut se manifester de diverses manières : verbalement, par écrit, et même tacitement par le fait de la mise à exécution immédiate des clauses convenues; toutefois cette exécution ne saurait tenir lieu ni dispenser d'un échange régulier de ratifications.

RATISBONNE (trêve de) 1684.

Après la paix de Nimègue, Louis XIV institua dans les parlements de Metz et de Besançon et dans le Conseil souverain d'*Alsace* siégeant à Brisach, des *Chambres* dites de *réunions* pour examiner la nature et l'étendue des cessions territoriales qui lui avaient été faites par les traités de Westphalie, des Pyrénées et de Nimègue. Les arrêts de ces chambres lui adjugèrent nombre de villes et de seigneuries soit comme fiefs, soit comme dépendances de villes et des provinces qui lui avaient été réellement cédées, en appliquant des principes contraires au droit public de l'Allemagne, lequel distinguait le lieu de vasselage de celui de sujétion.

Ces usurpations provoquèrent une alliance générale contre la France, dont l'initiative fut prise par la Suède et la Hollande, qui signèrent à la Haye le 30 septembre 1681 un traité, ayant pour objet le maintien des dispositions des traités de Westphalie et de Nimègue ; l'Empereur et l'Espagne accédèrent à ce traité l'année suivante; mais le défaut d'union, les embarras de l'Empire, la faiblesse de l'Espagne empêchèrent les coalisés de prendre une mesure vigoureuse, et l'Empereur et le roi d'Espagne jugèrent plus prudent de recourir à la voie des négociations. Un congrès fut ouvert à Francfort, puis transféré à Ratisbonne.

Un traité fut signé avec la Hollande le 29 juin 1684, stipulant une trêve de 20 ans, pendant laquelle la France devait garder la ville de Luxembourg avec ses 15 villages y appartenant, Beaumont avec 4 villages, Bouvines et Chimay avec 15 villages; à part cette exception, elle devait rendre Courtrai et Dixmude et toutes les places qu'elle avait occupées depuis le 20 août 1683.

Ce traité fut suivi d'une trêve d'une égale durée entre la France et l'Espagne, et d'une autre entre la France et l'Empereur, qui fut signée à Ratisbonne le 15 août 1684.

Aux termes de ce dernier traité, les traités de Westphalie et de Nimègue étaient maintenus en vigueur ; le roi de France restait en possession de la ville de Strasbourg et du fort de Kehl, ainsi que de tous les lieux et seigneuries qu'il avait réunis jusqu'au 1er août 1681, en

vertu des arrêts des trois chambres de Metz, de Brisach et de Besançon; il devait rendre toutes les autres places qu'il avait occupées après cette date.

RATURE. Effaçure faite par quelques traits de plume qu'on passe sur ce qu'on a écrit.

Dans les actes authentiques, les ratures doivent être faites de telle manière qu'il soit facile de compter le nombre des mots sur lesquels elles s'étendent, et ce nombre des mots ainsi annulés doit être mentionné par un renvoi à la marge ou à la fin de l'acte; chaque mention de ce genre doit être approuvée par les parties, qui y apposent leur paraphe ou leur signature. L'omission de ces formalités peut entraîner la nullité des ratures ou même celle de l'acte.

La ratification des erreurs commises dans la rédaction ou dans la transcription d'un acte ne peut avoir lieu qu'au moyen de ratures, faites de la manière et accompagnées des formalités que nous venons d'indiquer.

RAVITAILLEMENT. Action de pourvoir de vivres la garnison d'une ville en état de siège ou menacée d'être assiégée; ou simplement introduction dans une ville, une place forte, à bord de navires, des munitions dont ils manquaient.

Lorsqu'il s'agit d'une ville assiégée, il est évident que l'assiégeant en empêche le ravitaillement par tous les moyens en son pouvoir; l'introduction de vivres ne peut donc s'y opérer qu'à la faveur d'une suspension des hostilités: encore en pareil cas la position n'est-elle pas bien précise dans le cas d'une place que l'ennemi investit avec l'espoir et parfois même dans l'intention de l'amener à capituler par la famine plutôt que de la prendre d'assaut ou par tout autre moyen militaire.

C'est pourquoi le ravitaillement est le plus ordinairement l'objet de stipulations spéciales, insérées dans les actes diplomatiques portant convention d'armistice : tantôt il est laissé à la libre disposition de la place assiégée, avec ou sans condition quant à la nature et à la quantité des provisions introduites dans ses murs; tantôt l'assiégeant lui-même est chargé de ravitailler dans des proportions convenues la ville qu'il investit (*Voir* ARMISTICE).

RAYNEVAL (Joseph Mathias Gérard de), publiciste français, né à Masvaux (Alsace) en 1736, mort à Paris le 31 décembre 1812.

10*

Il occupa pendant 20 ans le poste de *premier commis* au ministère des affaires étrangères, puis fut plénipotentiaire à Londres pour la conclusion du traité de commerce de 1786.

On lui doit, entre autres écrits, l'*Institution du droit de la nature et des gens* avec un appendice contenant des idées sur la politique. Paris, 1803 in-8°. Paris, 3 éd. 1832, 2 vol.

De la liberté des mers. Paris, 1811, 2 vol.

RÉACTION. En politique, se dit de l'ensemble des actes d'un parti opprimé qui devient le plus fort, et plus particulièrement du parti conservateur considéré comme s'opposant à l'action de la révolution; dans cette acception *réaction* serait synonyme de *contre-révolution.*

Dans un sens général, la *réaction* est une tendance dans une direction opposée, provoquée par des excès, aussi bien en religion, en administration, en économie sociale qu'en politique : ainsi l'on peut considérer l'établissement de la république comme une réaction contre les abus de la royauté, les sectes protestantes comme une réaction contre la domination de la papauté, etc. etc.

RÉACTIONNAIRE. Partisan de la réaction, qui prête son appui ou son concours à la réaction contre l'action de la révolution : parti réactionnaire, pouvoir réactionnaire.

Qui est de nature à seconder ou servir la réaction : mesure, loi réactionnaire.

RÉAL DE CURBAN (Gaspard de), publiciste français, né à Sisteron en 1682, mort à Paris en 1752.

Il est l'auteur d'un ouvrage intitulé : *La science du gouvernement* en 8 volumes in-4°, dans lequel sont traitées différentes questions du droit des gens, particulièrement celles qui se rapportent à la représentation diplomatique.

REBELLE. Qui se soulève contre une autorité légitime. Se dit ordinairement de ceux qui se soulèvent en masse dans un but politique.

Cependant on pourrait établir cette distinction que les *rebelles* sont plutôt ceux qui refusent simplement d'obéir au gouvernement; et ils sont dits *insurgés* lorsqu'ils l'attaquent dans l'intention de le renverser. (*Voir* INSURRECTION.)

Il n'est pas d'usage de considérer et de traiter les sujets rebelles ou insurgés comme des belligérants, tant qu'ils

ne sont point parvenus à établir un gouvernement nouveau de fait à la place de celui qu'ils avaient, pour but de détruire. (*Voir* BELLIGÉRANT, GUERRE CIVILE.)

RÉBELLION. Acte de rebelle, résistance avec violence aux agents de l'autorité.

En jurisprudence, opposition par voie de fait à l'exécution d'un acte juridique.

Cependant la rébellion peut se produire sans voie de fait, comme dans le cas, par exemple, d'un commandant de la force armée qui refuse de la faire agir, quoiqu'il en soit requis légalement par l'autorité, ou le cas d'un fonctionnaire qui se refuse à appliquer une mesure; l'une et l'autre sont en rébellion contre l'autorité ou contre la loi.

La rébellion peut être le fait d'un individu isolé ou de plusieurs personnes, soit dans une intention privée, soit dans un intérêt général, comme de renverser le gouvernement existant; dans cette circonstance la dénomination d'*insurrection* ou de *révolte* est plus généralement employée pour qualifier le mouvement. (*Voir* INSURRECTION, RÉVOLTE.)

RECEIVER. En Angleterre on nomme *receivers* des employés chargés de prendre les mesures nécessaires pour le sauvetage des navires en détresse et de leurs équipages.

Ils ont le droit de requérir à leur aide tous les habitants de la côte et de faire usage de toutes les embarcations de leur district. (*Voir* SAUVETAGE, NAUFRAGE.)

RECENSEMENT. Mesure administrative qui consiste à faire le dénombrement de la population d'une contrée ou seulement des individus d'une certaine catégorie, dans le but de constater le nombre des habitants ou celui des personnes auxquels sont imposées des obligations particulières, comme, par exemple, le service militaire, l'inscription maritime.

Dans la plupart des pays on procède au recensement de la population à des époques périodiques fixes; soit tous les 5 ans, soit tous les 10 ans, en même temps que les habitants on compte les bestiaux, les maisons, les usines, et l'on profite de l'occasion pour recueillir plusieurs autres renseignements encore.

Ce mot s'applique aussi à l'énumération des suffrages obtenus par un candidat, de la fortune des personnes, de sommes d'argent, de valeurs commerciales, etc.

RÉCEPTION. Lorsqu'un agent diplomatique ou ministre public accrédité auprès d'un gouvernement étranger a informé le ministre des affaires étrangères du pays où il doit résider de son arrivée dans la capitale, le ministre le reçoit dans la journée ou, au plus tard, le lendemain, puis prend les ordres du chef de l'État pour la réception par celui-ci, à qui le ministre public doit remettre ses lettres de créance.

Cette réception a lieu au jour qui a été fixé, selon un cérémonial d'usage, qui varie d'après le rang qu'occupe l'agent dans la hiérarchie diplomatique. (*Voir* AGENT DIPLOMATIQUE, AMBASSADEUR, MINISTRE, AUDIENCE, CÉRÉMONIAL, PRÉSENTATION.)

La *réception* se dit aussi de l'action de recevoir des visites avec un certain cérémonial à un jour déterminé : ainsi les chefs d'État, les ministres, les agents diplomatiques ont leurs jours de réception. (*Voir* AUDIENCE, CÉRÉMONIAL, ÉTIQUETTE, AGENTS DIPLOMATIQUES, MINISTRES, SOUVERAINS.)

RECÈS ou RECEZ. Le *recès* était l'acte par lequel, dans les anciennes diètes de l'Empire germanique, on recueillait et rédigeait, avant de se séparer, les décisions qui avaient été prises : de là le nom de *recès* donné à quelques-unes de ces décisions d'un intérêt général.

Cette dénomination s'est conservée en Allemagne pour désigner des actes passés entre plusieurs cours pour régler à l'amiable des questions de domanialité ou des intérêts locaux ou particuliers, tenant à la possession du sol ou à l'exercice de certains droits réguliers ou juridictionnels.

Dans la diplomatie moderne, *recès* se dit d'un procès-verbal résumant des conventions.

RÉCIDIVE. Action de commettre de nouveau, après une condamnation, un crime ou un délit de même nature.

État du condamné traduit de nouveau devant un tribunal à raison d'un second crime ou délit de même nature qu'il a commis depuis sa condamnation. (*Voir* CRIME, DÉLIT.)

RÉCIPROCITÉ. Le principe de la réciprocité sert de base à la plupart des actes internationaux, aux rapports des États les uns avec les autres, ainsi qu'aux traités, aux engagements qu'ils concluent entre eux, et notamment des conventions de commerce et de navigation.

Ainsi ces conventions renferment d'ordinaire une clause par laquelle les parties contractantes se confèrent réciproquement le régime de la nation la plus favorisée, c'est-à-dire la participation aux avantages les plus considérables qu'elles ont déjà ou qu'elles viendraient par la suite à accorder à une tierce puissance. La réciprocité du traitement national et des avantages échangés est sans doute le fondement habituel de cette sorte de traités; néanmoins dans beaucoup les avantages respectivement stipulés sont loin de former un équivalent exact. Il faut reconnaître, d'ailleurs, que la réciprocité absolue est assez difficile à obtenir à cause de la différence qui existe forcement entre un État et un autre quant au chiffre de la population, à la force productive, à la richesse agricole, commerciale ou industrielle, aux mœurs et à l'esprit de la législation économique. (*Voir* COMMERCE, NAVIGATION.)

Pour les relations diplomatiques des États entre eux, la règle générale, qui comporte très-peu d'exceptions, est que les États se traitent sur le pied de la réciprocité, qu'ils envoient à chacun des autres États un ministre de la classe à laquelle appartient celui que l'État étranger leur a lui-même envoyé.

RÉCLAMATION D'ÉTAT. Action par laquelle un individu réclame un état civil qu'il prétend lui appartenir.

Également action judiciaire ayant pour objet de faire statuer sur l'état civil d'une personne à laquelle cet état est contesté. (*Voir* ÉTAT, DROIT, DROIT DE CITÉ, NATIONALITÉ.)

L'action en réclamation d'état est imprescriptible à l'égard de l'*enfant*. (Voir ce mot.)

RÉCLAME. Dans la correspondance diplomatique ou officielle, on nomme *réclame* l'indication placée au bas de la première page, du nom et de la qualité de la personne à laquelle on écrit.

Comme dans les billets sans signature et rédigés à la troisième personne, le nom de celui à qui l'on écrit se trouve placé dans le corps du billet, on n'a pas besoin d'y inscrire la *réclame*.

La réclame a surtout pour but de faire éviter les erreurs dans les expéditions.

RECONDUCTION. Terme de jurisprudence : renouvellement d'une location ou d'un bail à ferme.

On distingue la *reconduction en presse* qui se fait par écrit ou verbalement entre les parties; et la *tacite reconduction*, qui est la continuation du bail après son expiration, sans qu'il ait été renouvelé, lorsque le preneur est resté en possession sans que le propriétaire s'y soit opposé.

La *tacite reconduction* s'applique également à des engagements d'autres catégories et en particulier aux traités internationaux. Ce cas se produit lorsqu'au moment même de la signature d'un traité conclu pour une période fixé les parties sont expressément convenues par une clause *ad hoc* que si dans l'année ou les six mois qui précèdent l'échéance de ce terme ni l'une ni l'autre n'a déclaré vouloir en faire cesser les effets, la convention continuera d'être obligatoire pour toutes deux pendant un nouveau laps de temps plus ou moins prolongé.

RECONNAISSANCE. En diplomatie action de reconnaître un gouvernement, c'est-à-dire de déclarer qu'on le juge régulièrement établi. Cette déclaration peut être expresse ou tacite.

Ainsi, lorsqu'une province ou une colonie parvient à se séparer d'un Etat et à en former un nouveau, dont l'existence indépendante ne soulève plus de doutes les autres nations ont le droit incontestable de reconnaître cette souveraineté naissante, même de prendre parti en sa faveur et de conclure des traités avec elle.

La reconnaissance du nouvel État par les puissances existant précédemment est indispensable pour son admission dans l'association internationale des Etats.

Aucune puissance n'est tenue de reconnaître un Etat nouveau, tant que la lutte se continue pour sa formation et que par conséquent il subsiste encore des doutes sur son existence normale : mais chaque Etat est libre de le reconnaître, quand même il aurait des raisons de douter de sa viabilité.

Lorsque l'Etat dont les droits se trouvent lésés par la formation d'un nouvel Etat, est impuissant à l'empêcher, il perd le droit de refuser de le reconnaître.

L'acte destiné à reconnaître l'indépendance d'une colonie ou d'une province rentre exclusivement dans les attributions du pouvoir exécutif de chaque Etat; les autorités secondaires sont, comme les particuliers, absolument incompétentes pour consacrer une semblable reconnaissance. Il ne faut pas perdre de vue, en effet, que l'acte en lui-même a pour but d'établir une nouvelle relation de droit international à l'égard d'un nouvel Etat, et que l'établissement de cette relation appartient au pouvoir suprême des nations. Par une conséquence forcée et tant que le nouvel Etat n'a pas été reconnu par le gouvernement du pays dont il faisait précédemment partie, les tribunaux et les sujets des autres Etats sont tenus d'admettre que l'ancien ordre de choses n'a pas cessé de subsister légalement.

La reconnaissance d'un Etat par un autre gouvernement s'accomplit généralement au moyen d'une lettre que le ministre des affaires étrangères adresse, au nom du chef de l'Etat, au ministre des affaires étrangères du nouvel Etat, et dans laquelle il notifie sa disposition à entrer en relations officielles avec l'Etat qu'il s'agit de reconnaître.

Il est cependant d'autres moyens de reconnaître un Etat; c'est d'y envoyer une mission extraordinaire, en y accréditant une mission diplomatique permanente ; dans l'un et l'autre cas les lettres de créance peuvent mentionner la reconnaissance ; délivrer des pleins pouvoirs autorisant à reconnaître l'Etat à une personne, qui, avec le ministre des affaires étrangères de cet Etat, dresse un procès-verbal de reconnaissance.

La reconnaissance peut aussi n'être qu'implicite, par la notification au chef du nouvel Etat d'un évènement concernant le chef de l'Etat qui reconnaît, par la nomination de consuls.

RECONVENTION. En jurisprudence, c'est une demande opposée à une autre demande, comme celle que le défendeur forme incidemment contre la personne qui a formé la première une demande contre lui et devant le même tribunal.

Cette seconde demande est dite *reconventionnelle*: elle a pour but d'anéantir ou tout au moins de restreindre l'effet de l'action intentée contre le défendeur.

La demande reconventionnelle ne peut être admise que lorsqu'elle a de la connexité avec la demande principale.

RECOURS. En droit civil, ce mot désigne l'action en garantie ou en dommages et intérêts qu'on a contre quelqu'un.

Cette action peut s'exercer contre celui qui s'est engagé expressément ou tacitement de garantir l'accomplissement d'un engagement, pour qu'il l'accomplisse lui-même ou indemnise des objets dont il s'est porté garant. Ainsi le porteur d'un billet, d'une lettre de change a recours contre les endosseurs pour le paiement.

Le *recours ou pourvoi en cassation*, est en France le moyen de se pourvoir contre les arrêts des cours d'appel.

Recours en grâce, demande adressée au chef de l'Etat pour obtenir la commutation ou la remise d'une peine.

RECOUSSE ou RESCOUSSE. Reprise d'une personne ou d'une chose enlevée par force.

Ce mot s'emploie plus particulièrement pour désigner la reprise faite sur l'ennemi du navire capturé par lui. *(Voir* REPRISE.)

RECOUSSE-RECOUSSE. Se dit d'un navire pris par un croiseur, repris ensuite par l'ennemi et enfin repris de nouveau par un autre croiseur.(*Voir* REPRISE.)

RECRÉANCE (lettres de). Se dit des lettres remises à un agent diplomatique pour être présentées au chef de l'Etat d'auprès duquel on le rappelle ; ou bien des lettres qu'un chef d'Etat donne à l'agent diplomatique rappelé d'auprès de lui pour qu'il les remette au chef d'Etat qui le rappelle : dans ce cas c'est la réponse que fait un chef d'Etat à la lettre de rappel d'un ministre accrédité auprès de lui. *(Voir* RAPPEL, AGENT DIPLOMATIQUE, MINISTRE.)

RECUEIL *des lois, conventions, instructions, décisions judiciaires, etc., relatives à l'extradition, la commission rogatoire et la poursuite des crimes et délits commis à l'étranger.* Bruxelles 1877.

Publication officielle émanant du ministère de la justice belge.

RÉCUSATION. Action de décliner la compétence d'un juge, d'un juré, d'un expert, d'un témoin.

Se dit aussi des personnes dont on récuse le témoignage, l'autorité.

On peut se récuser soi-même, c'est-à-dire déclarer qu'on n'est pas compétent pour juger une chose, régler une question.

RÉDACTION. Action de rédiger, de mettre en ordre et par écrit : la rédaction d'un article, d'un acte, d'une loi, d'un traité.

Se dit aussi de la chose rédigée.

REDDITION. Action de rendre une place à ceux qui l'assiégent.

Action de se rendre, c'est-à-dire de se livrer et de se soumettre à l'ennemi.

La reddition, quand même elle a lieu sans conditions, ne donne pas au vainqueur le droit de mettre à mort ceux qui se rendent ; il doit se borner à les faire prisonniers.

La reddition fait ordinairement l'objet d'un arrangement, auquel on donne le nom de *capitulation*. (Voir ce mot.)

RÉEL. En jurisprudence signifie : qui a rapport aux biens et se dit par opposition à ce qui a rapport aux personnes.

Droits *réels*, actions *réelles*, droit, actions qui s'exercent sur des immeubles.

On appelle statuts *réels* ceux qui affectent directement les choses, la qualité et la nature des biens, en permettent ou en défendent la disposition, indépendamment de l'état ou de la capacité générale de la personne, ou n'y ayant qu'un rapport incidentel ou accessoire. *(Voir* STATUT.)

RÉFÉRENDAIRE. Ce mot, dans son sens radical, signifie : qui est chargé des choses à rapporter.

Sous les derniers empereurs romains, on appelait ainsi des fonctionnaires chargés de présenter au souverain les requêtes des suppliants et de leur transmettre sa réponse.

En France, du 5e au 8e siècle, on donnait le nom de *référendaires* à une classe de secrétaires, dont le principal portait le titre de *grand-référendaire*, avait la garde de l'anneau ou sceau royal et faisait rapport au roi des placets qui lui étaient présentés.

Plus tard les référendaires étaient des officiers de chancellerie qui faisaient le rapport des *lettres royaux* (Voir ce mot) pour qu'on décidât si elles devaient être signées et scellées.

Dans plusieurs pays, ce titre est encore donné à des fonctionnaires de l'ordre judiciaire ou administratif, chargés de préparer les affaires au sujet desquelles des commissions ou des cours spéciales sont appelées à prendre des commissions.

Tels sont en France, les *référendaires au sceau*, officiers ministériels qui forment auprès du ministre de la justice un conseil chargé exclusivement de l'examen des demandes concernant les titres, les dotations, les remises ou les rédactions des droits de sceau imposés à l'expédition des lettres de naturalisation, de réintégration dans la qualité de Français, de changement de nom, de dispenses pour mariage, etc.

Les *Conseillers référendaires* à la cour des comptes, chargés de faire sur les pièces de comptabilité les rapports, sur lesquels prononcent les . conseillers maîtres.

Sous la Restauration et la monarchie de Juillet, on appelait *grand référendaire* un pair de France choisi par le roi et chargé d'apposer le sceau de la chambre des Pairs à tous les actes émanés d'elle, ainsi qu'aux expéditions déposées aux archives; le grand référendaire avait, en outre, la garde du palais et des archives de cette chambre.

A la cour pontificale, les *référendaires de l'une et l'autre signature* sont des prélats, agissant comme officiers de chancellerie et chargés d'examiner les causes de grâce et de justice et d'en faire le rapport au pape.

REFERENDUM. On appelle ainsi la ratification par le peuple des lois votées par les conseils législatifs.

C'est ce qui a lieu particulièrement en Suisse' et aux Etats-Unis; mais dans cette dernière république le *referendum* n'est en usage que pour la ratification des constitutions d'Etat, tandisque dans la première le peuple est appelé à ratifier de simples lois.

RÉFORMATEUR, RÉFORMISTE. Le *réformateur* est celui — prince, législateur, administrateur — qui opère des réformes; le *réformiste* est le partisan d'une réforme parlementaire.

Dans cette acception on dit agitation *réformiste* des manœuvres employées en faveur des réformes dont on est partisan.

RÉFORMATION ou RÉFORME. Se dit des changements que les réformateurs religieux Luther, Zwingli et Calvin ont, au 16e siècle, introduits dans la doctrine et la discipline catholiques.

Corps de doctrine adopté par les protestants.

La communion formée par les Eglises protestantes.

Au point de vue du droit international, la réforme est un des évènements les plus considérables; elle a inauguré une nouvelle ère non seulement de liberté religieuse, mais même d'indépendance politique; elle a fait prévaloir le principe que les relations de peuple à peuple ne dépendent pas de la volonté du chef de l'Eglise, mais rentrent dans le domaine propre de chaque Etat particulier, et à partir de cette époque le droit international a pris un caractère positif, qui en a agrandi la portée et assuré l'autorité.

RÉFORME. Suppression des abus qui se sont introduits dans un Etat, dans une société, dans une administration.

Réforme parlementaire, changements apportés à la formation, à la composition, aux attributions, à l'organisation, aux règlements d'un parlement, des assemblées législatives, se dit absolument de la réforme de ce genre qui a été accomplie en Angleterre en 1832.

Réforme électorale : changements à apporter dans les lois qui régissent les élections.

RÉFORMÉ. En religion. qui appartient à la réforme.

La religion réformée, l'Eglise réformée, le culte réformé se dit du protestantisme, et plus particulièrement du calvinisme.

Les *réformés* sont les personnes qui suivent la religion réformée.

REFUGE. Lieu où l'on se retire pour être en sûreté. (*Voir* ASILE,)

Il y a cette distinction à établir entre l'*asile* et le *refuge* que le premier n'implique pas l'idée de danger imminent contre lequel on recherche le second. Ainsi un homme poursuivi, un navire menacé par l'orage cherchent un refuge où ils peuvent; tandis qu'un malheureux accepte l'asile qui lui est offert.

Au point de vue du droit international, le refuge n'est au fond qu'un devoir d'humanité, tandis que l'asile est une manifestation de l'indépendance et de la souveraineté nationales.

RÉFUGIÉ, qui a cherché un refuge. Se dit des personnes qui se sont retirées dans un autre pays pour échapper à la persécution ou à des poursuites.

On appelle *réfugiés politiques* les proscrits qui ont quitté leur patrie par suite de révolutions. Dans les pays qui les accueillent ils sont le plus souvent l'objet d'une législation spéciale, chaque Etat fixe lui-même les conditions auxquelles il accorde l'hospitalité, qu'il est libre également de refuser.

Chaque Etat a le droit de donner asile sur son territoire aux personnes accusées de crimes politiques, sans être tenu de les extrader ou de les expulser (*Voir* EXTRADITION.); mais il a le devoir de les empêcher d'abuser de l'asile pour menacer l'ordre et la sécurité des autres Etats. L'Etat qui seconderait les entreprises dirigées de son territoire contre un Etat voisin par des réfugiés politiques, pourrait être rendu responsable par l'Etat ainsi menacé. En cas d'abus, l'Etat qui a accordé l'asile ou le refuge a le droit de retirer au réfugié la permission de séjourner sur son territoire ou à la limiter de manière à écarter tout danger pour le pays d'origine du réfugié.

RÉGALE, régalies, regalia, droits régaliens. Droits qui sont propres aux rois, aux souverains en général, tels que celui de battre monnaie, de faire des lois, etc.

Si nous remontons à l'origine historique de ces droits, nous voyons qu'à l'époque du démembrement de l'empire romain les villes et les chefs qui se déclarèrent indépendants, s'approprièrent les terres les plus fertiles, les mieux cultivées, auxquelles ils donnèrent le nom de *régalies*.

Dans cette acception, la *régalie* embrasse à la fois le droit et la chose même sur laquelle ce droit repose. Les publicistes anglais en limitent l'application à la couronne, aux terres royales et aux biens de l'Eglise, et se servent alors du nom de *majora regalia* pour désigner ce qui touche au pouvoir ou à la dignité des monarques; ils réservent la dénomination de *regalia minora* à ce qui concerne exclusivement les droits fiscaux ou les avantages pécuniaires.

La *régalie* ne saurait donc se confondre avec la souveraineté ou avec les droits de majesté (*jura majestatis*), puisqu'elle peut aussi bien s'appliquer aux droits et aux prérogatives du roi qu'à ceux de l'Eglise, des cours et du trésor public. Appliqué aux biens de la couronne, le mot *régalie* n'embrasse pas seulement la dotation inaliénable du souverain, mais encore tout ce dont le monarque peut librement disposer en faveur de ses sujets.

En France sous l'ancienne monarchie on donnait le nom de régale au droit qu'avait le roi de jouir des revenus des évêchés vacants et de disposer des bénéfices qui en dépendaient, jusqu'à ce que le nouvel évêque eût pris possession de son siège.

RÉGENCE. Dignité qui confère le pouvoir de gouverner un Etat pendant l'absence, la maladie, la minorité, en un mot, pendant l'état d'incapacité d'un souverain.

Fonction de régent ou de régente; durée de ces fonctions.

Dans l'histoire la *Régence* se dit particulièrement de l'époque pendant laquelle le duc Philippe d'Orléans gouverna la France, de 1715 à 1723, pendant la minorité de Louis XV.

La notification de l'établissement d'une régence dans un Etat se fait par le régent, qui la signe au nom du souverain; mais c'est à celui-ci que la réponse est adressée.

Régence se dit aussi de l'administration municipale de certaines villes, notamment aux Pays-Bas et en Belgique, puis en Prusse des divisions administratives des provinces.

Gouvernement de certains Etats musulmans : les régences barbaresques, Tripoli, Tunis; le territoire qui dépend d'une régence.

RÉGENT, RÉGENTE. Celui ou celle qui exerce la régence, gouverne l'Etat pendant l'absence ou l'empêchement du souverain.

Le prince régent, la reine régente.

RÉGICIDE. Assassinat d'un roi et aussi celui qui s'en rend coupable.

Pris adjectivement se dit des choses qui sont relatives au meurtre d'un roi : ainsi doctrine régicide, qui excite à l'assassinat d'un souverain.

Le crime de *régicide* étant dans la plupart des cas considéré comme un attentat politique ou tout au moins connexe à un attentat politique, il n'y a pas lieu à l'extradition de ceux qui en sont accusés et se sont réfugiés dans un pays étranger.

Toutefois certains traités internationaux renferment une réserve spéciale, qui autorise l'extradition des individus coupables d'attentats contre le chef d'un gouvernement étranger, les princes et les membres de leur famille, surtout lorsque ces crimes ne peuvent pas être regardés comme ayant un caractère politique, mais bien comme constituant des crimes de droit commun. Il importe, en pareilles circonstances, pour prévenir de regrettables confusions, d'examiner mûrement les divers éléments qui ont concouru à la perpétration des faits; car il est aussi contraire à la saine morale de couvrir d'un masque politique des crimes exclusivement communs que de ranger parmi les crimes communs des faits dont une pensée politique a seul dirigé l'exécution.

RÉGIE. Mode de lever les impôts, par lequel l'Etat les perçoit directement pour son compte par ses agents; il se dit par opposition à la levée des impôts par traitants, d'après laquelle les fermiers ne paient à l'Etat qu'une somme convenue et gardent le reste pour eux.

Se dit des administrations chargées de la perception de certaines taxes indirectes, ou de certains services publics : la régie des tabacs, des contributions indirectes, etc.

Mettre des travaux en régie, c'est les faire exécuter sous la surveillance d'agents de l'Etat pour le compte du soumissionnaire qui n'a pas rempli ses engagements.

RÉGIME. Action de régir, de gouverner.

Manière de gouverner, d'administrer un Etat.

Organisation, constitution, forme de gouvernement d'un Etat. On dit dans ce sens *régime despotique,* où le souverain gouverne avec une autorité absolue et arbitraire; — *régime constitutionnel,* où le gouvernement est réglé par une constitution; — *régime parlementaire* ou *représentatif,* où des représentants de la nation participent à la formation des lois; — *régime féodal* ou gouvernement d'un pays partagé en fiefs (voir ce mot).

En France on oppose le *nouveau régime,* la constitution de la société et du gouvernement depuis 1789, à l'*ancien régime* renversé par la Révolution.

Régime se dit aussi de la règle, de l'administration à laquelle sont soumis certains établissements publics et religieux : le régime des hôpitaux, des prisons, le régime pénitentiaire, etc.

Terme de jurisprudence : *régime dotal,* ensemble des dispositions qui régissent la société conjugale quand la dot de la femme reste sa propriété inaliénable; — *régime de la communauté,* celui qui régit les époux vivant en communauté de biens.

RÉGION. Grande étendue de pays, de territoire.

Quoique souvent le mot *région* soit employé indifféremment pour *pays* ou *contrée,* il y a une distinction à faire entre les diverses termes : *région* par rapport à *pays* indique quelque chose de plus indéterminé : ainsi l'Europe est une région et non un pays, tandis que la France est un pays et non une région; — par rapport à *contrée,* région se dit de plus grandes étendues et implique une idée de division qui n'est pas dans contrée; ainsi l'on dira la *région* mais non la *contrée* des neiges; contrée est aussi moins déterminé que *pays* : ainsi la France est un pays et non une contrée.

Région se dit principalement au point de vue climatologique; la signification se rapproche alors de celle de *zone :* les diverses régions de la terre; — région méridionale, région septentrionale; — région des bois, région des neiges; — régions brûlantes, régions glacées; région haute, région basse, région moyenne, par rapport à l'atmosphère; région botanique, région zoologique, étendue de terrains caractérisés par une végétation ou une faune particulière, ou par la présence d'espèces végétales ou animales prédominantes.

REGISTRE. Tout livre public ou privé dans lequel on consigne certains faits, actes ou affaires dont on veut conserver le souvenir.

Les missions diplomatiques et les consulats sont astreints à avoir un certain nombre de registres, dont la plupart sont destinés à la transcription littérale et suivie d'actes ou de documents originaux, qui ont leurs règles propres; de ces registres quelques-uns sont obligatoires et d'autres facultatifs.

La tenue et la conservation des registres sont sous la responsabilité des chanceliers, qui doivent les tenir à jour, afin qu'on puisse en tout temps vérifier le texte ou la date des actes passés par eux, ou de ceux rentrant dans la compétence exclusive des ministres ou des consuls.

RÈGLE. Ce qui sert à diriger, à conduire, à régir; principe, maxime, loi, enseignement.

Prescription, ordonnance en vertu de la loi, des coutumes, des usages : les règles de la morale, de la justice, de la procédure; les règles établies par la loi, etc.

Ces locutions : „il est de règle que...", „cela est de règle", signifient : „Il est conforme à l'usage." — „En règle générale" ou „règle générale", c'est-à-dire „généralement, dans tous les cas"; „dans la règle", „en bonne règle", c'est-à-dire „suivant la loi, l'usage ou la bienséance".

Règles, en parlant des sciences et des arts, se dit des principes et des préceptes qui servent à les enseigner des méthodes qui en rendent la connaissance plus facile et la pratique plus sûre.

Règle se dit aussi de l'ensemble des statuts que les religieux d'un ordre sont obligés d'observer : la règle de Saint-Benoît, de Saint-Augustin.

RÈGLEMENT. Se dit de ce qui est ordonné ou prescrit pour maintenir une certaine règle, un certain ordre; statut qui détermine ce qu'on doit faire; acte fait pour l'exécution des règles, des lois: règles de police, d'administration, etc.

Statuts d'une assemblée délibérante : observer le règlement, rappeler un règlement.

L'action de régler, de déterminer : le règlement d'une affaire, etc.

Il y a cette différence entre la *règle* et le *règlement* que l'une s'applique aux choses qu'on doit faire, et l'autre à la manière dont on doit les faire.

Règlement de compte, approbation définitive d'une dépense par l'autorité compétente.

RÈGLEMENTATION. Action de faire des règlements sur une matière quelconque.

Règlementation de limites, des échanges commerciaux, etc.

RÉGNANT, RÉGNANTE. Qui règne, se dit du souverain qui occupe actuellement le trône.

Le roi, l'empereur régnant; la reine régnante.

Maison, famille, dynastie régnante, la famille dont le chef règne, ou dont les membres ont droit au trône par ordre de naissance.

Ville régnante se dit de la capitale d'un Etat.

RÈGNE. Gouvernement d'un prince souverain; la durée de ce gouvernement.

RÉGNER. Dans le sens absolu, gouverner un Etat à titre de souverain : roi, empereur, prince, duc etc.

Dans les Etats parlementaires ou constitutionnels, on fait cette restriction que le souverain exerce ses fonctions en partie du pouvoir exécutif, mais sans prétendre diriger le gouvernement, qui appartient aux ministres, expression directe de la volonté du gouvernement : d'où cet aphorisme politique : „le roi règne et ne gouverne pas."

RÉGNICOLE. Se dit, par opposition à *étrangers* (voir ce mot), des habitants d'un pays, possédant comme tels certains droits dont les étrangers ne jouissent pas.

Ainsi, par exemple, dans la plupart des pays les étrangers, pour être admis à plaider, sont astreints à fournir une caution, qu'on n'exige pas des régnicoles.

Le titre de *régnicole* s'étend aux étrangers naturalisés à qui ces droits sont accordés.

RÉHABILITATION. Acte qui rétablit une personne dans tous les droits dont elle avait été privée par suite d'un jugement.

En matière criminelle et correctionnelle, tout condamné qui a subi sa peine ou qui a obtenu sa grâce peut être réhabilité.

En matière commerciale, le failli qui a acquitté intégralement ses dettes peut obtenir sa réhabilitation.

La réhabilitation fait cesser pour l'avenir dans la personne du condamné toutes les incapacités qui résultaient de la condamnation; mais elle n'anéantit point la condamnation même, elle ne fait disparaître que les effets futurs de la peine, et non les effets encourus jusque là.

REICHENBACH (convention de). 1790.

L'Impératrice de Russie ayant profité de troubles survenus chez les Tartares de la Crimée pour prendre cette presqu'île, l'île de Taman et le Kouban sous sa souveraineté, la guerre se ralluma entre la Porte et la Russie ; l'Autriche et la Prusse y prirent part, la première comme alliée de la Russie, la seconde comme alliée de la Turquie; mais l'état de guerre n'exista jamais entre l'Autriche et la Prusse, qui s'entendirent, en 1790, pour rétablir la paix avec la Porte. Des conférences eurent lieu à cet effet à Reichenbach, petite ville située dans la principauté de Schweidnitz; elles aboutirent, le 25-27 juillet, à un échange de déclarations, duquel il résultait que l'Empereur d'Autriche consentait que la paix avec la Porte fût rétablie sur la base du *statu quo* strict tel qu'il était avant la guerre; mais si elle ne l'était pas en même temps entre la Russie et la Porte, l'Empereur n'aurait dans ce cas d'autre obligation à remplir que celle de rester dans la possession de la forteresse de Chœzim, prise par les armes autrichiennes et russes réunies, comme d'un dépôt neutre, jusqu'à ce que la paix eût été conclue entre la Russie et la Turquie, après quoi cette place serait rendue à la Porte.

La Prusse se réservait que, dès que l'armistice serait conclu entre la Porte et la cour de Vienne, on prendrait de promptes mesures pour assembler un congrès afin de travailler à la conclusion d'une paix définitive entre les deux puissances belligérantes, sous la médiation et la garantie de la Prusse et de ses alliés.

REICHSRATH. Conseil de l'Empire.

C'est le nom du parlement cisleithanien dans l'Empire d'Autriche-Hongrie, auquel sont représentés tous les pays situés en deçà de la Leitha, plus la Dalmatie.

Il se divise en deux chambres, dont l'une est élective.

REICHSTAG. Diète, assemblée des Etats.

C'est la chambre élue du parlement de l'Empire allemand.

REINE. Femme de roi. Princesse qui de son chef gouverne un royaume : telles les reines d'Angleterre Elisabeth, Anne, Victoria; dans ce cas, la reine exerce la souveraineté dans les mêmes conditions et la même latitude que l'eût exercée un roi, dont elle occupe réellement la place.

La reine-mère, la reine qui est mère du roi qui est sur le trône.

La reine douairière, la veuve d'un roi.

Au moyen-âge, les reines veuves étaient désignées sous le nom de *reines blanches,* parce qu'elles portaient le deuil en blanc.

RÉINTÉGRATION. Action de réintégrer, de rétablir une personne dans la possession d'une chose dont on l'avait dépouillée ; résultat de cette action ; réintégrer quelqu'un dans ses biens, dans ses droits.

Action de rendre un emploi à quelqu'un qui en avait été privé.

REIS ou REISS. Ce mot arabe, qui signifie chef, est le titre de plusieurs dignitaires ou fonctionnaires de l'empire ottoman. Il s'ajoute à une autre qualification.

REISS-EFFENDI. Titre que prend parfois le ministre ou chef du département des affaires étrangères de l'empire ottoman.

Les ministres étrangers envoyés en Turquie, indépendamment de la lettre de créance qu'ils doivent remettre au Sultan, sont habituellement porteurs de deux autres lettres : l'une pour le grand-vizir, l'autre pour le reiss-effendi, à qui elle est transmise par un secrétaire ou un drogman de la mission.

REJET. Action de rejeter, de repousser, de ne pas admettre une proposition, une demande, des conditions, un projet de loi ou de convention.

RELACHE. En terme de marine, entrée d'un bâtiment dans un port autre que celui de sa destination, soit pour déposer une partie de son chargement ou y prendre de nouvelles marchandises, soit pour acheter des vivres, renouveler sa provision d'eau, soit pour déposer un

malade, des passagers, soit pour réparer une avarie, soit pour chercher un abri contre le gros temps ou la poursuite d'un ennemi.

Tous les cas de relâche, excepté les trois derniers, sont connus sous la dénomination de *relâche simple;* les autres sont appelés *relâche forcée.*

La *relâche simple* peut généralement avoir lieu dans les ports de tous les Etats; cependant dans les colonies quelques ports seulement sont ouverts aux relâches simples.

Lorsqu'un bâtiment est forcé de relâcher dans un port étranger pour y faire des réparations, ou pour chercher un abri contre la fortune de mer, un danger imminent, ou contre la poursuite de l'ennemi, le capitaine est tenu de faire sa déclaration au consul de sa nation, ou, en l'absence de celui-ci, au magistrat de l'endroit.

Lorsqu'il y a danger pour les bâtiments de tenir la mer, ces bâtiments peuvent chercher un abri même dans les ports qui ne sont pas ouverts au commerce; les repousser serait porter atteinte au droit des gens. Mais le bâtiment n'a pas le droit de séjourner dans le port d'abri plus longtemps que ne l'exige la réparation de ses avaries, la disparition du danger, la cessation du mauvais temps : il doit remettre à la voile dès qu'il lui est possible de tenir la mer.

En temps de guerre, les navires de la marine militaire chassés par la tempête ou autre fortune de mer et courant un danger imminent de naufrage ou d'échouement sont, comme les navires marchands, reçus et secourus dans les ports neutres aussi bien que dans les ports ennemis.

(*Voir* NAVIRE, NAUFRAGE, ASILE, REFUGE.)

Des traités conclus entre presque toutes les nations garantissent en règle le droit de relâche. La plupart des traités de commerce et de navigation renferment des stipulations concernant les *relâches forcées.*

RELATION. Commerce, liaison, correspondance. Relations commerciales, politiques.

Relations extérieures se dit des rapports qu'un Etat a et entretient avec les autres Etats. Dans la plupart des pays la direction de ces relations constitue un département spécial de l'administration de l'Etat sous le nom de ministère des relations extérieures ou des affaires étrangères ou département d'Etat; le chef en porte le titre de ministre, ou dans quelques pays celui de secrétaire d'Etat. Ces relations extérieures créent généralement les *Relations diplomatiques,* ou celles qu'un Etat entretient avec un autre par l'entremise d'agents spéciaux qualifiés de *diplomatiques : ambassadeurs, ministres, envoyés, plénipotentiaires.* (Voir ces mots.) La cessation ou la rupture des relations diplomatiques entre deux Etats est ordinairement considérée comme un symptôme d'hostilité, et dans certaines circonstances comme équivalant à une déclaration de guerre. *(Voir* GUERRE, DÉCLARATION.)

Les relations diplomatiques, à leur tour, créent les *relations internationales,* c'est-à-dire les rapports que les différentes nations établissent, organisent et cultivent entre elles soit par la représentation diplomatique, soit par la conclusion de traités réciproques, soit par l'échange de correspondances et de communications. *(Voir* INTERNATIONAL.) Tout changement fondamental qu'un Etat éprouve dans sa manière d'être affecte ses relations internationales. *(Voir* CHANGEMENTS SURVENUS DANS LES ÉTATS.)

RELAXATION. Remise en liberté d'un prisonnier.

RELEVANT, RELEVANTE. Se disait, du temps de la féodalité, de fiefs, de terres, qui étaient dans la mouvance ou la dépendance d'une seigneurie.

RELIGIEUX, RELIGIEUSE. Personne engagée par des vœux monastiques, qui appartient à un ordre monastique.

Les traités conclus avec la Porte ottomane et les Etats barbaresques (nord de l'Afrique) stipulent protection et bons traitements en faveur des religieux chrétiens résidant sur le territoire musulman.

RELIGION. Ce terme, dans son sens propre, signifie connaissance des rapports qui existent entre l'homme et la divinité.

Religion naturelle, qu'on suppose fondée sur les seules inspirations du cœur et de la raison, se dit par opposition à *religion révélée,* ou *positive,* qu'on croit émaner d'une révélation divine.

Dans son acception ordinaire, culte qu'on rend à la divinité. (Voir culte.)

Les religions varient suivant les races, les populations, les pays, et même suivant les nationalités et les formes de gouvernement : religion juive, chrétienne, païenne, dont chacune se subdivise en diverses sectes ou communions dissidentes les unes des autres : catholique, protestante, mahométane, etc.

Religion de l'Etat, religion d'Etat, celle que l'État déclare être la sienne, à l'exclusion de toutes les autres, qu'il ne fait que tolérer.

Guerres de religion, guerres occasionnées par la différence de religion, et plus particulièrement celles qui ont eu lieu entre les catholiques et les protestants en France au 16e siècle.

Chez les nations civilisées, chacun a, sinon le droit ou la liberté entière, du moins la tolérance de pratiquer sa religion, en se conformant aux lois et aux règlements administratifs du pays où il se trouve. Plusieurs traités contiennent même des dispositions expresses à ce sujet. *(Voir* AGENT DIPLOMATIQUE.)

REMÉDIABLE. Qualificatif donné à certaines lois aux Etats-Unis.

Dans la jurisprudence anglaise, on donne le nom de *remedy* (remède) à l'action ou au moyen légal de recouvrer un droit : c'est une maxime de droit que dans toute circonstance où la loi donne quelque chose, elle donne un *remède* pour en maintenir ou défendre la possession.

Les lois américaines en question rentrent dans cette catégorie. Lorsque les Etats-Unis s'incorporent des contrées, par conquête ou par annexion, on a recours à un système général de contrôle ou de révision des titres qui constituent la possession du sol dans ces contrées, et ce système a pour base des lois, dites *remédiables,* qui sont votées par le Congrès fédéral et ont pour conséquence de valider définitivement entre les mains de leurs détenteurs les titres de propriété acquis conformément à la législation en vigueur avant la conquête ou l'annexion.

REMISE EN VIGUEUR. S'applique à une loi, à une convention dont des circonstances particulières avaient suspendu ou interrompu l'exécution et les effets, et qui recouvre sa force obligatoire, sa vigueur, lorsque ces circonstances ont disparu.

Ainsi les conventions dont la mise en pratique avait été suspendue pendant la guerre, rentrent en vigueur de plein droit à la conclusion de la paix, à moins qu'elles n'aient été modifiées par le traité de paix même, ou qu'elles ne se rapportent à des choses que la guerre a anéanties ou matériellement modifiées.

Si le traité de paix a modifié les traités antérieurs ou en a consacré expressément le renouvellement, ce sont les dispositions du traité de paix qui doivent dorénavant faire loi.

Mais s'il n'est fait aucune mention particulière à cet égard, les traités antérieurs doivent nécessairement continuer de sortir leur plein et entier effet. Pour qu'ils fussent abrogés définitivement, il faudrait qu'ils n'eussent pas été seulement suspendus, mais invalidés, annulés de fait par la guerre, comme dans le cas des traités d'alliance, qui n'ont plus de raison d'être avec la fin de la guerre; il faudrait encore que leur contenu fût incompatible avec les stipulations du traité de paix, comme ce qui a lieu, par exemple, relativement à d'anciens traités concernant la délimitation des frontières entre deux Etats. Ces traités demeurent en vigueur, si la paix n'entraîne pas une cession de territoire et partant une modification de la frontière; mais ils cessent de fait, si la frontière ne reste plus la même.

RÉMISSION. Pardon, grâce accordée à un coupable de la peine prononcée contre lui.

Lettre de rémission, lettres patentes, adressées aux juges, par lesquelles le roi accordait à un criminel la rémission de son crime, lorsque ce qu'il avait exposé à sa décharge se trouvait vrai, ou quand les circonstances le rendaient digne d'indulgence.

REMONTRANCE. — Représentations qu'on fait à quelqu'un sur une action en particulier, ou sur ses actions en général; ou pour lui démontrer les inconvénients d'une chose qu'il a faite ou qu'il est sur le point de faire.

Avertissement d'un supérieur à son inférieur.

Autrefois on appelait *remontrances* des actes par lesquels les parlements ou autres cours souveraines exposaient au roi les motifs qui les forçaient de s'opposer à l'enregistrement d'un édit, d'une loi fiscale, à l'exécution de ses volontés.

RENAISSANCE. Dans l'histoire moderne, on donne le nom de *renaissance* à la révolution qui s'accomplit dans les lettres et les arts, principalement en Italie et en France, au 15e et au 16e siècle. On fait commencer cette époque de l'année 1453, date de la prise de Constantinople par les Turcs, qui causa l'émigration d'un grand nombre de savants grecs en Italie.

RENAULT (Louis), publiciste français, né à Autun le 21 mai 1843. Professeur à la Faculté de droit de Paris, professeur de droit international à l'Ecole supérieure de guerre et à l'Ecole libre des Sciences politiques, membre de l'Institut de droit international.

Etude sur les capitulations et le projet de réforme judiciaire en Egypte, br. in-8', 1875.

L'auteur examine la situation des étrangers dans l'Empire ottoman et spécialement en Egypte au point de vue judiciaire; il raconte les négociations à la suite desquelles a été adopte la réforme.

De la succession ab intestat des étrangers en France et des français à l'étranger, br. in-8°, 1876.

Exposé et appréciations de la jurisprudence française en cette matière.

Etude sur les rapports internationaux: La Poste et le Télégraphe. Paris, 1877.

L'auteur résume l'histoire des conventions postales conclues par la France depuis le commencement du siècle jusqu'au traité d'Union postale de Berne de 1874, qu'il examine avec soin et dont il fait ressortir les conséquences et les avantages.

Pour la télégraphie il expose les origines du télégraphe électrique et en poursuit les développements jusqu'à l'Union télégraphique de 1875.

De la propriété littéraire et artistique au point de vue international. Paris, 1878.

Prenant pour guide les conventions conclues depuis 15 à 20 ans par la France avec presque tous les Etats de l'Europe, M. Renault en déduit les règles du *droit conventionnel*, le vrai droit international en fait de droits d'auteur.

Etude sur l'extradition en Angleterre. Paris, 1879.

Introduction à l'étude du droit international. Paris, 1879, in-8".

Cette introduction se divise en quatre parties : 1° *Idées générales sur le droit international*, qui est, selon l'auteur, un droit véritable existant entre les nations comme il en existe un entre les individus, ayant la même base, le respect de la personnalité et de la liberté y compris; 2° *Des sources du droit international* — traités, usages, législations, doctrines des jurisconsultes; 3° *Bibliographie raisonnée*, analyse de recueil de documents et d'ouvrages théoriques; 4° *Programme* d'un cours du droit des gens, basé en grande partie sur l'histoire.

Des crimes politiques en matière d'extradition. 1880.

Étude sur quelques lois récentes relatives à la répression des faits commis hors du territoire, br. in-8⁰, 1880.

Historique des lois belge et hongroise de 1878, de la loi luxembourgeoise de 1879, dont les dispositions sont comparées à celles des principales législations européennes.

En collaboration avec M. Ch. Lyon-Caen :

Précis de droit commercial. 2 vol. in-8⁰. 1879—1885.

Une place importante est faite au droit comparé et au conflit des lois commerciales.

Archives diplomatiques. Recueil mensuel de diplomatie et d'histoire. Traités, déclarations, correspondance diplomatique, discours du trône, etc. 4 vol. gr. in-8⁰ par an depuis 1861. Paris.

(L'année 1870 ne compte que 2 vol.)

Cette publication comprend les documents de tous les pays, traduits en français lorsqu'ils sont originairement rédigés dans d'autres langues.

Après une interruption en 1876, elle a été reprise sous la direction de M. Louis Renault.

Il y a été introduit de notables améliorations. Chaque livraison contient dès 1876 outre la reproduction textuelle 1⁰ des traités, des conventions et des protocoles; 2⁰ des correspondances, des dépêches et des notes; 3⁰ des lois et des documents divers; une *chronique* destinée à indiquer au fur et à mesure les faits les plus importants en matière de rapports internationaux, à relever certains renseignements statistiques, ou à analyser certains documents qui ne se prêtent pas par leur nature à une reproduction textuelle dans les trois premières parties; ensuite un *bulletin bibliographique* comprenant les publications relatives à l'histoire politique générale et à l'histoire diplomatique, à la géographie et à l'éthnographie, au droit des gens, au droit international privé, au droit constitutionnel, à la diplomatie, et aux rapports internationaux, tant au point de vue pratique qu'au point de vue scientifique.

RENDU (Ambroise), jurisconsulte français, avocat à Paris.

Codes de la propriété industrielle. Paris, 1879—1881, 3 vol.

Résumé de la législation de tous les pays sur la propriété industrielle. Le premier volume a trait aux brevets, le deuxième à la contrefaçon, le troisième aux marques de fabrique.

RÉNÉGAT. Celui qui a renié la religion chrétienne pour embrasser une autre religion.

Rénégat serait donc à peu près le synonyme d'*apostat;* seulement ce dernier mot a une acception plus générale, s'appliquant aux personnes qui abjurent n'importe quelle religion, tandis que *rénégat* se dit de ceux qui abandonnent particulièrement le christianisme et plus particulièrement encore de ceux qui le font pour embrasser le mahométisme. *Apostat* se dit aussi de celui qui renie une religion nouvelle qu'il avait adoptée et retourne à sa première croyance; *rénégat* ne serait pas applicable en pareil cas.

Par extension on appele *rénégat* celui qui abandonne ou trahit un parti politique pour passer dans le parti opposé.

RENONCIATION. Action de renoncer à quelque chose, de s'en désister soit par acte, soit autrement.

En droit, c'est l'acte par lequel une personne renonce au droit quelle avait sur quelque chose, abandonne une possession, des droits acquis ou éventuels.

En diplomatie, c'est l'acte par lequel l'héritier éventuel d'un trône renonce à son droit, ou par lequel le souverain actuel renonce à la succession d'un autre État.

La *renonciation* est aussi un moyen d'arriver entre les États à une solution amiable de contestation; elle consiste soit à laisser tomber un droit acquis en ne donnant pas suite à une revendication formée précédemment, avec ou sans réserver pour l'avenir; soit à reconnaître, en droit et en fait les prétentions de la partie adverse.

RENOUVELLEMENT. Action de refaire, de réitérer, de remplacer un titre ancien par un nouveau de même nature.

Appliqué aux traités, le renouvellement est la continuation ou la prolongation de leur validité au delà du terme stipulé.

Un traité éteint ou expiré peut être renouvelé, revivre et redevenir obligatoire dans toutes ses parties du commun accord des contractants.

Les traités en général renferment une clause de renouvellement, qui y est insérée sous différentes formes : tantôt il est convenu que le renouvellement fera l'objet d'une déclaration spéciale; cette déclaration n'est autre que la *prorogation* (Voir ce mot); tantôt le traité se renouvelle par *tacite reconduction* (Voir ce mot), si les parties contractantes ne manifestent pas dans un certain délai le désir qu'il soit abrogé.

Le renouvellement tacite ne se laisse toutefois induire que d'actes formels et réciproques caractérisant nettement l'intention des parties de revalider leurs engagements antérieurs. Le fait d'une observation partielle du traité par les deux parties ou par l'une d'elles ne suffirait pas pour en impliquer le renouvellement tacite.

La rupture de la paix annule *de plano* tous les engagements diplomatiques subsistant entre les Etats qui assument l'un à l'égard de l'autre le rôle de belligérant. Il est donc d'usage lors de la conclusion de la paix de renouveler tous les traités antérieurs dont on veut faire revivre les effet.

Lorsque le renouvellement d'un traité a lieu par la signature d'une nouvelle convention destinée à remettre en vigueur le traité ancien, la clause stipulant que tel ancien traité, rappelé dans la convention récente, „est censé faire partie du nouveau traité comme s'il y était inséré mot pour mot", n'engage les contractants qu'en ce qui les concerne personnellement, si l'ancien traité avait été signé par plusieurs autres puissances; mais s'il ne l'avait été que par les deux Etats contractants, le traité nouveau lui rend sa force obligatoire absolue; si le traité nouveau est conclu sous la garantie d'une ou de plusieurs puissances, les garants ne sont pas obligés en ce qui concerne l'ancien traité.

A défaut de renouvellement exprès ou tacite, les traités expirent de plein droit avec l'échéance du terme pour lequel ils ont été conclus, et alors les relations mutuelles des contractants se trouvent replacées sur le pied où elles étaient avant la signature des engagements qui les ont unis.

RENVOI. Action de renvoyer, d'adresser une proposition, une demande à ceux qui doivent l'examiner, en rendre compte, y faire droit.

Dans une assemblée délibérante, le *renvoi aux bureaux* d'un projet de loi, signifie que ce projet est déféré à l'examen des commissions ou groupes qui forment les bureaux de l'assemblée.

En jurisprudence, c'est l'action de renvoyer une partie, une affaire devant tel ou tel juge : c'est ordonner qu'une partie se pourvoira ou qu'un accusé sera traduit devant un tribunal désigné.

Le *renvoi de la plainte* est la décharge de l'accusé de l'accusation portée contre lui.

Renvoi signifie aussi ajournement, remise, comme dans cette phrase : on a décidé le *renvoi* de la discussion au lendemain.

Enfin *renvoi* se dit de l'action de congédier quelqu'un.

Ainsi un agent diplomatique, dans certaines circonstances, pour certaines causes, peut être renvoyé par le gouvernement auprès duquel il remplit sa mission.

Il faut évidemment des motifs graves pour justifier cette mesure extrême; car le renvoi qui n'aurait pas été provoqué par la conduite de l'agent ou fondé sur des raisons suffisantes, pourrait susciter des mesures de rétorsion et autoriser une demande de réparation.

Quand le gouvernement auprès duquel réside un agent diplomatique, juge à propos de le renvoyer pour cause de conduite jugée inconvenante, il est d'usage de notifier au gouvernement qui l'a accrédité que son représentant n'est plus acceptable et de demander son rappel. Si l'offense commise par l'agent est d'un caractère grave, il peut être renvoyé sans attendre le rappel de son propre gouvernement. Le gouvernement qui demande le rappel, peut faire connaître les raisons sur lesquelles il base sa demande; mais on ne saurait exiger une pareille explication. Il suffit que le représentant ne soit plus acceptable. Dans ce cas la courtoisie internationale prescrit son rappel immédiat; et si cependant l'autre gouvernement ne satisfait pas à la demande, le renvoi de l'agent s'ensuit comme conséquence nécessaire; il s'effectue par une simple notification et l'envoi de ses passeports. Le renvoi d'un agent diplomatique pour conduite inconvenante n'est pas un acte de manque d'égards ou d'hostilité envers le gouvernement qui l'a accrédité et ne saurait par conséquent être un motif de guerre.

Le renvoi d'un ministre peut également avoir lieu lorsque la conduite tenue par l'Etat qu'il représente amène une rupture subite des relations entre les deux pays. Il est d'usage dans ce cas d'adresser à l'agent, avec ses passeports, une note dans laquelle sont exposés les faits qui motivent sa sortie du territoire, et est fixé un délai pour son départ (*Voir* RAPPEL, AGENT DIPLOMATIQUE.)

RENVOI (d'acte). Signe ou marque qui dans un acte, dans un écrit, sert à indiquer qu'une addition est écrite en marge ou au bas de la page, et qu'il faut la joindre au texte.

On donne aussi le nom de renvoi à l'addition elle-même. (*Voir* APOSTILLE.)

Dans les actes officiels ou authentiques les renvois ne peuvent être écrits qu'en marge; ils doivent être approuvés, signés ou parafés par les parties contractantes qui signent l'acte lui-même, les témoins, s'il y en a, et le fonctionnaire public, lorsqu'il en intervient un.

Le *renvoi* est aussi une marque, insérée dans le texte d'un livre, d'un manuscrit, d'un acte, et qui renvoie ou adresse le lecteur à une marque pareille hors du texte, et sous laquelle il doit trouver une citation, une explication.

Se dit aussi des notes, des explications auxquelles on renvoie.

C'est encore l'avertissement qui indique dans un livre qu'on trouvera à une autre page la suite de ce qui est interrompu, ou qui, dans un dictionnaire, indique les rapports des différents articles.

RÉPARATION. Satisfaction pour une offense, pour un tort, pour un préjudice, pour une injustice.

Lorsqu'il est porté atteinte aux droits ou à la dignité d'un Etat, l'Etat lésé ou offensé a le droit d'exiger une réparation du préjudice qui lui est causé, de l'injure qui lui est faite. (*Voir* SATISFACTION, DOMMAGES, RESPONSABILITÉ, REPRÉSAILLES.)

RÉPERTOIRE. Table, recueil, inventaire, où les matières sont rangées dans un ordre qui permet de les trouver facilement.

Registre timbré sur lequel certains fonctionnaires, notamment les consuls, les notaires, etc., sont tenus d'inscrire sommairement et par ordre de date tous les actes qu'ils reçoivent ou qu'ils rédigent.

On appelle encore *répertoire*, particulièrement dans le commerce, un livre qui se tient par ordre alphabétique et qui sert à trouver avec facilité sur un autre livre — le grand-livre par exemple — les diverses choses, les différents comptes, qui y sont portés.

C'est aussi le titre de certains recueils : répertoire de jurisprudence, de théâtre, etc.

REPRÉSAILLES. En droit international, on qualifie de *représaille* toute mesure de rigueur ou de violence exercée contre un Etat ou contre ses nationaux pour obtenir réparation de quelque offense ou de quelque dommage.

TOME II

Conditions. Il se produit parfois dans les rapports internationaux des actes qu'une simple mesure de rétorsion ne saurait combattre efficacement, ou qui ne comportent même pas ce mode de redressement indirect. Par exemple, il peut arriver qu'une nation s'empare indûment de ce qui appartient à une autre, dénie le paiement d'une dette reconnue, suspende sans motif l'exécution d'un engagement conventionnel, refuse la réparation d'une injure ou d'un déni de justice évident, ou une indemnité équitable pour les pertes causées par sa faute, lorsque sa responsabilité se trouve directement engagée. Dans toutes ces circonstances, après avoir épuisé les moyens de conciliation pour se faire rendre justice, le pays offensé ou lésé a le droit incontestable, avant d'en appeler aux armes, de recourir à des mesures de contrainte plus ou moins rigoureuses, plus ou moins étendues, généralement désignées sous le nom de *représailles*. User de représailles, le mot l'indique assez, c'est reprendre son bien partout où il se trouve, s'emparer d'un gage pour sauvegarder ses droits, imposer par la force ce que le sentiment de l'équité n'a pas suffi à conquérir, en d'autres termes se faire justice soi-même.

Les moyens de représailles varient suivant la nature des conflits, suivant aussi la différence des nations et la gravité de l'injustice qu'elles ont pour objet de redresser.

Enumération des actes de représailles. Les actes de représailles autorisés sans déclaration de guerre sont:

La mise sous séquestre des biens appartenant à l'Etat offensant et situés sur le territoire de l'Etat réclamant, ou, selon les circonstances, la prise d'hypothèques sur ces biens;

La mise sous séquestre des biens appartenant à des nationaux de l'Etat avec lequel est engagé le conflit, et situés sur le territoire de l'Etat qui se dit offensé, lorsque l'autre Etat a saisi des biens possédés par des nationaux de cet Etat;

L'interruption des relations commerciales, postales, télégraphiques ou autres entre les deux pays;

Le renvoi ou l'expulsion des nationaux de l'Etat étranger;

L'arrestation de fonctionnaires ou même de simples nationaux de l'Etat étranger, lorsque celui-ci a pris l'initiative d'arrêter des nationaux de l'Etat qui recourt aux représailles;

11

Le refus d'exécuter les traités, ou la dénonciation de traités existants;

Le retrait des droits ou des privilèges accordés aux nationaux de l'autre Etat.

Les cruautés contre les nationaux de l'Etat étranger sont réprouvées comme contraires à l'humanité, lors même qu'on les exercerait par réciprocité. La conduite barbare de l'adversaire n'autorise pas d'agir de la même manière envers lui.

Lettres de représailles. Autrefois les Etats accordaient à leurs sujets des lettres de représailles pour s'emparer soit en pleine mer, soit à terre, des propriétés et des personnes appartenant à la nation offensante. De nos jours les particuliers n'ont pas plus à exercer de représailles qu'ils ne doivent en souffrir dans leurs personnes. La responsabilité des infractions au droit de gens pèse sur les Etats les uns à l'égard des autres et non sur leurs sujets, qui, aussi longtemps que la guerre n'est pas déclarée, doivent demeurer étrangers aux conflits et aux différends internationaux. Ainsi réduites désormais à une voie de fait de gouvernement à gouvernement destinée à prévenir un éclat plus sérieux, c'est-à-dire la guerre, et à amener un redressement équitable du dommage éprouvé ou de l'injure soufferte, les représailles sont ou *négatives* ou *positives*. Elles prennent le premier nom lorsqu'un Etat, n'ayant pu réussir à se faire rendre justice par les voies amiables, dénonce les traités en vigueur ou déclare retirer temporairement au pays qui l'a offensé ou lésé dans ses droits, le bénéfice des avantages dont il s'était conventionnellement obligé à le faire jouir.

On qualifie communément les représailles de *positives*, lorsqu'elles impliquent embargo, saisie de gages matériels, détention de territoires, ou capture de biens meubles, de navires ou d'autres propriétés.

Légitimité des représailles. Pour être autorisé en droit à recourir aux représailles et avant de songer à user de ce moyen de contrainte, l'Etat qui a souffert des dommages, essuyé une offense ou un déni de justice, est tenu de prouver en due forme la légitimité de sa cause et le fondement légal de ses prétentions. S'il n'avait à invoquer qu'un droit douteux, des titres contestables, par exemple une créance non liquidée, il pourrait y avoir matière à arbitrage, mais dans aucun cas motif de représailles.

Dès qu'elles ne sont pas provoquées par une cause absolument légitime et moralement imposées par des actes contraires à tous les principes de la raison et de la justice, les représailles cessent d'être l'exercice d'un droit d'ordre supérieur et deviennent un abus révoltant, que l'Etat qui en souffre le contre-coup, acquiert à son tour le droit de repousser par la force.

Il est des cas dans lesquels l'offense publique ou le dommage privé causé par un particulier ne saurait entraîner pour celui-ci, au point de vue international, de responsabilité personnelle. Ce fait se produit toutes les fois que l'injure commise ou le préjudice causé est imputable au représentant d'une force publique étrangère ayant agi dans la limite de ses instructions en vertu d'ordres souverains, et se trouvant en conséquence couvert par la responsabilité qui incombe de droit au gouvernement dont il tient ses pouvoirs comme marin, comme militaire ou à tout autre titre officiel.

Lorsqu'il ne produit pas un règlement pacifique de la question, l'emploi des moyens violents pour obtenir justice aboutit forcément à des actes d'hostilité plus caractérisés encore et engendre les conséquences inhérentes à la guerre proprement dite.

Quant aux représailles, leurs effets varient suivant les circonstances; mais, en thèse générale, on peut dire que la saisie ou la capture de l'objet en litige n'entraîne pas invariablement et de plein droit la confiscation.

En raison de leur caractère et de leurs conséquences, les représailles ne peuvent être décrétées que par l'autorité que la constitution de chaque Etat investit du droit de déclarer la guerre.

Les représailles spéciales en temps de paix, aujourd'hui tombées complètement en désuétude, étaient autrefois admises par la législation anglaise, les ordonnances françaises et les lois de presque tous les peuples.

Autoriser un Etat tiers à s'associer et à prendre part à des représailles décrétées contre un autre, ou lui donner une sanction morale propre à fortifier les actes hostiles qu'il se propose d'entreprendre, c'est violer audacieusement tous les principes de justice internationale.

REPRÉSENTANT. Celui qui représente une autre personne, qui tient sa place, qui en a reçu des pouvoirs pour agir en son nom.

En droit international, le souverain, celui qui possède de fait le pouvoir et le représentant de l'Etat. (*Voir* SOUVE-RAIN.)

Les ambassadeurs sont les représentants des souverains qui les envoient. Le ministre public représente son gouvernement de même qu'un mandataire représente son mandant. (*Voir* AMBASSADEUR, MINISTRE, DIPLOMATIE.)

Fonctionnaire nommé par élection à une assemblée législative. C'est le titre donné dans quelques pays aux députés ou membres de la Chambre élective.

En France *représentants du peuple* s'est dit des membres de la Convention de 1792 à 1795, et de ceux de l'Assemblée nationale de 1848 à 1851.

REPRÉSENTATIF. Qui a la vertu de représenter : ainsi les ambassadeurs sont revêtu du caractère *représentatif*.

Se dit du gouvernement dans lequel la nation ou une partie de la nation élit des députés ou représentants chargés de concourir à la formation des lois et à la votation de l'impôt.

Assemblée représentative, assemblée composée des représentants de la nation.

REPRÉSENTATION. Parmi les droits inhérents à la souveraineté d'un Etat figure celui de représentation, c'est-à-dire le droit de désigner et d'accréditer des représentants auprès des autres Etats, de se faire représenter au dehors par des agents diplomatiques et consulaires, chargés de cultiver avec les autres nations des relations d'amitié et de bonne harmonie. (*Voir* AGENT DIPLOMATIQUE, CONSUL, DIPLOMATIE, LÉGATION, MISSION.)

En général c'est le prince ou le chef de l'Etat qui a l'initiative de la représentation à l'extérieur; dans les républiques et les empires fédératifs, elle est remise au pouvoir central; dans les confédérations d'Etats, la représentation diplomatique incombe aux gouvernements des divers Etats de la confédération, cependant le pouvoir central est autorisé à se faire représenter.

Il est admis qu'un même agent, un même ministre public peut être chargé en même temps de plusieurs missions auprès de différents gouvernements; qu'un Etat peut se faire représenter par les agents diplomatiques d'un autre gouvernement, avec l'agrément de celui-ci; et que plusieurs Etats peuvent n'avoir qu'un même agent diplomatique accrédité près le même gouvernement.

Représentation se dit aussi de l'état que tient une personne, un fonction-naire distingué par son rang et sa dignité.

(*Voir* CÉRÉMONIAL, ÉTIQUETTE).

REPRÉSENTATION NATIONALE. — Corps des représentants d'une nation, des membres des assemblées législatives élus par le peuple.

REPRÉSENTATION THÉATRALE. Action de jouer des pièces de théâtre, des œuvres dramatiques, musicales ou lyriques.

Au point de vue de la propriété littéraire ou artistique, la représentation ou l'exécution des œuvres dramatiques et des œuvres musicales fait partie des droits appartenant aux auteurs de ces œuvres ou à leur ayant-droit.

L'usurpation du droit de représentation ne constitue pas positivement une contrefaçon, mais seulement une atteinte à la propriété intellectuelle, atteinte passible de poursuites.

La plupart des traités internationaux pour la règlementation de la propriété littéraire et artistique consacrent la garantie du droit de représentation.

REPRÉSENTATIONS. Objections, remontrances faites avec égards, avec mesure.

Les représentations sont d'une forme moins rigide que les pures remontrances, qui sont le plus généralement adressées uniquement par le supérieur à son inférieur, tandis que celui-ci peut, en observant les convenances, adresser des représentations à celui-là.

La *représentation* consiste à exposer à quelqu'un des raisons pour l'engager à changer de résolution, de conduite, d'opinion; la *remontrance* rappelle à quelqu'un ses devoirs, ses obligations pour le détourner d'une faute ou d'une erreur.

La *représentation* implique conseil; la *remontrance*, avertissement, blâme, reproche.

REPRISE. Action de reprendre à l'ennemi une chose dont il s'était emparé.

La *reprise maritime* est la reprise d'un navire capturé par l'ennemi; on dit aussi *recousse* ou *rescousse*.

Le mot s'applique aussi au navire qui, après avoir été pris par l'ennemi, est repris par un navire de la nation à laquelle il appartenait.

La reprise a pour effet principal d'annuler la prise. Le recapteur est tenu de respecter la propriété privée qu'il sauve des mains de l'ennemi.

Le droit de reprise des navires cap-

11*

turés subsiste tant que les conseils ou tribunaux de prises n'ont pas encore prononcé la validité de la prise; mais lorsqu'une prise a été, à la suite d'une procédure régulière, attribuée au capteur, elle ne peut plus lui être enlevée par reprise plus tard par l'ennemi — c'est comme s'il agissait d'un nouveau navire, non plus d'une reprise, mais d'une nouvelle prise.

Lorsque le navire repris appartient à la nation qui en a opéré la reprise, le droit de reprise et de propriété est régi par les lois intérieures de cette nation, et la restitution du bâtiment et de sa cargaison s'effectue conformément à leurs dispositions.

La plupart des règlements qui régissent les reprises en général ne font pas mention de la reprise de navires et de chargements neutres capturés par l'un des belligérants et repris par l'autre avant qu'un tribunal compétent en ait prononcé la confiscation. Lorsque certains règlements en parlent, ils les assimilent, comme le fait notamment la loi anglaise, aux reprises de navires nationaux.

Une condition essentielle pour qu'il y ait lieu à reprise et par suite à l'exercice du droit de recousse, c'est que la prise soit réellement au pouvoir de l'ennemi, ou qu'elle soit dans une condition tellement précaire que la capture en soit considérée comme inévitable.

Lorsque le capteur d'un navire ennemi abandonne sa prise, il est entendu qu'il renonce aux droits qu'il pouvait avoir sur elle. Celui qui s'empare ultérieurement du navire abandonné ne saurait invoquer le bénéfice du droit de recousse, attendu que ce droit ne s'applique légitimement qu'au cas où la propriété a été réellement délivrée des mains d'un capteur. En effet, s'il y a lieu de récompenser celui qui arrache un navire à l'ennemi, il n'y a aucun motif plausible d'accorder pareille récompense à celui que le hasard place en face d'un navire abandonné.

Comme il est reconnu généralement que le pirate n'a aucun droit sur la possession des objets dont il s'empare, la propriété reprise sur lui retourne de droit à son propriétaire primitif. Presque tous les traités stipulent dans ce cas la restitution moyennant le paiement au recapteur d'un droit de recousse fixé d'une manière analogue au droit exigé pour les reprises ordinaires.

On établit en général une distinction entre la recousse militaire et la recousse civile : la première concerne la reprise de navires ou d'objets tombés au pouvoir de l'ennemi; la seconde, qui mérite plutôt la qualification de sauvetage et tient du droit de refuge, se produit en cas de reprise d'un navire en détresse qui avait été forcé de relâcher dans un port ennemi pour échapper au naufrage.

Il peut arriver que les deux cas se présentent simultanément, et qu'un tribunal décide que les recapteurs aient pour exercer leur droit le choix de l'un ou de l'autre des deux modes de recousse.

En droit on ne saurait admettre qu'un bâtiment convoyeur qui reprend à l'ennemi un des navires qu'il escorte, ait droit à l'indemnité de la recousse militaire.

Des troupes de terre peuvent participer au bénéfice du droit de recousse pour la reprise opérée par elles avec ou sans le concours de forces maritimes de navires mouillés dans un port de mer, lorsque la reprise est le résultat nécessaire et immédiat d'opérations militaires dirigées contre la ville dans le port de laquelle se trouvent les navires.

Il peut également se faire que la reprise soit opérée par les hommes de l'équipage du navire capturé qui sont restés à bord, soit qu'ils se révoltent, soit qu'ils profitent d'un accident favorable. La jurisprudence anglaise accorde à ces marins le bénéfice de la recousse.

On ne saurait mettre en doute que la reprise d'un navire capturé ne donne le droit de recousse au croiseur qui opère cette reprise; mais la question n'est plus aussi claire lorsqu'il s'agit d'un navire pris par un croiseur, repris ensuite par l'ennemi et enfin repris de nouveau par un autre croiseur; dans ces circonstances en effet il y a à décider auquel des deux recapteurs le droit de recousse doit être attribué, et si la seconde reprise éteint les droits de la première.

D'après la loi française la recousse-recousse est assimilée à une prise faite directement sur l'ennemi, et le navire recous doit être adjugé au dernier preneur, qu'il soit corsaire ou bâtiment de l'Etat; car s'il s'agissait d'un navire ennemi pris directement sur l'ennemi, on l'adjugerait au capteur sans considérer sa qualité.

REPRODUCTION. Action de reproduire, de publier une seconde fois, par contrefaçon ou autrement, un livre, une œuvre d'art. (*Voir* CONTREFAÇON.)

RÉPUBLICAIN. Pris adjectivement : Qui appartient à la république : gouvernement républicain, constitution républicaine.

L'ère *républicaine*, mode de compter les années à partir du 22 septembre 1792 et de diviser l'année en mois égaux avec jours complémentaires.

Qui affectionne ou favorise le gouvernement républicain : esprit républicain, opinions républicaines.

Pris substantivement : celui qui habite une république, citoyen d'une république.

Partisan de la république, qui aime ce genre de gouvernement.

RÉPUBLIQUE. Dans son acception la plus générale, *république* signifie la chose publique, corps politique, le corps moral et collectif produit par l'association de tous les membres d'une nation — définition qui est par conséquent applicable à tout État, quelle que soit la forme de gouvernement, à toute espèce de gouvernement.

Dans un sens plus restreint, le mot *république* désigne une forme particulière de gouvernement de plusieurs, un État gouverné par plusieurs : on l'oppose à *monarchie* (voir ce mot).

Dans une république, l'autorité suprême n'est pas dévolue à un seul, elle est collective et temporaire : le gouvernement appartient soit à tous les citoyens agissant par eux-mêmes ou par des délégués, soit à une partie seulement des citoyens.

Dans ce dernier cas la république est dite *oligarchique*, c'est-à-dire lorsque le pouvoir est entre les mains d'un petit nombre de citoyens, et *aristocratique*, lorsque ces quelques citoyens forment la haute classe de la société, qui a le privilège exclusif de la possession et de la transmission de l'autorité suprême.

La *république* est dite *démocratique* lorsque le peuple y commande, c'est-à-dire que la majorité de la nation participe elle-même au gouvernement directement ou indirectement.

Enfin on appelle *républiques fédératives* celles qui sont composées de plusieurs États ayant chacun leur constitution particulière.

Le droit des gens positif n'a pas fixé d'une manière précise le rang des républiques dans leurs rapports avec les empires et les royaumes; mais, d'après les principes généraux du droit international, les républiques occupent quant à la préséance le même rang que les monarchies ou tout autre État souverain.

RÉPUDIATION. Synonyme de *renonciation* (voir ce mot).

En jurisprudence, *répudier* une succession, un legat, c'est y renoncer.

La *répudiation* se dit plus spécialement de l'action de renvoyer une épouse suivant les formes légales. (*Voir* DIVORCE, SÉPARATION.) La répudiation diffère du divorce ou de la séparation en ce que l'un ou l'autre de ces actes n'a lieu que du consentement des deux époux ou par une décision judiciaire, tandis que pour la répudiation la volonté du mari seul suffit. La répudiation proprement dite n'est plus en usage que chez les peuples qui ne sont pas chrétiens.

Généralement *répudier* signifie repousser, rejeter, abandonner : répudier ses principes est synonyme de les abandonner, de les renier.

REQUÊTE. En jurisprudence demande par écrit présentée à qui de droit et suivant certaines formes établies.

Dans le langage ordinaire, simple prière, demande verbale, *maître des requêtes* : autrefois on appelait ainsi des magistrats qui composaient un tribunal nommé les *Requêtes de l'hôtel*, dont l'office consistait à rapporter les requêtes des particuliers dans le conseil du roi, présidé par le chancelier.

Aujourd'hui on donne ce nom à des magistrats rapporteurs des requêtes au conseil d'État : c'est un grade entre auditeur et conseiller.

RÉQUISITION. Demande faite par l'autorité de mettre à sa disposition pour un service public des subsides en vivres, en moyens de transport, en hommes, etc.

En temps de guerre, le droit international reconnaît à l'armée qui occupe un territoire ennemi, le droit d'exiger que les communes ou les habitants fournissent ce qui est nécessaire à son entretien et à ses mouvements; mais le droit international défend que ces réquisitions s'appliquent aux choses qui ne sont pas absolument indispensables.

L'exécution des réquisitions n'affranchit pas les habitants du territoire occupé du paiement des *contributions militaires* (voir ce terme).

Il y a cette différence entre la *contribution* et la *réquisition* que la *contribution* consiste dans ce que les habitants d'un pays occupé par l'ennemi sont contraints de payer ou de donner, soit en nature, soit en argent, sous peine d'exécution militaire, pour se garantir du pillage, tandis que la *réquisition* est la demande faite par l'autorité militaire ennemie de mettre à sa disposition des choses, même des personnes.

La satisfaction aux réquisitions peut être poursuivie par la force, si elle devient nécessaire pour l'obtenir.

Dans tous les cas, les livraisons des objets requis, même lorsqu'elles ont eu lieu par contrainte, ne doivent se faire que contre paiement en argent ou en bons de réquisition. L'État qui a ordonné la réquisition, est tenu d'indemniser les particuliers, auxquels il doit remettre un récépissé des objets pris ou reçus.

Les lois de la guerre n'autorisent pas les réquisitions purement pécuniaires. Ces réquisitions ne pourraient se justifier que si elles avaient pour but de substituer le paiement d'une certaine somme aux livraisons en nature ou de garantir l'armée occupante contre le refus de ces livraisons, pourvu que la somme imposée n'excède pas les besoins de la guerre et les ressources du pays occupé.

A partir de la conclusion de la paix, le vainqueur perd tout droit d'ordonner des réquisitions sur le territoire ennemi.

RÉQUISITION EN JUSTICE. Action de requérir, de demander quelque chose à une autorité judiciaire, devant un tribunal ou une cour.

Se dit principalement des demandes formées par le ministère public devant la justice.

On donne aussi ce nom aux actes de requêtes faits par une partie auprès d'un juge pour obtenir une décision.

Réquisition de la force publique. Acte par lequel l'autorité administrative, en vertu du droit que la loi lui confère, requiert la force publique pour faire exécuter les lois, les ordonnances etc., pour assurer le repos public.

RÉQUISITOIRE. Acte de réquisition que fait par écrit celui qui remplit dans un tribunal les fonctions du ministère public.

Se dit aussi du discours que l'organe du ministère public prononce à l'appui de ses conclusions.

RESCH (Pierre), publiciste allemand, directeur de l'Ecole de commerce de **Marbourg.**

Das Europäische Völkerrecht der Gegenwart (Le droit des gens moderne de l'Europe). Graz et Leipzic 1885. 1 vol in-8°.

Petit ouvrage destiné aux gens du monde et plus spécialement aux élèves des universités, des écoles de commerce et de marine. Pour la division l'auteur a suivi en somme M. Geffcken.

RESCISION. Action de rescinder, d'annuler un acte, une convention, un engagement, un jugement.

Une convention contractée par erreur, dol ou violence n'est pas nulle de plein droit, elle donne seulement lieu à une action en nullité ou en rescision.

Il y a cette différence entre la *nullité* et la *rescision*, qu'un acte est *nul* lorsqu'il est entaché d'un vice radical qui ne peut être corrigé; tandis qu'un acte est simplement *rescindables*, tant que les parties ne l'ont pas attaqué et qu'il est encore ratifiable par elles.

Après qu'il a été fait droit à l'action du rescision, les effets sont les mêmes que ceux de l'annulation: l'acte sur lequel elle porte est désormais nul, et les choses sont placées dans l'état où elles étaient avant cet acte.

RESCRIT. Dans l'ancienne Rome, pièce officielle adressée à un prince ou à un gouvernement.

En droit romain, réponses juridiques que les empereurs faisaient par écrit aux magistrats, aux corporations, même aux simples citoyens, qui leur soumettaient quelque question à résoudre. Dans ces rescrits les empereurs ne décidaient pas sur le fond d'une affaire comme dans les décrets; cependant ils ne se bornaient pas à interpréter les lois; ils les appliquaient à des cas particuliers, ou indiquaient aux juges le parti qu'ils auraient à prendre dans une hypothèse qu'ils étaient chargés d'examiner.

Aujourdhui on donne le nom de *rescrits* aux décisions du pape sur quelques points de théologie; les *décrétales* (voir ce mot) sont à proprement parler des *rescrits*.

Dans certains pays *rescrit* signifie loi, ordonnance.

RÉSERVE. Dans une discussion exception, opposition faite d'avance aux conséquences qu'on pourrait tirer d'un aveu, d'une déclaration, d'une concession, etc.

En jurisprudence protestation faite par une partie contre les inductions qu'on pourrait tirer d'un acte émané d'elle; déclaration faite par une personne qu'elle entend que tel acte qu'elle accomplit ne préjudiciera pas à ses droits.

Faire ses réserves, garder une différence d'opinion ou de sentiment, qu'on se réserve d'expliquer ultérieurement.

Sous toutes réserves, en faisant les réserves, toutes les exceptions, les protestations anticipées applicables en la matière.

Ainsi reconnaître une chose, mais sous toutes réserves, c'est l'admettre sauf discussion ou objection ultérieure.

Sans réserve, sans faire de restriction ou d'exception.

En droit international, on nomme *réserves* certaines stipulations que des Etats, parties contractantes à un traité, arrêtent en dehors du traité même destiné à devenir public, et qu'elles conviennent de tenir secrètes. Généralement il est fait mention de ces stipulations dans le procès-verbal de l'échange des ratifications du traité. En tout cas, ces stipulations reservées ou secrètes ont la même valeur que si elles étaient insérées dans le texte même du traité.

On donne aussi le nom de *réserves* à des articles du traité même par lesquels chacune des parties contractantes se réserve le droit de prendre séparément des arrangements particuliers de quelque nature que ce soit sur des points déterminés.

La plupart des traités renferme aussi une clause *réservant* l'approbation du souverain ou du chef de l'Etat et fixant une date pour l'échange des ratifications. Cette réserve est le plus généralement expresse ou formelle, et quand elle n'a pas été stipulée en termes formels, la présomption prévaut que la ratification a été réservée.

RÉSIDENCE. La résidence, dans son sens rigoureux, est le lieu où on est, la demeure ordinaire dans quelque lieu.

La résidence est un des indices principaux qui servent à reconnaître ou à déterminer le caractère et la réalité du domicile, si même elle n'est pas une condition indispensable pour l'établir.

Toutefois la résidence ne se confond pas toujours nécessairement avec le domicile.

La résidence est un fait matériel qui se rattache à la présence physique dans un lieu, tandis que le domicile est un fait de droit, qui subsiste sans qu'il soit nécessaire qu'il y ait de la part du domicilié habitation réelle dans le lieu même.

La résidence s'acquiert par l'habitation et se perd avec elle; le domicile, au contraire, est indépendant de l'habitation. Une personne peut avoir sa demeure habituelle sur un point et en même temps en habiter un autre, qui constitue sa résidence accidentelle et temporaire.

La réalité du domicile ne se laisse pas toujours déduire d'un simple fait matériel ou de circonstances purement extérieures. La gradation de la résidence au domicile consiste surtout dans l'intention. Pour se mettre à l'abri de toute erreur il faut tenir sérieusement compte des intentions de la partie intéressée.

Il est quelquefois assez difficile de décider en quel endroit une personne a son vrai domicile. Dans bien des cas la résidence est d'un caractère très équivoque, et l'intention relative à cette résidence est souvent encore plus obscure. L'une et l'autre se déduisent quelquefois de légères circonstances.

L'intention d'une résidence permanente peut souvent avoir pour base une résidence prise dans le principe pour un but particulier et passager.

Par contre l'intention de changer de domicile peut être parfaitement exprimée, sans pourtant qu'aucun changement correspondant de résidence soit réellement effectué.

La présomption qui naît de la résidence réelle dans un endroit, est que la personne se trouve dans cet endroit *animo manendi*; mais il dépend d'elle d'écarter cette présomption, si cela est nécessaire pour sa sûreté.

Si l'intention d'établir une résidence permanente est constatée, il n'importe guère que l'établissement soit de date récente, ne datât-il que d'un jour.

Si pareille intention n'existe pas et que la résidence soit involontaire ou contrainte, la résidence, de quelque durée qu'elle soit, ne change pas le caractère originaire de la personne et ne lui donne pas un caractère nouveau.

Pour que la résidence produise quelque effet pour la détermination du domicile, il faut naturellement qu'elle ait une certaine durée et que sa prolongation autorise à en inférer l'intention d'acquérir un domicile fixe dans le pays. Si elle n'était qu'accidentelle, motivée par une affaire ou une opération particulière, la personne resterait dans la position d'un simple voyageur ou d'un étranger de passage.

Un habitant ou résident est une personne qui vient dans un endroit avec l'intention d'y établir son domicile ou sa résidence permanente, et qui par conséquent y réside réellement. La durée n'est pas aussi essentielle que l'intention exécutée en effectuant ou en commençant l'établissement réel, quoiqu'il soit abandonné au bout d'un temps plus ou moins long.

Un des *criteriums* les plus concluants pour déterminer l'intention de la résidence consiste dans les liens domestiques. Si l'individu dont le domicile est en litige, vit avec sa famille dans l'endroit où il réside, ou prend les mesures nécessaires pour la faire venir auprès de lui, son désir de se fixer dans cet endroit d'une façon permanente devient évident et jusqu'à un certain point irrécusable. Au contraire, lorsqu'un individu vit seul et n'est attaché par aucun lien social au pays qu'il habite, la preuve de son intention ne peut découler que des motifs ou des circonstances qui caractérisent le domicile.

En cas d'une double résidence par suite d'occupations multiples, il faudra considérer comme domicile le lieu où se trouve l'établissement principal, le centre véritable des affaires, le lieu où la personne séjourne le plus longtemps et possède la plus grande somme d'intérêts. (*Voir* DOMICILE.)

La résidence dans un pays étranger, quelle qu'en soit la durée, n'efface pas le caractère national acquis par la naissance; cependant il est généralement admis que la personne qui réside dans un pays étranger, doit se soumettre aux lois de son domicile. (*Voir* NATIONALITÉ.)

L'état de guerre soumet à certaines charges les résidents étrangers.

Autrefois la déclaration de guerre autorisait la détention comme prisonniers des étrangers résidant dans le pays avec lequel leur patrie était en hostilité. Dans les temps modernes, tous les traités de commerce stipulent qu'en cas de guerre entre les contractants, on accordera de part et d'autre un délai pour que leurs nationaux respectifs puissent sortir du territoire ennemi.

Après l'ouverture des hostilités, si une personne qui a résidé dans un pays ennemi, se met en route pour retourner dans son pays natal avec l'intention *bona fide* d'y résider, elle est dès lors considérée comme ayant repris son caractère neutre, quoiqu'elle ne soit pas encore arrivée dans son pays; mais jusqu'à ce qu'elle se soit mise effectivement en route, elle conserve indissolublement le caractère du pays où elle réside; elle le prend avec tous ses avantages comme avec tous ses désavantages.

Tandis que la propriété d'un citoyen *domicilié* dans le pays du belligérant opposé est passible de confiscation comme propriété ennemie, celle d'un simple *résident* ne peut au moment de son transfert être saisie que pour cause de commerce illicite.

La règle générale en vertu de laquelle on confisque les objets destinés au trafic avec l'ennemi et appartenant aux sujets d'un pays belligérant, s'applique également aux étrangers résidant ou domiciliés dans le même pays. Ainsi donc si, au début d'un voyage, les marchandises expédiées vers un port ennemi appartiennent à un de ces étrangers, elles pourront être condamnées comme de bonne prise.

Lorsque la résidence n'est qu'accidentelle, motivée par une affaire ou une opération particulière, le commerçant reste en cas de guerre dans la position d'un étranger de passage. Ainsi le commerçant neutre que des affaires spéciales amènent accidentellement dans un pays ennemi pendant le cours d'une guerre, ne saurait par le seul fait d'une semblable résidence acquérir personnellement un caractère hostile. Ce n'est que dans le cas où la prolongation indéfinie de son séjour ou sa conduite privée serait de nature à éveiller de légitimes soupçons qu'il pourrait éventuellement être traité comme ennemi.

Résidence désigne aussi le séjour actuel et obligé d'un fonctionnaire dans l'endroit où il exerce ses fonctions. (*Voir* AGENT DIPLOMATIQUE, CONSUL, MINISTRE, etc.)

C'est également le lieu de la résidence ordinaire d'un souverain, d'un prince.

Enfin *résidence* est le titre de l'emploi d'un *résident* ou ministre résident auprès d'un prince, d'un chef d'État. (*Voir* MINISTRE, RÉSIDENT.)

RÉSIDENT, ministre résident. Ministre public de troisième classe, accrédité auprès d'un souverain ou chef d'État étranger.

Le ministre résident ne représente pas la personne du prince ou du chef d'État qui l'envoie dans sa dignité, mais uniquement dans ses affaires. Au fond sa représentation est la même que celle des autres ministres publics de l'ordre immédiatement supérieur. (*Voir* AGENTS DIPLOMATIQUES, DIPLOMATIE, MINISTRE PUBLIC.)

RÉSIGNATION. Abandon en faveur de quelqu'un, faire cession et résignation de droits à quelqu'un.

Se dit aussi de l'action de quitter ses fonctions, de se démettre d'un emploi; mais dans ce sens le mot a vieilli. (*Voir* DÉMISSION.)

RÉSILIATION. Annulation d'un acte, d'un contrat.

Convention par laquelle des parties consentent à ce qu'un acte antérieur soit considéré comme nul et non avenu.

La résiliation peut être *volontaire*, c'est-à-dire quand les parties sont d'accord; ou *forcée*, lorsqu'un jugement l'ordonne en la motivant sur des illégalités ou des vices entachant le contrat à son origine.

Relativement aux traités internationaux, il y a lieu à résiliation amiable et mutuelle dans les mêmes circonstances qui sont de nature à justifier un refus de ratification. (*Voir* RATIFICATION.)

La résiliation surgit encore lorsque l'une des parties a été lésée, que sa bonne foi a été surprise, qu'on a usé à son égard de violences ou de manœuvres illicites pour capter son consentement, enfin dans tous les cas de rescision prévus en matière de droit civil.

La résiliation peut d'ailleurs être invoquée par les deux parties ou seulement par celle dont les droits ont été sacrifiés indûment, qui n'a pas été libre de débattre les charges imposées, qui n'avait pas capacité absolue pour contracter, ou dont la constitution intérieure se trouve avoir été violée.

RÉSOLUTION. Décision d'une question, d'une difficulté.

Projet ou dessein qu'on arrête, parti qu'on prend.

Dans les assemblées, proposition présentée et adoptée, décision après délibération. Projet de loi qui a reçu l'assentiment d'une chambre législative.

La résolution est ordinairement précédée d'un vote ou adoptée par acclamation.

En jurisprudence, cassation, annulation d'un contrat. La *résolution* diffère de la résiliation en ce que celle-ci n'a d'effet que pour l'avenir et laisse subsister pour le passé les effets de l'acte résilié, tandis que la résolution anéantit le contrat rétroactivement, de façon qu'il doit être considéré comme n'ayant jamais existé.

RESPECT MUTUEL DES ÉTATS. Les nations doivent se respecter mutuellement comme membres de la grande famille humaine, et les Etats, qui les représentent, en raison de leur souveraineté et de leur indépendance.

Le respect dû à un Etat ne peut lui être refusé par un autre que dans le cas où celui-ci conteste la légitimité de son existence et rompt les relations avec lui.

Dans l'Etat il y a à respecter la personnalité physique ou territoriale, de sorte qu'il n'est licite à aucune nation d'entreprendre la destruction d'une autre, tant que son propre salut ne lui en impose pas la nécessité; il faut aussi respecter la personnalité politique, c'est-à-dire tous les droits généraux et spéciaux, sanctionnés par la constitution de chacun, tant que l'exercice de ces droits ne dépasse pas de justes limites : ainsi les Etats dans leurs relations doivent observer entre eux les règles du cérémonial public, s'abstenir d'actes de nature à empiéter sur les droits souverains des autres ou à en entraver l'exercice, et respecter les institutions particulières de chacun d'eux.

Les Etats en outre se doivent mutuellement considération et respect pour tout ce qui touche à leur dignité, à leur pavillon, comme à leurs ministres publics, à leurs représentants et à leurs délégués de toute classe, magistrats, fonctionnaires, officiers des armées de terre et de mer, etc.

Le manque de respect envers ces personnes ne doit cependant être considéré comme remontant jusqu'au pays même duquel elles tiennent leurs pouvoirs et leur caractère public qu'autant que l'écart ou l'offense dont elles ont eu à se plaindre, implique l'intention de blesser en elles la dignité de l'Etat et la souveraineté nationale. Autrement on ne saurait y voir qu'un indice regrettable de refroidissement des relations de bonne harmonie, et d'inspirations aussi contraires à la saine politique qu'aux devoirs internationaux. Toutefois les conséquences pratiques qui peuvent en découler, sont en général moins graves que celles qui résultent des insultes faites au pavillon national.

Enfin les Etats ont le devoir de respecter, d'exécuter les traités conclus par eux, les arrangements auxquels ils ont souscrit ou pris part; ils ont aussi celui de veiller à ce que les engagements auxquels ils se sont soumis soient respectés, exécutés également par leurs propres sujets ou ressortissants.

(*Voir* SOUVERAINETÉ, INDÉPENDANCE, ÉGALITÉ DES ÉTATS, CÉRÉMO-

NIAL, COURTOISIE, MINISTRES PU-
BLICS, RESPONSABILITÉ.)

RESPONSABILITÉ. *Nature et définition.*
Obligation de répondre, d'être garant
de certains actes, d'un dommage causé
à une autre ou à d'autres personnes.

En droit, une personne est responsable
non seulement du dommage qu'elle a
causé de son propre fait, mais aussi de
celui qui est causé par le fait des personnes dont elle doit répondre, ou des
choses qu'elle a sous sa garde.

C'est ainsi qu'un gouvernement est généralement tenu responsable non seulement des faits publics ou privés, des
actes qui lui appartiennent en propre,
mais encore de ceux qui émanent
soit de ses représentants ou délégués
directs, soit des particuliers placés sous
son autorité immédiate; toutefois il est
selon les circonstances des exceptions
essentielles à cette partie de responsabilité qui s'attache aux actes qui ne sont
pas attribuables directement au gouvernement.

Dans l'intérieur des limites juridictionnelles les agents de l'autorité sont personnellement seuls responsables dans la
mesure établie par le droit public interne de chaque Etat. Lorsqu'ils manquent à leurs devoirs, excèdent leurs
attributions ou violent la loi, ils créent,
à ceux dont ils ont lésé les droits un
recours légal par les voies administratives ou judiciaires; mais à l'égard des
tiers, nationaux ou étrangers, la responsabilité du gouvernement qui les a
institués, reste purement morale et ne
saurait devenir directe et effective qu'en
cas de complicité ou de déni de justice
manifeste.

Il en est tout autrement lorsqu'il s'agit
d'actes accomplis à l'étranger ayant un
caractère véritablement national et imputables à des représentants officiels,
délégués de la force publique ou autres.

Responsabilité pour actes des agents. C'est
un principe universellement admis, et ne
comportant aucune réserve dans son
application extraterritoriale, que le gouvernement assume, en fait comme en
droit, la responsabilité de tous les actes
des agents qui le représentent ou auxquels il a délégué une partie des pouvoirs
qui lui appartiennent en propre.

Toutefois un gouvernement peut décliner la responsabilité des actes de ses
agents, lorsqu'il les désavoue expressément en prouvant qu'il ne les a pas
autorisés. Mais même en pareil cas il

est tenu de réparer le tort que ces actes
ont causé, car un simple désaveu ne
satisfait pas toujours la partie lésée.
Cette règle s'applique particulièrement
aux actes des personnes faisant partie
des forces militaires et navales d'un Etat.
Ces personnes sont regardées comme les
gardiens de l'honneur et de la dignité
de l'Etat. De plus la rigueur des lois et
de la discipline militaires imprime aux
actes d'un officier une plus large responsabilité que n'en ont les actes d'un simple
fonctionnaire civil. Le premier est sous
les ordres immédiats du chef de l'Etat,
tandis que le second ne se trouve pas
toujours sous la direction immédiate du
pouvoir exécutif ou passible de punition.
L'acte d'un officier de l'armée ou de la
marine agissant dans sa capacité officielle
est donc *prima facie* l'acte de son gouvernement et doit être considéré comme
tel, tant qu'il n'est pas désavoué par ce
gouvernement. Le brevet de l'officier est
généralement regardé comme une preuve
suffisante de son autorité. Dans le cas
où il désavoue l'acte de l'officier, le gouvernement est obligé de punir celui-ci
ou de le livrer à la partie lésée pour
qu'elle le punisse.

Lorsqu'un individu trouble la tranquillité publique, lèse les droits souverains de la nation ou viole les lois, ou
lorsqu'au lieu d'attaquer l'Etat, il commet des crimes ou des délits qui portent
atteinte à la sécurité personnelle, aux
droits et à la propriété des particuliers,
le gouvernement, dans l'un comme dans
l'autre cas, manquerait à ses devoirs,
s'il ne poursuivait pas la répression de
l'injure commise. L'Etat n'est pas seulement obligé d'assurer l'empire de la paix
et de la justice entre les divers membres
de la société; il doit encore et tout particulièrement veiller à ce que tous ceux
qui sont placés sous son autorité n'offensent ni les gouvernements ni les citoyens
des autres pays.

Mais lorsque la nation ou son gouvernement approuve et ratifie les actes de
ses ressortissants, cette conduite de sa
part autorise pleinement la partie offen-
sée à en faire remonter la responsabilité
directe à celui qui se les est volontairement et sciemment appropriés. L'Etat
qui dans ce cas refuse de réparer le
dommage causé par un de ses sujets, se
rend en quelque sorte complice de l'offense
et aggrave des torts dont les autres
nations sont en droit de lui demander
compte.

Conditions de la responsabilité. On peut
résumer ainsi les circonstances et les

conditions dans lesquelles la responsabilité internationale s'impose aux gouvernements à raison d'actes accomplis par des personnes dont ils doivent répondre.

Lorsqu'il s'agit de ses fonctionnaires, un gouvernement peut être tenu responsable des conséquences de leurs actes, dans les circonstances suivantes : si, ayant été, en temps opportun pour l'empêcher, prévenu du fait illicite que son agent avait l'intention de commettre, il ne l'a pas empêché;

Si, ayant eu le temps d'annuler l'acte de son agent, il ne l'a pas fait immédiatement;

Si, informé du fait accompli, il ne s'est pas empressé de blâmer la conduite de son agent et de prendre les précautions nécessaires pour en empêcher le renouvellement. En tout cas, un gouvernement qui refuse ou s'abstient de désavouer ses fonctionnaires dans leurs actes qui portent préjudice à des intérêts étrangers, est censé s'approprier ces actes, les ratifier tacitement; il ne peut donc se soustraire à en subir toutes les conséquences.

Quand le gouvernement a eu connaissance du fait duquel le dommage a résulté, et n'a pas déployé la diligence suffisante pour le prévenir ou en arrêter les conséquences, l'Etat sera responsable pour négligence volontaire de diligence. Dans ce cas le degré de responsabilité de l'Etat devra avoir pour base le plus ou le moins de facilités qu'il avait de prévoir le fait, le plus ou le moins de précautions qu'il était à même de prendre pour l'empêcher.

Il appartient aux pouvoirs constitués d'organiser un système de mesures légales propres à mettre le gouvernement en état de réprimer et de punir les particuliers qui offensent les Etats amis ou leur portent préjudice; mais il ne suffit pas qu'un Etat se soit fait un système de lois et l'ait observé, pour en conclure qu'il doive être exonéré de toute responsabilité. Il peut se faire que ce système soit incomplet et inefficace. Or, quand les défauts existant dans les lois ou la procédure pénale d'un Etat sont tels qu'il était aisé de prévoir que ces lois ou cette procédure seraient insuffisantes pour réprimer et punir les offenses envers un Etat ami, on peut exiger que l'Etat prenne un surcroît de mesures de précaution correspondant au risque du dommage à prévoir; et s'il a négligé de le faire, l'Etat est tenu responsable du fait des particuliers qui ont causé un dommage à des étrangers.

Par contre, si un gouvernement a avec une entière bonne foi pris toutes les mesures dont il pouvait user pour obvier au dommage, s'il a eu recours à tous les procédés légaux pour l'empêcher et pour punir celui qui l'a causé, il ne serait pas équitable de le déclarer responsable; car en pareil cas on ne saurait aller jusqu'à exiger de lui qu'il prît des mesures incompatibles avec les institutions politiques de son pays, ou lui faire un crime de n'avoir pu modifier le système des lois trouvé et reconnu incomplet.

Il n'est pas facile d'établir des règles abstraites pour déterminer quand le manque de diligence de la part d'un gouvernement à calculer les conséquences possibles et présumables de son propre système de lois et de procédure peut constituer une négligence volontaire et de nature à rendre l'Etat responsable. Tout dépend du rapport entre le devoir abstrait de l'Etat et les circonstances du fait, entre le risque du dommage à éprouver et les facilités qu'il y avait de le prévoir.

L'application des lois faite loyalement et de bonne foi est une forte présomption en faveur de l'Etat; mais elle peut être détruite par la preuve contraire.

Un gouvernement peut être tenu responsable envers les gouvernements étrangers pour le fait de particuliers toutes les fois que ceux-ci accomplissent des actes de nature à compromettre l'ordre et la sûreté des Etats voisins, ou quand ils ont de leur fait propre causé un tort à un Etat étranger ou aux citoyens de cet Etat et que le gouvernement du pays où les actes ont eu lieu n'a pas fait ce qui était en son pouvoir pour les empêcher.

En pareil cas on ne pourrait faire dépendre la responsabilité de l'Etat de ce que les lois n'ont pas été appliquées; car le dommage aurait été causé par la faute des fonctionnaires de l'Etat, et il faudrait appliquer les règles que nous venons d'exposer.

Le cas est plus compliqué lorsque les lois ont été parfaitement appliquées, mais qu'on n'a pas pu néanmoins empêcher le dommage, parce que les fonctionnaires publics n'avaient pas des moyens légaux suffisants pour empêcher les particuliers de causer un dommage de leur fait propre à un Etat étranger. Dans cette seconde hypothèse la responsabilité du gouvernement pourrait dépendre de son manque volontaire de diligence à calculer les conséquences possibles et présumables de son système de lois.

Toutefois il ne suffit pas qu'un Etat fournisse la preuve qu'il a éprouvé un dommage du fait de particuliers résidant dans un autre Etat, pour déclarer celui-ci responsable; il faut que de. plus il donne la preuve que le fait qui lui a causé le dommage est moralement imputable à l'Etat, ou que cet Etat devait ou pouvait l'empêcher et a volontairement négligé de le faire.

Un gouvernement ne peut se soustraire à la responsabilité et à l'obligation de réparer le dommage, s'il a autorisé ou même accompli lui-même l'acte qui a occasionné ce dommage ; mais il y échappe, si en agissant ainsi il est demeuré dans les bornes légales de l'exercice du pouvoir public ou s'il y a été contraint par des circonstances de force majeure.

En général les actes du pouvoir public, les faits de gouvernement proprement dit ou d'administration ne donnent pas lieu à la responsabilité de l'Etat : tels sont les faits de guerre, les mesures prises dans un intérêt d'ordre public, de salubrité, ou au point de vue économique, comme la prohibition d'exporter certaines marchandises, l'établissement et la modification des tarifs de douanes, etc.

Ainsi, par exemple, dans un cas d'incendie, l'autorité a le droit indiscutable de prendre toutes les mesures qu'elle juge opportunes pour arrêter les ravages du feu. Les particuliers seraient malvenus à prétendre rendre l'administration responsable des mesures de précaution prises alors par ses agents, sous prétexte qu'elles sont prématurées ou inutiles; tout au plus pourrait-on faire valoir qu'elles ont excédé les proportions nécessaires.

L'Etat ne saurait non plus être responsable d'un accident qui n'aurait pas de cause reconnue, ou dont la cause ne serait pas attribuée d'une manière certaine à la négligence de ses employés.

Toutes les fois qu'il s'agit de réparer des dommages causés par le fait d'un gouvernement, que cette réparation doive être réglée selon les principes de l'équité ou par l'application des lois intérieures spéciales, aucune différence ne doit être faite entre les étrangers et les nationaux.

La responsabilité des actes de violence commis par un gouvernement, bien qu'illégitime, retombe sur celui qui lui succède, à tel point que le changement même de dynastie ne saurait l'en exempter.

Responsabilité envers les étrangers. La responsabilité des gouvernements envers les étrangers ne peut être plus grande que celle que ces gouvernements ont à l'égard de leurs propres citoyens. On ne saurait prétendre en effet que les droits d'hospitalité puissent restreindre le droit qui appartient à un gouvernement d'user de tous les moyens légaux pour pourvoir à la conservation de l'Etat, ou que les étrangers puissent obtenir une position privilégiée; l'exemption des conséquences des malheurs publics est la garantie des dommages qui pourraient être causés par force majeure ou par l'impérieuse nécessité de pourvoir au salut public.

Mesures de sûreté. En cas de troubles civils ou de guerre extérieure, l'intérêt de sa défense ou de sa sûreté peut mettre un Etat dans l'obligation morale de porter momentanément atteinte à la liberté des transactions commerciales, de paralyser les mouvements des navires marchands, et même de requérir ceux-ci pour les employer à des transports de troupes et de munitions ou à d'autres opérations militaires. La raison d'Etat prime ici l'intérêt privé et légitime l'emploi de ces moyens extrêmes désignés sous le nom *d'arrêt de prince* et *d'angarie* (voir ces mots).

La règle universellement consacrée en cette matière et donc que tout gouvernement que les circonstances contraignent à recourir à l'angarie, ne soit pas seulement responsable de ses conséquences matérielles pour le navire qui en est l'objet, mais encore qu'il soit tenu, avant d'imposer sa réquisition, de solder l'indemnité due pour le service réclamé. Du reste le droit d'angarie appartient par sa nature aux droits imparfaits, et un grand nombre de traités en ont formellement interdit l'exercice ou subordonnée l'emploi au paiement *préalable* d'une juste compensation pécuniaire.

En cas de troubles intérieurs ou de guerres civiles, relativement à la responsabilité qui pourrait incomber aux gouvernements pour les pertes et les préjudices éprouvés par des étrangers, le principe d'indemnité et d'intervention diplomatique n'est admis par aucune nation de l'Europe et de l'Amérique.

Le droit international n'oblige pas seulement les Etats à empêcher que leurs sujets ne portent atteinte à la considération et aux intérêts des peuples et des gouvernements amis; il leur impose encore le devoir strict de s'opposer sur leur territoire à tout complot, à toute machination ou combinaison quelconque de nature à troubler la sécurité des pays avec lesquels ils entretiennent des relations de paix, d'amitié et de bonne harmonie.

Lorsque les citoyens d'un pays s'en vont hors de ce pays prendre part à des expéditions militaires illicites et nullement organisées, ou organisent ou aident à organiser des expéditions de flibustiers contre une autre nation, il est sans aucun doute du devoir de l'Etat d'exercer son droit de prohibition et d'user de ses moyens préventifs. Il ne saurait se soustraire à la responsabilité qu'il encourrait en négligeant d'accomplir ce devoir; il se retrancherait vainement derrière le prétexte de l'émigration volontaire et conséquemment de l'expatriation de ses citoyens.

RESPONSAL, Envoyé que le Pape maintenait auprès des rois de France et des empereurs de Constantinople pour faire connaître à ces princes les réponses ou les décisions du souverain Pontife sur les affaires de l'Eglise.

Ceux qui étaient envoyés à Constantinople étaient plutôt appelés *apocrisiaires*.

RESSORT. Etendue du territoire dans lequel un tribunal exerce sa juridiction, ou un employé public ses fonctions.

Il se dit aussi du degré de juridiction : ainsi un jugement rendu *en dernier ressort* est un jugement qui a passé par tous les degrés de juridiction et qui n'est plus susceptible d'appel.

Ressort se dit en outre de la nature des affaires qui ressortissent à un tribunal, à une juridiction : le ressort civil, le ressort ecclésiastique.

RESSORTISSANT. Qui ressortit à une juridiction, à un gouvernement, qui en dépend.

S'emploie comme synonyme ou équivalent de national, de sujet, de citoyen : ainsi l'on dit dans cette acception les *ressortissants* d'un Etat.

RESTAURATION. En politique, rétablissement d'une dynastie sur le trône d'où elle avait été renversée.

Se dit particulièrement de la restauration des Stuarts en Angleterre au 17e siècle, et de celle des Bourbons en France en 1815.

La restauration peut aussi s'appliquer à une forme de gouvernement, à une administration qui avait été détruite ou

expulsée temporairement et que les évènements ramènent au pouvoir.

Cette restauration entraîne des changements particuliers.

Toutes les modifications apportées à la constitution du pays pendant l'interrègne cessent d'être obligatoires. Dans ce cas les relations politiques précédemment établies entre le souverain et le peuple rentreront en vigueur, à moins que le pouvoir constitutionnel ne juge utile d'y faire des changements ou de maintenir certaines parties de la constitution intermédiaire.

Par suite du rétablissement de l'ancien état de choses le souverain restauré peut rétablir les lois, l'administration et les autorités publiques, telles qu'elles existaient avant l'invasion; mais les droits privés nés sous ce régime, ainsi que les jugements rendus à la même époque, sont à l'abri de toute contestation, pourvu qu'ils puissent se concilier avec l'ordre de choses rétabli. Les conventions publiques conclues dans l'intervalle avec des souverains étrangers continuent à subsister, lorsqu'elles sont d'une nature réelle (*in rem*), sauf la faculté de les abroger par suite d'un changement de circonstances ou pour d'autres motifs légitimes.

Le souverain rétabli doit s'abstenir de faire un usage rétroactif de ses droits, soit envers ses propres sujets, soit envers des sujets étrangers, à raison de tout ce qui s'est passé pendant son expulsion conformément aux règles établies par le pouvoir intermédiaire. Ainsi, par exemple, il serait injuste de réclamer des arriérés d'impôts ou de services qui, aux termes des lois précédentes, auraient dû lui être payés pendant le temps de son absence ; car le gouvernement intermédiaire a succédé valablement aux droits et aux engagements de l'ancien Etat. Au contraire, les impôts échus à cette époque, mais non recouvrés, sont dus incontestablement au souverain restauré; il peut en outre réclamer l'exécution des marchés passés avec le gouvernement intermédiaire.

Les aliénations de biens qui font partie du domaine de l'Etat et non du domaine privé du souverain ou de la famille souveraine, opérées par le gouvernement intermédiaire, sont considérées comme valables.

Le gouvernement restauré n'a pas le droit de donner aux lois ou aux règlements qu'il édicte un effet rétroactif, en les déclarant applicables à l'époque pendant laquelle le pouvoir était en d'autres mains. Il est tenu de supporter les conséquences des actes du gouvernement intérimaire auxquels il n'a pu s'opposer.

RESTITUTION. Action de rendre, de restituer ce qui a été détenu ou possédé indûment ou injustement, ou par suite de circonstances exceptionnelles, de force majeure, telles que, par exemple, l'occupation militaire pendant la guerre.

Lorsque la restitution en est stipulée par le traité de paix le territoire et les lieux occupés doivent être rendus dans l'état où ils se trouvaient lors de l'occupation; toutefois les changements et les détériorations survenus depuis ne peuvent être l'objet d'aucune réclamation. Le détenteur n'est pas tenu non plus à la restitution des fruits perçus par lui, et il jouit en outre de la faculté d'enlever les choses à lui appartenant affectées à l'usage des lieux occupés par lui.

Le belligérant qui a occupé un territoire doit aussi restituer les archives, les actes, les documents relatifs à ce territoire, lors même que dans l'intervalle il les a emportés au dehors.

Il y a lieu aussi de restituer les objets d'art conservés dans les musées, les livres pris dans les bibliothèques publiques, lesquels ne sauraient être considérés comme des trophées et dont la capture ne peut se justifier comme étant un résultat nécessaire des opérations militaires.

RESTRICTION. Condition qui restreint, limite, diminue ou modifie : la limitation, la diminution, la modification même.

Il peut être mis des restrictions à l'exercice de droits ou de prérogatives, à l'application de lois, de règlements.

Ainsi les lois étrangères ne peuvent être invoquées dans un autre Etat, si elles portent atteinte au droit de souveraineté de cet Etat ou aux droits de ses nationaux ; si au point de vue moral ou politique elles sont incompatibles avec sa sécurité, son bien-être, l'observation de ses devoirs ou de la justice : ainsi aucune nation chrétienne ne tolère sur son territoire l'exercice de la polygamie, l'inceste, l'esclavage, etc.

De même c'est une contume générale qu'aucun Etat ne laisse exécuter sur son territoire les lois criminelles d'un autre Etat, sauf les modifications apportées à cette règle par les traités d'extradition.

RETORSION. En droit international, sorte de représaille qui consiste en ce qu'un pays pratique à l'égard d'un autre les mêmes procédés, les mêmes règles de droit dont celui-ci use envers lui; elle consiste à imposer dans un pays aux étrangers le même traitement, les mêmes obligations que le pays étranger impose sur son territoire aux nationaux de l'autre pays qui y résident; elle consiste à opposer à un acte contraire à l'équité un acte de même nature.

Lorsqu'on a fait en vain appel aux moyens de conciliation, et qu'on ne veut cependant pas encore recourir au sort des armes, pour vider le différend, il ne reste aux gouvernements qu'à se placer sur le terrain des voies de fait, parmi lesquelles se présente tout d'abord la *rétorsion*, qui est la moins violente.

Ainsi, quand un Etat cesse de respecter les usages établis, qu'il augmente démesurément les droits d'entrée ou de transit sur les produits d'un autre Etat le recours à la rétorsion se justifie de lui-même. Il en est de même lorsqu'une nation improvise des règlements fiscaux, consacre des mesures onéreuses pour le commerce ou la marine, en leur donnant un effet rétroactif, ou bien encore procède arbitrairement à la réforme de ses lois intérieures, en vue de restreindre les avantages acquis aux sujets étrangers.

Chaque pays est naturellement maître de régler, suivant les circonstances qui les provoquent, les conditions générales, les limites et la durée de la rétorsion.

Entre nations qui ne sont pas arrivées au même degré de civilisation la rétorsion poussée à l'extrême cesse d'être justifiable, parce que l'on ne peut espérer lui faire produire les conséquences qui seules en légitiment l'emploi, et qu'au surplus ce serait se dégrader soi-même que de suivre son adversaire dans la voie de barbarie où l'ont entraîné le défaut de lumières et l'oblitération du sens moral. (*Voir* REPRÉSAILLE.)

On établit ordinairement une différence entre la *rétorsion* et les *représailles* proprement dites; elle consiste en ce que la rétorsion a pour objet de faire cesser ou d'empêcher des actes d'iniquité, et que par les représailles on réagit contre l'injustice même en se faisant justice soi-même.

RETRACTATION. Désaveu formel de ce qu'on a dit ou écrit.

Annulation d'un acte ou d'un consentement par la personne de laquelle il émane.

RÉTROACTIVITÉ. Qualité de ce qui est rétroactif, de ce qui agit sur le passé.

Un des caractères essentiels des lois consiste dans leur non-rétroactivité.

La loi ne dispose que pour l'avenir; elle n'a point d'effet rétroactif.

Ce principe s'applique surtout d'une manière absolue aux lois pénales : Nulle contravention, nul délit, nul crime ne peuvent être punis de peines qui n'étaient pas prononcées par la loi avant qu'ils fussent commis.

Ce que nous disons des lois est également applicable aux traités, aux engagements internationaux.

RÉTROCESSION. Acte par lequel on remet à une personne un bien, un droit qu'elle avait précédemment cédé.

Un territoire peut être cédé par un Etat, puis rétrocédé par un autre. (*Voir* DOMAINE, ÉTAT.)

RÉUNION. Action de rejoindre une chose démembrée au tout dont elle faisait partie, ou de joindre pour la première fois une chose à une autre : ainsi réunion d'un fief au fief dominant, d'une province à un Etat, d'un territoire à un autre territoire, d'un Etat même à un autre Etat.

Autrefois les princes pouvaient, pour des motifs quelconques, renoncer au gouvernement de leurs Etats et remettre ce gouvernement entre les mains d'autres princes.

Dans une autre acception, *réunion* signifie assemblée de personnes.

Réunion publique, celle où l'on expose et discute quelque question intéressant le public.

Réunion illicite, association de malfaiteurs, attroupement illégal ou séditieux.

Réunion armée, rébellion.

REVALIDATION. Action de revalider, de donner une nouvelle validité à un acte, à un engagement, à un traité.

REVENDICATION. Action par laquelle on réclame une chose qui est dans les mains d'une autre personne et à laquelle on prétend avoir des droits de possession ou autres.

Action de réclamer ce qu'on regarde comme un droit : revendication des droits politiques, de la liberté.

RÉVÉRENCE. Employé au pluriel, se dit d'une sorte d'hommage qu'on rend aux souverains en certaines occasions.

Titre d'honneur qu'on donnait à certains religieux, notamment à ceux qui étaient prêtres. Dans cet emploi *Révérence* prend toujours une majuscule.

RÉVÉREND, RÉVÉRENDE. Digne d'être révéré.

Titre d'honneur qu'on donne aux prélats, aux religieux et aux religieuses : Révérend père, Révérende mère supérieure.

RÉVÉRENDISSIME. Titre d'honneur plus relevé que celui de Très-Révérend, et qui se donne aux archevêques, aux évêques, aux généraux d'ordres, aux supérieurs de certaines abbayes.

RÉVERSALES ou LETTRES RÉVERSALES. Déclaration par laquelle un Etat s'engage à ne pas contrevenir à des arrangements convenus antérieurement, ou à un usage établi; ou acte par lequel un Etat fait une concession en retour d'une autre.

Ordinairement par les *lettres réversales* une cour reconnaît qu'une concession spéciale qui lui est faite par une autre cour, ne devra préjudicier en rien aux droits et aux prérogatives antérieurs de chacune d'elles.

Les *reversales* délivrées par un souverain sont remises sous forme de *lettres patentes* (Voir ce mot); elles conservent le caractère de *déclarations*, quand elles sont rédigées et signées par un plénipotentiaire.

RÉVERSION, réversible, réversibilité. Réversion, droit de retour, en vertu duquel les biens ou les droits ou les privilèges dont une personne a disposé en faveur d'une autre lui reviennent quand cette personne meurt sans enfants.

Les apanages, les majorats étaient constitués avec clause de retour ou de réversion de la branche directe sans descendants mâles.

Les biens, les droits, les privilèges sujets à réversion sont dits *réversibles*.

Réversibilité, qualité de ce qui est réversible.

Clause de réversibilité, clause insérée dans certains contrats, par laquelle on convient que l'avantage stipulé retournera éventuellement soit sur la tête du survivant des contractants, soit même sur la tête d'un tiers.

Ainsi, en vertu de la *réversibilité*, les fiefs faisaient retour au seigneur à la mort des vassaux qui ne laissaient aucun parent mâle.

REVÊTIR. Est parfois synonyme de *donner, conférer, confier*, comme dans ce sens : revêtir une personne d'une fonction, d'une dignité, de titres, d'autorité, de pouvoirs.

Se dit aussi, en parlant d'un acte, d'un traité, pour signifier qu'on y a mis tout ce qui est nécessaire pour le rendre valide.

Revêtir un acte des formes requises, de la signature de telle ou telle personne.

RÉVISION. Action de revoir, d'examiner de nouveau pour corriger ou réformer : révision d'une constitution, d'une loi, d'un traité, etc.

En jurisprudence, c'est l'action de soumettre un jugement à une nouvelle autorité, de soumettre à un tribunal supérieur une affaire après condamnation prononcée et exécutée.

Sous l'empire du droit romain, la révision était admise pour les procès en toutes matières; généralement le droit moderne n'a conservé la révision qu'en matière criminelle, et même pour certains cas nettement déterminés.

RÉVOCATION. Action de révoquer. En parlant des choses, annulation; acte par lequel on déclare nul un autre acte, une disposition antérieure dans les limites de la loi; la révocation entraîne la rétractation ou l'anéantissement de ce qui a été fait antérieurement.

On révoque notamment un mandat, une donation, un testament.

On dit *révocables* les actes que la loi permet de révoquer, et *irrévocables* ceux qui ne peuvent être révoqués.

En politique, c'est un acte par lequel on retire les privilèges accordés à une personne, à une classe de citoyens; tel a été la *révocation* de l'édit de Nantes, édit par lequel en 1685 le roi de France Louis XIV, révoquant l'édit de Nantes par lequel Henri IV avait accordé aux protestants la liberté de conscience, entreprit de les forcer à se faire catholiques.

En parlant des personnes, *révocation* signifie *rappel*, *destitution* (voir ces mots).

RÉVOLTE. Soulèvement contre l'autorité établie de sujets contre leur souverain, d'inférieurs contre leur supérieur. La *révolte* se dit plus généralement d'un mouvement auquel prennent part plusieurs individus; lorsqu'il est le fait d'un seul, on le désigne plutôt sous la dénomination de *rébellion*. (Voir ce mot, INSURRECTION, SÉDITION.)

RÉVOLUTION. Se dit de tout changement considérable qui survient dans les choses du monde, dans les mœurs, dans les opinions, et plus particulièrement d'un changement brusque et violent, souvent fondamental, dans la politique et le gouvernement d'un Etat.

Dans la plupart des cas, les révolutions entraînent des modifications essentielles dans le gouvernement d'un pays ou dans sa constitution; elles peuvent également affecter ses relations internationales.

Ces derniers effets peuvent porter plus particulièrement sur les traités, sur les dettes de l'Etat, sur ce qui touche au domaine public et aux droits de propriété privée, aux dommages causés au gouvernement ou aux ressortissants d'un autre Etat.

En règle générale, l'obligation qui résulte des traités se fondant sur le contrat même et sur les relations mutuelles des parties contractantes, nul doute que le changement apporté dans ces relations n'influe nécessairement sur l'accomplissement de cette obligation et que, du moment que ces relations cessent, les effets du traité doivent cesser aussi.

Cependant il est plus rationnel de reconnaître que la question de savoir jusqu'à quel point un changement fondamental survenu au sein d'un Etat invalide ou laisse subsister la force obligatoire de ses engagements antérieurs ne comporte pas de solution absolue; en cette matière tout dépend des circonstances, de la nature et de la portée des traités, autant que du caractère et de la signification véritable et légitime des transformations politiques qui motivent le doute.

Un peuple qui a changé sa forme de gouvernement, ne s'est pas exempté par ce fait seul de l'obligation de payer ses dettes antérieures. En effet, le peuple étant resté le même, la charge de pourvoir aux dettes publiques contractées au nom de la nation tout entière incombe de plein droit au gouvernement, quelle que soit sa forme ou sa dénomination. Or, par cela même qu'il a concentré entre ses mains le domaine de l'Etat, le nouveau gouvernement recueille à la fois, avec l'héritage de celui qui l'a précédé, l'obligation d'acquitter religieusement les emprunts, les dettes et les autres charges analogues placées sous la garantie de la foi publique.

En ce qui concerne les questions de domanialité et de propriété privée que font naturellement surgir les révolutions, elles entraînent des conséquences diverses au point de vue des propriétés publiques et particulières.

Le gouvernement qui s'établit dans un Etat se convertit *ipso facto* en propriétaire du domaine public. Cet axiome n'est pas contestable; mais en est-il de même de la propriété privée? Quelques gouvernements n'ont pas craint de décréter la confiscation de tous les biens appartenant aux partis vaincus. Dans ce cas, ce fait acquiert la valeur du droit, pourvu que la confiscation soit positive et non équivoque. Qu'adviendra-t-il pourtant, si la confiscation décrétée révolutionnairement vient plus tard à être revoquée, si, par exemple, le gouvernement restauré rétablit les choses dans leur état primitif? Nul doute qu'alors, en vertu des principes du *jus postliminii*, les propriétés particulières confisquées qui n'ont pas été vendues, de même que les portions non aliénées du domaine public, ne reviennent nécessairement à leurs anciens propriétaires. En ce qui concerne la propriété publique ou privée régulièrement et légalement passée en d'autres mains, il est difficile d'appliquer la même règle. Le fait de la révolution a en effet créé sur ce point une espèce de droit, duquel il est impossible de ne pas tenir compte. Quand le domaine public ou les biens particuliers confisqués et vendus ont été acquis par des étrangers, les actes d'achat doivent être respectés, alors même que le gouvernement qui les aurait autorisés viendrait à être considéré comme usurpateur par le souverain légitime. Le produit de la vente des biens confisqués étant habituellement versé dans les coffres du trésor public, le moyen le plus pratique de résoudre ces délicates questions de propriété et de droits acquis est de confirmer toutes les ventes et d'indemniser en même temps les anciens propriétaires aux frais de l'Etat.

En résumé, on peut admettre les principes suivants :

Les actes d'un gouvernement intermédiaire demeurent valables et doivent être reconnus par le gouvernement qui lui succède, si celui-ci a *reconnu* le gouvernement intermédiaire par un traité de paix antérieur ou postérieur, et, à plus forte raison, s'il a accédé à ces actes, soit par un traité conclu avec le gouvernement duquel ils émanent ou avec une tierce puissance, soit par une déclaration explicite ou même implicite de sa volonté.

Si les actes du gouvernement intermédiaire ont été conformes aux préceptes de la constitution et de l'administration ancienne et légitime du pays, il est évident que dans ce cas le gouvernement intermédiaire n'a agi que comme l'aurait fait le souverain légitime, et celui-ci, en ne reconnaissant pas ces actes, contreviendrait à la constitution et aux lois

qui le dirigeaient avant son empêchement; il ne peut donc logiquement se refuser à en admettre la validité.

On peut en dire autant de tout acte auquel il n'a point pris part, mais dont la nécessité et l'utilité sont démontrées, quand bien même il ne serait pas conforme à la constitution légitime.

Dans le cas où le gouvernement intermédiaire aurait exigé d'un sujet de l'Etat ou d'un étranger le paiement d'une dette due à l'Etat ou une prestation quelconque, comme la prestation est alors censée avoir tourné au profit de l'Etat, le souverain légitime ne pourra annuler les engagements formés dans ces circonstances, ou bien il ne pourra le faire qu'en indemnisant la partie contractante du montant qu'elle aura avancé, sauf toutefois son recours contre l'usurpateur.

Il en sera de même lorsqu'il s'agit de fournitures faites au gouvernement intermédiaire et ayant tourné au profit de l'Etat; car l'Etat est tenu d'honneur de payer ce qu'il doit, quelle que soit la personne ou les personnes qui dirigent son gouvernement. Sa responsabilité du paiement deviendrait contestable, s'il y avait eu concussion, et si les objets acquis ou échangés n'avaient point été employés au service public. Du reste, si l'acquéreur a fait des *améliorations* réelles dans la chose qu'on veut lui faire rendre, il peut exiger d'en être indemnisé.

Si des actes de violence ont été commis par un gouvernement antérieur, bien qu'illégitime, la responsabilité en retombe sur le gouvernement qui lui succède; le changement même de dynastie n'en exempte pas le nouveau souverain.

On appelle *révolution de palais* celle qui se passe dans l'intérieur d'une cour, d'un palais, sans que le peuple y prenne part.

Employé dans un sens abstrait, le mot *révolution* signifie un système d'opinions hostiles au passé; il se dit par opposition au système conservateur.

Pris absolument, *la Révolution* se dit de la révolution la plus mémorable qui ait eu lieu dans un pays : ainsi en France, quand on mentionne simplement „la Révolution", on entend parler de celle de 1789; en Angleterre c'est celle de 1688; en Suède, celle de 1772.

RÉVOLUTIONNAIRE. Qui a rapport aux révolutions : crise révolutionnaire, gouvernement révolutionnaire.

Mesures révolutionnaires, prises en temps de révolution.

Substantivement, se dit de celui qui est partisan de la révolution.

REVUE *de droit international et de législation comparée.*
Cette publication périodique paraît à Gand et à Bruxelles tous les trois mois depuis 1869. Elle était publiée dans l'origine par M. Asser, professeur de droit à Amsterdam, M. Westlake, avocat à Londres, et M. Rolin-Jaequemyns, avocat à Gand, qui en a été le rédacteur en chef de 1869 à 1878, avec la collaboration de plusieurs hommes d'Etat et jurisconsultes. Depuis, à ces fondateurs se sont adjoints M. Arntz, professeur de droit à l'Université de Bruxelles, et M. Rivier, professeur à la même Université, qui est devenu le rédacteur en chef depuis 1878.
Toutes les questions qui intéressent le monde politique et scientifique et se rapportent au droit international public ou privé, sont discutées dans cette publication périodique; la *Revue* rend compte en outre des travaux de l'*Institut de droit international*, dont ses rédacteurs font partie; et elle contient des notes bibliographiques et des analyses critiques des ouvrages nouveaux qui touchent non seulement au droit international, mais au droit en général. (*Voir* ROLIN-JAEQUE-MYNS, ASSER, RIVIER.)

REVUE *de la jurisprudence italienne en matière de droit international.*
Cette publication, qui paraît à Milan, est sous la direction de M. César Norsa, avocat, associé de l'Institut de droit international.

RHODIENNES (Lois). (*Voir* LOIS RHODIENNES.)

RIGSDAG. C'est le nom que porte l'Assemblée législative en Danemark.
Le *Rigsdag* comprend deux chambres ou *things*.
Le *Landsthing*, composé de membres nommés à vie par le Roi et d'autres élus pour un temps fixe (8 ans) par les districts électoraux du royaume.
Le *Folksthing*, composé de députés élus directement, pour 3 ans par tous les hommes possédants l'indigénat, âgés de plus de 30 ans; il y a un député par 16,000 habitants. Les élections sont directes.

RIO DE JANEIRO (Traité de paix entre le Portugal et le Brésil) 1825. Contrainte de quitter l'Europe à la suite de l'envahissement du royaume par les armées françaises en 1807, la famille royale de Portugal s'était réfugiée au Brésil; et lorsqu'en 1821 les Cortés portugaises appellèrent le Prince-Régent à Lisbonne, celui-ci demeura au Brésil, dont il proclama l'autonomie et la séparation définitive d'avec le Portugal.
Le manifeste qu'il adressa à cet effet aux populations brésiliennes, porte la date du premier août 1822.
A peu près un mois après la publication de ce manifeste, le 12 octobre 1822, le Prince-Régent était proclamé Empereur de Brésil sous le nom de Dom Pedro I.
En prenant possession de cette dignité, le nouveau souverain adressa, le 21 octobre, la proclamation suivante „au Peuple du Portugal" :
„Portugais, la force la plus grande est insuffisante contre la volonté d'un peuple déterminé à ne plus vivre en état d'esclavage. L'histoire du monde a confirmé cette vérité, qui est plus amplement confirmée par les rapides évènements survenus dans ce vaste empire, qui, trompé par les promesses flatteuses du Congrès de Lisbonne, dont la fausseté n'a pas tardé à être démontrée, s'est vu trahi dans ses droits les plus sacrés et dans ses intérêts les plus manifestes et n'avait plus devant lui, que la perspective d'une nouvelle colonisation et d'un despotisme légal, mille fois plus tyrannique que les actes arbitraires d'un seul despote. Le grand et généreux peuple brésilien, influencé successivement par une crédulité sans borne, une juste méfiance, et une haine mortelle, a fini par prendre la ferme résolution d'établir une assemblée législative qui lui soit propre et de la sagesse et de la prudence de laquelle doive émaner le nouveau pacte social destiné à gouverner les pays; or cette assemblée est à la veille de commencer sa tâche glorieuse.
„Ce même grand et généreux peuple m'a choisi unanimement pour son défenseur perpétuel : dignité honorable, que j'ai acceptée avec fierté et que je suis résolu à exercer au prix même de ma vie.
„Ce premier acte qui aurait dû ouvrir les yeux du Congrès de Lisbonne sur l'abîme dans lequel la nation tout entière allait être précipitée, qui aurait dû le rendre plus circonspect dans sa conduite et plus juste dans ses actes, n'a servi qu'à enflammer les sinistres passions des démagogues, qui, à votre honte, siègent dans l'auguste sanctuaire des lois. Toutes les mesures tendant à retenir le Brésil sous le joug de fer de l'esclavage ont obtenu l'approbation de ce Congrès. Il

a décrété l'envoi de troupes dans le but de conquérir le Brésil sous le prétexte frivole qu'il y avait des factions à réprimer. Les députés brésiliens ont été insultés publiquement, et menacés dans leur existence. Monseigneur Jean VI, mon auguste père, a été contraint d'abdiquer la haute dignité de monarque constitutionnel, par suite de la rigoureuse captivité dans laquelle il est détenu, et de jouer le rôle d'un simple publieur des décrets insensés de ses ministres corrompus ou des membres factieux du congrès, dont les noms, ainsi que leurs crimes, seront livrés à l'exécration de la postérité; et Moi, héritier du trône, j'ai été voué au mépris et outragé par les personnes mêmes qui devraient apprendre au peuple à me respecter, afin qu'elles soient respectées elles mêmes.

„Dans ces circonstances critiques, le peuple héroïque du Brésil, après avoir épuisé tous les moyens de conciliation, a profité d'un droit dont personne ne peut lui contester la possession. Le 12 du présent mois, il m'a proclamé son empereur constitutionnel et a déclaré son indépendance. Cet acte solennel a mis fin à la méfiance et aux soupçons qu'inspiraient aux Brésiliens les plans de domination tramés par le Congrès de Lisbonne, et la série non interrompue de monuments placés sur le parcours du temps éternel pour rappeler à ce peuple ses malheurs passés, ne servent plus qu'à le convaincre des progrès que le Brésil aurait faits dans la voie de la prospérité, si ce pays avait été séparé plus tôt du Portugal, si le bon sens et la raison de ses habitants avaient sanctionné plus tôt une séparation opérée par la nature.

„Tel est l'état du Brésil. Quoiqu'à partir du 12 de ce mois le Brésil ne fasse plus partie intégrante de l'ancienne monarchie portugaise, rien n'empêche la continuation de leurs anciennes relations commerciales, ainsi que je l'ai déclaré dans mon décret du 1er août dernier, pourvu que le Portugal n'envoie plus de troupes envahir aucune des provinces de cet empire.

„Portugais! Je vous offre un délai de 4 mois pour prendre votre décision. Décidez, choisissez soit la continuation d'une amitié fondée sur les préceptes de la justice et de la générosité, cimentée par les liens du sang et de la réciprocité d'intérêts, soit une guerre des plus violentes, qui ne peut avoir pour dénoûment que la reconnaissance de l'indépendance du Brésil ou la ruine des deux pays."

„Palais de Rio de Janeiro, 21 octobre 1832."

Signé : L'Empereur.

L'état des choses inauguré par les actes que nous venons de transcrire, n'a été accepté par le royaume de Portugal qu'en 1825. Alors un traité fut signé à Rio de Janeiro le 29 août, selon lequel Sa Majesté Très Fidèle (c'est le titre des souverains portugais) a reconnu que le Brésil tient le rang d'empire indépendant et séparé du royaume de Portugal et d'Algarve.

Le roi Jean VI cédait et transférait de son plein gré à son fils Dom Pedro, avec le titre d'Empereur, la souveraineté du dit empire pour lui et ses successeurs légitimes; mais le nouveau souverain promettait de n'accepter aucune proposition qui pourrait être faite par des colonies portugaises de s'unir au Brésil.

Les sujets des deux nations devaient être considérés et traités dans les Etats respectifs comme ceux de la nation la plus favorisée et la plus amie, leurs droits et leurs biens religieusement sauvegardés et protégés; les propriétaires de biens fonciers devaient être maintenus dans la paisible possession de ces biens, tous les biens meubles ou immeubles, et toutes les valeurs, appartenant à des sujets des souverains du Portugal et du Brésil, qui avaient été séquestrés ou confisqués, devaient être restitués sans retard, ainsi que les bénéfices qui en avaient été retirés, après déduction des frais d'administration; ou bien les propriétaires en seraient réciproquement indemnisés, selon le règlement et les décisions d'une commission qui devait être nommée à cet effet par les deux gouvernements.

Le traité comporte en outre une amnistie générale et le rétablissement immédiat des relations de commerce entre les deux pays.

RIO DE JANEIRO (traité de). Traité d'alliance entre la République orientale de l'Uruguay, la province argentine d'Entre-Rios et l'Empire du Brésil, signé à Rio de Janeiro le 12 octobre 1851.

Depuis 1840 des troupes argentines, envoyées par le Dictateur Rosas, occupèrent presque tout le territoire de la République voisine. La prolongation de cette occupation qui durait plus de dix années, inquiétait profondément le gouvernement brésilien sur sa propre sûreté, et le décida, le 29 mai 1857, à conclure avec le gouvernement de l'Uruguay et celui de la province argentine d'Entre-Rios, constituée en Etat dissident, un traité d'alliance offensive et défensive dans le but de maintenir l'indépendance et de pacifier le territoire de l'Etat Oriental (République de l'Uruguay), en faisant sortir du dit territoire les forces argentines sous le commandement du général Manuel Oribe et en agissant pour que, les choses remises en l'état normal, il fût procédé à l'élection libre du président de la République suivant la constitution de l'Etat Oriental.

Quatre mois après ce traité était remplacé par celui du 12 octobre, qui transformait l'alliance spéciale et temporaire en une alliance perpétuelle.

L'article premier explique en effet que „l'alliance spéciale et temporaire stipulée le 29 mai précédent entre les deux parties se transforme en une alliance perpétuelle, ayant pour but la défense de l'indépendance des deux Etats contre toute domination étrangère".

On devait déterminer ultérieurement les cas dans lesquels l'indépendance de l'un ou de l'autre des deux Etats serait considérée comme attaquée; mais dès maintenant étaient réputés comme tels notamment la conquête déclarée, la prétention d'une nation étrangère à changer leur forme de gouvernement, ou à imposer la personne ou les personnes qui doivent les gouverner.

Dans les cas ainsi déterminés par l'alliance, les parties contractantes devront se prêter aide et assistance selon les besoins et chacune dans la mesure de ses ressources.

Elles se garantissent réciproquement l'intégrité de leurs territoires respectifs.

Dans le but de fortifier la nationalité orientale au moyen de la paix intérieure et du régime constitutionnel, le gouvernement brésilien s'engageait à prêter appui au président qui devait être élu constitutionnellement dans la République Orientale pour une durée légale de 4 ans: à cet effet les forces de mer et de terre de l'empire seront mises à la disposition du gouvernement constitutionnel de la République, sur sa demande, dans le cas de soulèvement armé contre son existence ou son autorité sous quelque prétexte que ce soit, et dans le cas de déposition du président par des moyens inconstitutionnels; mais ce secours, étant destiné exclusivement au rétablissement de l'ordre et de l'exercice de l'autorité constitutionnelle, devra cesser dès que ce but aura été atteint.

Pour y aider pour sa part, le Président de la République Orientale s'engageait à promulguer une amnistie complète, absolue et sans aucune exception,

la restitution des biens confisqués pendant la guerre, le rétablissement des immunités garanties par la constitution aux habitants de la République.

Si, pendant la durée de la protection accordée par le Brésil au gouvernement de la République Orientale de l'Uruguay, quelque mouvement de rébellion contre l'Empereur se formait sur les territoires limitrophes de la République, le gouvernement de celle-ci s'engageait à prêter toute la protection et tous les secours à sa portée aux autorités et aux forces légitimes du Brésil, à ne consentir à aucune espèce de commerce avec les rebelles, à placer dans un endroit d'où ils ne pourront plus nuire ceux qui se réfugieront sur son territoire, à les désarmer, et à remettre leurs armes, leurs chevaux et leurs autres matériaux de guerre au gouvernement impérial.

Les deux parties contractantes devaient inviter les Etats argentins à participer à l'alliance dans les termes de l'égalité et de la réciprocité les plus complètes. Pareille invitation devait être adressée à la République du Paraguay, à la conservation et à la défense de laquelle les deux alliés s'engageaient à coopérer conjointement.

RIQUELME (Antonio), publiciste espagnol. *Elementos de derecho público internacional, con esplicacion de todas las reglas que, segun los tratados, estipulaciones, leyes vigentes y costumbres, constituyen el derecho internacional español.* (Eléments de droit public international, avec l'explication de toutes les règles qui, suivant les traités, les stipulations, les lois en vigueur et les coutumes, constituent le droit international espagnol.) Madrid 1849, 2 vol. in-8°.

M. Riquelme définit le droit international „l'ensemble des règles qui déterminent les relations entre les nations civilisées", et il le divise en droit naturel et en droit positif coutumier.

RIT ou RITE. Ordre prescrit des cérémonies qui se pratiquent dans une religion; les formes, les usages de la liturgie : le rite romain ou latin, le rite grec.

Au pluriel, se dit des cérémonies mêmes d'un culte : les rites du paganisme, du catholicisme, etc.

L'administration supérieure de l'Eglise catholique au Vatican comprend une *Congrégation des rites*, qui s'occupe de tout ce qui concerne les rites ou les cérémonies de l'Eglise, la célébration des offices divins, l'administration des sacrements, la canonisation des saints, etc.

RIVAGE, RIVE. Partie de la terre attenant à celle qui sert de limite à une masse d'eau, mer, lac, fleuve, rivière, ruisseau.

On fait cette distinction entre le *rivage* et la *rive* que celle-ci suppose une étendue moins considérable; de là l'emploi qu'on fait de préférence du mot rivage en parlant de la mer, et de rive en parlant des cours d'eau.

Les rivages de la mer, des lacs, des fleuves, des rivières rentrent *de plano* dans le domaine propre de la nation sur le territoire de laquelle ils sont situés.

(*Voir* COTE, MER, LAC, FLEUVE, RIVIÈRE.)

RIVERAIN. Qui habite ou a une propriété le long d'une rivière, d'une fleuve, d'un lac; se dit aussi de celui dont l'habitation ou la propriété est située le long d'un chemin, d'une forêt, d'une frontière.

On dit : propriétaire riverain, propriété riveraine.

RIVIER (Alphonse Pierre Octave), publiciste suisse, né à Lausanne le 9 novembre 1835.

Docteur en droit et agrégé de l'Université de Berlin, puis professeur à l'Université de Berne de 1863 à 1867, à l'Université de Bruxelles depuis 1867, docteur honoraire de l'Université de Edimbourg.

Membre correspondant de l'Institut national génevois et de l'Académie de jurisprudence de Madrid; associé de l'Académie royale de Belgique; membre de l'Institut de droit international; rédacteur en chef, depuis 1878, de la *Revue de droit international et de législation comparée*. (Voir ce nom.)

M. Rivier a publié de nombreux articles de circonstance, sur des questions de droit public ou privé, dans des journaux et des revues de Suisse, d'Allemagne et de Belgique, notamment dans la *Revue de droit international*.

Il a fait paraître à Bruxelles en 1871—1872 une *Introduction historique au droit romain*; une 2e édition en a paru en 1880.

En 1878, *Traité élémentaire des successions à cause de mort en droit romain*.

En 1883, *Note sur la littérature du droit des gens avant la publication du Jus belli ac pacis de Grotius (1625)*. Bruxelles, 1883, in-8°.

Un accord unanime, dit l'auteur, a décerné à Grotius le titre de Père de droit des gens. Mais ce n'est pas à dire qu'il ait inventé à lui seul les règles inconnues jusqu'à lui de la guerre et de la paix, des rapports entre Etats. Quantité de publicistes ont écrit sur ces sujets dès le moyen-âge, et, ce sont les œuvres de ces publicistes que l'auteur passe en revue. Il s'occupe tour à tour du Décret de Gratien, de Saint-Thomas d'Aquin, d'Henri de Suse, d'Honoré Banet, de Christine de Pisan, enfin des auteurs du 16e siècle et du premier quart du 17e, parmi lesquels il faut citer en première ligne Pierre Belli, Jules Ferretti, Balthasar d'Ayala, Albéric Gentil et, en fait d'auteurs allemands, Lorich, Halbritter, Obrecht, Reusner, Bezold, etc. Le mérite de Grotius, c'est d'avoir coordonné les matériaux et créé un corps de doctrine dont les principes sont puisés aux lois divines et naturelles.

RIVIÈRE. Se dit de toute espèce de cours d'eau, mais plus particulièrement de ceux qui se jettent dans un fleuve, par opposition aux fleuves, qui se jettent directement dans la mer.

Les rivières font partie du domaine public. (*Voir* FLEUVES.)

ROBE (gens de). Ce mot désigne en France le vêtement que portent les magistrats, les avocats, les professeurs, et certains autres fonctionnaires publics dans l'exercice de leurs fonctions.

On appelait en France *gens de robe* tous ceux qui portaient la robe : on distinguait les *gens de robe longue*, se disant de la magistrature, du clergé, et aussi de la noblesse et du parlement; et les *gens de robe courte* ou ceux qui exerçaient la profession militaire. On donnait aussi le nom de *juges de robe courte* aux prévôts, aux maréchaux, à leurs lieutenants et à quelques autres officiers non gradués, qui jugeaient l'épée au côté.

Par extension, la *robe* désigne la profession des gens de judicature : c'est en ce sens qu'on disait les *gens de robe*, la *noblesse de robe*.

La *haute robe* se disait autrefois des premiers magistrats; l'*ancienne robe*, des familles anciennes de la robe.

ROBINSON (Christophe), jurisconsulte anglais, mort vers l'année 1833.

Collectanea Maritima 1801. Recueil de documents maritimes et d'actes publics tendant à éclairer l'histoire et la pratique du droit touchant les prises.

Reports of cases argued and determined in the high court of admiralty, commencing with the judgements of the right honorable Sir William Scott. (Rapports des causes plaidées et jugées dans la Haute

Cour de l'amirauté, commençant par les jugements du Très Honorable Sir William Scott.) Londres, 1799—1808, 6 vol. in-8⁰.

ROCCO (Niccola), publiciste italien, procureur général à la cour civile de Naples, membre de l'Académie des sciences de la même ville.

Dell' uso e autorità delle leggi del regno delle Due Sicilie, considerate nelle relazioni con le persone e col territorio degli stranieri, ossia trattato di diritto internazionale. (De l'usage et de l'autorité des lois du royaume des Deux Siciles considérées dans leurs rapports avec la personne des étrangers qui habitent ce royaume et le pays auquel ils appartiennent.) 3e édition. Naples, 1858.

Quoique l'auteur, fidèle à son plan, ramène constamment le lecteur à l'application des lois des Deux-Siciles, il n'y arrive qu'après avoir examiné, au point de vue le plus général, les questions diverses résolues par ces lois. Ainsi dans un premier livre il expose les bases philosophiques du droit civil international et les rapports qui relient les règles de ce droit aux principes du droit naturel, du droit politique et du droit des gens; le second livre traite de la puissance des lois sur la personne des étrangers; et le troisième établit l'autorité que ces lois exercent hors des limites de leur territoires dans les pays soumis à des gouvernements étrangers. En résumé le livre de M. Rocco est une œuvre doctrinale, dont la législation des Deux-Siciles n'est en quelque sorte que le motif ou le point de départ.

RODRIGUEZ VILLA (Antonio), publiciste espagnol.

Embajada extraordinaria del Marqués de los Balbares á Portugal en 1727. (Ambassade extraordinaire du Marquis de Balbares en Portugal.) Madrid, 1872.

Mision secreta del embajador Dom Pedro Ronquillo en Polonia (1674) segun sus cartas originales al marqués de los Balbares, embajador en la corte de Viena, descifrada y precedida de una introduccion. (Mission secrète de l'ambassadeur Pierre Ronquillo en Pologne (1674) selon ses lettres originales au marquis de los Balbares, ambassadeur à la cour de Vienne, déchiffrée et précédée d'une introduction.) Madrid, in-8⁰.

ROEBEL (Samuel), publiciste allemand. Dans son livre *Dissertationes de jure naturæ et gentium* (Dissertations sur le droit naturel et des gens), publié à Kiel en 1876, Roebel reconnaît un droit des gens positif fondé sur des conventions expresses ou tacites, en séparant d'ailleurs les droits conventionnels particuliers du droit des gens positif de l'Europe résultant de conventions tacites.

ROGATION. Se disait, dans l'ancienne Rome, d'un projet de loi présenté au peuple.

ROGATOIRE, qui concerne une rogation. Terme de procédure dans ce sens : *commission rogatoire* (voir ce terme).

ROHRSCHEIDT (Fr. W. de), jurisconsulte allemand.

Preussen's Staatsverträge. (Les traités conclus par la Prusse.) Berlin, 1852.

ROI. Chef souverain de certains Etats, mais particulièrement de ceux qui portent le titre de *royaume.*

Quand on dit absolument „le roi", on entend le roi qui règne dans le pays où l'on est.

Le titre de roi a longtemps été regardé comme inférieur à celui d'Empereur; aujourd'hui toute différence a cessé à cet égard, et les deux titres obtiennent une considération égale.

Quand le titre royal d'un chef d'Etat est reconnu par les autres puissances, ou accorde à ce chef la qualification de *Majesté* (voir ce mot).

Lorsqu'on parle ou qu'on écrit à un roi, on dit „Sire" et „Votre Majesté".

(Voir SOUVERAIN, TITRE, CÉRÉMONIAL, ÉTIQUETTE.)

Les rois qui ont perdu leur trône, soit par renonciation volontaire, soit par le fait de révolutions, conservent généralement le titre de roi, quoiqu'ils n'en aient point conservé l'autorité; on observe encore à leur égard en certaines occasions le cérémonial attaché à leur titre.

ROI D'ARMES. Le chef des *hérauts d'armes.* (Voir ce terme.)

ROLE. Ce mot, dans son acception primitive, signifie une feuille de papier ou de parchemin, roulée ou non, sur laquelle sont écrits des noms, des états, des expéditions; il se prend alors pour *liste* ou *catalogue* : c'est en ce sens qu'on dit, en termes de marine, le *rôle d'un équipage;* en administration financière, le *rôle* des contributions; en langage judiciaire, le *rôle* est la liste sur laquelle dans un tribunal on inscrit les causes dans l'ordre où elles doivent se plaider.

On désigne aussi sous le nom de *rôle* un registre entier, ou seulement les feuillets de ce registre qui servent à l'inscription de ces listes de noms, des états, etc.

Anciennement on appelait également *rôle* une ou plusieurs feuilles de parchemin ou de papier, collées bout-à-bout, et sur lesquelles on écrivait les actes, les titres.

En termes de pratique, un rôle est un feuillet écrit comprenant deux pages d'écritures, le recto et le verso : ainsi on dit : une grosse composée de tant de rôles.

En Angleterre, on nomme *rôles (rolls)* les anciens actes du parlement, les registres manuscrits des actes de cette assemblée, les lettres royales, les titres, les chartes etc.

La *Chambre des rôles* est le lieu où sont gardés les archives et les registres de chancellerie.

Le *Maître des rôles* est un magistrat de la cour de chancellerie qui supplée le chancelier dans ses fonctions judiciaires.

ROLE D'ÉQUIPAGE. Liste générale des hommes employés à bord d'un navire; cette liste comprend même les passagers.

Cette liste ou, pour parler plus exactement, cet état, dressé ordinairement par l'autorité compétente, est écrit dans un registre spécial; il indique les noms, les prénoms, la profession, l'âge, le domicile des armateurs et de tous les hommes qui forment l'équipage d'un navire, ainsi que de ceux qui le montent comme passagers; il mentionne en outre l'époque de l'armement du navire, et le port d'attache, les conditions d'engagement du capitaine et des hommes d'équipage.

Le rôle d'équipage est obligatoire pour tous les bâtiments, toutes les embarcations exerçant une navigation maritime. Il est compris au nombre des papiers de bord dont tout navire doit être muni, et qui sont destinés à régulariser sa situation, à faciliter l'exercice de la police maritime et à justifier en due forme sa nationalité, sa provenance, sa destination et la propriété de ce qui se trouve à bord.

(*Voir* ÉQUIPAGE, PAPIERS DE BORD).

ROLES D'OLÉRON. Recueil de coutumes, d'usages et de règlements maritimes.

Cette compilation sous le nom de *Rôles* ou *Jugements d'Oléron* et qu'une ordonnance française de 1364 nomme *lois de Leyron,* est attribuée, suivant quelques-uns, à la reine d'Eléonore de Guienne, femme du roi de France Louis VII, qui lui donna le nom de son île favorite.

D'autres sont portés à croire qu'elle fut promulguée par Richard Ier d'Angleterre. Plusieurs écrivains français, soutiennent que cette compilation a une origine exclusivement française. Ce qu'il y a de certain, c'est que les lois ou *Rôles d'Oléron* ont pour objet d'établir des règlements concernant la navigation dans les mers de l'ouest, et constituent la base principale sur laquelle a été fondée au moyen-âge la jurisprudence maritime dans les ports de l'Océan. S'il en fallait une preuve, on la trouverait dans ce fait que plus d'une des prescriptions sanctionnées sous le règne de Louis XIV, dans la célèbre ordonnance de 1681, a été empruntée textuellement aux lois ou rôles d'Oléron.

ROLIN - JAEQUEMYNS (Gustave), homme d'Etat et publiciste belge, né à Gand le 31 janvier 1835.

Avocat, ancien ministre, membre de l'Académie de Belgique, de l'Académie de jurisprudence de Madrid, de la société de législation comparée de Paris, un des fondateurs de l'Institut de Droit international dont il a été le président en 1879; et actuellement membre de la Chambre des Représentants de Belgique.

Parmi ses travaux scientifiques nous citerons:

Chronique du droit international : sous ce titre M. Rolin-Jaequemyns a publié notamment dans la *Revue de droit international* des études sur les questions diplomatiques ou d'économie politique à l'ordre du jour.

La guerre franco-allemande dans ses rapports avec le droit international. Bruxelles, décembre 1870.

Essai complémentaire sur la guerre franco-allemande dans ses rapports avec le droit international. (*Dans la Revue de droit international,* t. III, 1871.)

De l'étude de la Législation comparée et du droit international. 1869.

De la nécessité d'organiser une institution scientifique permanente pour favoriser l'étude et les progrès du droit international. 1873.

Du rôle et de la mission des nations neutres ou secondaires dans le développement du droit international (Lecture faite à l'Académie de Belgique). Bruxelles, 1875.

Le droit international et la question d'Orient. Gand, 1876.

La question d'Orient, l'armistice, la conférence de Constantinople et ses suites. Gand, 1877.

En outre de nombreux articles, discours, correspondances publiés dans divers journaux, dans les comptes-rendus de l'Association internationale pour le progrès des sciences sociales, etc.

M. Rolin-Jacquemyns est le fondateur de la *Revue de droit international et de Législation comparée* (Voir ce titre), dont il a été le rédacteur en chef de 1869 à 1878.

ROMAGNOSI (Jean Dominique Grégoire Joseph), publiciste italien, né le 11 décembre 1761 à Salso Maggiore (duché de Plaisance), mort à Milan le 8 juin 1835.

Professeur de droit public à l'université de Parme en 1802, et de droit civil à Pavie en 1807, directeur de l'Ecole de droit de Milan jusqu'en 1817.

Membre associé de l'Académie des sciences morales de Paris.

Il a débuté par la publication à Pavie en 1791 de son livre sur l'Origine du droit pénal *(Genesi del diritto penale)*, où il résume les différentes idées émises sur le sujet pendant le 18e siècle; d'autres éditions ont paru à Milan 1825, à Florence 1832, 3 vol. in-8º.

Il a publié en suite : *Introduzione allo Studio del diritto pubblico universale* (Introduction à l'étude du droit public universel). Parme, 1805, Milan, 1836, 2 vol. in-16º. Dans son livre il fait ressortir l'union étroite de la science du droit et de la science sociale.

Principes fondamentaux de droit administratif. Milan, 1811, in-8º.

Assunto primo della scienza del diritto naturale (Principes de la science du droit naturel). Milan, 1820, in-8º.

Science des Constitutions.

ROMAIN, ROMAINE. Qui appartient à l'ancienne Rome ou aux Romains : les empereurs romains, les lois romaines, etc.

Citoyen romain, homme qui jouissait des droits de cité à Rome, ce titre fut par extension accordé à des rois alliés, même à des villes et à des provinces d'Italie.

Chiffres romains, chiffres composés de lettres numérales : C, D, I, L, M, V, X.

Se dit aussi des personnes et des choses qui appartiennent à la Rome moderne, surtout considérée comme le siège de la religion catholique: c'est ainsi que le catholicisme est désigné sous la dénomination de religion catholique, apostolique et *romaine*, parce que son chef, successeur des apôtres, réside à Rome.

ROMANISME. Nom donné en Angleterre à l'Eglise catholique romaine.

ROMANISTE. Partisan du Pape.

Titre donné aussi aux jurisconsultes qui font une étude spéciale du droit romain.

ROSSI (comte Pellegrino), né à Carrare le 13 juillet 1787, avocat, en 1819, professeur à Genève, député à la Diète helvétique qui l'envoya à Paris. Se rendit en 1833 en France où il obtint la chaire d'économie politique au Collège de France et celle de droit constitutionnel à l'École de droit. En 1839, pair de France, en 1840, conseiller d'Etat, en 1845, ministre de France à Rome. Plus tard ministre de Pie IX. Assassiné le 15 novembre 1848.

Parmi ses écrits signalons comme rentrant dans notre cadre le *Cours de droit constitutionnel.* Paris, 1866-7.

ROSSI (Vittorio de), publiciste italien.

La esecuzione delle sentenzie e degli atti delle autorità straniere secondo il Codice di procedura italiana (L'exécution des sentences et des actes des autorités étrangères en vertu du code de procédure italien). Livourne, 1875.

Studi di diritto internazionale privato in relazione alla legge italiana (Études de droit international privé dans ses rapports avec la législation italienne). Livourne, 1880.

ROSZKOWSKI (G.), publiciste polonais.

Des asiles et des extraditions (en polonais). Varsovie, 1882.

Répertoire de presque toutes les questions relatives à l'extradition.

ROTE. Nom d'un tribunal établi à Rome, vers 1326, par le pape Jean XXII pour juger les causes importantes des Etats de l'Église et quelques autres qui y viennent par appel des Etats catholiques de l'Europe.

Ce tribunal se compose d'un président et de douze docteurs, appelés *Auditeurs de rote*, et pris dans les quatre nations d'Italie, de France, d'Espagne et d'Allemagne, savoir : 8 italiens, 2 espagnols, 1 français et 1 allemand.

Ces douze juges se partagent en trois bureaux : quand une cause a été jugée par l'un de ces bureaux, on la porte devant le deuxième, puis devant le troisième, et l'affaire n'est jugée définitivement que lorsqu'on a obtenu trois sentiments conformes et que l'affaire a passé par les trois bureaux; c'est ce qui fait que le corps réuni de ces juges, entre lesquels on fait ainsi, en quelque sorte, *rouler* les causes, se nomme en italien la *rota* (roue).

D'autres prétendent que le nom de ce tribunal provient de la disposition circulaire dans laquelle sont rangés les sièges de ces membres, et qui a pour but d'empêcher toute discussion de préséance.

ROTURE, ROTURIER- État d'une personne ou d'un héritage qui n'est pas noble.

Collectivement, la *roture* signifie l'ensemble, la classe des *roturiers*.

Dans l'origine on n'appelait *roturiers* que ceux qui tenaient une terre en roture, c'est-à-dire qui payaient au seigneur une redevance pour les terres qu'ils cultivaient; mais par la suite on étendit cette dénomination à toutes les personnes ne jouissant pas des privilèges de la noblesse.

Toutes les personnes qui habitaient un royaume étaient ou gens d'épée, ou de robe longue ou courte, ou roturiers.

Les roturiers étaient ou des bourgeois vivant de leurs biens et de leurs charges quand ils en ont, ou des marchands, ou des artisans, ou des laboureurs, ou des manœuvriers, ou des gens de journée.

ROULEMENT. Action de se remplacer alternativement dans certaines fonctions, à un certain rang, etc.

Ainsi il se fait chaque année dans quelques cours judiciaires un roulement, par suite duquel les diverses chambres ne sont pas toujours composées des mêmes membres.

ROUSSET DE MISSY (Jean).

Le cérémonial diplomatique des cours de l'Europe ou collection des actes, mémoires et relations, qui concernent les dignitez, titulatures, honneurs et prééminences; les fonctions publiques des souverains, leur sacres, couronnements, mariages, et en général tout ce qui a rapport au cérémonial et à l'étiquette. Amsterdam et La Haye, 1739. fol.

Recueil historique d'actes, négociations mémoires et traitez depuis la paix d'Utrecht jusqu'à celle d'Aix-la-Chapelle. La Haye, 1728-55, 21 vol. 16.

Les intérêts présens des puissances de l'Europe fondez sur les traitez conclus depuis la paix d'Utrecht inclusivement. La Haye, 1734-36, 17 vol. 12.

ROYAL, ROYALE. Qui appartient, a rapport à un roi.

Maison royale, tous les princes et toutes les princesses du sang royal.

Famille royale, les enfants et les petits-enfants du roi régnant ou du roi dernier défunt.

Prince royal, titre de l'héritier de la couronne, dans quelques pays.

Altesse royale, titre qui se donne à certains princes et à certaines princesses de rang souverain : ainsi Son Altesse royale le Duc ou la duchesse de ... s'écrit par abbréviation S. A. R.

Almanach royal, livre contenant les noms de la famille royale et des autres maisons souveraines, ainsi que ceux des hommes attachés à la cour et de tous les fonctionnaires civils et militaires du royaume.

Terme d'ancienne chancellerie : *lettres royaux, ordonnances royaux,* lettres, ordonnances émanées de l'autorité royale. (Voir ces mots.)

Dans les Etats monarchiques, on qualifie de *royal* une foule d'établissements, d'institutions qui appartiennent à l'État, mais qui sont censés relever du roi lui-même ou être placés d'une manière plus spéciale sous sa surveillance ou sa protection : musée royal, théâtres royaux, collège royal, bibliothèque royale, etc.

En France, on appelait *cours royales* les cours d'appel, les tribunaux supérieurs prononçant sur les appels des tribunaux inférieurs de leur ressort respectif.

ROYALISME. Parti du roi ou attachement au parti du roi; esprit monarchique.

ROYALISTE. Partisan de la royauté; qui soutient les droits et les intérêts du roi.

ROYAUME. Etat gouverné par un roi. (*Voir* ROI, SOUVERAIN.)

ROYAUTÉ. Dignité de roi. (*Voir* ROI, SOUVERAIN.)

RUBAN. Tissu de soie, de fil ou de laine, mince, plat et étroit.

Comme on met à sa boutonnière un morceau de ruban de diverses couleurs pour indiquer qu'on appartient à un ordre de chevalerie, le mot *ruban* est devenu synonyme de décoration : ainsi l'on dit le *ruban* de la Légion d'honneur, qu'on désigne aussi sous le nom de : le *ruban rouge.*

RUBRIQUE. Titres des livres de droit civil et de droit canon ainsi nommés parce qu'autrefois dans les manuscrits les titres des lois étaient écrits en encre rouge.

Après l'invention de l'imprimerie on continua longtemps d'imprimer en rouge, les titres des ouvrages, en entier ou seulement en partie, et par suite on donna le nom de *rubrique* non seulement à ces titres, mais à toutes les lettres rouges contenues dans le volume. De plus, comme le nom de l'endroit où le livre était publié, était d'ordinaire imprimé en rouge, on désignait sous la dénomination de *rubrique* le lieu, vrai ou faux, de la publication d'un ouvrage : ainsi beaucoup de livres imprimés en France pendant les deux derniers siècles portent la rubrique de Londres, de Genève ou de La Haye.

Par extension, dans les journaux, le mot *rubrique* sert à désigner le titre, la date qui indique le lieu d'où une nouvelle est venue; ainsi on dit : „ce fait est sous la rubrique de Vienne, de Londres, etc.“

Enfin *rubrique* sert de titre à une certaine classe ou catégorie de questions ou de matières traitées : sous la *rubrique* littérature, variétés, etc.

RUPTURE des relations. Annulation d'un traité, d'un acte, d'un engagement.

Un traité peut finir avant le terme fixé pour sa durée, lorsque l'une des parties refuse de tenir ses engagements et donne ainsi à l'autre partie implicitement le droit de s'en affranchir également. Et comme un traité forme un ensemble indivisible, un semblable refus, ne portât-il que sur un seul point, rend caduc le traité tout entier.

La non-exécution peut d'ailleurs ne porter que sur une clause relativement secondaire et ne pas impliquer l'intention de se soustraire aux autres obligations qui découlent du traité. Dans ce cas il n'y a pas nécessairement rupture complète et définitive, mais seulement matière à pourparlers et à négociations, en d'autres termes un effet suspensif jusqu'à ce que les motifs de refus aient pu être appréciés en due forme. Du reste la plupart des traités politiques prévoient le cas d'inobservation et de violation partielle et renferment des réserves expresses pour une entente amiable, directe ou par l'entremise de médiateurs ou d'arbitres, avant tout recours à des actes hostiles.

Il y a rupture de la paix lorsque le traité qui a servi à la cimenter est violé avant d'avoir été exécuté; et la non-observation d'une des stipulations du traité suffit pour entraîner la rupture,

à moins de dispositions contraires dans le traité.

Le traité de paix peut encore se rompre par une conduite contraire à l'essence de tout pacte pacifique, comme, par exemple, la reprise des hostilités sans motif plausible après le délai convenu pour la fin de la lutte ou en invoquant de nouveau la cause qui a motivé la guerre.

Lorsque le traité de paix est violé par l'une des parties, l'autre partie a le droit de continuer la guerre, et d'agir comme si un traité n'était pas intervenu.

L'impossibilité d'exécuter les conditions de la paix ne constitue pas la rupture du traité.

La violation des droits accordés par le traité de paix diffère de la rupture de la paix : elle doit être traitée comme toutes les violations de conventions et peut, suivant les circonstances, provoquer une nouvelle guerre.

Il n'y a pas rupture de la paix dans le sens strict du mot, lorsque les dispositions du traité ne sont pas exécutées et que la guerre ne recommence pas.

En cas de guerre, la rupture des rapports pacifiques n'est généralement regardée comme consommée qu'après la rupture des relations diplomatiques.

La déclaration de guerre entraîne nécessairement le rappel ou le renvoi des envoyés que les Etats accréditent les uns auprès des autres, si les relations diplomatiques permanentes n'ont pas déjà été rompues entre les Etats ennemis avant la déclaration de guerre ou l'ouverture des hostilités. Cependant le rappel des représentants des deux Etats n'est pas une obligation juridique; il n'est pas impossible en effet de maintenir, malgré la guerre, les relations diplomatiques et rien ne s'oppose en droit à ce qu'elles soient renouées pendant la guerre. Il est du reste d'usage de confier au représentant d'une puissance neutre et amie la protection des nationaux établis en pays ennemi.

La rupture des relations diplomatiques entre deux Etats peut avoir lieu par suite d'autres circonstances que la rupture de la paix. Un envoyé étranger peut estimer que le gouvernement auprès duquel il est accrédité ou quelque fonctionnaire dont ce gouvernement est responsable, a commis un acte qui porte atteinte à l'honneur ou aux droits de son propre pays et dans ce cas, en demandant ses passeports, rompre les relations diplomatiques entre les deux Etats. (*Voir*

RAPPEL, DIPLOMATIE, AGENTS DIPLO-
MATIQUÉS.)

RURAL, RURALE. Qui appartient ou
a rapport aux champs à la campagne :
biens ruraux, coutumes rurales.

Le *Droit rural* traite de la législation
relative aux cultivateurs.

Le *Code rural* est l'ensemble des règlements concernant les biens et la police
de la campagne.

Délit rural, infraction à ces règlements, aux lois sur la police rurale.

Dans les territoires d'un Etat contigus
à un autre Etat, où la contiguïté des
frontières garantirait l'impunité et où
par suite ces délits tendraient à devenir
de plus en plus graves et fréquents, les
gouvernements limitrophes prennent généralement des mesures spéciales et exceptionnelles pour en assurer la répression, au moyen d'arrangements internationaux, destinés à faciliter la poursuite commune et réciproque : les accords
de ce genre sont souvent désignés sous
le nom de *cartels.* (Voir ce mot, DÉLIT,
FRONTIÈRE.)

RUSE DE GUERRE. Moyen qu'on
emploie pour tromper les ennemis sur
ses desseins, ses opérations, etc., sur la
force et les mouvements d'un corps
d'armée.

La ruse est permise en guerre dans de
certaines mesures; par exemple, il n'est
pas contraire au droit international de
tromper l'ennemi en faisant usage des
uniformes, du drapeau ou du pavillon de
celui-ci pour le faire tomber dans une
embuscade; toutefois cette ruse n'est licite qu'avant le combat; dans la bataille
la loyauté exige qu'on n'use pas d'un
pareil masque pour s'assurer la victoire.

On peut encore simuler une fuite pour
attirer l'ennemi, allumer un grand nombre de feux ou envoyer des patrouilles
dans beaucoup de directions à la fois
pour faire croire à l'approche de troupes nombreuses, etc.

Mais, en tout cas, chaque corps d'armée, et sur mer chaque navire, doit a-
vant d'en venir aux mains arborer ses
couleurs réelles et déclarer sa nationalité.

RUTHERFORTH (Thomas), publiciste
anglais, né le 13 octobre 1712 dans le
comté de Cambridge, mort le 5 octobre
1771.

Il a publié en 1754 à Londres ses
*Institutes of natural laws, being the sub-
stance of a course of lectures on Grotius'*
De jure belli et pacis. (Institution de droit
naturel.)

Il en a été publié une seconde édition
américaine revue et corrigée avec soin,
à Baltimore en 1838, grand in-8º.

Selon Rutherforth, le droit des gens
est le droit naturel appliqué par une
convention positive à l'ensemble des sociétés civiles. Ce principe une fois admis,
il soutient que les règles du droit des
gens ne sont autres que celles de la
saine raison, qui peuvent se déduire de
la nature même des choses, de l'histoire
de la société et de l'opinion des savants.

On a aussi de lui : *System of natural*
philosophy. (Un système de philosophie
naturelle.) Londres, 1754-56, 2 vol. in-8º.

RYSWICK (Traité de paix de), 1697.
La trève de Ratisbonne durait à peine
depuis quatre ans, lorsque Louis XIV
reprit les armes contre l'Allemagne en
1688, en alléguant la conclusion de la
ligue d'Augsbourg, conclue le 9 juillet
1686, entre l'Empereur, l'Espagne, la
Suède, la Bavière, la Saxe et d'autres
Etats de l'Empire; la revendication des
droits de sa belle-sœur, la duchesse d'Orléans, à la succession palatine, l'élection
à l'archevêché de Cologne, pour lequel
le candidat de la France avait été repoussé par le Pape et l'Empereur.

Les bords du Rhin, l'Italie, l'Espagne,
les Pays-Bas, l'Irlande furent le théâtre
des hostilités, qui eurent lieu par mer et
par terre, faiblement sur les bords du
Rhin, mais avec une grande vigueur dans
les Pays-Bas, où la France maintint la
supériorité de ses armes, malgré les efforts des puissances coalisées. Cependant ce fut Louis XIV, qui, en prévision
de la mort du roi d'Espagne, à la succession duquel il comptait faire valoir
ses prétentions, prit l'initiative des négociations de paix.

La Suède se chargea du rôle de
médiatrice, et des conférences s'ouvrirent
le 9 mai 1697 au château de Ryswick,
situé près de La Haye.

Les plénipotentiaires étaient pour la
Suède le comte de Ronde et le baron de
Lilienradt; pour l'Empereur, le comte de
Kaunitz, le comte de Straatman et le ba-
ron de Seilern; pour la France M. de
Harlay, le comte de Crécry et M. de
Collière; pour l'Espagne M. Francisco
Bernardo de Quiros, et M. de Tchockhard
comte de Tirimont; pour l'Angleterre,
le comte de Pembroke, le vicomte Vil-
liers, lord Lexington et M. Williamson;
pour les Etats-Généraux M. M. Antoine
Heinsius, Jacques Borcel, de Weede et

Guillaume de Haaren; pour le Danemark, MM. de Plessen et de Lente.

La paix entre l'Angleterre, l'Espagne, les Etats-Généraux et la France fut signée le 20 septembre 1697.

Par le traité entre la France et l'Espagne, la France rend à l'Espagne les places, S. Girone, de Roses, de Belver et de Barcelone en Espagne; les places dont elle s'était emparée pendant la guerre et que Louis XIV avait réunies depuis le traité de Nimègue dans les Pays-Bas, à la réserve de 82 villes, bourgs, lieux et villages; Dinant est restitué à l'évêque de Liège.

Par le traité entre la France et l'Angleterre, Louis XIV reconnaît Guillaume III en qualité de roi de la Grande-Bretagne; et les deux rois se rendent réciproquement tout ce qu'ils s'étaient enlevé pendant la guerre; de plus la principauté d'Orange et les autres terres et seigneuries appartenant à Guillaume III en France lui sont rendues avec tous les revenus perçus par la France.

Par le traité entre la France et les Etats-Généraux, ceux-ci s'engagent à rendre Pondichéri à la Compagnie française des Indes orientales; et le Marquisat de Berg-op-Zoom est rendu au comte d'Auvergne, sur qui les Etats-Généraux l'avaient confisqué à l'occasion de la guerre.

Le jour de la signature du traité de paix, un traité de commerce fut aussi conclu entre les deux puissances.

La paix entre la France et l'Empereur ne fut signée que le 30 octobre suivant.

La paix de Westphalie et celle de Nimègue furent reconnues, comme base du traité qui intervint : aux termes de ce traité, la France rendait tout ce qu'elle avait occupé soit durant la guerre, soit auparavant, sous le nom de réunions, en dehors de l'Alsace, et de la ville de Strasbourg, qui était formellement cédée à la France; le duc de Lorraine, était rétabli dans son duché sur le pied qu'il avait possédé en 1670, sauf quelques changements, et sous réserve des ville de Sarrelouis et de Longwy, qui restaient en toute souveraineté à la France.

S

S. En abréviation, dans la langue française, S. signifie *sainteté, seigneurie, son, sa, ses,* et l'on écrit S. S. pour Sa Sainteté, ou Sa Seigneurie, S. E. pour Son Eminence ou Son Excellence, S. H. pour Sa Hautesse, S. A. pour Son Altesse, S. M. pour Sa Majesté.

Dans l'ancienne épigraphie latine, S. P. Q. R. représentait la formule *Senatus populusque romanus* (Le Sénat et le peuple romain).

SAALFELD (Frédéric), publiciste allemand.

Grundriss eines Systems des Europäischen Völkerrechts (Plan d'un système de droit des gens européen). Gœttingue, 1809, in-8.

Handbuch des positiven Völkerrechts (Manuel du droit des gens positif). Tubingue 1833.

SAC. Pillage entier d'une ville.

Le droit des gens ne tolère plus qu'on mette les villes à sac. (*Voir* PILLAGE.)

SACERDOCE. Dignité et fonctions des ministres du culte.

Dans l'église catholique, prêtrise, dignité de celui qui a le pouvoir de dire la messe et d'administrer les sacrements.

Se dit aussi du clergé considéré comme corps.

SACHEM. Titre donné aux vieillards qui forment le conseil de la nation chez les tribus indigènes de l'Amérique du nord.

Se dit aussi du chef de la tribu indienne.

SACRAMENTAL, SACRAMENTEL. Dans le sens propre, qui a la valeur et la solennité d'un sacrement.

Mots sacramentaux, paroles sacramentelles se dit des mots essentiels pour la conclusion d'une affaire, d'un traité: comme, par exemple, ceux qu'on met en tête des traités de paix, savoir : „il y aura paix perpétuelle entre les puissances contractantes, etc.

SACRE. Cérémonie religieuse qui, dans quelques pays, accompagne le couronnement des souverains. Elle a pour objet de les revêtir d'un caractère sacré aux yeux de leurs sujets.

On désigne aussi sous le nom de *sacre* la cérémonie de l'ordination des évêques.

SACRÉ. Qui est consacré à un emploi religieux : vases sacrés, servant au culte.

Ordres sacrés : la prêtrise, le diaconat et le sous-diaconat.

Les livres sacrés, la Bible, l'Ancien et le Nouveau Testament.

L'histoire sacrée, celle du Peuple de Dieu, des Hébreux, par opposition à l'histoire des autres peuples, les Gentils.

Le Sacré Collège, le collège des cardinaux.

Qui concerne la religion :

Guerre sacrée, entreprise pour des motifs de religion, comme celle des Grecs pour la défense du temple de Delphes, et celles suscitées en Europe par les croisades.

Se dit des personnes que leur qualité rend inviolables : à Rome la personne des tribuns était inviolable.

Sacrée Majesté, titre qu'on donnait à l'Empereur d'Allemagne et qu'on donne encore à l'Empereur d'Autriche.

SACRILÈGE. Action impie par laquelle on profane les choses sacrées, ou par laquelle on attente sur une personne considérée comme sacrée.

Chez les Anciens le sacrilège était puni des peines les plus sévères, même de mort.

Il en était encore de même chez les peuples chrétiens au moyen-âge ; mais dans les temps plus modernes, plusieurs nations ont aboli toute loi rigoureuse contre le sacrilège proprement dit.

SAGE. Se dit en général des personnes qui agissent ou parlent conformément aux règles de la morale et de la raison.

La Grèce eut sept sages ; toutefois on entendait alors par un sage un homme capable de conduire les autres.

Le titre de *sage* était celui de plusieurs dignitaires de l'ancienne république de Venise ; — on le donnait, entre autres, à des magistrats qui présidaient à la marine et qu'on désignait par suite sous la dénomination de *sages de la mer*.

SAIGON (traité de paix de) 1862. En 1858, plusieurs prêtres français et un évêque espagnol ayant été mis à mort par les ordres de Tuduc, empereur d'Annam, les gouvernements de France et d'Espagne se concertèrent pour l'envoi d'un corps d'armée en Cochinchine. Après la prise des ports de Tourane et de Saïgon, l'Empereur consentit à la conclusion d'un traité de paix, qui fut signé à Saïgon le 5 juin 1862.

En voici les dispositions principales :

Les sujets de France et d'Espagne pourront exercer le culte chrétien dans l'empire d'Annam, et les sujets de cet empire qui désireront embrasser la religion chrétienne le pourront librement ; mais on ne forcera pas à se faire chrétiens ceux qui n'en auront pas le désir.

Les trois provinces de Bien-Hoa, de Gia-Dinh et de Dinh-Tuony (Mitto), ainsi que l'île de Poulo-Condor, sont cédés en toute propriété à l'Empereur des Français ; en outre les commerçants français pourront librement commercer et circuler, sur des bâtiments quels qu'ils soient, dans le grand fleuve du Cambodge et dans tous les bras de ce fleuve.

Les Français et les Espagnols pourront librement commercer dans les ports de Tourane, de Balat et de Quany-An. Les sujets annamites pourront également commercer librement dans les ports de France et d'Espagne, en se conformant à la règle des droits établis.

L'Empereur d'Annam devra payer, dans un laps de dix ans, la somme de quatre millions de dollars, destinée à indemniser la France et l'Espagne de leurs dépenses de guerre.

SAINT EMIPRE. Le Saint Empire ou le Saint Empire romain, nom donné à l'Empire d'Occident rétabli par Charlemagne en l'an 800, et en suite à l'Empire d'Allemagne, qui en a été comme la succession.

SAINT-ILDÉFONSE (traité de) 1777.

L'inexécution partielle du traité de Tordesillas et la fixation du méridien de partage à l'ouest des Açores devinrent la source de contestations, qui durèrent plus d'un siècle, entre le Portugal et l'Espagne.

Dom Manuel Lobo, gouverneur de Rio de Janeiro, ayant, vers l'année 1680, fondé, sur la rive septentrionale du Rio de la Plata, une colonie à laquelle il avait donné le nom de Sacramento, les Espagnols, qui regardaient ce territoire comme leur appartenant, réclamèrent la suppression du nouvel établissement ; et comme la satisfaction demandée paraissait se faire trop attendre, le gouverneur de Buenos Aires prit sur lui la reponsabilité d'un acte d'agression, qui eut pour résultat la destruction de la colonie portugaise et la conclusion à Lisbonne, le 7 mai 1681, d'un accord provisoire entre les gouvernements d'Espagne et de Portugal, par lequel il fut convenu que, sans préjuger la question de propriété ou de souveraineté sur le territoire en litige, on rétablirait la colonie de Sacramento, en lui interdisant de commercer avec les populations espagnoles voisines et d'exercer aucune juridiction sur les territoires adjacents. On stipula en même temps qu'une commission mixte serait chargée de décider dans un délai de deux mois à laquelle des deux puissances le territoire disputé devait appartenir en toute propriété; en cas de désaccord entre les arbitres, la question serait définitivement résolue par le pape.

Les commissaires ne purent s'entendre. Les Portugais parvinrent à faire reconnaître leurs droits dans un traité signé à Lisbonne le 18 juin 1701; mais la guerre étant bientôt survenue entre le Portugal et Philippe V, les Espagnols s'emparèrent de nouveau de la colonie, qui ne rentra en la possession de la cour de Lisbonne qu'à la paix d'Utrecht, sous réserve toutefois de la faculté laissée au roi d'Espagne de la recouvrer dans le délai de dix-huit mois moyennant une compensation territoriale.

La compensation offerte ayant été repoussée par le Portugal, Philippe V, dans le but tout à la fois de résoudre définitivement la question et de surveiller de plus près le commerce illicite et les empiètements des colons portugais, se décida à fonder la ville de Montévidéo sur le territoire même qui faisait l'objet du litige.

De 1735 à 1737, les hostilités ne cessèrent pas de la part du gouvernement de Buenos-Aires contre la colonie portugaise, qui était réduite à la situation la plus précaire, lorsque la cour de Madrid transmit l'ordre de lever le siége de Sacramento.

Les choses demeurèrent en suspens jusqu'à l'avènement au trône d'Espagne de Ferdinand IV; ce prince signa le traité du 13. janvier 1750, aux termes duquel l'Espagne devait prendre possession de Sacramento en échange de 500 lieues de territoire dans la province du Paraguay; mais, onze ans après, cet arrangement fut annulé par le traité du 12 janvier 1761, qui remettait tous les droits en question et replaçait les parties dans la position où elles étaient en 1750.

Pendant la guerre de 1752, les troupes espagnoles s'emparèrent encore une fois de la colonie de Sacramento, laquelle ne fut restituée qu'à la paix de Paris de 1763.

En 1776, une expédition organisée par le marquis de Pombal ayant attaqué, sans déclaration préalable de guerre, les forts espagnols de Santa-Tecla, de Santa-Teresa et de Montévideo, l'amiral espagnol, marquis de Casa Tilly, se rendit maître de tous les établissements portugais situés dans ces parages. La guerre menaçait de s'étendre jusqu'à la péninsule ibérique elle-même, lorsque la chute du marquis de Pombal vint faciliter la conclusion d'un arrangement définitif entre les couronnes d'Espagne et de Portugal: c'est le traité signé à Saint-Ildefonse le 1er octobre 1777, lequel a fixé les limites respectives des possessions des deux puissances sur le continent américain.

La navigation de la Plata et de l'Uruguay et le terrain sur la rive nord et la rive sud sont déclarés appartenir exclusivement à l'Espagne, jusqu'à l'endroit où la rivière de Pepiri-Guazu se décharge sur la rive ouest dans l'Uruguay; en conséquence le Portugal renonce à la colonie de Sacramento et à l'île de Saint-Gabriel.

Les marais de Merim et de Mangueira et les langues de terre qui se trouvent entre eux et la côte de la mer, seront réservés entre les territoires des deux puissances, pour leur servir de séparation, sans qu'aucune d'elles les occupe.

L'Espagne restituait au Portagal l'île de Sainte-Catherine et la partie du continent qui en est voisine.

En outre le Portugal renonçait au droit qu'il pouvait avoir sur les Iles Philippines et les Mariannes.

Le traité de Saint-Ildefonse fut confirmé par un traité d'amitié, de garantie et de commerce, conclu entre les deux nations le 1er mars 1778, au Prado, maison de plaisance du roi d'Espagne.

Aux stipulations du traité d'octobre 1777, celui du Prado en ajoute une, par laquelle le Portugal cède à l'Espagne les îles d'Annobon et de Fernando-Po sur la côte occidentale d'Afrique.

SAINT-OFFICE. C'est le titre que portait la congrégation de l'Inquisition établie à Rome. (*Voir* INQUISITION.)

SAINT-PÈRE. Le Saint-Père, Notre Saint-Père, Notre Saint-Père le Pape, le Père des Fidèles, titres qu'on donne au Pape, chef de la religion catholique.

SAINT-PÉTERSBOURG (traité de), 1795.

Les mesures prises par la diète de Grodno à la suite du traité d'alliance du 16 octobre 1793, excitèrent le mécontentement de l'Impératice de Russie, et ses exigences soulevèrent en Pologne des mouvements insurrectionnels, notamment à Varsovie, à Wilna et à Grodno, où tous les Russes furent tués ou faits prisonniers.

La guerre recommença avec la participation de la Prusse et de l'Autriche, et le 9 novembre 1794 le général russe Souwaroff entrait dans Varsovie, où fut décidé le troisième et dernier partage de la Pologne.

Le 3 janvier 1795, les ministres de l'Impératrice de Russie et celui de l'Empereur d'Autriche à Saint-Pétersbourg échangèrent des déclarations, portant que les deux souverains, „convaincus, par l'expérience du passé, de l'incapacité absolue de la Pologne de se donner un gouvernement ferme et vigoureux et de vivre paisiblement sous ses lois en se maintenant dans un état d'indépendance quelconque, ont reconnu, dans leur sagesse et dans leur amour pour la paix et le bonheur de leurs sujets, qu'il était de nécessité indispensable de procéder à un partage total de ce pays entre les trois puissances voisines.“ En conséquence le lot de chacune des trois puissances est déterminé de manière que les duchés de Courlande et de Sémigalle avec le district de Pilten, la Samogitie, une partie du palatinat de Troki, les restes de ceux de Wilna, de Nowogrodek, de Brzese et de la Wolhynie, ainsi qu'une partie de Chelm, furent assignés à la Russie.

L'Autriche obtint la ville de Cracovie avec une partie du palatinat de ce nom, tout le palatinat de Sandomir, celui de Lublin et une portion de ceux de Chelm, de Podlachie et de la Mazovie.

A la Prusse échurent le reste du palatinat de Rawa et de Plotzk, une partie de la Mazovie avec la ville de Varsovie, des parties de la Podlachie et du palatinat de Troki, et une partie du palatinat de Cracovie.

Ainsi fut consommée la fin du royaume et république de Pologne.

SAINT-SÉPULCRE. C'est le sépulcre où Jésus-Christ fut déposé après sa mort.

C'est aussi le nom d'une Eglise à Jérusalem, que l'on croit renfermer ce sépulcre.

On appelait *Chanoines du Saint-Sépulcre* des prêtres spécialement institués par Godefroy du Bouillon pour desservir cette église; mais, comme ils ne se limitèrent pas à ce service, leur titre n'est plus devenu qu'honorifique, et ils ont été transformés en un véritable ordre de chevalerie religieuse, les *Chevaliers du Saint-Sépulcre*, qui a été réuni à l'ordre de St-Jean de Jérusalem au commencement du 17e siècle.

SAINT-SIÈGE. Le Saint-Siège, le Siège apostolique, nom donné à la résidence du Pape.

Il se prend le plus souvent pour l'autorité papale elle-même. (*Voir* PAPE, PAPAUTÉ.)

SAINTE-ALLIANCE. Nom donné à l'alliance signée à Paris le 26 septembre 1815, après la seconde abdication de l'Empereur Napoléon, personnellement et sans le concours d'aucun plénipotentiaire, par les souverains d'Autriche, de Prusse et de Russie. Elle avait pour but de maintenir le pouvoir des monarques et le respect de la religion ; elle tire son nom des sentiments de piété qui animaient les princes qui la concluaient.

Presque tous les autres souverains de l'Europe y accédèrent; mais le prince régent d'Angleterre refusa d'y donner une adhésion formelle par la raison que la Sainte-Alliance avait été conclue directement entre les souverains et que la constitution anglaise exige que les traités soient contresignés par un ministre responsable.

Cependant cet engagement fut confirmé et porté à la connaissance de toutes les cours de l'Europe par la déclaration signée à Aix-la-Chapelle le 13 novembre 1818 par les plénipotentiaires de l'Angleterre, de l'Autriche, de la France., de la Prusse et de la Russie.

Quoique le traité de la Sainte-Alliance eût un caractère absolument pacifique, il a servi de fondement ou de prétexte à plusieurs interventions armées. (*Voir* INTERVENTION.)

Au point de vue du droit strict, la Sainte-Alliance ne saurait être admise par le droit international moderne; car elle confondait la religion avec le droit, elle substituait la théocratie au droit des gens; et de plus, comme elle n'était applicable qu'aux peuples chrétiens et excluait nécessairement les nations non chrétiennes du concert des nations, elle rétrécissait la portée de ce droit, qui doit être le même pour tous et n'avoir en vue que les besoins et les progrès de la civilisation et de l'humanité tout entière, sans exception de mœurs, de législations et de religions particulières.

Au surplus le traité de la Sainte-Alliance n'a jamais été sérieusement tenu pour une *vérité*, si ce n'est par les trois grandes puissances du nord, tant que les a liées une communauté de vues sur la politique générale de l'Europe; mais il fut, bientôt et est demeuré lettre morte pour les autres Etats.

SAINTE-HERMANDAD. Nom que portait en Espagne la milice particulière de l'Inquisition. *(Voir* INQUISITION.)

SAINTETÉ. Titre d'honneur et de respect que les catholiques emploient pour désigner le Pape.

On écrit avec majuscules *Sa Sainteté, Votre Sainteté.*

Autrefois ce titre se donnait aux évêques et même aux prêtres.

Ce titre était aussi donné aux Empereurs de Constantinople.

SAINTS. On appelle spécialement *Saints* des personnes mortes en état de sainteté, des personnes pieuses dont la vie exemplaire a approché de la perfection divine, et qui par suite ont été canonisées.

Les catholiques honorent les Saints comme les serviteurs privilégiés de Dieu; ils leur rendent un culte spécial et invoquent leur intercession auprès de la grâce divine.

Les Protestants refusent toute espèce de culte aux Saints et taxent les catholiques d'idolâtres à cet égard.

Quoi qu'il en soit, dans plusieurs pays, pendant les fêtes consacrées à certains Saints on s'abstient de tout genre d'affaires; et les chancelleries diplomatiques et consulaires, pour se conformer aux usages et aux convenances des pays où elles sont établies, sont tenues de se tenir closes ces jours-là.

SAINTS LIEUX. Les Saints lieux ou, plus ordinairement, les Lieux Saints se dit des lieux où se sont opérés les principaux mystères de la religion chrétienne : la Judée, Jérusalem, les bords du Jourdain, etc.

SAISIE. Action de prendre, de saisir une chose, de s'en emparer.

Nous n'énumérerons pas ici les diverses acceptions que ce mot prend comme terme de procédure ou de jurisprudence; nous nous bornerons à mentionner que le mot *saisie*, dans son sens le plus général, signifie toute mise de biens ou de choses quelconques sous la main de la justice : et plus particulièrement des choses qui sont l'objet d'une conspiration ou peuvent servir de preuves pour constater un délit ou un crime : saisie d'objets prohibés, de marchandises, de contrebande, de pièces de conviction, etc. (*Voir* CONFISCATION, CONTREBANDE.)

En marine, *saisie* est synonyme de capture ou de prise : saisie d'une prise, d'un navire. (*Voir* PRISE.)

SAISINE. Prise de possession d'une chose, de fait ou de droit.

En matière de succession, c'est la possession, le fait même de l'entrée en possession par l'héritier des biens qui lui sont dévolus par la loi ou par la volonté du testateur.

Les héritiers légitimes sont *saisis*, c'est-à-dire mis en possession, de plein droit des biens, des droits et des actions du défunt, moyennant l'obligation d'acquitter les charges de la succession; les enfants naturels, l'époux survivant, et l'Etat, en cas de succession vacante, doivent se faire envoyer en possession par justice, dans les formes déterminées par la loi. (*Voir* SUCCESSION, HÉRITIER, HÉRITAGE, HÉRÉDITÉ.)

SALIQUE. On appelait loi salique le corps des lois des Saliens, tribu des Francs; mais plus particulièrement l'article le plus célèbre de ce code — article 6 du titre 62 —, qui dispose que les mâles seuls pourront jouir de la terre, et que lorsqu'un homme laisse des enfants, les mâles succèdent à la terre salique, au préjudice des filles. Ce principe fut transporté du domaine civil dans le domaine politique et appliqué à la succession de la couronne de France, de laquelle les femmes étaient exclues. Cette loi fut consacrée en 1316, à la mort de Louis le Hutin, lorsque la ligne directe des Capétiens manqua et que les Valois furent appelés au trône. Depuis cette époque l'exclusion du trône des filles et de leurs descendants a fait partie des lois fondamentales du royaume de France.

Le même principe de la loi salique est adopté dans plusieurs autres monarchies.

SALUT. Terme qu'on emploie dans le préambule des lois et des ordonnances, dans les bulles des papes, dans les mandements des évêques, dans les lettres patentes des souverains.

Autrefois les rois de France disaient en tête des actes émanant de leur autorité : „A tous ceux qui ces présentes verront, Salut.“

Sous la première République française on terminait les lettres par cette formule : „Salut et fraternité.“

SALUT DE L'ÉTAT. Le salut du peuple, de l'Etat doit être la suprême loi des gouvernements, sous la réserve de se conformer aux lois immuables de l'humanité, de la justice et de la morale.

Pendant la Révolution française on a donné le nom de Comité de *salut public* à une commission dictatoriale, composée de 9, puis de 12 membres de la Convention nationale, et qui exerça presque toute l'autorité depuis le 6 avril 1793, date de sa création, jusqu'au 27 juillet 1794. (9 thermidor an II.)

SALUT DE MER. Echange de politesses entre navires des nations différentes ou de la même nation, entre navires et places de guerre.

Les saluts de mer se font de diverses manières, soit par le pavillon et les voiles, soit en tirant un certain nombre de coups de canon.

La manière dont les saluts doivent se rendre entre navires de nations différentes a été fixée par les traités internationaux, desquels on peut déduire les règles suivantes :

Les navires marchands ne se doivent aucun salut; les capitaines qui y ont recours, acccomplissent un acte absolument volontaire et gracieux.

Tous les Etats souverains sont égaux en ce qui concerne le cérémonial maritime. Les distinctions extérieures établies à cet égard ont un caractère tout à fait individuel et ne présupposent ni infériorité ni soumission.

A défaut de stipulations conventionnelles expresses, les saluts ne sont pas obligatoires et ne constituent qu'un acte de courtoisie et d'étiquette.

L'acte de ne pas rendre un salut peut bien être considéré comme une impolitesse justifiant une demande d'explications, mais ne saurait autoriser le recours à des actes hostiles.

Lorsque deux navires de guerre ou deux escadres se rencontrent en pleine mer, la courtoisie exige que le commandant qui a le grade le moins élevé salue le premier et que le salut lui soit rendu coup pour coup.

Si un navire de guerre isolé, quelle que soit sa force, rencontre une escadre, il est tenu de saluer le premier.

TOME II

Les navires de guerre portant à leur bord des souverains, des membres de familles princières, des chefs d'Etat ou des ambassadeurs reçoivent le premier salut.

A l'entrée ou à la sortie des ports étrangers, comme au passage devant des forteresses, des batteries ou des garnisons d'un autre Etat, les navires de guerre doivent saluer les premiers, abstraction faite du rang de leurs commandants. Ces saluts sont toujours rendus coup pour coup aussitôt que le bâtiment qui arrive, a complété le nombre de coups de canons qu'il veut échanger.

Entre les navires et la terre le salut cesse d'être personnel; il revêt un caractère international et doit dès lors être réglé par les principes d'égalité qui président également à l'échange des compliments et des visites officielles avec les autorités territoriales, et dont l'initiative appartient invariablement au navire qui mouille dans des eaux étrangères.

On déroge assez habituellement à cette dernière règle lorsque le bâtiment porte à son bord des princes ou des agents diplomatiques, que les forts, les garnisons ou les batteries de côte reconnaissent en faisant le premier salut; mais ces sortes de distinctions accordées directement au rang de la personne qui aborde sur un autre territoire, ne constituent pas une véritable exception aux principes établis; car, en dehors des lois de la politesse, il n'y a pas obligation stricte de répondre coup pour coup à de pareils saluts.

Chaque pays est maître de régler à sa guise les saluts et le cérémonial à observer dans les cas suivants :

1° Lorsqu'un navire qui touche à un port étranger, débarque ou reçoit à son bord son propre souverain ou des fonctionnaires de son gouvernement;

2° Les saluts et les compliments à faire par les autres navires ancrés dans le ports ou par les établissements militaires situés sur la côte;

3° Les saluts attribués à ses propres fonctionnaires ou officiers de tous grades, et qui servent généralement de mesure pour déterminer les honneurs à rendre aux autorités étrangères, et pour maintenir une parfaite égalité entre elles et celles du pays.

Il peut arriver que des navires de guerre appartenant à des nations différentes se trouvent réunis au même mouillage; dans ce cas, et lorsque les

13

commandants ont le même grade, c'est au dernier arrivé à faire le premier salut, qui lui est rendu coup pour coup, à moins que les lois territoriales n'y mettent obstacle.

Les mêmes commandants, lors de leur rencontre dans les rades étrangères, se doivent aussi certaines visites de politesse. Les règles de la courtoisie exigent que le commandant qui se trouve au mouillage, envoie complimenter le nouvel arrivant, et que celui-ci rende les félicitations qu'il a reçues. Cette première formalité accomplie, l'échange de visites personnelles a lieu suivant le rang des officiers, l'inférieur prenant toujours l'initiative de la visite à l'égard de son supérieur en grade. Les saluts faits au pavillon se rendent coup pour coup; ceux adressés au grade, entre officiers de rang inégal, se proportionnent généralement à la position hiérarchique du commandant qui a tiré le premier.

Depuis le mois de juillet 1877, les puissances maritimes, dans le but de diminuer la fréquence des saluts et le nombre des coups de canon, se sont accordées par mettre en pratique les dispositions suivantes :

Les seuls saluts qui désormais sont rendus coup pour coup, sont ceux adressés au pavillon national lors de son arrivée dans un port étranger, et aux commodores ou aux officiers étrangers ayant droit d'arborer pavillon, lorsqu'ils sont rencontrés en mer ou dans un port.

On ne rend plus le salut aux personnages royaux, aux chefs d'Etat ou aux membres de familles royales, soit à leur arrivée dans un port, soit à leur départ, soit quand ils vont visiter des navires de guerre; aux autorités diplomatiques, maritimes, militaires ou consulaires, ou aux gouverneurs, ou aux fonctionnaires qui administrent un gouvernement; aux étrangers de haute distinction.

On ne répond plus également aux salves tirées à l'occasion de fêtes ou d'anniversaires nationaux. (*Voir* CÉRÉMONIAL.)

SALUTATION. Formule dont on se sert pour terminer les lettres et certains actes, notamment les actes diplomatiques. (*Voir* FORMULE.)

SALVE. Décharge simultanée ou successive d'un grand nombre d'armes à feu, soit en l'honneur de quelqu'un, soit dans des occasions de réjouissance, soit pour la célébration d'une fête. Les salves, comme *salut*, ont lieu par le canon et la mousqueterie. (*Voir* SALUT DE MER.)

Les navires mouillés dans un port étranger, où la courtoisie internationale leur fait un devoir de s'associer aux fêtes locales, aux démonstrations publiques, peuvent le faire en faisant tirer des salves par les canons de leur bord.

SAN STEFANO (traité préliminaire de) 1878.

A la suite de conférences, tenues à Constantinople, où les représentants des grandes puissances avaient exhorté vainement le gouvernement du Sultan à exécuter les réformes réclamées par les traités, la guerre éclata en 1877 entre la Russie et la Turquie.

Une lutte acharnée, qui se prolongea pendant toute une année avec des chances diverses de part et d'autre, et à laquelle prirent part la Roumanie, la Serbie et le Monténégro comme alliés de la Russie, finit par amener les armées russes à la porte de la capitale de l'empire ottoman. Le 20 janvier 1878 elles occupaient Andrinople, où dix jours plus tard était signée une convention qui stipulait un armistice, en même temps qu'elle arrêtait les bases de la paix, qui fut conclue le 3 mars suivant par le traité de San Stefano.

Ce traité, auquel la Russie et la Turquie étaient seules parties, comprenait 29 articles, dont les principaux visaient la rectification de la frontière du Monténégro, la reconnaissance par la Turquie de l'indépendance de cette principauté, ainsi que de la Serbie et de la Roumanie, la création d'une principauté autonome de Bulgarie, le démantèlement des forteresses du Danube, l'exécution dans la Bosnie et l'Herzégovine des réformes indiquées par les conférences de Constantinople, l'application à l'île de Crète du règlement organique de 1868, et le paiement par la Porte à la Russie d'une indemnité de guerre, dont une partie au moyen de la cession de certains territoires en Arménie.

Quoique le traité portât simplement le titre de „préliminaires de paix", le dernier article prescrivait expressément que les parties contractantes se considéraient comme formellement liées par lui depuis le moment de sa ratification (qui eut lieu le 17 mars suivant); mais il n'obligeait définitivement que la Russie et la Turquie; car pour les arrangements relatifs au Monténégro, à la Roumanie et à la Serbie, la réserve y était faite de conventions ultérieures à conclure entre la Turquie et ces trois principautés.

C'est pourquoi nous ne nous étendrons pas davantage sur les stipulations du traité de San-Stefano, d'autant plus que ce traité, à proprement dire, n'a eu qu'une existence éphémère ou transitoire, puisqu'il a été presque entièrement refondu, modifié, sinon abrogé, par le traité ultérieur de Berlin, conclu par toutes les parties intéressées et les grandes puissances de l'Europe.

SANCHEZ (Pedro Lopez), jurisconsulte espagnol.

Ex-doyen de la faculté de droit de Salamanque, professeur à l'Université de Madrid.

Elementos de derecho internacional público (Éléments de droit international public). Madrid, 1866-1877, 2 vol. in-8°.

Ce livre, comme son titre l'indique du reste (*precedidos de una introduccion á su estudio bajo los dos aspectos de su desarollo histórico ó positivo y de su teoria*) est plutôt une étude du droit international sous le double aspect de son développement historique et de sa théorie qu'un traité proprement dit.

SANCTION. Acte par lequel, dans un gouvernement constitutionnel, le souverain ou le chef de l'Etat approuve une loi, un traité, une convention, lesquels sans cette approbation ne seraient point exécutoires; c'est donc l'acte solennel par lequel le chef d'un Etat donne à une chose un caractère d'autorité.

En jurisprudence, la *sanction* est la disposition insérée dans une loi ou dans un acte, qui assure l'accomplissement régulier des conditions, en attachant quelque pénalité à la non-exécution : un engagement manque de sanction lorsqu'il ne présente pas le moyen de contraindre les obligés à l'observer.

La *sanction* se dit aussi des sécurités, des moyens pris pour assurer l'exécution d'un traité, d'une convention; tels sont le *gage*, l'*hypothèque*, la *garantie*, la *caution*, le *serment* (voir ces mots, TRAITÉ, CONVENTION.)

Sanction se dit aussi de constitutions ou d'ordonnances concernant les matières ecclésiastiques, ou même politiques. (*Voir* PRAGMATIQUE, SANCTION.)

SANDJAK, SANGIAC. Chacune des principales subdivisions des provinces ou éyalets de l'Empire ottoman.

Le gouverneur d'un sandjak reçoit lui-même le titre de *sandjak*.

Ce mot en turc signifie *enseigne*; il se rapporte à la *queue de cheval* qu'on porte comme symbole d'autorité devant le gouverneur du sandjak.

SANDONA, publiciste italien, professeur à l'université de Sienne.

Trattato di diritto internazionale (Traité de droit international).

C'est le premier volume d'un travail de longue haleine. Il embrasse l'histoire du droit international jusqu'à l'année 1400.

SANG. Race, extraction, famille,

La *pureté du sang* se dit d'une famille de haute extraction dans laquelle il n'y a pas eu de mésalliance.

On appelle *Princes du sang* les princes qui sont de la maison royale ou impériale. (*Voir* PRINCE.)

Le *droit du sang* est le droit que donne la naissance.

Le *sang* se dit aussi de races d'hommes par rapport aux croisements ; et l'on nomme *sang mêlé* les populations où il y a eu des croisements de races différentes.

Un *sang mêlé* se dit d'un homme qui provient d'un croisement, notamment d'un mélange de race indienne ou peau-rouge, ou de race noire avec une race européenne ou blanche.

SANHÉDRIN. Ancien tribunal ou le conseil suprême des juifs; composé de 70 ou 72 membres choisis parmi les principaux de la nation, qui jugeaient les grandes causes, et délibéraient sur les affaires religieuses ou politiques.

On a donné le même nom à une assemblée de notables israélites, convoquée en 1807 à Paris par l'Empereur Napoléon I, pour délibérer sur les devoirs et les droits civils de leurs coreligionnaires, et dont les décisions, revêtues d'un caractère doctrinal, sont encore aujourd'hui la base de l'enseignement religieux non seulement des israélites français, mais aussi des israélites européens.

SANITAIRE. Qui a rapport à la conservation de la santé publique.

Lois, mesures, précautions sanitaires : dans cette catégorie rentrent les *patentes de santé*, la *pratique*, les *quarantaines* (voir ces mots); les *cordons sanitaires*, lignes de troupes placées de manière à empêcher toute communication avec un pays infecté d'une maladie contagieuse; le *déchargement sanitaire*, ou déchargement des marchandises d'un navire infecté avec toutes les précautions nécessaires pour prévenir la transmission de la maladie : il a pour objet de remplacer ou d'abréger les quarantaines.

Les traités de commerce contiennent

13*

généralement des stipulations spéciales relatives aux mesures sanitaires auxquelles les navires sont tenus de se soumettre dans les ports où ils vont mouiller. Les épreuves sanitaires, n'étant que des précautions hygiéniques, sont des conditions parfaitement licites mises à l'admission des navires dans les eaux d'un autre Etat; elle ne sauraient être considérées comme portant atteinte au droit d'exterritorialité garanti aux bâtiments de guerre.

On appelle *personnel sanitaire* les personnes employées aux hôpitaux et aux ambulances militaires en temps de guerre; ce personnel comprend l'intendance, les services de santé et de transport des blessés. (*Voir* AMBULANCE, HÔPITAL MILITAIRE, BLESSÉS ET MALADES MILITAIRES, MÉDECIN.)

SANS-CULOTTE. Sobriquet qu'en 1793 les hommes du parti contre-révolutionnaire donnèrent aux partisans de la révolution, parce que ces derniers repoussaient la culotte courte de l'ancien régime et portaient le pantalon.

SANTÉ. Etat salubre, en parlant d'une ville, par opposition à maladie épidémique.

Bureau de santé ou simplement *La Santé,* établissement organisé dans les ports pour empêcher l'introduction des maladies contagieuses, et pour inspecter les navires supçonnés de contagion.

Patente de santé, acte délivré à un navire par les autorités du port d'expédition ou de départ, ou par le consul, afin de constater l'état sanitaire de l'équipage et du pays d'où part le navire.

Corps de santé, le corps des médecins et des chirurgiens attachés aux troupes de terre et de mer. (*Voir* AMBULANCE, HÔPITAL MILITAIRE.)

Service de santé, se dit des médecins et des chirurgiens attachés à la personne d'un roi, d'un empereur, d'un prince.

SANTIAGO (traité de).
Traité d'union perpétuelle, d'alliance et de confédération entre la Colombie et le Chili, signé à Santiago de Chili le 21 octobre 1822.

Le 21 octobre 1822, la République de Colombie, poursuivant son œuvre de coalition contre son ancienne métropole, conclut avec la République du Chili un traité d'union et d'alliance défensive, en tout point semblable à celui qu'elle avait conclu environ quatre mois auparavant avec la République du Pérou, y compris les clauses relatives à la formation d'un congrès général des nouveaux Etats américains. (*Voir* LIMA.)

SANTIAGO (traité de).
Traité d'amitié, d'alliance et de confédération entre le Chili et le Pérou, signé à Santiago du Chili le 23 décembre 1822.

Ce traité avait pour but de défendre et de soutenir mutuellement l'indépendance des deux Etats contre la nation espagnole et toute autre domination étrangère, et, après que cette indépendance aura été reconnue, d'assurer leur prospérité mutuelle, et le meilleur accord aussi bien entre leurs propres citoyens qu'avec les autres puissances avec lesquelles les parties contractantes pourront entrer en relations.

A ces fins les Etats du Chili et du Pérou contractent librement un engagement d'alliance intime, de ferme et constante amitié pour la sûreté de leur indépendance et de leur liberté, pour leur avantage commun et réciproque et pour leur tranquillité intérieure, s'obligeant à s'aider l'un l'autre et à repousser toute attaque ou invasion qui pourrait menacer leur existence politique, et par conséquent à mettre à la disposition l'un de l'autre des forces de terre et de mer, dont le nombre sera fixé par une assemblée composée de plénipotentiaires, nommés au nombre de deux par chaque partie et chargés de trancher les difficultés qui pourraient interrompre la bonne entente entre les deux Etats.

Afin d'assurer et de perpétuer le mieux possible l'amitié et la bonne intelligence entre les deux Etats, il était stipulé que les citoyens nés dans l'un et l'autre Etat jouiront des mêmes droits et privilèges, de sorte que les Chiliens seraient considérés au Pérou comme des Péruviens, et les Péruviens au Chili comme des Chiliens, sans préjudice des amplifications ou des restrictions que l'autorité législative de l'un et de l'autre Etat jugera à propos d'apporter aux qualifications exigées des candidats aux principales fonctions de chaque Etat; mais pour entrer en jouissance des autres droits actifs et passifs de citoyen, il suffira que l'individu ait établi son domicile dans l'Etat auquel il désirera appartenir.

Les citoyens des deux Etats pourront librement entrer dans les ports et les territoires de l'un ou de l'autre Etat et en sortir, et y jouir de tous les droits et les privilèges de travail et de commerce, en payant les mêmes droits et impôts et en s'astreignant aux mêmes restrictions que les citoyens respectifs.

Enfin les deux parties contractantes s'engagent à interposer leurs bons offices auprès des gouvernements des autres Etats américains ci-devant colonies espagnoles, pour les exhorter à entrer dans le pacte d'Union, d'alliance et de confédération, et à former par suite une assemblée générale des Etats américains, composée de leurs plénipotentiaires, qui seront investis des pouvoirs nécessaires pour cimenter et établir de la façon la plus solide ces relations intimes qui doivent subsister entre tous et chacun d'eux, pour servir de point de ralliement dans un danger commun, de conseillers en cas de conflit d'intérêts, d'interprètes fidèles des traités publics en cas de doute, d'arbitres et de juges conciliateurs dans les contestations et les différends.

Mais ce traité de confédération des Etats américains contenait les réserves renfermées dans la clause identique insérée dans. les traités du même ordre conclus entre les autres Etats hispano-américains. (Voir TRAITÉ DE LIMA.)

Le traité chilo-péruvien, porte la date du 23 décembre 1822, 13ème année de la liberté du Chili et 5e de son indépendance, 3ème de l'indépendance du Pérou; il a été signé dans la ville de Santiago, capitale de la république du Chili.

SANTIAGO (traité de). Traité d'amitié, d'alliance, de commerce et de navigation entre les Provinces-Unies du Rio de la Plata et du Chili, signé à Santiago le 20 novembre 1826.

C'est encore un des actes inspirés aux anciennes colonies de l'Espagne par la crainte d'un retour offensif de la métropole dont elles s'étaient affranchies.

Les cinq premiers articles de ce traité sont exclusivement consacrés à la conclusion d'une alliance perpétuelle, dans le but de soutenir leur indépendance contre toute domination étrangère quelconque, entre les Républiques du Chili et des Provinces-Unies du Rio de la Plata, „ratifiant solennellement et pour toujours l'amitié et la bonne entente qui subsistent naturellement entre les deux républiques en raison de leur identité de principes et de leur communauté d'intérêts.“

Les Républiques contractantes s'obligent à se garantir l'intégrité de leurs territoires, et à coopérer contre toute puissance étrangère qui tenterait de porter atteinte par la force à leurs fron-

tières respectives, telles qu'elles ont été reconnues avant leur affranchissement, ou depuis lors par des traités spéciaux; cette coopération sera proportionnée à la situation et aux ressources respectives de chacune des parties.

Les deux républiques s'engagent en outre à ne conclure avec le gouvernement espagnol aucun traité de paix, de neutralité ou de commerce, qui ne soit précédé de la reconnaissance par ce gouvernement de l'indépendance de tous les Etats de l'Amérique ci-devant espagnole.

Les autres articles du traité concernent le règlement des relations commerciales et consulaires entre les Etats contractants.

SANTOS (José Ribeiro dos). Consul-général portugais, et José F. de Castillo Barreto, vice-consul, ont publié en 1839, en 2 volumes in-8º, en langue française, un traité du consulat.

Cet ouvrage est tout à fait pratique et renferme d'utiles observations sur les devoirs et les fonctions consulaires.

SAREDO (Giuseppe), publiciste italien. Saggio sulla historia del diritto internazionale privato (Histoire du droit international privé). Florence, 1873.

Introduction à un traité sur les conflits de législation en matière de droit international privé.

SARIPOLOS (Nicolas Jean), jurisconsulte grec, né à Citium (Chypre) le 13/25 mars 1817. Docteur en droit de la Faculté de Paris en août 1844. Professeur de droit à Athènes, de 1848 à 1852; conseil du ministre de l'intérieur de 1854 à 1860; membre correspondant de l'Institut de France et de l'Académie de jurisprudence de Madrid; associé de l'Académie de Belgique; membre de l'Institut de droit international.

C'est en 1860 que M. Saripolos a fait paraître à Athènes le premier ouvrage publié en langue grecque sur le droit international moderne, sous le titre de : Τα των εθνών εν ειρηνη και εν πολεμω νομιμα (Droit des gens pendant la paix et pendant la guerre). L'auteur a eu de grandes difficultés à surmonter pour parvenir à rendre compréhensible et faire passer le langage compliqué de la diplomatie dans la langue classique de son pays, dont le purisme extrême n'admet aucun terme d'emprunt : il lui a fallu faire des recherches longues et minutieuses dans les auteurs anciens, afin d'y trouver les expressions propres, ou, en l'absence de celles-ci, d'autres se rapprochant le plus du sens qu'exige la science moderne. Les efforts de M. Saripolos ont été couronnés de succès, les termes introduits par lui ont pris une place définitive dans le vocabulaire hellénique, ont acquis autorité de lexique et sont exclusivement adoptés par les ministères, les légations, la presse et par tous ceux qui, en Grèce, écrit depuis lors sur les matières du droit international, ou traduit en grec les livres des publicistes étrangers.

Outre ce livre, devenu classique dans son pays, M. Saripolos a publié, en grec :

Traité de droit constitutionnel. 2e édition, 5 vol. in-8⁰. 1874—1875.

Traité de législation criminelle. 5 vol. in-8. 1868—1871. Le premier volume renferme une introduction philosophique et l'histoire des législations criminelles depuis l'antiquité la plus reculée jusqu'à nos jours.

Il a écrit en français différents mémoires, lus à l'Académie des sciences morales et politiques, sur des questions de droit politique, de jurisprudence et d'histoire concernant la Grèce directement ou indirectement.

SARRASIN. Synonyme de *musulman* chez les historiens chrétiens du moyen-âge.

Dans l'origine ce nom servait à désigner une tribu particulière de l'Arabie déserte, les *Saracènes* (Ṣarrasins), qui faisaient la force principale des armées arabes; mais les Chrétiens étendirent ce nom à tous les Musulmans, soit Arabes, soit Maures, et spécialement à ceux qui occupaient la Palestine, et à ceux qui envahirent l'Afrique, la Sicile, l'Espagne et le midi de la France.

C'est contre les Sarrasins que s'armaient les croisés. La puissance des Sarrasins fut renversée par les Turcs, qu'il ne faut pas confondre avec eux. (*Voir* MAHOMÉTAN, MUSULMAN.)

SATELLES, SATELLITE. Le *satelles* était le vassal du dernier degré.

De ce mot est venu celui de *satellite*, qui servait à désigner un homme armé aux gages et à la suite d'un autre. Il ne s'emploie plus que dans une acception défavorable.

SATISFACTION. (*Voir* RÉPARATION.)

Un Etat a le droit d'exiger satisfaction d'un autre Etat, qui par un acte quelconque a porté atteinte à son honneur ou à sa dignité. La satisfaction peut être accordée, mais elle peut aussi être prise.

La satisfaction peut consister dans une réclamation de dédommagements dans la punition des personnes qui ont offensé l'Etat étranger ou porté atteinte au respect qui lui est dû. La nature et l'étendue de la satisfaction ou de la punition se règlent d'après la nature et la gravité de la violation des droits de cet Etat.

L'Etat offensé ne peut exiger rien d'incompatible avec la dignité et l'indépendance de l'Etat auquel il réclame satisfaction.

Lorsque cette violation a été commise par des fonctionnaires ou par des particuliers à l'insu de l'Etat ou sans ses ordres, l'autre Etat offensé doit se borner à réclamer la punition des coupables et la réparation de l'offense, et lorsque les lois pénales d'un Etat ne permettent pas de fournir une satisfaction suffisante, l'Etat offensé ne saurait rendre l'autre Etat directement responsable. (*Voir* RESPONSABILITÉ.)

SATRAPE. Titre des gouverneurs de province chez les anciens Perses.

Les Satrapes, dans les provinces éloignées du roi, étaient en quelque sorte des souverains; car l'usage leur avait donné plusieurs prérogatives de la souveraineté. Leur luxe avait passé en proverbe chez les Grecs.

SAUF-CONDUIT. En général c'est la permission donnée par une autorité publique d'aller dans un endroit, d'y séjourner pendant un certain temps et d'en revenir, sans crainte d'être arrêté.

Il se dit aussi de la permission de laisser passer des marchandises.

En diplomatie, on nomme *sauf-conduit* une sorte de passeport remis en temps de guerre aux étrangers qui doivent se retirer d'un pays en hostilité avec le leur.

Un ministre public ou autre agent diplomatique qui en temps de guerre, pour se rendre à sa destination, est obligé de passer par le territoire des Etats belligérants et particulièrement le territoire de l'Etat avec lequel son propre pays se trouve en hostilité, doit être muni de sauf-conduits délivrés par les autorités de ces Etats.

Les sauf-conduits sont aussi en usage entre les Etats belligérants et leurs commandants d'armée pour la libre circulation des paquebots, des courriers, des parlementaires, etc.

Enfin le *sauf-conduit* est simplement la permission qu'un officier donne, en temps de guerre, de passer sur le terrain que ses troupes occupent.

Les sauf-conduits délivrés en temps de guerre peuvent se diviser en deux classes, l'une comprenant ceux qui sont limités à des lieux et à des objets déterminés, l'autre ceux qui sont généraux, c'est-à-dire qui n'impliquent aucune restriction particulière. Ces derniers ne peuvent être délivrés que par l'autorité suprême du pays, tandis que les premiers rentrent dans la compétence des chefs des armées de terre ou de mer.

La validité du sauf-conduit ne dépend pas de l'autorisation personnelle de celui qui le délivre, mais de son caractère officiel.

Le sauf-conduit n'est valable que pour la personne qui y est désignée; mais les licences accordées pour les marchandises sont transmissibles, pourvu qu'il n'y ait pas d'objection particulière contre la personne du porteur.

Le sauf-conduit n'a de valeur que sur le territoire occupé par l'armée qui l'a accordé.

S'il est accordé pour un délai déterminé, il perd sa valeur à l'expiration de ce délai.

Le droit d'annuler ou de révoquer les sauf-conduits appartient, dans l'ordre hiérarchique, aux mêmes autorités qui ont pouvoir de les délivrer et qui seules sont en mesure d'apprécier quand l'intérêt de l'État commande d'en faire cesser l'effet.

Le sauf-conduit n'est pas strictement l'équivalent du passeport, duquel il se différencie en ce que le passeport est essentiellement personnel et ne peut servir qu'au porteur, à sa suite et à ses bagages, tandis que le sauf-conduit s'applique presque exclusivement à des choses, et à des lieux déterminés, n'a rien d'individuel comme, par exemple, lorsqu'il s'agit du transport de marchandises : les porteurs, sans acception particulière de personne, peuvent pour ce service traverser sans encombre les lignes des armées. (*Voir* PASSEPORT.)

SAUVAGES. Se dit, par opposition à *civilisés*, des peuples qui vivent dans l'état de nature, habitant les bois en petites sociétés, la plupart sans demeure fixe, presque sans lois, sans agriculture, et ne subsistant guère que du produit de la chasse.

C'est dans cet état qu'on a trouvé les peuplades qui couvraient la plus grande partie de l'Amérique, de l'intérieur de l'Afrique et des îles de l'Océanie, lors de la découverte de ces contrées.

On ne saurait nier qu'à cette époque les sauvages (généralement désignés sous la dénomination d'*Indiens* en Amérique) étaient légitimes possesseurs du territoire sur lequel ils se mouvaient et devaient être, à ce titre, considérés comme souverains indépendants; mais du moment qu'ils ont laissé envahir ce territoire par la civilisation, leur droit de possession n'est plus devenu qu'un simple droit d'*occupation*, qui dans la plupart des cas s'est éteint soit par l'aliénation volontaire de la propriété, soit par l'expatriation de la tribu sur un autre territoire plus éloigné, soit par la soumission à la nation civilisée, qui contracte alors envers eux des engagements d'entretien, de pacification et de protection, comme aussi par rapport à eux vis-à-vis des autres nations les responsabilités réciproques du droit des gens.

Quand des nations civilisées sont en hostilité ouverte, le droit international leur interdit d'enrôler dans leurs armées des sauvages auxquels les lois de la guerre sont inconnues.

La barbarie, qu'il ne faut pas confondre avec l'état sauvage, est intermédiaire entre celui-ci et l'état de société civilisée. (*Voir* BARBARES.)

SAUVEGARDE. Protection accordée par une autorité quelconque à une personne qui autrement serait menacée.

Lorsqu'un général investi d'un commandement veut protéger des personnes ou des propriétés placées dans une situation exceptionnelle, il délivre un ordre spécial de protection connu sous le nom de *sauvegarde*. Ce document s'applique le plus souvent à des archives, à des bibliothèques ou à d'autres édifices publics, à des propriétés amies ou neutres, et quelquefois à des biens ennemis.

Les *sauvegardes* sont surtout usitées au moment de l'assaut d'une place ou après une bataille, afin de prévenir les excès de la soldatesque.

On distingue deux sortes de sauvegardes :

1° L'une effective ou en nature, lorsqu'un ou plusieurs soldats sont accordés pour mettre l'endroit à couvert d'hostilités : ces gardes sont payés, nourris et récompensés; ils sont inviolables, et l'ennemi, lors même qu'il chasse son adversaire de ces contrées, doit le lui renvoyer en sûreté.

2° L'autre sauvegarde, qui s'accorde par *écrit*, n'est qu'une défense faite par un chef de corps de commettre des hostilités dans un certain endroit, auquel cette prérogative est accordée; parfois la sauvegarde est indiquée par l'érection de poteaux dits de sauvegarde ou de neutralité.

Quelquefois même les puissances conviennent de la neutralité d'une ou de plusieurs de leurs provinces en continuant à faire la guerre à l'égard des autres.

La sauvegarde, n'étant au fond qu'une espèce particulière de passeport ou de sauf-conduit, est soumise aux mêmes règles que ceux-ci pour l'interprétation des droits et des prérogatives qui y sont attachés. (Voir SAUF-CONDUIT, PASSE-PORT.)

SAUVETAGE. Action de retirer des flots et de recueillir les débris d'un naufrage; surveillance et soins donnés au recouvrement des débris d'un navire naufragé et de son chargement.

Se dit aussi de l'action de sauver les personnes tombées à la mer.

L'obligation du sauvetage est un devoir sacré, qui a remplacé le droit que dans les temps barbares on croyait avoir de s'emparer des objets naufragés: de nos jours nul ne peut s'emparer de la personne ou des biens des naufragés. (Voir NAUFRAGE.) Les Etats situés au bord de la mer sont même tenus d'employer tous les moyens à leur portée pour secourir les navires en détresse.

Les objets naufragés ou de jet à la mer qui ont été sauvés sont restitués à leurs propriétaires sur leur réclamation, à charge par eux de payer les frais occasionnés par le sauvetage; en effet les habitants qui ont aidé au sauvetage ont droit à une rémunération équitable, et chaque Etat a le droit de réclamer le remboursement des dépenses qu'il a faites pour le sauvetage au gouvernement duquel le navire naufragé dépend, si ses propriétaires ne sont pas en mesure de rembourser eux-mêmes ces frais; d'ailleurs les objets sauvés et les débris peuvent être affectés à ce paiement. Toutefois chaque Etat doit supporter les frais d'organisation du sauvetage sans être justifié à en demander le remboursement aux autres Etats.

Généralement les autorités locales doivent concourir au sauvetage.

Lorsqu'un naufrage survient dans leur circonscription consulaire ou dans le voisinage, il est du devoir des consuls de prendre les mesures nécessaires pour le sauvetage ou la conservation du navire et de son chargement. Ils peuvent en suite procéder, s'il y a lieu, à la vente des objets sauvés, prendre soin de la liquidation sous leur responsabilité, et en rendre compte aux parties intéressées par l'entremise de leur gouvernement. (Voir CONSUL.)

SAVIGNY (Frédéric Charles de), jurisconsulte allemand, né à Francfort sur le Mein en 1779, mort en 1861.

Il fut ministre d'Etat en Prusse en 1817, et ministre de la justice de 1842 à 1848.

Savigny est considéré comme le chef de l'école historique des jurisconsultes allemands. Dévoué à l'étude du droit romain, il en suit pas à pas les progrès et en retrace admirablement la situation au moyen-âge et l'influence dans les temps modernes. Dans toutes les questions de droit des gens qu'il aborde, il s'attache plutôt à l'antécédent historique qu'à l'idée ou au principe qui en est le fondement. Il donne pour base au droit international les mêmes principes que ceux sur lesquels repose le droit positif de chaque nation. Les progrès de la civilisation, fondés sur la religion chrétienne, nous ont conduits, selon lui, à observer un droit analogue dans nos relations avec toutes les nations du monde, quelle que soit leur religion et abstraction faite de toute réciprocité.

Ses principaux ouvrages sont:

Das Recht des Besitzes (Traité du droit de possession). Marbourg, 1803. Traduit en anglais sous le titre *Treatise on possession*. 8 vol. Londres, 1848.

Du droit de succession. 1822. Traduit de l'allemand sur la dernière édition par Ch. Faure d'Audelange, et revu par M. Valette. 1841. in-8°.

Geschichte des Römischen Rechts im Mittelalter. 6 vol. Heidelberg, 1815-31 (Histoire du droit romain au moyen-âge). 1815. Traduit de l'allemand par Ch. Guenoux. 1830-32. 8 vol. in-8°.

System des heutigen Römischen Rechts. (Système du droit romain actuel.) Berlin, 1851-53. 5 vol.

SCANDINAVISME. Sous ce nom on désigne l'aspiration attribuée aux populations de race scandinave — Suède, Norwége et Danemark — de former un seul Etat ou du moins une confédération.

SCEAU. Grand cachet, sur lequel sont gravées en creux l'effigie, les armoiries, la devise d'un Etat, d'un souverain, d'un corps, d'une communauté, d'un officier public, desquels on fait des empreintes sur des actes, des lettres, des diplômes, etc., pour les rendre authentiques.

Les sceaux anciens qui n'étaient, à proprement dire, que des cachets, étaient ordinairement gravées sur le chaton de bagues, ou d'anneaux, ou sur des pierres précieuses.

On applique les sceaux sur de la cire, sur une pâte de carton, ou sur quelque autre matière, soit sec sur l'acte même par une forte pression mécanique, afin d'y laisser leur empreinte. On donne aussi le nom de sceaux aux empreintes mêmes du sceau ainsi obtenues. On appelle *contre-sceau* un sceau apposé au revers de la première empreinte.

Autrefois les sceaux servaient de signature; on les appliquait sur le document même. Plus tard on les a attachés ou suspendus, par un ruban de soie ou autrement, aux actes auxquels on veut donner un caractère d'authenticité. Les *instruments* diplomatiques, c'est-à-dire les originaux des traités publics, sont encore accompagnés de sceaux pendants.

Dans les expéditions manuscrites ou dans la reproduction par la presse des documents sur lesquels des sceaux ont été apposés, on indique par les initiales L. S. la place du sceau.

Le *sceau* ou les *sceaux de l'État*, ou simplement *les sceaux*, sont ceux, qu'on appose à tous les actes émanant directement de l'autorité souveraine.

Dans l'ancienne monarchie française il y avait le *grand sceau*, qui représentait le roi dans ses habits royaux et assis sur son trône : il s'apposait sur de la cire jaune ouverte, et servait à sceller les édits, les privilèges, les grâces, les patentes; et le *petit sceau*, qui portait seulement les armes du roi et servait à expédier les actes de justice : c'était celui des chancelleries, des parlements.

Le soin de garder et d'apposer le sceau de l'État a été de tout temps confié à un haut fonctionnaire, appelé, selon les époques, *grand référendaire, chancelier* ou *garde des sceaux* (Voir ces termes).

En France actuellement le titre de *Garde des sceaux* est attribué au ministre de la justice, assisté pour cette partie de ses fonctions par douze *référendaires au sceau*. (Voir RÉFÉRENDAIRE.)

De plus il y a auprès de chaque ambassade, de chaque légation et de chaque consulat, un fonctionnaire chargé de sceller les pièces authentiques, et qu'on nomme *Chancelier* (voir ce mot).

La contrefaçon du sceau de l'État et l'usage d'un sceau contre-fait sont punis de peines les plus sévères et donnent lieu à extradition.

Le Pape a deux sceaux : l'anneau du pêcheur, qui consiste en un gros anneau, sur le chaton duquel est gravée la figure de Saint-Pierre tirant ses filets remplis de poissons; il s'applique sur les brefs apostoliques et les lettres secrètes; l'empreinte s'en fait sur la cire rouge; l'autre sceau pontifical porte d'un côté la tête de Saint-Pierre à droite et celle de Saint-Paul à gauche, avec une croix entre les deux, et de l'autre côté le nom du Pape avec ses armes; il sert pour les bulles, et s'imprime sur du plomb.

SCELLÉ. Cire molle qu'on appose, par autorité de justice, en y empreignant un cachet officiel, sur les ouvertures d'un appartement ou d'un meuble, afin d'assurer la conservation intégrale de ce qu'il renferme.

Le *bris de scellé* est le délit qu'on commet en brisant un scellé; il est puni de peines plus ou moins sévères selon le cas. Se dit aussi de l'acte même par lequel un magistrat appose le sceau de l'autorité publique sur des objets quelconques, afin d'éviter tout détournement jusqu'à ce qu'on ait pu faire l'inventaire.

Les scellés peuvent être mis dans un grand nombre de cas, mais principalement ceux d'absence, de décès, de faillite.

Généralement les consuls à l'étranger, lorsqu'un de leurs nationaux meurt dans le pays de leur résidence, et qu'il n'y a ni testament ni héritier sur les lieux, font apposer les scellés sur les objets laissés par le décédé, comme s'il s'agissait d'une succession vacante. En cas d'intervention de l'autorité du pays, le consul croise de ses sceaux, si les traités ou les usages ne s'y opposent pas, ceux des officiers de la localité. (*Voir* CONSUL, SUCCESSION.)

Lorsqu'un ministre étranger meurt dans l'exercice de ses fonctions, le secrétaire de l'ambassade ou de la légation doit avant tout apposer les scellés sur les papiers officiels et aussi s'il en est besoin, sur les effets personnels du défunt. A défaut d'un secrétaire de la légation, le représentant de quelque puissance alliée ou amie peut faire procéder à cette formalité, et lorsqu'aucun envoyé étranger ne peut s'aquitter de cette tâche, l'apposition des scellés a lieu par les soins des autorités du pays où le ministre décédé était en mission; mais ces autorités doivent s'abstenir d'examiner ses papiers et se borner à les mettre en sûreté.

SCEPTRE. Bâton de commandement, qui était un des insignes du pouvoir impérial ou royal.

Se prend au figuré pour le pouvoir souverain, pour la royauté même.

SCHAEFFNER (Guillaume), jurisconsulte allemand.

Entwickelung des internationalen Privatrechts (Développement du droit privé international). Francfort, 1841.

SCHAH. Titre que le souverain de la Perse joint à son nom. C'est un mot persan équivalent à roi ou à empereur.

C'est sous ce titre que les Européens désignent ce monarque.

SCHAUBERG (Rodolphe), jurisconsulte suisse.

Das intercantonale Strafrecht der Schweiz (Le droit pénal international de la Suisse). Zurich, 1870.

Exposé de la législation en vigueur en Suisse depuis 1852 sur l'extradition entre cantons.

SCHAUMANN (A. F. H.), historien allemand.

Geschichte des zweiten Pariser Friedens für Deutschland (Histoire de la deuxième paix de Paris en tant qu'elle concerne l'Allemagne). Gœttingue 1844.

SCHEIK (*Voir* CHEIK).

SCHISMATIQUE. Qui fait schisme, qui est dans le schisme, qui se sépare de la communion d'une Eglise.

Les Grecs qui ne suivent plus le rite catholique, sont qualifiés de *schismatiques*.

Dans le mahométanisme, les Persans sont *schismatiques* aux yeux des Turcs.

SCHISME. Nom donné en général à toute séparation ou désunion d'hommes unis précédemment dans une même communion religieuse.

Se dit particulièrement de toute division religieuse provenant du refus d'un certain nombre d'églises ou d'individus de demeurer en communion avec l'Eglise catholique et l'autorité du Saint-Siège.

Il ne faut pas confondre le *schisme* avec l'*hérésie* : le schisme a pour résultat principal de rompre l'unité de ministère ecclésiastique, tandis que l'hérésie rompt l'unité de doctrine ; au surplus le schisme implique nécessairement l'hérésie, car c'est l'erreur ou la dissidence dans la doctrine qui l'engendre le plus souvent : ainsi les orthodoxes grecs sont schismatiques et les protestants sont hérétiques.

Les schismes les plus célèbres, dont les conséquences subsistent encore, sont le *schisme d'Orient*, qui sépare l'Eglise grecque de la communion avec l'Eglise romaine depuis l'an 1053; et le *schisme d'Angleterre* qui a séparé les Anglais de la Papauté sous le règne de Henri VIII en 1534 et a eu pour conséquence la constitution de l'Eglise anglicane.

SCHMALZ (Théodore Antoine Henri), publiciste allemand, né à Hanovre le 17 février 1760, mort à Berlin le 20 mai 1831.

Il fut professeur de droit à Rinteln en 1788, puis à Kœnigsberg, et en 1803 à Halle, dont il dirigea l'Université ; en 1810 membre de la cour supérieure d'appel et professeur de droit à l'Université de Berlin.

Il a publié un grand nombre d'ouvrages sur le droit public, privé, naturel et international.

Das Recht der Kriegseroberung (Du droit de conquête).

Annalen der Politik (Annales de la politique). Berlin, 1809.

Das europäische Völkerrecht. Berlin, 1817, in-8°. Traduit de l'allemand par le comte Léopold de Bohm, sous le titre *Le droit des gens européen.* Paris, 1823, in-8°.

De jure alienandi territoria (Du droit d'aliéner les territoires). Rinteln 1796.

SCHMAUSS (Jean Jaques), publiciste allemand, né à Landau le 10 mars 1690, mort à Gœttingue le 8 avril 1757. Professeur d'histoire et de droit des gens à l'Université de Gœttingue.

Corpus juris gentium academicum. Leipzig, 1730—1732, 2 vol. in-8°. (Corps académique du droit des gens.)

Corpus juris publici (Corps du droit public).

Neues Systema des Rechts der Natur, Gœttingue, 1754, in-8°. (Nouveau système du droit naturel.) Précédé de *Dissertationes juris naturalis* (Dissertations sur le droit naturel).

Einleitung zur Staatswissenschaft (Introduction à la science politique). Leipzig, 1740 et 1747. 2 vol.

Das Recht der Natur (Du droit naturel). Kœnigsberg. 1795.

Reédité en 1831 à Leipzig sous le titre de

Die Wissenschaft des natürlichen Rechts (De la science du droit naturel).

Corpus juris gentium academicum (Corps

académique du droit public). Leipzig, 1730. Augmenté par Hommel en 1791.

Einleitung zu der Staatswissenschaft und Erläuterung des von ihm herausgegebenen Corporis juris gentium academici und aller andern seit mehr als zwei Seculis geschlossenen Bündnisse, Friedens- und Commercien-Tractate. (Indroduction à l'économie politique, etc.)

Cet ouvrage comprend la période de 1439 à 1740, et pour les Etats du nord celle de 1700 à 1743.

Vorlesungen über das deutsche Staatsrecht (Cours sur le droit public de l'Allemagne). Lemgo, 1766, in-8⁰.

SCHOELL (Maximilien Samson Frédéric) publiciste allemand, né le 8 mai 1766 dans le duché de Saarbrück, mort le 6 août 1833 à Paris.

De 1816 à 1818 il fut secrétaire de l'ambassade de Prusse à Paris.

En 1819 il accompagna, en qualité de conseiller intime, le ministre prussien Hardenberg aux congrès de Tœplitz, de Troppau et de Laybach, et plus tard (en 1822) en Italie.

Il a publié : *Précis de la révolution française et des évènements politiques et militaires, qui l'ont suivie. Paris*, 1809, 1810 in-18.

Tableau des peuples qui habitent l'Europe, classés d'après les langues de l'Europe. Paris, 1809 in-18, en 1812 in-8⁰.

Histoire abrégée des traités de paix entre les puissances de l'Europe depuis la paix de Westphalie, par de Koch (Voir ce nom) entièrement refondue, augmentée et continuée jusqu'au congrès de Vienne et aux traités de Paris de l'année 1815. — 15 vol. 1817-1818.

Recueil de pièces officielles destinées à détromper les Français sur les évènements qui se sont passés depuis quelques années. — Paris 1814-1816, — 9 vol. in-8.

Cet ouvrage fit connaître pour la première fois en France une foule de faits notoires en France, mais dont la divulgation avait été empêchée par la police impériale.

Recueil des pièces officielles relatives au Congrès de Vienne. Paris, 1816—18, 6 vol. in-8.

Esquisse d'une histoire de ce qui s'est passé en Europe depuis la révolution française jusqu'au renversement de Buonaparte. Paris, 1823, in-8.

Cours d'histoire des Etats européens, depuis le bouleversement de l'empire romain d'Occident jusqu'en 1789. Paris 1830 1834, 6 vol. in-8.

SCHŒNBRUNN (paix de) 1809. Ce traité mit fin à la cinquième coalition contre la France, provoquée par l'Autriche, que les complications des affaires d'Espagne et de Portugal avaient encouragée à reprendre la guerre contre l'Empereur Napoléon.

La campagne fut de courte durée. Les hostilités commencèrent le 9 avril; le 13 la capitale de l'Autriche se rendait par capitulation; le 6 juillet le gros de l'armée autrichienne essuyait une grande défaite à Wagram, sur le Danube, et la paix était signée à Schœnbrunn, aux portes de Vienne, le 10 octobre 1809.

La paix fut déclarée commune aux frères et au beau-frère de Napoléon, assis sur les trônes d'Espagne, de Hollande et de Naples, ainsi qu'aux rois et aux grands-ducs de la Confédération du Rhin.

Les conditions en furent onéreuses pour l'Empereur d'Autriche, qui céda, pour en être disposé en faveur des souverains de la Confédération du Rhin, le pays de Salzbourg et de Berchtesgaden, et une partie de la Haute-Autriche.

Furent cédées à l'Empereur Napoléon directement les comtés de Gortz ou Gorice et de Montefalcone, qui formaient le Frioul Autrichien; le gouvernement et la ville de Trieste, la Carniole avec les enclaves sur le golfe de Trieste; le cercle de Villach en Carinthie; une partie de la Croatie et de la Dalmatie c'est-à-dire les pays situés à la droite de la Save, comprenant Fiume et le littoral hongrois, l'Istrie autrichienne et les îles en dépendant; la seigneurie de Räzuns, enclavée dans le pays des Grisons. — Ces provinces, excepté Räzuns, furent réunies, en un seul corps avec la Dalmatie et ses îles sous le nom de *Provinces illyriennes* et gouvernées comme un Etat indépendant. Cependant le commerce d'exportation et d'importation par Fiume sur l'Adriatique fut réservé à l'Autriche.

On céda au *roi de Saxe*, comme tel, quelques villages de la Bohême enclavés dans la Saxe; et au même prince, comme *duc de Varsovie*, la Gallicie occidentale avec le cercle de Zamose et la ville de Cracovie.

Des cessions furent faites aussi à la Russie, comprenant un territoire de la partie la plus orientale de l'ancienne Gallicie, renfermant une population de 400,000 habitants, sous réserve de la ville de Brody.

L'Empereur d'Autriche renonça à la grande maîtrise de l'ordre Teutonique, qui fut supprimé dans tous les pays de la Confédération du Rhin.

Enfin l'Empereur d'Autriche reconnaissait tous les changements survenus, ou qui pourraient survenir en Espagne, en Portugal et en Italie. Il adhérait au système prohibitif adopté par la France et la Russie à l'égard de l'Angleterre pendant la guerre marttime qui se continuait encore, et il promettait de faire cesser toute relation avec cette puissance.

SCHRŒDER (Lud. Conr.) jurisconsulte hollandais.

Elementa juris naturæ socialis et gentium. (Eléments du droit naturel, du droit social et du droit des gens.) Groningue 1775 gr. in-8º.

SCIENCE. Ensemble de connaissances sur une matière, mais plus particulièrement de notions liées entre elles par la nature même des choses, systématisées par l'application du raisonnement et de la méthode, et devenues l'objet d'une étude spéciale.

Ainsi la science du droit international, est l'ensemble des faits qui se rapportent aux relations des divers peuples entre eux et l'étude des principes et des règles qui s'en déduisent pour régir leur conduite réciproque et pour décider les conflits entre leurs lois et leurs usages divers. (*Voir* DROIT DES GENS, INTERNATIONAL.)

SCISSION. Division dans une assemblée politique, un parti, un Etat.

Partage des opinions ou des voix dans les votes.

SCRIBE. Nom donné chez les Juifs aux docteurs qui enseignaient et interprétaient la loi de Moïse.

Chez les Grecs et chez les Romains, les *scribes* étaient des employés chargés de transcrire les lois, les édits, les jugements, les actes publics.

Au moyen-âge, on désignait par *scribes* des fonctionnaires qui étaient chargés de certaines rédactions et soumis au chancelier, et qui résidaient dans certaines villes.

Le titre de *scribe* était aussi employé comme synonyme de celui de greffier.

Aujourd'hui on nomme *scribe* un homme qui fait des copies.

SCRUTATEUR. Celui qui, dans les assemblées délibérantes où l'on vote par

suffrages secrets, est chargé de vérifier et de dépouiller le scrutin.

Dans les conciles, les *scrutateurs* recueillent les suffrages, les mettent par écrit, puis les portent au bureau des consulteurs pour y être comptés.

SCRUTIN. Opération qui consiste à recueillir les votes d'une assemblée, exprimés au moyen d'une boule blanche ou noire, ou d'un bulletin ou billet plié : ce qui empêche que ceux qui donnent leur voix pour ou contre ne soient connus.

Ces bulletins ou ces boules, jetés dans une boîte ou dans une urne, sont examinés et comptés par les personnes désignées comme scrutateurs, lesquelles proclament le résultat du scrutin, c'est-à-dire ou les candidats qui ont obtenu le plus grand nombre de suffrages, ou le nombre des boules blanches et des boules noires en faveur d'une mesure ou d'une loi proposée ou contre elle.

Quand il s'agit de nominations ou d'élections, on distingue le *scrutin individuel*, où les votants inscrivent le nom d'une seule personne sur leur bulletin, et le *scrutin de liste*, où l'on écrit sur le bulletin autant de noms qu'il y a de nominations à faire.

On nomme *scrutin secret* le scrutin dans lequel le bulletin de vote est déposé dans l'urne plié et fermé.

Le *scrutin découvert* est celui dans lequel chacun fait connaître son vote.

Le *scrutin de ballottage* est un second tour de scrutin, auquel on procède lorsque dans une élection, au premier tour, deux concurrents ont obtenu le même nombre de voix ou qu'aucun n'a eu la majorité voulue.

SÉANCE. Le temps pendant lequel une assemblée, un corps politique, un conseil, un tribunal est réuni pour s'occuper de ses travaux; la réunion même des membres de cette assemblée.

Il y a des *séances ordinaires* — celles qui sont fixées par les règlements; et des *séances extraordinaires* — celles dont la convocation, n'étant pas prescrite par ces règlements, a lieu par une résolution exceptionnelle et expresse de l'assemblée ou de l'autorité qui a le droit de la convoquer.

„*La séance est ouverte*", „*la séance est levée*" : formules par lesquelles le président d'une assemblée annonce que la séance commence, ou qu'elle est terminée.

Tenir séance, être assemblé pour délibérer.

Séance tenante, dans le cours de la séance, avant que la séance soit terminée.

Séance signifie aussi le droit de siéger, de prendre place dans une assemblée, dans une compagnie réglée.

Certaines fonctions, certains titres donnent *séance* dans certains corps ou assemblées.

SÉCESSION. En politique, se dit de la séparation d'un ou de plusieurs Etats confédérés d'avec la fédération dont ils font partie : ainsi la séparation des Etats du sud dans l'Union américaine du nord.

SECOURS. Aide, assistance dans le besoin, dans le danger ; dans un sens particulier, troupes envoyées au secours d'une armée, dont les troupes sont trop faibles pour résister à l'ennemie.

Les Etats se doivent mutuellement protection et assistance. L'étendue et la portée de leurs devoirs sous ce rapport dépendent à la fois des circonstances et de la situation particulière dans laquelle chaque nation se trouve placée.

Ainsi lorsqu'un peuple est affligé par la famine ou par toute autre calamité publique, incendies, inondations, tremblements de terre, etc., l'humanité fait aux autres peuples un devoir de lui venir en aide.

C'est encore un devoir reconnu par toutes les nations civilisées de porter secours aux naufragés, et les puissances maritimes se sont même engagées par des traités à fournir les moyens nécessaires pour opérer ou faciliter leur sauvetage.

Cependant, à part toutefois les cas auxquels nous venons de faire allusion, le devoir de secours et de protection mutuelle cesse de faire sentir son action, lorsque la guerre a éclaté entre deux Etats, parce qu'il se heurte contre le droit souverain des belligérants et contre un devoir plus impératif encore, celui de la neutralité. Ainsi, tant qu'une ville est assiégée ou qu'un port est bloqué, les autres peuples doivent s'interdire de venir à leur aide, si ce n'est les alliés du belligérant ainsi en détresse, qui du reste sont exposés, comme lui, à tous les risques et à toutes les responsabilités de la lutte.

Mais dès que la guerre cesse ou s'est portée sur un autre point du territoire, les Etats neutres sont libres et même moralement obligés de n'écouter que la voix de l'humanité pour soulager par tous les moyens en leur pouvoir les souffrances qu'ils ont été impuissants à prévenir.

Toutefois dans ces derniers temps il a été fait une sorte d'exception, autorisée par le concours presqu'unanime des Etats, à la rigueur des lois de la neutralité : des sociétés, composées de personnes de nationalités diverses, se sont formées pour porter des secours aux blessés sur les champs de bataille ou dans les hôpitaux militaires, qu'ils appartiennent à l'un ou l'autre des belligérants. (*Voir* BLESSÉS MILITAIRES, CONVENTION DE GENÈVE.)

SECOURS MILITAIRES. Ces secours peuvent consister en un certain nombre de troupes ou de bâtiments de guerre, une certaine quantité de matériel de guerre mis à la disposition d'un belligérant. (*Voir* ARMES, NAVIRES, MATÉRIEL DE GUERRE.)

Lorsqu'il y a alliance entre deux Etats, celui qui vient à faire la guerre est en droit de réclamer de son allié des secours dans la mesure des stipulations du traité ou du pacte d'alliance. (*Voir* ALLIANCE.)

Souvent l'envoi de troupes ou de navires résulte d'un traité antérieur conclu entre deux Etats, par lequel l'un, sans prendre directement part à une guerre comme partie principale, s'engage à y concourir indirectement en fournissant à l'autre le secours stipulé, soit moyennant une indemnité, soit sous d'autres conditions. Les engagements de ce genre, lorsqu'il ne s'y rattache pas d'autres obligations plus précises, ne transforment pas nécessairement en allié l'Etat qui fournit le secours ; mais l'envoi du secours constitue par lui-même un acte hostile qui détruit la neutralité et implique virtuellement toutes les conséquences de l'état de guerre.

En envoyant à un belligérant des hommes ou du matériel de guerre, l'Etat neutre enfreint les devoirs que lui impose la neutralité. Mais si des citoyens d'un Etat neutre s'enrôlent au service de l'un des belligérants sans l'autorisation du gouvernement neutre, ce gouvernement ne peut être tenu responsable d'un acte dont il n'a pas pris l'initiative ; toutefois il encourrait le reproche fondé de violer la neutralité, s'il tolérait sciemment sur son territoire la formation de corps francs ou de volontaires destinés à seconder l'un des belligérants au détriment de l'autre. En tout cas ses ressortissants ainsi compromis perdent tout droit à sa protection directe et sont traités en ennemis.

Lorsqu'un Etat s'est engagé par des

traités antérieurs, à une époque où l'on ne pouvait prévoir la déclaration de guerre, à fournir des secours en hommes à un Etat devenu belligérant, la participation de ces troupes aux hostilités ne peut être considérée comme contraire à la neutralité de l'Etat qui les a fournies, pourvu que cet Etat manifeste sa résolution de demeurer neutre et d'observer strictement les conditions du traité qui l'oblige. Quoi qu'il en soit, les troupes fournies au belligérant sont considérées comme troupes ennemies.

Quant aux navires de guerre, l'Etat neutre doit non seulement s'abstenir d'en livrer à l'un des belligérants; mais il doit en outre empêcher que des particuliers n'en arment sur son territoire pour les livrer à l'une des parties en guerre. (*Voir* NEUTRE, NEUTRALITÉ.)

SECRET, SECRÈTE. Se dit des assemblées quand elles se ferment au public.

Comité secret, séance où une assemblée délibère à huis-clos.

Conseil secret du roi, conseil où l'on examinait les affaires les plus importantes et où quelques membres du Conseil d'Etat avaient seuls droit de siéger.

Fonds secrets, fonds dont un gouvernement use sans être obligé d'en rendre compte; le plus généralement ils sont destinés à un service de police ou de diplomatie.

SECRET de la correspondance diplomatique.

Dans la plupart des cas la correspondance qu'un gouvernement entretient avec ses représentants ou ses agents à l'étranger est de nature à ne pas être divulguée, soit qu'elle renferme des instructions particulières pour celui qui les reçoit, soit que la publicité donnée intempestivement à certains faits, à certaines communications puisse entraver la marche de négociations pendantes.

C'est pour obtenir le secret nécessaire en pareilles circonstances que les gouvernements ont recours aux *chiffres*, dont eux et leurs agents connaissent seuls la clef. (*Voir* CHIFFRE.)

Quant à l'envoi des lettres et des dépêches, il s'opère par la poste commune, ou par des messagers, des courriers et des voyageurs sûrs et de confiance. Mais partout aujourd'hui le secret de la poste est respecté en temps de paix, et l'on regarderait comme une violation du droit des gens l'ouverture des lettres de quelque manière qu'elle s'exécutât, et à plus forte raison s'il s'agissait de la correspondance des ministres publics avec leur gouvernement.

SECRÉTAIRE. Celui qui est chargé d'écrire des lettres ou des dépêches pour une personne par laquelle il est employé: tel est, par exemple, le secrétaire des commandements d'un prince.

Autrefois on appelait en France secrétaires du roi, des officiers chargés de rédiger les lettres expédiées en chancellerie.

Employé qui rédige par écrit les délibérations d'une assemblée : par exemple, les secrétaires du sénat, de la Chambre des députés.

Fonctionnaire chargé de garder les archives, d'expédier et de contresigner les actes, d'entretenir la correspondance d'une administration, d'une corporation : secrétaire général du Conseil d'Etat, d'un ministère, d'une préfecture, d'une mairie.

SECRÉTAIRE d'ambassade ou de légation.

Celui qui est nommé par le gouvernement pour rédiger et pour écrire les dépêches d'une ambassade ou d'une légation.

La carrière diplomatique compte dans presque tous les pays trois classes de secrétaires.

Quelquefois les secrétaires d'ambassade ou de légation sont en même temps revêtus du caractère de conseillers; en effet certains gouvernements donnent aux premiers secrétaires de leurs missions le titre de *conseillers d'ambassade ou de légation*. (*Voir* CONSEILLER.)

Dans les ambassades ou les légations importantes il y a ordinairement plusieurs secrétaires de classes différentes.

Les attributions des secrétaires varient d'après les règlements intérieurs de chaque pays. Le plus habituellement elles consistent à seconder en tout le ministre sous les ordres duquel ils sont placés, à rédiger et à expédier les notes et les dépêches officielles, à s'acquitter de missions verbales auprès des administrations publiques du pays où ils résident ou auprès des autres représentants étrangers; à classer et à surveiller les archives de la mission; à chiffrer ou à déchiffrer les dépêches, à minuter les notes ou les lettres que le ministre peut avoir à écrire sur des réclamations ou des affaires particulières; enfin, en l'absence de chancellerie régulièrement organisée, à dresser les protocoles et les procès-verbaux, à recevoir et à légaliser les actes de l'état-civil, les certificats de vie et les autres pièces intéressant leurs nationaux, à délivrer et à viser les passeports, etc.

A moins d'ordres formels contraires, il est de règle que le conseiller d'ambassade ou de légation, ou, à son défaut, le premier secrétaire supplée le chef de mission empêché ou absent, et qu'il soit présenté au ministre des affaires étrangères du pays comme *chargé par intérim des affaires* de l'ambassade ou de la légation.

Ces secrétaires d'ambassade et de légation ont droit à certains privilèges, à certaines immunités.

Le secrétaire particulier n'est attaché qu'à la personne de l'ambassadeur ou du ministre, et ne relève que de celui qui l'emploie; il n'en est pas de même des secrétaires d'une ambassade ou d'une légation, qui sont nommés par le gouvernement lui-même, et dont la nomination est notifiée au ministre des affaires étrangères du pays où ils doivent résider; ils sont ordinairement présentés au souverain de ce pays par le chef du poste auquel ils sont attachés; ils appartiennent à la fois au poste et à la carrière diplomatique, et sont à ce titre revêtus d'un certain caractère de représentation; aussi jouissent-ils d'immunités propres, indépendantes de celles de l'ambassadeur ou du chef de légation, aux ordres duquel ils ne sont soumis que dans la mesure prévue par les instructions du gouvernement qui les a nommés. Les secrétaires d'ambassade ou de légation jouissent spécialement, comme personnes officielles, des privilèges des agents diplomatiques en ce qui touche l'exemption de la juridiction locale; mais ils n'ont droit à aucun cérémonial. (*Voir* AGENT DIPLOMATIQUE, MINISTRE, AMBASSADE, LÉGATION.)

Il faut distinguer les secrétaires d'ambassade et de légation, des secrétaires privés du ministre, qui, dans la règle, ne sont employés qu'aux affaires privées de celui-ci, à sa correspondance particulière, aux détails qui ne l'intéressent que comme individu.

Toutefois on admet que, faisant partie de la maison du ministre, les secrétaires privés, sans avoir aucun droit aux immunités diplomatiques, comme par un reflet de l'indépendance dont le ministre est revêtu, sont comme lui exempts de la juridiction civile, quoiqu'ils n'aient aucun caractère public.

SECRÉTAIRE D'ÉTAT. Titre de chacun des ministres qui dirigent un département administratif et contresignent les ordonnances du chef de l'Etat. (*Voir* MINISTRE.)

Dans plusieurs pays le titre de secrétaire d'État est particulier au ministre ou chef du département des affaires étrangères. (*Voir* ÉTAT.)

SECRÉTAIRERIE. Lieu où les secrétaires d'un gouverneur, d'un ambassadeur, etc., font et délivrent leurs expéditions et gardent les minutes.

Se dit aussi de l'ensemble des employés de la secrétairerie.

SECRÉTAIRES INTERPRÈTES. C'est le titre qu'on donne à des fonctionnaires attachés aux ambassades ou aux légations établies auprès de la Porte ottomane et des gouvernements asiatiques ou africains, et par réciprocité, dans celles de ces gouvernements auprès des Etats européens.

Leur mission consiste à traduire les documents dans la langue du pays où réside l'ambassadeur ou le ministre public, et à lui servir d'interprète dans ses relations avec le gouvernement local. (*Voir* DROGMAN, INTERPRÈTE.)

En France, on donne spécialement le titre de *secrétaires interprètes* à des fonctionnaires attachés au ministère des affaires étrangères pour remplir l'office de drogmans. Ils sont au nombre de trois, et l'un d'eux a le titre de premier secrétaire.

SECRÉTARIAT. Fonction de secrétaire.

Lieu où le secrétaire d'une administration, d'une compagnie, d'une ambassade ou légation, etc., fait et délivre ses expéditions, et où sont déposés les archives, les registres dont la garde lui est confiée.

SECTAIRE. En général membre d'une secte, et particulièrement celui qui appartient à une secte religieuse condamnée par la communion principale de laquelle elle s'est détachée; il se dit surtout d'une secte nouvelle qui s'efforce de faire prévaloir sa doctrine.

SECTE. Parti composé de personnes qui font profession d'une même doctrine : secte politique, secte de philosophes; la secte des épicuriens, des stoïciens, etc.

En religion, c'est le nom que les dissidents se donnent les uns aux autres en y attachant une idée d'erreur ou d'hérésie : ainsi les protestants sont divisés en plusieurs sectes : luthériens, calvinistes, anglicans, etc.

SECTION. Division ou subdivision d'un livre, d'un acte public, d'une loi, d'un traité : dans ce sens *section* peut être pris comme le synonyme ou l'équivalent de chapitre ou d'article.

Le plus ordinairement les chapitres forment la division principale ; ils se subdivisent en articles et les articles en sections ; mais dans plusieurs Etats, la division par sections est seule en usage pour le libellé des lois, des actes publics et des traités internationaux.

Dans une autre acception, *section* se dit de la division d'un corps administratif, d'un tribunal : les sections du conseil d'Etat, la section du contentieux, etc.

SÉCULARISATION. Acte par lequel on rend à la vie séculière ou laïque un prêtre, un moine, une communauté religieuse.

Acte en vertu duquel un bénéfice cesse d'appartenir au clergé, un endroit, un édifice cesse d'être considéré comme sacré.

SÉCULIER. Qui n'est pas engagé par des vœux dans une communauté religieuse.

Le clergé *séculier* est celui qui vit dans le monde, tandis que le clergé *régulier* comprend tous les *clercs* astreints à une règle monastique.

Se dit de laïques par opposition aux ecclésiastiques.

La *juridiction séculière*, le *bras séculier*, puissance de la justice temporelle ou justice civile.

SÉDENTAIRE. Se dit d'un emploi qui s'exerce sans sortir d'un même lieu.

Signifie aussi fixe, permanent, attaché à un lieu, par opposition à ambulatoire : ainsi une cour d'appel est sédentaire, parce qu'elle demeure d'une façon permanente dans la ville où elle a son siège ; mais une cour d'assises est ambulatoire, puisqu'elle est composée de juges détachés d'autres cours ou tribunaux de justice.

En administration militaire, on nomme *sédentaires* des troupes qui ne changent point de garnison et ne se mettent jamais en campagne.

SÉDITIEUX. Qui prend part à une sédition, qui pousse à la sédition. (*Voir* REBELLE.)

SÉDITION. Trouble contre l'ordre public, soulèvement contre l'autorité légale, contre le pouvoir établi.

On reconnaît cette différence entre l'*émeute* et la *sédition*, que l'émeute est le plus souvent le fait d'un attroupement fortuit, sans chef, sans dessein prémédité, tandis que la sédition est concertée par des meneurs et obéit à un mot d'ordre. (*Voir* INSURRECTION, RÉBELLION, RÉVOLTE, SOULÈVEMENT.)

SEIGNEUR. Celui qui possédait un fief et avait une autorité et des droits particuliers sur les propriétés et les personnes comprises dans ce fief.

Par extension, maître, possesseur d'un pays, d'un Etat. — On appelait *seigneur temporel* celui qui exerçait la justice temporelle sur un certain territoire ; et *seigneur spirituel* le prélat qui avait la puissance publique ecclésiastique dans un certain district.

Titre honorifique qu'on donne à quelques personnes distinguées par leur dignité ou par leur rang : un seigneur de la cour, un grand seigneur ou d'un très haut rang.

Le *Grand Seigneur* se dit du Sultan, Empereur des Turcs.

Dans plusieurs villes d'Italie, *Seigneur* est le titre du chef de la cité.

Titre qu'on donnait collectivement aux membres des Etats-Généraux et des Cours souveraines.

Seigneur se disait autrefois comme terme de civilité à peu près comme on dit aujourd'hui Monsieur.

Pris absolument, le *Seigneur* (toujours avec une S majuscule) signifie Dieu.

Le *jour du Seigneur*, c'est le samedi chez les Juifs, le dimanche pour les Chrétiens.

Notre Seigneur (avec une N et une S majuscules), se dit de Jésus-Christ.

La date de la plupart des traités se marque en indiquant le millésime par l'année de Notre Seigneur (en abrégé N.S.), c'est-à-dire l'année de l'ère chrétienne supputée depuis la venue de Jésus-Christ.

SEIGNEURIE. Droit, autorité qu'un homme a sur la terre dont il est le seigneur et sur tout ce qui en relève.

La terre seigneuriale.

Mouvances, droits féodaux d'une terre, indépendamment de la terre elle-même.

Titre d'honneur donné aux pairs d'Angleterre. (Le mot anglais *lord* signifiant seigneur, et *lordship*, Seigneurie.)

Ce titre se donnait aussi aux anciens pairs de France, et se donne aux membres de la Chambre des Seigneurs de Prusse.

SEIGNEUX (George de), jurisconsulte suisse et avocat à Genève.

De l'unification du droit concernant les

transports internationaux par chemins de fer. (A paru aussi en allemand.) Bâle 1875.

La première partie de ce travail traite de l'état de choses actuel, la seconde contient l'énumération et la critique des questions soumises à la conférence internationale de Berne.

Du projet de convention internationale sur le transport des marchandises par chemins de fer. Paris 1868.

Rapport sur la conférence de Berne relative au droit de transport.

SEIJAS (R. F.), publiciste sud-américain, né à Caracas (Vénézuela). *El derecho internacional hispano-americano, público y privado.* (Le droit international hispano-américain, public et privé.) Caracas, 1884. 4 vol. in-8°.

L'auteur fait l'historique de tous les différends de l'Amérique espagnole avec les puissances étrangères, rappelle les jugements portés par les auteurs sur ces différends, les décisions prises à cet égard par les gouvernements européens, les critique et propose d'établir un droit propre aux républiques sud-américaines, droit qui leur serve de guide dans leurs tractations internationales.

L'auteur étudie aussi les régimes consulaires américains et européens et l'influence anglo-américaine sur les affaires de l'Amérique du Sud.

SEING. La marque ou le signe qu'une personne met à un écrit pour garantir qu'il émane d'elle.

Autrefois, quand un noble ne savait pas écrire, il suppléait à la signature de son nom par le seing et le sceau.

Signature d'une personne apposée par elle-même au bas d'une lettre, d'un acte pour le confirmer, le rendre valable.

Seing privé, signature qui n'a pas été faite en présence d'un officier public : on oppose les actes *sous seing privé* aux actes *authentiques, notariés.*

Blanc seing, papier signé d'avance qu'on confie à quelqu'un pour qu'il le remplisse à sa volonté.

SÉJOUR. Résidence plus ou moins longue dans un endroit, dans un pays. En principe, le souverain qui voyage ou séjourne hors de son territoire, est exempt de la juridiction criminelle du pays où il se trouve. Cependant il peut se présenter des cas où cette règle devient inapplicable.

Ainsi, lorsqu'il y a rupture des relations d'amitié et de bonne intelligence

entre deux pays, il n'est pas défendu à l'un des souverains de s'opposer à l'arrivée ou au séjour de l'autre sur son territoire. On peut également supposer qu'un prince abuse de l'hospitalité qu'il a reçue pour fomenter des troubles, nouer des intrigues ; il est évident que dans de pareilles conditions, le droit des gens autorise pleinement le gouvernement territorial à faire sentir l'empire de ses lois au souverain étranger qui aurait le premier méconnu le devoir de sa haute position et les obligations internationales. (*Voir* EXTERRITORIALITÉ, SOUVERAIN.)

Les étrangers qui séjournent temporairement dans un pays ne doivent pas être astreints à payer les impôts ordinaires. Cependant on peut prélever sur eux, comme sur les nationaux, des droits à l'occasion de certains services publics ; il est même des pays qui n'accordent de permis de séjour que moyennant le paiement d'une certaine taxe.

SELDEN (Jean), homme d'Etat anglais, né à Salvington en 1584 et mort en 1654.

Il a laissé un grand nombre d'écrits d'érudition et de politique ; le plus remarquable est sans contredit celui qu'il publia en 1635, sous le titre de *Mare clausum* (la Mer fermée) : c'était une réfutation du livre de Grotius *Mare liberum* (la mer libre), paru en 1609. Selden s'applique à démontrer que, suivant le droit naturel et le droit des gens, la mer est tout autant que la terre susceptible d'appropriation, et c'est là surtout le point qu'il avait en vue d'affirmer — que le roi d'Angleterre avait un droit incontestable au domaine exclusif de la mer nommée Océan britannique. (*Voir* MARE CLAUSUM et MARE LIBERUM.)

Nous devons citer encore de Selden son traité *De jure naturali et gentium secundum disciplinam Hebræorum* (du droit naturel et des gens selon la science des Hébreux). Comme le titre du livre le donne à concevoir, l'auteur fait découler le droit international des institutions du peuple hébreu : il le divise en droit naturel ou primitif de toute l'humanité, correspondant au droit des gens de la législation romaine, et en droit particulier à certaines nations, qui paraît se rapprocher du droit civil de Gaius, et de Justinien. Nous devons observer que Selden avait en outre, dans son *Mare clausum,* admis un autre droit des gens d'une espèce secondaire, „né des engagement intervenus entre les nations, ou de l'usage des mœurs.“

SELFGOVERNMENT. Mot anglais qui signifie *gouvernement par soi-même*, ou gouvernement direct par les citoyens.

C'est, à proprement dire, le principe constitutionnel appliqué aux affaires locales.

SEMONCE. Terme de marine. Ordre donné, au moyen du porte-voix, par un navire à un autre de se faire connaître pour ami ou ennemi, ou pour neutre.

Lorsque les navires ne sont pas assez proches pour se faire entendre, cet ordre est accompagné d'un coup de canon, dit de *semonce* ou d'assurance.

La *semonce* est aussi le coup de canon par lequel un navire de guerre ou un corsaire manifeste l'intention de visiter un navire marchand.

Aussitôt qu'un bâtiment belligérant a fait le signal convenu pour annoncer à un navire neutre son dessein d'exercer le droit de visite, aussitôt qu'il a tiré son coup de canon de semonce, le navire neutre doit s'arrêter et attendre que le croiseur soit arrivé à une distance assez rapprochée pour mettre son embarcation à la mer et procéder aux formalités de la visite.

Le navire neutre ainsi semoncé ne peut se soustraire à la visite par la fuite et encore moins par la résistance de force; en cas de résistance ou de combat, il serait de bonne prise.

(*Voir* VISITE, NEUTRALITÉ).

SÉNAT. Nom porté par certaines assemblées législatives chez plusieurs peuples à diverses époques.

Dans l'ancienne Rome et dans les républiques de la Grèce, c'était le conseil suprême de la nation.

Dans quelques Etats modernes on applique la dénomination de *sénat* à des corps délibérants, politiques ou non.

En Prusse, les cours de justice se divisaient en *sénat civil* et en *sénat criminel*.

Les universités de l'Allemagne sont régies par un *sénat académique*, composé des professeurs ordinaires et sur lequel les gouvernements exercent un contrôle par l'entremise de commissaires spéciaux.

Il existe en Russie un *sénat dirigeant*, qui est le tribunal suprême de l'empire, juge en dernier ressort les affaires concernant l'administration inférieure, publie les lois et les ukases, en surveille l'exécution, décide les questions de législation controversées et pourvoit à la garde des archives de l'Etat.

SÉNATEUR. Celui qui est membre d'un Sénat.

Dans la Rome moderne on appelle *sénateur* le magistrat qui est à la tête du corps municipal.

SÉNATUS-CONSULTE. Décision de l'ancien sénat de Rome, relative aux affaires publiques.

Cette dénomination avait été adoptée en France pour désigner les décisions rendues par le sénat sous le premier et le second Empire. Les sénatus-consultes étaient soumis à la sanction de l'Empereur.

SÉNÉCHAL. En France autrefois le sénéchal était un grand-officier de la couronne, qui avait la surintendance de la maison du roi et des finances, rendait la justice au nom du roi, commandait la noblesse lorsqu'elle était convoquée pour l'arrière-ban, et portait à l'armée la bannière royale.

Le grand-sénéchal, qui remplaça, sous la seconde race des rois de France, le maire du palais, était la première dignité du royaume; il avait sous ses ordres plusieurs sénéchaux d'un ordre inférieur; ses fonctions, supprimées en 1191, passèrent au connétable et au grand-maître de la maison du roi.

Depuis les sénéchaux n'ont plus été que des fonctionnaires subalternes, rendant la justice, soit au nom du roi, soit au nom des Seigneurs.

Il y a eu aussi en Angleterre un grand-sénéchal (*Lord high stewart*), qui occupait également le premier rang dans le royaume. Cette dignité a été abolie vers la fin du 14e siècle. Cependant le roi crée parfois un grand-sénéchal pour des circonstances particulières, telles que le couronnement, le jugement d'un pair du royaume accusé d'un crime capital.

Le titre de grand-sénéchal existe encore dans certaines cours de l'Allemagne.

SÉNÉCHAUSSÉE. On appelait ainsi le pays compris dans le ressort de la juridiction d'un sénéchal.

C'était aussi le tribunal dont le sénéchal était le chef, et le lieu où se tenait ce tribunal.

SENTENCE. Jugement rendu par des juges, par des arbitres, par une assemblée.

Se dit particulièrement des jugements rendus par les tribunaux inférieurs et par les cours d'assises.

Sentence judiciaire, rendue par des juges, par un tribunal, une cour de justice.

Sentence capitale, qui prononce la peine de mort.

Sentence contradictoire, rendue après débat, par opposition à décision rendue par défaut ou par contumace.

Sentence arbitrale, prononcée par des arbitres. Les sentences arbitrales ont pour les parties les effets de transactions régulières. (*Voir* ARBITRAGE.)

SÉPARATION D'ÉTATS. Lorsqu'un Etat se divise en deux ou plusieurs États séparés, cet Etat cesse d'être ce qu'il était auparavant; sa souveraineté se fractionne; mais cette séparation n'entraîne pas l'annulation des obligations qu'il avait antérieurement contractées; les obligations, qui pesaient sur l'ancien Etat sont, à moins de conventions contraires, transférées *de plano* aux Etats nouveaux. Lorsque l'Etat se divise en deux sans régler par des dispositions spéciales le partage des obligations qui pèsent sur lui, la charge doit en être supportée par portions égales. (*Voir* ETAT, DIVISION, PARTAGE.)

SÉPARATION MATRIMONIALE. En jurisprudence on distingue la *séparation de biens* et la *séparation de corps.* (*Voir* MARIAGE.)

La *séparation de biens* est le régime qui conserve à chacun des époux la propriété et l'administration de ses biens; elle peut être soit *volontaire* ou *contractuelle,* c'est-à-dire stipulée dans le contrat de mariage; soit *judiciaire,* c'est-à-dire prononcée par une cour de justice.

La *séparation de corps,* jugement qui autorise les époux à vivre séparément. Elle entraîne la séparation de biens; mais elle ne rompt pas le mariage; elle se borne à en relâcher les liens civils. (*Voir* DIVORCE.)

SEPT ANS (Guerre de). Guerre européenne commencée le 30 août 1756 et terminée le 23 février 1763.

Elle eut pour cause la résolution de l'Autriche de reprendre à la Prusse la Silésie, dont cette puissance s'était emparée en 1740.

Cette guerre se divise en deux parties : 1° la lutte du roi de Prusse Frédéric II, appuyé par l'Angleterre, contre l'Autriche, la Saxe, la France et la Russie; et 2° la lutte de l'Angleterre contre la France, principalement aux Indes et en Amérique.

Battu d'abord, le roi de Prusse finit par reprendre le dessus et garda la Silésie.

La France perdit sa marine, et presque la totalité de ses possessions dans l'Inde et le Canada.

Les traités de paix de Paris et de Hubertsbourg, signés en 1763 mirent fin aux hostilités. (*Voir* PAIX DE PARIS ET DE HUBERTSBOURG.)

SEPTANTE (les). Les *Septante* ou les *Septante interprètes,* les 70 interprètes qui traduisirent d'hébreu en grec les livres de l'Ancien Testament sous les auspices, dit-on, du roi d'Egypte Ptolémée Philadelphe.

C'est cette traduction, traduite plus tard en latin, à laquelle on a donné le nom de *Vulgate.*

La chronologie adoptée par les Septante donne au monde 1466 ans de plus que le texte biblique.

SEPTEMVIR. Magistrats de l'ancienne Rome, qui étaient en même temps revêtus d'un caractère sacerdotal, et qui étaient au nombre de sept.

SÉQUESTRATION, SÉQUESTRE. — Etat d'une chose en litige remise en main tierce par ordre de la justice ou par convention des parties jusqu'à ce qu'il soit décidé à qu'elle appartiendra. Se dit aussi des personnes, confiées temporairement à la garde d'autres, renfermées, par exemple, dans un monastère.

En droit international, le séquestre est l'acte par lequel un gouvernement en guerre avec un autre s'empare des biens situés sur son territoire, et appartenant au gouvernement ennemi ou à ses nationaux. (*Voir* SAISIE, CONFISCATION.)

Autrefois on admettait qu'un Etat avait le droit de confisquer toutes les propriétés ennemies trouvées sur son territoire au moment de l'ouverture des hostilités; mais de nos jours l'exercice d'un pareil droit serait considéré comme un acte de barbarie : les propriétés ennemies qui se trouvent sur le territoire d'un Etat belligérant au moment où la guerre éclate sont exemptées de séquestration, ou de confiscation et regardées comme devant échapper à l'application des lois de la guerre.

C'est tout au plus si la mise sous séquestre de biens situés sur le territoire d'un Etat en conflit avec un autre et appartenant à ce dernier ou à quelques-uns de ses nationaux pour être justifiée comme mesure de représailles par réciprocité d'actes commis au préjudice de l'Etat qui réclame une réparation. (*Voir* REPRÉSAILLES, RÉTORSION.)

14*

En tout état de cause, il ne faut pas confondre le séquestre avec la confiscation.

La confiscation est une véritable saisie ou capture, qui a des conséquences définitives, comme dans le cas de prise d'objets de contrebande ou d'un commerce prohibé.

Le séquestre n'est qu'une main mise temporaire ; les biens ou les objets mis sous séquestre doivent être restitués après la conclusion de la paix, et, comme nous l'avons déjà dit, il ne peut être admis que pour les propriétés publiques des Etats belligérants.

SÉRAIL. Palais qu'habite le sultan ou empereur des Turcs.

Se dit aussi de l'habitation de quelques grands en Turquie.

C'est improprement qu'on se sert de ce mot pour désigner le lieu où sont réunies les femmes du sultan: la partie qu'elles habitant est nommée *harem*.

SÉRASKIER ou SÉRASQUIER. Titre que porte en Turquie le chef suprême des forces militaires de l'empire, et actuellement le ministre de la guerre.

On donne aussi ce titre aux pachas qui commandent les troupes d'une province, ainsi qu'aux gouverneurs de certaines contrées.

SERDAR. Chef militaire en Turquie et dans quelques contrées de l'Asie, notamment dans l'Indostan.

SÉRÉNISSIME. Titre d'honneur qu'on donne à quelques princes.

Ce titre joint à celui d'Altesse, *Altesse sérénissime*, est réservé, dans quelques monarchies, aux souverains du rang de duc et de prince et aux princes du sang.

Autrefois le titre de sérénissime se donnait aux évêques, au doge de Venise, aux électeurs d'Allemagne, ainsi qu'à certains Etats, particulièrement aux républiques de Gênes et de Venise.

SÉRÉNITÉ. Titre d'honneur porté autrefois par les empereurs et les rois.

On le donne encore aux évêques.

SERF. Celui qui ne jouit pas de la liberté personnelle.

Se disait, au moyen-âge sous la féodalité, des hommes qui sans être complètement en état d'esclavage, sont attachés à la glèbe, astreints à cultiver une terre déterminée sans pouvoir la quitter et sous condition d'une redevance.

Il y avait cette différence essentielle entre l'esclave et le serf, que le premier était réellement la chose, la propriété d'un maître qui pouvait en disposer, la vendre à son gré, tandis que le second ne pouvait être vendu qu'avec la terre et que la terre ne pouvait non plus être vendue sans lui.

SERGENT D'ARMES. Officier qui servait autrefois dans les cérémonies et les tournois.

Les sergents d'armes étaient aussi des officiers de police attachés à la personne du roi et des grands dignitaires.

De notre temps ce sont, en Angleterre, des fonctionnaires au service des chambres du parlement, chargés d'exécuter les ordres de leurs présidents, d'arrêter les personnes qui ne respectent pas les privilèges parlementaires et de maintenir l'ordre.

Aux Etats-Unis des officiers investis de fonctions analogues sont attachés au congrès fédéral et aux assemblées législatives des Etats.

SERMENT. Affirmation ou promesse faite en prenant à témoin Dieu ou ce qu'on prend comme saint, comme divin.

Le *serment judiciaire* est celui qui est déféré par un juge aux parties qui comparaissent devant un tribunal soit comme plaidants soit comme témoins.

Dans les affaires criminelles ou correctionnelles, les témoins cités doivent prêter serment de dire la vérité, rien que la vérité.

La personne à qui le serment a été déféré et qui est convaincue d'avoir fait un faux serment, encourt des peines sévères.

Le *serment politique* est celui par lequel on s'engage à obéir aux lois de l'Etat.

Les fonctionnaires publics, avant d'entrer en charge, prêtent un serment analogue, en y ajoutant la promesse de servir fidèlement le gouvernement.

En temps de guerre, lorsqu'un pays vient à être occupé par l'ennemi, celui-ci peut exiger que les fonctionnaires lui prêtent serment d'obéissance; mais ce ne peut être qu'un serment provisoire, car on ne peut exiger un serment définitif que lorsque la conquête est achevée et confirmée par le traité de paix. Ils peuvent être destitués ou expulsés, s'ils refusent de prêter ce serment, dont les obligations cessent en même temps que l'occupation militaire.

Autrefois on employait le serment, qu'on entourait alors de formes solennelles, comme un moyen d'assurer l'exécution des traités que les peuples concluaient entre eux; mais cet usage est tombé en désuétude : on a reconnu que si le serment pouvait être une garantie au point de vue religieux, il n'en était pas une au point de vue du droit; le serment en effet ne lie que la conscience de la personne qui le prête et ne peut conférer à la personne qui le reçoit d'autres droits que ceux qui résultent de l'engagement souscrit envers elle.

D'ailleurs l'histoire montre que, même à l'époque où il était en vigueur, ce serment n'avait pas toujours une force strictement obligatoire et indélébile, puisque souvent les princes catholiques se faisaient délier par les Papes des engagements auxquels il s'appliquait. Le scandale de ces violations indirectes de la parole donnée, de ces manques de bonne foi, avait même, à une certaine époque, pris de telles proportions que, pour en prévenir le retour, on dut songer à insérer dans les traités une clause par laquelle la partie obligée s'engageait à ne point chercher à se faire délier de son serment, personnellement ou par l'entremise d'une tierce personne, et déclarait même d'avance renoncer au bénéfice de toute dispense de ce genre qui pourrait lui être offerte.

SERPA PIMENTEL (Antonio de), publiciste portugais, né à Coimbre (Portugal) le 20 novembre 1824. Conseiller d'Etat, Président de la cour des comptes, Pair du royaume, ancien Ministre des travaux publics, des finances et des affaires étrangères.

M. de Serpa a publié sur le droit international:

A questao do Oriente (La question d'Orient). Lisbonne, 1878. 1 vol. in-8⁰.

Questaoes de politica positiva. Da nacionalidade e Do Governo Representativo (Questions de politique positive. De la nationalité et du gouvernement représentatif). Lisbonne, 1881. 1 vol. in-8⁰.

L'idée de la première partie est de beaucoup la plus importante de ce dernier essai. Il s'agit de prouver que les nationalités qui se sont formées en Europe, au moyen-âge (l'antiquité n'a connu ni le mot, ni l'idée de nationalité), avec des éléments suffisants de vie indépendante, subsistent encore, ou renaissent dans notre siècle, bien qu'elles aient vécu jusqu'à présent confondues avec d'autres peuples. Si une même nationalité a été répartie sur différentes Etats, ces Etats se rapprochant finissent par former une unité nationale comme l'Italie et l'Allemagne. Si elles font partie d'Etats de nationalité différente, les nationalités se

séparent et chacune recouvre son autonomie comme la Belgique, la Grèce, la Hongrie, la Serbie, la Roumanie.

Le but de ce travail est de démontrer que la question dite ibérique n'est point semblable aux questions italienne et germanique. Différentes nationalités ont commencé à se former au moyen-âge sur le sol ibérique. La plupart se sont perdues dans l'unité commune de la nationalité espagnole. Le Portugal seul, après sept siècles de séparation, à peine interrompue pendant soixante ans à la fin du seizième siècle sous les Philippes, constitue une nationalité parfaitement distincte.

Tratados de España. Documentos internacionales que corresponden á la epoca en que empezó el reinado de don Alfonso XII á principios del año 1875 y demas siguientes al mismo que constituiran la coleccion de la quinta serie de las publicadas hasta el dia. (Traités de l'Espagne. Documents internationaux qui correspondent à l'époque du règne d'Alphonse XII jusqu'au commencement de l'année 1875 et suivantes et qui constituent la collection de la cinquième série de ceux qui ont été publiés jusqu'à ce jour.) Madrid, 1876 et suivantes.

SERVAGE. Etat du serf, condition intermédiaire entre l'esclavage proprement dit et la liberté personnelle.

Le servage a disparu entièrement de l'Europe.

SERVICE. Emploi, fonction de ceux qui servent l'Etat dans un des grands corps, l'armée, la magistrature, dans l'administration, etc. Le service militaire, le service de l'Etat.

Au pluriel, manière dont un fonctionnaire a servi, temps pendant lequel il a servi.

Ensemble de travaux, d'opérations, etc., pour lesquels sont nécessaires différentes personnes et différentes choses dans certaines administrations, dans certains établissements publics : le service diplomatique, le service de la poste, le service de la marine, en général les services publics.

SERVICE MILITAIRE. Action de servir dans l'armée. Temps pendant lequel on est astreint à ce service.

Dans l'antiquité la charge du service militaire était inhérente au droit de cité : tout homme valide entrait *de plano* dans les cadres de l'armée dès que la patrie était proclamée en danger ou déclarait la guerre à ses voisins.

Dans la plupart des Etats modernes, les armées se forment et se recrutent au moyen de l'enrôlement d'un certain nombre de citoyens ou d'autres individus pour un temps limité et dans des conditions, qui varient selon la constitution des divers pays. (*Voir* ARMÉE, MILICE, MILITAIRE, ENRÔLEMENT MILITAIRE.)

Quelque rigoureux et absolu que soit le devoir de défendre le sol de la patrie, il existe nécessairement un certain nombre d'exceptions. Ainsi les femmes, les enfants et les vieillards sont frappés d'incapacité quant au service militaire.

Le clergé est aussi affranchi du service militaire, parce qu'on considère son ministère sacré comme incompatible avec les exigences de la guerre. Dans certains pays un privilège analogue a été créé en faveur des membres du corps enseignant.

Les étrangers établis dans un pays ne peuvent être astreints au service militaire. Cependant ils pourraient y être appelés en présence d'un danger imminent comme, par exemple, s'il devenait nécessaire de défendre une localité contre des brigands ou des sauvages.

En temps de guerre, lorsqu'un pays est occupé par l'un des belligérants, celui-ci n'a pas le droit de contraindre les habitants à entrer à son service tant que la conquête n'est pas consommée ; mais lorsque le pays est devenu la propriété définitive du vainqueur, les habitants du territoire nouvellement acquis doivent le service militaire au nouveau gouvernement, sans qu'il y ait lieu de tenir compte de citoyens d'un autre pays.

Quelques puissances ont établi des restrictions à l'expatriation et à la naturalisation étrangère pour ceux de leurs sujets qui n'ont pas encore satisfait au service militaire ou qui quittent le territoire national dans l'intention de s'y soustraire. (*Voir* EXPATRIATION, NATIONALITÉ, NATURALISATION.) C'est pourquoi un Etat est autorisé, à l'occasion du service militaire, à rappeler ceux de ses nationaux qui se trouvent à l'étranger ; mais l'état étranger n'est pas tenu de prêter la main à l'exécution de ce rappel, et encore moins d'expulser les récalcitrants de son territoire. Même, en temps de guerre, un Etat belligérant serait justifié à empêcher de sortir de son territoire les étrangers qui y résident et que leur gouvernement rappelle du dehors dans l'intention de les faire entrer dans les rangs de son armée active.

SERVITEUR. Celui qui est au service, aux gages d'une autre personne, domestique.

Les serviteurs d'un ministre public font partie du personnel officiel de l'ambassade ou de la légation, et, comme tels, ils jouissent des immunités que le droit des gens et l'usage étendent sur tout ce qui compose la suite du ministre.

Se dit de ceux qui rendent des services à l'Etat, au souverain.

Serviteur de l'Etat, fonctionnaire au service de l'Etat, employé dans ce qui regarde le service de l'Etat.

Serviteur des serviteurs de Dieu, qualification que le Pape se donne dans ses bulles.

Serviteur, terme de civilité : *Votre serviteur, votre très-humble et très-obéissant serviteur,* formule de politesse pour finir les lettres.

SERVITUDE. En droit ce mot *servitude* désigne toute restriction à la liberté.

La restriction peut être établie contre les personnes, et alors elles sont dites *personnelles,* ou contre les choses, et elles sont dites *réelles.*

L'esclavage tel qu'il se pratiquait chez les peuples anciens, l'esclavage des noirs dans les temps modernes, le servage au moyen-âge, la captivité, la domesticité et même le service militaire, quoique restreignant la liberté des personnes à des degrés et pour des motifs différents, sont des *servitudes personnelles.*

Les *servitudes réelles* comprennent toutes les charges imposées sur un immeuble pour l'utilité d'un autre immeuble appartenant à un autre propriétaire : on les nomme aussi *services fonciers.* Ces servitudes sont ou *naturelles,* c'est-à-dire qu'elles dérivent de la nature même des lieux, ou *légales,* lorsqu'elles résultent d'obligations imposées par la loi, ou *conventionnelles* quand elles sont établies par conventions entre les propriétaires.

Dans son sens propre le mot *servitude* signifie l'état de celui qui est esclave et peut être pris comme synonyme d'*esclavage* (voir ce mot); il s'applique aux peuples, aux nations aussi bien qu'aux individus; on dit qu'un peuple est réduit en *servitude* lorsqu'il perd son indépendance nationale.

SERVITUDES INTERNATIONALES. On nomme *servitude internationale* toute restriction apportée à la souveraineté territoriale d'un Etat en faveur d'un autre Etat, comme aussi en faveur d'une corporation ou d'une famille placée sous la protection spéciale du droit international.

Il est toute une catégorie de servitudes créées par la nature même des choses, par les rapports naturels des Etats appelés à se développer les uns à côté des autres. Ainsi le milieu d'une rivière peut constituer la limite territoriale entre deux Etats; mais la direction du courant ou la force habituelle du vent peuvent être telles que l'un des Etats contigus n'aborde à ses propres ports qu'en empruntant les portions de la rivière appartenant à l'autre; ou bien encore le territoire d'une nation peut être entouré par celui d'une autre de manière qu'il lui soit impossible de gagner la mer sans traverser le territoire du voisin; enfin il arrive qu'un Etat possède au delà de sa frontière politique, et plus ou moins englobées dans le territoire de ses voisins des portions de terre ou des domaines formant enclaves.

Dans toutes ces circonstances la nécessité crée des servitudes de passage.

A ces servitudes on a donné le nom de *servitudes publiques naturelles.*

Mais à côté des servitudes naturelles existent aussi des servitudes positives consenties librement par les Etats, lesquelles consistent soit à faire jouir un Etat étranger de certains droits souverains sur un autre territoire, soit à lui interdire sur son propre territoire l'exercice d'un droit semblable; d'où la distinction des servitudes en *affirmatives* ou *positives* et en *négatives.*

Parmi les servitudes affirmatives on peut ranger les droits suivants, savoir : user des routes d'un autre Etat pour y faire passer ses troupes; occuper militairement dans certains cas une partie du territoire étranger; y exercer la justice et la police, y prélever les impôts; y entretenir des douanes, y faire les perquisitions nécessaires à la découverte des fraudes, y organiser et diriger des services postaux.

Les principales servitudes négatives sont les obligations pour un Etat de s'abstenir de tout acte de juridiction envers les nationaux d'un autre Etat, de n'avoir pas plus d'un certain nombre de soldats, de n'avoir qu'un certain nombre de places fortes, de navires de guerre, ou de ne construire que des navires de guerre d'une espèce déterminée; l'exemption d'impôts accordée à certaines personnes, à certaines classes de personnes, à certaines corporations; les restrictions apportées en faveur d'un Etat étranger aux lois du pays sur l'exercice du culte religieux.

Les servitudes, comme on en peut juger par les exemples que nous venons de mentionner, ont bien pour effet de restreindre la souveraineté pleine et entière d'un Etat; mais elles ne peuvent jamais avoir pour effet de rendre une nation absolument dépendante d'une autre; elles ont pour limite extrême le respect mutuel que les nations doivent à leur indépendance.

Les servitudes peuvent reposer sur une longue possession, sur un usage immémorial, ou résulter de traités spéciaux en consacrant le droit et en réglant l'usage.

Toute servitude, quelles qu'en soient l'origine et la nature, est regardée comme un droit réel permanent, aussi bien par rapport à l'Etat obligé que par rapport à l'Etat auquel elle est accordée. Elle se transmet activement et passivement aux successeurs du pouvoir souverain. Les servitudes de droit public demeurent les mêmes, malgré les révolutions intérieures que subissent les Etats, les changements de forme de gouvernement ou de constitution qu'ils opèrent chez eux.

La guerre peut bien suspendre l'exercice de certains servitudes; mais elles revivent de plein droit avec le rétablissement de la paix, à moins que la modification des circonscriptions territoriales n'en ait altéré les conditions essentielles.

Il est même des servitudes de droit public, par exemple, celles des eaux, du libre parcours des bestiaux, des relations quotidiennes entre habitants des frontières, que des raisons d'humanité ou des avantages réciproques laissent subsister intactes pendant la durée des hostilités. Aussi fait-on généralement rentrer les traités de servitude dans la catégorie des arrangements perpétuels par la nature même des stipulations sur lesquelles ils portent.

Les servitudes prennent fin d'après les règles ordinaires de nullité ou de résolution des traités internationaux. Elles cessent en outre par l'intervention entre les Etats obligés de nouveaux traités modifiant ou supprimant les servitudes; par l'abandon pur et simple; par la renonciation expresse ou tacite de la part de l'Etat qui a droit à la servitude. Le non-exercice de la servitude pendant un temps déterminé, pendant lequel l'occasion d'en faire usage s'est plusieurs fois présentée, est considéré comme équivalent à la renonciation.

SESSION. Temps pendant lequel un corps délibérant est assemblé.

Se dit plus spécialement du temps qui s'écoule depuis l'ouverture des chambres législatives jusqu'à leur clôture.

S'applique également au temps pendant lequel un tribunal non permanent est assemblé, ainsi la session d'une cour d'assises.

Il y a cette différence entre *session* et *séance*, que ce dernier mot sert à désigner chaque portion non interrompue de journée pendant laquelle une assemblée — corps politique, tribunal, compagnie ou société — est réunie pour s'occuper à ses travaux, tandis que la session se compose d'une série de séances formant une certaine durée déterminée, commençant et finissant à des dates fixées d'avance ou non.

Cependant, relativement aux conciles, le mot *session* s'emploie pour celui de *séance*, et, par suite, pour indiquer l'article qui renferme les décisions prises dans la séance du concile.

SHELDON (Amos), publiciste anglais, professeur du droit au collège de l'université de Londres.

Lectures on international law (Leçons sur le droit international). Londres, 1874. 1 vol. gr. in-8⁰.

Ces leçons sont au nombre de sept; elles traitent de la nature et des sources du droit international, de son histoire, des droits des Etats, des droits et des devoirs des Etats neutres, des tribunaux de prises, du droit international privé ou du conflit des lois nationales.

Pour M. Sheldon le droit international n'est qu'une partie du droit domestique de chaque pays; il admet toutefois un principe commun aux nations en cette matière : c'est la *comitas gentium*, la courtoisie, les convenances réciproques.

Science of law (Science du droit).

Political and legal remedies for war (Remèdes politiques et légaux de la guerre). Londres, 1880. in-8⁰.

Après avoir recherché quelles sont les principales causes des guerres dans l'Europe moderne, après avoir, pour ainsi dire, défini le mal, l'auteur tâche de découvrir dans la législation des Etats et les réformes de la politique internationale les moyens d'y porter remède et d'organiser la paix sur des bases durables.

SHÉRIF. Haut fonctionnaire en Angleterre et aux Etats-Unis.

En Angleterre, le shérif, dans l'origine,

était comme le gouverneur d'une circonscription territoriale nommée *shire* (comté) (*shire-reeve*). Aujourd'hui c'est le premier magistrat du comté, il y représente la couronne, dont il administre les biens qui y sont situés.

Placé à la tête de l'administration civile du comté, il a de nombreuses attributions, parmi lesquelles figurent la police du comté, le maintien de la paix publique, la garde des prisons, l'exécution des jugements civils et criminels, la rentrée des amendes, la formation des listes du jury, la présidence des élections parlementaires, etc. Il préside en outre deux sortes de tribunaux : l'un civil (*county court*), qui juge les affaires au dessous de 40 *shillings* (100 fr.), et l'autre criminel (*sheriff's turn*), espèce de cour d'assises, qui deux fois par an juge les délits et les crimes.

Les shérifs sont nommés par la Couronne, sur une liste de six candidats dressée par les juges du comté. Leurs fonctions sont annuelles et gratuites.

Aux Etats-Unis, les shérifs sont investis en grande partie des mêmes attributions qu'en Angleterre, en ce qui regarde l'exécution des lois, le maintien de l'ordre et de la tranquillité publics; mais ils n'ont point, à proprement dire, d'attributions judiciaires. Leurs fonctions se bornent à faire exécuter les jugements des Cours de justice.

En général les shérifs sont élus par le peuple, pour un certain nombre d'années.

La nature et la sphère de leurs attributions, leur mode d'élection et de la durée de leurs fonctions sont d'ailleurs réglées par la constitution des Etats, et varient par conséquent selon chacune d'elles.

SHIRE. Circonscription territoriale en Angleterre. Ce mot sert à désigner le comté (*county*); alors on le met après le nom du comté : ainsi *Yorkshire* signifie le comté d'*York*.

SIC. Adverbe latin signifiant *ainsi*. On le met quelquefois à la marge d'un écrit, ou dans le cours du texte entre parenthèses, ou à la fin d'une citation, dans le but d'indiquer que l'original est exactement tel qu'on le donne avec la faute ou l'étrangeté qu'on peut remarquer et qui, sans cette précaution, pourrait être prise pour une faute de copie ou d'impression.

SIÈGE. Lieu où résident certaines autorités. Le siège d'un tribunal, d'un gouvernement, c'est-à-dire le lieu où fonctionne une cour de justice, où le chef ou les autorités supérieures du gouvernement ont leur résidence.

En parlant d'une société commerciale ou autre, *siège* se dit quelquefois pour *domicile légal*.

SIÈGE (MILITAIRE). Le siège est l'ensemble des opérations que fait une armée dans le but d'attaquer une place et de la prendre à l'aide de travaux de terrassement combinés avec l'usage de ses armes : ainsi dit par ce que l'armée assiégeante établit pour ainsi dire son *siège*, sa demeure autour de la place assiégée.

Le siège diffère du blocus en ce que cette dernière opération se limite à entourer la place de manière à couper entièrement les relations et la correspondance au dehors, afin que l'ennemi qui y est renfermé ne puisse recevoir de secours d'aucune sorte.

Le siège a généralement pour objectif les villes, les places fortes dont la position rend praticable l'investissement de toutes parts, tandis que le blocus s'applique surtout aux ports, qui ne sont alors investis que du côté de la mer ou du fleuve qui y donne accès.

On conçoit aussi qu'une même place soit en même temps assiégée par terre et bloquée par mer.

En tout cas le siège et le blocus ont un objet commun, celui d'amener l'ennemi à se rendre, en cédant, dans le premier cas, à la force ; dans l'autre, aux privations, sinon à la famine.

Le siège et le blocus se confondent jusqu'à un certain point, et sont régis par les mêmes lois et les mêmes principes ; en réalité pourtant ils ont par leur tendance une signification distincte.

Ainsi le blocus a surtout pour objet d'entraver le commerce ennemi sans s'attaquer à la ville qui en est le centre, tandis que le siège tend à amener la reddition d'une place forte en associant plus ou moins à la lutte ceux qui l'habitent.

En général le blocus n'a pas pour but la reddition ou la destruction du port bloqué ; il n'implique pas non plus des actes d'hostilité contre les habitants de la place ; l'objet du siège est, au contraire, de contraindre la place à capituler.

Quoi qu'il en soit, ainsi que nous l'avons déjà fait observer, le blocus n'exclut pas le siège et réciproquement ; il peut arriver en effet qu'une ville soit en même temps bloquée et assiégée, ou bien que ses communications soient interceptées par mer et demeurent ouvertes du côté de la terre, et *vice versa*.

Bien qu'en règle générale les neutres aient la faculté de continuer leur commerce et leurs autres relations avec les belligérants, il existe à cette règle certaines exceptions, au nombre desquelles figure en première ligne l'interdiction aux neutres d'entretenir des communications ou de faire du commerce avec une place assiégée ou bloquée.

Le transport de provisions à une ville assiégée est considéré comme une offense grave à l'égard du belligérant assiégeant et met celui-ci en droit de punir comme ennemi le neutre qui s'en rend coupable.

La déclaration d'un siège ou d'un blocus étant un acte du pouvoir souverain, il est clair qu'elle doit émaner du gouvernement lui-même. Le commandant d'une escadre ou le chef supérieur d'une armée n'ont pas, généralement parlant, le pouvoir d'établir un siège ou un blocus, ni d'étendre à une place voisine celui qui existe déjà contre une autre et a été régulièrement déclaré : mais s'il s'agit d'un général ou d'un chef d'escadre opérant dans des régions lointaines, il faut admettre qu'ils sont investis virtuellement de tous les pouvoirs nécessaires pour la réussite de l'entreprise militaire dont ils sont chargés. (*Voir* BLOCUS, NEUTRE.)

SIÈGE (ÉTAT DE). C'est l'état des places fortes dans lequel les pouvoirs sont transférés des autorités civiles aux autorités militaires ; il résulte nécessairement de l'investissement, ou d'une attaque de l'ennemi contre la place.

Mais l'état de siège peut être aussi établi en temps de paix. Dans ce cas c'est une mesure exceptionnelle de sûreté publique, qui suspend temporairement l'action des lois ordinaires dans une ou plusieures villes, dans une province, dans un pays tout entier, qu'on considère dès lors comme soumis aux lois de la guerre.

L'état de siège peut être déclaré par le pouvoir exécutif en cas de péril imminent pour la sécurité intérieure ou extérieure ; tous les pouvoirs de l'autorité civile passent alors à l'autorité militaire, qui délègue aux magistrats civils les attributions qu'elle ne veut pas exercer. Toutes les personnes qui se rendent coupables de délits contre la sûreté de l'État et la paix publique deviennent justiciables des conseils de guerre.

L'état de siège ne peut être levé que par l'autorité qui a le droit de l'établir, c'est-à-dire le chef de l'Etat, et dans les colonies, le gouverneur. La levée de l'état de siège retire à l'autorité militaire ses pouvoirs exceptionnels; mais les conseils de guerre continuent de connaître des crimes et des délits dont la poursuite leur avait été déférée.

SIERRA (Justo), publiciste mexicain.

Derecho internacional maritimo (Droit international maritime). Mexico, 1854. 1 vol.

C'est une traduction de l'ouvrage d'Ortolan avec de rares additions.

SIGNAL MARITIME. Signe donné par un navire pour indiquer certains ordres ou certains avertissements.

Il existe des signaux de détresse, de danger, de combat, de chasse, de ralliement, de reconnaissance, etc.

On les distingue en signaux de *jour*, de *nuit* et de *brume*.

Les *signaux de jour* se font au moyen de pavillons de diverses couleurs, isolés ou disposés selon les combinaisons les plus variées, soit par un certain arrangement des voiles, soit avec des télégraphes nautiques.

Les *signaux de nuit* se font par des coups de canon, des fusées lancées à une certaine hauteur, des feux de couleur, des fanaux allumés et hissés suivant divers arrangements.

Les *signaux de brume* se font par des coups de canon, des amorces brûlées, des bruits de tambour, de sifflets, de cloche.

Les signaux à employer dans chaque circonstance sont tous décrits avec leur signification dans un *livre des signaux*, qui se trouve à bord de chaque bâtiment.

Les puissances maritimes se sont entendues entre elles pour déterminer d'une manière uniforme ces question de signaux maritimes, qui ont été l'objet d'un règlement international auquel l'adhésion unanime est acquise.

SIGNALEMENT. Description d'une personne, faite par sa figure, ses caractères extérieurs et les signes pouvant servir à constater son identité, à la faire reconnaître.

Les passeports et certaines catégories de documents contiennent le signalement des personnes, auxquels ils sont délivrés.

On remet le signalement des accusés, des criminels, des déserteurs, etc., aux autorités, aux agents de la force publique chargés de les arrêter.

On donne le nom de signalement d'un navire à l'acte qui indique le nom du bâtiment, sa nationalité, ses dimensions, des détails sur sa construction et les matériaux qui y ont été employés. Cet acte est destiné à constater l'identité du navire; l'exhibition peut être exigée dans certaines circonstances. (*Voir* NAVIRE, NATIONALITÉ, NEUTRE, VISITÉ.)

SIGNATAIRE. Se dit de toute personne qui a signé un acte.

Les signataires d'un traité, d'un document.

SIGNATURE. Le seing, le nom d'une personne écrit de sa main au bas d'un acte, d'un titre, d'un billet, pour faire connaître que c'est elle qui l'a écrit ou fait écrire en son nom, ou pour le certifier, le confirmer, le rendre valable.

Action de signer.

La signature des traités, des conventions est la formalité qui en termine la conclusion.

Il est rare que les souverains ou les chefs d'Eat signent personnellement les accords internationaux par lesquels ils entendent se lier; ce soin en est laissé à leurs *plénipotentiaires* (Voir ce mot) ou délégués spéciaux qu'ils ont munis de pleins pouvoirs pour négocier le traité dont il s'agit.

Quant à l'ordre des signatures sur l'instrument final, dans les traités conclus entre deux puissances seulement, on observe l'*alternat* (Voir ce mot), c'est-à-dire que chacune des puissances est nommée et signe avant l'autre sur l'original de l'instrument qui doit demeurer en sa possession et être conservé dans ses archives.

Pour les traités entre plusieurs puissances, les Etats modernes, dans le but de prévenir les difficultés que pourraient faire surgir les questions de préséance, ont, par un règlement fait au Congrès de Vienne de 1814—1815, stipulé que les signatures se suivraient par ordre alphabétique d'après la lettre initiale de chaque puissance.

Le cas peut se présenter où un traité entre deux ou entre plusieurs puissances ait été conclu par l'arbitrage ou par les bons offices d'une puissance neutre; alors chacune des parties contractantes délivre à l'autre ou aux autres une expédition du traité signée par son plénipotentiaire seul, ou sur laquelle, si les signatures de tous les plénipotentiaires y sont apposées, celle du plénipotentiaire de la puissance médiatrice occupe ordinairement la première place; le sort décide relativement aux autres.

SIGNIFICATION. Dans la pratique acte qui a pour but de donner légalement à une partie connaissance ou copie d'une pièce, d'un titre, d'un jugement. Acte par lequel on constate l'accomplissement de cette formalité.

La signification se fait par l'organe d'un *officier ministériel* (Voir ce terme).

SINCÈRE. En diplomatie, ce mot est employé comme équivalent à *authentique* (Voir ce mot).

Actes, diplômes sincères.

SINOLOGUE. Celui qui connaît la langue, la littérature et l'histoire chinoises ou s'applique à leur étude.

SIÖRÖD (traité de paix) 1613.

Ce traité fut conclu le 20 janvier 1613 au village de Siöröd, près de Knäred, dans la Suède méridionale, par le roi de Danemark Christian IV et le roi de Suède Gustave-Adolphe : il s'agit d'un règlement de territoire.

La Suède cédait au Danemark toute la partie de la Laponie qui s'étend le long de la Mer du Nord et forme les provinces de Nordland et de Finmark : cette cession excluait les Suédois de la Mer Glaciale.

Une entière liberté de commerce était assurée aux sujets des deux couronnes, lesquels étaient exempts de tout droit d'entrée et de sortie, notamment dans le Sund.

Puis étaient stipulées des restitutions réciproques, de la part de la Suède celle de la province d'Iemptie et de quelques districts de la Laponie; et de la part du Danemark, celle de Calmar, de Wisby, de l'île d'Oelande, d'Elfsborg, de Nyladese et de Gothenbourg, qui avait été ruinée pendant la guerre et que le roi de Suède se réservait la liberté de rebâtir.

Le traité de Siöröd confirmait de tous points celui de Stettin (1570), et le roi d'Angleterre s'en portait garant.

SIR. En Angleterre le mot *Sir*, équivalent de *Sire*, a la même signification que le mot de *Monsieur*, en s'adressant à quelqu'un. Toutefois, placé devant le nom de la personne, il devient un titre honorifique et indique un chevalier ou un *baronet* (voir ce mot).

Le titre de *Sir* ne doit jamais précéder le nom patronymique, mais le prénom.

La femme de celui qui a le droit de porter le titre de *Sir* est nommée *Lady*. (Voir ce mot.)

SIRE. Au moyen âge le titre de *sire*, synonyme de *seigneur* (voir ce mot), était donné indistinctement aux rois, aux barons, aux gentilshommes; toutefois c'était plus particulièrement le titre de certains seigneurs dont les terres portaient le nom de *sireries*, tels que les *sires* de Beaujeu, de Créqui, de Coucy, de Joinville, etc.

La qualification de *sire* à certains fonctionnaires, comme les juges consulaires des marchands, en la faisant suivre du nom de la personne.

Depuis le 16e siècle, *sire* est un titre d'honneur réservé au rois et aux empereurs régnants. On s'en sert d'une manière absolue, sans autre dénomination, en parlant au souverain ou en lui écrivant.

SKOUPCHTINA. Nom du parlement serbe.

Il y a deux sortes de *skoupchtinas* : la *skoupchtina* ordinaire, qui se réunit tous les ans; et la *skoupchtina extraordinaire* ou *grande skoupchtina*, qui est convoquée seulement dans des cas exceptionnels et déterminés.

La *skoupchtina ordinaire* se compose de membres nommés pour un tiers par le gouvernement, et le reste élus, dans la proportion d'un député pour 2000 habitants, par tous les Serbes âgés de plus de 21 ans et soumis à l'impôt.

SMITH (Adam), économiste anglais, né à Kirkaldy (Ecosse) le 5 juin 1723, mort à Edimbourg en juillet 1790.

Son grand ouvrage : *An inquiry into the nature and causes of the wealth of nation* (Recherches sur la nature et les causes de la richesse des nations), parut pour la première fois à Londres, en 1776, et a opéré une révolution dans la science économique.

Il est divisé en cinq livres sous les titres suivants :

Livre I Des causes qui ont perfectionné les facultés du travail, et de l'ordre suivant lequel ses produits se distribuent dans les différentes classes du peuple.

Livre II De la nature des fonds, de leur accumulation et de leur emploi.

Livre III De la marche différente des progrès de l'opulence chez différentes nations.

Livre IV Des systèmes d'économie politique.

Livre V Du revenu du souverain ou de la république.

En 1828 et en 1839 M. Mac Cullock a donné des nouvelles éditions de l'ouvrage de Smith, accompagnées d'une vie de l'auteur, d'un discours d'introduction, de notes et de commentaires supplémentaires.

Il en a été fait plusieurs traductions en français ; nous mentionnerons celle du comte Germain Garnier, entièrement revue et corrigée, et précédée d'une notice biographique, par M. Blanqui, avec les commentaires de Buchanan, G. Garnier, Mac Cullock, Malthus, J. Mill, Ricardo, Sismondi, et augmentée de notes inédits de J. Blay, et d'éclaircissements historiques par M. Blanqui. Paris 1843-44. 2 vol. in-8°.

SOCIAL, SOCIALE. Qui concerne la société : l'ordre *social*, les institutions *sociales*, la vie *sociale*, les rapports *sociaux*.

Economie sociale, l'ensemble des conditions morales et matérielles des sociétés.

L'être social, l'être vivant en société.

Science sociale, science de la constitution et du développement des sociétés.

La *vie sociale*, c'est l'existence de l'homme considérée dans les relations que l'homme a avec les autres membres de la société.

Social se dit, par opposition à politique, des conditions, qui en dehors de la forme des gouvernements, se rapportent au développement intellectuel, moral et matériel des masses populaires : la question sociale; école sociale; république démocratique et sociale, celle qui se propose des réformes sociales.

Social, qui concerne les sociétés de commerce : signature sociale, engagements sociaux; la raison sociale d'une maison de commerce, nom sous lequel une maison ou une société est connue dans le commerce et à la Bourse.

SOCIALISME. Système qui subordonne les réformes politiques aux réformes sociales, et en offre un plan.

Le communisme, le Saint-Simonisme, le fouriérisme, le mutualisme, le collectivisme sont des socialismes.

Se dit aussi de l'ensemble des systèmes qui ont pour objet de réformer ou même de refaire à neuf la société.

SOCIALISTE. Qui a rapport au socialisme : système, école socialiste.

Celui qui est partisan d'un système de réformes sociales.

SOCIÉTÉ. Assemblage d'hommes unis par la nature, l'origine, les usages, les lois.

Commerce que les hommes réunis ont naturellement les uns avec les autres.

Union de plusieurs personnes jointes pour quelques intérêts, pour quelque affaire; contrat d'association formé entre plusieurs personnes : société de commerce, etc. association de plusieurs personnes dans un but religieux, charitable, politique etc.

Association de plusieurs personnes qui se réunissent dans le but de cultiver et de faire avancer les sciences, les lettres ou les arts.

Dans ces différents cas une société est une personne morale qui dans un grand nombre de circonstances peut par des contrats s'engager ou engager à son égard. On considère comme le domicile d'une société le lieu où est le siège de son établissement; ce domicile est parfaitement distinct de celui des personnes qui la composent.

Société secrète, association, politique le plus souvent, qui se tient cachée et ne divulgue pas ses actes; association de conspirateurs.

SOFI ou SOPHI. Nom qu'on donnait autrefois au Shah de Perse.

C'était le surnom des souverains de la dynastie qui a précédé la dynastie actuelle.

SOLENNEL, SOLENNELLE. Authentique, accompagné des formalités requises : une déclaration solennelle, un traité solennel, un arrêt rendu en forme solennelle.

Contrat *solennel*, contrat assujetti à certaines formes, dont l'omission emporte nullité.

SOLENNITÉ. Se dit des formalités qui rendent un acte authentique : la solennité d'un traité, d'un serment, d'un testament.

Cérémonie publique qui rend une chose solennelle. Chez les anciens, la conclusion des traités, surtout des traités de paix, donnait lieu à la célébration de solennités religieuses spéciales.

SOLIDARITÉ. Engagement par lequel deux ou plusieurs personnes s'obligent les unes pour les autres, et chacune pour toutes.

La solidarité ne se présume pas; il faut qu'elle soit expressément stipulée.

Certains traités internationaux, particulièrement ceux d'alliance, d'association, impliquent le plus souvent la solidarité des parties contractantes, laquelle peut s'étendre également aux tiers qui donnent leur adhésion ou leur accession à ces traités.

SOLUTION. Dénoûment d'une difficulté, moyen de terminer, de régler une affaire. (*Voir* RÈGLEMENT.)

Solution amiable, celle qui s'opère par la conciliation, par les voies pacifiques, de gré à gré entre les parties. (*Voir* AMIABLE.)

Dans l'état actuel des sociétés et du droit, les nations n'ont que deux moyens de résoudre leurs différends, savoir : les négociations amiables, et des actes plus ou moins violents.

Mais, avant de confier la solution d'une question internationale au sort des armes, les Etats sont moralement tenus d'épuiser toutes les voies possibles et honorables pour arriver à un arrangement amiable et pacifique.

Les principaux moyens d'arriver à une solution amiable sont les *négociations* diplomatiques et les *transactions* (voir ces mots). La solution peut être amenée aussi par l'intervention d'un autre Etat, qui offre ses *bons offices* ou sa *médiation* (voir ces mots). Enfin les parties contestantes peuvent soumettre à un tribunal arbitral la question qui les divise. (*Voir* ARBITRAGE.)

SOLVIT. Mot latin qui signifie *a payé.*

C'est le nom qu'on donne à une mention que se met au bas de tous les actes ou papiers délivrés par les chancelleries ou les agences consulaires.

Les règlements consulaires exigent qu'en outre de la quittance à souche délivrée aux parties, les chanceliers mentionnent sur les minutes et sur chaque expédition de leurs actes le numéro d'ordre et la date de la quittance qui s'y rapporte, l'article du tarif qui autorise la perception et le montant du droit perçu.

Le chancelier ou l'agent consulaire doit mettre son paraphe au-dessous du *solvit.*

Le *solvit* tient lieu de quittance; il doit être marqué *gratis* pour les indigents, et *sans frais* pour les personnes attachées aux missions diplomatiques ou aux agences consulaires, ainsi qu'aux autorités du pays.

SOMMATION. Action de signifier à quelqu'un, d'après certaines formes établies, qu'il ait à faire telle ou telle chose.

En jurisprudence, acte extrajudiciaire par lequel on enjoint à une personne de déclarer ou de faire certaine chose, ou on lui défend de faire telle ou telle chose.

SOREL (Albert), publiciste français. *Histoire diplomatique de la guerre franco-allemande,* Paris, 1875.

Précis du droit des gens. Paris, 1877. En collaboration avec Funk Brentano.

SORT. Tirage au sort, manière de décider quelque chose par le hasard.

Pour les protocoles de négociations, pour la conclusion des traités entre plusieurs puissances, lorsque l'*alternat* (voir ce mot) est admis, on s'en remet au sort pour décider de l'ordre qui sera suivi relativement aux signatures.

Quelquefois aussi on a recours à ce moyen pour fixer d'une façon définitive entre des Etats certains rapports qui, bien qu'établis d'une manière générale, laissent encore des points douteux, comme, par exemple, lorsqu'il s'agit de la délimitation de terres restées dans l'indivision.

SOTO (Dominique), théologien espagnol, né à Ségovie en 1494, mort à Salamanque le 15 novembre 1560.

Il enseigna la philosophie à Burgos. En 1545 Charles · Quint le choisit pour son premier théologien au concile de Trente.

On a de lui un livre écrit en latin : *De justitia et de jure* (de la justice et du droit). Dans cet ouvrage Soto se montre l'adversaire de la politique espagnole à l'égard des Indiens et de la traite des nègres.

SOUDAN. Altération du nom de *sultan* (voir ce mot).

C'était à l'origine le titre porté par les lieutenants-généraux des *califes* (voir ce mot). Les croisés l'appliquèrent indistinctement aux princes musulmans qui possédaient l'Asie Mineure, la Syrie et l'Egypte; il a fini par être employé exclusivement pour désigner le souverain de ce dernier pays.

SOULÈVEMENT. Commencement de révolte dans un Etat, dans un pays. (*Voir* INSURRECTION, RÉBELLION, RÉVOLTE, SÉDITION.)

SOULIGNER. Tirer une ligne sous un ou plusieurs mots.

Dans une copie manuscrite on souligne ce qui doit être imprimé en italique; on souligne aussi les mots, les passages sur lesquels on veut attirer l'attention.

SOUMISSION. Action, déclaration par laquelle on se soumet, on reconnaît l'autorité, on se range à l'obéissance, sous la puissance. On dit :

Cette ville a fait sa soumission.

Soumission à un nouveau gouvernement.

(*Voir* REDDITION, CAPITULATION.)

La soumission complète du vaincu au vainqueur met ordinairement fin à la guerre. ((*Voir* PAIX, CONQUÊTE.)

La soumission peut être absolue ou conditionnelle; dans le premier cas elle peut entraîner l'incorporation du territoire du vaincu à celui du vainqueur et l'anéantissement de la nation qui se soumet en tant qu'Etat souverain et indépendant; dans le second cas, la soumission peut avoir pour conséquence seulement une modification des rapports précédents des Etats qui se sont fait la guerre, un changement dans la situation du vaincu, ou même simplement l'imposition au vaincu de conditions qui l'obligent à l'égard du vainqueur, sans altérer essentiellement leur position réciproque d'avant la guerre.

SOUPÇONNÉ (navire). On considère comme *soupçonnés* les navires, aussi bien les ennemis que les neutres, dans les circonstances suivantes:

Lorsqu'ils ont des papiers doubles: ce qui fait naître la présomption que ces papiers sont faux ou falsifiés;

Lorsqu'ils n'ont pas de papiers, ou lorsqu'ils ont détruit ceux qu'ils avaient, surtout si la destruction a eu lieu quand le navire de guerre qui s'approche pour la visite était déjà en vue;

Lorsqu'ils ne mettent pas en panne ou ne s'arrêtent pas après en avoir reçu l'invitation, ou bien lorsqu'ils résistent aux recherches faites à leur bord pour s'enquérir de la contrebande de guerre ou des papiers;

Lorsqu'il existe contre eux des soupçons justifiés de transport de contrebande de guerre ou de tentative de rupture de blocus.

On a aussi rangé parmi les motifs de soupçon le fait par les navires arrêtés de jeter leurs papiers à la mer. Les gouvernements ont publié des défenses à cet égard et en ont fait des stipulations expresses dans les traités.

Dans tous les cas pour justifier la saisie des navires, on doit spécifier exactement les motifs de soupçon.

(*Voir* NAVIRE, NEUTRE, PAPIERS DE BORD, JET À LA MER, PRISE MARITIME, BLOCUS, CONTREBANDE.)

SOURCES DU DROIT INTERNATIONAL. Se dit des documents, des doctrines, des faits, desquels le droit international, comme science et comme pratique, tire son origine, sur lesquels se basent ses principes, ses règles et ses préceptes.

Parmi les sources les plus accréditées du droit international, on range les œuvres et les opinions des *publicistes;* les *traités* et les *conventions*, que les Etats concluent entre eux, pour déterminer leurs relations en temps de paix comme en temps de guerre; les *négociations* internationales, les *papiers d'Etat*, la *correspondance diplomatique;* les sentences des tribunaux locaux en matière de droit public extérieur; les lois et les règlements commerciaux des divers Etats; les lois ou les ordonnances des Etats souverains sur les questions relatives aux prises maritimes en temps de guerre, et, dans une certaine mesure, les décisions des tribunaux de prises institués dans les différents pays; les sentences des tribunaux d'arbitrage internationaux; enfin l'histoire, notamment l'histoire des guerres, des traités de paix et de commerce, des négociations de toute nature entre les Etats.

(*Voir* DROIT INTERNATIONAL, COMMERCE, DIPLOMATIE, CORRESPONDANCE DIPLOMATIQUE, JURISPRUDENCE, LÉGISLATION, PUBLICISTE, TRAITÉS, CONVENTION, NÉGOCIATION, PRISE MARITIME, HISTOIRE.)

SOUS-CHEF. Fonctionnaire qui vient immédiatement après le chef.

Dans un bureau il y a un chef et des sous-chefs.

SOUS-MARIN (Câble). On appelle câble sous-marin un cordage enduit de caoutchouc, qu'on plonge au fond de la mer afin de porter et de transmettre les fils d'un télégraphe électrique destiné à mettre en correspondance des pays séparés par la mer.

La pose et l'exploitation des câbles sous-marins sont généralement l'objet de conventions internationales, qui en déterminent la concession, les points d'atterrissement, et garantissent la sécurité des correspondances, la protection, l'entretien et la conservation des câbles. (*Voir* TÉLÉGRAPHE.)

SOUS-PRÉFECTURE. En France, arrondissement ou partie d'un département administrée par un sous-préfet. Il y a une sous-préfecture dans chacun des arrondissements, excepté dans celui où réside le préfet.

Se dit aussi des fonctions du sous-préfet, du temps que durent ces fonctions ; de la demeure, des bureaux du sous-préfet.

Ville où est établie une sous-préfecture, où réside un sous-préfet.

SOUS-PRÉFET. Fonctionnaire chargé d'administrer un arrondissement communal sous la direction immédiate d'un *préfet* (voir ce mot).

SOUS-SECRÉTAIRE. Celui qui aide un secrétaire.

Sous-secrétaire d'Etat, haut fonctionnaire, placé dans l'orde hiérarchique immédiatement après le ministre, et qui a pour attributions de seconder, même de suppléer le ministre dans la partie purement administrative de ses travaux.

En Angleterre des sous-secrétaires d'Etat avec la qualification de parlementaires sont attachés à chaque département ministériel, avec mission spéciale de répondre aux interpellations et aux demandes adressées au gouvernement dans l'une ou l'autre des deux chambres du Parlement sur les affaires ressortissant à la branche de l'administration respective.

SOUSCRIPTION. La souscription d'un acte, d'une lettre, se dit de la signature qu'appose au bas celui qui l'a écrit.

Dans la correspondance diplomatique, lorsque la *souscription* est placée au-dessous de la formule : „Votre très humble et très obéissant serviteur", on dit qu'on a écrit *en dépêche*. (Voir ce mot.)

Lorsque la souscription est placée au-dessous d'une formule analogue à celle-ci : „Veuillez agréer l'assurance de ma considération . . .", on dit qu'on a écrit *en billet*.

La *souscription en dépêche* est employée pour écrire à des personnages auxquels des convenances hiérarchiques ou sociales ne permettent pas de s'adresser autrement.

La *souscription en billet* est d'usage dans la correspondance courante.

On dit aussi qu'on écrit *en billet*, lorsqu'on adresse un simple avis sans signature, en employant la troisième personne au lieu de la première.

SOUVERAIN, SOUVERAINE. Se dit de l'autorité suprême et de ceux qui en sont revêtus.

Dignité souveraine; souverain maître.

Prince souverain, prince qui, maître d'un territoire et chef d'une nation, ne relève d'aucun autre prince.

Cour souveraine, tribunal qui juge en dernier ressort. Jugement souverain, jugement sans appel.

SOUVERAIN. *Définition.* Dans le langage politique, c'est l'être abstrait en qui réside le pouvoir souverain, l'autorité suprême, prince, magistrat ou peuple.

Le souverain est la personne à laquelle une nation confie ou délègue l'autorité suprême pour commander sur la société civile, ordonner et diriger ce que chaque membre particulier doit faire pour contribuer au but commun de cette société. En d'autres termes, le souverain réunit en sa personne le pouvoir collectif de l'Etat, dont il est le gouverneur à la fois de fait et de droit.

Le souverain représente l'Etat d'une manière absolue, autant du moins que la constitution particulière n'y apporte pas certaines restrictions. L'Etat est obligé par les engagements que le souverain prend au nom de la nation. Mais le souverain ne peut disposer directement de la personne et des biens des habitants du pays, si ce n'est dans les cas où les règles du droit public en autorisent le sacrifice au profit de l'Etat.

Un souverain est considéré comme *légitime,* s'il a pris possession de l'autorité suprême conformément à l'ordre des choses légalement établi et sans opposition de la part des parties intéressées; il est tenu pour *illégitime,* si son occupation du pouvoir repose sur une violation de droits antérieurs; toutefois d'illégitime il peut devenir légitime par suite du consentement des parties intéressées, de leur renonciation, ou de leur décès.

Exercice de la souveraineté. En principe la souveraineté appartient à l'Etat, à la nation, qui en est la source originelle; mais la nation ne l'exerce pas elle-même; elle en délègue l'exercice au gouvernement. (*Voir* ETAT, NATION.)

La souveraineté peut être conférée soit à une seule personne, monarque, président, etc., soit à plusieurs personnes. comme les consuls de l'ancienne Rome ou de la première république en France, soit à une réunion de personnes exerçant la régence pendant la minorité du souverain. (*Voir* RÉGENCE.)

Lorsque la souveraineté est déléguée à plusieurs personnes, celles-ci l'exercent ordinairement en commun.

Quoi qu'il en soit, la personne ou le corps qui gouverne et représente l'Etat souverain devient par la délégation le souverain par excellence; et à lui appartient la dignité suprême, la majesté souveraine, dans les conditions et les limites de la nature même de cette souveraineté ou de la constitution de l'Etat duquel elle émane.

Inviolabilité. Le souverain, en tant que chef de l'Etat, est inviolable : on ne peut en aucun cas porter atteinte à sa vie, à sa sûreté, à sa liberté. Cependant, dans les Etats modernes, il existe entre le souverain et la nation comme un pacte synallagmatique, qui impose à l'un et à l'autre des devoirs et des obligations réciproques; or si le souverain vient à violer ces devoirs, en se mettant au-dessus des lois du pays, en compromettant l'indépendance et la dignité nationales, il s'expose à une insurrection contre ses actes et à une déposition ou à une expulsion; et alors il perd *ipso facto* la souveraineté.

D'ailleurs, dans les Etats constitutionnels, la responsabilité des actes du pouvoir exécutif retombe en grande partie sur les agents placés à la tête de l'administration publique; c'est lorsque le prince usurpe cette part de responsabilité qu'il met la nation dans le cas justifié de lui enlever la souveraineté.

Fonctions. Les fonctions du souverain ont un double caractère : interne ou civil, et externe ou international, selon que l'action s'en fait sentir au dedans ou en dehors du territoire national.

A l'extérieur le souverain représente la nation dans toutes les affaires que celle-ci peut avoir à traiter avec d'autres pays dans l'exercice de sa souveraineté et de son indépendance; à ce titre le souverain est soumis à certaines obligations; par contre il possède certains droits internationaux. (*Voir* SOUVERAINETÉ DES ETATS, INDÉPENDANCE.)

Un souverain ne représente l'Etat que s'il gouverne de fait, et non pas seulement parce qu'il prétend avoir le droit de gouverner. Seul celui qui exerce effectivement l'autorité suprême et qui est reconnu comme chef de l'Etat par son pays, est considéré comme représentant de ce pays; c'est seulement avec lui que les autres Etat peuvent et doivent entretenir des rapports internationaux, conclure des traités qui lient l'Etat.

Cessation de la souveraineté. Le souverain qui perd le gouvernement de l'Etat par un motif ou une circonstance quelconque cesse de le représenter à l'extérieur, et l'on ne peut plus contracter avec lui des engagements obligatoires pour l'Etat.

La souveraineté du chef de l'Etat, ou de la personne qui représente l'Etat souverain, cesse, quand le souverain est temporaire, par l'expiration du mandat qu'il avait reçu de la nation pour la gouverner et la représenter dans ses relations avec les autres pays; et quand le souverain gouverne à titre héréditaire, par l'abdication volontaire, par la déposition prononcée par la nation, ou par le détrônement par suite d'une guerre malheureuse et la contrainte d'obéir au vainqueur.

Prérogatives des souverains. L'honneur et l'indépendance des nations sont affectés par la manière dont on traite leurs souverains. Aussi le souverain a-t-il droit aux prérogatives internationales inhérentes à son caractère public, soit qu'il réside dans ses Etats, soit qu'il se transporte à l'étranger. (*Voir* PRÉROGATIVE.)

Dans l'intérieur de ses Etats il a droit d'être désigné par les autres nations sous son titre propre et habituel; d'être traité invariablement dans toutes les communications qui lui sont adressées, à moins d'usages ou de stipulations conventionnelles expresses en sens contraire, sur un pied de parfaite égalité avec les souverains des autres nations. (*Voir* DIGNITÉ, TITRE.)

Hors de son territoire le souverain jouit des droits de l'hospitalité dans le pays où il se rend : ainsi, au moment d'en franchir la frontière, il est l'objet d'une réception solennelle et d'un traitement conforme à son rang, à moins qu'il n'ait préféré y renoncer en adoptant l'*incognito* (Voir ce mot); mais, même quand le voyage incognito, le souverain jouit du droit d'*exterritorialité* (Voir ce mot), qui est lié au caractère même de la souveraineté.

Il est admis que le privilège d'exterritorialité couvre le souverain étranger, pendant son séjour sur un territoire autre que le sien, contre toute action des lois territoriales; mais il ne s'étend nulle part jusqu'à l'exercice par le souverain d'une juridiction quelconque, civile ou criminelle, sur les personnes de sa suite et sur ceux de ses sujets qu'il rencontre dans le pays où il réside momentanément.

En principe le souverain qui voyage ou séjourne hors de son territoire est exempt de la juridiction criminelle du pays où il se trouve.

Cependant il peut se présenter des cas où cette règle devient inapplicable. Ainsi, lorsqu'il y a rupture des relations d'amitié et de bonne intelligence entre deux pays, il n'est pas défendu à l'un des souverains de s'opposer à l'arrivée ou au séjour de l'autre sur son territoire. On peut aussi supposer qu'un prince abuse de l'hospitalité qu'il reçoit pour fomenter des troubles, nouer des intrigues ou satisfaire son ambition. Il est évident que, dans de pareilles circonstances, comme lorsqu'il s'agit d'atteintes portées à la tranquillité ou à la prospérité du pays, le droit des gens autorise pleinement le gouvernement territorial à faire sentir l'empire de ses lois au souverain étranger qui aurait le premier méconnu le devoir de sa haute position et les obligations internationales.

Un usage non moins général et invariable étend le bénéfice de l'exterritorialité aux souverains en matière civile, sauf dans les affaires et les contrats qui n'affectent en rien leur capacité publique ou politique et dans lesquels ils agissent personnellement, à titre tout-à-fait privé. De même, lorsqu'un souverain étranger intente directement une action devant le tribunal d'un autre pays, il n'est couvert par aucun privilège de nature à changer les formes de procédure ou à déplacer la loi applicable à tout autre demandeur devant le même tribunal.

Outrages à la personne du souverain. Si le souverain étranger est personnellement l'objet d'un libelle calomnieux ou d'une diffamation, il a droit d'exiger par devant les tribunaux du pays du libelliste ou du diffamateur la même réparation que celle à laquelle les nationaux peuvent avoir droit.

À défaut de satisfaction extrajudiciaire, comme aussi dans le cas où sa qualité d'étranger lui ferait refuser une réparation légitime, il aurait un juste motif de plainte; mais évidemment il ne lui serait pas permis de formuler la moindre récrimination, si, le procès ayant été engagé régulièrement et poursuivi dans les formes voulues par les lois ordinaires du pays, le jugement final ne répondait pas pleinement à son attente.

Incognito. Diverses circonstances peuvent faire cesser pour un souverain étranger les prérogatives auxquelles son rang lui donne droit.

Nous mentionnerons d'abord l'*incognito*, qui peut être considéré comme l'indice de la volonté expresse du souverain qui voyage, de se soustraire aux obligations de son titre et de renoncer en même temps aux honneurs ainsi qu'au cérémonial exceptionnel qui y sont attachés. (*Voir* INCOGNITO.)

Il est évident aussi que le souverain

étranger qui pénètre clandestinement dans un pays pour y troubler la sûreté publique ou à s'y livrer à des actes hostiles contre le gouvernement établi ou contre d'autres puissances perd tout droit aux égards personnels et aux prérogatives de l'hospitalité.

Tout souverain qui a abdiqué ou a été déposé de l'autorité suprême n'a plus aucun titre légal aux faveurs et aux droits internationaux. Toutefois les autres souverains restent libres, au gré de leurs convenances, de continuer à lui accorder les distinctions et les honneurs personnels auxquels il avait droit avant son abdication ou sa déchéance, alors surtout que cette dernière peut n'être pas irrévocable.

Perte des immunités de souverain. Enfin le souverain étranger perd son droit aux immunités internationales lorsqu'il se sommet lui-même à la juridiction d'un autre pays, soit en entrant au service militaire de l'Etat, soit en accomplissant quelque acte équivalent de soumission implicite à l'autorité territoriale.

A plus forte raison le souverain doit-il être privé des prérogatives attachées au privilège d'exterritorialité, lorsqu'il est dépouillé de la souveraineté; alors il n'est plus exempt de la juridiction civile, s'il fait des actes de nature à léser les droits des particuliers.

L'épouse, les enfants, les parents d'un souverain, y compris l'époux de la reine, s'il n'est pas roi, n'étant pas représentants de l'Etat, ne personnifient pas la souveraineté et n'ont par conséquent aucun des droits qui y sont inhérents.

Familles souveraines. Le droit public de chaque Etat fixe le rang et les titres auxquels ces personnes ont droit. (*Voir* RANG, TITRE.)

Il est de règle que l'épouse d'un prince souverain ait le rang et le titre de son mari; mais il n'en est pas de même de l'époux des princesses souveraines, à qui le titre dont leur femme est revêtu n'est pas toujours conféré.

Les princes appartenant à des maisons souveraines reçoivent le titre immédiatement inférieur à celui de leur souverain; les princesses conservent d'habitude le titre le plus élevé auquel elles avaient droit avant leur mariage, lorsque le prince qu'elles épousent n'a droit qu'à un titre moins élevé.

Pour que ces titres et ces rangs soient respectés dans les rapports avec les autres Etats, il faut qu'ils résultent d'un usage ancien; ou s'ils subissent des modifications, il faut que ces modifications soient reconnues par les autres Etats.

Il découle de leur position, telle que nous venons de l'établir, que les membres des familles souveraines, n'étant pas souverains par eux-mêmes, n'ont pas droit à l'exterritorialité, c'est-à-dire à l'exemption à l'étranger de l'obligation de se conformer aux lois du pays où ils séjournent.

Chefs des républiques. Dans les temps modernes le principe de l'égalité des nations a été universellement reconnu, et le chef d'une république, lorsqu'il agit comme représentant de l'Etat, a tous les droits qui appartiennent aux représentants souverains des Etats. Lorsque le Président d'une république voyage en pays étranger, il est généralement considéré comme un simple particulier; mais lorsqu'il agit en qualité de représentant de l'Etat, il a droit à être placé au-dessus des lois du pays où il séjourne, au même titre qu'un souverain.

SOUVERAINETÉ. Autorité suprême; exercice de cette autorité.

Souveraineté absolue, qui n'est restreinte par aucun pacte, par aucune loi, que le prince peut exercer sans consulter les représentants de la nation.

Souveraineté limitée, qui ne peut s'exercer que dans certaines bornes fixées par une constitution ou des statuts spéciaux; elle est dite aussi *constitutionnelle.*

Souveraineté héréditaire, qui vient et se transmet par droit d'hérédité.

Souveraineté élective, qui se donne à l'élection, par les suffrages du peuple ou de ses représentants, ou d'un corps national. Qualité, autorité d'un prince. L'étendue de pays où un prince exerce l'autorité souveraine.

Souveraineté nationale ou *souveraineté du peuple,* doctrine politique, d'après laquelle la souveraineté réside dans la nation ou le peuple, duquel tous les pouvoirs doivent émaner directement ou indirectement.

Souveraineté de droit divin, doctrine qui fait découler tous les pouvoirs du souverain de fait, qui est censé tenir de Dieu la puissance souveraine.

SOUVERAINETÉ DES ÉTATS. Le pouvoir qui appartient à toute nation de déterminer sa manière d'être, de formuler ses conditions de droit, en un mot de constituer l'Etat et le gouvernement selon l'idée qu'elle représente ou le but humain qu'elle poursuit, forme ce qu'on a désigné par le terme de *souveraineté de la nation* ou *de l'Etat.*

La souveraineté consiste dans l'ensemble des droits qui appartiennent à un Etat indépendant.

Droits découlant de la souveraineté. Les droits qui découlent de la souveraineté d'un Etat sont le droit de faire lui-même sa constitution, le droit de se gouverner et de s'administrer lui-même, le droit d'avoir pour son peuple et sur son territoire une législation indépendante; le droit d'accréditer des représentants auprès des autres Etats.

Il n'appartient pas aux autres Etats de s'immiscer dans l'exercice de ces droits, si ce n'est dans les cas où le droit international serait violé. D'où il s'ensuit que l'indépendance d'Etat à l'égard des autres Etats est un élément constitutif de sa souveraineté. (*Voir* INDÉPENDANCE.)

Signification. Ainsi la souveraineté a une signification double : souveraineté *extérieure,* par rapport aux puissances étrangères; souveraineté *intérieure,* par rapport au régime intérieur de l'Etat.

Commencement de la souveraineté. La souveraineté commence dès qu'une société s'est constituée avec un organe suprême de droit, c'est-à-dire avec un gouvernement, et s'est séparée d'une autre société dans laquelle elle se trouvait comme englobée ou confondue. Ce principe s'applique à la fois à la souveraineté intérieure et à la souveraineté extérieure des Etats, avec cette seule différence que la souveraineté intérieure existe *de plano* et n'a pas besoin d'être sanctionnée par la reconnaissance des autres Etats.

Mais si l'Etat exerce la souveraineté intérieure à partir du moment de sa constitution, il n'en est pas de même à l'égard de sa souveraineté extérieure; celle-ci doit être sanctionnée par les autres Etats, et jusque là l'Etat nouveau ne fait pas partie de la grande société légale des nations. Chaque Etat reste sans doute libre de reconnaître l'Etat nouveau qui vient à se former; mais il est, dans tous les cas, obligé de subir les conséquences de la détermination à laquelle il s'arrête.

Caractères de la souveraineté. Le caractère essentiel de la souveraineté d'un Etat repose sur la faculté qu'il a de se donner une constitution, de fixer ses lois, d'établir son gouvernement, sans l'intervention d'aucune nation étrangère.

Cette souveraineté peut se modifier,

se déterminer en quelque sorte par des conventions et des traités; mais ces modifications n'entraînent pas la perte complète de la souveraineté.

Il est de fait que le caractère d'un Etat peut être affecté légalement par sa liaison avec d'autres. Sa souveraineté peut être considérée comme altérée ou comme entièrement détruite, selon la nature du pacte, le degré d'influence exercée par le supérieur et l'obéissance reconnue ou rendue par l'inférieur; peu importe qu'une telle situation résulte d'une organisation politique ou de traités d'alliance inégale et de protection.

Si un Etat, de l'une ou l'autre de ces manières abandonne ses droits de négocier et de conclure des traités et perd ses attributs essentiels d'indépendance, il ne peut plus être regardé comme un Etat souverain, comme un membre de la grande famille des nations. Son *status* légal n'est pas changé par une perte de pouvoir relatif, mais par une perte des attributs essentiels d'indépendance et de souveraineté, c'est-à-dire par la perte du droit d'exercer sa volonté et de la capacité de contracter des obligations.

Restrictions de la souveraineté. La dépendance d'un Etat à l'égard d'un autre est donc une limite imposée à la souveraineté; cependant elle n'en est pas la négation absolue. Pour que cette dépendance assujettisse complètement l'Etat subordonné et le prive de tous droits souverains, il faut nécessairement que les traités desquels découle cette dépendance, déterminent directement la nature et l'étendue des relations internationales que cet Etat peut continuer à entretenir.

On ne considère pas comme incompatible avec la souveraineté d'un Etat l'obéissance transitoire qu'il doit aux ordres d'un autre gouvernement, ou l'influence extérieure à laquelle il peut éventuellement se soumettre.

La souveraineté d'un Etat dans ses relations internationales n'est pas modifiée non plus par le paiement d'un tribut, ou par une dépendance féodale nominale.

Le fait de l'union de deux ou de plusieurs Etats par suite d'un pacte ou d'une convention exerce nécessairement une influence, plus ou moins étendue selon les conditions de l'union, sur la souveraineté individuelle de chacun d'eux. (*Voir* UNION D'ÉTATS.)

Si les Etats qui s'associent créent un nouveau pouvoir national, un Etat nouveau dont chacun d'eux n'est qu'un élément constitutif, il est indubitable que ces Etats auront perdu leur souveraineté extérieure individuelle, bien qu'ils aient conservé réciproquement la plupart de leurs droits essentiels. (*Voir* CONFÉDÉRATION, FÉDÉRATION.)

Ce mode d'union crée une exception à la règle qui admet une seule souveraineté pour le même peuple et sur le même territoire; car en fait il existe deux souverainetés, celle de l'Etat central et celle des Etats particuliers.

La souveraineté de l'Union s'exerce dans les limites de la compétence constitutionnelle du pouvoir ou de l'Etat central; et la souveraineté des Etats particuliers, dans les affaires spéciales de chacun de ces Etats.

Si les Etats, tout en s'associant, ne constituent pas un nouveau pouvoir central, une nouvelle nationalité, ils conservent forcément leur ancienne considération internationale.

Lorsque des Etats différents s'unissent par une union personnelle ou réelle sous un même souverain, cette union n'entraîne pas l'extinction de la souveraineté individuelle des Etats qui l'ont formées, pourvu que ces Etats l'aient réalisée selon les principes de l'égalité complète de droits.

L'union personnelle sous un même souverain peut quelquefois entraîner la perte de l'individualité d'un Etat; seulement si l'union vient à se rompre, cette individualité renaît *ipso facto*. Par l'union réelle des Etats sous un même chef suprême la souveraineté individuelle de chaque Etat se perd, se fusionne, en quelque sorte, dans la souveraineté générale qui résulte de l'union.

Lorsque l'union des Etats s'opère par incorporation, elle produit à l'égard de la souveraineté extérieure les mêmes résultats que l'union réelle.

Dans les deux cas, la souveraineté particulière de chaque Etat demeure confondue dans la souveraineté générale ou dans celle de l'Etat incorporant; aussi une nation qui s'incorpore à une autre abdique-t-elle le droit qu'elle possédait de régler ses relations extérieures, de déclarer la guerre, de conclure des traités; en un mot cette nation perd sa nationalité.

SPARTIATE. Ce mot ne sert pas seulement à désigner un habitant ou citoyen de Sparte ou de Lacédémone, mais

15*

particulièrement un homme appartenant à la classe aristocratique de la république lacédémonienne, dont les Lacédémoniens formaient la plèbe.

SPINOSA (Baruch ou Bénédict), philosophe hollandais, né à Amsterdam en 1632, mort à La Haye en 1677.

Ses ouvrages ont plutôt trait à la philosophie pure, à la théologie et à la morale. Cependant dans son *Tractatus theologico-politicus* (traité de théologie et de politique), publié en 1670 sous le couvert de l'anonyme, il aborde diverses questions de droit international : il traite des rapports entre l'Eglise et l'Etat, et défend avant tout la liberté et l'inviolabilité de la pensée.

SPIRITUEL. Qui concerne la religion, l'Eglise, par opposition à *temporel* (voir ce mot).

Le pouvoir spirituel et le pouvoir temporel.

SPOLIATION. Action par laquelle on dépossède quelqu'un par violence ou par fraude.

Se dit des monuments qu'on dépouille des objets qu'ils renferment.

Le droit international réprouve, même en temps de guerre, la spoliation par l'ennemi des musées et des bibliothèques des villes qu'il envahit ou occupe.

SPONSIO. Dans le droit des gens ce mot latin, qui signifie absolument *garantie, assurance*, et était dérivativement pris pour *convention ou traité public*, s'emploie pour indiquer plus particulièrement un traité conclu au nom d'un Etat, par une personne dont les pouvoirs ne sont pas en règle, *sub spe rati*, c'est-à-dire dans l'espoir qu'une ratification interviendra ultérieurement.

La *sponsio* pourrait à la rigueur n'être considérée que comme une promesse; dans tous les cas elle ne saurait devenir obligatoire pour l'Etat au nom duquel elle a lieu que si cet Etat consent à la ratifier; lorsque l'Etat ne la ratifie pas, ce traité, quoique conclu en son nom, mais par une personne qui n'avait pas reçu de lui les pouvoirs nécessaires, doit être considéré comme n'ayant jamais existé.

STAATSARCHIV (Archives d'Etat).

Das Staatsarchiv, Sammlung der officiellen Actenstücke zur Geschichte der Gegenwart (Recueil de documents officiels relatifs à l'histoire contemporaine).

Ce recueil a été fondé en 1861 à Hambourg par MM. Ægidi et Klauhold; il

paraît maintenant à Leipzig sous la direction de MM. Kremer-Ausenrode, Worthmann et Hirsch.

Il comprend actuellement près de 40 volumes. Il ne renferme pas seulement des documents diplomatiques, mais aussi des pièces concernant les affaires intérieures des divers Etats. Les textes sont dans la langue originale.

STABENOW (Henri), jurisconsulte allemand.

Sammlung der Deutschen Seeschifffahrtsgesetze (Recueil des lois maritimes de l'Allemagne). Leipzig, 1875.

Renferme les lois, ordonnances, instructions et règlements promulgués depuis 1867.

STAGE. Temps d'épreuve dont les aspirants à certaines fonctions doivent justifier pour être admis à les remplir.

En général, les aspirants aux fonctions diplomatiques et consulaires sont astreints à un stage d'un certain nombre d'années avant d'obtenir leur nomination effective à des postes fixes et salariés.

Les jeunes gens qui font ce noviciat reçoivent le titre d'élèves, d'attachés, etc.

STAHL (F. J.), publiciste allemand, né à Munich le 16 janvier 1802, mort le 10 août 1861.

Professeur à Erlangen, à Wurzbourg, et à Berlin, membre de la Chambre des Seigneurs de Prusse.

Philosophie des Rechts nach geschichtlicher Ansicht (Philosophie du droit au point de vue historique). Heidelberg, 1830, 1837 et 1847, 3 vol. in-8°.

STARIE. Retard apporté au départ d'un navire, notamment par le fait d'un *embargo* (voir ce mot).

Séjour forcé d'un navire dans un port, soit par crainte de l'ennemi, soit par suite de vents ou de tempête, soit pour réparation d'avaries.

STAROSTE, STAROSTIE. Autrefois, en Pologne, dignitaire investi d'un fief dépendant de la couronne, dit *starostie*.

Les rois cédaient ces fiefs à des gentilshommes, notamment pour les aider à soutenir les frais de la guerre, et à la charge de payer une redevance au souverain.

Dans certaines starosties les titulaires exerçaient les droits de justice; dans d'autres ils jouissent seulement des revenus.

Les starosties étaient héréditaires. Quand une starostie venait à vaquer, le roi en investissait un nouveau dignitaire.

STARR (François), jurisconsulte autrichien.

Die Rechtshülfe in Oesterreich gegenüber dem Auslande (Exécution des jugements des tribunaux autrichiens à l'étranger). Vienne, 1878.

Recueil des conventions conclues sur la matière* entre l'Autriche-Hongrie et l'étranger.

STATHOUDER, STATHOUDÉRAT. Titre donné à un haut fonctionnaire dans l'ancienne république des Provinces-Unies (Pays-Bas).

Dans l'origine il ne désignait que des lieutenants ou gouverneurs nommés par les princes suzerains de la maison de Bourgogne et d'Autriche. Lorsque les Pays-Bas eurent reconquis leur indépendance, chacun des sept Etats qui composaient la République des Provinces-Unis mit à la tête de son gouvernement un stathouder, dont le pouvoir était plus ou moins étendu. Cependant le même stathouder pouvait être élu dans plusieurs provinces à la fois. Enfin le *stathoudérat*, après avoir été aboli pendant près d'un siècle, fut rétabli, étendu à toutes les provinces ensemble, et déclaré héréditaire dans la famille de Nassau-Orange : ce fut dès lors une véritable royauté. En 1815 le stathouder a changé son titre contre celui de roi, que le congrès de Vienne l'a autorisé à porter.

STATU QUO. Mots latins qui signifient : „dans l'état où les choses sont actuellement".

C'est l'abréviation de *in eodem statu quo ante* (dans le même état qu'auparavant).

Statu quo ante bellum, position, état de choses existant entre les belligérants, de part et d'autre, avant le commencement des hostilités.

STATUT. Loi, règlement, ordonnance.

En Angleterre, on appelle statuts les lois votées par le Parlement, par opposition à la *coutume* (voir ce mot) ou aux lois non-écrites.

Dans quelques pays le *statut* est la loi constitutionnelle de l'Etat : on l'écrit alors avec une lettre majuscule.

Statut se dit aussi des règles établies pour la conduite d'une corporation, d'une compagnie, d'une communauté, etc. Les sociétés littéraires, les compagnies de chemins de fer, etc., sont régies par des statuts particuliers.

STATUTS. *Définition et classification.* En matière de conflit des lois le terme *statut* est employé comme synonyme du mot *loi*. Chaque disposition d'une loi est un statut qui permet, ordonne ou défend quelque chose; mais on désigne plus particulièrement sous la dénomination de *statuts* les lois municipales ou locales, les coutumes des diverses contrées; or ces coutumes varient d'un pays à l'autre et diffèrent entre elles à l'infini.

Comme l'homme est sujet à la loi sous le double rapport de sa personne et de ses biens, on a en conséquence distingué les statuts en *statuts personnels* et en *statuts réels*.

Les *statuts personnels* sont ceux qui affectent directement la personne, forment ce qu'on appelle *son état*, la rendent capable ou incapable de contracter, de faire tels ou tels actes sans aucun rapport avec les choses ni ce n'est accessoirement. Ainsi sont des statuts personnels : la loi qui détermine si l'individu est citoyen d'un Etat ou étranger; la loi qui établit la légitimité; celle qui fixe l'âge de la majorité; celle qui prescrit les formalités du mariage ou indique les causes de sa dissolution; celles qui soumettent la femme à la puissance du mari, le fils à la puissance du père, le mineur à la puissance du tuteur; celle qui établit la capacité de tester, de s'obliger, etc. (*Voir* PERSONNE.)

On appelle *statuts réels* ceux qui affectent directement les choses, la qualité et la nature des biens, en permettent ou en défendent la disposition, indépendamment de l'état ou de la capacité générale de la personne, ou en n'y ayant qu'un rapport incidentel ou accessoire. Il faut ranger dans cette catégorie toutes les lois relatives au droit de disposer des biens, au droit de succession, etc. (*Voir* BIENS, SUCCESSION.)

Lorsqu'il s'agit de savoir si un acte de l'homme est conforme aux règles de son état civil, s'il émane d'une personne ayant capacité suffisante pour le faire, c'est le statut personnel qu'il faut consulter; et s'il s'agit d'apprécier la validité de l'acte dans ses relations avec les biens, il faut consulter le statut réel.

Mais comme les lois ne s'appliquent le plus souvent aux personnes que relativement aux choses, en leur permettant ou en leur défendant d'agir et de contracter, et qu'elles ne s'appliquent aux choses que dans leurs rapports avec les personnes qui les possèdent, les acquièrent ou les transmettent, il s'ensuit que les lois ne sont jamais ni purement personnelles ni purement réelles, et qu'il est parfois difficile de déterminer si elles forment un statut personnel ou un statut réel.

Pour résoudre la difficulté, on doit rechercher l'objet immédiat de la loi plutôt que ses effets : si la loi a pour objet direct, immédiat de régler l'état de la personne, le statut est personnel, car les effets qui peuvent en résulter relativement aux biens, ne sont que les conséquences éloignées de la personnalité. Par contre, si la loi a pour objet immédiat de régler la nature des biens ou la manière d'en disposer, le statut est réel, car ses effets par rapport aux personnes ne sont plus que les conséquences éloignées de la réalité.

Ce serait donc une superfétation et une simple affaire de mots que de maintenir, comme on l'a fait jusque dans ces derniers temps, une troisième catégorie de statuts sous la dénomination de *statut mixte*, tenant à la fois du statut personnel et du statut réel, et ayant pour caractère distinctif de disposer à la fois sur les personnes et sur les choses. En effet tous les statuts sont mixtes en ce sens que s'ils disposent principalement sur les personnes ou sur les choses, ils disposent en même temps accessoirement et par voie de conséquence sur les unes ou sur les autres; de sorte qu'en maintenant le statut *mixte*, ce serait établir une catégorie de statuts dans laquelle il faudrait faire rentrer tous les statuts, puisqu'il n'en est aucun qui ne dispose sur les personnes, abstraction faite des choses, où des choses, abstraction faite des personnes.

La même objection s'applique par des raisons analogues aux actes, à leurs effets et à leur exécution, lesquels rempliraient surtout le cadre des *statuts mixtes;* les actes se rapportent à la fois aux personnes ou aux choses, et rentrent par conséquent dans la catégorie des statuts personnels ou dans celle des statuts réels, selon que la personne ou la chose en est l'objet principal ou accessoire.

Quant aux formalités elles-mêmes, purement extrinsèques et se rapportant à l'acte seul, on ne saurait logiquement leur attribuer le caractère et la dénomination de *mixtes*, puisqu'elles ne se rapportent ni à la chose ni à la personne concernée dans l'acte, mais à une simple question de forme isolée, *sui generis,* qui en est tout-à-fait distincte.

Application des statuts. Pour l'application des statuts aux cas particuliers, les règles à suivre peuvent se résumer ainsi :

Les statuts personnels s'attachent à toutes les personnes domiciliées sur le territoire de l'autorité qui les a édictés; ils doivent être reconnus et appliqués par les jugements des tribunaux étrangers.

Il en est de même pour les statuts réels, lesquels s'attachent à tous les biens immeubles.

Comme corollaire, les statuts ou personnels ou réels s'attachent à tous les actes accomplis sur le territoire de l'autorité qui les a édictés, et les lois de ce territoire doivent leur être appliquées.

Caractère des statuts. Le droit de législation des nations comprend tout ce qui a rapport à l'état et à la capacité de leurs sujets quant à l'étendue et à l'exercice de leurs droits civils; le statut personnel de chaque individu est donc celui du pays auquel il appartient.

Le caractère distinctif des lois qui composent le statut personnel consiste en ce qu'elles accompagnent la personne partout où elle va, qu'elles ne s'appliquent qu'aux nationaux et qu'elles n'exercent aucune influence sur les étrangers qui se trouvent accidentellement sur le territoire qu'elles régissent. Ce trait caractéristique du statut personnel frappe par son évidente nécessité. Comment admettre en effet qu'un individu change d'état et de condition à chaque voyage qu'il est obligé de faire; que dans le même moment il puisse être majeur sur un point et mineur sur un autre; que la femme mariée soit à la fois soumise au pouvoir marital et libre de toute dépendance; qu'un même individu voie suivant les lieux étendre ou restreindre sa capacité pour l'accomplissement des divers actes de la vie civile?

Les qualités auxquelles se rapporte le statut personnel sont celles de citoyenneté, de légitimité ou d'illégitimité de naissance, de majorité ou de minorité d'âge, d'idiotisme et de folie, de mariage et de divorce. Mais par cela même que le statut personnel est la conséquence logique de la souveraineté nationale, il ne peut s'imposer à un autre État sans porter atteinte à la souveraineté.

Statuts des corporations. Ce que nous venons de dire sur le statut personnel d'un individu s'applique également à l'état des personnes collectives ou juridiques. Il est cependant des cas où l'incapacité de ces personnes se mesure non d'après les lois de l'État auquel elles appartiennent, mais d'après les lois du pays où elles résident. Ainsi, lorsque les lois d'un pays limitent la faculté d'acquérir des biens de main morte, ces restrictions atteignent les corporations étrangères, et réciproquement celles-ci peuvent, suivant la législation du pays où elles veulent acquérir des propriétés, jouir sur un point donné d'une capacité plus étendue que celle qui leur est réservée et garantie dans la contrée à laquelle elles appartiennent. Dans les deux cas en effet la capacité se détermine non d'après le droit commun du lieu où ces corporations ont leur siège, mais bien d'après la loi de la situation des biens. (*Voir* PERSONNE CIVILE, CORPORATION.)

Statut des étrangers. Le respect par les Etats du statut personnel des étrangers est assujetti à certaines restrictions, même dans les pays qui appliquent à l'individu la loi personnelle du domicile.

Il est clair qu'un Etat ne saurait reconnaître d'autorité à des statuts exceptionnels qui se trouvent en dehors des lois communes aux Etats indépendants, ou qui répugnent à sa propre législation, ou qui n'en font point partie.

Ainsi les nations chrétiennes n'admettent point chez elles la loi musulmane qui tolère la polygamie. La plupart des Etats ne reconnaissent pas non plus les distinctions, les exceptions de statut personnel qui dans d'autres frappent certaines classes d'individus pour motifs de religion. Les pays qui réprouvent l'esclavage, ne peuvent l'admettre comme une condition de nature à modifier le statut personnel d'un individu sur leur territoire. Les incapacités légales résultant de certaines condamnations criminelles ne sont point maintenues par les Etats dont la législation ne connaît pas ces pénalités. Enfin certains privilèges de classe ou de noblesse sont tenus de nulle valeur dans les contrées où l'égalité devant la loi est le principe fondamental du statut personnel de chacun.

Etant admis que le statut personnel suit l'individu partout où il va, jusqu'en pays étranger, que la loi personnelle de chaque individu est celle du pays auquel il appartient, parmi les conséquences les plus saillantes de ce principe on peut énumérer les suivantes:

C'est cette loi qu'il faut consulter pour s'assurer de la nationalité de l'individu, de son état civil, de sa capacité d'acquérir un domicile dans le pays et d'en changer, de disposer ou de recevoir par donation ou par testament, de disposer de biens meubles ou immeubles, de s'obliger par conventions, d'ester en justice. C'est la même loi qui régit la validité et les effets du mariage quant aux personnes, quant aux biens des époux et quant à la condition des enfants, la puissance paternelle et les pouvoirs des tuteurs, etc. ((*Voir* ÉTRANGER, NATIONALITÉ, DOMICILE.)

Statut réel. Le statut réel consiste dans l'ensemble des lois qui concernent la possession des biens-fonds ou immeubles: le mot *réel* semble indiquer que la loi tient plutôt compte de la nature même de la chose que de l'état de la personne; en effet le droit public interne des divers Etats établit rarement une distinction entre les individus qui ont des droits à exercer sur les biens situés sur leurs territoires respectifs, suivant que ces individus sont des nationaux ou des étrangers.

Le statut réel a pour fondement le double principe de la propriété et de la souveraineté nationale. Les biens-fonds, les immeubles de toute espèce font partie intégrante du domaine propre de chaque nation, et l'Etat a le droit absolu de régler législativement la possession, l'acquisition et l'aliénation des immeubles situés sur son territoire: telle est la règle générale qu'exprime l'axiome du droit romain *lex loci rei sitæ* (loi du lieu où la chose est située).

Il existe cette différence entre la loi réelle et la loi personnelle, que la loi réelle régit les biens situés dans l'étendue du territoire pour lequel elle a été édictée, en excluant l'application de la loi personnelle du propriétaire et de la loi du lieu où l'acte a été passé; mais les effets de la loi réelle ne s'étendent pas au delà des limites du territoire.

Lorsque tous les biens que possède un individu sont compris dans le territoire de la nation à laquelle il appartient, ou dans le territoire où il a son domicile, et que cet individu ne passe pas d'actes hors de ce territoire, les lois de son pays régissent tous ses rapports, de sorte qu'il n'y a pas lieu d'appliquer la distinction entre les statuts personnels, les statuts réels et les lois concernant les actes des personnes. Le conflit entre ces diverses lois ne pourrait se présenter que si l'individu possédait des biens situés dans un autre pays ou passait des actes hors du territoire de sa nation. Le statut réel régit toutes les dispositions de l'homme relatives aux immeubles, et tous les actes qui ont des immeubles pour objet sont soumis aux lois du lieu de la situation. Ainsi en cas de vente d'un immeuble avec indication de la contenance à raison de tant la mesure, c'est la mesure du lieu de la situation qu'il faut appliquer. (*Voir* BIENS-FONDS, IMMEUBLES.)

Les biens meubles sont régis par d'autres règles que les biens-fonds; les premiers dépendent davantage de la personne qui les possède et n'ont pas le caractère de fixité et d'immuabilité qui distingue les seconds. Selon le langage des juristes ils sont comme attachés à la personne de leur maître : *mobilia sequuutur personam; mobilia ossibus inhærent* (les meubles suivent la personne; les meubles tiennent aux os). Les actes ou les contrats qui les concernent sont régis par la loi du domicile de la personne à laquelle les biens appartiennent : *lex loci domicilii* (loi du lieu du domicile). Ainsi, par exemple, c'est la loi du pays où le propriétaire de biens meubles avait son domicile au moment de sa mort qui régira la portion mobilière de sa succession, et non la loi de la contrée dans laquelle les biens peuvent se trouver. (*Voir* MEUBLES.)

Une des conséquences de la règle qui place les actes et les contrats relatifs à la propriété mobilière sous le régime de la loi du domicile des ayant-droit, c'est que les formalités accessoires pour leur validité doivent forcément être accomplies dans les termes prévus par la législation du lieu où l'exécution en est poursuivie.

Quant à l'application des statuts en ce qui regarde les actes, les contrats que les personnes peuvent accomplir entre elles relativement soit à leurs rapports réciproques, soit à la disposition des choses ou des biens, les contrats, en droit strict, doivent être régis, quant à la valeur légale leur forme et aux effets découlant de leurs stipulations, par la loi du lieu où ils sont conclus. Cette règle, déduite de l'axiome *lex loci contractus* (loi du lieu de l'engagement), est fondée non seulement sur la convenance mutuelle des individus, mais encore sur la nécessité morale pour les nations de vivre en relations intimes les unes avec les autres.

La règle *lex loci contractus* ne s'applique toutefois ni au *statut personnel* ou à la capacité propre des contractants, qui ne saurait varier suivant les lieux, ni aux cas dans lesquels son application entraînerait la violation formelle des lois du pays où le contrat doit se dénouer

ou recevoir son exécution. Le devoir réciproque des nations ne va pas en effet jusqu'à laisser violer leurs lois particulières, jusqu'à prêter leur sanction à des engagements contraires à l'ordre public ou à la morale et dont rien ne peut effacer le vice et la nullité radicale. (*Voir* ACTES, CONTRATS.)

STAUDINGER (Jules), jurisconsulte allemand.

Sammlung von Staatsvertrüyen 'des Deutschen Reichs über Gegenstände der Rechtspflege. (Recueil des traités conclus par l'Allemagne en matière de jurisprudence). Nördlingen 1882.

STECK (J. W. von), publiciste allemand.

Il a publié treize dissertations relatives au droit des gens, notamment sous les titres suivants :

Essais sur divers sujets de politique et de jurisprudence. 1779. in-8⁰.

Essais sur quelques sujets intéressants pour l'homme d'Etat et de lettres. Halle, 1789 à 1790.

Essai sur les consuls. Berlin, 1790.

Versuch über Handlungs- und Schifffahrtsverträge (Essai sur les traités de commerce et de navigation). Halle, 1772.

Eclaircissements de divers sujets intéressants. 1785.

STELLIONAT. Terme de jurisprudence.

C'est un crime équivalent à la *fraude* (voir ce mot).

D'après le droit romain, il y a stellionat quand on vend la même chose à deux personnes, quand on paie avec des choses qu'on sait ne pas nous appartenir, quand un débiteur détourne ou enlève une chose affectée à un paiement; quand on substitue une marchandise à une autre, quand on fait une fausse déclaration dans un acte, quand il y a *collusion* (voir ce mot) entre deux personnes au bénéfice d'un tiers.

Le droit français n'applique le nom de *stellionat* qu'à deux sortes de fraudes : lorsqu'on vend ou qu'on hypothèque un immeuble dont on sait qu'on n'est pas propriétaire, et lorsqu'on présente comme libres des biens hypothéqués ou qu'on déclare des hypothèques moindres que celles dont ces biens sont grevés.

Le stellionat est reconnu crime par presque toutes les législations modernes; l'application en varie, dans les termes du droit romain ou du droit français, selon les divers pays.

STÉNOGRAPHE. Celui qui connaît et exerce l'art de la sténographie.

Aujourd'hui dans plusieurs pays un service de sténographes est attaché aux chambres des parlements pour en recueillir les débats et les discours aussi complets que possible.

Voici comment le travail est généralement organisé.

Les sténographes sont divisés en deux catégories : les *rouleurs*, qui sténographient successivement pendant quelques minutes chacun, puis transcrivent leurs notes en écriture usuelle; les *réviseurs*, qui sténographient pendant un quart-d'heure et ne traduisent pas, mais collationnent leur propre texte avec la transcription des *rouleurs* et s'appliquent particulièrement à donner à l'improvisation des orateurs une correction grammaticale et littéraire suffisante.

Ainsi chaque discours est recueilli à la fois par deux sténographes qui se contrôlent; et peu de temps après qu'il a été prononcé, il peut être livré à l'impression. Les épreuves imprimées sont enfin revues par les *réviseurs* et le chef de service.

STÉNOGRAPHIE. Art de se servir de signes abrégés et conventionnels pour écrire rapidement et recueillir plus exactement, plus complètement la parole.

Les systèmes de sténographie sont très nombreux; on pourrait même dire qu'il y en a autant que de sténographes, parce que chaque sténographe modifie à son gré celui qu'il adopte, en se faisant en quelque sorte une écriture individuelle, imaginant des signes particuliers, des abréviations pour représenter certains mots, certaines désinences, etc., au point qu'un sténographe ne peut guère lire ce qu'un autre a écrit.

La sténographie est utilisée surtout pour la reproduction des débats parlementaires, des plaidoieries d'avocats, des leçons de professeurs, etc.

STETTIN (traité de paix) 1570.

La paix de Stettin peut être considérée comme la base des rapports qui ont subsisté jusque dans les derniers temps entre la Suède et le Danemark ; elle a cimenté la séparation des deux couronnes.

Par le traité signé le 13 décembre 1570 par les rois de Suède et de Danemark, celui-ci renonça à toutes ses prétentions au royaume de Suède, et de son côté l'autre souverain abandonnait les siennes sur la Norvège, le Holland, la Scanie, la Blekingie et l'île de Gothland.

Par suite la Norvège est demeurée unie au Danemark à partir de cette époque jusqu'en 1814, où elle fut de nouveau cédée à la Suède, de laquelle elle n'a plus été détachée.

STIEGLITZ (A.), jurisconsulte russe.

Etude sur l'extradition des criminels (en russe), St. Pétersbourg, 1882.

Traduction française du dit ouvrage. Paris, 1883.

L'auteur cherche à prouver que le devoir d'extradition existe pour tous les Etats civilisés.

STIPULATION. Clause, convention, condition énoncée dans un contrat, dans un traité, etc.

Les stipulations qui constituent un traité sont habituellement formulées en articles numérotés.

On distingue les stipulations en *permissoires*, *impératives* et *prohibitives*, selon qu'elles accordent une autorisation ou une permission, prescrivent un ordre, ou imposent une défense ou prohibition.

Lorsque deux stipulations se trouvent en conflit, la raison et la logique veulent que la simple permission s'efface et cède devant la prescription ou la défense.

Mais lorsque l'on se trouve en présence de plusieurs stipulations de même nature, la préférence appartient forcément à celle qui, par un libellé plus explicite, par sa date ou par quelque autre circonstance particulière, peut être considérée comme traduisant le mieux la pensée véritable de ceux qui l'ont adoptée.

Lorsque deux stipulations d'égale valeur sous certains rapports sont en conflit l'une avec l'autre. celle qui est précisée le plus nettement, qui a un caractère plus spécial, doit l'emporter sur celle qui ne particularise pas et qui conserve une portée plus générale.

STOCKHOLM (traités de paix de), 1719-1720.

Les traités auxquels la Suède, épuisée par les guerres du roi Charles XII, fut obligée de souscrire en 1719 et en 1720, consommèrent la déchéance de cette puissance, à laquelle ils enlevèrent ce qu'elle possédait encore en Allemagne.

Le premier de ces traités fut signé à Stockholm le 20 novembre 1719 avec le roi d'Angleterre comme électeur de Brunswick-Lunebourg : le roi de Suède lui cédait les duchés de Brême et de Verden, avec tous les droits qui y étaient attachés. Ce traité fut complété par un autre, signé à Stockholm le 1er février

1720, établissant entre les deux princes une alliance ayant pour objet la défense de leurs royaumes et la liberté de la navigation et du commerce de la Baltique, de la Mer du Nord et de la Manche.

Le jour même de la signature de cette alliance, la paix fut aussi signée à Stockholm entre la Suède et la Prusse : la Suède céda au roi de Prusse la ville de Stettin avec le district situé entre l'Oder et la Peene, les îles de Wollin et d'Usedom, les embouchures de la Swine et du Dievenow, le Frisch-Haff, l'Oder jusqu'à l'endroit où elle tombe dans la Peene, les villes de Damm et de Golnau, situées au delà de l'Oder, avec toutes leurs appartenances et leurs dépendances.

La paix signée avec le Danemark le 14 juin suivant fut plus avantageuse pour la Suède, à qui furent restituées la partie de la Poméranie qu'une armée danoise avait occupée jusqu'à la rivière de Peene, la ville et la forteresse de Stralsund, l'île et la principauté de Rügen, avec la ville de Marstrand dans le gouvernement de Bahns, ainsi que la ville de Wismar. La Suède en considération de ces restitutions, renonçait à l'exemption et à la franchise du péage du Sund et des deux Belts, dont les Suédois avaient joui jusqu'alors en vertu des traités de paix antérieurs : les navires suédois devaient être traités dorénavant de la même manière que les Anglais, les Hollandais et les nations à cette époque ou dans la suite les plus favorisées.

STOÏANOW (A. N.), publiciste russe, professeur à l'université de Kharkow.

Études sur l'histoire et la dogmatique du droit international (en russe). Karkow, 1875.

Reproduction sténographiée du cours de droit international, professé par l'auteur en 1873 et 1874.

STOLBOWA (traité de paix de) 1617.

La paix signée le 27 février 1617 à Stolbowa, village situé entre Ladoga et Tichfina, par les plénipotentiaires du Czar Michel Romanoff et du roi de Suède Gustave-Adolphe régla un échange de territoires.

La Suède restitua à la Russie Novgorod la Grande, Staraja-Russa, Porchoff, Ladoga et Gdoff, et le territoire de Somora.

La Russie céda à la Suède les châteaux et les districts d'Ivangorod, de Jambourg,

de Koporie, de Nötebourg, toute la province d'Ingrie, Kexholm, avec son pays et son territoire.

Ce traité, en enlevant à la Russie, dépossédée déjà de la Livonie par le traité de Tensin, la province d'Ingrie et une partie de la Carélie, qui, situées au fond du golfe de Finlande, lui ouvraient une communication avec l'Europe par la Mer Baltique, la séquestrait pour ainsi dire de l'Europe et la renvoyait en Asie.

STORTHING. On nomme ainsi le parlement norvégien.

Le Storthing se compose de représentants des villes et des campagnes, élus pour trois ans. Les élections se font à deux degrés ; tous les habitants demeurant depuis 5 ans au moins en Norvège et âgés de 25 ans peuvent y prendre part.

Le *Storthing* se divise, pour les matières législatives proprement dites, en deux chambres, qui se forment de la façon suivante :

Aussitôt après la réunion du Storthing, cette assemblée élit le quart de ses membres pour composer une chambre haute, dite *Lagthing;* les autres se constituent en chambre basse, *Odelsthing.*

Chaque chambre siège séparément. Les projets de loi doivent être d'abord présentés à l'*Odelsthing*, qui renvoie ceux qu'il a votés au *Lagthing*, lequel les accepte ou les rejette. Dans ce dernier cas, le projet retourne à l'*Odelsthing*, qui l'examine de nouveau.

Si chaque chambre persiste dans sa première opinion, les deux chambres se réunissent, et le *storthing* vote en une seule assemblée.

Les lois sont soumises à la sanction du Roi, qui peut la refuser deux fois, à un intervalle de trois ans, mais après un troisième vote du Storthing, la loi n'a plus besoins de la sanction royale; elle a quand même force exécutoire.

STORY (Joseph), jurisconsulte américain, né à Marblehead (Massachusetts) le 18 septembre 1779, mort à Cambridge le 10 septembre 1845.

Il fut pendant 34 ans juge de la Cour suprême des États-Unis où il avait été appelé, en 1811 par le président Madison.

Son principal ouvrage : *Commentaires sur le conflit des lois étrangères et domestiques.* (Commentaries on the conflict of laws, foreign and domestic), fut publié pour la première fois en 1834; après la mort de l'auteur, il en a paru, en 1834, une édition révisée et augmentée par M. F. Redfield. Dans ce livre, Story passe en revue une foule de questions importantes de droit international privé, se rattachant plus particulièrement aux transactions entre les sujets de pays différents.

On a encore de Story : *Commentaries on the Constitution of the United States*. (Commentaires sur la constitution des Etats-Unis), traduit en français par Odent 1846. 2 vol. in-8°.

Mr. Calvo (Nicolas A,), a traduit et annoté en espagnol le *commentaire sur la constitution Fédérale des Etats-Unis* de J. Story sous le titre de :

Comentario sobre la Constitucion Federal de los Estados-Unidos, precedido de una revista sobre la historia de las colonias y de los Estados-Unidos antes de la adopcion de la constitucion. Buenos-Aires, 1881. 2 vol. gr. in-8°.

La première édition fut publiée en 1860 dans le journal *La Reforma Pacifica* dont M. N. Calvo fut le fondateur et le rédacteur en chef depuis 1857 jusqu'en 1865.

Cette importante traduction qui est arrivée à sa 3e édition, est augmentée des réformes constitutionnelles qui se sont opérées dans les dernières années, ainsi que de tableaux statistiques sur les progrès des Etats-Unis.

STOWELL (William Scott baron), jurisconsulte anglais, né à Heworth (Durham) le 17 octobre 1745, mort le 28 janvier 1836.

En 1798 il fut nommé juge à la haute cour de l'Amirauté, poste qu'il a occupé pendant près de 30 ans.

Il était un des membres de l'Université d'Oxford.

C'est lui qui a rendu presque toutes les décisions sur les questions de prises, si nombreuses pendant les guerres de la Révolution française et de l'Empire, et la plupart de ces décisions ont été acceptées comme ayant force de loi.

Les jugements rendus par Lord Stowell, révisés par lui-même, ont été réunis et publiés par le docteur Didson.

STRATAGÈME. Ruse de guerre (voir ce terme).

On range sous cette dénomination les pièges tendus à l'ennemi, les tromperies qu'on lui fait, telles que les démarches simulées, les fausses attaques, etc.

Les stratagèmes ne constituent pas réellement par eux-mêmes un acte de perfidie; toutefois les circonstances qui les accompagnent peuvent les rendre blâmables et leur imprimer un caractère délictueux.

Les soldats qui, à l'aide d'un stratagème quelconque, réussissent à pénétrer dans le camp ennemi et à s'emparer de la personne du général en chef, ont le droit, en cas de résistance, de faire usage de leurs armes et même de donner la mort sans pouvoir être accusés de crime.

STRATOCRATIE. Gouvernement militaire, dont les chefs sont guerriers de profession.

STURMSDORF (trêve de) 1635. La trêve de 26 ans signée au village de Sturmsdorf le 12 septembre 1635 entre la Pologne et la Suède, par la médiation de la France, de l'Angleterre, des Etats-Généraux de Hollande et de l'électeur de Brandebourg, fut onéreuse pour la Suède, qui restituait au roi de Pologne, Vladislas VII, la partie de la Prusse dont elle avait fait la conquête, et à l'électeur de Brandebourg Pillau pour le posséder au même droit qu'avant la guerre.

STYLE. Ce mot, en chronologie, se dit de la supputation des années.

Vieux style, ancien style, manière dont on comptait les jours de l'année avant la réforme du calendrier par le Pape Grégoire XIII : cette manière est encore suivie en Grèce et en Russie, dont le calendrier retarde de 12 jours sur le calendrier grégorien.

On dit, par opposition, *nouveau style* pour la méthode dont on compte depuis cette réforme.

Vieux style s'est dit aussi de l'ère chrétienne, par opposition à l'ère républicaine en France commencée le 22 septembre 1792.

(*Voir* AN, ANNÉE.)

STYLE DIPLOMATIQUE. Les communications écrites qui touchent aux relations internationales, bien qu'elles soient susceptibles d'une grande variété de formes, sont soumises à certaines règles de diction déterminées par l'usage ou par les convenances et dont l'ensemble forme ce qu'on nomme le *style diplomatique, style de cour, style de chancellerie*.

L'infraction à ces règles peut avoir de graves inconvénients et motiver, quand elle n'est pas spontanément reconnue et réparée, soit une demande formelle de redressement, soit une protestation, soit un renvoi de pièces, soit des réserves en vue de l'avenir.

Quant aux qualités intrinsèques du style diplomatique, c'est avant tout la clarté, la simplicité, la précision des idées, l'ordre dans l'exposé des faits, la logique dans la déduction des arguments, la propriété des termes, la concision et la correction du langage.

Des erreurs, les fautes les plus légères donnent souvent lieu à des malentendus; on a vu plus d'une fois le sens d'un article important dépendre de la place d'une virgule, et de fâcheuses contestations surgir d'une circonstance puérile en apparence.

Il faut avec un soin extrême éviter toute expression qui pourrait froisser les justes susceptibilités de l'Etat ou du fonctionnaire auquel le document est destiné.

(*Voir* CORRESPONDANCE. NÉGOCIATION, ÉCRITS DIPLOMATIQUES.)

Clause de style se dit d'une clause qui se met habituellement dans les documents, traités, conventions, etc. sans que cela tire à conséquence spéciale.

SUAREZ (Francisco), théologien espagnol, né à Grenade le 5 janvier 1548, mort à Lisbonne le 27 septembre 1617. Il professa la philosophie à Ségovie, et la théologie à Valladolid, à Rome, à Alcala, à Salamanque et à Coïmbre.

Parmi ses nombreux écrits ceux qui se rapportent au droit international sont le *Tractatus de legibus ac Deo legislatore* (Traité des lois et de Dieu législateur), qui parut pour la première fois à Coïmbre en 1612, et l'*Opus de triplici virtute theologica in tres tractatus distributum* (Ouvrage sur les trois vertus théologales, partagé en trois traités).

Suarez est le premier qui ait signalé la distinction existant entre le droit naturel et les principes conventionnels observés par les nations. Il démontre que le droit international se compose non seulement des principes de justice appliqués aux relations mutuelles des Etats, mais encore des usages observés pendant longtemps dans les rapports internationaux et consacrés plus tard comme loi coutumière des nations chrétiennes.

Les œuvres complètes de Suarez, recueillies à Mayence et à Lyon en 1630, ne comprennent pas moins de 23 volumes in-folio.

SUB SPE RATI. Expression latine, qui signifie littéralement sous l'espoir ou la réserve de ratification.

Lorsqu'un agent diplomatique reçoit des propositions, qui ne sont pas dans le sens de ses instructions, mais qu'il juge utile d'accueillir, il les accepte provisoirement, sous la réserve de la ratification par son gouvernement.

Il en est de même lorsqu'en cas d'urgence et en raison de la distance du lieu, il doit se décider sans retard, s'il accepte ou s'il rejette les propositions qui lui sont faites, c'est sous la réserve que sa détermination sera ratifiée.

SUBLIME PORTE (la). Titre donné à la Porte Ottomane, Cour de l'Empereur des Turcs. (*Voir* PORTE.)

SUBREPTICE. En chancellerie et en jurisprudence, ce mot signifie obtenu par surprise, sur un faux exposé, à la différence d'*obreptice,* qui signifie obtenu sur un exposé où l'on a omis d'exprimer quelque chose d'essentiel : lettres, grâces, concessions, provisions subreptices.

Il se dit, par extension, de toutes choses qui se font furtivement et illicitement.

SUBREPTION. Surprise faite à un supérieur en obtenant de lui des grâces à l'aide d'un exposé faux; la grâce ainsi obtenue.

Moyens de subreption, moyens par lesquels on tâche de prouver que des lettres accordées en chancelleries sont subreptives, ont été obtenues par subreption.

SUBROGATION. Terme de jurisprudence.

Dans le sens le plus étendu, c'est la substitution d'une chose à une autre chose, d'une personne à une autre personne.

La subrogation est dite *conventionnelle,* si elle résulte d'une convention entre les parties; elle est, dite *légale,* lorsqu'elle existe de plein droit en vertu de la loi.

SUBSIDE. Secours en argent, en munitions, et même en hommes, qu'un Etat donne à une puissance alliée en conséquence de traités antérieurs.

Par ces traités, dits *traités de subsides,* une puissance, sans prendre directement part à une guerre comme partie principale, s'engage à y concourir indirectement en fournissant à l'un des belligérants soit un subside pécuniaire, soit un secours limité en troupes ou en bâtiments de guerre, moyennant une indemnité en espèces.

Les engagements de ce genre, quand il ne s'y rattache pas d'autres obligations plus précises, ne transforment pas nécessairement en allié l'Etat qui fournit le subside; mais le subside constitue par lui-même un acte hostile, qui détruit la neutralité et implique virtuellement toutes les conséquences de l'état de guerre. (*Voir* ALLIANCE, SECOURS.)

Comme il est du devoir des Etats neutres, en temps de guerre, de ne fournir à aucun des belligérants aucun secours propre à accroître ses forces ou ses moyens d'action, le fait de procurer des armes, du matériel de guerre à l'un des adversaires en présence est considéré comme une infraction aux devoirs de la neutralité, toutes les fois que le gouvernement ou le souverain de l'Etat neutre a concouru à la fourniture. Il en est de même de la fourniture de subsides pécuniaires. Or, bien qu'ils rentrent dans la catégorie des actes licites comme ayant un caractère intrinsèquement pacifique, les emprunts publics doivent être assimilés à des subsides et considérés à ce titre comme prohibés toutes les fois qu'ils sont évidemment contractés pour faire la guerre; dans ce cas en effet ils constituent une participation indirecte aux hostilités, en d'autres termes une véritable violation de la neutralité. Toutefois un gouvernement, étant hors d'état de contrôler certains actes individuels et de mettre matériellement obstacle à certaines spéculations commerciales, ne saurait être rendu responsable ni se trouver compromis parce que quelques-uns de ses ressortissants feraient pour leur compte privé des prêts ou expédieraient des valeurs à l'un des belligérants. (*Voir* NEUTRALITÉ, RESPONSABILITÉ.)

SUBSIDIAIRE. Qui vient en aide à quelque chose de principal, qui sert, par exemple, à fortifier un argument, un moyen principal dans une discussion, dans une contestation.

Raison subsidiaire, raison qui est alléguée à la suite de raisons déjà employées et qui a pour objets de les fortifier.

Moyens subsidiaires, moyens qu'on fait valoir lorsque les premiers qu'on a proposés ne réussissent pas.

En jurisprudence, *Conclusions subsidiaires*, conclusions conditionnelles qu'on prend en second lieu et pour le cas seulement où les conclusions principales ne seraient pas adjugées.

SUBSTANCE. Ce qu'il y a d'essentiel, de plus important dans un écrit, un acte, une affaire, etc.

En substance, en abrégé, en gros, sommairement.

SUBSTITUT. Se dit en général de celui qui tient la place ou exerce les fonctions d'un autre, en cas d'absence ou d'empêchement.

En France, se dit particulièrement d'un magistrat chargé de seconder, ou même, au besoin, de remplacer au parquet le procureur général ou le procureur de la République.

SUBVENTION. Secours d'argent accordé ou exigé pour subvenir à une dépense imprévue de l'Etat dans un cas pressant. (*Voir* CONTRIBUTION, IMPOTS, SUBSIDE.)

Subvention s'entend plus généralement des fonds que l'Etat accorde pour soutenir une entreprise.

SUCCESSEUR. Celui qui succède à un autre dans une dignité, dans des fonctions, dans ses biens, dans sa profession.

Les successeurs d'un souverain sont les princes qui ont occupé le trône après lui.

Les successeurs d'un ministre sont les ministres au même titre qui ont postérieurement dirigé le même département administratif.

SUCCESSIBILITÉ. Terme de jurisprudence et de droit politique.

Droit de succéder.

L'ordre de *successibilité* au trône.

La successibilité au pouvoir souverain n'est nullement une qualité inhérente à son principe; elle dépend de la loi constitutive, et, à son défaut, de la volonté générale, ou en l'absence de cette dernière, de la volonté du possesseur actuel du pouvoir.

SUCCESSION. *Définition.* Ce mot a deux acceptions différentes : il signifie le plus souvent la transmission des biens d'une personne morte à une personne vivante, et quelquefois la réunion, ou l'ensemble même de ces biens; c'est-à-dire la totalité des biens, des droits, des raisons et des actions dont une personne est activement ou passivement investie au moment de son décès.

Succession se dit aussi du mode de transmission des hérédités.

La succession s'ouvre soit par la mort naturelle de l'individu, soit aussi par la *mort civile* (Voir ce terme), soit même par l'*absence* (Voir ce mot), prolongée au delà de certaines limites prévues par la loi.

La succession est un des modes d'acquérir la propriété.

Le droit naturel et la loi de tous les Etats civilisés reconnaissent à toutes les personnes le droit d'étendre leur volonté au delà des limites de leur existence et de transmettre après leur mort leurs biens à des survivants.

Cette volonté peut être expresse, c'est-à-dire énoncée dans un testament, en vertu duquel l'héritier désigné dans le testament succède au défunt; ou bien la volonté peut être tacite, c'est-à-dire qu'elle n'est constatée par aucun document authentique; dans ce cas la loi présume quelles ont pu être les intentions du défunt, et il y a lieu à une succession *ab intestat*. (*Voir* TESTAMENT, INTESTAT.)

Dans le premier cas la succession est dite *contractuelle* ou *testamentaire*, et *légitime* dans le second.

La *succession* est dite *régulière*, lorsqu'elle passe à des parents du défunt; et *irrégulière*, si, par diverses considérations, elle est attribuée à des parents ou à d'autres personnes qui n'avaient pas un titre régulier pour en exiger l'attribution.

Les successions sont encore dites *descendantes*, lorsqu'elles sont déférées aux enfants ou descendants du défunt; *ascendantes*, lorsque le défunt ne laisse ni postérité, ni frères ou sœurs, ni descendants de frères ou de sœurs, et qu'alors elles sont déférées à ses ascendants; *collatérales*, quand elles passent aux frères ou aux sœurs du défunt qui n'a pas laissé d'enfant, ou bien à leurs descendants, et, à leur défaut, aux autres parents les plus proches du défunt.

On nomme *succession vacante* celle qui est abandonnée par ceux qui auraient droit de la recueillir, et de laquelle le fisc ne veut pas se charger.

Droit de succession. Les lois des divers Etats diffèrent sur beaucoup de points fondamentaux relatifs aux successions, notamment la détermination de l'ordre de succession, la mesure des droits successoraux et la validité intrinsèque des dispositions testamentaires.

Quelques législations reconnaissent la succession légitime et la succession testamentaire, et accordent la préférence à celle-ci sur celle-là : c'est ainsi que dispose le code civil italien, selon lequel l'hérédité est dévolue ou par la loi ou par testament, de sorte que la succession

légitime n'est admise en totalité ou en partie que lorsque la succession testamentaire fait défaut.

D'autres, au contraire, et notamment le code français, reconnaissent la succession légitime.

Dans l'un comme dans l'autre cas le droit de succession appartient à des personnes déterminées, à l'exclusion de toutes les autres.

Le droit de succession est étroitement lié au droit de famille, qui ne peut être le même pour les divers peuples, ceux-ci se trouvant dans des conditions très-différentes.

L'ordre dans lequel les héritiers sont appelés à succéder, la quote-part héréditaire correspondant à chacun d'eux, la plus ou moins grande extension du droit de représentation, les droits du fils naturel, de l'époux survivant et des successeurs irréguliers à défaut d'héritiers, la manière d'acquérir la propriété et la possession de l'hérédité sont différents suivant les lois diverses.

Successions testamentaires et ab intestat.

Quant aux lois généralement applicables aux successions testamentaires et aux successions *ab intestat*, la jurisprudence admet une triple division.

1º La jurisprudence qui soumet l'*universitas juris* (les biens mobiliers et les biens immobiliers) de la succession à la loi du dernier domicile du défunt.

2º La jurisprudence directement contraire, qui soumet les biens à la loi de l'endroit où ils se trouvent, laquelle admet en conséquence la possibilité de l'application de lois différentes aux différentes portions des biens et ne pose aucun principe relativement aux dettes et aux créances, dont il est loisible dans chaque cas de disposer pratiquement au mieux des intérêts en cause. Cette jurisprudence est basée sur la loi féodale de la souveraineté territoriale.

3º La jurisprudence intermédiaire, qui soumet les personnes à la loi du domicile du défunt et les biens à la loi de l'endroit où ils sont situés, *lex situs*. C'est la jurisprudence en vigueur en France, en Angleterre et aux Etats-Unis.

Si la succession ne comprend que des biens meubles, alors on applique le principe que les biens meubles suivent la personne et son domicile : c'est la loi du domicile qui gouverne la succession mobilière.

Mais quand la succession comprend à la fois des biens meubles et des immeubles situés dans différents pays, la difficulté naît du conflit des lois en présence, soit par rapport à la mesure des droits successoraux, soit par rapport à la compétence de l'autorité judiciaire pour prononcer sur les contestations possibles concernant la succession ou le partage de l'héritage. Le point essentiel est de savoir d'après quelle loi doit se régler la succession aux biens d'un étranger, et de déterminer à cet effet si l'héritage forme ou non une seule et même entité juridique gouvernée par une seule et même loi.

Successions immobilières. La législation sur les successions immobilières présente ainsi deux systèmes contradictoires.

Certains pays envisagent le droit de succession comme une émanation du droit de famille combiné avec le droit de propriété et soumettent le droit universel (*universum jus*) de la succession mobilière et immobilière à la loi nationale du décédé, sauf les restrictions et les exceptions prescrites par les lois d'ordre public de l'endroit où les biens sont situés.

Dans d'autres pays les successions immobilières sont réglées d'après la loi du lieu où sont situés les immeubles, conformément au précepte juridique *tot hæreditates quot territoria* (autant d'héritages que de territoires).

L'admission dans le droit international, de cette maxime de la pluralité des successions est basée sur le respect de la souveraineté territoriale ; elle a pour but d'empêcher que les lois d'un pays aient effet sur des immeubles situés dans un autre ; de prévenir les conflits qui pourraient surgir en matière de succession entre le droit positif et les différentes législations qui régissent les divers pays où se trouvent les biens laissés par le défunt. Mais en même temps la jurisprudence reconnaît qu'elle n'est pas applicable quand le testateur a déterminé lui-même la loi qui seule doit régler sa succession, et quand sa volonté ne rencontre aucun obstacle dans les lois des divers pays où ses biens sont épars.

Aucune législation ne s'est expliquée en termes positifs sur la question de savoir si c'est la loi réelle ou la loi personnelle qui doit régir la succession *ab intestat* dans les immeubles.

En principe les successions sont régies par la loi du lieu où elles s'ouvrent. Ce lieu est déterminé par le domicile. Il suit de là que c'est le domicile du défunt qui détermine la législation appli-

cable à la dévolution de la succession mobilière, et non la nationalité.

Quant aux biens immobiliers, la loi de la situation de ces biens doit seule être suivie pour la dévolution successorale : ces successions, étant d'ordre civil, ne peuvent être régies que par le droit civil de chaque pays.

Preuves à fournir par l'héritier. La forme des preuves que l'héritier étranger doit fournir à l'appui de ses droits à la succession, doit être celle prescrite par la loi du lieu où ces droits ont pris naissance. C'est donc la loi domiciliaire qu'il faut consulter pour décider quelles sont ces preuves.

La jurisprudence française adopte un système mixte, c'est-à-dire que, quand les héritiers sont tous Français, il faut appliquer la doctrine générale sans restriction, c'est-à-dire suivre la loi nationale pour les meubles, et la loi de la situation pour les immeubles.

Quoique le mode à suivre pour réaliser des dispositions testamentaires faites à l'étranger en ce qui concerne les biens meubles soit déterminé par la loi locale, le testament ne peut être mis à exécution dans le pays où sont situés ces biens qu'après avoir été homologué par les tribunaux compétents.

Il en est de même de l'exécuteur testamentaire étranger institué par le défunt : il ne peut régulièrement faire valoir ses droits ni entrer en fonctions avant d'avoir justifié de son titre et obtenu les certificats d'usage.

L'administrateur d'une succession *ab intestat*, nommé d'office par les ayant-droit, ne peut non plus se saisir des biens meubles situés dans un autre Etat ni les administrer, tant que sa nomination n'a pas été confirmée par l'autorité territoriale compétente.

Lorsqu'il existe en France des immeubles dépendant de la succession d'un étranger ouverte à l'étranger, la demande en partage de ces immeubles formée par un cohéritier étranger contre un cohéritier français est compétemment portée devant les tribunaux français avant la liquidation de la succession.

Le tribunal de l'ouverture de la succession est seul compétent pour en ordonner la liquidation, ainsi que la licitation des immeubles même situés à l'étranger.

Rôle des consuls. Il résulte de différentes décisions des cours de justice que les consuls ont le droit d'intervenir dans les successions d'étrangers, dans l'intérêt de leurs nationaux qui pourraient y avoir des droits, surtout lorsqu'ils sont absents ou inconnus

Les consuls sont généralement chargés de procéder aux inventaires des biens et des effets laissés par les nationaux qui décèdent dans la résidence consulaire; d'administrer et de liquider les successions conformément aux stipulations conventionnelles ou dans la mesure plus restreinte déterminée par les lois territoriales. En tout cas ils doivent recueillir et faire parvenir au ministère des affaires étrangères de leur pays tous les renseignements nécessaires concernant les successions de leurs nationaux décédés dans les limites de leur arrondissement consulaire.

En France, lorsqu'un étranger domicilié vient à mourir, le juge de paix du canton doit sans retard en informer la légation ou le consulat de sa nation, qui a nécessairement des représentants à Paris, et donner au consul toute facilité pour croiser ses scellés avec les siens et pour les autres mesures conservatoires qui peuvent être nécessaires.

SUCCESSION AU TRONE. Succession au trône ou à la couronne, prise de possession de l'autorité souveraine par droit héréditaire.

Dans les Etats modernes, le droit de succession au pouvoir souverain n'est qu'une partie de la constitution, par conséquent il est sujet aux mêmes modifications, aux mêmes variations que cette constitution.

L'ordre de succession, dans les familles souveraines, ne peut avoir pour conséquence l'acquisition de la souveraineté, qu'autant qu'il est sanctionné par la constitution de l'Etat et reconnu par les populations intéressées.

SUFFÈTE. Nom des magistrats suprêmes de Carthage. Ils étaient au nombre de deux, élus parmi les citoyens des plus nobles familles. Leurs fonctions équivalaient à celles des consuls à Rome; elles étaient également annuelles.

Il y avait aussi des suffètes dans les principales colonies carthaginoises; mais ils y remplissaient de simples fonctions municipales.

SUFFRAGANT. Titre donné à un évêque relativement à l'archevêque métropolitain duquel il dépend, c'est-à-dire à l'officialité duquel on peut appeler des sentences rendues par leur officialité.

Ce titre vient aux évêques de ce qu'ils ont droit de suffrage dans le synode métropolitain, ou bien de ce que dans l'origine c'étaient eux qui élisaient l'archevêque.

Se dit aussi pour *coadjuteur*. (Voir ce mot.)

Autrefois on donnait également ce titre à un juge qui en assistait un autre.

SUFFRAGE. Voix ou avis qu'on donne dans une assemblée où l'on délibère, ou bien dans une élection.

Le suffrage universel, droit de voter accordé à tous les citoyens.

Suffrage restreint, celui auquel tous les citoyens ne sont pas appelés.

Par extension, *suffrage* s'emploie comme équivalent d'adhésion, d'approbation.

SUITE. Se dit de l'ensemble des personnes qui accompagnent quelqu'un par honneur, mais aussi des gens qui appartiennent à sa maison, qui sont à son service.

En diplomatie on entend par *suite* du ministre public les personnes employées pour le service de l'ambassade ou de la légation, et les personnes qui sont attachées au ministre, soit comme membres de sa famille, soit pour son service personnel.

Les personnes employées pour le service de la légation forment le *personnel officiel* de la mission. (*Voir* PERSONNEL, CONSEILLER, SECRÉTAIRE, ATTACHÉ, CHANCELIER.)

Les secrétaires particuliers, les domestiques de l'agent diplomatique forment sa *suite non officielle* : ils font partie de sa maison, sans appartenir à l'ambassade ou à la légation. On peut y joindre la femme et les enfants du ministre.

Les personnes qui composent le personnel officiel ont droit à certains privilèges, à certaines immunités: tandis que le personnel non officiel n'a aucun droit aux prérogatives diplomatiques; cependant il jouit en fait des immunités que l'usage étend sur tout ce qui compose la suite du ministre. (*Voir* IMMUNITÉ, EXTERRITORIALITÉ, AGENT DIPLOMATIQUE.)

SUJET. Celui qui est sous la dépendance d'une personne, à laquelle il est obligé d'obéir; celui qui est soumis à une autorité souveraine, qu'il s'agisse d'un roi, d'une république ou de tout autre souverain.

D'après le droit international sont considérés comme sujets d'un Etat tous les individus qui sont établis sur son territoire à demeure permanente, soit qu'ils y aient fixé leur domicile; ceux qui d'une façon définitive sont entrés au service de l'État dans les armées de terre ou de mer, ou dans l'administration civile, les femmes et les enfants mineurs de ces personnes. (*Voir* ÉTAT.)

Ceux-là sont dits les *sujets propres* d'un Etat; on peut y adjoindre une autre catégorie qu'on qualifie de *sujets mixtes*, et qui se compose d'étrangers possédant des immeubles sur un territoire ou y exerçant certains droits qui les font sous certains rapports assimiler aux sujets propres; mais un individu ne peut être *sujet mixte* qu'en ce qui concerne ses propriétés.

Le *sujet* proprement dit ne peut appartenir réellement qu'à un seul Etat, n'être le sujet que d'un seul souverain.

Sujets respectifs, expression usitée dans les traités pour désigner les sujets de chacun des Etats contractants.

SUJÉTION. Etat de celui qui est sujet d'un chef, d'un prince, d'un souverain quelconque.

La *sujétion* ou qualité de sujet d'un Etat implique une soumission entière sous le gouvernement de l'État; toutefois elle ne constitue pas un lien indissoluble au point de vue international; elle peut notamment cesser de fait par l'émigration, car il n'y a pas lieu à revendication des sujets émigrés dans d'autres pays.

Mais, tant que les rapports de sujétion n'ont pas été dissous entre l'individu et l'Etat, la loi internationale leur accorde à l'un et à l'autre certains droits et leur impose certaines obligations. (*Voir* ETAT, DROIT, DEVOIR.)

En tout état de cause, le sujet d'un Etat ne peut invoquer l'intervention d'un Etat étranger et le rendre juge des démêlés avec son propre gouvernement; tout au plus l'Etat étranger peut-il intervenir en sa faveur par des voies amiables.

SULTAN. Ce mot arabe, qui signifie puissant, est dans l'Orient le titre de divers souverains mahométans et tartares; mais lorsqu'on parle simplement du *Sultan,* on entend par ce titre l'Empereur des Turcs ou le *padishah* (voir ce mot).

Le Sultan est souvent qualifié de *Hautesse*; mais l'usage a prévalu de le qualifier de *Majesté Impériale.* (*Voir* HAUTESSE, MAJESTÉ.)

SULTANE. Titre des femmes, des filles et des sœurs du Sultan.

Le Sultan ne se marie pas; il n'a que des concubines : on appelle *sultane favorite,* celle qui est de la part du Sultan l'objet d'une faveur particulière; *sultane aseki,* celle qui a donné un fils au Sultan, et *sultane validé,* la mère du Sultan régnant.

SUPÉRIEUR. Qui est au-dessus d'un autre en rang, en dignité, en mérite, en force; ou qui a le droit de commander à un autre.

Puissance, autorité supérieure.

Les classes supérieures de la société.

Les grades supérieurs.

Officier supérieur, officier d'un grade élevé.

Cours, tribunaux supérieurs, tribunaux qui jugent en dernier ressort.

En particulier, le supérieur, la supérieure : celui ou celle qui a la principale autorité dans une communauté, qui gouverne un couvent, un monastère.

SUPPLÉANT, SUPPLÉANTE. Celui ou celle qui est chargé de remplacer quelqu'un, de remplir les fonctions à son défaut.

Juge suppléant.

Professeur suppléant.

SUPPRESSION. Abolition, annulation, suppression d'un impôt, suppression d'un emploi.

Édit de suppression, édit qui supprime ou éteint un impôt, une charge, un emploi.

Il advient parfois que les Etats, par voie d'économie ou après que le peu d'utilité en a été constaté, suppriment leurs missions diplomatiques dans certains pays ou des postes consulaires dans certaines localités. (*Voir* LÉGATION, MISSION DIPLOMATIQUE, CONSULAT.)

La suppression d'une mission met fin aux relations diplomatiques entre l'Etat sur le territoire duquel la mission existait, et l'Etat qui cesse ainsi d'être représenté directement et d'une façon permanente auprès de ce gouvernement.

La suppression d'un consulat, d'un vice-consulat ou d'une agence consulaire n'a souvent pour conséquence que la cessation d'un emploi superflu; car les attributions de l'agent dont les fonctions sont ainsi supprimées, vont d'ordinaire s'ajouter à celles du consul d'un rang supérieur à la juridiction duquel ressortissait le poste supprimé, ou d'un autre consul dont la juridiction est ainsi étendue d'autant.

Suppression se dit aussi de l'empêchement ou de l'interdiction de publier un livre, un écrit : suppression par la censure.

Suppression d'un acte, d'un contrat dont on veut dérober la connaissance.

SUPRÉMATIE. Supériorité de puissance, de rang.

En Angleterre, ce mot se dit particulièrement du droit qu'ont les rois ou les reines d'être chefs de la religion anglicane, et, partant, de la souveraineté qu'ils exercent en cette qualité dans toute l'étendue de la juridiction spirituelle.

Tout fonctionnaire qui appartient à l'église anglicane doit prêter un serment par lequel il reconnaît ce pouvoir.

SUPRÊME. Qui est au-dessus de tout.

Le chef suprême de l'Etat.

Le pouvoir suprême, l'autorité du souverain, du chef de l'Etat, du roi, de l'Empereur, etc.

L'Être suprême, Dieu.

Suprême signifie aussi final, qui termine tout.

Le moment suprême, l'heure suprême, la mort.

Les volontés *suprêmes* ou derniers d'un mourant.

Les honneurs suprêmes, les funérailles.

SUR-ARBITRE. Le *sur-arbitre*, ou *tiers-arbitre*, est l'arbitre choisi en dernier lieu pour la décision d'une contestation sur laquelle les arbitres nommés en premier lieu sont partagés et ne peuvent s'accorder.

La nomination du sur-arbitre peut se faire directement par les parties intéressées à l'arbitrage, ou bien ces parties en remettent le choix à un tiers ou à des tiers.

En tout cas le sur-arbitre a le vote prépondérant.

La nomination d'un sur-arbitre n'a pas toujours pour unique objet d'obtenir une majorité dans le cas où les arbitres viendraient à se diviser en deux camps égaux; elle peut avoir pour but de donner au tribunal arbitral un président chargé de diriger les discussions et d'imprimer plus d'unité à la procédure. (*Voir* ARBITRE.)

SURANNATION. Cessation des effets d'un acte qui n'est valable que pour un temps déterminé.

Autrefois le sceau royal perdait sa force au bout d'un an pour ce qui n'avait pas été exécuté dans cet espace de temps.

On appelait *lettres de surannation* des lettres qu'on obtenait du roi pour rendre la validité à d'autres lettres qu'on avait laissé trop vieillir sans exécution. (*Voir* PRESCRIPTION,)

SURANNÉ. Se dit d'actes publics qui ne peuvent plus avoir d'effet parce que l'année, ou le temps pour lequel ils étaient valables, est expiré — s'applique surtout aux lettres de chancellerie, aux passeports, aux procurations.

Concessions surannées, concessions devenues nulles faufe d'avoir été enregistrées dans le temps prescrit.

SURCHARGE. Se dit d'un mot écrit sur un autre mot.

Les *surcharges* sont absolument interdites dans les actes, dans les pièces de comptabilité, dans les registres.

Si un mot doit être remplacé par un autre, il faut tirer un trait sur le mot qui doit être annulé, puis, par un renvoi à la marge ou au bas de l'acte, on approuve le mot rayé et celui qui le remplace, et est indiqué dans le renvoi même; enfin on signe au paraphe le renvoi. (*Voir* RENVOI, RATURE,)

SURÉNA. Ce n'était point le nom propre d'un général parthe, comme on l'avait cru d'abord, sur la foi des historiens romains; c'était chez les Parthes un titre d'honneur, un nom de dignité, porté par la plupart des généraux.

Le Suréna était ce qu'est le grand-vizir chez les Turcs.

SURESTARIE. Terme de droit commercial. Excès de séjour d'un navire dans un lieu de chargement; retard apporté dans son chargement.

Le chargement doit être fait dans un délai convenu ou déterminé par l'usage des lieux; ce délai passé, le fréteur, qui a mis l'affréteur en demeure de tenir son engagement, a droit à des dommages-intérêts appelés *fruit de surestarie*. (*Voir* STARIE.)

SÛRETÉ. Etat de ce qui est à l'abri de tout danger.

Le devoir des gouvernements est d'assurer, de maintenir et de défendre la sûreté de l'Etat, de la nation. (*Voir* SALUT.)

Un Etat riverain de la mer peut, dans la partie de cette mer qui constitue ses eaux territoriales, prendre toutes les mesures qu'il juge nécessaires pour la sûreté de son littoral, notamment interdire l'approche du rivage aux navires de guerre. (*Voir* COTE, NAVIRE.)

Le mot *sûreté* a aussi l'acception de caution, de garantie qu'on donne pour l'exécution d'un traité (*Voir* CAUTION, GARANTIE, GAGE) :

C'est dans ce sens qu'on qualifie de *places de sûreté* les villes ou les forts qu'un Etat donne ou retient pour la sûreté de l'exécution d'un traité.

SURINTENDANCE. Charge, commission de surintendant. La demeure du surintendant dans un sens plus étendu, inspection ou direction générale au-dessus des autres : surintendance de finances, de la maison du Roi ou de la Reine.

SURINTENDANT. Celui qui a l'*intendance* d'une chose au-dessus des autres. (*Voir* INTENDANT, INTENDANCE.)

En France, sous la monarchie, c'était le titre que portaient les administrateurs en chef des finances, de la marine et des bâtiments de l'Etat.

SURINTENDANTE. Femme d'un surintendant.

Dame qui avait la première charge de la maison de la Reine.

En France, titre de la principale directrice des maisons d'éducation établies pour les filles des membres de la Légion d'honneur.

SURNOM. Mot ajouté au nom d'une personne pour la distinguer de celles qui s'appellent comme elle, ou pour la désigner par un indice remarquable, rappeler quelqu'une de ses notions, signaler quelqu'une de ses qualités bonnes ou mauvaises : ainsi Charlemagne, Guillaume le Conquérant, Louis le Gros, Guise le Balafré, Pierre l'Ermite.

Le surnom existait chez les anciens.

Chez les Romains, il servait à distinguer les individus d'une même famille : ainsi dans la famille des Scipions il y avait Scipion l'Africain, Scipion Nasica. Le surnom était personnel et se transmettait rarement.

Dans les premiers temps du Christianisme, où le nom de baptême était le seul porté par chacun, les surnoms étaient d'un usage commun : ils indiquaient soit la filiation, comme Pierre fils de Jean; soit le lieu de la naissance ou de résidence, comme Grégoire de Nazanze; soit un emploi, Paul le Silenciaire; soit une qualité personnelle, Denys le petit, Guillaume le Bâtard; soit un nom de terre ou de seigneurie.

Ce dernier usage a fini par devenir général parmi les nobles, dont les surnoms sont devenus par la suite des noms de famille.

SURNUMÉRAIRE. Qui est au-dessus de nombre déterminé : employé, officier sur-numéraire.

Se dit particulièrement dans les administrations des employés qui travaillent sans appointements jusqu'à ce qu'on les admette au nombre des employés en titre.

Le plus souvent on n'est admis au surnumérariat qu'après avoir subi un examen ou un concours, ou en justifiant, au moyen de diplômes, de certaines connaissances acquises.

SURPRISE DE GUERRE. Action par laquelle on attaque à l'improviste; attaque de l'adversaire qui n'est pas sur ses gardes, pris au dépourvu; une ville, une place forte peut être capturée par surprise.

Les surprises sont au nombre des ruses ou stratagèmes de guerre dont la pratique des nations sanctionne l'emploi. (*Voir* RUSE DE GUERRE, STRATAGÈME.)

SUSCRIPTION. Adresse écrite sur le pli extérieur d'une lettre.

Dans la correspondance diplomatique, la *suscription* consiste dans la reproduction de la *réclame* sur l'enveloppe de la lettre; elle doit être, pour l'indication des titres et des qualités de la personne à qui l'on écrit, conforme à l'indication exprimée dans la *réclame*. (Voir ce mot.)

SUSPECT. Qui est soupçonné, qui inspire des soupçons, bien ou mal fondés.

Un suspect, individu soupçonné d'être hostile au gouvernement établi.

Se disait, en France sous la Terreur, des citoyens qu'on soupçonnait avoir des opinions contraires à la Révolution.

Loi des Suspects, loi ordonnant d'arrêter les personnes suspectes au gouvernement : telle était celle qui fut rendue le 17 septembre 1793 par le tribunal révolutionnaire.

SUSPENSION. Action d'interdire temporairement à un fonctionnaire la faculté d'exercer ses fonctions; — ou simplement cessation temporaire, interruption des fonctions, sans qu'il y ait interdiction, soit pour des raisons personnelles, soit pour des causes indépendantes de la volonté du fonctionnaire.

Les fonctions diplomatiques peuvent être suspendues par la déclaration qu'en fait lui-même le ministre pour cause de violation du droit des gens de la part de l'Etat où il réside; par la démission ou

16*

par le renvoi du ministre public, par la mort physique ou morale du souverain qui l'a constitué ou par celui auprès duquel il est accrédité, jusqu'à remise de nouvelles lettres de créance; par suite de mésintelligence entre les deux Etats, n'entraînant pas rupture complète des relations internationales; par des événements pouvant rendre probable la modification ultérieure des relations entre les deux Etats.

Quand la suspension est motivée par d'autres causes que les raisons personnelles à l'agent diplomatique, il est d'usage qu'elle soit dénoncée par l'une ou l'autre partie.

La suspension de la mission et des fonctions de l'agent diplomatique n'entraîne pas pour lui la perte des prérogatives inhérentes à son caractère public; dans aucun cas son inviolabilité ni son exterritorialité ne sont interrompues jusqu'à ce qu'il ait quitté le pays de la résidence. La suspension a pour effet uniquement d'interrompre les rapports d'Etat à Etat; la validité des lettres de créance du ministre est seulement considérée comme suspendue dans l'intervalle. (*Voir* AGENT DIPLOMATIQUE, MINISTRE.)

Les fonctions consulaires sont suspendues par l'absence ou l'empêchement du consul en cas de congé ou de maladie.

Le consul ne peut dans aucun cas et sous aucun prétexte s'absenter de son poste ou suspendre l'exercice de ses fonctions avant d'en avoir obtenu la permission de son gouvernement.

En cas d'absence du titulaire, le consulat est géré à titre intérimaire par le vice-consul et, à défaut de celui-ci, soit par le chancelier, soit par l'agent spécialement désigné à cet effet. (*Voir* CONSUL.)

SUSPENSION D'ARMES. On désigne sous le nom de *suspension d'armes* la cessation des hostilités pendant un espace de temps limité sur des points déterminés et pour un objet spécial, par exemple pour relever les blessés, enterrer les morts après une bataille, ou avoir le temps de recevoir des ordres afin d'évacuer une place assiégée.

La conclusion de ces sortes d'arrangements appartient soit aux chefs d'armée, soit aux officiers commandant un ou plusieurs détachements de troupes ; mais ils ne sont obligatoires que pour les forces placées immédiatement sous l'autorité de ceux qui les ont conclus. Ils sont ordinairement demandés et accordés par parlementaires.

Les chefs d'armée qui concluent une suspension d'armes le font sous leur responsabilité et en garantissent l'observation sur leur parole.

L'autorité militaire supérieure ne peut révoquer un tel engagement, quand même elle le trouve désavantageux, elle peut infliger des peines disciplinaires à l'officier qui a conclu la suspension d'armes; mais elle ne peut altérer ou rompre l'engagement ainsi pris au nom de l'armée ou seulement d'un corps de troupes.

Lorsque l'un des belligérants n'observe pas les conditions de la suspension d'armes, l'autre n'est plus tenu de se considérer comme lié par la convention; mais si la rupture de la suspension est le fait d'un particulier sans ordre de l'Etat ou des autorités militaires, il y a lieu simplement de punir les coupables et non de reprendre immédiatement les hostilités.

Lorsque la suspension d'armes a un caractère plus étendu et doit avoir une durée plus prolongée, elle reçoit le nom de *trève* ou d'*armistice*. (Voir ces mots).

C'est surtout par la durée que la *suspension d'armes* se distingue de l'*armistice* : elle est limitée à des heures, à des jours, tandis que l'armistice s'étend à des semaines, à des mois.

Une autre différence encore entre l'*armistice* et la *suspension d'armes* consiste en ce que dans le premier cas la trève est dénoncée quelque temps à l'avance, et dans le second les hostilités recommencent aussitôt après l'expiration du terme convenu.

Enfin la *suspension d'armes* est limitée à une localité indiquée, à un but spécial, et laisse subsister l'Etat de guerre.

La suspension générale des hostilités ne peut être ordonnée que par le souverain de l'Etat, soit directement, soit par l'entremise d'un délégué choisi *ad hoc*.

SUZERAIN. Terme de féodalité.

Se disait, au moyen-âge, du seigneur qui possédait un fief duquel relevait d'autres fiefs, qui étaient dits ses *vassaux*. (*Voir* VASSAL.)

Le suzerain devait justice et protection à ses vassaux; en retour, ceux-ci lui rendaient foi et hommage, le suivaient à la guerre, lui payaient des redevances de diverses sortes.

Il y a cette distinction entre le *souverain* et le *suzerain*, que le premier exerce le pouvoir suprême dans son intégrité, avec toutes les attributions, sans en rien aliéner, le second, aux contraire après avoir cédé son droit de souveraineté positive sur un pays, conserve néanmoins une certaine suprématie sur le pays cédé. C'est ainsi que le Sultan ou empereur de Turquie est le suzerain du khédive d'Egypte, du bey de Tripoli, des imans de l'Arabie, du prince de Bulgarie. (*Voir* SOUVERAIN, MI-SOUVERAIN.)

SUZERAINETÉ. Qualité de suzerain. (*Voir*, SOUVERAINETÉ, MI-SOUVERAINETÉ.)

SWEET (Ch.), jurisconsulte anglais.

A Dictionary of english law (Dictionnaire de législation anglaise). Londres, 1882.

Résumé sûr et clair de la doctrine anglaise sur toutes les questions pratiques du droit.

SYLLABUS. Terme employé par le Pape pour désigner une collection d'erreurs ou ce qu'il considère comme telles.

Acte par lequel l'Eglise romaine affirme sa suprématie et lance l'anathème contre ceux qui ne s'y soumettent pas et persistent dans les erreurs signalées dans le *syllabus*.

Les principales erreurs, entraînant ainsi l'anathème, sont consignées dans le *syllabus* publié en février 1870.

SYMPATHIE. En temps de guerre, la manifestation par un Etat neutre de sympathie pour l'un des belligérants n'est pas une infraction aux devoirs de la neutralité, tant que cette manifestation ne se traduit pas par des actes impliquant un concours matériel, une participation indirecte ou déguisée à la guerre. Elle ne suspend pas les relations pacifiques entre les Etats; seulement lorsqu'un neutre exprime son mécontentement ou sa désapprobation des actes de l'un des belligérants, il a à éviter de le faire dans des termes ou sous une forme qui pourrait constituer une offense, et par suite engendrer un conflit avec l'Etat qui se considérerait comme offensé.

SYNALLAGMATIQUE. Se dit des contrats par lesquels les contractants s'obligent réciproquement les uns envers les autres.

Si l'un viole le contrat, l'autre n'est plus tenu de l'observer.

Lorsque les parties contractantes ne sont qu'au nombre de deux, le contrat synallagmatique peut être dit également *bilatéral*.

Les contrats synallagmatiques, lorsqu'ils sont conclus sous signature privée, ne sont valables qu'autant qu'ils ont été faits en autant d'originaux qu'il y a de parties ayant un intérêt distinct.

La nullité en pareil cas ne peut être couverte que par l'exécution volontaire donnée au contrat.

SYNARCHIE. Règne de plusieurs princes qui gouvernent en même temps les différentes provinces d'un même empire, comme cela eut lieu dans l'ancienne Égypte.

SYNDIC. Dans le sens général, se dit de l'individu chargé de la gestion d'une affaire ou d'une administration, intéressant des particuliers ou des communautés : Syndic de la chambre des avoués, des agents de change, des notaires, etc.

Autrefois dans le midi de la France on donnait le titre de *syndic* au premier magistrat de la plupart des villes; c'est encore le nom que portent les maires dans la Suisse romane.

SYNDIC DE FAILLITE. On nomme ainsi la personne commise à la vérification du bilan d'un négociant déclaré en faillite, ainsi que des pièces qui l'accompagnent.

Le syndic *provisoire* est celui qui est nommé par le tribunal de commerce sur la présentation des créanciers de la faillite dans leur première assemblée.

Le syndic *définitif* est celui qui est nommé par les créanciers, après vérification des créances, ou refus de *concordat* (voir ce mot).

Un des premiers effets du jugement déclaratif de faillite est de dessaisir le failli de l'administration personnelle de ses biens et de lui substituer un mandataire légal chargé de le représenter dans toutes les actions actives et passives qui peuvent l'intéresser : ce mandataire, c'est le *syndic*. Par suite toute action doit, à partir du jugement déclarant la faillite, être intentée non contre le failli, mais contre celui qui le représente légalement.

Si nous examinons la situation des syndics de faillite au point de vue international, nous voyons qu'en principe le jugement étranger qui nomme un syndic à une faillite produit ses effets dans les autres pays sans y avoir été préalablement rendu exécutoire; mais l'*exequatur* est exigé, s'il y a contestation sur le fait de la déclaration de faillite et sur la nomination du syndic, ou bien encore sur les conditions de report ou fixation de l'ouverture de la faillite. (*Voir* FAILLITE.)

SYNDICAT. Charge ou fonction de syndic. Durée de cette fonction.

Réunion des syndics d'une corporation.

Dans quelques villes de l'*Allemagne* on donne le nom de *syndicat commercial* au conseil de la corporation des négociants; ses attributions correspondent à peu près à celles des chambres de commerce en France et en Angleterre.

On appelle aussi *syndicat* une réunion de capitalistes intéressés dans une même entreprise, et mettant leurs titres en commun pour en opérer la vente sans que le prix en soit altéré.

SYNODE. Assemblée du clergé d'une église.

C'est le terme grec synonyme du latin *concilium*, concile (voir ce mot); cependant il a été aussi adopté dans les églises de l'Europe occidentale.

Dans l'église catholique, il s'applique seulement aux assemblées du clergé d'un diocèse, convoqué par l'évêque pour arrêter quelques règlements concernant la discipline ou la morale religieuse.

Les protestants n'ont point de *conciles*; leurs ministres se réunissent en synodes pour délibérer sur les points litigieux du dogme. Ces synodes sont dits *nationaux*, lorsqu'ils réunissent le clergé protestant de tout un même pays; et *provinciaux*, lorsque n'y sont convoqués que les ministres d'une province ou d'une partie du pays.

En Russie, on appelle le *Saint-Synode* un conseil composé à la fois d'ecclésiastiques et de laïques, qui préside à toutes les affaires religieuses sous l'inspection d'un grand-procureur représentant l'Empereur.

SYSTÈME. Constitution politique ou sociale des Etats : système *féodal, monarchique, représentatif, fédératif*. (Voir ces mots.)

Ensemble de choses qui se tiennent, se coordonnent, se lient les unes aux autres.

Système décimal, système de numération qui a pour base le nombre dix.

Système métrique, système des poids et des mesures qui a le mètre pour base, et dans lequel on suit la numération décimale.

SYSTÈME CONTINENTAL. Système de politique prohibitive, au moyen duquel Napoléon I voulait empêcher le continent européen de faire du commerce avec l'Angleterre.

(*Voir* BLOCUS CONTINENTAL.)

SYSTÈME D'ÉTATS. On appelle *système d'Etats* ou *Etat composé* la réunion de plusieurs Etats souverains sous un gouvernement commun, tels que les Etats unis ensemble par un lien fédéral.

On donne aussi cette qualification à l'Etat mi-souverain; c'est-à-dire l'Etat soumis à la suzeraineté d'un autre Etat complètement souverain, en tant qu'il s'agit des liens qui le rattachent à ce dernier.

(*Voir* ÉTAT, FÉDÉRATION, CONFÉDÉRATION, SOUVERAIN, SOUVERAINETÉ, MI-SOUVERAIN, MI-SOUVERAINETÉ, UNION.)

SZISTOWO (traité de paix de) 1791. Le congrès décidé par la convention de Reichenbach s'ouvrit le 2 janvier 1791, à Szistowo, petite ville de la Bulgarie sur la rive droite du Danube. Il se composait des plénipotentiaires de l'Autriche et de la Turquie, comme parties contractantes, et de ceux de la Prusse, de l'Angleterre et des Pays-Bas, comme puissances médiatrices.

La paix fut signée le 4 août.

Le *statu quo* strict, antérieur au 9 février 1788, est admis pour base de la pacification.

L'Autriche rend toutes ses conquêtes, les places de guerre dans l'état où elles étaient au moment de leur occupation, avec l'artillerie turque qui s'y trouvait; elle restitue notamment la Valachie et les districts de la Moldavie occupés par ses troupes. Elle devait rendre également à la Porte, après que celle-ci aurait conclu la paix avec la Russie, la forteresse de Choczim.

Le même jour il fut signé entre l'Autriche et la Turquie une convention particulière, par laquelle le bourg et le terrain du Vieux-Orszowa jusqu'à la Czerna étaient cédés à l'Empereur d'Autriche, ainsi que le district situé sur la rive gauche de la Haute-Unna, d'après une ligne commençant à la rive droite de la Glina et, après avoir laissé Czestik à l'Autriche et Sturluk à la Turquie, allant de là sur la Corana et la suivant jusqu'à Dresnick, qui restait à l'Autriche; de là la ligne allait, par la côte de la montagne de Smolianatz jusqu'à Lapatz et de là à l'Unna, à une lieue et demie au-dessus de Vacoup; elle suivait ensuite la rive gauche de l'Unna jusqu'à ses sources occidentales, pour se terminer au triple confin (c'est-à-dire au point où se réunissent les frontières de la Turquie, de l'Autriche et de la Dalmatie-Vénitienne), en laissant Sterniza-Turque sous la domination de la Porte.

TABLE — 247 — TABLEAU

T

TABLE. Lame ou plaque de métal; morceau de marbre ou de pierre; plat uni, sur lequel on peut écrire, graver, peindre, etc.

C'est dans ce sens qu'on dit les *tables de la loi* ou les *tables de Moïse*, tables de pierre sur lesquelles étaient gravées les lois que Dieu donna à Moïse sur le Sinaï;

La loi des Douze tables, recueil de lois publiées à Rome par les *décemvirs* (voir ce mot);

Tables de proscription, listes sur lesquelles étaient portés les noms des personnes que Sylla et, après lui, les triumvirs proscrivirent. (*Voir* PROSCRIPTION, TRIUMVIR.)

Au figuré, *table* s'emploie pour signifier un relevé, un index, qui est fait ordinairement par ordre alphabétique, pour faciliter le moyen de trouver les matières ou les mots qui sont dans un livre, et qui renvoie aux pages : *table des matières, table des chapitres*, table où l'on indique les matières traitées dans chaque chapitre.

Table *alphabétique*, celle faite dans l'ordre des lettres de l'alphabet;

Table *méthodique*, celle faite d'après une certaine méthode, un ordre systématique;

Table *analytique*, celle qui a pour base l'analyse des matières traitées dans le livre.

Table signifie aussi un tableau dans lequel certaines matières sont disposées méthodiquement ou résumées, de manière à pouvoir être embrassées d'un seul coup d'œil ou trouvées facilement : table généalogique, chronologique; table de multiplication, etc.

TABLE (législative). On donne le nom de *tables* aux deux chambres qui forment le parlement hongrois.

La Table des *magnats* (voir ce mot), composée des Archiducs royaux propriétaires dans le royaume de Hongrie, des évêques catholiques et grecs, des chefs des *comitats* (voir ce mot), de tous les princes comtes et barons hongrois, de deux représentants de la Croatie et de cinq de la Transylvanie;

La Table des députés comprenant les députés des comitats, des districts et des villes de la Hongrie, de la Transylvanie; de la Croatie et de l'Esclavonie.

TABLE AMALFITAINE. Nom donné à un recueil de lois et de règlements maritimes, attribués à la ville d'Amalfi, port de mer du royaume de Naples.

Cette législation qui remonte aux temps les plus anciens, est tombée complètement en désuétude, et n'est plus qu'un souvenir intéressant, mais sans application ni portée pratique.

TABLE DE MARBRE, nom donné à une ancienne juridiction du royaume de France, qui siégeait au Palais de justice de Paris et qui était ainsi nommée parce que la grande salle où les juges d'assemblaient était occupée par une grande table de marbre, autour de laquelle ils se plaçaient. Cette juridiction était partagée en trois tribunaux : celui du connétable, qui fut plus tard celui des maréchaux de France; celui de l'amiral; et celui du grand-forestier, représenté plus tard par le grand-maître des eaux et forêts.

TABLEAU. Feuille ou planche sur laquelle les matières d'un sujet sont rangées méthodiquement pour être vues d'un coup d'œil : tableau synoptique, tableau statistique, etc.

Carte ou feuille sur laquelle sont inscrits par ordre les noms des personnes qui composent une compagnie, ou qui se trouvent dans une situation déterminée : tableau des juges, tableau des avocats.

TABLEAU (peinture). Ouvrage de peinture sur une table de bois, de cuivre, etc. ou sur de la toile.

En droit, les tableaux sont considérés comme *immeubles* quand ils sont placés à demeure perpétuelle; et comme *meubles meublants*, quand ils font partie du mobilier d'un appartement.

Au point de vue de la propriété, le tableau appartient au peintre qui l'a conçu et exécuté, et qui a le droit de le céder, de l'aliéner au profit de tiers. Le droit de le reproduire ou d'en autoriser la reproduction appartient exclusivement à son auteur; mais le droit d'exhibition, tenant non au droit de l'auteur, mais au droit de propriété mobilière du corps matériel de l'œuvre, appartient au propriétaire de l'objet. (*Voir* PROPRIÉTÉ ARTISTIQUE.)

TACITE. Qui n'est pas formellement exprimé, qui est sous-entendu ou peut se sous-entendre.

Condition tacite, convention tacite, approbation tacite.

Tacite reconduction. (*Voir* RECONDUCTION).

TACNA (Pacte de). Pacte fondamental de confédération Pérou-bolivienne, signé à Tacna le 1er mai 1839.

Les Républiques du sud et du nord du Pérou et celle de la Bolivie, désirant resserrer les liens d'amitié qui existent entre elles et établir la confédération pour laquelle elles se sont prononcées d'une façon solennelle au Congrès de Tapacari et aux assemblées de Licuani et de Huarru; animées de la juste et noble pensée que ce nouveau régime assurera la paix intérieure et extérieure et l'indépendance de chacune d'elles; voulant en même temps écarter pour toujours tout motif qui, dans l'état d'isolement, pourrait altérer les nombreuses relations de fraternité et d'intérêt que la nature a créées entre elles : ce dont elles sont instruites par de tristes et douloureux exemples; et se promettant enfin d'obtenir, grâce à ce nouveau plan d'organisation politique, la prospérité et le bien-être auxquels sont appelées les belles et fécondes contrées comprises dans leur vaste territoire, sont convenues de conclure le pacte établissant les bases de la Confédération, déjà proclamée par le capitaine-général Andres Santa-Cruz, président de la Bolivie et protecteur des Républiques du sud et du nord du Pérou, dûment autorisé à cet effet par le congrès et les assemblées précités.

Cette Confédération prend le nom de *Confédération Pérou-Bolivienne.*

Elle a pour objet le maintien de la sûreté intérieure et extérieure des Républiques Confédérées et de leur indépendance réciproque dans les conditions arrêtées par le pacte.

Les trois républiques confédérées ont des droits égaux; le droit de citoyenneté leur est commun.

La religion catholique, apostolique et romaine est la religion de la Confédération.

Chacune des républiques aura un gouvernement particulier conformément à ses lois fondamentales et au présent traité; mais les trois républiques auront un gouvernement général, formé des pouvoirs — législatif, exécutif et judiciaire — généraux de la Confédération.

Le pouvoir législatif se composera d'un sénat et d'une chambre des représentants.

Le congrès général de la Confédérase réunira tous les deux ans alternativement dans une ville des trois républiques. Il élira, pour dix ans, le Protecteur de la Confédération, qui sera le chef suprême du pouvoir exécutif.

Parmi les attributions du Protecteur figurent la nomination des agents diplomatiques et des consuls de la Confédération, celle des Sénateurs, des ministres et des autres employés du gouvernement général, la faculté de déclarer la guerre sauf l'approbation préalable du congrès.

Chaque république devra avoir un au moins de ses principaux ports ouvert au commerce avec les nations étrangères.

Chaque république conservera sa monnaie, qui aura cours dans tout le territoire de la Confédération. Elle gardera aussi ses armoiries et son pavillon dans l'intérieur de son territoire, en outre du pavillon fédéral.

TAÏCOUN. Nom d'un des feudataires du mikado ou souverain du Japon, lequel a fini par prendre la plus grande partie de l'autorité souveraine.

TALION. Punition qui consiste à traiter un coupable de la même manière qu'il a traité les autres : ainsi la loi du talion autorise, par exemple, à mettre à mort celui qui a tué son semblable.

Cette loi, qui est encore en usage chez les peuples orientaux, a disparu depuis longtemps du code pénal des nations civilisées; cependant ou peut regarder les *représailles* comme en étant encore une application. (*Voir* REPRÉSAILLES.)

TALMUD. Ancien recueil des lois, des coutumes, des traditions et des opinions des Juifs, compilées par leurs docteurs. Le Talmud est, à proprement dire, le code civil et religieux des Juifs; c'est pour eux la suite et le complément de la Bible.

Le Talmud comprend les lois traditionnelles des Hébreux, par opposition aux lois écrites données par Moïse ; ou, pour parler plus exactement, c'est l'interprétation faite de ces dernières lois par les rabbins en ce qui concerne la doctrine, la politique et les cérémonies.

TANCOIGNE, publiciste français. *Le guide des chanceliers.* 1847, in-12°.

TANOVICEANO, (Jean). *De l'intervention au point de vue du droit international.* Paris, 1884. 1 vol. in-8°.

L'auteur cherche à prouver que l'intervention dans les affaires intérieures d'une nation est toujours un fait regrettable, et que par conséquent la non-intervention absolue est le seul vrai principe qui doit régir les rapports entre les nations.

TANZIMAT. On appelle ainsi l'ensemble des lois organiques basées sur le hatti-chérif du sultan Abdul-Medjid, en date à Gulhane du 3 novembre 1839, et ayant pour objet d'opérer dans l'organisation générale de la Turquie des réformes qui la mettent en harmonie avec l'esprit européen.

Le tanzimat se divise en quatre branches principales : le gouvernement ; l'administration et les finances ; les offices judiciaires, comprenant la justice et l'instruction publique ; et les emplois du sabre, concernant l'armée et la marine.

L'application de ces différentes lois forme le régime politique et l'administratif qui régit actuellement l'empire ottoman.

TARIF. Tableau d'indication temporaire ou permanente des droits à payer pour la navigation, le passage ou le parcours des rivières, l'exportation ou l'importation des denrées, des marchandises, etc. Dans ce dernier cas le tarif est dit plus spécialement *tarif des douanes* : il fixe particulièrement les droits d'entrée, de sortie, de transit, etc., que chaque sorte de marchandises doit payer.

C'est aussi le rôle, le tableau du prix de certaines denrées, le taux de certains droits.

Le *tarif des monnaies* indique la valeur courante des monnaies, le taux du change relativement aux monnaies étrangères.

Le tarif est aussi l'état des droits ou des émoluments alloués aux fonctionnaires publics, aux officiers ministériels pour les différents actes de leur ministère.

Tarif des chancelleries, droits que les chancelleries diplomatiques et consulaires sont autorisées à percevoir pour les actes et les formalités de leur ressort.

Tarif des frais et dépens, règlement qui établit le coût des divers actes et les droits de vacation en matière de procédure civile, criminelle et de police.

TAUX. Dans le sens propre, se dit de la somme à laquelle une personne est taxée pour ses impositions.

Dans une acception analogue, se dit aussi du prix établi pour la vente des denrées ; des fonds publics, des frais de justice, des honoraires des officiers ministériels, etc.

C'est encore le prix auquel se négocient en bourse les rentes sur l'État, les actions industrielles ; et le denier auquel les intérêts de l'argent prêté sont réglés, établis ou stipulés, prêter de l'argent au taux légal, au taux de cinq, de six pour cent.

Le *taux légal* est celui qui est établi par la loi du pays, et qu'il n'est pas permis de dépasser sans encourir l'accusation d'usure.

En France, le taux légal de l'intérêt est de cinq pour cent dans les transactions d'ordre civil, et de six pour les négociations de commerce.

Il y a cette distinction à observer entre le *taux* et la *taxe* que le *taux* est la valeur même, déterminée, et la *taxe* le règlement de la valeur.

On n'emploie *taux* que lorsqu'on parle de l'intérêt de l'argent, et *taxe* quand il s'agit d'une imposition en argent sur des personnes ou des choses en certains cas ; mais on se sert indifféremment de l'un ou de l'autre mot en parlant du prix établi pour la vente de denrées, ou de la somme fixée à payer par un contribuable.

TAXE. Règlement fait par l'autorité pour le prix de certaines denrées.

Imposition en argent mise dans certaines circonstances sur les personnes.

Somme que cette imposition force à payer.

Se dit pour impôt en général.

Règlement fait par autorité de justice pour frais occasionnés par un procès : la taxe des dépens.

TE DEUM. Cantique d'actions de grâces en usage dans l'Église catholique, qui commence par ces mots latins : *Te Deum laudamus.* (Nous te louons, Dieu.)

Il se chante extraordinairement et avec solennité pour rendre publiquement grâces à Dieu d'une victoire ou de quelque autre évènement heureux.

Se dit aussi de la cérémonie qui accompagne cette action de grâces.

Dans la plupart des cas, où les autorités d'un gouvernement font célébrer un *Te Deum*, elles ont soin d'inviter à y assister les ministres étrangers résidant dans la ville où a lieu la cérémonie; et ceux-ci s'y rendent en uniforme.

Il arrive aussi qu'un ministre public à l'étranger fasse chanter dans la ville où il réside un *Te Deum* à l'occasion d'un événement heureux pour son propre pays, et notamment à la suite d'un attentat commis sur la personne de son souverain et auquel celui-ci a échappé. D'ordinaire le ministre invite à assister à la cérémonie ses collègues du corps diplomatique auxquels la courtoisie fait un devoir de s'y rendre ou de s'y faire représenter par quelqu'un du personnel de l'ambassade ou de la légation. (*Voir* CÉRÉMONIAL. CÉRÉMONIES. AGENT DIPLOMATIQUE, MINISTRE.)

TÉLÉGRAPHES. Depuis que la télégraphie électrique a fourni à la pensée humaine les moyens de se transmettre d'une extrémité du globe à l'autre avec la rapidité de l'éclair, les divers Etats ont compris que toute tentative pour en comprimer ou gêner l'essor nuirait au mouvement général des affaires et aux relations internationales. Ils ont donc devant les fils électriques abaissé les barrières naturelles qui les séparent, et établi un échange régulier et non interrompu de communications télégraphiques.

De nombreux arrangements ont été conclus entre les principaux Etats pour régler cette matière; les uns ont pour objet la jonction des lignes, la transmission et la distribution réciproques des dépêches et la fixation des taxes à percevoir de part et d'autre.

D'autres règlent plus spécialement la création de lignes internationales, la taxe des télégrammes échangés dans la zone frontière, ou les tarifs pour le transit réciproque des dépêches à transmettre au delà du territoire respectif des parties contractantes.

Il existe enfin un certain nombre de conventions pour la pose des câbles sous-marins, la concession du privilège de leur exploitation et la détermination des points d'atterrissement.

Nous ferons observer ici que la pose de câbles sous-marins entre les Etats-Unis, l'Angleterre et la France n'a pas donné lieu à des conventions internationales, par la raison qu'aux Etats-Unis

l'exploitation des lignes télégraphiques est une industrie privée exercée par des particuliers ou des compagnies, soumise simplement à des règlements de police ou de voierie; la concession des points d'atterrissement n'a donc pas été une affaire de gouvernement à gouvernement, mais bien d'individus à autorités locales.

Dans toute l'Europe le service télégraphique est actuellement un monopole d'Etat, tandis qu'aux Etats-Unis il est resté libre en droit : un Etat ou un particulier ne peut établir une ligne télégraphique sur le territoire d'un Etat sans l'assentiment de cet Etat, dont autrement la souveraineté serait lésée.

Après être restée pendant un nombre d'années circonscrite dans la limite d'accords particuliers entre deux et au plus quatre Etats contigus, la correspondance télégraphique a successivement donné naissance à des traités dans lesquels on a vu figurer jusqu'à quinze parties contractantes, et enfin à des conférences internationales, auxquelles ont participé presque toutes les puissances, et qui ont abouti à la conclusion par leurs plénipotentiaires d'une espèce de charte des télégraphes, dans laquelle sont posés les principes fondamentaux admis depuis longtemps et ne paraissant pas susceptibles de modification, et à un règlement contenant toutes les dispositions régissant les relations télégraphiques des Etats entre eux. Ce nouveau règlement est entré en vigueur le 1er avril 1880, de sorte qu'il existe aujourd'hui une *Union télégraphique*, qui comprend tous les Etats européens, la Perse, l'Egypte, l'Algérie, l'empire anglo-indien, les possessions turques et russes en Asie, et qui peut s'augmenter par l'adhésion de nouveaux Etats.

Ainsi l'échange et le transit des correspondances télégraphiques entre les divers Etats contractants sont désormais réglés sur le continent européen et sur une partie de l'Asie et de l'Afrique par une organisation uniforme, régulière et constante, placée sous la garantie et l'assentiment communs des gouvernements intéressés.

Les dispositions essentielles du contrat synallagmatique qui régit aujourd'hui cette matière au point de vue international peuvent se résumer comme suit:

1º Des fils spéciaux en nombre suffisant son affectés à la transmission des dépêches internationales.

2º Le service est, autant que possible, permanent le jour et la nuit.

3º Les appareils Morse et Hughes sont adoptés concurremment, jusqu'à une nouvelle entente sur l'introduction d'autres appareils.

4º Le secret des correspondances est garanti.

5º Les télégrammes sont divisés en trois catégories, rigoureusement observées pour l'ordre de transmission : 1º *télégrammes d'Etat*, c'est-à-dire ceux qui émanent du chef de l'Etat, des ministres, des commandants en chef des forces de terre ou de mer, et des agents diplomatiques ou consulaires; 2º *télégrammes de service*, c'est-à-dire ceux qui émanent des administrations télégraphiques respectives; 3º *télégrammes privés*. Pour la transmission les télégrammes d'Etat jouissent de la priorité sur les autres.

Les télégrammes peuvent être rédigés soit en chiffres ou en lettres secrètes, soit dans une des langues usitées sur les territoires des Etats contractants, et en langue latine; ils peuvent d'ailleurs être adressés à domicile, poste restante, ou bureau télégraphique restant, et ils sont remis, ou expédiés à destination.

Chaque Etat se réserve la faculté d'arrêter la transmission de toute dépêche privée qui paraîtrait dangereuse pour la sécurité ou contraire aux lois du pays, à l'ordre public, à la morale, mais à la charge d'en avertir sans retard l'administration de laquelle dépend le bureau d'origine.

6º La taxe est établie par mot sur tout le parcours. Dans la correspondance européenne, à défaut d'arrangements particuliers entre Etats intéressés, la taxe s'établit sans condition de minimum pour le nombre de mots; il est ajouté à la taxe résultant du nombre effectif des mots une taxe égale à celle de cinq mots par télégramme. Tout caractère isolé, lettre ou chiffre, est compté pour un mot. Telle est la règle pour le réseau télégraphique européen.

Pour la correspondance hors d'Europe la taxe s'établit par mot sur tout le parcours, sans condition de minimum pour le nombre de mots ou avec un minimum de dix mots.

Afin de prévenir l'abus de la formation de mots composés, si facile surtout aux langues germaniques, on a assigné au mot simple la longueur maximum de quinze lettres dans la correspondance européenne et de dix dans la correspondance extra-européenne.

La taxe applicable à toutes les correspondances échangées par la même voie entre les bureaux de deux Etats est uniforme. Le taux de la taxe est établi d'Etat à Etat, de concert entre les gouvernements extrêmes et les gouvernements intermédiaires.

7º Le franc est l'unité monétaire servant à la composition des tarifs internationaux; il sert également d'unité monétaire dans l'établissement des comptes que les différents Etats se doivent réciproquement des taxes perçues par chacun d'eux.

8º Les Etats contractants n'acceptent à raison du service de la télégraphie internationale aucune responsabilité. Ainsi les retards ou les inexactitudes dans les transmissions ne peuvent fonder une action en dommages et intérêts contre l'administration qui en est coupable; elle peut tout au plus donner lieu au remboursement de la taxe perçue.

9º Dans l'intérêt commun il est créé un „bureau international des administrations télégraphiques", chargé de centraliser les renseignements de toute nature relatifs à la télégraphie, de rédiger les tarifs, de dresser une statistique générale, de procéder aux études utilité commune, de rédiger un journal télégraphique en français, de distribuer ces documents aux bureaux des divers Etats, d'instruire les demandes de modification au règlement de service, et de promulguer en temps utile les changements adoptés avec l'assentiment unanime des administrations. Le *Bureau international* a son siège à Berne; il fonctionne depuis le 1er janvier 1869.

10º Les Etats contractants se sont respectivement réservé de prendre séparément entre eux des arrangements particuliers sur les points de service qui n'intéressent pas la généralité des Etats.

Enfin les parties contractantes ont la faculté d'affecter à l'usage de la presse un système d'abonnement à prix réduit pour l'emploi pendant la nuit, à des heures déterminées, des fils inoccupés, sans préjudice pour le service général.

Suivant la convention conclue au sujet des relations internationales télégraphiques, chacun des Etats intéressés peut désigner les langues qu'il juge propres à servir pour les correspondances télégraphiques. Le nombre des langues admises s'élève aujourd'hui à vingt-huit. En voici la liste : l'allemand, l'anglais, l'arménien, le bohémien, le bulgare, le croate, le danois, l'espagnol, le flamand, le français, le grec, l'hébreu, le hollandais, le hongrois, l'illyrien, l'italien, le latin, le norvégien, le polonais, le portugais, le roumain, le russe, le ruthène, le suédois, le serbe, le slovaque, le slovène et le turc.

TÉMOIGNAGE, TÉMOIN. Déclaration qu'une personne fait en justice, et sous serment, d'une chose qui est à sa connaissance.

Le témoin est la personne qui a vu ou entendu quelque fait et qui peut en faire un rapport ou en déposer en justice.

Quelques Etats, lorsque leurs tribunaux ont besoin, pour se prononcer dans certaines affaires, des témoignages de personnes qui se trouvent à l'étranger, ont adopté l'usage de charger leur consul résidant dans la localité respective de ces personnes de recueillir ces témoignages. (*Voir* CONSUL.)

Les témoins qui déposent en justice sont dits témoins *judiciaires;* mais il est une autre catégorie de témoins, dits *instrumentaires,* dont l'assistance est nécessaire pour la validité de certains actes. Ils sont appelés notamment près de l'autorité municipale, et en pays étrangers devant les consuls, lorsqu'il s'agit de délivrer des passeports, de recevoir des actes de l'état civil, etc.

TEMPOREL. Se dit d'un bien, d'un acte, d'un pouvoir qui ne s'étend pas au-delà de la vie terrestre et participe à la mobilité des sociétés humaines ; on l'oppose à *spirituel.* (Voir ce mot.)

Ainsi le *pouvoir temporel* du Pape. C'était l'autorité royale du souverain pontife, considéré comme prince d'un peuple, comme souverain d'un Etat particulier ; tandis que son pouvoir *spirituel* consiste dans l'autorité suprême dont il est revêtu comme chef de l'Eglise catholique, et qu'il exerce dans toute ce qui regarde les questions dogmatiques et les affaires purement ecclésiastiques ou religieuses.

Temporel est pris aussi pour *séculier* par opposition à *ecclésiastique* (*voir* EGLISE) : puissance, juridiction temporelle.

TENANCIER. Terme de féodalité : celui qui *tenait* ou possédait en *roture* (voir ce mot) des terres dépendantes d'un fief, auquel il était dû des cens ou d'autres droits.

On appelait *franc tenancier* celui qui *tenait* une terre en roture, mais qui en avait racheté les droits.

Tenancier se dit aujourd'hui du fermier d'une petite métairie dépendant d'une ferme plus considérable.

TENDANCE. Direction, plus ou moins sensible ou apparente, vers une fin, vers un but; intention de produire un effet, d'établir une doctrine.

Loi de tendance, loi qui frappe les opinions plutôt que les actes d'une personne, l'intention avant que l'effet s'en soit produit, les doctrines avant que les conséquences en aient été déduites et se soient manifestées par des faits ; qui recherche et poursuit dans un écrit l'esprit plutôt que le fond.

Procès de tendance, procès intenté à un écrivain, à un auteur non pour ce qui est dit expressément dans ce qu'il a écrit, mais pour la direction qui y est sensible ou qu'on croit y saisir.

TENEUR. Ce qui est contenu mot à mot dans un écrit ; le texte littéral d'un acte, d'un document, d'un jugement, d'un arrêt; d'un traité, d'une convention, etc.

Se dit surtout en terme de pratique : ainsi l'arrêt sera exécuté selon *sa forme et teneur,* c'est-à-dire dans toutes ses parties, ses détails dans toute son intégralité.

TENURE. Terme de féodalité : mouvance, dépendance, étendue d'un fief.

Mode suivant lequel on tenait une terre.

Condition de la possession d'un fief, d'un bénéfice.

Tenure féodale, fief noble en général.

Tenure de chevalier, fief qui imposait la condition de suivre son seigneur à la guerre.

Tenure de roture, mode de possession selon lequel le tenancier doit un service déterminé.

TERME. Façon de parler, expression particulière à un art, à une science — terme technique, terme scientifique; termes de droit, de médecine, etc.

Le *terme* est l'un des deux éléments essentiels de la proposition, de la phrase : le *sujet* et l'*attribut.*

Terme de comparaison, de relation, chacun des deux objets qu'on compare, qui ont des rapports entre eux.

Terme signifie aussi condition, position dans laquelle une personne se trouve à l'égard d'une autre ou de plusieurs autres. (*Voir* CONDITION, STIPULATION.)

Terme moyen ou *moyen terme,* parti moyen ou intermédiaire, concession qu'on fait, qu'on prend pour terminer une affaire embarrassante.

TERME (fin). Fin dans le temps ou dans l'espace, borne des actions et des choses qui ont quelque étendue de lieu ou de temps.

En droit, le terme est la limitation d'un temps donné pour faire une chose; le délai fixé pour l'exécution d'une condition, d'un engagement; le temps préfixe d'un paiement.

On appelle *terme de rigueur* celui passé lequel il n'y a plus de délai à obtenir.

Se dit pour limite, fin en général.

TERRE SAINTE (La). Nom donné à la Judée. (*Voir* LIEUX SAINTS.)

TERREUR (La). On nomme ainsi l'époque de la Révolution française pendant laquelle le tribunal révolutionnaire siégea en permanence, — depuis le 31 mai 1793 jusqu'au 9 thermidor (27 juillet 1794).

TERRITOIRE. Étendue de terre qui dépend d'un empire, d'un royaume, d'une province, d'une ville, d'une juridiction, etc.

Se dit dans certains pays d'une division juridictionnelle, administrative.

Aux États-Unis et dans la République argentine, contrée peuplée suffisamment pour avoir besoin d'être administrée au nom du Congrès fédéral, mais n'ayant pas encore atteint le chiffre de population nécessaire pour avoir droit de faire sa constitution d'État et pour être admise, avec l'assentiment du Congrès, au même titre que les autres États dans la Confédération ou la République.

Territoire national. On entend par *territoire* d'une nation tous les lieux sur lesquels le souverain ou l'autorité suprême de cette nation exerce sa juridiction, et dont les habitants obéissent à ses lois. Le territoire national comprend non seulement le sol sur lequel habitent les sujets les possessions que la nation a outre mer sous le nom de colonies, de comptoirs de commerce, ou sous toute autre dénomination, mais encore leurs dépendances, telles que la partie de la mer qui les baigne, les lacs, les rivières, les plages, les golfes, etc.

Le territoire d'une nation constitue une véritable propriété, qui doit à ce titre être absolument inviolable, et sur laquelle personne ne peut pénétrer sans le consentement tacite ou exprès de son propriétaire légitime.

On ne saurait concevoir l'*État* (Voir ce mot) sans territoire. Le territoire d'une nation constitue sa propriété, le *domaine* public (*Voir* DOMAINE, PROPRIÉTÉ), sur lequel l'État exerce les droits de *domaine éminent*.

Au nombre de ces droits réside celui d'acquérir comme aussi d'aliéner des territoires, ou d'en disposer. (*Voir* ACQUISITION DE TERRITOIRE, ALIÉNATION, CESSION, DONATION, ÉCHANGE, CONQUÊTE).

Chaque État a le droit de souveraineté jusqu'à sa frontière et le devoir de ne pas empiéter sur le territoire voisin. Il importe donc aux États limitrophes de déterminer clairement les limites qui les séparent.

La délimitation des frontières des États repose sur les mêmes bases et sur les mêmes titres que la propriété du territoire national.

(*Voir* FRONTIÈRE, LIMITE, DÉLIMITATION.)

Les limites juridictionnelles d'un État embrassent non seulement son domaine sur terre, mais encore les eaux qui le traversent ou l'entourent, les ports, les baies, les golfes, les embouchures de fleuves, les mers enclavées dans le territoire de terre ferme. L'usage général des nations permet également aux États d'exercer leur juridiction sur la zone maritime jusqu'à trois milles marins ou à la portée de canon de leurs côtes : l'espace de mer compris dans cette zone forme ce qu'on appelle le *territoire maritime* d'un État.

(*Voir* JURIDICTION, MER, PORT, RADE, GOLFE, BAIE, DÉTROIT, LAC, FLEUVE, CÔTE, RIVAGE.)

La limite naturelle d'un État du côté de la mer est marquée par le contour des côtes à l'endroit où elles sont baignées par le flot et où commence le domaine maritime. Pour faciliter la défense des côtes la pratique générale des nations, sanctionnée par de nombreux traités, a fait tracer à une certaine distance de terre une ligne imaginaire que l'on considère comme la limite extrême des frontières maritimes de chaque pays. Tout l'espace situé en dedans de cette ligne rentre *ipso facto* sous l'action de la juridiction de l'État qui le domine, la mer comprise entre la ligne et la côte prend le nom de *mer territoriale*, elle forme par conséquent le *territoire maritime* et en a l'étendue et les bornes.

En temps de guerre, l'*occupation* (voir ce mot) du territoire d'un belligérant donne certains droits à l'ennemi occupant, mais seulement des droits imparfaits : car l'occupant ne détient qu'à titre précaire le territoire envahi : n'étant pas encore devenu souverain incommutable du territoire dont il s'est emparé, il ne peut disposer du sol en faveur de tiers par don, cession ou autrement. L'unique droit que l'occupation lui confère, consiste à se substituer provisoirement au souverain dépossédé et à disposer aussi à titre de provisoire, des fruits et des revenus qu'il a fait saisir; de là le droit de continuer l'exploitation régulière du domaine national situé sur le territoire occupé, pourvu que cette exploitation ne dégénère pas en des exactions ou des déprédations abusives. (*Voir* EXACTION.)

Il en est autrement de la *conquête* (voir ce mot) : elle fait passer définitivement aux mains du vainqueur le territoire occupé, sa prise de possession n'est que provisoire tant que dure la guerre; la paix seul donne la sanction du droit à la conquête ou à l'annexion violente. (*Voir* ANNEXION.)

Lorsqu'un territoire occupé par l'ennemi rentre sous l'autorité de son souverain légitime avant ou après la fin de la guerre, soit par la force des circonstances, soit par suite d'un traité de paix, on considère que le droit de ce souverain n'a point été interrompu : l'application du *jus postliminii* n'admet dans ce cas ni doute ni discussion. (*Voir* POSTLIMINIE.)

Lorsque d'autres Etats sont en guerre, le territoire des nations neutres doit être à l'abri de toutes les entreprises des belligérants de quelque nature qu'elles soient.

Les neutres ont le droit incontestable de s'opposer par tous les moyens en leur pouvoir, même par la force des armes, à toutes les tentatives qu'un belligérant pourrait faire pour user de leur territoire. (*Voir* NEUTRALITÉ, NEUTRE, INVIOLABILITÉ.)

TERRITORIALITÉ. Ce qui appartient en propre à un territoire considéré au point de vue politique.

En matière de droit international, on se sert de ce mot pour exprimer l'autorité qu'ont les lois locales ou territoriales dans toute l'étendue d'un pays; on l'oppose au mot *exterritorialité* (voir ce mot), qui signifie une immunité ou exemption de l'assujettissement à ces lois : c'est ainsi qu'on dit que dans certains cas le principe de la *territorialité* doit l'emporter sur celui de la *nationalité* (voir ce mot).

En droit international privé, les termes de *territorialité* et d'*exterritorialité* ont respectivement un sens plus restreint : dans un procès, en cas de conflit entre deux coutumes ou législations d'un même pays, le premier signifie la loi ou la coutume du tribunal saisi; et le second, la loi ou la coutume du domicile du plaideur.

TESCHEN (Paix de) 1779. La maison de Bavière s'étant éteinte par la mort de l'électeur Maximilien-Joseph le 30 décembre 1777, plusieurs prétendants, dont les principaux étaient la maison d'Autriche, l'électrice douairière de Saxe et le duc de Mecklembourg-Schwerin, réclamèrent des parties considérables de sa succession.

Immédiatement après la mort de l'électeur de Bavière, des troupes autrichiennes prirent possession de tous les pays que l'Empereur Joseph II et sa mère, l'impératrice Marie-Thérèse, réclamaient. Le roi de Prusse, qui avait pris l'engagement de défendre les droits de la maison palatine à la succession de Bavière, envahit la Bohême. Mais bientôt la médiation de la France et de la Russie amena des négociations de paix, qui aboutirent à un traité signé à Teschen, dans la Silésie autrichienne, le 13 mai 1779.

Aux termes de ce traité, l'électeur palatin rentre dans tous les districts que la maison d'Autriche avait occupés dans la Bavière et le Haut-Palatinat, et l'Impératrice Marie-Thérèse renonce à toutes ses prétentions sur la succession du défunt électeur de Bavière; mais l'électeur palatin cède à la maison d'Autriche toute la partie de la Bavière qui est située entre le Danube, l'Inn et la Salza, faisant partie de la régence de Bourghausen, en échange de la cession de Mindelheim par l'Impératrice.

L'Impératrice s'engage à ne jamais mettre aucune opposition à ce que les pays d'Anspach et de Bayreuth, en cas d'extinction de la ligne qui les possède actuellement, puissent être réunies à la primogéniture de l'électorat de Brandebourg.

En ce qui concerne l'électeur de Saxe, qui avait été impliqué dans la guerre, il renonce, au nom de l'électrice sa mère, à toutes les prétentions qu'elle a pu élever sur la totalité de l'alleu de Bavière, lequel passe à la substitution perpétuelle affectée sur tous les Etats électoraux bavaro-palatins; l'électeur palatin lui cède les droits quelconques que la couronne de Bohême a exercés sur les seigneuries de Glaucha, de Waldenbourg et de Lichtenstein, appartenant aux comtes de Schœnbourg et situés dans le territoire de l'électeur de Saxe.

TESTA (baron de), diplomate et publiciste italien.

Chambellan du grand-duc de Toscane.

Recueil des traités de la Porte ottomane avec les puissances étrangères. 5 vol. Tomes 1 à 3, Paris, 1865; les deux derniers volumes ont été publiés en 1876 et en 1883 par les fils du baron de Testa, après la mort de leur père.

L'œuvre n'en est encore qu'à la première partie, c'est-à-dire aux rapports diplomatiques de la Turquie avec la France. La collection des documents commence par le traité conclu en 1536, entre Soliman Ier et François Ier et renferme ceux qui l'ont été depuis, jusque dans ces dernières années.

Les différentes pièces diplomatiques ne sont pas sèchement reproduites et coordonées chronologiquement les unes à la suite des autres; elles sont classées avec méthode, et accompagnées de notes explicatives, de commentaires et de critiques qui en rendent l'étude facile et intéressante et dévoilent plus d'un point jusque là l'obscur de la diplomatie orientale.

TESTAMENT. Acte par lequel on déclare ses dernières volontés.

L'institution du testament est généralement admise; seulement les formalités ou les conditions requises pour la validité du testament présentent quelques variations selon les différents pays.

La loi française reconnaît trois formes de testament. Il peut être : 1° olographe, c'est-à-dire écrit, daté et signé de la main du testateur; ou 2° fait par acte public, c'est-à-dire reçu par notaire en présence de témoins; ou 3° fait dans la forme mystique, c'est-à-dire secret, écrit ou au moins signé par le testateur et remis par lui clos et scellé à un notaire en présence de témoins.

Pour le testament fait à l'étranger le principe *locus regit actum* est généralement admis. Plusieurs législations proclament en outre le principe que leurs ressortissants peuvent tester à l'étranger dans la forme requise dans le canton, notamment dans la forme olographe.

Selon les prescriptions du code civil français (article 999) le Français qui se trouve en pays étranger, peut faire des dispositions testamentaires par acte sous signature privée, ou par acte *authentique* avec les formes usitées dans le lieu où cet acte est passé.

Par l'acte authentique, que la loi exige à défaut du testament olographe, on n'entend pas un acte passé en la présence d'un officier public, puisque certaines législations étrangères ne comportent pas le concours d'un officier spécialement chargé de recevoir les déclarations de dernière volonté; mais le testateur doit au moins recourir aux formes solennelles qui peuvent être usitées dans le pays où il réside : ainsi ce n'est pas l'authenticité française, telle qu'elle est organisée par le code civil, qui est exigée en matière de testaments faits à l'étranger, mais l'authenticité telle qu'elle est organisée par les lois de la nation étrangère.

Dans tous les cas les testaments faits en pays étranger ne peuvent être exécutés sur les biens situés en France qu'après avoir été enregistrés au bureau du domicile du testateur s'il en a conservé un, sinon au bureau de son dernier domicile connu en France; et dans le cas où le testament contient des dispositions concernant des immeubles qui y sont situés, il doit être en outre enregistré au bureau de la situation de ces immeubles.

Du moment que le testament est régulier quant à sa forme extrinsèque, d'après la loi du lieu où il a été fait, il doit être reconnu partout comme valable, même dans les lieux régis par une souveraineté et une législation différentes.

Ce principe de jurisprudence internationale a été accepté par tous les Etats civilisés dans le but de ne pas exposer un acte d'une telle importance au péril des nullités pour défaut de forme.

D'ailleurs, indépendamment des difficultés graves qui peuvent se rencontrer d'accomplir strictement les formalités requises par une loi étrangère, il serait même impossible dans certains cas de s'y conformer.

La loi du domicile du testateur régit la substance et l'interprétation des dispositions contenues dans le testament. Le testateur est supposé avoir eu l'intention de s'en rapporter à ses usages ordinaires, à ses habitudes et aux lois de son domicile, comme étant celles qui lui sont connues et présentes à la mémoire. Une autre raison, c'est que les meubles et les créances dont se compose une succession sont régis par la loi du domicile de leur propriétaire. (*Voir* SUCCESSION, NATIONALITÉ, DOMICILE, MEUBLES, IMMEUBLES.)

TESTAMENT POLITIQUE. Se dit d'écrits politiques posthumes attribués à certains hommes d'Etat et contenant leurs vues, leurs opinions, leurs projets, les motifs qui ont dirigé leur politique.

Ainsi l'on a dit le Testament de Pierre le Grand, le testament du cardinal de Richelieu, le testament du cardinal Alberoni.

TESTAMENTS (LES DEUX). Les livres saints, la Bible.

L'Ancien Testament, les livres saints qui ont précédé la naissance du Christ.

Le Nouveau Testament, les livres saints postérieurs à sa naissance.

TETENS (Jean Nicolas), publiciste danois, né à Teutenshull (Sleswig) le 16 septembre 1737, mort à Copenhague le 19 août 1807.

Professeur de philosophie à l'Université de Kiel.

Considérations sur les droits réciproques des puissances belligérantes et des puissances neutres sur mer, avec les principes du droit de guerre en général. Copenhague, 1805. Cet ouvrage a paru d'abord en allemand sous le titre de : *Betrachtungen über die gegenseitigen Befugnisse der kriegführenden Mächte und der Neutralen auf der See.* Kiel, 1802.

TÉTOT, publiciste français, archiviste au ministère des affaires étrangères.

Répertoire chronologique et alphabétique des traités de paix, de commerce et d'alliance, de 1493 à 1866. Paris, 1866—67.

Ce répertoire n'est autre qu'une table générale des actes diplomatiques conclus entre toutes les puissances du globe de 1493 à 1866, d'après les recueils les plus complets publiés jusqu'à ce jour. Ce sont plutôt deux tables qu'a composées M. Tétot; car son répertoire se divise en deux parties, dont l'une est le relevé par ordre chronologique des documents, et l'autre la nomenclature alphabétique des puissances qui les ont signés. Chacune de ces tables donne l'indication du volume et de la page du recueil où se trouve le texte de chaque traité; la concordance d'une table avec l'autre est établie au moyen de numéros placés à la suite des documents. Grâce à ce travail de patience et de coordination, les recherches sont désormais non-seulement simplifiées, facilitées, mais encore guidées dans une voie plus directe et plus sûre.

Il est à regretter que M. Tétot n'ait pas repris son travail pour le mettre au courant de notre époque.

TÉTRARCHIE. Partie d'un Etat divisé entre quatre chefs : ainsi l'ancienne Thessalie était partagée en quatre tétrarchies.

Forme de gouvernement dans laquelle le pouvoir est partagé entre quatre personnes : ainsi le fut l'empire romain à partir de Dioclétien : deux Augustes et deux Césars se partagèrent le pouvoir.

TÉTRARQUE. Chef ou gouverneur d'une tétrarchie.

Prince dépendant d'une puissance supérieure, et dont les Etats étaient censés faire la quatrième partie d'un royaume démembré.

Cependant le titre de tétrarque n'impliquait pas toujours que le pays fût divisé en quatre gouvernements; c'était simplement un titre inférieur, comme celui d'*ethnarques* (voir ce mot) par exemple, que les Romains donnaient à certains princes tributaires trop peu puissants pour être qualifiés de rois : ainsi furent les princes de la famille d'Hérode qui régnèrent en Judée.

TEUSIN (traité de paix), 1595. La paix, signée le 18 mai 1595 à Teusin, village situé aux environs de Narva, au nom du Czar Fédor I et du roi de Suède Sigismond, qui était en même temps roi de Pologne, enleva à la Russie la partie de la Livonie que lui avait laissée le traité de Kiwerowa Vlorka conclu avec la Pologne; en outre la Suède conservait la province d'Esthonie avec la ville de Narva.

La Livonie se trouva dès lors partagé entre la Suède et la Pologne, à l'exception de l'île d'Oesel possédée par le Danemark. La Livonie proprement dite fut réunie à la Pologne; et l'Esthonie à la Suède.

TEXTE. Les propes paroles d'un auteur, d'un livre, d'un acte, d'une loi, considérées par rapport aux notes et aux commentaires qu'on a faits dessus.

Restituer au rétablir un texte rétablir les mots, l'ordre ou la ponctuation dont on suppose que l'auteur s'est servi.

TEXTUEL. Qui est dans un texte, d'un écrit, d'un livre, d'une loi. Qui est conforme au texte. Citation textuelle, conforme au texte.

TEXTUELLEMENT. D'une manière entièrement conforme au texte. Cité *textuellement.* Ainsi qu'il est dit ou écrit *textuellement.*

THALWEG. Mot allemand qui signifie *chemin d'aval.* Le milieu du courant d'un fleuve, d'une rivière.

Le *Thalweg* n'est pas, à proprement dire, rigoureusement, le milieu exact, absolu d'un cours d'eau; mais plutôt le milieu du courant du plus gros volume d'eau; la position du filet d'eau qui se meut avec le plus de rapidité; mais le *Thalweg* des fleuves ou des rivières navigables en est généralement regardé comme le milieu.

Lorsqu'un fleuve, traversant plusieurs

Etats, sert à marquer entre eux la frontière politique ou de souveraineté c'est le *Thalweg* de ce fleuve qui sert à marquer la limite de la juridiction de chaque État; car la ligne de partage indiquant cette limite est supposée fictivement passer par la partie la plus profonde du courant.

Si par sa situation topographique la limite de démarcation ne permet pas à l'un des riverains d'utiliser pour la navigation la portion du fleuve qui lui est réservée, il est de principe que le *Thalweg* doit être pratiquement reporté à une distance égale des deux bords.

La limite ainsi marquée par le *Thalweg* peut varier, lorque le *Thalweg* vient à changer.

Si ce changement provient de travaux hydrauliques de nature à modifier le cours du fleuve ou de la rivière, on doit nécessairement admettre comme frontière le *Thalweg* artificiel qu'ils ont créé.

Aussi de pareils travaux ne peuvent-ils être entrepris sans une entente préalable entre les Etats intéressés.

THÉOCRATIE. Gouvernement où les chefs de la nation sont regardés comme des dieux ou des ministres de Dieu.

Ainsi le Thibet où gouverne le *Lama* (Voir ce mot), est une *théocratie*. On a appliqué cette dénomination au gouvernement du Pape pendant le moyen-âge.

Aujourd'hui le mormonisme, tel qu'il est organisé dans l'Utah, aux Etats-Unis, est une véritable théocratie.

Se dit aussi du gouvernement dont les chefs appartiennent à une caste sacerdotale : tel fut l'Etat des Juifs avant les Rois.

THÉORIE. Ce mot tantôt se dit de toute connaissance qui s'arrête à la simple spéculation sans passer à l'action, et alors on oppose la *théorie* à la *pratique* (Voir ce mot), tantôt il sert à désigner un ensemble de connaissances liées entre elles, ou simplement une hypothèse, propres à l'explication d'un ordre de faits : théorie d'une science, théorie de l'électricité, etc.

Dans le langage ordinaire, toute notion générale, par comparaison avec une théorie scientifique; opinion aventureuse: théories politiques, sociales, etc.

THOMASIUS (Christian), jurisconsulte allemand, né à Leipzig en 1655, mort en 1728. Directeur de l'Université de Halle, où il introduisit la langue vulgaire dans l'enseignement du droit.

On a de lui plusieurs ouvrages sur la jurisprudence, la morale et le droit naturel. Nous mentionnerons particulièrement.

Institutiones jurisprudentiæ divinæ (Institution de jurisprudence divine), Leipzig, 1698.

Fundamenta juris naturæ et gentium ex sensu communi deducta (Bases du droit naturel et du droit des gens, déduits du sens commun), publiés à Halle en 1705, 1708, 1718, in-4°. Thomasius soutient la doctrine de Pufendorf. (Voir ce nom.)

De jure asyli legatorum œdibus competente (Du droit d'asile inhérent à la demeure des ambassadeurs). Leipzig, 1687 et 1718, Halle, 1714 et 1730, in-4°.

TIARE. Ornement de tête en usage chez les anciens peuples orientaux, les Mèdes, les Perses, les Arméniens, et qui était un des symboles du pouvoir.

Le grand prêtre des Juifs portait aussi la tiare.

Aujourd'hui on appelle *tiare* une sorte de bonnet pyramidal ou de mitre que le Pape porte dans les grandes cérémonies, et autour duquel sont trois couronnes d'or ornées de pierreries, avec un globe surmonté d'une croix.

Le mot *tiare* s'emploie figurément pour désigner la dignité ou la puissance papale, le souverain pontificat.

TIEN-TSIN (traité de). 1858. A la suite de la prise de la ville de Canton par les troupes alliées de la France et de l'Angleterre, désirant mettre un terme aux différends que ne cessait de susciter entre eux le traitement des missionnaires catholiques en Chine et les tracasseries des autorités chinoises à l'égard de la marine et du commerce français, l'Empereur des Français et l'Empereur de la Chine nommèrent des plénipotentiaires qui conclurent en leur nom, à Tien-tsin le 27 juin 1858, une convention qui rétablit la paix entre eux et entre les sujets des deux empires sans exception de personnes ni de lieux.

Il était stipulé que, pour maintenir cette paix à l'exemple de ce qui se pratique chez les nations de l'Occident, des agents diplomatiques dûment accrédités par l'Empereur des Français auprès de l'Empereur de la Chine pourraient se rendre éventuellement dans la capitale de la Chine, lorsque des affaires importantes les y appelleraient; et que, si une des puissances qui ont un traité avec la Chine, obtenait pour ses agents diplomatiques le droit de résider à poste fixe

17

à Pékin, la France jouirait immédiatement du même droit.

L'Empereur des Français pourra aussi nommer des consuls ou des agents consulaires dans les ports de mer ou de rivière de l'empire chinois ouverts au commerce étranger, savoir: Canton, Chang-Haï, Ning-Po, Amoy et Fou-Tchéou, auxquels venaient d'être ajoutés Kiung-Tehan et Chaon-Chaon dans la province de Kouang-Fou ; Taïwan et Taashwi dans l'île de Formose, province de Fokien ; Tan-Techan dans la province de Chan-Tong, Nankin dans la province de Kiang-Nan.

Les Français et leurs familles pourront se livrer au commerce ou à l'industrie en toute sécurité et sans entrave dans ces villes, et circuler librement de l'une à l'autre, s'ils sont munis de passeports ; mais il leur est défendu de pratiquer sur la côte des ventes ou des achats clandestins sous peine de confiscation des navires et des marchandises engagés dans ces opérations. Ceux qui voudront se rendre dans les villes de l'intérieur ou dans les ports où ne sont pas admis les navires étrangers, pourront le faire à l'aide de passeports rédigés en français et en chinois, délivrés par les agents diplomatiques ou consulaires de France en Chine et visés par les autorités chinoises.

Ainsi que cela était d'ailleurs stipulé dans les anciens traités, les Français résidant ou de passage dans les ports ouverts au commerce étranger pourront circuler sans passeport dans leur voisinage immédiat et y vaquer à leurs occupations aussi librement que les nationaux, mais sans dépasser certaines limites fixées d'un commun accord entre le consul et l'autorité locale.

Les propriétés de toute nature appartenant à des Français dans l'empire chinois seront considérées par les Chinois comme inviolables et respectées par eux. Les autorités chinoises ne pourront, quoi qu'il arrive, mettre embargo sur les navires français ni les frapper de réquisition pour quelque service public ou privé que ce puisse être.

Aucune société de commerce privilégiée ne pourra s'établir en Chine, ni aucune coalition organisée dans le but d'exercer un monopole sur le commerce.

L'Empereur des Français pourra faire stationner un bâtiment de guerre dans les ports principaux de la Chine où sa présence serait jugée nécessaire pour maintenir le bon ordre, et la discipline parmi les équipages des navires marchands et faciliter l'exercice de l'autorité consulaire.

Lorsqu'un sujet Français aura quelque motif de plainte ou quelque réclamation à formuler contre un Chinois, il devra d'abord exposer ses griefs au consul, qui s'efforcera d'arranger l'affaire à l'amiable ; il en sera de même, quand un Chinois aura à se plaindre d'un Français; mais, si dans l'un et l'autre cas la chose était impossible, le consul requerra l'assistance du fonctionnaire chinois compétent, et tous deux, après avoir examiné conjointement l'affaire, statueront suivant l'équité.

Les Français en Chine dépendront, pour toutes les difficultés ou les contestations qui pourraient s'élever entre eux, de la juridiction française. En cas de différends entre Français et étrangers, l'autorité chinoise n'aura à s'en mêler en aucune manière; elle n'aura non plus à exercer aucune action sur les navires français, qui ne relèveront que de l'autorité française et du capitaine.

En ce qui regarde la question religieuse, il était stipulé que „les membres de toutes les communions chrétiennes jouiront d'une entière sécurité pour leurs personnes, leurs propriétés et le libre exercice de leurs pratiques religieuses; et une protection efficace sera donnée aux missionnaires qui seront pacifiquement dans l'intérieur du pays, munis de passeports réguliers. Aucune entrave ne sera apportée par les autorités chinoises au droit reconnu à tout individu en Chine d'embrasser, s'il le veut, le christianisme et d'en suivre les pratiques sans être passible d'aucune peine infligée pour ce fait." Tout ce qui avait été précédemment publié en Chine par ordre du gouvernement contre le culte chrétien est complètement abrogé et reste sans valeur dans toutes les provinces de l'Empire.

Par un acte séparé, une indemnité était accordée aux Français et aux protégés de la France dont les propriétés avaient été quittées ou incendiées par la populace de Canton, et du gouvernement français pour les dépenses occasionnées par les armements qu'avaient motivés les refus obstinés des autorités chinoises de lui accorder les réparations et les indemnités qu'il réclamait.

Ces indemnités et les frais d'armements s'élevaient à peu près à une somme de deux millions de taëls, qui devait être versée entre les mains du ministre de France en Chine.

TIERS, TIERCE. En droit, on nomme *tiers* quiconque n'est point partie dans un acte.

C'est celui qui n'a été ni partie ni représenté par les parties à un acte, à un jugement, à une convention. Cette définition s'applique à deux classes de personnes : le tiers tout à fait étranger aux parties et à la convention, et le tiers qui, bien qu'étranger à la convention ou au jugement qu'on lui oppose, est sous d'autres rapports l'ayant cause de l'une des parties.

Puissance tierce se dit d'un Etat qui peut être compris comme partie contractante dans un traité conclu par deux ou plusieurs autres Etats; son adhésion ultérieure au traité qui a stipulé en sa faveur est nécessaire.

La *puissance tierce* est aussi celle qui sans être formellement comprise au traité comme partie principale ou accessoire, peut être engagée à y accéder.

Se dit encore de la puissance qui se porte garante de l'exécution d'un traité.

Tiers arbitre, arbitre appelé à départager des arbitres volontaires. (*Voir* ARBITRE, SUR ARBITRE.)

Tiers parti, parti qui se forme entre deux partis extrèmes.

TIERS-ÉTAT. La partie de la nation qui n'appartient ni à la noblesse ni au clergé.

En France, avant la révolution, c'était le nom donné à la classe bourgeoise, par opposition à la noblesse et au clergé, qui formaient les deux premières classes. Ces distinctions ont cessé depuis 1789.

Elles subsistent encore dans d'autres contrées de l'Europe.

TILSIT (traités de paix) 1807.

Ces traités ont mis fin à la quatrième coalition formée contre la France par l'Angleterre, la Prusse et la Russie.

L'Empereur Napoléon passa en personne le Rhin le 1er octobre 1806; dès le 14, la campagne était décidée par la bataille d'Iéna, et le 27, il faisait son entrée à Berlin.

Cependant les hostilités continuèrent dans le nord-est de la Prusse entre les troupes françaises, et le reste de l'armée russe; mais cette dernière fut mise complétement en déroute le 14 mai 1807 à Friedland, et le 19 juin Bonaparte entra à Tilsit sur le Niémen, où un armistice fut conclu le 25 juin entre l'armée française et les armées russe et prussienne; et bientôt la paix fut signée en deux traités séparés, l'un en date du 7 juillet 1807 entre la Russie et la France; l'autre, postérieur de deux jours, entre la France et la Prusse.

L'article 4 du premier de ces traités est ainsi conçu : „SM. l'Empereur Napoléon par égard pour SM. l'Empereur de toutes les Russies et voulant donner une preuve du désir sincère qu'il a d'unir les deux nations par les liens d'une confiance et d'une amitié inaltérable, consent à restituer à SM. le roi de Prusse, allié de SM. l'Empereur de toutes les Russies, tous les pays, villes et territoires conquis et dénommés ci-après, savoir : la partie du duché de Magdebourg située à la droite de l'Elbe, la marche de Priegnitz, l'Uckermark, la moyenne et la nouvelle marche de Brandebourg, à l'exception du cercle de Cottbus, dans la Basse-Lusace, lequel devra appartenir à SM. le roi de Saxe; le duché de Poméranie; la haute, la basse et la nouvelle Silésie avec le comté de Glatz; une partie du district de la Netze; la Pomérélie, l'île de Nogat, les pays à la droite du Nogat et de la Vistule, à l'ouest de la vieille Prusse et au nord du cercle de Culm, l'Ermeland, et enfin le royaume de Prusse tel qu'il était au 1er janvier 1772, avec les places de Spandau, de Stettin, de Custrin, de Glogau, de Breslau, de Schweidnitz, de Neisse, de Brieg, de Kosel, de Glatz et de Graudentz."

Les provinces qui au 1er janvier 1772 faisaient partie de l'ancienne royaume de Pologne et qui avaient passé depuis sous la domination prussienne, seront possédées par le roi de Saxe, sous le titre de duché de Varsovie.

La ville de Dantzig, avec un territoire de deux lieues de rayon autour de son enceinte, sera rétablie dans son indépendance sous la protection des rois de Prusse et de Saxe.

La province de Bialystock, partie de la nouvelle Prusse orientale, est réunie à la Russie.

Les ducs de Saxe-Cobourg, d'Oldenbourg et de Mecklenbourg-Schwerin sont remis dans la jouissance de leurs Etats.

L'Empereur Alexandre reconnaissait pareillement la Confédération du Rhin, l'état de possession et les titres de chacun des souverains qui la composaient.

L'Empereur de Russie acceptait la médiation de l'Empereur Napoléon à l'effet de négocier la paix entre la Russie et la Porte ottomane.

Enfin Napoléon Bonaparte, comme empereur des François et roi d'Italie, et l'Empereur Alexandre se garantissaient

17*

mutuellement l'intégrité de leurs possessions et de celles des puissances comprises dans le traité.

Par le traité avec la Prusse, Napoléon restitue à cette puissance les provinces nommées dans l'article 4 du traité avec la Russie.

Le roi de Prusse reconnaît la Confédération du Rhin, Joseph, Louis et Jérôme Bonaparte comme rois de Naples, de Hollande et de Westphalie.

Les articles 8, 9 et 10 traitent de la création de ce dernier royaume.

Le roi de Prusse cède le cercle de Cotbus au roi de Saxe, renonce, en faveur de ce souverain, à ses provinces polonaises, ainsi qu'à la possession de la ville de Dantzig.

TIMBRE. Marque imprimée par l'Etat sur le papier dont la loi oblige à se servir pour certaines écritures, et certaines impressions, telles que les actes authentiques, les actes judiciaires, les titres de propriété, les contrats, les livres de commerce, etc.

On appelle *papier timbre* ou *marqué* le papier marqué d'un timbre.

Timbre à l'extraordinaire, timbre apposé après coup sur des actes qui auraient dû être écrits sur du papier timbré.

Timbre sec, celui qui n'est marqué que par la pression du coin sur lequel il est gravé.

Timbre de dimension, celui dont le prix est en raison de la grandeur du papier employé.

Timbre proportionnel, celui dont le prix est calculé d'après les sommes ou les valeurs auxquelles il est destiné.

Droit de timbre ou simplement *timbre* se prend aussi pour le prix, la taxe perçue à l'occasion de l'opposition du timbre obligatoire.

S'emploie aussi pour synonyme de sceau, de cachet : c'est dans ce sens qu'un arrêté ministériel du 30 avril 1880 porte que „les timbres des ambassades des légations et des consulats français à l'étranger seront gravés à l'effigie de la République."

TIMBRE-POSTE, timbre-dépêche. Cachet volant qui indique l'affranchissement d'une lettre ou d'une dépêche télégraphique et que celui qui envoie la lettre ou la dépêche colle sur l'enveloppe.

Pour les correspondances étrangères, aux termes des règlements de l'*Union Postale Universelle*, l'affranchissement de tout envoi postal ou télégraphique ne peut être opéré qu'au moyen de timbres-poste valables dans le pays d'origine pour la correspondance des particuliers.

TINDALL (Mathieu), publiciste anglais.

An essay concerning the laws of nations and the rights of sovereigns. (Essai concernant les lois des nations et les droits des souverains.)

Traité complet de diplomatie, par un ancien ministre. Paris, 1833, 3 vol. in-8.

TITRE. Inscription mise au commencement d'un livre pour faire connaître le sujet de l'ouvrage, et ordinairement aussi le nom de l'auteur, celui de l'éditeur, l'année de la publication.

Se dit aussi des inscriptions placées au commencement des divisions d'un livre pour indiquer la matière traitée dans chacun d'elles.

Se dit encore de la page ou du feuillet qui contient les inscriptions.

Nom de certaines subdivisions usitées dans les codes de lois, dans les recueils de jurisprudence, etc. Dans ces ouvrages les *livres* se subdivisent en *titres* et les *titres* en *chapitres*.

TITRE. (droit, qualité). Acte écrit, pièce authentique qui établit ou confère un droit, une qualité : titre de propriété, titre de rente, titre de noblesse. (*Voir* ACTE.)

Droit sur lequel on s'appuie pour posséder, pour demander ou pour faire une chose. (*Voir* DROIT.)

Titre onéreux, celui par lequel on acquiert une chose à prix d'argent ou sous la condition d'acquitter certaines charges.

Titre gratuit, celui par lequel on acquiert une chose sans qu'il en coûte rien, par exemple comme héritier ou comme donataire.

Titre est aussi synonyme de *qualité,* qualification qu'on donne aux personnes pour exprimer certaines relations d'époux, d'acquéreur etc.

TITRE (honorifique). Dignité fonction, qualification honorable.

Se dit de la propriété, d'une charge, d'un office; de certaines qualifications qu'on ne peut prendre, de certaines professions qu'on ne peut exercer qu'en vertu d'un diplôme, d'un brevet, etc. : titre de docteur, d'avocat, etc. professeur *en titre* par opposition à professeur *suppléant*.

Qualification donnée par honneur: nom de distinction, de prééminence.

Le *titre* n'est pas la *dignité* même, il n'en est que la dénomination.

Appliqués aux Etats, le titre et la dignité désignent le rang qu'un Etat occupe parmi les autres.

Les Etats souverains étant absolument égaux, chacun d'eux peut s'attribuer le titre ou la dignité qui lui convient, et même exiger de ses sujets toutes les marques d'honneur qui correspondent au titre qu'il a adopté. Cette faculté ne va cependant pas jusqu'à obliger les autres à reconnaître ce nouveau titre ou cette nouvelle dignité, parce que ce n'est pas là une question de droit strict.

En principe, tout Etat indépendant peut conférer le titre qu'il lui convient à son souverain; mais les autres Etats peuvent se refuser à l'admettre.

Les titres des souverains sont de diverses sortes : ils indiquent la dignité, la possession réelle ou fictive; ils sont aussi une qualification de parenté, une qualification religieuse, ou simplement une qualification de courtoisie.

Voici les principaux titres consacrés par l'usage et les pratiques internationales :

Pour désigner le chef de l'Eglise romaine on emploie les titres de *Votre Sainteté, Très-Saint Père,* auxquels ont été ajoutés celui de *Souverain Pontife* à partir du IIIe siècle, et celui de *Pape* depuis le Ve siècle.

Le titre de Majesté, qui appartenait jadis exclusivement à l'empereur d'Allemagne, a été étendu à tous les rois à dater du XVe siècle seulement; encore n'a-t-il été universellement consacré en leur faveur que trois cents ans plus tard.

Les sultans de Constantinople, longtemps désignés par le seul titre de *Hautesse,* ont de nos jours pris la double qualification d'Empereur et de Majesté.

Les ducs et les princes portent le titre d'*Altesses Sérénissimes*; les ducs d'Allemagne sont désignés généralement sous le titre unique de *Hautesse,* à moins que leurs relations de parenté avec d'autres familles souveraines ou des stipulations conventionnelles ne leur aient attribué une qualification royale.

Les Etats fédéraux et les républiques n'ont aucun titre constant ni bien défini. L'ancienne Confédération Germanique, comme les anciennes républiques de Pologne, de Venise et de Gênes, recevait dans ses relations diplomatiques le titre de Sérénissime. Quant aux républiques américaines, elles ne se distinguent entre elles que par des qualifications purement géographiques.

Faisons encore remarquer ici que certains monarques européens ajoutent à leurs titres des appellations religieuses qui se rattachent aux relations que leurs ancêtres ont entretenues avec les chefs de l'Eglise catholique. C'est ainsi que les souverains d'Angleterre s'appellent *Défenseurs de la foi*; ceux d'Autriche, en tant que rois de Hongrie, *Majesté Apostolique*; ceux d'Espagne (depuis 1496), *Rois Catholiques*; ceux de Portugal, *Rois Très-Fidèles*; les anciens rois de Pologne se faisaient appeler *Rois Orthodoxes*, et ceux de France *Majesté Très-Chrétienne.* (Voir ALTESSE, ÉMINENCE, EXCELLENCE, GRANDEUR, HAUTESSE, HONORABLE, MAJESTÉ, SAINTETÉ, SÉRÉNITÉ, SIRE, ARCHIDUC, BARON, BARONET, CHAH, COMTE, CZAR, DUC, EMPEREUR, GRAND-DUC, HOSPODAR, INFANT, MARGRAVE, MARQUIS, PAPE, PRINCE, ROI, SULTAN.)

Dans les chancelleries les titres des souverains sont divisés en *grand titre, titre moyen* et *petit titre.*

Le *grand titre* embrasse tous les titres de possessions réelles et ceux de possessions fictives : à propos de ces derniers, comme la plupart ont souvent été contestés par l'une ou l'autre des puissances amenées à contracter, les négociateurs lorsqu'il s'agit de les inscrire dans un protocole ou un traité, dans le but d'éviter des difficultés, ont adopté l'usage d'insérer dans l'acte une clause de *non præjudicando,* par laquelle on se prémunit réciproquement contre toutes les conséquences à tirer des titres revendiqués de part et d'autre et figurant dans le préambule des conventions des pleins-pouvoirs ou des ratifications.

Le *titre moyen* comprend quelques titres de possession réelle; il est adopté pour faciliter l'expédition des pièces de chancellerie.

Le *petit titre* est le titre même de la dignité suprême sous lequel chaque souverain est désigné habituellement.

Il y a encore les *titres de prétention* ou *de mémoire,* qui ont pour objet de maintenir des droits contestés ou de conserver des possessions perdues auxquelles on ne prétend plus. L'usage de ces titres a presque entièrement cessé.

Les titres des souverains sont formulés dans leur correspondance. (*Voir* CORRESPONDANCE DES SOUVERAINS.)

Nous ajouterons qu'il est d'usage que les têtes couronnées se donnent réciproquement le titre de *frères* ou de *sœurs* dans leurs correspondance entre elles ou avec les princes qui ont droit aux honneurs royaux: les épouses des souverains jouissent des mêmes prérogatives.

Les têtes couronnées peuvent seules exiger qu'on emploie à leur égard le titre de *Sire*.

Un titre spécial caractérise la correspondance entre le Pape et les souverains catholiques, qui donnent au Pape le titre de *Très-Saint Père* ou de *Sainteté* et reçoivent de lui celui de *fils très-aimé* (*carissime in Christo fili, dilectissime fili*); les princes protestants se conforment également à cet usage par déférence.

Les agents diplomatiques, les ministres, les hauts dignitaires et certains fonctionnaires ont droit à des titres particuliers respectifs, inhérents au rang à la supériorité des dignités dont ils sont revêtus, des fonctions qu'ils remplissent. (*Voir* AGENT DIPLOMATIQUE, MINISTRE, DIGNITAIRE, FONCTIONNAIRE.)

(*Voir* DIGNITÉ, DISTINCTION, RANG, HONNEURS, HONORIFIQUE, PRÉSÉANCE, CÉRÉMONIAL, ÉTIQUETTE, NOBLESSE.)

TITRE NOBILIAIRE. Les titres nobiliaires ou de noblesse sont ceux qui s'adressent aux personnes ayant droit à la noblesse; ils varient suivant le rang que ces personnes occupent dans l'ordre nobiliaire. (*Voir* NOBLESSE.)

Voici l'ordre dans lequel les titres nobiliaires se classent dans les principaux pays, où ils sont reconnus ou subsistent encore :

France : *Duc, prince, marquis, comte, vicomte, baron, chevalier.*

Angleterre : *Duc, marquis, comte (earl et count), vicomte, baron, baronet, chevalier.*

Allemagne : *Duc, prince (Fürst), landgrave, margrave, comte, baron, chevalier.* (Voir ces mots.)

Dans les autres pays, les titres sont à peu près les mêmes et suivent la même gradation.

TITULAIRE. Celui qui est revêtu d'un titre, soit qu'il en remplisse, soit qu'il n'en remplisse pas la fonction.

Ainsi un vice-consul, un chancelier peut être le gérant d'un consulat pendant que le titulaire, c'est-à-dire le consul, est absent ou en congé.

Plus absolument, celui qui n'a que le titre et le droit d'une dignité, sans la possession ou l'exercice.

TOPARCHIE. Petite souveraineté ou principauté.

TOPARQUE. Chef d'une toparchie.

TORCY (J. Bapt. Colbert, marquis de), né en 1665, mort en 1746.

Mémoires de M. de ***, pour servir à l'histoire des négociations depuis le traité de Ryswick jusqu'à la paix d'Utrecht. La Haye, 1756. 3 vol. in-12.

TORDESILLAS (traité de), 1494. A peine la découverte de l'Amérique par Christophe Colomb fut-elle connue en Europe, que le pape Alexandre VI expédia en faveur des Rois Catholiques sa bulle du 4 mai 1493, dans laquelle il déclarait qu'en sa qualité de Souverain Pontife il accordait au roi Ferdinand et à la reine Isabelle, ainsi qu'à leurs successeurs aux trônes de Castille et d'Aragon, toutes les terres ou îles découvertes et à découvrir à l'occident et au midi d'une ligne fictivement tracée du pôle arctique au pôle antarctique et à 100 lieues à l'ouest du groupe des Açores et des îles du Cap Vert. La même bulle établissait encore que la domination sur ces terres et ces îles était octroyée aux rois d'Espagne, à moins qu'elles n'eussent été occupées par un autre prince chrétien avant le jour de Noël de l'année 1492 : elle réservait ainsi les conquêtes du Portugal et des autres souverains d'Europe. Une seconde bulle du même pape décréta que les rois de Castille et d'Aragon jouiraient sur les pays découverts et à conquérir des mêmes droits et privilèges que ceux que les rois de Portugal avaient obtenus du Siège Apostolique pour leurs conquêtes sur la côte d'Afrique et aux Indes.

Vers la fin de cette même année 1493, le Souverain Pontife confirma par une troisième bulle la teneur des deux précédentes; et, pour mieux garantir aux sujets des rois de Castille et d'Aragon le droit exclusif de faire des découvertes, il annula toutes les autres concessions dont les nouvelles terres auraient pu être l'objet. Jean II de Portugal réclama en vain, prétendant que ces bulles étaient en opposition directe avec les concessions reconnues antérieurement par le Saint-Siège en faveur de la couronne portugaise. Une fois convaincu de l'inutilité de poursuivre ses plaintes et ses récriminations auprès de la cour de Rome, le gouvernement portugais songea à entamer directement des négociations avec les rois de Castille, afin de régler la question par un arrangement amiable.

Le 5 juin 1494, les représentants du Portugal et de l'Espagne se réunirent à Tordesillas; ils terminèrent si promptement leurs conférences que dès le surlendemain, c'est-à-dire le 7, ils signèrent le traité qu'ils étaient chargés de négocier. Par cet arrangement on convint de donner une plus grande extension à la ligne tracée par le pape Alexandre VI, en la fixant à trois cent soixante-dix lieues à l'ouest des îles du Cap Vert; en même temps, pour mieux assurer l'exécution de cette clause, on stipula que toutes les découvertes qui pourraient être faites par l'un ou l'autre des deux pays en dedans de la ligne de partage appartiendraient en toute souveraineté à celui qui y aurait des droits; enfin il fut décidé qu'on procéderait à la détermination exacte du méridien de démarcation dans les dix premiers mois à dater du 7 juin 1494, et que cette mission serait confiée à deux ou à quatre navires de l'une et de l'autre nation, montés par des personnes versées dans les sciences géographiques, astronomiques et nautiques. Tel fut, en substance, le traité de Tordesillas, qui mit fin momentanément à la première discussion internationale à laquelle avait donné lieu en Europe la découverte de l'Amérique, mais qui suscita plus tard d'interminables questions de limites entre les possessions transatlantiques de la couronne d'Espagne et de celle de Portugal.

TORRES-CAICEDO (José Maria), diplomate et publiciste sud américain, né à Bogotá (Colombie), le 30 mars 1830.

Correspondant de l'Académie de sciences morales et politiques de l'Institut de France, et membre de plusieurs Sociétés scientifiques et littéraires.

Il a été successivement député au Congrès de la Nouvelle Grenade, secrétaire de légation à Paris et à Londres, consul, puis chargé d'affaires du Vénézuela en France et aux Pays-Bas, et actuellement ministre plénipotentiaire de la République du Salvador en France.

Parmi ses ouvrages nous devons mentionner:

Ensayos biográficos y de critica literaria sobre los principales publicistas, historiadores, de la América latina. (Essais biographiques et de critique littéraire sur les principaux publicistes, historiens de l'Amérique latine.) Paris, 3 vol. in-8°.

Les principes de 1789 en Amérique. Paris, 1 vol. in-12.

Union latino-americana. (L'Union latino-américaine.) Paris, 1 vol. in-12.

C'est un exposé des principes qui doivent servir de base à une union fédérative de toutes les Républiques de l'Amérique autrefois colonies espagnoles, et un récit de ce qui a été tenté pour accomplir ce dessein, des divers congrès qui ont été tenus dans ce but.

Mis ideas y mis principios. (Mes idées et mes principes.) Paris, 1875, 3 vol. in-8°.

Dans ce livre où, comme l'indique le titre, l'auteur expose ses idées et ses principes sur la politique, l'économie sociale et les multiples questions qui s'y rattachent, nous trouvons traités de nombreux sujets qui rentrent dans le domaine du droit international, tels que les armées permanentes, la propriété littéraire, le droit et ses progrès, les nationalités, origine et progrès du droit des gens, la population et la loi de Malthus, le droit d'asile, la force et le droit, etc. etc., sans compter des commentaires, des notes et des documents instructifs sur les principales négociations diplomatiques qui ont eu lieu depuis cinquante ans, tant en Europe qu'en Amérique.

TORY. Nom d'un parti politique en Angleterre. Il soutient avant tout la prérogative royale et les principes conservateurs.

Les *tories* sont opposés aux *whigs* (voir ce mot).

TORYSME. Système politique des *tories.*

TOTZE (Eobald), publiciste allemand, né à Stolpe (Poméranie) en 1715, mort à Butzow le 27 mars 1789. Professeur de droit à l'Université de Butzow, conseiller du duc de Mecklembourg-Schwerin, membre de l'Académie d'histoire de Gœttingue.

Introduction à la statistique en général, et en particulier à celle des Etats européens. Butzow et Weimar, 1779. 2 vol. in-8°.

La liberté de la navigation et du commerce des nations neutres, considérée selon le droit des gens universel, celui de l'Europe et les traités. Londres et Amsterdam, 1780.

Essai sur un code maritime général européen. Leipzig, 1782.

(Ces deux ouvrages ont été traduits en allemand — Leipzig, 1780 et 1782, in-8°.)

TOURKMANTCHAI (traité de), 1828. Depuis les troubles survenus dans la Perse en 1799, un état presque permanent d'hostilité s'était continué entre ce pays et la Russie, entretenu par de fréquentes invasions réciproques des territoires respectifs, dont les limites mal définies étaient une source de contestations sans cesse renaissantes.

Le traité de paix signé au village de Tourkmantchaï le 22 février 1828 a eu pour objet de mettre un terme à ces différends.

Par ce traité la Russie a acquis les Khanat d'Erivan et de Makhitchévan, à elle cédés en toute propriété par le Shah de Perse, qui reconnaissait comme appartenant à jamais à l'Empire de Russie tous les pays et toutes les îles situés entre la frontière de l'empire ottoman d'un côté et la crête des montagnes du Caucase et la Mer Caspienne de l'autre, de même que les peuples nomades et autres qui habitaient ces contrées.

La seule compensation qu'obtenait le Shah de Perse consistait dans la reconnaissance par la Russie du fils de ce prince, Abbas Mirza, le successeur héritier présomptif de la couronne de Perse, comme légitime souverain du royaume dès son avènement au trône.

TRADITION. Se dit de la voie par laquelle la connaissance des faits, des doctrines, des idées se transmet d'âge en âge.

La tradition *orale* est celle qui se transmet de bouche en bouche, par les conversations ou les confidences sans aucune preuve authentique.

La tradition *écrite* se dit du témoignage que les livres publiés successivement de siècle en siècle rendent sur quelque point important en se confirmant les uns les autres.

La *tradition* désigne les doctrines, les faits transmis ; suivant l'ordre des faits ou des matières auxquels elle s'applique, la tradition peut être qualifiée d'historique, de philosophique, de religieuse, de politique, de judiciaire, etc.

Se dit aussi des opinions, des procédés, des usages qui se transmettent de génération en génération au moyen de l'exemple ou de la parole.

TRADITIONNEL, fondé sur la tradition. Lois, opinions, coutumes, traditionnelles.

TRADUCTEUR. Celui qui traduit d'une langue dans une autre.

Dans les agences diplomatiques et consulaires, le travail de traducteur incombe ordinairement aux *drogmans* ou *interprètes* (voir ces mots).

On nomme *traducteur juré* ou *assermenté*, celui qui auprès d'un tribunal, d'une cour de justice fait les traductions requises.

TRADUCTION. Version d'un ouvrage dans une langue différente de celle dans laquelle il a été écrite.

Au point de vue de la propriété littéraire, la *traduction* constitue un droit exceptionnel, subordonné à l'accomplissement de certaines formalités et entouré de certaines garanties par les traités internationaux, dont la violation peut éventuellement donner lieu à une action en justice. *(Voir* PROPRIÉTÉ LITTÉRAIRE.)

La traduction n'est pas une contrefaçon dans l'acception propre du mot. (*Voir* CONTREFAÇON.)

La traduction des documents dans la langue comprise par les personnes qu'ils intéressent est de règle dans les chancelleries diplomatiques et consulaires.

Les agents du service extérieur sont tenus d'accompagner d'une traduction le texte des documents officiels en langue étrangère, tels que lois, décrets, tarifs, décisions nouvelles, circulaires de douanes, etc., qu'il leur est recommandé d'adresser au ministère des affaires étrangères.

Toute pièce en langue étrangère, fournie comme pièce justificative par les agents, doit être accompagnée de sa traduction, certifiée sincère et véritable.

Lorsqu'il s'agit de la conclusion et de la rédaction d'un traité, si ce traité n'est pas écrit dans une langue commune aux États contractants, on en fait ordinairement une traduction dans la langue de chacun, et chaque plénipotentiaire signe les expéditions originales de ces traductions.

TRAHISON. Acte de perfidie; acte de livrer quelque chose ou quelque personne par des moyens détournés, criminels; de faire le contraire d'un engagement pris, de la parole donnée, de tromper la confiance de quelqu'un.

Se dit particulièrement de l'homme politique qui passe d'un parti dans le parti contraire; d'un soldat qui abandonne le drapeau de son pays pour se ranger sous le drapeau ennemi.

Haute trahison, crime d'un citoyen, d'un sujet qui attente à la sûreté de l'État, porte les armes contre son propre pays, entretient des intelligences avec ses ennemis pour les exciter à commettre des hostilités contre lui, pour leur livrer des villes ou des forts, pour seconder leurs machinations de quelque nature qu'elles soient et par quelques moyens que ce soit.

Généralement la trahison est punie de mort.

TRAITE. La traite des noirs, la traite des nègres et, absolument, la traite, consistait dans l'achat et la vente des nègres qu'on faisait autrefois sur les côtes d'Afrique pour les transporter aux colonies ou dans les pays du nouveau monde où l'esclavage existait, et les y vendre comme esclaves.

La traite est aujourd'hui entièrement abolie; toutes les nations civilisées ont pris isolément et collectivement des mesures pour en assurer la répression.

Par des traités internationaux les gouvernements se sont engagés à adopter les moyens nécessaires pour empêcher les armateurs de leurs pays de se livrer à la traite; que dans certaines zones les bâtiments de guerre des divers contractants sont autorisés à visiter réciproquement les navires de commerce qui se rendent suspectes de faire la traite (*Voir* VISITE); que les navires convaincus d'avoir fait la traite peuvent être confisqués, détruits ou vendus; que la traite est assimilée à la *piraterie* (voir ce mot).

Cependant cette assimilation n'entraîne pas pour la traite exactement les mêmes responsabilités que pour le crime de *piraterie* proprement dit; du fait même que les navires qui se livrent à la traite, naviguent sous le pavillon d'une puissance connue tandis que les pirates ne reconnaissent l'autorité d'aucun Etat, la répression de la traite ne saurait avoir le même caractère international et partant les mêmes conséquences que la poursuite de la piraterie; aussi les tribunaux de tous les Etats ne sont pas compétents pour prononcer sur la capture d'un navire qui s'est livré à la traite; c'est l'Etat dont ce navire portait le pavillon qui est compétent pour le juger.

TRAITÉ. *Définition et classification.* Les traités, en droit international, sont des actes écrits qui lient entre elles deux ou plusieurs nations, soit en confirmant les obligations et les droits respectifs dérivant de la loi naturelle ou des usages, soit en y apportant des additions ou des restrictions, mais dans tous les cas en leur donnant un caractère de devoir strictement obligatoire.

Dans la pratique on emploie indistinctement le terme de *traité* ou de *convention* (voir ce dernier mot). On donne aussi aux *traités*, suivant la nature des objets sur lesquels ils portent ou selon leur importance, différentes dénominations, notamment celles d'*accord*, de *déclaration*, de *cartel*, de *recès*, de *concordat*. (Voir ces mots.)

Considérés dans leur forme, leur nature et leurs effets, les traités peuvent se diviser en *transitoires* et *permanents*, en *personnels* et *réels*, en *égaux* et *inégaux*.

Les traités *transitoires* ont pour objet des affaires déterminées s'accomplissant par un acte unique et une fois pour toutes.

Le traité *permanent* implique une exécution continue et successive pendant un certain laps de temps, dont la limite extrême n'a pas forcément besoin d'être déterminée à l'avance et peut aboutir à la perpétuité. Il est même des traités qui sont perpétuels par la nature de la chose qui en fait l'objet, et qui subsistent indépendamment des changements qui surviennent dans la situation politique de l'une ou de l'autre des parties contractantes, et jusqu'à révocation formelle par consentement mutuel. L'état de guerre peut sans doute en amener la suspension dans certains cas; mais dès que la paix est rétablie, ils reprennent de plein droit toute leur vigueur sans nécessité d'aucune stipulation expresse. En général on peut appliquer la qualification de perpétuels à tous les traités qui établissent un état, un droit, une possession impliquant un caractère de fixité et de permanence.

Les termes dont il s'agit ici, s'appliquent non à la nature intrinsèque de l'acte, au fond, à l'essence même des traités, mais bien à la portée de leurs stipulations et à leur mise à exécution. En effet un traité qualifié de *transitoire,* parce qu'il porte sur un objet spécial nettement défini et qu'il s'accomplit par un acte unique, immédiat, instantané, purement passager, peut être *permanent* et *perpétuel* dans ses effets et ses conséquences; tandis qu'un traité qualifié de *permanent,* peut fort bien en réalité ne mériter que le titre de passager, de *transitoire,* si on ne l'envisage que dans sa portée et ses effets, qui sont destinés à n'avoir qu'une durée limitée, expirant à l'échéance fixée de gré à gré. Il va sans dire que nous exceptons les traités à la durée desquels aucune borne précise n'a été assignée, ou auxquels la perpétuité est acquise soit par une clause expresse, soit par la nature même des choses.

Les traités *personnels* se rapportent à

la personne même des souverains qui les contractent et expirent à leur mort ou à la fin de leur règne.

Les traités *réels* embrassent la matière qui en fait l'objet, abstraction faite des personnes appelées à concourir à leur négociation ; liant l'Etat tout entier, ils conservent leur force obligatoire malgré les changements qui peuvent survenir dans la forme du gouvernement, et ils subsistent aussi longtemps que le fait qui leur a donné naissance, à moins que la durée n'en ait été expressément limitée.

La distinction à établir entre ces deux genres de traités découle soit des formules employées dans le corps de l'acte, soit de la nature même des stipulations arrêtées par les parties contractantes et attribuant au traité tantôt un caractère personnel, tantôt un caractère réel.

Il n'est pas moins essentiel de s'assurer si le traité doit continuer d'être en vigueur après la mort des deux parties contractantes ou de l'une d'elles. La circonstance qu'un traité réel est conclu au nom d'un prince souverain ne suffit pas pour le transformer en traité personnel. De même qu'un traité conclu au nom d'une république ou d'un gouvernement démocratique constitue un engagement réel qui lie la nation tout entière, de même les traités publics, conclus par un prince régnant, forment des traités d'Etat obligatoires pour le peuple à la tête duquel il est placé et qu'il représente dans ses relations extérieures ; la personnalité du souverain reste sans influence sur la portée et le caractère réel propre aux obligations souscrites.

De ces considérations il résulte bien qu'une nation puisse être liée par les actes personnels de son souverain ; mais il reste à déterminer la durée des engagements contractés en son nom. Ici on ne saurait s'arrêter à une règle absolue, tout dépendant forcément des termes mêmes du traité ou de la matière sur laquelle porte l'accord des parties. Si le traité est conclu pour un certain nombre d'années ou est déclaré perpétuel, sa force obligatoire se prolongera au delà de la vie des parties contractantes ou ne cessera qu'à l'expiration du terme convenu ; par la même raison, lorsqu'un souverain déclare dans le corps du traité ou dans l'instrument des ratifications que les engagements sont pris pour lui et ses successeurs ou pour le bien de son royaume, il est clair que ce traité devra durer autant que le royaume même.

Pour qu'un traité soit considéré comme *égal*, il faut que les engagements pris et les avantages stipulés soient équivalents de part et d'autre, ou absolument, ou proportionnellement à la puissance de chacun des contractants ; l'égalité disparaît, si l'une des parties s'engage à faire plus que l'autre, ou si l'une des parties, par les obligations qu'elle contracte, est mise d'une façon quelconque sous la dépendance de l'autre. C'est ce qui se produit, par exemple, lorsque le contractant le plus puissant s'engage à secourir le plus faible sans exiger de celui-ci la réciprocité, assume des charges plus grandes, plus onéreuses, etc., ou bien encore lorsque l'Etat le plus faible souscrit à des conditions qui restreignent dans une certaine mesure et dans un cas donné son droit naturel d'indépendance. (*Voir* SECOURS, PROTECTION, INDÉPENDANCE.)

Il ne faut pas toutefois confondre les traités avec les alliances, auxquelles on étend généralement la même dénomination : le traité peut être égal alors que l'alliance reste inégale ; dans cette dernière sorte d'engagements l'égalité ou l'inégalité provient parfois du rang de ceux qui y prennent part et non du caractère des faits qui en ont amené la conclusion, ni de la portée des engagements souscrits ; souvent aussi l'inégalité dans les avantages est compensée par l'égalité dans les honneurs, et réciproquement. (*Voir* ALLIANCE.)

Les traités peuvent encore être *purs et simples* ou *conditionnels* ; les conditions sont tantôt suspensives ou résolutoires, tantôt expresses ou tacites.

Il est des traités qui créent une véritable servitude de droit public en faveur d'une nation sur le territoire d'une autre. (*Voir* SERVITUDE, USAGE.) On fait assez généralement rentrer les traités de servitude dans la catégorie des arrangements perpétuels par la nature même des stipulations sur lesquelles ils portent.

Un traité est dit *secret* lorsque la publication ou l'exécution doit en être retardée pendant quelque temps. Les traités *secrets* sont à proprement dire des traités *non publics;* aussi leurs effets ne s'étendent pas aux citoyens pour qui ils sont inconnus ; ils se bornent aux gouvernements qui les ont signés, et doivent les exécuter comme s'ils étaient publics.

Objets des traités. Au point de vue des objets qu'ils embrassent les traités offrent une diversité infinie.

Ils peuvent être divisés en traités *généraux* lorsqu'ils embrassent l'ensemble des relations entre les Etats, et en traités *spéciaux*, lorsqu'ils n'affectent qu'une partie déterminée de ces relations.

On peut encore qualifier de *politiques* ceux qui règlent les rapports de gouvernement entre les Etats, et d'*économiques* ceux qui règlent les rapports de production et d'échange.

On range généralement sous le titre de traités *internationaux* tous ceux qui sont conclus entre deux ou plusieurs Etats relativement à des questions de droit public, ou bien entre les autorités ou les services administratifs de deux ou de plusieurs Etats relativement à des matières concernant l'exercice de leurs fonctions. Mais on exclut de cette catégorie les traités conclus par des souverains ou les membres de dynasties souveraines entre eux ou avec des Etats étrangers pour leurs intérêts privés, comme par exemple leurs prétentions personnelles au gouvernement d'un pays, et les traités conclus entre un Etat et un particulier étranger relativement à certains services publics placés exceptionnellement sous la sauvegarde du droit international.

Parmi les sortes de traité les plus usitées, nous mentionnerons les traités de *garantie*, de *sûreté*, de *protection*, de *neutralité*, d'*alliance*, d'*amitié*, de *subsides*, d'*association* ou d'*alliance pacifique*, de *confédération*, de *limites*, de *cession*, d'*échange*, de *juridiction*, de *navigation*, de *commerce*, d'*extradition*, de *paix*; les conventions *consulaires*, celles relatives à la propriété *littéraire*, *artistique* et *industrielle*, les conventions *postales* et *télégraphiques*, celles concernant les *chemins de fer*, les *concordats* avec les Papes. (Voir ces différents termes.)

Droit de négocier les traités. Les traités se préparent au moyen de *négociations* (voir ce mot), qui ont pour issue la *conclusion* et la *signature* du traités. (Voir ces mots.)

Le droit de négocier et de conclure des traités est un des attributs essentiels de la souveraineté nationale; l'Etat qui aurait perdu la faculté de souscrire librement avec d'autres pays des engagements conventionnels de quelque nature qu'ils puissent être, cesserait par cela même d'être considéré comme souverain et indépendant. (*Voir* ÉTAT, SOUVERAINETÉ.)

Un des conditions de la validité des traités réside dans la capacité personnelle des contractants; il est donc d'un haut intérêt pour l'Etat souverain de rechercher dans quelle mesure ce dernier

peut contracter des obligations internationales et est capable de les remplir.

Pour constater en qui réside le pouvoir de conclure des traités il faut recourir à la constitution fondamentale des Etats; car ce droit étant un attribut essentiel de la souveraineté nationale, l'exercice n'en peut être régi que par le droit public interne de chaque pays.

Dans les monarchies l'exercice en est concentré entre les mains du souverain, sauf des restrictions plus ou moins grandes; dans les républiques il appartient au chef du pouvoir exécutif, assisté de ses ministres ou des grands corps de l'Etat.

En résumé les représentants ou les détenteurs *actuels* du pouvoir souverain possèdent seuls la capacité nécessaire pour conclure des traités proprement dits, pouvu que, pour leurs relations extérieures, ils se renferment dans les limites déterminées par les termes de la constitution de l'Etat. Par contre le prince légitime d'un pays qu'une révolution a dépouillé de sa couronne, ne peut valablement contracter au nom de l'Etat tant qu'il n'est pas rentré en possession du pouvoir suprême.

Rédaction des traités. Au point de vue de la forme il y a lieu de distinguer dans les traités le *préambule* (Voir ce mot); la désignation des *plénipotentiaires* et la justification, de leur qualité pour négocier (*Voir* PLÉNIPOTENTIAIRE); les *stipulations* (*Voir* CLAUSE, STIPULATION) qui forment le corps du traité et en fixent la durée; la *finale* (Voir ce mot), constatant le concours des volontés des plénipotentiaires sur l'ensemble des dispositions arrêtées; l'indication de la date et du lieu où le traité est conclu, ainsi que du nombre d'expéditions originales qui en ont été dressées, la signature et le sceau des négociateurs. (*Voir* SIGNATURE, ALRERNAT.)

La rédaction habituellement adoptée est celle des stipulations ou des clauses par articles numérotés.

Lorsqu'un traité est composé de plusieurs articles, il y a lieu de distinguer les articles *principaux* de ceux qui ne sont qu'*accessoires*; les articles *connexes*, c'est-à-dire qui se trouvent liés entre eux par leur contenu, de ceux *non-connexes*, qui ne se lient ensemble par aucun rapport.

Tous les articles *principaux*, qu'ils soient connexes ou non au point de vue de leur contenu, se rattachent cependant les uns aux autres par une liaison générale en raison de laquelle chacun de ces articles a pour condition l'accomplissement des autres et ne saurait être comme isolé ou séparé de l'ensemble du traité ou regardé comme un véritable traité séparé, à moins qu'on ne l'ait expressément signé comme tel.

En un mot, l'ensemble des articles d'un traité forme un tout indivisible, qui perdrait sa consistance et sa valeur, si l'on altérait une de ses parties : on ne saurait séparer les clauses ni en envisager une en particulier, intrinsèquement, sans tenir compte de sa corrélation avec celles qui la suivent ou la précèdent.

Quand les articles *principaux* cessent d'être en vigueur, les articles *accessoires* tombent avec eux; par contre la rupture d'articles *accessoires* n'entraîne pas celle des articles *principaux*.

Un traité renferme aussi des articles dits *généraux*, c'est-à-dire qu'on retrouve dans tous les traités, et des articles *particuliers*, c'est-à-dire ceux qui sont propres au traité qu'on conclut. Ainsi, par exemple, l'article relatif aux ratifications est un article général, parce qu'il fait le sujet d'une clause spéciale, qui s'insère dans tous les traités en général.

On qualifie de *séparés* ou de *supplémentaires* certains articles ajoutés ou annexés, comme supplément ou appendices, aux articles formant le corps du traité : ces articles ont ordinairement pour objet les conditions mêmes du traité ou son exécution; quelquefois ils renferment une clause de salvation ou de *réserve* (Voir ce mot) concernant les titres que les parties contractantes ou l'une d'elles ont pris, ou la langue dont on s'est servi, afin d'empêcher que ce qui a été accordé cette fois ne tire à conséquence pour l'avenir.

Quelquefois les articles supplémentaires prennent la forme d'*articles additionnels*, de *conventions additionnelles,* ou de *protocoles de clôture.*

Le *protocole de clôture* se compose généralement de déclarations; il est ainsi conçu : „Au moment de procéder à la signature du traité (ou de la convention) arrêté entre eux à la date de . . . les plénipotentiaires soussignés ont fait les déclarations suivantes . . .“

Les articles séparés sont ou *publics* ou *secrets;* car il peut être quelquefois nécessaire de garder secrètes certaines dispositions d'un traité, c'est-à-dire de convenir que la publication ou l'exécution de ces traités devront être différées pendant un delai déterminé, au terme duquel elles deviennent *patentes.* Ces articles secrets portent aussi la dénomination de *réserves* (Voir ce mot).

Quelle que soit la forme que reçoivent ces articles séparés ou supplémentaires, on les fait suivre habituellement d'une déclaration aux termes de laquelle ils doivent être tenus pour obligatoires comme s'ils étaient insérés dans le traité même et en faisaient partie.

Lorsque le traité n'est pas rédigé dans une langue commune aux négociateurs ou aux États qu'ils représentent, on en fait une traduction dans la langue de chacune des parties contractantes, qui a signé l'expédition originale.

Ratification des traités. Pour devenir exécutoire le traité doit subir la formalité de la *ratification* (voir ce mot).

Un traité dûment ratifié est-il définitivement obligatoire pour les parties contractantes, ou réclame-t-il un dernier complément avant d'entrer en vigueur?

Cette question ne peut recevoir une solution générale, uniforme, parce qu'elle rentre dans le domaine du droit public interne des Etats, lequel varie à l'infini d'un pays à l'autre. Dans certaines contrées, par exemple dans les monarchies absolues, le droit de négocier, de conclure et de ratifier toute espèce de traités appartient directement et sans réserve aucune au souverain; pour ces traités-là il est évident que l'échange des ratifications les rend parfaits et en entraîne forcément la mise à exécution immédiate : c'est ce qui a lieu notamment en Russie, en Turquie et dans toutes les régions de l'extrême Orient.

D'autres pays confèrent bien le droit de ratification à l'autorité qu'elles investissent du pouvoir exécutif; mais elles entourent l'exercice de ce droit de certaines réserves, ou y attachent des conditions qui font que l'échange des ratifications n'entraîne pas *de plano* tous ses effets pratiques, et que l'exécution du traité peut être suspendue, quand elle n'est pas rendue absolument impossible. On peut donc établir en principe à l'égard de ces pays qu'un traité, quoique ratifié, n'est parfait et ne devient absolument, définitivement obligatoire que lorsqu'il a traversé sa dernière phase, c'est-à-dire celle de la sanction légale qu'impose à tous les actes de l'espèce le régime constitutionnel de la nation au nom de laquelle il a été conclu.

La plupart des Etats modernes ont

adopté pour règle de ne rendre les traités de commerce exécutoires qu'après les avoir fait sanctionner par le pouvoir législatif; en général ils agissent de même pour tous les traités qui altèrent en quoi que ce soit les lois générales du pays, comme pour ceux qui renferment des clauses financières qui impliquent une cession ou une acquisition de territoire.

Tant que la nation ne les a pas reconnus et approuvés par l'organe de ses représentants naturels, les traités qui ont besoin de cette dernière consécration demeurent imparfaits et ne peuvent être mis à exécution.

Promulgation des traités. Une fois ratifiés et sanctionés par les divers pouvoirs dont l'intervention est exigée par le droit public interne de chaque Etat, les traités sont parfaits et définitivement obligatoires pour les parties contractantes. Toutefois, étant assimilés à des lois d'ordre public, ils demandent comme celles-ci à être rendus publics, en d'autres termes à être *promulgués.* (*Voir* PROMULGATION.)

Lorsque pour une raison ou une autre des doutes s'élèvent sur la validité ou la durée du traité, il est d'usage de le *confirmer* par une nouvelle déclaration. (*Voir* CONFIRMATION.)

Garanties des traités. On a recours à divers moyens pour assurer l'observation des traités; les plus usités sont le *serment,* le *gage,* l'*hypothèque* (voir ces mots).

Interprétation des traités. Le texte des traités doit avant tout s'*interpréter* dans le sens de l'équité et du droit strict; il y a certaines règles à observer, lorsque les mots ou les clauses présentent de l'ambiguïté. (*Voir* INTERPRÉTATION.)

Mais les difficultés pratiques que soulève l'application des traités ne se laissent pas toujours résoudre par voie d'entente purement verbale; leur importance peut exiger qu'il faille recourir à une modification des textes et à la rédaction de clauses nouvelles qui fixent nettement et irrévocablement l'interprétation sur laquelle les parties sont parvenues à se mettre d'accord.

Expiration des traités. Les traités prennent fin, soit naturellement, quand ils arrivent à leur terme ou quand leur but est atteint; soit violemment, quand ils sont rompus ou dénoncés avant leur échéance.

Les traités s'éteignent naturellement : 1º lorsque, ne comportant pas des engagements permanents, toutes les obligations instantanées ou successives qu'ils renferment ont été intégralement remplies; 2º par l'expiration du terme pour lequel ils ont été conclus; 3º par l'accomplissement de la condition résolutoire qu'ils ont prévue (*voir* RESOLUTION); 4º par une renonciation expresse de la partie intéressée à leur maintien (*voir* RENONCIATION); 5º par l'anéantissement complet, fortuit et non prémédité de la chose qui forme l'objet de la convention; 6º par résiliation mutuelle et de commun accord entre les contractants, pourvu qu'un tiers n'ait pas acquis le droit de s'y opposer (*voir* RESILIATION); 7º enfin, à moins de stipulation formellement contraire, par une déclaration de guerre, qui en suspend, quand elle n'en détruit pas entièrement les effets. (*Voir* DÉCLARATION DE GUERRE).

Les traités d'alliance, de secours et de subsides, de commerce et de navigation, en un mot toutes stipulations ayant exclusivement trait à des relations pacifiques, ne peuvent être censées subsister du moment que ces relations sont devenus hostiles; il n'est pas besoin d'une déclaration positive de guerre pour produire ce résultat.

Les stipulations concernant des délimitations de frontières, l'occupation des propriétés, les dettes publiques, etc., et qui sont permanentes de leur nature, sont suspendues par la guerre; mais elles revivent aussitôt que cessent les hostilités.

Les stipulations qui ont trait aux prises maritimes, aux prisonniers de guerre, aux blocus, à la contrebande, etc., ne sont point altérées par une déclaration de guerre entre les parties contractantes; elles ne peuvent être annulées que par de nouveau traités ou de la manière prescrite dans les traités mêmes.

Mais les obligations dès traités expirent dans le cas où l'une des parties contractantes perd son existence comme Etat indépendant, ou dans le cas où sa constitution intérieure subit des changements de nature à rendre le traité inapplicable au nouvel état de choses.

Annulation des traités. Un traité est annulé de plein droit et perd jusqu'à son existence légale : 1º lorsqu'il est reconnu reposer sur une erreur matérielle quant à la substance même de l'affaire ou de l'objet en vue duquel il a été conclu; 2º lorsque son maintien ou sa mise à exécution rencontre une impossibilité, absolue ou relative, que les parties devaient ou pouvaient prévoir au moment où elles ont souscrit leurs engagements. (*Voir* ANNULATION.)

On considère aussi comme nuls les traités qui portent atteinte aux droits généraux de l'humanité, ou aux principes nécessaires du droit international.

Parmi les traités contraires aux droits de l'humanité sont rangés ceux qui introduisent ou protègent l'esclavage ; refusent tous droits aux étrangers, entravent la liberté des mers, prescrivent des poursuites pour opinions religieuses.

Au nombre des traités contraires au droit national seraient ceux qui tendraient à la domination d'une puissance sur le monde entier, à la suppression violente d'un Etat ayant les ressources nécessaires pour vivre par lui-même et ne menaçant pas le maintien de la paix.

Un traité peut finir avant le terme fixé pour sa durée, lorsqu'en dehors des motifs de modification et d'annulation que nous venons d'indiquer, l'une des parties refuse de tenir ses engagements et donne ainsi implicitement à l'autre partie le droit de s'en affranchir également. (*Voir* RUPTURE, DÉNONCIATION).

Le contraire peut aussi avoir lieu ; les Etats contractants peuvent considérer le traité comme subsistant et obligatoire au delà du terme fixé primitivement pour sa durée ; dans ce cas le traité est *prorogé* ou *renouvelé* soit par un acte exprès, soit par assentiment implicite ou tacite. (*Voir* PROROGATION, RENOUVELLEMENT, TACITE, RECONDUCTION.)

Traité de paix d'Abo entre la Russie et la Suède 1743.

(*Voir* ABO.)

Traité de paix d'Aix-la-Chapelle entre la France et l'Espagne 1668.

(*Voir* AIX-LA-CHAPELLE.)

Traité de paix d'Aix-la-Chapelle 1748.

(*Voir* AIX-LA-CHAPELLE.)

Traité de paix d'Amiens entre la France et ses alliés, et la Grande-Bretagne 1802.

(*Voir* AMIENS.)

Traité de paix entre la Porte Ottomane et la Russie, signé à Andrinople 2/14 septembre 1829.

(*Voir* ANDRINOPLE.)

Traité de la Barrière entre l'Autriche, la Grande Bretagne et les États Généraux des Provinces Unies, signé à Anvers le 15 novembre 1715.

(*Voir* BARRIÈRE.)

Traité de paix de Belgrade entre l'Empereur, la Russie et la Porte 1730.

(*Voir* BELGRADE.)

Traité de paix entre la France, l'Allemagne, l'Autriche-Hongrie, la Grande Bretagne, l'Italie, la Russie et la Turquie, signé à Berlin le 13 juillet 1878.

(*Voir* BERLIN.)

Traité d'union perpétuelle, d'alliance et de confédération entre la Colombie et les Provinces Unies de l'Amérique Centrale, signé à Bogota le 15 mars 1825.

(*Voir* BOGOTA.)

Traité de paix de Bréda entre la Grande Bretagne d'une part, les États Généraux la France et le Danemark de l'autre, 1667.

(*Voir* BRÉDA.)

Traité de paix de Bromsebro entre la Suède et la Danemark 1645.

(*Voir* BROMSEBRO.)

Traité d'amitié et d'alliance entre la République du Chili et les Provinces Unies du Rio de la Plata, signé à Buenos Aires, au mois de janvier 1819.

(*Voir* BUENOS AIRES.)

Traité d'amitié et d'alliance entre la République de Colombie et l'État de Buenos Aires, signé à Buenos Aires le 8 mars 1823.

(*Voir* BUENOS AIRES.)

Traité définitif de paix conclu entre la République Argentine et la République du Paraguay à Buenos Aires le 3 février 1876.

(*Voir* BUENOS AIRES.)

Traité de paix de Campo Formio entre la France et l'Autriche 1797.

(*Voir* CAMPO FORMIO.)

Traité de paix de Carlowitz entre la Porte, la maison d'Autriche, la Pologne, la République de Venise et la Russie 1699.

(*Voir* CARLOWITZ.)

Traité de garantie conclu entre la France et Tunis à Casr-Said, le 12 mai 1881.

(*Voir* CASR-SAID.)

Traité de fédération entre le Pérou et la Bolivie, signé à Chuquisaca le 15 novembre 1826.

(*Voir* CHUQUISACA.)

Traité de confédération des États du Rhin 1806.

(*Voir* CONFÉDÉRATION DES ETATS DU RHIN.)

Traité de paix de Constantinople entre la Grande Bretagne et la Porte, 1809, et de Bucharest entre la Russie et la Porte 1812.

(*Voir* CONSTANTINOPLE et BUCHAREST.)

Traité de paix de Copenhague 1767, et de Tzarsko-Selo 1775.

(*Voir* COPENHAGUE et TZARSKO-SELO.)

Traité de l'Escurial entre l'Espagne et la Grande Bretagne 1790.

(*Voir* ESCURIAL.)

Traité de paix de Fontainebleau entre l'Empereur et les Provinces Unies 1785.

(*Voir* FONTAINEBLEAU.)

Traité définitif de paix entre la République Française et l'Empire d'Allemagne, signé à Francfort-sur-Mein le 10 mai 1871.

(*Voir* FRANCFORT-SUR-MEIN.)

Traités de paix de Fredericshamn entre la Suède et la Russie 1809, et de Jœnkœping entre la Suède et le Danemark 1809.

(*Voir* FREDERICSHAMN, JŒNKŒPING.)

Traité de paix de Gand 1814 entre la Grande-Bretagne et les États-Unis d'Amérique.

(*Voir* GAND.)

Traité de paix de Grodno 1793 et de Saint-Pétersbourg 1795, relatifs au second et troisième partage de la Pologne.

(*Voir* GRODNO, SAINT-PETERSBOURG.)

Traité de paix, d'amitié, de limites et de règlement entre les États-Unis d'Amérique et la République Mexicaine, signé à Guadalupe Hidalgo le 2 février 1848.

(*Voir* GUADALUPE HIDALGO.)

Traités de paix de Kiel, de Hanovre et de Berlin 1848, entre le Danemark, la Suède, la Grande Bretagne, la Russie et la Prusse.

(*Voir* KIEL, HANOVRE et BERLIN.)

Traité de paix de Koutschouc-Kaynardyi entre la Russie et la Porte 1774.

(*Voir* KOUTSCHOUC-KAYNARDYI.)

Traité de paix de Kiwerova-Horka entre la Pologne et la Russie 1582.

(*Voir* KIWEROVA-HORKA.)

Traité de paix de la Haye entre le Portugal et les États Généraux des Provinces Unies de Pays-Bas en 1661-1669.

(*Voir* LA HAYE.)

Traité de La Haye 1790.

(*Voir* LA HAYE.)

Traité d'amitié et d'alliance entre la République de Bolivie et celle de l'Equateur, signé à La Paz le 8 mai 1842.

(*Voir* LA PAZ.)

Traité d'adhésion à l'alliance offensive entre le Chili et le Pérou, conclu par les Républiques de la Bolivie et du Chili à La Paz le 19 mars 1866.

(*Voir* LA PAZ.)

Traité d'union perpétuelle d'alliance et de confédération entre la Colombie et le Pérou, signé à Lima le 6 juillet 1822.

(*Voir* LIMA.)

Traité d'amitié, d'alliance et de commerce entre le Pérou et l'Equateur, signé à Lima le 12 juillet 1832.

(*Voir* LIMA.)

Traité de paix et d'amitié entre la Bolivie et le Pérou, signé à Lima le 5 novembre 1863.

(*Voir* LIMA.)

Traité d'alliance offensive et défensive entre le Pérou et le Chili, signé à Lima le 5 décembre 1865.

(*Voir* LIMA.)

Traité d'union et d'alliance défensive entre les Républiques de la Bolivie, des États-Unis de Colombie, du Chili, de l'Equateur, du Pérou, du Salvador et des États-Unis du Vénézuéla, signé à Lima le 23 janvier 1865.

(*Voir* LIMA.)

Traité d'adhésion à l'alliance entre le Pérou et le Chili, conclu entre la Bolivie et le Pérou à Lima le 11 avril 1866.

(*Voir* LIMA.)

Traité de paix de Lisbonne entre l'Espagne et le Portugal en 1668.

(*Voir* LISBONNE.)

Traité entre la Grande-Bretagne, l'Autriche, la France, la Prusse et la Russie, d'une part, et la Belgique, d'autre part, relatif à la séparation de la Belgique d'avec la Hollande, signé à Londres le 15 novembre 1831.

(*Voir* LONDRES.)

Traité entre la France, la Grande-Bretagne et la Russie d'une part, et la Bavière de l'autre pour l'arrangement définitif des affaires de Grèce, signé à Londres le 7 mai 1832.

(*Voir* LONDRES.)

Traité entre la Grande-Bretagne, l'Autriche, la France, la Prusse et la Russie d'une part, et les Pays Bas de l'autre, relatif aux Pays Bas et à la

Belgique, signé à Londres le 19 avril 1839.

(*Voir* LONDRES.)

Traité entre la France, l'Autriche, la Grande-Bretagne, la Prusse et la Russie, conclu à Londres le 14 novembre 1863, pour constater l'union des Iles Ioniennes à la Grèce.

(*Voir* LONDRES,)

Traité, relatif à la couronne de Grèce, entre la France, le Danemark, la Grande-Bretagne et la Russie, signé à Londres le 13 juillet 1863.

(*Voir* LONDRES.)

Traité de paix de Lunden entre le Danemark et la Suède 1679.

(*Voir* LUNDEN.)

Traité de paix de Lunéville entre la France, l'Autriche et l'Empire 1801.

(*Voir* LUNÉVILLE.)

Traité de reconnaissance entre l'Espagne et la République de Costa-Rica, signé à Madrid le 10 mai 1850.

(*Voir* MADRID.)

Traité de paix entre l'Espagne et la République de Nicaragua, signé à Madrid le 25 juillet 1850.

(*Voir* MADRID.)

Traité de paix entre l'Espagne et la République Dominicaine, signé à Madrid le 18 février 1855.

(*Voir* MADRID.)

Traité d'union perpétuelle, d'alliance et de confédération entre la Colombie et le Mexique, signé à Mexico le 3 octobre 1823.

(*Voir* MEXICO.)

Traité d'amitié et d'alliance entre le Mexique et le Pérou, signé à Mexico le 11 juin 1862.

(*Voir* MEXICO.)

Traité de paix de Moscou 1686, entre la Russie et la Pologne.

(*Voir* MOSCOU.)

Traité de paix entre la Chine et la Grande Bretagne conclu à Nankin 1842.

(*Voir* NANKIN.)

Traité de la neutralité armée du Nord 1780.

(*Voir* NEUTRALITÉ ARMÉE DU NORD.)

Traités sur la neutralité armée du Nord et sur le commerce maritime 1800-1801.

(*Voir* NEUTRALITÉ ARMÉE DU NORD.)

Traité de paix de Nimègue, 1678-1679.

(*Voir* NIMÈGUE.)

Traités de paix d'Oliva, de Copenhague et de Kardis, 1660-1661.

(*Voir* OLIVA, COPENHAGUE et KARDIS.)

Traités de paix de Paris et de Hubertsbourg 1765.

(*Voir* PARIS ET HUBERTSBOURG.)

Traité de Paris entre la France et les États Unis 1800.

(*Voir* PARIS.)

Traité de Paris 1803 entre la France et les États-Unis d'Amérique.

(*Voir* PARIS.)

Traité de Paris 1810 entre la France et la Hollande.

(*Voir* PARIS.)

Traité de Paris 1814.

(*Voir* PARIS.)

Traité entre l'Autriche, la France et la Grande Bretagne, signé à Paris le 15 avril 1856.

(*Voir* PARIS.)

Traité de paix entre la France, l'Autriche, la Grande-Bretagne, la Sardaigne et la Porte Ottomane, d'une part, et la Russie d'autre part, signé avec la participation de la Prusse, à Paris le 30 mars 1856.

(*Voir* PARIS.)

Traités de paix de Passarowitz entre l'Empereur, la République de Venise et la Porte 1718.

(*Voir* PASSAROWITZ.)

Traité d'union, d'amitié et d'alliance entre l'Equateur et la Nouvelle Granade, signé à Pasto le 8 décembre 1832.

(*Voir* PASTO.)

Traité de paix de Polianowa ou Wiasma entre la Pologne et la Russie 1634.

(*Voir* POLIANOWA ou WIASMA.)

Traité de paix entre la France et la République de Haïti, signé à Port au Prince le 12 février 1838.

(*Voir* PORT AU PRINCE.)

Traité de paix de Presbourg 1805 entre la France et l'Autriche.

(*Voir* PRESBOURG.)

Traités de paix de Pruth, Constantinople et d'Andrinople de 1711 à 1727 entre la Russie et la Porte.

(*Voir* PRUTH, CONSTANTINOPLE, ANDRINOPLE.)

Traité de paix des Pyrénées, conclu entre la France et l'Espagne 1659.

(*Voir* PYRÉNÉES.)

Traité de paix de la Quadruple Alliance 1718.
(Voir QUADRUPLE ALLIANCE.)

Traités de paix de Rastadt et de Bade 1714.
(Voir RASTADT et BADE.)

Traité entre l'empire du Brésil et le royaume du Portugal, pour la reconnaissance de l'empire du Brésil, signé à Rio de Janeiro le 29 avril 1825.
(Voir RIO DE JANEIRO.)

Traité de paix entre le Brésil et les Provinces Unies du Rio de la Plata, signé à Rio de Janeiro le 27 août 1828.
(Voir RIO DE JANEIRO.)

Traité entre la République orientale de l'Uruguay et l'Empire du Brésil, signé à Rio de Janeiro le 12 octobre 1851.
(Voir RIO DE JANEIRO.)

Traité de Ryswick 1697.
(Voir RYSWICK.)

Traité de paix entre la France et l'Espagne d'une part, et le royaume d'Annam de l'autre, signé à Saigon le 5 juin 1862.
(Voir SAIGON.)

Traités de Saint Ildefonse et du Prado 1777-1778 entre l'Espagne et le Portugal, relatifs aux limites de leurs possessions en Asie et en Amérique.
(Voir SAINT ILDEFONSE ET PRADO.)

Traité d'amitié, d'alliance et de confédération entre le Chili et le Pérou, signé à Santiago du Chili le 23 décembre 1822.
(Voir SANTIAGO.)

Traité d'union perpétuelle, d'alliance et de confédération entre la Colombie et le Chili, signé à Santiago de Chili le 21 octobre 1822.
(Voir SANTIAGO.)

Traité d'amitié, d'alliance, de commerce et de navigation entre les Provinces Unies du Rio de la Plata et le Chili, signé à Santiago le 20 novembre 1826.
(Voir SANTIAGO.)

Traité de paix de Schœnbrunn 1809.
(Voir SCHŒNBRUNN.)

Traité de paix de Stettin entre la Suède et le Danemark 1570.
(Voir STETTIN.)

Traités de paix de Stockholm et de Nystad.
(Voir STOCKHOLM et NYSTAD.)

TOME II

Traité de paix de Stolbowa entre la Suède et la Russie 1617.
(Voir STOLBOWA)

Traité de paix de Teschen entre l'Impératrice-Reine et le Roi de Prusse 1779, et la confédération des Princes Germaniques 1785.
(Voir TESCHEN.)

Traité de paix de Teusin entre la Russie et la Suède 1595.
(Voir TEUSIN.)

Traités de paix de Tilsit 1807, conclu entre la France, la Russie et la Prusse 1807.
(Voir TILSIT.)

Traité de Tordesillas entre l'Espagne et le Portugal 1494.
(Voir TORDESILLAS.)

Traité de paix de la Triple Alliance 1717.
(Voir TRIPLE ALLIANCE.)

Traités de la Triple Alliance entre la Grande Bretagne, la Prusse et les Provinces Unies des Pays-Bas, conclu à La Haye, à Berlin et à Loo 1788.
(Voir TRIPLE ALLIANCE.)

Traité de la triple alliance entre la République Argentine, l'Empire du Brésil et la République orientale de l'Uruguay, signé à Buenos Aires le 1 mai 1865.
(Voir TRIPLE ALLIANCE.)

Traité de paix entre la France et la Sardaigne pour la réunion de la Savoie et de l'arrondissement de Nice à la France, signé à Turin le 30 mars 1861.
(Voir TURIN.)

Traité de paix d'Utrecht 1715.
(Voir UTRECHT.)

Traités de paix de Varsovie, relatifs au premier partage de la Pologne 1775.
(Voir VARSOVIE.)

Traité de paix de Versailles de 1783 entre la France et l'Angleterre.
(Voir VERSAILLES.)

Traités de paix de Vienne, l'un entre l'Empereur et le Roi d'Espagne 1725, l'autre entre l'Empereur, l'Angleterre et les États Généraux 1731.
(Voir VIENNE.)

— Troisième Traité de Vienne 1758.
(Voir VIENNE.)

Traité de paix entre l'Autriche et l'Italie, signé à Vienne le 3 octobre 1866.
(Voir VIENNE.)

Traité d'amitié, d'accord et de fixation de limites, conclu entre les États-Unis d'Amérique et S. M. Catholique, signé à Washington le 22 février 1819.

(*Voir* WASHINGTON.)

Traité de paix de Werclœ 1790.

(*Voir* WERCLŒ.)

Traité de paix de Westphalie 1648-1669.

(*Voir* WESTPHALIE.)

Traité de paix entre la France et l'Autriche, conclu à Zurich le 10 novembre 1859.

(*Voir* ZURICH.)

Traité d'amitié et d'union, conclu à Drott Ningholm 1791.

(*Voir* DROTT NINGHOLM.)

Traité d'alliance et d'amitié, conclu à Gatschina 1799.

(*Voir* GATSCHINA.)

TRAITEMENT NATIONAL. Se dit des avantages que s'accordent réciproquement deux Etats qui signent un traité de commerce et de navigation, et qui consistent notamment à faire jouir dans les ports et les places de commerce respectifs les navires et les nationaux de la puissance amie, des mêmes privilèges et des mêmes immunités qui sont assurés par les lois et les règlements du pays aux navires et aux nationaux de ce pays. (*Voir* COMMERCE, NAVIGATION, NATION LA PLUS FAVORISÉE.)

TRAITÉS et conventions conclus et ratifiés par la République mexicaine, depuis son indépendance jusqu'à l'année actuelle, accompagnés des divers documents qui s'y rapportent. (*Tratados y convenciones concluidos y ratificados por la República Mexicana desde su independencia hasta el año actual, acompañados de varios documentos que les son referentes.*) Edition officielle, Mexico, 1878, 1 vol. in-8°.

Un second volume, publié la même année, renferme les „Traités et conventions passés et non ratifiés par la République mexicaine, avec un appendice qui contient divers documents importants." (*Tratados y convenciones celebrados y no ratificados por la República Mexicana, con un appendice que contiene varios documentos importantes.*) Edition officielle.

Dans ce double recueil, les traités et les autres actes sont classés selon les différents pays auxquels ils se rapportent, c'est-à-dire avec lesquels le Mexique est partie contractante, et en général les textes sont reproduits, en outre de la version espagnole, dans l'autre langue dans laquelle ils ont été originairement rédigés.

TRAITRE. Celui qui trahit, se rend coupable d'un acte de *trahison*. (Voir ce mot.)

En temps de guerre, on considère particulièrement comme *traître* la personne qui, dans une ville ou une contrée placée sous la loi *martiale* (Voir ce mot.) ou l'état de siège, donne à l'ennemi, sans l'autorisation du commandant militaire, des informations de quelque nature qu'elles soient, lui communique des renseignements qu'il a reçus par des moyens licites sur les opérations militaires ou la position de l'armée.

Celui qui s'offre librement comme guide à l'armée ennemie et lui montre les chemins, est regardé comme *traître* et puni comme tel.

On incrimine pareillement le citoyen ou l'habitant d'une place ou d'une contrée envahie ou conquise qui envoie d'un lieu occupé par l'ennemi à l'armée ou au gouvernement de son propre pays des informations ou des avis de nature à nuire à l'armée occupante.

Toute correspondance non autorisée ou secrète avec l'ennemi, toute intelligence avec lui sont du reste regardées comme trahison.

TRANSACTION. En jurisprudence, la *transaction* est un acte par lequel les parties terminent une contestation existante ou préviennent une contestation à naître.

La transaction intervient entre les Etats indépendants comme entre les particuliers. Elle a lieu par les négociations et les traités publics.

La *transaction* implique toujours une renonciation simultanée et réciproque à tout ou partie des prétentions mises en avant de part et d'autre : c'est une entente sur un terme moyen qui résout la difficulté pendante, tandis que dans l'arrangement amiable (*Voir* AMIABLE) c'est en général l'un des contractants qui facilite l'accord en abandonnant isolément le droit ou l'objet dont la revendication formait la matière du débat.

Il ne faut pas confondre la *transaction* avec le *compromis*; la *transaction* met fin à la contestation, le *compromis* ne fait qu'en suspendre la solution, puisqu'il la soumet à des arbitres, dont les parties doivent respecter la décision, tandis que dans la *transaction* les parties sont leurs propres arbitres et décident elles-mêmes d'une façon définitive.

TRANSFERT. Terme de finance et de commerce.

Acte par lequel on déclare transporter à un autre la propriété d'une rente sur l'Etat, d'une action financière, de marchandises en entrepôt, etc.

Le *transfert* diffère du *transport* (Voir ce mot) en ce que de sa nature il n'est sous aucune autre garantie que celle de l'existence de la chose cédée au moment de la cession.

TRANSFUGE. Celui qui, à la guerre, abandonne son drapeau pour passer dans les rangs ennemis. (*Voir* DÉSERTEUR, TRAITRE.)

Les transfuges nationaux capturés au milieu des rangs ennemis, s'étant rendus coupables du crime de porter les armes contre leur patrie, perdent tout droit d'être traités comme prisonniers et d'invoquer le bénéfice des lois de la guerre.

Un usage universellement consacré les exclut de tout échange et les rend passibles des pénalités dont la législation de leur pays frappe le crime odieux qu'ils ont commis.

Ce qui précède se rapporte exclusivement aux relations des déserteurs ou des transfuges avec le pays auquel ils appartiennent; mais l'ennemi a à tenir une conduite différente à leur égard. L'armée qui les reçoit ne saurait les rendre à l'Etat dont ils sont sujets. Ces hommes, en se livrant à l'ennemi, ne lui font aucun mal; ils cessent de faire acte de combattants et doivent donc être traités comme des étrangers inoffensifs. Si le pays dont ils sont sujets, les considère comme des traîtres et les punit en conséquence, lorsqu'il parvient à s'emparer de leurs personnes, celui où ils se réfugient n'a pas à les punir d'un acte qui lui est même favorable, puisque leur départ affaiblit l'armée ennemie.

Il est facile de concevoir qu'on ne les comprenne pas dans les échanges de prisonniers; l'échange aurait en effet pour résultat de les livrer à la vindicte de l'Etat qu'ils ont trahi ou abandonné; d'ailleurs il faudrait sans doute employer la contrainte pour obtenir leur consentement.

TRANSIT MARITIME. Le transit maritime, c'est-à-dire le passage sur la mer, est assujetti à peu près aux mêmes règles que le transit sur terre; et la principale réside dans l'inviolabilité du territoire national, et particulièrement, en temps de guerre, du territoire neutre de la part des belligérants.

Cependant le transit maritime subit certaines modifications que comporte naturellement le caractère distinctif de l'élément sur lequel s'appliquent les principes qui le régissent.

Ainsi une escadre, un navire de guerre qui se dirige vers les côtes ennemies, peut traverser les eaux neutres sans en violer la neutralité. Cette différence se fonde sur ce que les nations ne peuvent protéger matériellement, c'est-à-dire au moyen de navires et de forts, toute l'étendue de leurs mers juridictionnelles; que le fait de naviguer ne constitue pas intrinsèquement un acte dommageable; qu'enfin il est difficile d'interdire un simple passage aux vaisseaux belligérants, qu'il est d'usage d'admettre dans l'intérieur des ports et des rades militaires. Il va sans dire toutefois que cette liberté de passage accordée aux bâtiments de guerre implique pour eux la stricte obligation de ne commettre dans les eaux neutres aucun acte hostile de nature à porter atteinte au respect de la souveraineté territoriale.

L'inviolabilité du territoire maritime neutre, dans le sens que nous venons d'exposer, a été consacrée par un grand nombre de traités, qui en ont sanctionné le respect en autorisant un recours formel aux armes contre ceux qui pourraient être entraînés à y porter atteinte. (*Voir* TERRITOIRE, NEUTRE, NEUTRALITÉ.)

TRANSLATION. Action de porter une juridiction, une puissance, une personne constituée en dignité d'un lieu à un autre.

La translation d'un tribunal, d'une préfecture.

La translation du Saint-Siège de Rome à Avignon.

Action de transférer une dignité d'une personne à une autre : la translation de la couronne à une autre dynastie.

TRANSPORT. En jurisprudence, ce mot, dans son sens absolu, signifie la cession d'un droit qu'on a sur quelque chose; dans un sens plus restreint et le plus usité, c'est l'acte par lequel se réalise la cession des créances et des droits incorporels. (*Voir* CRÉANCE, INCORPOREL.)

Le transport peut se faire par acte authentique, par acte sous seing privé, et même verbalement.

La cession opérée par le transport n'a d'effet à l'égard du débiteur qu'après qu'elle lui a été signifiée ou qu'elle a été acceptée par lui.

18*

Le *transport* a dans une certaine mesure la portée légale et les conséquences de la *vente* (Voir ce mot); il n'en diffère qu'en ce que la vente s'applique plutôt aux choses matérielles, saisissables, telles que des meubles et des immeubles, tandisque le transport s'applique ordinairement à des choses immatérielles, telles que des droits résultant d'un titre, d'une invention, etc. *(Voir* TRANSFERT.)

TRANSPORT MARITIME. En temps de guerre le transport de matériel de guerre par un neutre au profit de l'un des belligérants est considéré comme illicite, et le navire qui le fait s'expose à être capturé et, en tout cas, à voir saisir comme *contrebande de guerre* (Voir ce mot) les marchandises qu'il transporte.

Le transport sur des navires neutres de militaires ou de marins engagés au service d'un belligérant est assimilé au transport de matériel de guerre et considéré aussi comme contrebande.

La défense faite aux neutres de se livrer à un pareil transport a été l'objet de nombreuses stipulations conventionnelles. Il est de règle générale que le navire qui y est employé, est passible de saisie et de confiscation, et que les hommes qu'il transporte sont exposés à être faits prisonniers; mais il est aussi généralement admis que le navire redevient neutre aussitôt que le transport a été effectué, et qu'il ne peut plus être capturé après que le débarquement a eu lieu. *(Voir* NEUTRE.)

On range aussi parmi les objets de contrebande de guerre les dépêches adressées aux belligérants et relatives à la guerre. Le transport de plis officiels pour le compte de l'ennemi peut avoir les conséquences les plus funestes. Une seule dépêche en effet ne suffit-elle pas pour développer tout un plan de campagne ou pour donner un avis de nature à neutraliser et à renverser les projets de l'adversaire? Mais pour que la confiscation puisse équitablement être prononcée, il ne suffit pas que les dépêches ennemies soient trouvées à bord; il faut encore que leur transport constitue réellement un acte hostile, et pour cela 1° que la dépêche soit relative à la guerre; 2° que le navire ait été expressément affrété dans ce but.

Les dépêches qui n'ont pas trait à la guerre, les dépêches et les lettres privées peuvent être expédiées par les navires neutres. L'usage a établi une exception particulière en faveur des correspondances ayant un caractère purement diplomatique, des dépêches des agents d'une puissance belligérante au gouvernement de cette puissance : les intérêts et les droits des neutres exigent que leurs relations diplomatiques et consulaires avec les belligérants ne soient ni interrompues ni altérées par la guerre.

Une exception est établie également en faveur des paquebots-poste, auxquels des conventions internationales confient spécialement l'échange des correspondances officielles et privées. Le capitaine ignore naturellement le contenu des lettres et des paquets dont il est chargé; on ne peut par conséquent lui supposer des intentions frauduleuses.

La même exception s'étend aux navires marchands ordinaires qui dans certains pays sont tenus de se prêter aux transports de la poste.

On ne saurait non plus assimiler au transport de contrebande le cas d'un navire neutre ayant à son bord des citoyens paisibles ou des envoyés diplomatiques de l'Etat ennemi.

Les Etats neutres ont le droit d'entretenir des relations diplomatiques avec l'un comme avec l'autre des belligérants; mais ceux-ci ont le droit d'empêcher qu'un envoyé de leur adversaire traverse leur territoire; ils peuvent donc l'arrêter, s'il entreprend ce voyage sans leur autorisation, en raison de l'importance de sa mission; cependant ils n'ont pas le droit d'attaquer en pleine mer ou dans les eaux neutres le navire qui le porterait à son bord.

TRATADOS DE ESPAÑA. Voir p. 213.

TRAVAUX PUBLICS. Ouvrages faits aux frais de l'Etat pour l'utilité publique.

Dans plusieurs Etats la direction, le contrôle et la surveillance de ces ouvrages sont confiés à une administration spéciale, qui a titre de ministère, sous la dénomination de ministère ou département des travaux publics. *(Voir* MINISTÈRE.)

TRAVENTHAL (traité de) 1700. La bonne intelligence, rétablie par le traité d'Altona entre le roi de Danemark et le duc de Holstein-Gottorp ne fut pas de longue durée.

Le successeur de Christian V, mort en 1694, Frédéric IV, prétendit maintenir sa souveraineté sur le duché de Holstein; la résistance du duc, appuyé de l'alliance des Hollandais, des Anglais et des Suédois, détermina le roi à signer, le 18 août 1700, la paix de Traventhal, qui confirmait la convention d'Altona, laquelle devait être exécutée en plein.

TREATIES *and conventions concluded between the United States of America and other powers since July 4 1776.* (Traités conclus entre les Etats-Unis d'Amérique et les autres puissances depuis le 4 juillet 1776.) Washington, 1873.

Idem. since May 1 1870. (Idem. depuis le 1er mai 1870.) Washington, 1876.

TRENTE ANS (guerre de). On appelle ainsi la lutte des princes réformés de l'Allemagne contre l'Empereur et les princes catholiques.

Cette lutte, qui dura 30 ans, commença en 1618 et ne finit qu'en 1648 par la *paix de Westphalie.* (Voir ce mot.)

Cette guerre se divise en 4 périodes distinctes :

La première, dite période *palatine,* de 1619 à 1623, comprend la lutte de l'électeur palatin Frédéric V contre l'empereur Ferdinand II, dont il était le compétiteur; elle se termina par la bataille de Prague, qui anéantit les espérances de l'électeur.

La seconde période, ou période *danoise,* de 1625 à 1629, est ainsi nommée à cause de l'intervention dans les affaires de l'Allemagne du roi de Danemark Christian IV, dont l'appui avait été sollicité par l'électeur de Saxe, et qui, après les victoires des armées impériales à Dessau et à Lutter, fut obligé de signer la paix de Lubeck.

La troisième période, dite période *suédoise,* de 1630 à 1635, est signalée par les succès du roi de Suède Gustave-Adolphe sur les Impériaux; mais à la mort de ce prince à Lutzen amena l'intervention de la France, alors gouvernée par le cardinal de Richelieu, qui secourut les protestants dans le but d'abaisser la maison d'Autriche.

Cette quatrième période, dite période *française,* de 1635 à 1648, fut la dernière; car les victoires de Bernard de Weimar, de Condé et de Turenne déterminèrent l'Empereur Ferdinand III à 'signer le traité de Westphalie qui mit fin à la guerre.

TRÉSOR. Le Trésor, le Trésor public, trésor de l'Etat, les revenus de l'Etat, le lieu où les revenus de l'Etat sont déposés et administrés.

En France, le trésor public est déposé au ministère de finances.

Dans plusieurs pays la dénomination de trésor sert à désigner le ministère des finances.

TRÉSORERIE. Lieu où le Trésor public est déposé et administré.

Les bureaux du trésor public.

En Angleterre, département des finances : les lords de la Trésorerie. (*Voir* ECHIQUIER.)

Banc de la trésorerie, banc des ministres dans la Chambre des Communes.

C'est dans quelques pays la dénomination du ministère des finances.

TRÉSORIER. Fonctionnaire chargé de recevoir, de garder et de distribuer les revenus d'un prince, d'un Etat, d'une communauté, d'une administration, d'un établissement quelconque.

TRÈVE. Cessation temporaire de tout acte d'hostilité.

(*Voir* SUSPENSION D'ARMES, ARMISTICE.)

Trève marchande, trève durant laquelle le commerce est permis entre deux pays qui sont en guerre.

Trève de pêche ou *trève pêchière,* convention de respecter les pêcheurs des deux pays belligérants.

TRÈVE d'Androussow entre la Russie et la Pologne en 1667.

(*Voir* ANDRUSSOW.)

TRÈVE d'Altmark entre la Suède et la Pologne 1629.

(*Voir* ALTMARK.)

TRÈVE DE DIEU. La Trève de Dieu ou du Seigneur était un répit interposé par l'Eglise aux combats entre seigneurs féodaux.

Elle durait depuis l'Avent jusqu'à l'Epiphanie, et depuis le dimanche de la Quinquagésime jusqu'à la Pentecôte; elle avait lieu aussi pendant les Quatre-temps et les principaux jours de fête, et enfin, chaque semaine, depuis le mercredi soir jusqu'au lundi matin suivant.

TRÈVE de Diwilina entre la Pologne et la Russie en 1618.

(*Voir* DIWILINA).

TRÈVE de Ratisbonne en 1684.

(*Voir* RATISBONNE)

TRÈVE de Stumsdorf entre la Suède et la Pologne en 1635.

(*Voir* STUMSDORF.)

TRIBU. Certaine division du peuple chez quelques nations anciennes, notamment chez les Juifs, les Grecs et les Romains.

Peuplade, petit peuple faisant partie

d'une grande nation. Le plus généralement la *tribu* répond à une civilisation à peine naissante; on la trouve ainsi chez les Indiens de l'Amérique, les Arabes nomades, les noirs de l'Afrique.

TRIBUN. Magistrat de l'ancienne Rome. Il y avait les *tribuns du peuple*, chargés de défendre les intérêts des *plébéiens* contre les *patriciens*. (Voir ces mots.) Ils furent institués l'an 493 avant J.-C.; il n'y en eut d'abord que deux; ensuite leur nombre fut porté à dix.

A diverses époques on créa temporairement de 444 à 306 avant J.-C. les *tribuns militaires* en place des consuls, dont ils avaient les attributions; mais ils étaient plus nombreux.

Enfin des *tribuns des légions*, officiers supérieurs placés immédiatement au-dessous du préfet de la légion, le remplaçaient alternativement dans le commandement. Chaque légion en avait six.

En France, le titre de *tribun* a été donné aux membres d'une assemblée législative, qui dura de 1799 à 1807.

TRIBUNAL. Juridiction d'un ou de plusieurs magistrats qui jugent ensemble; réunion des juges appartenant à la même juridiction; le lieu où ils se réunissent.

Sous la dénomination de *tribunaux* on désigne l'ensemble de l'organisation judiciaire d'un pays; toutefois on donne plus spécialement le nom de *tribunal* aux juridictions inférieures ou de premier degré; les tribunaux supérieurs reçoivent la qualification de *cour*. (Voir ce mot.)

En France, selon les matières qu'ils ont à juger, on distingue des tribunaux de *simple police*, de *police correctionnelle*, *civils*, de *commerce*, *administratifs*, *maritimes*, etc.: selon le degré de juridiction, des tribunaux de *première instance*, des *cours d'appel*, et une *cour de cassation*, chargée de réviser les jugements et les arrêts des autres cours et tribunaux au point de vue de la forme.

On peut aussi classer les tribunaux : en *ordinaires*, et en *extraordinaires* ou *exceptionnels*.

Les tribunaux ordinaires sont ceux que nous venons de nommer; parmi les tribunaux *extraordinaires* ou *exceptionnels* on doit ranger les conseils de guerre, les tribunaux maritimes, les hautes cours de justice. Il ne faut pas confondre ces derniers avec les *tribunaux d'exception*, tels que les tribunaux révolutionnaires, les commissions militaires, etc., qui sont des juridictions en dehors de la juridiction générale de droit commun.

TRIBUNAL CONSULAIRE. Ce sont des tribunaux spéciaux que président les consuls dans les Echelles du Levant, de Barbarie, en Chine et dans d'autres pays de l'Orient, et qui connaissent en première instance des contestations en matière civile ou commerciale qui surgissent entre leurs nationaux dans les limites de leur arrondissement juridictionnel.

Le tribunal consulaire est ordinairement composé du consul ou de celui qui en remplit les fonctions et de deux ou plusieurs de ses nationaux choisis parmi les *notables* résidant dans le ressort du consulat. (*Voir* CONSUL, JURIDICTION, LEVANT, ECHELLES DU LEVANT, NOTABLE.)

On appelle *tribunaux mixtes* ceux qui, dans les pays que nous venons de mentionner, jugent entre étrangers de nationalité différente; tels que les tribunaux musulmans, qui connaissent exclusivement en toutes matières des actions entre les sujets du Sultan et les étrangers de passage ou résidant en Turquie; les tribunaux de légation ou de consulat, seuls compétents en matière civile, commerciale, criminelle et correctionnelle, pour statuer sur les contestations entre étrangers de même nation, enfin les tribunaux et les commissions judiciaires mixtes qui, à l'exception des affaires criminelles, décident des procès civils ou commerciaux entre étrangers de différentes nationalités sur le territoire ottoman.

TRIBUNAL DE PRISES. On appelle ainsi des tribunaux spéciaux institués dans les pays civilisés et commissionnés par les autorités souveraines de ces pays pour prendre connaissance de la plupart des affaires maritimes, notamment de toutes les questions concernant la légitimité des captures, le mode de disposer des prises, et les réclamations qui s'y rattachent. (*Voir* PRISE MARITIME.)

TRIBUNAL ÉTRANGER. Un tribunal d'un pays ne saurait avoir et encore moins exercer juridiction ni compétence sur le territoire d'un autre pays; ce serait une violation de l'indépendance des Etats.

Cependant les convenances internationales ont fait admettre comme règle générale que les jugements définitifs des tribunaux étrangers compétents, qui statuent en matière de contrats et d'obligations, sont acceptés et respectés, sous certaines conditions, avec plus ou moins de restrictions, par les tribunaux des autres Etats comme ayant force de chose jugée. Toutefois aucun Etat ne permet l'exécution sur son territoire d'un jugement étranger que sous l'autorité et d'après l'ordre d'un de ses tribunaux; en d'autres termes les jugements étrangers, pour être exécutés, doivent être présentés aux tribunaux du pays, qui doivent les revêtir de la forme exécutoire. (*Voir* JURIDICTION, JUGEMENT.)

Voici les principales conditions généralement requises pour admettre un jugement étranger comme exécutoire dans un autre pays et lui donner force de chose jugée même sans révision :

Il faut que le jugement ait été rendu par un tribunal compétent, d'après les lois de l'Etat auquel il appartenait, pour juger le litige soumis à sa décision.

Il faut que le tribunal ait été dûment saisi de la cause et que la juridiction ait été fondée en droit. Ainsi un tribunal n'est pas compétent pour citer devant lui une personne ne dépendant ni par sa naissance, ni par son domicile, ni par une résidence temporaire, de l'Etat duquel le tribunal tient sa juridiction, à moins que cette personne ne possède des propriétés dans les limites de l'Etat ou n'y ait contracté des obligations au sujet desquelles il y a procès devant ce tribunal.

Il faut que l'étranger qui est partie au procès, ait été entendu devant le tribunal conformément aux lois de l'Etat et traité sous tout les rapports, y compris le droit d'appel, sur le même pied d'égalité que les régnicoles.

Il faut que le tribunal se soit prononcé sur le fond de l'affaire qui lui a été soumise d'une façon définitive et en dernier ressort, ou, ce qui est la même chose, sans qu'il y ait appel de sa décision devant une cour supérieure de l'Etat où le jugement a été rendu.

TRIBUNAT. Assemblée établie en France par la constitution de l'an VIII (1799), pour discuter les lois ; composée d'abord de 100 membres élus par le Sénat, elle fut réduite à 50 membres en 1802, et supprimée le 19 août 1807.

Le tribunat, après avoir délibéré sur les projets de loi qui lui étaient présentés, nommait des orateurs pour les discuter contradictoirement avec les orateurs du gouvernement devant le corps législatif, qui seul avait le droit de voter.

Tribunat signifie aussi charge de tribun, et le temps de l'exercice de cette charge.

TRIBUNE. Le lieu élevé, l'estrade, d'où les orateurs grecs et romains haranguaient le peuple.

Aujourd'hui, dans les assemblées délibérantes, c'est un endroit un peu plus élevé que le reste de la salle, et où l'orateur se place. La tribune ressemble beaucoup à une chaire ; elle est généralement placée devant le bureau du président.

On appelle l'*éloquence de la tribune* le genre d'éloquence propre aux débats des assemblées politiques.

TRIBUT. En droit international, se dit particulièrement d'une redevance qu'un Etat paie à un autre plus puissant comme marque de dépendance.

L'assujettissement au paiement d'un tribut permanent entame la souveraineté et l'indépendance de l'Etat qui y est astreint, et le met dans une condition de *vasselage* à l'égard de l'Etat qui lui impose le tribut et s'attribue en conséquence le titre de son *suzerain*. Toutefois le simple paiement d'un tribut, bien qu'il porte une certaine atteinte à l'indépendance absolue d'un Etat, n'est pas en général à moins de stipulations contraires, considéré comme détruisant sa souveraineté et lui interdisant notamment l'exercice du droit de négociation. (*Voir* SOUVERAINETÉ, INDÉPENDANCE, VASSELAGE, SUZERAINETÉ.)

TRIBUTAIRE. Se dit d'un Etat qui paie tribut à un autre Etat, à un prince, sous la domination ou la protection duquel il est placé.

Ainsi l'Egypte est tributaire de la Turquie.

TRICOLORE. Formé de trois couleurs. Se dit particulièrement du drapeau français, qui comporte trois couleurs : le bleu, le blanc et le rouge.

Adoptées en 1789, ces couleurs étaient censées représenter les trois ordres de la nation : le rouge, le peuple; le bleu, le clergé; et le blanc, la noblesse.

TRIOMPHE. Terme d'antiquité romaine : honneur accordé à un général qui avait remporté une grande victoire. Il consistait dans une entrée solennelle et pompeuse du vainqueur, monté sur un char, et escorté de l'armée victorieuse, des captifs et des dépouilles.

TRIPLE ALLIANCE (traité de la) 1717. Une alliance entre la France, l'Angleterre et la Hollande fut cimentée par un traité signé à la Haye, le 4 janvier 1717, par l'abbé Dubois et le marquis de

Chateauneuf pour la France, lord Cadogan pour l'Angleterre, le pensionnaire Heinsius et plusieurs autres députés pour les Etats Généraux, aux termes duquel les dispositions de la paix d'Utrecht, et surtout celles qui se rapportent à la succession des deux couronnes d'Espagne et d'Angleterre, étaient renouvelées et maintenues. En cas d'attaque, la France et l'Angleterre se promettaient un secours réciproque de 8000 hommes d'infanterie et de 2000 chevaux; les Etats Généraux n'en devaient fournir que la moitié.

TRIPLE ALLIANCE (traités de) 1788.

L'alliance entre la France et les Provinces-Unies, œuvre du parti contraire à la maison d'Orange, ne put empêcher le rétablissement de cette maison dans le *stathoudérat* héréditaire. (*Voir* STATHOUDER.)

Au mois de septembre 1785, le stathouder, dépossédé de plusieurs de ses prérogatives par le parti dit des *patriotes*, quitta la Hollande et alla réclamer la protection du roi de Prusse, Frédéric II, dont il avait épousé la nièce; et deux ans après, le 20 septembre 1787, le stathouder rentra à la Haye, à la suite d'une armée prusienne, qui ne rencontra presque aucune résistance.

Le 15 février 1788 les Etats de Hollande proposèrent un accord, qui, après avoir été successivement adopté par les autres provinces, fut signé le 3 juillet 1788 sous le titre d'*Acte de garantie mutuelle des Sept Provinces Unies*. Par cet acte, les Seigneurs Etats tiennent et regardent les dignités héréditaires de stathouder, capitaine général et amiral général, avec tous les droits et prééminences qui y sont attachés, tels et sur le pied qu'ils ont été déférés dans leurs provinces respectives et pris en possession dans l'année 1766 par le présent Seigneur stathouder héréditaire, pour une partie essentielle de leur constitution et forme de leur gouvernement; et ils se les garantissent réciproquement par forme de confédération comme une loi fondamentale de l'Etat, promettant de ne point souffrir que, dans une des provinces de la confédération, on s'écarte jamais de cette loi salutaire et indispensable pour le repos et la sûreté de l'Etat.

Un des premiers actes du stathouder réintégré dans ses prérogatives fut de substituer à l'alliance française du 10 novembre 1785, éteinte de fait par la chûte du parti des patriotes, des alliances avec les princes de sa famille qui l'avaient appuyé dans la revendication de ses droits.

D'abord un traité fut signé à la Haye le 15 avril 1788 avec l'Angleterre, par lequel celle-ci garantissait le stathoudérat héréditaire dans la maison d'Orange, avec toutes ses charges et ses prérogatives, comme faisant partie essentielle de la constitution des Provinces-Unies. Une alliance défensive était établie entre les deux parties contractantes, qui devaient réciproquement se porter en cas d'attaque des secours déterminés soit en hommes, chevaux et vaisseaux, soit en argent.

Le même jour un traité à peu près identique fut signé à Berlin avec la Prusse pour une durée de 20 années.

Enfin le maintien de la constitution de la république des Provinces-Unies et du stathoudérat héréditaire dans la maison de Nassau-Orange fut encore cimenté par un traité d'alliance défensive provisionnelle conclu, le 13 juin 1788, à Loo en Gueldre, par la Prusse et l'Angleterre.

Ces traités ne purent maintenir le stathoudérat que jusqu'au commencement de l'année 1795; mais temporairement ils rétablirent la tranquillité dans les Pays-Bas et garantirent à ce pays sa constitution et ses privilèges.

TRIPLE ALLIANCE. (Traité de la).

Traité de la Triple alliance entre la République Argentine, l'Empire du Brésil et la République Orientale de l'Uruguay, signé à Buenos-Aires le 1er mai 1865.

Le préambule du traité expose ainsi les raisons qui en ont motivé la conclusion :

„Le gouvernement de la République Argentine et celui de la République orientale de l'Uruguay se trouvant en guerre avec le gouvernement du Paraguay, et le gouvernement de l'Empereur du Brésil étant en état d'hostilité en voyant leur sûreté intérieure menacée par le gouvernement du Paraguay, qui a violé la foi publique, des traités solennels et les usages internationaux des nations civilisées et commis des actes injustifiables, après avoir troublé les relations avec ses voisins par les procédés les plus abutifs et les plus attentatoires.

„Persuadés que la paix, la sûreté et le bien être de leurs nations respectives sont impossibles tant qu'existera le gouvernement actuel du Paraguay, et qu'il y a nécessité impérieuse, réclamée par les plus grands intérêts, de faire disparaître ce gouvernement, en respectant la souveraineté, l'indépendance et l'intégrité territoriale de la République du Paraguay,

„Ont résolu dans ce but de conclure un traité d'alliance offensive et défensive."

Les alliés s'engageaient à coopérer par tous les moyens de guerre dont ils pouvaient disposer sur terre et sur les rivières, selon les besoins.

Comme les opérations militaires devaient commencer sur le territoire de la République Argentine ou sur la partie du territoire paraguayen limitrophe de celui de cette république, le commandement en chef, et la direction des armées alliées étaient confiés au Président de la République Argentine commandant en chef de son armée; mais les forces maritimes des alliés étaient placées sous le commandement immédiat du commandant en chef de l'escadre brésilienne.

Le principe de réciprocité devait être appliqué relativement au commandement en chef dans le cas où les opérations militaires passeraient sur le territoire Oriental ou sur celui du Brésil.

L'ordre et l'économie militaire dans l'intérieur des troupes alliées étaient laissés exclusivement à leurs chefs respectifs; leur approvisionnement et leur mobilisation étaient pour le compte de chaque Etat.

Les alliés s'engageaient à ne déposer les armes que d'un commun accord, et après avoir renversé l'autorité du gouvernement actuel du Paraguay, à ne pas négocier séparément avec l'ennemi commun, à ne signer aucune convention pour terminer ou suspendre la guerre, que de l'accord complet de tous.

Comme la guerre n'étaient point faite contre le peuple du Paraguay, mais bien contre son gouvernement, les alliés offraient d'admettre dans une *légion paraguayenne* tous les citoyens de cette nationalité qui voulaient concourir à renverser ce gouvernement.

Les alliés s'obligeaient à respecter et à garantir collectivement l'indépendance, la souveraineté et l'intégrité territoriale de la République du Paraguay, de sorte que le peuple paraguayen pourrait choisir son gouvernement et se donner les institutions qu'il voudrait, mais non s'incorporer à aucun des alliés ni en demander le protectorat, comme conséquence de la guerre.

Après le renversement du gouvernement de la République du Paraguay, les alliés devaient prendre avec l'autorité qui se constituerait dans cet Etat les arrangements nécessaires pour assurer la libre navigation des rivières Parana et Paraguay, de façon que les règlements et les lois de cette république ne puissent troubler, entraver ou gréver le passage et la navigation directs des bâteaux de commerce ou de guerre des Etats alliés, qui se dirigeront vers leurs territoires respectifs ou vers des territoires n'appartenant pas au Paraguay.

Le nouveau gouvernement paraguayen aurait à payer les frais de guerre et les indemnités pour les dommages causés aux propriétés publiques ou privées, et aux citoyens des Etats alliés.

Un traité de délimitation de frontières devait être conclu sur les bases suivantes.

La République sera séparée de la République du Paraguay par les rivières Parana et Paraguay jusqu'aux frontières de l'Empire du Brésil, marquées par la rive droite du Paraguay jusqu'à la Baie Negra.

L'Empire du Brésil sera séparé du Paraguay : du côté du Parana, par la première rivière en aval des sept chûtes du Salto, lequel est, selon la carte récente de Mouchez, l'Igurey, et, à partir de l'embouchure de l'Igurey et en amont jusqu'à sa source ; du côté de la rive gauche du Paraguay, par la rivière Apa, depuis son embouchure jusqu'à sa source; à l'intérieur par les sommets des montagnes de Maracayá, le versant oriental étant au Brésil et celui de l'ouest au Paraguay, et par des lignes droites tirées de ces montagnes dans la direction des sources de l'Apa et de l'Igurey.

Le traité devait rester en vigueur jusqu'à l'entière exécution de ses stipulations par la République du Paraguay ; et être tenu secret jusqu'à ce qu'on eût atteint le but principal de l'alliance.

L'échange des ratifications eut lieu à Buenos-Aires le 12 juin de la même année.

TRIUMVIR. Terme d'histoire romaine: Magistrat chargé, conjointement avec deux collègues, d'une partie de l'administration.

Ce titre s'appliquait à diverses catégories de fonctionnaires, lorsqu'ils étaient au nombre de trois pour remplir une même fonction : tels les *triumvirs agraires*, chargés de diriger l'établissement d'une colonie nouvelle; les *triumvirs criminels* ou *capitaux*, juges connaissant des crimes et faisant exécuter à mort les criminels.

Mais on désigne spécialement sous le nom de *triumvirs* plusieurs personnages qui, à Rome, s'associèrent pour s'emparer de l'autorité suprême de la république, tels que Pompée, César et Crassus, puis Octave, Antoine et Lépide.

TRIUMVIRAT. Fonction de triumvir. Association de trois citoyens qui s'unissent pour usurper toute l'autorité. Se dit des deux associations de ce genre qui à Rome précédèrent l'établissement de l'Empire.

TRONE. Siège où les souverains, empereurs et rois, les Papes et même les évêques, s'asseyent dans certaines cérémonies solennelles.

Au figuré la puissance souveraine des empereurs, des rois : monter sur le trône, prendre possession de la royauté; être sur le trône, règner, gouverner.

Se dit aussi de la personne du souverain, de son gouvernement.

Discours du trône ou de la *couronne*, discours que, dans les Etats constitutionnels, le souverain prononce à l'ouverture et à la clôture des chambres législatives.

TROPPAU (Congrès de), 1820.

Troppau est une ville de la Silésie autrichienne. Il s'y est tenu, d'octobre à décembre 1820, un congrès des souverains et des ministres d'Etat d'Autriche, de Prusse et de Russie, dans le but de délibérer sur les mesures à prendre pour réprimer un mouvement révolutionnaire qui venait d'éclater dans le royaume des Deux-Siciles. La France et l'Angleterre avaient été invitées à participer aux discussions; mais leurs représentants n'y assistèrent, pour ainsi dire, que du haut de la tribune dans la salle des séances.

Comme on reconnut que la ville de Troppau était trop éloignée du théâtre des évènements, on décida de transférer le Congrès à Laybach; mais avant l'ajournement du Congrès de Troppau une déclaration fut rédigée, au nom des trois souverains de Russie, d'Autriche et de Prusse, dans laquelle on annonçait formellement que „la coalition telle qu'elle avait été formée contre la Révolution française, venait d'être renouvelée contre la puissance tout aussi tyrannique de la rébellion et du vice.“

„Les puissances, y était-il dit, exerçaient un droit incontesté en prenant en considération des mesures communes et préventives contre les Etats où la révolte avait effectué le renversement du gouvernement, et où elle menaçait les Etats voisins de la répétition d'un semblable désastre. On s'était donc entendu au sujet des principes à suivre dans la conduite qu'il fallait tenir en premier lieu, à l'égard de Naples, où la révolution menaçait, comme nulle autre ne l'avait fait, d'une manière immédiate et évidente la tranquillité des Etats voisins, et où l'on pourrait la combattre plus rapidement et d'une façon plus directe qu'aucune autre n'avait permis de le faire. C'est pourquoi, ne pouvant pas négocier avec le gouvernement révolutionnaire de Naples, les monarques alliés avaient invité le roi des Deux-Siciles à une entrevue dans la ville de Laybach, afin de lui rendre son libre arbitre et de le mettre ainsi en position d'être le médiateur entre son peuple égaré et les Etats voisins menacés par la révolution . . . . .“ *(Voir* LAYBACH.)

TROUBLES INTÉRIEURS, LOCAUX. Soulèvements, émeutes, agitations populaires; guerre civile.

Les gouvernements ne sont pas responsables des pertes et des préjudices éprouvés par les particuliers en temps de troubles intérieurs ou de guerres civiles; et par conséquent ils ne sont pas tenus d'accorder des indemnités de ce chef, que les dommages aient été subis par des nationaux ou par des étrangers.

Les consuls, lorsqu'une insurrection ou la guerre civile éclate dans le pays où ils résident, sont souvent dans la nécessité de faire certaines démonstrations politiques, comme par exemple d'arborer le pavillon de leur nation afin d'indiquer leur demeure et d'en écarter la violence et l'outrage, ou de transmettre aux autorités supérieures de leur résidence les protestations de leur nationaux contre les pertes où les dommages que leur fait éprouver la prolongation des troubles, etc.

Mais l'intervention consulaire doit se borner à ces mesures préventives; elle ne saurait aller jusqu'à une menace adressée aux autorités locales de les rendre responsables des suites que pourraient avoir les événements. En agissant ainsi les consuls empièteraient sur les attributions de l'agent diplomatique sous les ordres duquel ils sont placés; en tout cas une telle intervention constituerait une véritable ingérence dans les affaires intérieures du pays, et partant une atteinte au principe de l'indépendance des nations. Le consul qui, hors le cas de force majeure, comme par exemple lorsque son gouvernement n'entretient pas de légation permanente dans le pays, se rendrait coupable d'un semblable écart encourrait la responsabilité de sa conduite et s'exposerait à se voir dépouillé de son *exéquatur*.

TROUPES. Se dit des divers corps de gens de guerre qui composent une *armée*. (Voir ce mot.)

L'enrôlement des troupes est un attribut essentiel de la souveraineté.

Troupes nationales, les troupes levées dans l'Etat même qu'elles servent, par opposition à *troupes étrangères*, celles qu'un Etat tire d'un pays étranger. (*Voir* ENROLEMENT MILITAIRE.)

Chaque Etat a le droit de prendre à sa solde des troupes étrangères, et celles-ci sont complètement assimilées aux troupes nationales. (*Voir* MERCENAIRE.)

Aucun Etat, et, à plus forte raison, aucun belligérant n'a le droit de lever de force des troupes sur le territoire d'un Etat étranger et surtout d'un Etat neutre ; il y aurait là atteinte manifeste portée à la souveraineté nationale. Ces levées ne sauraient donc se faire sans le consentement de l'Etat sur le territoire duquel elles ont lieu. Si l'Etat neutre autorise les deux belligérants à lever des troupes sur son territoire sans favoriser aucun d'eux, il ne manque point aux devoirs des neutres ; mais s'il autorise seulement l'un des belligérants à recruter des troupes chez lui, il prend indirectement part à la guerre et viole les devoirs de la neutralité.

L'Etat neutre doit encore moins envoyer des troupes à un belligérant.

Le passage à travers le territoire neutre doit être refusé au troupes belligérantes.

Cependant, si une servitude d'ordre public ou une convention conclue avant que la guerre pût être prévue, impose à l'Etat neutre l'obligation de tolérer le passage des troupes de l'un des belligérants, l'accomplissement de cette obligation ne doit pas être envisagé comme une assistance donnée à ce belligérant et partant comme une violation des devoirs de la neutralité.

Un des principes constants du droit international est qu'une nation neutre ne saurait permettre à un corps de troupes belligérantes de trouver chez elle une base d'attaque qui lui facilite la poursuite de ses opérations militaires ; mais à côté de ce devoir général l'humanité conserve ses droits, et les soldats qui pénètrent en pays neutre, s'ils sont dès ce moment obligés de renoncer à la continuation des mouvements stratégiques qu'ils opéraient, doivent être ac-

cueillis et traités individuellement avec bienveillance et charité. L'Etat neutre ne compromet pas sa situation en leur donnant les vivres, les secours et les soins dont ils peuvent avoir besoin. La première précaution qu'il ait à prendre à l'égard de ces réfugiés, c'est de les désarmer. Il doit ensuite, par prudence, les interner, c'est-à-dire les éloigner le plus possible du théâtre des hostilités.

La même raison d'humanité s'impose d'elle-même pour l'admission et le transport sur le territoire neutre de blessés et de malades appartenant aux armées belligérantes.

TRUCHEMAN ou TRUCHEMENT. Celui qui explique à des personnes parlant des langues différentes ce qu'elles se disent l'une à l'autre.

On l'emploie comme synonyme d'*interprète*, de *drogman* (voir ces mots). Cependant il y a cette différence entre le *drogman* et le *trucheman*, que ce dernier est un simple interprète sans caractère officiel, tandis que les drogmans tiennent leur titre et leur position d'un gouvernement ou d'une autorité compétente.

Dans les ports de mer, les courtiers interprètes et les conducteurs de nations, pour le service des douanes et pour les affaires contentieuses, servent de truchement aux étrangers, aux capitaines et aux équipages de navires marchands, ainsi qu'aux autres personnes de mer.

TUBINO (Francisco M.), publiciste espagnol.

Gibraltar ante la historia, la diplomacia y la politica (Gibraltar devant l'histoire, la diplomatie et la politique). Séville, 1863.

TUERIE. En guerre, carnage, massacre.

Le droit international, aussi bien que l'humanité, interdit de tuer inutilement même l'ennemi armé ; à plus forte raison, arracher la vie à un ennemi vaincu est un crime qu'aucune loi divine ou humaine ne peut expliquer, dont rien ne saurait atténuer l'odieux.

Si un ennemi a manqué aux lois de la guerre, si, au milieu de la lutte, il a commis un acte qualifié crime par le droit commun, cet ennemi, et lui seul, tombe sous l'application des lois pénales ; mais même dans ce cas ce n'est pas une mesure générale de vengeance ou de représaille sanglante qui doit l'atteindre ; il faut lui faire subir un jugement individuel et ne faire peser sur lui, s'il est reconnu coupable, que la responsabilité des crimes qui peuvent lui être imputés personnellement.

L'ordre de ne pas faire quartier, s'il était justifiable ne pourrait être donné qu'à titre de représailles, ou par suite de nécessité absolue, en admettant que pareil nécessité puisse se présenter. En tout cas, il est interdit de mettre à mort les ennemis qui sont devenus incapables de résister ou qui sont déjà prisonniers.

Les ennemis qui mettent bas les armes et se rendent, doivent être désarmés et faits prisonniers; mais on ne peut ni les tuer ni les blesser. (*Voir* REPRÉSAILLES, PRISONNIERS.)

TURIN (traité de) 1860.

En échange de la Lombardie cédée, aux termes des traités de Villafranca et de Zurich, par l'Empereur d'Autriche à l'Empereur des Français et transmise par celui-ci au roi de Sardaigne, ce dernier consentit à la réunion de la Savoie et de l'arrondissement de Nice à la France.

La renonciation du roi de Sardaigne à ses droits et titres sur les territoires est consacrée par le traité conclu à Turin le 24 mars 1860 par le baron de Talleyrand-Périgord et M. Benedetti, plénipotentiaires de l'Empereur des Français, et par le comte Cavour et le chevalier Farini, plénipotentiaires du roi de Sardaigne.

La frontière entre les deux Etats a été fixée sur les bases suivantes, par un protocole dressé à Paris le 27 juin 1860:

Du côté de la Savoie, la limite suit la limite actuelle entre le Duché de Savoie et le Piémont, si ce n'est que les plateaux du Mont-Cenis, qui appartiennent à l'arrondissement de Maurienne, demeurent à la Sardaigne, et sur ce point la limite suit la grande crête des Alpes, soit la ligne de partage des eaux.

Du côté de l'arrondissement de Nice, la frontière, à partir du sommet de l'Enchastraye jusqu'au sud du col de l'Argentière, suit l'ancienne limite entre les deux Etats jusqu'à la pointe des Trois Evêques, de là la crête du contrefort qui sépare le petit torrent qui coule de l'Enchastraye, des sources de la Finea jusqu'au confluent de ces deux cours d'eau; elle suit ensuite le *thalweg* de la Finea jusqu'au confluent de cette rivière avec le ruisseau de Molières; et à partir de ce confluent elle suit les crêtes sud du val de Molières, traverse le val de Borreone au dessus du confluent du val de Saléges, remonte le contrefort sud

du val de Borreone, traverse le vallon de la Madone delle Finestre à un point à établir; remonte sur le contrefort sud du même vallon et rejoint le sommet de la Valetta. De là elle traverse le Vallon de la Gordolesco à un point à établir, et en remontant le contrefort est du même vallon, elle va rejoindre la Cima del Diavolo. De là elle prend la crête de la rive droite de la vallée de la Minèra jusqu'à la Roya et suit ensuite la limite entre les communes de Briga et de Saorgio et rejoint la limite actuelle entre l'arrondissement de Nice et celui de San-Remo, et elle suit cette limite jusqu'au Mont Grand Mundo, d'où la frontière restait à déterminer ultérieurement.

La délimitation des frontières a été définitivement fixée par une convention signée à Turin le 7 mars 1861.

TUTELLE. Autorité donnée, d'après la loi, sur la personne et les biens d'un mineur ou d'un interdit.

Tantôt la loi désigne directement la personne à laquelle incombe l'obligation d'accepter la tutelle : c'est ce qu'on appelle *tutelle légale* ou *légitime*; par rapport aux mineurs elle appartient de plein droit au père, à la mère, et à leur défaut, aux ascendants.

Tantôt la loi permet à certaines personnes de déférer la tutelle à une autre personne de leur choix; c'est la tutelle dative; comme cela a lieu notamment par testament du père ou de la mère, ou par décision d'un conseil de famille.

Enfin on appelle *tutelle officieuse* une sorte de protection légale accordée à un enfant mineur par une personne qui se propose de l'adopter quand il sera majeur.

Au point de vue du droit international privé, la tutelle est un droit civil et, à ce titre, fait partie du droit personnel des individus. Cependant certaines législations refusent aux étrangers le droit de l'exercer sur le territorial national; d'autres ne le leur accordent que moyennant la réciprocité entre les deux pays.

Quoi qu'il en soit, là où le principe est admis que les étrangers peuvent être tuteurs, subrogés-tuteurs, conseils judiciaires, etc. de mineurs, d'interdits, etc., si un conflit surgit entre diverses lois, ce n'est pas la loi territoriale, mais bien la loi personnelle qu'il faut suivre; et si le tuteur et celui qu'il est chargé de protéger sont de nationalité différente, la loi qu'il faut appliquer est celle de la personne au profit de laquelle la tutelle doit s'exercer.

(*Voir* ÉTRANGER, MINEUR, STATUTS.)

TUTEUR. Celui qui est chargé d'une *tutelle* (voir ce mot).

Tuteur ad hoc celui qui est nommé tuteur pour un objet déterminé.

Subrogé-tuteur, celui qui est nommé pour empêcher que le tuteur ou la tutrice ne fassent rien contre les intérêts de la personne en tutelle.

Co-tuteur, celui qui est chargé d'une tutelle avec un autre.

TUTRICE. Dans plusieurs pays la tutelle peut être confiée à une femme.

Celle qui est chargée d'une tutelle.

TWISS (Sir Travers), jurisconsulte anglais, né à Westminster en 1810.

Doyen du Collège de l'Université d'Oxford en 1836, professeur de droit international au Collège de la Reine à Londres de 1852 à 1855, professeur de droit à l'Université d'Oxford de 1855 à 1871, Conseiller de la Reine en 1858, avocat général de l'Amirauté de 1862 à 1867, avocat général de la Couronne de 1867 à 1873; membre de l'Institut de droit international.

Il a publié de 1861 à 1863 sous le titre de *The law of nations considered as independent political communities* (Le droit des nations considérées comme communautés politiques indépendantes, 2 vol. in-8⁰), un ouvrage d'une haute valeur juridique, source précieuse d'informations et d'enseignements pratiques, surtout depuis qu'une seconde édition révisée du second volume, qui traite particulièrement des *Droits et devoirs des nations en temps de guerre,* reculant les limites de l'œuvre primitive jusqu'à la fin de l'année 1875, a permis à l'auteur de profiter de l'expérience des guerres récentes pour déduire et résumer les leçons qui en ressortent pour l'avenir.

Sir T. Twiss envisage le droit des gens comme l'ensemble des règles résultant des relations mutuelles des nations

et susceptibles d'être mises en vigueur pour gouverner leurs rapports.

En outre de beaucoup de brochures et d'articles importants dans des revues, sur des questions de politique et de droit international d'actualité, Sir Travers Twiss a encore publié :

En 1846, *The Oregon question examined with respect to facts and the law of nations* (La question de l'Orégon, examinée par rapport aux faits et au droit des gens);

En 1847, *View of the progress of political economy in Europe since the 16th century* (Exposé des progrès de l'économie politique en Europe depuis le 16ème siècle);

En 1856, *Lectures on the science of international law* (Lectures sur la science du droit international).

De 1871 à 1876, *The Black book of the Admiralty, containing all the most important codes of medieval maritime law* (Le livre noir de l'Amirauté, contenant tous les codes les plus importants du droit maritime au moyen-âge). 4 vol.

Sir Travers Twiss a aussi publié une édition officielle, avec notices et commentaires, du célèbre traité de Henry Bracton *De legibus et consuetudinibus Angliæ* (Des lois et des coutumes de l'Angleterre).

TYRAN. Chez les anciens, celui qui s'emparait de l'autorité souveraine, ou qui en était revêtu par l'étranger, soit qu'il l'exerçât avec modération, soit qu'il en abusât.

Les *trente-tyrans,* trente personnages que les Lacédémoniens, vainqueurs d'Athènes, mirent à la tête de l'administration de cette ville et qui gouvernèrent tyranniquement, c'est-à-dire avec violence et iniquité.

Chez les modernes le mot *tyran* n'est pris qu'en mauvaise part; il se dit du prince, usurpateur ou non, qui gouverne avec injustice et inhumanité.

TYRANNIE. Domination usurpée et illégale.

Gouvernement injuste et cruel, légitime ou non.

U

UKASE. Mot russe qui signifie édit, et s'emploie pour désigner toute ordonnance émanée de l'empereur de Russie.

En Russie le sénat dirigeant publie également des ukases.

Ceux de l'Empereur ne peuvent être contredits par le sénat, qui a seulement le droit de les expliquer.

ULÉMA. Mot arabe, qui signifie *savant*. C'est le titre qu'en Turquie on donne aux docteurs de la loi, chargés d'expliquer le Coran et de présider aux exercices de la religion, ou de rendre la justice au peuple.

Le corps des *ulémas* comprend trois rangs distincts : les *imans*, qui sont théologiens et prédicateurs ; les *muftis*, qui sont jurisconsultes ; les *cadis* et les *mollahs*, qui sont juges. (Voir ces mots.)

ULTIMATUM. *Définition.* L'étymologie suffit pour reconnaître le caractère et la véritable signification de l'ultimatum. Ce mot, appliqué à une négociation pendante, exprime la *dernière* concession posée par l'une des parties en présence pour poursuivre les débats engagés, et prévenir une rupture définitive.

Dans le domaine des relations de peuple à peuple, en cas de désaccord assez sérieux pour n'avoir pu amener une entente amiable, ni provoquer les légitimes réparations que l'un des Etats en cause se croit en droit d'exiger de l'autre, l'ultimatum, revêtant la forme d'une note ou d'un mémoire, résume clairement les points en litige et énonce d'une manière peremptoire la condition *sine qua non* à laquelle on entend subordonner le maintien de la bonne intelligence ou l'ouverture d'actes d'hostilité.

Signification de l'ultimatum. L'ultimatum se signifie au gouvernement intéressé tantôt par l'entremise des agents diplomatiques accrédités auprès de lui, tantôt par celle d'agents spéciaux de l'ordre civil ou militaire, suivant la nature et la portée extrême des exigences sur lesquelles il repose. L'usage de toutes les nations, veut que cet acte si solennel et dont la non-acceptation peut faire surgir les plus sérieuses complications, précise avec netteté le délai et les termes de la réponse qu'il est destiné à provoquer. Il est à peine besoin d'ajouter que, pour avoir toute la force et toute la validité que le droit des gens lui reconnaît, un ultimatum ne doit pas seulement reposer sur une cause juste pleinement fondée en équité ; il faut encore que l'emploi en soit commandé par l'épuisement des voies d'entente amiable et surtout que la personne qui est chargée de le signifier ou qui en assume la responsabilité par l'apposition de sa signature, ait pleinement qualité pour engager son gouvernement. On comprend, en effet, sans qu'il soit autrement besoin d'insister à cet égard, que pour notifier certaines exigences, pour formuler des conditions dans des termes qui excluent en général toute arrière-pensée de modification ou de désistement, et qui ne sont que trop souvent accompagnées de menaces de rupture, voire même de guerre, il faut une compétence spéciale, un mandat *ad hoc* qu'aucun représentant d'un gouvernement, qu'il soit diplomate, militaire ou marin, n'est fondé en droit à déduire implicitement du seul caractère officiel dont il est revêtu. (*Voir* RUPTURE DE RELATIONS.)

Nature de l'ultimatum. A moins d'abuser des mots et de changer la valeur des termes pour les approprier au besoin des circonstances, il faut encore admettre que l'ultimatum est fait pour dénouer une situation compliquée et qu'il n'y a rien au-delà pour ramener l'entente et la bonne harmonie qui constitue le but véritable et unique des relations internationales. Des publicistes plus spécieux que logiques ont donc seuls pu être conduits à croire que l'ultimatum comporte des subdivisions à l'infini, des espèces et des sous-genres comme l'histoire naturelle, et qu'après un dernier mot on pouvait encore par gradations successives arriver à un *ultimatissimum*.

Dans la vie ordinaire la parole donnée

est une, et à moins de se retrancher derrière les restrictions mentales, il faut bien admettre qu'elle est sacrée absolument et sans nuance aucune du plus au moins. Entre nations il en est de même : on formule des demandes ou des exigences; on peut attermoyer, discuter, se désister de certaines conditions, adoucir la rigueur de quelques autres; mais l'ultimatum une fois formulé, la limite *maxima* des exigences pacifiques est posée, et ce serait violer tous les principes que de se croire autorisé, en dehors de complications ou d'injures nouvelles, à dépasser le cercle tracé autour du *dernier mot*.

Forme de l'ultimatum. La forme à donner aux ultimatunm, les développements que comporte un acte de ce genre varient naturellement suivant les circonstances et les affaires spéciales qui en provoquent l'emploi.

L'*ultimatum* prend généralement la forme d'une note ou d'un mémoire, présenté ou signifié à un souverain par le ministre ou l'agent diplomatique d'un autre souverain. Ce document doit énoncer nettement et clairement les propositions extrêmes auxquelles on demande une réponse également nette et sans équivoque. Dans la plupart des cas il fixe le délai dans lequel cette réponse devra être faite, en signifiant qu'un retard ou l'absence de réponse sera considéré comme une preuve que l'Etat auquel l'ultimatum est adressé désire la guerre. Souvent aussi l'ultimatum n'indique point de délai, ou l'Etat qui l'envoie se borne à déclarer qu'en cas de réponse négative il prendra les mesures qu'il jugera opportunes. Alors l'ultimatum ne saurait être regardé comme une déclaration formelle de guerre; il a besoin d'être suivi d'un autre acte pour déterminer l'état de guerre entre les parties en désaccord, comme par exemple la rupture définitive de relations diplomatiques.

(*Voir* DÉCLARATION DE GUERRE).

ULTRA POSSE NEMO TENETUR. „Personne n'est tenu de faire plus qu'il ne peut, ou qu'il n'est possible.“

C'est un principe du droit des gens qui s'applique particulièrement aux engagements contractés par les Etats.

Ainsi l'on ne peut exiger d'un Etat l'exécution d'un traité devenu absolument inexécutable, ou dont l'exécution exigerait des sacrifices au-dessus de ses moyens, ou entraînerait une violation du droit.

ULTRAMONTAIN. Nom d'un parti qui veut étendre le plus possible le pouvoir spirituel et temporel du Pape, qui soutient le pouvoir absolu, l'infaillibilité du Pape en toute matière.

On l'a ainsi nommé en France, parce que Rome, où siège le Pape, est, par rapport à ce pays, située au-delà des monts (*ultra montes*).

ULTRAMONTANISME. Doctrine des ultramontains, admettant le pouvoir illimité et l'infaillibilité du Saint-Siège.

UNANIMITÉ. Accord des suffrages entre toutes les personnes composant une assemblée ou un corps délibérant.

Il est des cas où la majorité seule est insuffisante pour valider une décision. Ainsi, dans les congrès ou les conférences entre des Etats souverains, l'unanimité est regardée comme indispensable, c'est-à-dire qu'un Etat ne se considère comme obligé que lorsqu'il a donné son consentement.

UNIFICATION. En droit international se dit de la tendance qui se manifeste, du travail qui s'opère pour unir un pays à un autre de manière que les deux n'en fassent plus qu'un.

Ainsi l'unification de l'Italie, de la Roumanie.

(*Voir* UNION.)

UNIFORME. On entend par *uniforme* ou *costume* l'habillement ou les insignes qui servent à distinguer les fonctionnaires et les officiers publics, soit les uns des autres, soit des simples citoyens.

Les agents diplomatiques et consulaires ont respectivement des costumes particuliers, qui varient selon leur rang et leur grade hiérarchique et qu'ils sont astreints de porter dans des circonstances déterminées, ou fixées par le cérémonial et l'usage.

Le mot *uniforme* s'emploie plus particulièrement pour désigner l'habit militaire.

Parmi les ruses, les stratagèmes permis pour tromper l'ennemi en guerre, figure l'emploi d'uniformes semblables à ceux des troupes qu'on a à combattre; mais à la condition que celui qui recourt à cette ruse arbore ses couleurs réelles au moment du combat.

UNIFORMITÉ MONÉTAIRE. C'est le nom qu'on a donné à des tentatives qui ont eu lieu entre diverses nations en vue d'établir entre elles un système uniforme de monnaies. Ces tentatives, qui n'ont réussi que partiellement, ont eu pour résultat la formation d'une union monétaire entre quelques pays seulement, dite *Union monétaire latine*. (Voir ce terme).

UNILATÉRAL. Se dit d'un contrat, d'un traité, dans lequel une ou plusieurs personnes sont obligées enyers une ou plusieurs autres sans qu'il y ait engagement de la part de ces dernières.

UNION D'ÉTATS. Il arrive fréquemment que deux ou plusieurs Etat s'unissent ensemble, par suite d'un pacte ou d'une convention, dans un but quelconque, soit, par exemple, pour la défense et la garantie commune de leurs droits, soit pour l'exercice commun de certains droits.

Ce pacte d'union peut naturellement, nécessairement apporter certaines modifications à la situation respective, au statut personnel, en quelque sorte, de chacun des Etats qui y prend part, altérer dans une plus ou moins large mesure sa *souveraineté* et son *indépendance*. (Voir ces mots.)

Pour déterminer si les Etats qui s'unissent conservent ou non leur souveraineté individuelle et les relations internationales qui s'y rattachent, il est nécessaire d'examiner les conditions générales qui servent de base à l'union contractée. Si les Etat qui s'associent créent un nouveau pouvoir national, un Etat nouveau dont chacun d'eux n'est qu'un élément constitutif, il est indubitable que ces Etats auront perdu leur souveraineté extérieure individuelle, bien qu'ils aient conservé réciproquement la plupart de leurs droits essentiels. Si ces Etats ne constituent pas un nouveau pouvoir central, une nouvelle nationalité, ils conservent forcément leur ancienne considération internationale.

L'union des Etats peut être amenée dans des circonstances, par des causes et sous des conditions diverses.

Ainsi ils peuvent s'unir soit par une union personnelle ou réelle sous un même souverain, soit par incorporation ou par pacte fédéral; il peuvent encore constituer une confédération ou un Etat composé. Dans ces différentes hypothèses, leurs conditions internationales éprouvent de graves changements.

L'union personnelle d'Etats différents sous un même souverain n'entraîne pas l'extinction de la souveraineté individuelle des Etats qui l'ont formée, pourvu que ces Etats l'aient réalisée selon les principes de l'égalité complète de droits.

L'union sous un même souverain, *unio personalis*, peut quelquefois entraîner la perte de l'individualité d'un Etat; seulement, l'union une fois rompue, cette individualité renaît *ipso facto*. D'un autre côté, on conçoit que l'union crée entre les Etats ainsi reliés l'un à l'autre, quoiqu'ils se regardent respectivement comme étrangers, certains liens indissolubles qui les mettent dans la presque impossibilité de se faire la guerre.

Lorsque deux ou plusieurs Etats sont réunis passagèrement en la personne d'un même souverain, ils sont en droit international considérés comme des Etats différents; ils ont en conséquence deux ou plusieurs voix dans les congrès ou les conférences et peuvent être représentés par des agents diplomatiques différents.

Lorsque la réunion sous un même souverain prend un caractère de permanence et d'union politique, le droit international les considère comme un seul Etat et n'accorde qu'une seule voix à leur représentation commune.

L'union des Etats, *unio civitatum*, sous un même chef suprême est *réelle*, lorsque la souveraineté individuelle de chacun se perd dans la souveraineté générale qui résulte de l'union. Cette seconde espèce d'union s'accomplit quand les destinées des peuples unis se fusionnent complètement. L'union réelle produit dans la plupart des cas des conséquences identiques à celles de l'union personnelle.

L'union des Etats opérée par incorporation produit, à l'égard de la souveraineté extérieure, les mêmes résultats que l'union réelle. Dans les deux cas, la souveraineté particulière de chacun demeure confondue dans la souveraineté générale ou dans celle de l'Etat incorporant : aussi, une nation qui s'incorpore à une autre abdique-t-elle le droit qu'elle possédait de régler ses relations extérieures, de déclarer la guerre, de conclure des traités; en un mot, cette nation perd sa nationalité. Si l'incorporation se réalise avec le consentement de la nation incorporée par vote populaire ou au moyen du suffrage universel, le citoyen qui refuse de s'y conformer est libre d'abandonner le pays et de disposer à sa guise des biens qu'il y possède.

Lorsque divers Etats souverains s'unissent au moyen d'un pacte, ces Etats peuvent former soit un *système d'Etats confédérés* proprement dits, soit un *gouvernement fédéral suprême*.

Si les conditions de ce pacte sont telles que chacun des Etats associés conserve le principe de sa souveraineté, le droit de se gouverner par ses lois particulières, en s'obligeant seulement à faire exécuter dans l'intérieur de ses limites propres les résolutions générales délibérées et adoptées en commun sur certaines questions et concernant certains intérêts spéciaux, il y a formation d'un système d'Etats confédérés. Si, au contraire, le gouvernement établi par le pacte d'union des Etats est souverain et suprême dans la sphère de ses attributions pour agir directement non seulement sur les Etats qui s'associent, mais encore sur les citoyens de chacun d'eux, cette union devient un gouvernement fédéral.

UNION DOUANIÈRE. Association entre plusieurs pays pour la suppression réciproque des douanes à leurs frontières respectives.

Le *Zollverein* ou union douanière allemande en est le type le plus saillant. (*Voir* ZOLLVEREIN.)

UNION internationale pour la protection de la propriété industrielle.

En date du 20 mars 1883, la Belgique, le Brésil, l'Espagne, la France, le Guatémala, l'Italie, les Pays-Bas, le Portugal, le Salvador, la Serbie et la Suisse ont conclu pour la protection de la propriété industrielle, une convention, à laquelle ont accédé, le 6 juin 1884, l'Equateur, la Grande-Bretagne et la Tunisie. En voici les dispositions principales:

Les ressortissants de chacun des Etats contractants jouissent dans les autres Etats des avantages accordés aux nationaux pour ce qui concerne les brevets d'invention, les dessins ou modèles, les marques de fabrique ou de commerce et le nom commercial. Sont assimilés à ces ressortissants les ressortissants des Etats ne faisant pas partie de l'Union qui sont domiciliés dans l'un des Etats de l'Union.

Le dépôt d'un brevet, etc. dans l'un des Etats confère un droit de priorité dans les autres, et cela pour six mois pour les brevets, pour trois mois pour les dessins, etc. Un mois de plus pour les pays d'outre-mer.

L'importation d'objets brevetés n'entraîne pas la déchéance. Les produits portant illicitement une marque de fabrique pourront être saisis à l'importation. Protection temporaire est accordée aux inventions, etc. qui figurent aux expositions.

Chacun des contractants établira un service spécial de la propriété industrielle et un dépôt central, accessible au public, des brevets, dessins et marques de fabrique. Il sera organisé en outre un office international sous le titre de Bureau international pour la protection de la propriété industrielle. Ce bureau, dont les frais sont supportés par les contractants, a son siège à Berne et est placé sous la surveillance du Conseil fédéral suisse. Il publie, sous le titre de *La propriété industrielle,* un journal qui centralise les renseignements fournis par les Etats de l'Union, ainsi que la législation sur la propriété industrielle.

La langue officielle de l'Union est le français.

Les Etats qui n'ont point encore adhéré à l'Union, y seront admis sur leur demande.

UNION MONÉTAIRE. Association entre plusieurs nations pour l'adoption d'un système uniforme de monnaies pour leurs transactions mutuelles et leurs échanges financiers et commerciaux. (*Voir* MONNAIE, UNIFORMITÉ MONÉTAIRE.)

On peut en citer comme exemple l'Union monétaire latine, créée en 1865 par la France, la Belgique, l'Italie et la Suisse, et à laquelle la Grèce a donné son adhésion en 1868.

UNION POSTALE. Association de plusieurs Etats pour réglementer le mode de transport et de remise des correspondances postales entre eux. (*Voir* POSTES.)

Tel est le pacte international conclu entre presque toutes les nations à Paris le 1er juin 1878.

UNIVERSITÉ. Ecole de l'ordre le plus élevé, dont l'enseignement embrasse les diverses branches de l'instruction supérieure.

En France l'Université est un corps enseignant unique, soumis à un régime uniforme et sous la dépendance du gouvernement; elle confère directement, ou par l'entremise des Académies ou des Facultés, qui en forment les branches, des grades dits *universitaires*, prescrits comme indispensables pour exercer certaines professions.

UNKIAR-ISKELESSI (traité d') 1833.

En 1833, le pacha d'Egypte Méhémet Ali lève l'étendard de la révolte, conquiert la Syrie, bat les Turcs à Konieh et menace Constantinople. Dans ces circonstances la Porte invoque le secours de la Russie, avec laquelle elle conclut un traité d'alliance, dit d'Unkiar-Iskelessi, parce qu'il fut signé, le 8 juillet 1833, à un lieu de ce nom, sur la rive asiatique du Bosphore.

L'alliance ainsi contractée avait uniquement pour objet la défense commune des Etats respectifs des deux puissances contre tout empiètement; et l'Empereur de Russie, „par suite du plus sincère désir d'assurer la durée, le maintien et l'entière indépendance de la Porte, dans le cas où viendraient à se présenter des circonstances qui pourraient déterminer la Porte à réclamer l'assistance militaire de la Russie, promettait de fournir par terre et par mer autant de troupes et de forces que les parties contractantes le jugeraient nécessaire.“

Toute l'importance de ce traité reposait dans un article additionnel et secret, par lequel la Russie s'engageait à ne pas demander à la Porte un secours matériel dans le cas où les circonstances mettraient la Turquie dans l'obligation de le fournir; mais, „à la place du secours qu'elle devait prêter au besoin d'après le principe de réciprocité du traité patent, elle devait borner son action en faveur de la cour impériale de Russie à fermer le détroit des Dardanelles, c'est-à-dire à ne permettre à aucun bâtiment de guerre étranger sous aucun prétexte quelconque“ — excepté, bien entendu, aux bâtiments russes, auxquels était également ouvert le Bosphore.

Le traité d'Unkiar-Iskelessi confirmait les transactions antérieures concernant la Grèce, auxquelles la Russie avait pris part avec les autres puissances européennes.

US. Ce mot, qui se joint presque toujours à *coutumes* — *us et coutumes*, signifie les anciens usages, la pratique qu'on a coutume de suivre depuis longtemps dans un pays, dans un lieu, dans certaines circonstances, concernant certaines matières. (*Voir* COUTUME, USAGE.)

USAGE. Action de se servir d'une chose, d'un acte, etc.

Le droit de se servir personnellement d'une chose dont la propriété est à un autre, de participer à certains produits de la propriété d'autrui. Ce droit s'étend aussi bien aux choses mobilières qu'aux immeubles.

USAGES. Pratique admise généralement, coutume.

Pratique, ou connaissance acquise par l'expérience.

Les rapports internationaux ont amené l'établissement, à l'égard de certaines matières, de coutumes d'usages, qui sont reçus aujourd'hui par la presque unanimité des peuples.

Ces usages n'ont jamais fait l'objet de conventions spéciales et positives, n'ont jamais été consignés dans aucun traité; mais, fortifiée par la suite des temps et par la fréquence d'actes uniformes, l'observation en est devenue presque aussi régulière que celle des traités et des conventions, et lie les nations entre elles, au point que si l'une a l'intention de s'écarter d'un de ces usages ou de l'abolir, elle doit en avertir les autres à temps. Toutefois le simple usage ne renferme qu'un devoir imparfait; il ne peut donc être imposé par la force, et chaque nation a le droit de s'en affranchir; il n'a pas force de loi, mais simplement force de nécessité morale

La plupart des usages sont fondés sur la loi naturelle, sur des convenances réciproques ou particulières, sur des raisons de courtoisie, sur des conformités de sentiments ou d'intérêts; aussi, sauf ceux qui proviennent de la première de ces sources, les usages sont-ils susceptibles de changements, selon le temps et les circonstances.

D'autre part, ce qui n'était dans le principe qu'un simple usage peut quelquefois être changé en obligation parfaite par des conventions expresses ou tacites, du bien aboli par elles; de même il peut advenir que ce qui a été réglé par un traité soit ultérieurement changé ou aboli par l'usage.

La partie du droit des gens qui est fondée sur les usages ou les coutumes s'appelle droit des gens *coutumier* (voir ce mot).

USUCAPION. Manière d'acquérir par la possession, par l'usage : on devient propriétaire, quand on a possédé pendant un certain temps paisiblement et sans opposition.

Si l'on admet que cette forme d'acquisition est fondée et légitime en droit naturel, on est logiquement conduit à soutenir qu'elle est également conforme aux principes du droit des gens et que dès lors elle doit aussi s'appliquer aux nations.

L'usucapion est même, jusqu'à un certain point, plus nécessaire entre Etats souverains qu'entre particuliers. En effet les démêlés qui s'élèvent de nation à nation ont une tout autre importance que les querelles individuelles : ces dernières peuvent se régler devant les tribunaux, tandis que les conflits internationaux aboutissent trop souvent à la guerre; il faut donc, dans l'intérêt de la paix comme dans celui de la bonne harmonie entre les nations et des progrès du genre humain, écarter tout ce qui pourrait jeter le trouble dans le droit de possession des souverains, lequel, lorsqu'il a reçu sans conteste la consécration du temps, doit être regardé comme imprescriptible et légitime. S'il était permis, pour établir la possession primordiale d'un Etat, de remonter indéfiniment le cours des années et de se perdre dans la nuit des temps les plus reculés, peu de souverains seraient sûrs de leurs droits, et la paix ici-bas deviendrait impossible.

USUFRUIT. Droit de jouir d'une chose dont un autre a la propriété, comme le ferait le propriétaire, mais à la charge d'en conserver la substance.

Dans le droit français, l'usufruit est établi par la loi : c'est l'usufruit *légal;* ou par la volonté de l'homme : c'est l'usufruit *conventionnel.*

L'usufruit *légal* est celui que la loi accorde aux pères et aux mères sur les biens de leurs enfants, tant que ceux-ci sont sous leur puissance; aux maris, sur les biens de la communauté et sur les biens dotaux de la femme.

L'usufruit *conventionnel* est susceptible de toute stipulation à titre gratuit ou onéreux; il peut être établi sur toute espèce de meubles ou d'immeubles.

USURPATEUR. Celui qui par ruse ou violence s'empare des possessions, du pouvoir d'un autre.

Les actes de l'usurpateur ont, par rapport aux nouveaux sujets soumis de fait à son autorité, la même force que ceux d'un souverain légitime. (*Voir* CONQUÉRANT, CHANGEMENTS DANS LES ÉTATS, SOUVERAINETÉ, INDÉPENDANCE, ÉTAT.)

USURPATION. Action d'usurper, de s'emparer par violence ou par ruse des biens, d'une dignité, d'un titre qui appartient à un autre.

L'usurpation de la souveraineté d'un Etat par un autre souverain, soit par suite de son incorporation dans le territoire du vainqueur, soit par suite d'un démembrement, met quelquefois un terme à l'existence de l'Etat usurpé; d'autrefois il en résulte simplement un changement dans la personne de son souverain et la perte de son indépendance. (*Voir* CONQUÊTE, INCORPORATION, DÉMEMBREMENT, INDÉPENDANCE, SOUVERAINETÉ, CHANGEMENTS, SURVENUS DANS LES ÉTATS.)

UTI POSSIDETIS. Terme latin qui signifie : *comme chacun possède.*

S'emploie, dans un traité, une convention, une déclaration, un acte international ou diplomatique, pour exprimer que „chaque puissance conservera ce dont elle était antérieurement ou est actuellement en possession," comme, par exemple, lorsque l'état respectif de possession de chacune des puissances contractantes au moment de la conclusion d'un traité de paix est, à moins de dispositions contraires, considéré comme la base du nouvel ordre de choses établi par la paix : chacune conserve la souveraineté du territoire qu'elle occupe.

UTOPIE. Nom d'un pays fabuleux, où tout est réglé au mieux, décrit dans un livre de Thomas Morus, publié en 1516, qui porte ce titre.

Au figuré, plan de gouvernement imaginaire, dans lequel tout est parfaitement réglé pour le bonheur de chacun, comme au pays d'*Utopie*, mais qui dans la pratique ne donne pas les résultats qu'on en espérait.

UTOPISTE. Celui qui crée une *utopie*, qui croit à une *utopie*, qui prend ses rêves pour des réalités, notamment en politique.

UTRECHT (traités d'), 1713.

Ces traités mirent fin à la guerre occasionnée par les contestations auxquelles la succession à la monarchie espagnole avait donné naissance.

Charles II, dernier mâle de la branche espagnole d'Autriche, issue de Charles Quint, mourut le 1er novembre 1700, ne laissant ni enfant ni frère; mais, 18 jours avant sa mort, il avait signé un testament, par lequel il reconnaissait les droits à la monarchie espagnole de sa sœur Marie-Thérèse, épouse du roi de France; il déclarait que la renonciation de cette princesse, de même que celle de la princesse Anna, mère de Louis XIV, aux royaumes d'Espagne, ayant eu pour unique motif d'empêcher la réunion de ces royaumes à la couronne de France, ce motif cessait, si la succession était transférée à un fils puîné de France, et en cette considération il nommait Philippe duc d'Anjou, second fils du Dauphin, héritier légitime de tous ses Etats. Ce testament fut accepté par Louis XIV, grand-père du duc d'Anjou, et ce jeune prince fut proclamé roi d'Espagne le 14 novembre suivant, et généralement reconnu par tous les peuples soumis à la domination espagnole.

19*

Ce nouvel état de choses suscita contre la France une ligue connue sous le nom de *grande alliance* et formée en 1701 par les Provinces-Unies, l'Angleterre, l'Empereur, qui déclarèrent la guerre à la France au mois de mai 1702.

Après plusieurs années de combats, qui, dans les commencements avantageux pour les armées françaises, avaient fini par tourner à leur détriment, le roi de France avait demandé la paix, et en 1711 l'Angleterre se détacha de l'alliance, à la suite d'un traité préliminaire signé à Londres le 8 octobre.

Ce fait et quelques victoires remportées en 1712 par les Français déterminèrent les autres alliés et les puissances intéressées à envoyer des plénipotentiaires à un Congrès, qui fut ouvert à Utrecht le 12 janvier 1712 en vue de conclure la paix générale.

Les plénipotentiaires de la France étaient le maréchal d'Huxelles, l'abbé de Polignac et M. Ménager; ceux de l'Angleterre, le docteur Robinson, évêque de Bristol et le comte de Gratford; ceux des États-Généraux MM. de Randwick, Van der Dussen, Moermond, Spanbroek, le baron de Renswoude, Goslinga, le comte de Rechteren et le comte d'Innhausen et de Kniphausen; ceux du duc de Savoie, le comte de Maffei, le marquis Solari du Bourg, et M. de Mellarède; ceux de l'empereur, le comte de Zinzendorf, le comte de Corsano et M. de Consbruck, qui mourut à Utrecht et fut remplacé par le baron de Kirchner; ceux du roi de Portugal, le comte de Taronca et M. Louis d'Acunha; ceux du roi de Prusse, les comtes de Dœnhof et de Metternich, et le baron Marschal de Biberstein; ceux de l'électeur de Trèves, le baron d'Els et M. de Keysersfeld; ceux du roi de Pologne, les comtes de Werthern et de Lagnasco et le baron de Gersdorf; ceux du duc de Lorraine, M. Lebègue, le baron de Forstner et M. de Moineville; les États suivants n'avaient envoyé qu'un plénipotentiaire, savoir: le Pape, le comte Passionei; la république de Venise, le procureur Ruzzini; la république de Gênes, M. de Sorba; l'électeur de Mayence, le comte de Stadion; l'électeur de Cologne, le baron de Karis; l'électeur palatin, le baron de Hundheim; l'électeur de Bavière, le baron de Malknecht; l'électeur de Hanovre, le baron de Bothmar.

Les plénipotentiaires assemblés à Utrecht s'étant mis d'accord tant pour ce qui concernait leurs souverains respectifs que pour ce qui regardait l'Empe-

reur et l'empire, ceux de l'Angleterre remirent, le 11 avril, au comte de Zinzendorf un écrit renfermant les conditions offertes par le roi de France à la maison d'Autriche; mais le plénipotentiaire impérial les rejeta et se retira du Congrès.

Dans ces circonstances les autres plénipotentiaires signèrent des traités séparés entre eux, de façon qu'il y eût autant de traités particuliers qu'il y avait de puissance belligérantes; mais tous admettent comme un fait acquis la possession du trône d'Espagne par le duc d'Anjou proclamé roi sous le nom de Philippe V.

Ces divers traités, signés à Utrecht, portent la date du 11 avril 1713.

Par son traité avec l'Angleterre, la France reconnaît l'ordre de succession établi dans ce pays par les actes du parlement en faveur des descendants de la Reine Anne et de la ligne protestante de Hanovre. Il est arrêté que les couronnes d'Espagne et de France ne pourront jamais être réunies. Le roi de France promet de faire raser les fortifications et combler le port de Dunkerque. La France restitue à l'Angleterre la baie et le détroit de Hudson avec toutes ses dépendances, et cède l'île de Saint-Christophe, la Nouvelle-Écosse avec les îles adjacentes, sauf celle de Cap-Breton et celles situées dans le golfe de Saint-Laurent.

Le même jour un traité de commerce et de navigation fut conclu entre la France et l'Angleterre, par lequel fut reconnue la liberté du pavillon neutre en temps de guerre.

Aux termes d'un traité particulier avec le Portugal, la France reconnaît que les deux bords du fleuve des Amazones appartiennent en toute propriété et souveraineté au roi de Portugal, et elle se désiste en faveur de ce prince de tous ses droits et prétentions sur les terres du Cap-Nord, situées entre les Amazones et la rivière de Japoc en Guyane.

Un traité entre la France et la Prusse confirme la paix de Westphalie, maintenue dans toute sa force à l'égard de ce qui regarde la religion, le gouvernement civil et politique de l'Empire. Le roi de France, en vertu du pouvoir qu'il en a reçu du roi d'Espagne, cède à la Prusse la Gueldre espagnole et le pays de Kosél, et reconnaît le roi de Prusse en qualité de seigneur souverain de la principauté de Neuchâtel et de Valengin; de son côté, le roi de Prusse renonce à tous les droits et prétentions à la principauté d'Orange, et à toutes les terres et seigneuries en dépendant dans le Dauphiné et la Franche-Comté. Enfin le roi de France promet, pour lui et le roi d'Espagne, de reconnaître la dignité royale de Prusse, de donner à Frédéric la qualité de Majesté et d'accorder à ses ministres les honneurs qu'il accorde à ceux des autres têtes couronnées.

Selon son traité avec le duc de Savoie, la France rend à celui-ci le duché de Savoie, le comté de Nice et généralement tous les lieux qu'elle lui avait enlevés pendant la guerre, les sommités des Alpes devant servir désormais de limite entre la France, le Piémont et le comté de Nice. Le roi de France reconnaît le duc de Savoie en qualité de légitime roi de Sicile et lui garantit la possession de ce royaume. De plus il reconnaît le duc de Savoie et ses descendants mâles pour légitimes héritiers de la monarchie espagnole au défaut de la postérité de Philippe V.

Par traité avec les Etats-Généraux de Hollande, la France s'engage à leur remettre, en faveur de la maison d'Autriche, tout ce qu'elle possède encore des Pays-Bas espagnols, ainsi qu'une partie des Pays-Bas français; par contre les Etats-Généraux promettent de restituer au roi de France Lille, Orchies, Aire, Béthune et Saint-Venant, avec leurs bailliages et dépendances.

Le même jour les deux puissances concluent, pour une durée de 25 ans, un traité de commerce sur les bases de celui signé par la France avec l'Angleterre.

Le 13 juillet 1713, l'Espagne signa avec l'Angleterre un traité particulier, par lequel les renonciations de Philippe V au trône de France et des princes français au trône d'Espagne sont renouvelées, et le roi d'Espagne approuve l'ordre de succession à la couronne d'Angleterre tel qu'il a été réglé par les actes du parlement. L'Angleterre obtient la succession de l'île de Minorque et de la ville de Gibraltar avec toutes ses fortifications, sans aucune juridiction territoriale et sans communication ouverte par terre avec les contrées voisines de l'Espagne. Il est stipulé que le royaume de Sicile, cédé au duc de Savoie, retournera à la couronne d'Espagne au défaut d'héritiers mâles de la maison de Savoie.

Un traité conclu le 13 août 1713, par l'Espagne avec le duc de Savoie assure à ce prince et à ses descendants mâles la succession au trône d'Espagne, au

défaut des descendants de Philippe V. Au duc est cédé le royaume de Sicile, réversible à la couronne d'Espagne au défaut des descendants mâles de la maison de Savoie.

Malgré la conclusion de la paix à Utrecht, la guerre recommença entre l'Autriche et la France· elle tourna à l'avantage de cette puissance; c'est pourquoi l'Empereur ne tarda pas à donner au Prince Eugène des pleins-pouvoirs pour entrer en négociations avec le maréchal de Villars, plénipotentiaire du roi de France. Les conférences, ouvertes le 26 novembre 1713, au château de Rastadt, aboutirent le 6 mars 1714 à la conclusion entre l'Empereur et la France, d'un traité de paix, qui ne fut signé que le 7 septembre suivant à Bade en Argovie.

Les traités de Westphalie, de Nimègue et de Ryswick sont adoptés comme base du nouveau traité, le Vieux-Brisach et la ville de Fribourg, avec leurs dépendances sur la rive droite du Rhin sont rendus à la maison d'Autriche, le fort de Kehl à l'Empire, mais Laudon avec ses dépendances est cédé à la France. La France reconnaît la dignité électorale de la maison de Hanovre. Les électeurs de Cologne et de Bavière sont rétablis dans leurs Etats, rangs, droits, dignités, dont ils jouissaient avant la guerre.

Le traité de Bade s'écarte du traité d'Utrecht en ce qu'il ne fait aucune mention de la monarchie espagnole; ce qui s'explique par la raison que l'Empereur n'avait pas reconnu Philippe V en qualité de roi d'Espagne, et que Philippe V, de son côté, n'avait pas consenti au démembrement de la monarchie espagnole fait en faveur de l'Empereur.

Tandis que les négociations étaient encore pendantes à Rastadt, celles du congrès d'Utrecht n'avaient pas cessé, car l'Espagne n'avait fait la paix ni avec les Etats Généraux de Hollande, ni avec le Portugal.

Ce qui faisait différer la conclusion de la paix entre les Hollandais et les Espagnols, c'est que Philippe V proposait qu'on érigeât une portion des Pays-Bas espagnols, notamment le duché de Limbourg, en souveraineté indépendant en faveur de la princesse des Ursins'; mais l'Empereur, à qui étaient destinés les Pays-Bas, ayant refusé d'admettre cette stipulation dans le traité de Rastadt, le roi d'Espagne se désista; les conférences furent reprises à Utrecht et la paix entre l'Espagne et les Etats Généraux fut enfin signée le 26 juin 1714, au moyen d'un traité renouvelant celui de Munster signé en 1648. La plupart des articles qui suivent sont relatifs au commerce; il y est stipulé notamment que le roi d'Espagne ne permettra à aucune nation étrangère d'envoyer des navires ni de commercer dans les Indes espagnoles. La loi qui défend la réunion des couronnes d'Espagne et de France et les renonciations y relatives, sont confirmés sous les termes les plus formels.

Le dernier des traités qui complètent la paix d'Utrecht est celui signé dans cette ville le 6 février 1715 par l'Espagne et le Portugal; ces deux puissances se rendirent réciproquement ce qu'elles s'étaient enlevé pendant la guerre; de sorte que leurs limites demeurèrent dans le même état où elles étaient auparavant; de plus le roi d'Espagne céda à celui de Portugal la colonie américaine du Saint-Sacrement, située sur la rive septentrionale du Rio de la Plata, en renonçant pour lui et ses descendants à toute prétention sur ce territoire; toutefois la faculté étant laissée au roi d'Espagne de la recouvrir dans le délai de dix-huit mois moyennant une compensation équivalente.

V

VACANCE. Temps pendant lequel une fonction, une dignité *vacante*, n'est pas remplie.

Lorsqu'une vacance se produit dans un poste diplomatique ou consulaire, comme, par exemple, dans le cas de décès du titulaire de la fonction, c'est l'agent de la résidence le plus élevé en grade qui prend le service, en attendant les ordres ministériels, qu'il a dû demander sans retard.

VACANCES. Temps pendant lequel un tribunal, une assemblée délibérante interrompt ses travaux.

VACANT. Se dit des emplois, des dignités, dont le titulaire vient à faire défaut.

En jurisprudence, *succession vacante*, succession que personne ne réclame, pour laquelle il n'y a pas d'héritier connu, ou à laquelle les héritiers connus ont renoncé. (*Voir* SUCCESSION.)

VAISSEAU. Grand bâtiment de bois ou de fer construit de façon à pouvoir naviguer sur mer et transporter des hommes et des marchandises. (*Voir* NAVIRE, NAVIGATION.)

Dans le langage ordinaire ce nom s'applique à toutes les grandes constructions flottantes propres à la navigation; mais il est particulièrement réservé aux bâtiments de la marine de l'Etat, et plus particulièrement encore aux bâtiments de guerre du premier ordre, qu'on nomme aussi *vaisseaux de ligne*.

VALFREY (Jules), publiciste français, né à Besançon.

Ancien sous-chef de cabinet du ministre des affaires étrangères.

Histoire de la diplomatie du gouvernement de la défense nationale. Paris 1871-1872. 3 vol. in-8°.

Histoire du traité de Francfort et de la libération du territoire français. Paris 1874. in-8°.

VALI, VALY. Haut fonctionnaire de l'Empire turc, gouverneur-général d'un *vilayet* (voir ce mot).

Le *valy* est assisté d'un grand conseil, composé du receveur des finances, du métropolitain et des délégués des municipalités.

Il a sous ses ordres les *mutessarifs*, gouverneurs des *sandjaks*; les *kaïmakans*, lieutenants-gouverneurs des *kasas*; et les *mudirs*, maires des *nahiés*.

VALIDÉ. Titre que les Turcs donnent à la mère du Sultan régnant : la Sultane Validé. (*Voir* SULTANE.)

VALIDITÉ. Qualité de ce qui est valide, de ce qui a les conditions requises par les lois pour produire son effet; — la force que certains actes reçoivent de l'accomplissement de conditions et de formalités qui leur sont nécessaires : la validité d'un acte, la validité des preuves, la validité d'un traité.

Au point de vue du droit international, il est généralement admis qu'un acte considéré comme authentique et par conséquent valable par les lois du lieu de sa rédaction l'est aussi dans les pays étrangers et qu'il y fait également preuve complète.

La validité d'un mariage se détermine d'après la loi du pays où il a été célébré, de sorte que quand une personne se marie dans un autre pays que le sien en accomplissant les formalités locales, la légitimité de son mariage ne peut être contestée qu'en cas d'inobservation de la loi étrangère, sans autre exception que celle résultant de l'intention évidente de se soustraire aux règles de son statut personnel ou de faire fraude à la loi de son pays d'origine. (*Voir* MARIAGE.)

Quant aux *testaments*, c'est un principe de jurisprudence internationale accepté par tous les Etats civilisés que du moment que le testament est régulier quant à sa forme extrinsèque d'après la loi du lieu où il a été fait, il doit être reconnu partout comme valable, même dans les lieux régis par une souveraineté et une législation différentes. (*Voir* TESTAMENT.)

La validité des traités a pour base essentielle le consentement mutuel des parties contractantes, duement autorisées par chacun des Etats intéressés à la conclusion, après toutefois que ce consentement a été consacré par la formalité de la *ratification* (voir ce mot, TRAITÉ, SOUVERAINETÉ.)

Une guerre survenant entre des nations engagées par des traités ne suffit pas pour faire cesser la validité des traités. (*Voir* GUERRE, DÉCLARATION.)

VALIN (René Josué), jurisconsulte français, né à la Rochelle le 10 juin 1695, mort à Nieul (Charente inférieure) le 23 août 1765.

Ses ouvrages sur le droit maritime font autorité notamment en ce qui concerne le droit de prise.

Traité des prises, ou principes de la jurisprudence française concernant les prises qui se font sur mer, relativement aux dispositions tant de l'ordonnance de la marine du mois d'août 1681 que des arrêts du conseil, ordonnances et règlements. La Rochelle, 1758-60, 2 vol. 4°. Réimprimé textuellement en 1766 et en 1776.

Commentaire sur l'ordonnance de la marine du mois d'août 1681, avec des notes

coordonnant l'ordonnance, le commentaire et le code de commerce, par V. Bécane. 2e édition. Paris, 1836.

VALLARTA (Ignacio), jurisconsulte mexicain.

El juicio de Amparo y el „habeas corpus" (La sentence d'Amparo et l'„habeas corpus"). Mexico, 1881.

Les ouvrages de M. Vallarta sont aussi nombreux qu'importants. C'est un jurisconsulte de la plus haute distinction et dans ses écrits abondent les études particulières sur divers points de droit international.

VALLAT (C. vicomte de), diplomate français, ancien ministre plénipotentiaire, a publié en collaboration avec M. de Clercq:

1° *Formulaire des chancelleries diplomatiques et consulaires.* Paris, 1880, 2 vol. 5e édition, mise à jour d'après les documents officiels les plus récents..

2° *Guide pratique des consulats*, Paris, 1879, 2 vol. in-8°.

(*Voir* DE CLERCQ.)

VARIETUR (NE). *Ne varietur*, expression latine qui signifie *pour qu'il ne soit pas changé.*

Se dit, dans la pratique, des précautions qu'on prend pour constater l'état actuel d'une pièce et pour prévenir les changements qu'on pourrait y faire.

Ainsi on ordonne qu'une pièce soit signée et paraphée *ne varietur.*

VARSOVIE (traités de) 1773.

L'anarchie qui régnait depuis quelque temps en Pologne et avait entraîné la dévastation du pays et par suite la disette, la famine et la peste, inspira aux cours voisines l'idée de s'agrandir aux dépens de cette malheureuse contrée. L'Autriche, la Russie et la Prusse, prétendant avoir des droits sur quelques palatinats et districts de la Pologne, se concertèrent, par des conventions signées à Saint-Pétersbourg et à Vienne le 17 et le 19 février 1772, pour opérer entre elles un partage du royaume de Pologne; et peu après les troupes des trois puissances prirent possession des provinces qui avaient été adjugées à chacune d'elles.

Les traités suivants furent imposés à la Diète de Varsovie.

Par un traité conclu le 28 septembre 1773 entre la Pologne et l'Autriche, le roi cède à l'Impératrice-reine les pays renfermés dans ces limites, savoir : toute la rive droite de la Vistule depuis la Silésie jusqu'au delà de Sandomir et du confluent de la San; de là en tirant une ligne droite sur Trampol à Zamose, Rubieszoff jusqu'au Bug; et en suivant au delà de cette rivière les vraies frontières de la Russie rouge, qui sont en même temps celles de la Volhynie et de la Podolie jusqu'aux environs de Zbaraz; de là en droite ligne sur le Dniester, le long de la rivière de Podgorze jusqu'à son embouchure dans le Dniester, et ensuite les frontières accoutumées entre la Pocutie et la Moldavie.

Par un traité en date du 18 septembre entre la Pologne et la Russie, cette dernière puissance prend possession du reste de la Livonie polonaise, de la partie du palatinat de Polozk située au delà de la Dwina, ainsi que du palatinat de Witepsk, de sorte que la Dwina forme la limite entre les deux Etats jusque près de la frontière particulière qui sépare le palatinat de Witepsk de celui de Polozk; de là la limite des deux Etats sera celle qui sépare ces deux palatinats jusqu'à la pointe où se réunissent les limites des trois palatinats de Polozk, de Witepsk et de Minsk; de cette pointe la limite des deux Etats sera prolongée, par une ligne droite, jusque près de la source de la rivière Drajet, vers l'endroit nommé Ordwo, et de là en descendant cette rivière jusqu'à son embouchure dans le Dniéper; à partir de cette embouchure le Dniéper formera la limite des deux Etats, en conservant toutefois à la ville de Kieff et à son district la limite qu'ils ont actuellement en deçà de ce fleuve.

Enfin, par son traité, en date du 18 septembre, la Prusse obtient cession de toute la Pomérélie excepté la ville de Dantzig, et du district de la Grande Pologne en deçà de la Netze en longeant cette rivière depuis la frontière de la Nouvelle Marche jusqu'à la Vistule près de Fordon et de Solitz, de sorte que la Netze forme la frontière des Etats du roi de Prusse et que cette rivière lui appartient en entier, en suite de tout le reste de la Prusse polonaise, ainsi que le palatinat de Marienbourg, y compris la ville d'Elbing, avec l'évêché de Warmie et le palatinat de Culm, excepté la ville de Thorn, conservée avec son territoire à la Pologne.

Le roi de Pologne, en outre, renonçait formellement à toute prétention qu'il pourrait former contre la maison de Brandebourg, notamment à la réversion du royaume et du fief en Prusse; il se désistait pareillement de tout droit féodal, du droit de réversion, et en général de tout autre droit et prétention qu'ils pourraient former à présent et à l'avenir sur les districts de Lauenbourg et de Butow, qu'il cédait au roi de Prusse avec toute souveraineté et indépendance.

Aucune autre puissance ne s'opposa à ce démembrement que rien ne justifiait : tout se borna à quelques reproches adressés de la part de la France à l'Autriche, et à des excuses de la part de celle-ci, dont on se contenta.

VASSAL. Celui qui relève d'un seigneur à cause d'un fief. (*Voir* FÉODALITÉ, FIEF, SEIGNEUR, SUZERAIN.)

Vassal direct, celui qui tenait son fief immédiatement du seigneur de la terre.

Arrière-vassal, celui qui tenait un fief d'un seigneur vassal lui-même.

Grand vassal, celui qui relevait du roi.

On étendait aussi le nom de *vassaux* à tous ceux qui tenaient des terres de quelques seigneurs ou habitaient sur leurs domaines.

Les vassaux tenaient leur fief à charge de certaines rentes ou redevances.

Un Etat peut être vassal d'un autre (*Voir* MI-SOUVERAIN, INDÉPENDANCE), lorsque, par exemple, sa souveraineté dérive de celle d'un autre Etat, à l'égard duquel il demeure dans un certain rapport de subordination.

VASSALITÉ, VASSELAGE. Etat, condition du vassal.

Vasselage actif, droits féodaux sur l'héritage en fief.

Vasselage passif, devoirs auxquels le vassal était soumis.

Droit de vasselage, ce que le seigneur avait droit d'exiger de son vassal.

VATICAN. Nom d'une des anciennes collines de Rome, et d'un palais bâti sur cette colline, et qui est la demeure habituelle du Pape.

Par extension on dit le *Vatican* pour signifier le gouvernement du Pape, dans le même sens qu'on dit la *Porte* pour le gouvernement du Sultan.

Les foudres du Vatican, les excommunications et les interdits lancés par le Pape.

VATTEL (Emmerich de), publiciste suisse, né à Couvet, canton de Neuchâtel, en 1714, mort en 1767.

Son livre : Le *droit des gens, ou principes de la loi naturelle appliquée aux nations et aux souverains*, écrit dans un style clair et relativement élégant, coordonné suivant une méthode simple et facile, débarrassé de digressions superflues, a largement contribué à populariser les notions du droit des gens.

Vattel a, pour ainsi dire, fondu ensemble les idées de Grotius, de Wolff et de Puffendorf, en y apportant toutefois de profondes modifications. Pour lui, le droit des gens n'est que l'application du droit naturel aux relations internationales : lorsque ce droit s'applique strictement à ces relations, il constitue le droit des gens *nécessaire*, ainsi appelé parceque les nations ne peuvent se soustraire à son observation ; le droit des gens nécessaire est aussi immuable que la nature même des choses. De l'indépendance et de la liberté des nations Vattel déduit la force des traités, même de ceux qui sont conclus contre la loi naturelle, et il arrive ainsi à l'affirmation du droit des gens *volontaire*, point sur lequel son système diffère essentiellement de celui de Wolff. Il admet également le droit des gens *conventionnel*, qui est obligatoire en tant qu'il existe un engagement et qui, par cette raison, est un droit particulier et spécial au même titre que le droit coutumier.

En résumé, Vattel donne pour base au droit des gens le droit naturel, quelles que soient d'ailleurs les modifications que ce dernier droit ait eu à subir dans son application aux relations internationales.

La première édition de cet ouvrage parut à Neuchâtel et à Leyde en 1758, 2 vol. in-4°.

Seconde édition, augmentée, revue et corrigée : Neuchâtel 1760-1773, 2 vol. in-4°.

Les suivantes à :

Bâle, 1773, 3 vol. in-12°; avec quelques remarques tirées en partie du manuscrit de l'éditeur;

Amsterdam, 1775, 2 vol. in-4°; avec quelques remarques de l'éditeur;

Neuchâtel, 1777, 3 vol.; sans ces remarques mais avec la biographie de l'auteur;

Nîmes, 1795, 3 vol. in-8°;

Lyon, 1802, 3 vol.;

Paris, 1820;

Nouvelle édition augmentée de quelques remarques nouvelles et d'une bibliographie choisie du droit des gens, par M. de Hoffmann, précédée d'un discours par Sir J. Makintosh, traduite par M. Royer-Collard. Paris 1833, 2 vol.

Nouvelle édition précédée d'un Essai de l'auteur sur le droit naturel, illustrée de questions et d'observations par le baron de Chambrier d'Oleires; avec des annexes nouvelles de M. de Vattel et de M. Sulzer, et un com- pendium bibliographique par le comte d'Hauterive. Paris 1838, 2 vol. in-8°. (Notes et tables analytiques de l'ouvrage de Vattel par M. Pinheiro Ferreira.) Paris 1838.

Nouvelle édition, précédée d'un Essai et d'une dissertation (de l'auteur) accompagnée des notes de Pinheiro Ferreira, et de Chambrier d'Oleires; augmentée d'un discours de Sir James Makintosh, complétée par l'Exposition des doctrines des publicistes contemporains, mise au courant des progrès du droit public moderne, et suivie d'une table analytique des matières par M. Pradier-Fodéré. 1863, 3 vol. in-8°.

VAVASSEUR. Vassal d'un vassal, vassal d'arrière-fief; gentilhomme dont le fief était en quelque sorte inclu dans le domaine d'un seigneur. (*Voir* VASSAL.)

VAZELHES (Etienne de), publiciste français.

Etude sur l'extradition. Suivie du texte des traités franco-belge de 1874 et franco-anglais de 1843 et 1876. Paris, 1877.

VÉDAS. Livres sacrés des Hindous.

Ils sont au nombre de quatre, et passent pour avoir été inspirés par Brahma.

VÉGA (Désiré de Garcia de la), publiciste belge.

Recueil des traités et conventions concernant le royaume de Belgique. Bruxelles, 1850-70, 5 vol.

Guide pratique des agents politiques du ministère des affaires étrangères. Cérémonial de la Cour de Belgique. Bruxelles, 1867, in-8°.

VEHME. La *Vehme* ou cour vehmique était dans l'origine un tribunal secret établi par Charlemagne pour retenir les Saxons dans l'obéissance et le christianisme.

Plus tard le tribunal se continua en Allemagne, mais avec un caractère privé, sous le titre de la *Sainte Vehme*, dans le but de suppléer à l'impuissance de la justice régulière, de maintenir la paix publique ou la religion. Les membres de cette association, dits *francs-juges*, s'enveloppaient du plus profond mystère et avaient dans toute l'Allemagne des initiés qui leur livraient les coupables. Le tribunal de la Sainte Vehme jugeait sans témoin, sans procédure, par des juges masqués, et ses sentences étaient exécutées par des mains inconnues. Cette juridiction clandestine, aveugle et arbitraire finit par donner lieu aux plus grands abus; les Empereurs travaillèrent à les détruire, et elle disparut vers le milieu du 16e siècle. Jusque là elle avait eu son siège principal à Dortmund en Westphalie.

VENEUR (GRAND). Le grand-veneur est, chez la plupart des souverains, un grand-officier de la couronne, mais sans aucun caractère politique. Il a sous ses ordres immédiats tout ce qui concerne le service des chasses du souverain.

VENISE (convention de) 1866. (*Voir* VIENNE.)

VENTE. Contrat par lequel on transfère ou s'engage à transférer à autrui la propriété d'une chose moyennant un prix que s'engage à payer la personne à qui est fait le transfert.

Pour les objets mobiliers la vente peut être purement verbale, ou sous seing privé; mais celles des immeubles, d'un navire exige un acte authentique.

La vente est dite *judiciaire* lorsqu'elle est faite par autorité de justice; et *forcée*, quand elle a lieu par suite d'une saisie ou d'un jugement d'expropriation forcée.

La vente est un des moyens d'aliénation du territoire national; elle peut être totale ou partielle. (*Voir* ALIÉNATION, DOMAINE, PROPRIÉTÉ PUBLIQUE, TERRITOIRE NATIONAL.)

Si nous considérons la *vente* au point de vue du droit international privé, la *vente* rentrant dans la catégorie des *contrats* (voir ce terme), on doit lui appliquer les principes qui régissent les actes de ce caractère.

Or, si les parties prenant part à un contrat de vente sont de même nationalité, on devra suivre leur loi nationale; mais si elles sont de nationalités différentes, c'est la loi du lieu où la vente a été conclue qui devra être observée, sauf preuve de volonté contraire de la part des contractants.

Dans tous les cas la question de capacité doit être réservée; il y a donc lieu de tenir compte du statut personnel des paties.

VERA Y FIGUEROA DIT CUNNIGA (Antonio de), diplomate espagnol.

Le *parfait ambassadeur*, divisé en trois parties, composé en espagnol par Don Antonio de Vera et de Cunniga. Nouvellement traduit en français. Leide. 1709, 2 vol., 16⁰.

VERBAL. Qui n'est que de vive voix et non par écrit.

Cependant on applique dans bien des cas cette qualification à des actes dont il reste des traces écrites, mais qui ne sont pas signés et par conséquent n'ont aucun caractère concluant et n'entraînent aucune responsabilité. Ainsi on appelle rapport *verbal*, dans les sociétés savantes, un rapport écrit qui n'est fait et reçu qu'à titre de renseignement et ne doit pas être suivi d'une décision.

En diplomatie on nomme note *verbale* une note remise à un agent diplomatique, à un cabinet étranger, par écrit il est vrai, mais non signée et sans un caractère pleinement officiel.

Ces notes doivent porter le titre de *note verbale* ou *ad statum legendi* (pour être lues); elles sont souvent adressées à la suite d'une conversation qu'on se propose de résumer ou de présumer; elles sont censées données pour soulager la mémoire, ou pour rappeler une affaire à laquelle on n'a pas donné suite, ou à propos de laquelle on désire une solution quelconque.

VERBAL D'OPINIONS. Vote à haute voix, opposé à scrutin secret.

VERDICT. Dans le sens absolu, décision, sentence; mais se dit plus particulièrement de décisions rendues par un jury, ou des arbitres.

En procédure criminelle c'est le résultat de la délibération du jury, ce qu'on appelle proprement la *déclaration du jury* sur la culpabilité ou la nonculpabilité des accusés. (*Voir* JURÉ. JURY.)

VERGÉ (Charles Henry), publiciste français, né à Paris le 22 juillet 1810.

Membre de l'Institut de France, ancien secrétaire de la haute commission des études de droit, rédacteur en chef de la revue de la *Jurisprudence générale*, et fondateur du recueil connu sous le titre de *Compte-rendu des séances et des travaux de l'Académie des sciences morales et politiques*.

Diplomates et publicistes. Paris, 1854, in-8⁰.

C'est la réunion en un volume d'articles biographiques, publiés antérieurement dans le journal le *Droit*, sur des personnages politiques de la fin du siècle dernier et des commencements du siècle actuel : Maurice d'Hauterive, de Gentz, Pinheiro-Ferreira, Ancillon, d'Entraigues, Sièyes, Chateaubriand, Mignet.

M. Vergé est aussi connu comme commentateur de Georges F. de Martens, du *Précis* duquel il a donné en 1864 une nouvelle édition annotée et mise au courant des évènements. (*Voir* G. F. DE MARTENS.)

Il a, avec M. G. Massé (voir ce nom), publié une traduction du *Droit civil français* de Zachariæ (1854—1859, 5 vol.).

VÉRIFICATION. Dans l'ancienne législation, *vérification d'un édit*, enregistrement de l'édit par le parlement.

Vérification des pouvoirs, dans un assemblée élective, examen que cette assemblée fait des titres d'un député pour son admission, afin de décider de la validité du mandat donné par les électeurs à chacun de ses membres.

Quand une assemblée nouvelle entre en session, cette opération est nécessairement la première à laquelle elle doive procéder; car il faut, avant d'accomplir aucun acte collectif, qu'il soit constaté que les élus ont droit d'y prendre part.

VÉRONE (Congrès de), 1822.

Vérone, ville de la Lombardie, sur l'Adige. Il s'y est tenu dans l'année 1822, du mois d'octobre au mois de décembre, un congrès des représentants des puissances faisant partie de la *Sainte Alliance* (voir ce terme), provoqué par des troubles survenus dans le midi de l'Europe et principalement en Espagne.

Les empereurs d'Autriche et de Russie, les rois de Prusse, des Deux-Siciles et de Sardaigne et les princes d'Italie y assistèrent, ainsi que l'élite de la diplomatie européenne : le prince de Metternich, le comte de Nesselrode, le comte M. Pozzo di Borgo, M. de Gentz, le comte de Bernstoff, le prince de Hardenberg, le duc de Montmorency et le vicomte de Chàteaubriand.

Malgré les protestations de l'Angleterre contre l'immixtion étrangère dans les affaires intérieures d'un pays indépendant, la France fut autorisée à faire entrer une armée en Espagne pour y rétablir l'ancien régime.

La note circulaire qui, le 14 décembre 1822, fit connaître cette décision, rappelait à toutes les différentes cours que les monarques considéraient les principes adoptés par eux comme une condition indispensable pour la réalisation de leurs intentions bienveillantes", et que, pour assurer le repos et la paix de l'Europe, ils devaient pouvoir compter sur l'appui toujours prêts de tous les gouvernements.

VERSAILLES (traité de paix de) 1783. Cette paix mit fin à la longue guerre que la révolution des colonies anglaises de l'Amérique du nord avait allumée entre l'Angleterre et la France, et dans laquelle avaient été entraînées l'Espagne et la Hollande.

La paix fut conclue à Versailles le 3 septembre 1783, par des traités séparés entre les diverses parties intéressées.

Aux termes d'un traité entre l'Angleterre et les Etats-Unis d'Amérique, signé au nom de la première de ces puissances par David Hartley, et, au nom des Etats-Unis, par John Adams, Benjamin Franklin et John Jay, le roi d'Angleterre reconnaît les treize Etats-Unis comme des Etats libres, souverains et indépendants, et renonce à toute prétention au gouvernement, à la propriété et aux droits territoriaux de ces Etats. Puis sont définies les limites entre les Etats-Unis et l'Angleterre par toute l'étendue de l'Amérique septentrionale, les deux puissances se partageant ainsi des pays qui ne leur appartenaient pas, qui même leur étaient en grande partie inconnus et qui n'avaient jamais subi la domination de l'Angleterre ou des Etats-Unis. On accorde aux Américains le droit de pêche sur les bancs de Terre-Neuve et dans le golfe de Saint-Laurent.

La navigation du Mississipi est ouverte aux deux nations.

Par le traité entre la France et l'Angleterre, l'Angleterre est maintenue dans la propriété de Terre-Neuve et des îles adjacentes, à l'exception de Saint-Pierre-Miquelon, cédées à la France.

L'Angleterre rend l'île de Sainte-Lucie à la France, et lui cède Tabaya.

La France restitue à l'Angleterre les îles de Grenade, les Grenadines, Saint-Vincent, la Dominique, Saint-Christophe, Nevis et Montferrat.

L'Angleterre cède à la France la rivière Sénégal avec Saint-Louis, Podor, Galam, Argium, Portendick et l'île Gorée.

La France garantit à l'Angleterre la possession de la rivière Gambie et du fort James.

L'Angleterre rend à la France les établissements qu'avant la guerre elle avait aux Indes sur la côte d'Orixa et dans le Bengale, Pondichéry, Karikal, Mohé et Surate.

Un traité conclu par l'Espagne avec l'Angleterre stipule la restitution de Minorque au roi d'Espagne et la cession à l'Angleterre des deux Florides, des îles de Providence et de Bahama.

Les principales dispositions du traité signé à Paris le 20 mai 1784 par l'Angleterre et la Hollande consistent dans la cession de Négoputnam à l'Angleterre, la restitution à la Hollande de Trinquemale et d'autres établissements dont les Anglais s'étaient emparés; l'engagement par les Hollandais de ne point troubler la navigation des Anglais dans les mers des Indes, où jusque-là les Hollandais avaient maintenu la navigation et le commerce exclusifs.

VÉTO. Mot latin qui signifie: „Je défends, j'empêche, je m'oppose".

C'était la formule que les tribuns du peuple à Rome employaient pour s'opposer aux décrets du sénat, aux actes des magistrats et en empêcher l'exécution.

Dans les gouvernements constitutionnels on désigne sous le nom de *véto* le droit qu'a le chef de l'Etat de refuser la sanction aux lois votées par le parlement.

Le véto est dit *absolu*, lorsque, comme dans la plupart des monarchies, il a pour résultat de frapper de nullité et définitivement une loi adoptée par les chambres; il est *suspensif*, quand il ne fait qu'en suspendre ou différer l'exécution. Dans ce dernier cas le projet de loi, présenté et voté de nouveau par la législature ou par une législature suivante, prend force de loi sans le consentement du chef de l'Etat.

Dans les gouvernements parlementaires où existent deux chambres, comme chacune des chambres a le droit de repousser une loi adoptée par l'autre, on dit que chaque chambre a le *véto* sur l'autre.

VICAIRE. Celui qui est adjoint à un supérieur pour le remplacer dans certaines fonctions.

Sous l'empire romain, on nommait vicaires, les gouverneurs des diocèses, qu'on considérait comme les lieutenants des préfets du prétoire.

Vicaire de l'empire, c'était le titre qu'on donnait à l'électeur, ou aux électeurs chargés de l'administration de l'empire d'Allemagne pendant l'interrègne entre la mort d'un empereur et l'élection de son successeur.

L'Empereur déléguait aussi parfois son autorité à des *vicaires impériaux* dans les pays où il ne résidait pas.

Plus généralement, aujourd'hui, le titre de vicaire est un titre ecclésiastique, qui se donne à un prêtre qui assiste un évêque ou un curé dans ses fonctions.

Vicaire apostolique, titre que le pape confère à des ecclésiastiques envoyés dans les pays hérétiques ou infidèles pour veiller sur la religion.

Le *cardinal vicaire* est celui à qui le pape confie l'administration ecclésiastique de la ville de Rome.

Enfin le Pape prend lui-même le titre de *vicaire de Jésus-Christ*.

VICE-CHANCELIER. Employé qui remplit les fonctions du chancelier en l'absence de celui-ci. (*Voir* CHANCELIER.)

VICE-CONSUL. Fonctionnaire qui supplée le consul en son absence, ou qui remplit les fonctions de consul dans une résidence où il n'y a pas de consul.

Dans la hiérarchie consulaire, le vice-consul occupe le rang immédiat après le consul.

Le vice-consul est préposé à un arrondissement; il est subordonné au consul, chef du département duquel dépend son arrondissement, comme le consul l'est au consul-général. Il peut être suspendu de ses fonctions par le consul; mais la révocation et son remplacement ne peuvent avoir lieu qu'avec l'autorisation du ministre des affaires étrangères.

Les vice-consuls ne correspondent avec le ministre que quand il les y a spécialement autorisés. Ils n'ont point de chancellerie, n'exercent aucune juridiction, et, ne peuvent nommer des agents ni déléguer leurs pouvoirs sous quelque titre que ce soit. (*Voir* CONSUL.)

VICE-LÉGAT. Prélat établi par le Pape pour exercer les fonctions de légat en l'absence d'un légat. (*Voir* LÉGAT.)

VICE-PRÉSIDENT. Celui qui exerce la fonction du président en son absence.

VICE-REINE. La femme d'un vice-roi. Princesse qui gouverne avec l'autorité d'un vice-roi.

VICE-ROI. Gouverneur d'un Etat qui a ou qui a eu le titre de royaume.

Gouverneur de certaines provinces, quoiqu'elles n'aient pas ou n'aient pas eu le titre de royaume.

D'ordinaire le vice-roi n'est pas investi de la souveraineté, même temporairement; il représente seulement le souverain, particulièrement dans les pays lointains.

Le droit d'ambassade ne leur appartient pas, à moins qu'il ne leur ait été expressément accordé, et dans ce cas ils ne l'exercent que par suite de la délégation qui leur en a été faite.

Dans le langage diplomatique la qualification de *vice-roi* est donné aujourd'hui au pacha ou khédive d'Egypte. (*Voir* KHÉDIVE.)

Elle est aussi attribuée en Angleterre au *lord lieutenant d'Irlande*, chargé du gouvernement de ce royaume, et au gouverneur-général des Indes.

VICE-ROYAUTÉ. Dignité, fonctions de vice-roi.

Pays gouverné par un vice-roi.

VICOMTE. A la fin de l'empire romain, lieutenant d'un *comte* (voir ce mot); sous le régime féodal, seigneur d'une terre qui avait le titre de vicomté.

Dans les temps modernes, titre de noblesse au dessous de comte et au dessus de baron.

Le fils d'un comte et le frère puîné d'un comte portent le titre de vicomte.

VICOMTESSE. La femme d'un vicomte ou celle qui possédait de son chef une vicomté.

VICTORIA (Francisco), théologien espagnol, né à Victoria (Navarre) en 1480, mort à Salamanque en août 1546.

Dans son ouvrage de théologie casuistique intitulé *Theologicæ relectiones XII* (douze dissertations théologiques), imprimées la 1ère fois en 1557, la cinquième et la sixième sont consacrées aux Indiens et au droit de la guerre.

A propos des nouvelles découvertes. Victoria défend le droit des Indiens à la propriété exclusive de leur territoire; il nie qu'on puisse déclarer la guerre aux païens sous prétexte qu'ils refusent d'admettre les doctrines chrétiennes; il reconnaît seulement qu'ils sont tenus de laisser prêcher l'Evangile à ceux qui sont disposés à l'entendre.

Quant aux droits de la guerre, le philosophe religieux les établit sur la double base de la justice et de l'humanité, et résume sa doctrine dans cette conclusion que „lors même qu'une guerre serait juste, elle ne doit point avoir pour but la destruction complète de l'ennemi, mais seulement de lui infliger des dommages dans la mesure nécessaire pour assurer la signature de la paix.

VIDAME. Celui qui tenait les terres d'un évêché à condition d'en défendre le temporel, et qui en commandait les troupes. Il était nommé par l'évêque ou par le roi.

Celui qui possédait quelqu'une de ces terres érigées en fief héréditaire.

Ce titre a fini, comme les autres, par n'être plus qu'honorifique et nobiliaire.

VIDARI (Ercole), jurisconsulte italien, né en 1835, professeur de droit à l'Université de Pavie. Membre de l'Institut de droit international.

Del rispetto della proprietá privata fra gli Stati in guerra (Du respect de la propriété privée entre les Etats en guerre). Pavia, 1867. in-8°.

Le livre de M. Vidari, empreint des idées les plus libérales, est une des meilleures sources auxquelles on puisse recourir pour se rendre compte des réformes à opérer dans la matière qui en fait l'objet principal.

La lettera di cambio, studio critico di legislazione comparata (La lettre de change, étude critique de législation comparée). Florence, 1869.

VIENNE (traité de). 1725, 1731, 1738.

Le premier de ces traités, signé à Vienne le 30 avril 1725, est un acte particulier entre l'Empereur et le roi d'Espagne, par lequel ces deux souverains confirment, en ce qui les concerne respectivement, le traité de la *quadruple alliance.* (Voir ce mot.)

La renonciation de Philippe V aux provinces d'Italie et des Pays-Bas, et celle de l'Empereur à l'Espagne et aux Indes sont renouvelées.

Le roi d'Espagne consent à laisser l'Empereur en possession de tous les pays qu'il tenait alors en Italie, et renonce au droit de réversion sur la Sicile sans préjudice de ce droit relativement à la Sardaigne.

Le même jour fut signé à Vienne entre l'Empereur et le roi d'Espagne un traité d'alliance défensive, qu'on tint secret, et qui déterminait le secours que les deux souverains se donneraient réciproquement en cas d'attaque. L'Empereur y déclarait notamment que le roi d'Espagne étant dans la résolution d'insister sur l'exécution de la promesse faite par le roi d'Angleterre de lui restituer Gibraltar et Port Mahon, non seulement il ne s'opposerait pas à cette restitution, si elle se faisait à l'amiable, mais que, si on le jugeait à propos, il la seconderait de ses bons offices.

En revanche le roi d'Espagne accordait aux navires de l'Empereur et de ses sujets la libre entrée de ses ports et les prérogatives dont jouissaient pour le commerce les nations les plus étroitement liées à l'Espagne.

En 1731, le roi d'Angleterre, dans le but de régler les différends qui divisaient l'Europe depuis si longtemps, engagea avec l'Empereur une négociation secrète, qui eut pour résultat la signature, le 16 mars 1731, d'un nouveau traité d'alliance entre le roi d'Angleterre, l'Empereur et les Etats Généraux de Hollande. Par ce traité, connu sous le nom de *second traité de Vienne*, les anciens traités de paix et d'alliance sont renouvelés et les puissances contractantes s'engagent à une garantie mutuelle de tous leurs Etats, leurs possessions et leurs droits. Le roi d'Angleterre et les Etats Généraux se chargent d'une manière particulière de la garantie de la *pragmatique sanction* d'Autriche. (*Voir* PRAGMATIQUE.) L'Empereur souscrit aux arrangements pris à l'égard de la succession des duchés de Toscane de Parme et de Plaisance, en vertu d'un traité conclu par l'Espagne, l'Angleterre et la France à Séville le 9 novembre 1729, aux termes duquel la succession à ces duchés était assurée à l'infant d'Espagne Don Carlos, et les Espagnols devaient introduire 6000 hommes de troupes dans ces duchés.

Les Etats d'Empire approuvèrent, par un avis du 14 juillet 1731, le traité de Vienne et les arrangements relatifs à la Toscane et aux duchés de Parme et de Plaisance; de son côté, le roi d'Espagne y adhéra formellement par un nouveau traité, qui fut signé à Vienne le 22 juillet 1731.

A peine l'Europe commençait-elle à jouir du repos que le second traité de Vienne lui avait procuré, la succession au trône de Pologne occasionna de nouveaux troubles.

Le roi Auguste II étant mort le 1er février 1733, Louis XV avait fait ses efforts pour faire remonter sur le trône Stanislas Lescinski, son beau-père, qui avait été déjà élu en 1704, mais avait été obligé de céder la couronne à l'électeur de Saxe. Stanislas fut proclamé le 12 septembre par la noblesse; mais le 5 octobre un parti, soutenu par la Russie et l'Empereur d'Allemagne, s'était déclaré en faveur d'Auguste III, fils du roi défunt.

Dans ces circonstances, le roi de France déclara la guerre à l'Empereur, qui n'éprouva que des revers; aussi dès 1735 celui-ci fit-il demander la paix par la médiation de l'Angleterre et de la Hollande et un traité définitif fut signé à Vienne le 18 novembre 1738 par le marquis de Levis-Mirepoix, ambassadeur du roi de France, et les comtes de Zinzendorff, de Starhemberg, de Harrach et de Metsch, au nom de l'Empereur. Le roi de Sardaigne y accéda le 3 février 1739, et les cours de Madrid et de Naples le 21 avril suivant.

Ce troisième traité de Vienne a pour base ceux de Westphalie, de Nimègue, de Ryswick, d'Utrecht et de la quadruple alliance.

Stanislas Lescinski renonce formellement au trône de Pologne, et reçoit en forme de dédommagement les duchés de Lorraine et de Bar, à condition qu'après sa mort ces duchés seront réunis à la France.

Auguste III est reconnu roi de Pologne par toutes les puissances contractantes.

Il est stipulé que le grand-duché de Toscane, après la mort du grand-duc régnant, appartiendra à la maison de Lorraine, et les troupes espagnoles y seront remplacées par des troupes impériales.

L'infant Don Carlos reçoit de l'Empereur la cession des royaumes de Naple et de Sicile, ainsi que des ports de la Toscane, et cède Parme et Plaisance en toute propriété à l'Empereur.

Le roi de Sardaigne reçoit le Novarais et le Tortonais comme fiefs de l'Empire.

VIENNE (Congrès de) 1814-1815.

Le congrès, dont la tenue avait été décidée par l'avant-dernier article de la paix de Paris du 30 mai 1814, s'ouvrit à Vienne le 1er octobre suivant.

Outre les souverains, qui y siégèrent en personne, tels que les empereurs d'Autriche et de Russie, les rois de Prusse, de Bavière, de Wurtemberg et de Danemark, les grand-ducs de Bade et de Saxe-Weimar, l'électeur de Hesse, on y vit réunir les hommes d'Etat les plus en renom, notamment le prince de Talleyrand, le duc de Dalberg, le comte de la Tour du Pin et le comte de Noailles, représentant la France; le prince de Metternich et le baron de Westenberg pour l'Autriche; le vicomte de Castlereagh, le duc de Wellington, le comte de Clancarty, le comte de Cothcart, lord Stewart et Strafford Canning, pour l'Angleterre; le prince de Rasoumoffski, le comte de Stackelberg, le comte de Nesselrode pour la Russie; le prince de Hardenberg et le baron de Humboldt pour la Prusse; le comte de Lövenhielm pour la Suède; les comtes Christian Gonthier et Joachim Frédéric de Bernstorff pour le Danemark; Don Pedro Gomez Labrador pour l'Espagne; le comte de Pasmella, de Saldanha de Galna et don Joachim Lobo de Silveyra pour le Portugal; le baron de Spaen de Voorstonden et le baron de Gagern pour les Pays-Bas; MM. de Reinach, de Montenach et Wieland, pour la diète de Suisse; le prince de Wrede et le comte de Rechberg pour la Bavière; le baron de Stacke, le baron de Marschall et le baron de Bercheim pour le Grand duché de Bade; le comte de Munster et le comte de Hardenberg pour le Hannovre; le comte de Keller et le baron de Lepel pour l'électorat de Hesse; le baron de Turckheim pour le grand duché de Hesse; le comte de Schulenbourg et M. de Globig pour le royaume de Saxe; le comte de Winzingerode et le baron de Linden pour le Wurttemberg; le marquis de Saint Marsan et le comte Rossi pour la Sardaigne; le commandeur Buffo et le duc de Serra Capriola pour la Sicile; le marquis de Brignoles-Sales pour la république de Gênes; le cardinal Consalvi pour le Pape; le prince d'Albani pour le duc de Modène; les Etats secondaires de l'Allemagne, ainsi que les ci devant Etats et membres d'Empire qui avaient perdu leur immédiatité, y avaient aussi envoyé des députés.

La première question réglée par le Congrès fut celle de la reconstruction de la monarchie prussienne, qui fut agrandie surtout au détriment de la Saxe et de la Pologne. La Prusse conserva la Basse-Lusace, un peu moins de la moitié de la Haute-Lusace, les cercles de Wittenberg, de Thuringe et de Neustadt, les pays situés sur la rive droite de l'Elbe et quelques-uns au nord; le reste de la Saxe, avec Dresde et Leipzig restent au roi de Saxe. En Pologne, la Prusse reçut une partie de ce pays ayant une population de 810,000 habitants; le duché de Varsovie, moins cette partie, fut réuni à l'empire de Russie; la partie de la Gallicie orientale, qui avait été cédée à la Russie en 1809, ainsi que la propriété de Wiliczka fut rendue à l'Autriche; la ville de Cracovie forma une république libre et indépendante.

La Prusse obtint en outre la cession par la Suède du duché de Poméranie et de l'île de Rügen.

Ensuite le Congrès s'occupa de la reconstruction des autres Etats qui avaient été démembrés.

Les limites des Etats sardes du côté de la France, de la Suisse, de la Lombardie, de Parme et de Plaisance furent rétablies telles qu'elles existaient au 1er janvier 1792, à l'exception des changements faits par le traité de Paris du 30 mai 1814; les Etats et les fiefs impériaux qui composaient la république de Gênes furent réunis aux possessions du roi de Sardaigne.

Toutes les puissances reconnurent et garantirent la neutralité perpétuelle de la Suisse dans ses nouvelles frontières, pour lesquelles on prit pour base l'intégrité des 19 cantons tels qu'ils existaient lors de la convention du 29 décembre 1813, de plus le Valais, le territoire de Genève et la principauté de Neuchâtel furent réunis à la Suisse en formant trois nouveaux cantons.

Le royaume des Pays-Bas fut formé de la réunion des provinces belges et bataves sous la souveraineté du prince d'Orange-Nassau, à qui fut cédée le grand-duché de Luxembourg, à titre de compensation pour ses Etats d'Allemagne cédés au roi de Prusse.

Les Bourbons d'Espagne furent réintégré sur le trône des Deux-Siciles.

En dehors de ces arrangements de réorganisation politique, le congrès porta aussi ses délibérations sur l'abolition de la traite des noirs, qui avait déjà été l'objet de stipulations entre l'Angleterre et d'autres puissances. Ces négociations aboutirent à la déclaration que les huit puissances signèrent le 8 février 1815 et par laquelle elles manifestèrent le désir de concourir à l'exécution la plus prompte et la plus efficace des mesures tendant à l'abolition de la traite; mais il était réservé que „cette déclaration ne pouvait préjuger le terme que chaque puissance en particulier pourrait envisager comme le plus convenable pour l'abolition définitive du commerce des nègres et que par conséquent la détermination de l'époque où ce commerce devait universellement cesser serait un objet de négociation entre les puissances.“

Tout à coup on apprit la nouvelle que Napoléon avait quitté l'île d'Elbe et débarqué en France le 1er mars 1815.

Le 15 du même mois, les puissances signataires du traité de Paris, réunies au Congrès de Vienne, déclarèrent que Napoléon, en rompant par son entrée en France à main armée la convention qui l'avait établi à l'île d'Elbe, avait détruit le seul titre légal auquel son existence se trouvait attachée et s'était placé hors des relations civiles et sociales, et que les puissances réuniraient tous leurs efforts pour que la paix générale ne fût pas troublée de nouveau. Toutes les puissances, excepté la Suède, entrèrent dans la nouvelle alliance. La bataille de Waterloo, gagnée par les alliés le 18 juin 1815, amena une nouvelle abdication de Napoléon, et le retour de Louis XVIII à Paris le 8 juillet suivant.

Aussitôt que la paix fut rétablie, le Congrès de Vienne reprit ses travaux et poursuivit les négociations ayant pour objet la constitution de la *Confédération germanique*, lesquelles aboutirent à l'acte du 8 juin 1814. (*Voir* CONFÉDÉRATION GERMANIQUE.)

Les dispositions fondamentales contenues, soit dans les protocoles des conférences tenues entre les puissances, soit dans les traités conclus à Vienne, et surtout celles qui se rapportaient aux arrangements territoriaux, furent consignées dans un acte que l'Autriche, la France, l'Angleterre, le Portugal, la Prusse, la Russie et la Suède signèrent le 9 juin 1815.

Quoique l'Espagne eût pris part aux délibérations sur les affaires générales de l'Europe, son plénipotentiaire refusa de signer l'acte, sous le prétexte qu'il renfermait une stipulation contraire à la restitution immédiate et totale des trois duchés de Parme, de Plaisance et de Guastalla, que les plénipotentiaires des autres puissances n'avaient pu arrêter sans son intervention le sort de la Toscane et de Parme, enfin que l'acte contenait plusieurs articles dont le rapport n'avait pas été fait dans les conférences des plénipotentiaires des huit puissances.

VIENNE (Convention de) 1846.

La ville de Cracovie avec son territoire avait été, en 1815, reconnue ville libre et érigée en une petite république sous la protection immédiate de la Russie, de l'Autriche et de la Prusse.

En 1846, à la suite d'une insurrection en Pologne, l'Autriche, sous le prétexte que la république servait de foyer à la révolution, fit occuper militairement Cracovie, et la cour de Vienne entama avec les deux autres cours garantes des négociations, qui eurent pour résultat la signature, à Vienne, le 6 novembre 1846, d'une convention consommant l'incorporation de la république de Cracovie à la monarchie autrichienne.

Le traité du 3 mai 1815 passé entre les trois puissances était rappelé et aboli, et la ville de Cracovie avec son territoire rendue à l'Autriche, pour redevenir, comme avant l'année 1809, la possession de Sa Majesté Apostolique.

Ce brusque agrandissement territorial de la part de l'Autriche provoqua des protestations du gouvernement anglais (23 novembre 1846), et du gouvernement français (3 décembre) : mais ni l'un ni l'autre de ces gouvernements n'y donna suite.

VIENNE (traité de paix de) 1864. En 1863 l'Autriche et la Prusse déclarèrent la guerre au Danemark, sous le prétexte de la revendication des droits des populations allemandes des duchés de Slesvig et de Holstein.

La paix fut signée à Vienne le 30 octobre 1864.

Par ce traité le roi de Danemark renonce à tous ses droits sur les duchés de Slesvig, de Holstein et de Lauenbourg en faveur de l'Empereur d'Autriche et du Roi de Prusse.

La cession du duché de Slesvig comprend toutes les îles qui en dépendent, ainsi que le territoire situé sur la terre ferme.

Afin de simplifier la délimitation des frontières et de mettre un terme aux inconvénients résultant de la position des territoires du Jutland enclavés dans le territoire du Slesvig, le roi de Danemark cède au Roi de Prusse et à l'Empereur d'Autriche les possessions du Jutland situées au sud de la frontière méridionale du district de Ribe, notamment le territoire jutlandais de Mœgeltondern, l'île d'Amroon, les parties jutlandaises des îles de Fœhr, de Sylt et de Rœmœ.

En échange le Roi de Prusse et l'Empereur d'Autriche consentent à détacher du duché de Slesvig, pour être incorporée dans le royaume de Danemark, une partie équivalente du Slesvig, comprenant, en outre de l'île d'Ærœ, les territoires contigus au district de Ribe, avec le reste du Jutland.

De sorte que la nouvelle frontière entre le royaume de Danemark et le duché de Slesvig part du milieu de l'embouchure de la baie de Hejlsminde sur le petit Belt, et, après avoir traversé cette baie, suit la frontière méridionale des paroisses de Hejls, de Vejstrup, de Tups, d'Odis et de Vandrup, puis la frontière occidentale de cette dernière jusqu'au Königs-Au au nord de Holte. A partir de ce point le thalweg du Königs-Au forme la frontière jusqu'à la limite orientale de la paroisse de Hjortlund. De là elle suit la même limite jusqu'à l'angle en saillie au nord du village d'Obekjaar, puis la frontière orientale de ce village jusqu'au Gjels-Aa. De ce point la frontière orientale de la paroisse de Seem et les limites méridionales des paroisses de Seem, de Ribe et de Vester-Vedsted forment la nouvelle frontière qui, dans la Mer du Nord, passe à égale distance entre les îles de Monœ et de Rœmœ.

VIENNE et VENISE (convention et traité de paix de) 1866. Nous avons vu que par le traité de Prague du 23 août 1866, l'Autriche s'engageait à renoncer à la possession de la Vénétie, qui devait être incorporée au royaume d'Italie.

Le lendemain cet engagement a été consacré par un traité signé à Vienne par les plénipotentiaires de l'Empereur des Français et de l'Empereur d'Autriche.

Aux termes de ce traité l'Empereur d'Autriche cédait le royaume lombard-vénitien à l'Empereur des Français.

Les mesures pour l'évacuation par les troupes autrichiennes des pays cédés, furent arrêtées par une convention spéciale conclue à Venise le 1er octobre suivant.

Dans ces conditions un traité de paix fut conclu à Vienne le 30 octobre 1866 entre l'Autriche et l'Italie.

VIGUERIE. Charge, fonction de viguier.

Territoire soumis à la juridiction du viguier.

VIGUIER. Dans l'origine, officier à qui un comte déléguait une partie de son autorité pour administrer un portion du comté.

Plus tard, dans les provinces du midi de la France, juge faisant les fonctions de prévôt royal. (*Voir* PRÉVOT.)

Les *viguiers* ont été supprimés lors de la Révolution; cependant le magistrat qui représente la France dans l'administration du Val d'Andorre porte encore le titre de *viguier*.

VILAIN. On comprenait autrefois sous cette dénomination les paysans et les roturiers, les gens de condition servile, et particulièrement ceux attachés à la glèbe — par opposition à *nobles* et à *bourgeois*. (Voir ces mots.)

VILAYET. Nom d'une division politique et administrative de l'empire ottoman. (*Voir* EYALET.)

Le *vilayet* équivaut à la province ou au département : il est subdivisé en *sandjaks* ou arrondissements; le *sandjak* est divisé en *kasas* ou cantons, subdivisés en *nahiés* ou communes.

VILLAFRANCA (préliminaires de paix de) 1859. A la fin du mois d'avril 1859 des troupes autrichiennes étant entrées sur le territoire sarde, la France, comme alliée du roi de Sardaigne, déclara la guerre à l'Autriche, et au bout de deux mois environ d'hostilités, pendant lesquelles la fortune des armes fut presque constamment favorable aux armées alliées, des préliminaires de paix furent arrêtés

et signés entre la France et l'Autriche à Villafranca, ville du Piémont, le 11 juillet 1859.

Aux termes de ce traité préliminaire, les souverains des deux puissances s'engageaient à favoriser la création d'une confédération italienne, sous la présidence honoraire du Pape.

L'Empereur d'Autriche cédait à l'Empereur des Français ses droits sur la Lombardie, à l'exception des forteresses de Mantoue et de Peschiera, de manière que la frontière des possessions autrichiennes partirait du rayon extrême de la forteresse de Peschiera et s'étendrait en ligne droite le long du Mincio jusqu'à Le Grazie, de là à Szarzarola et à Suzana au Pô, d'où les frontières d'alors existant continueraient à former les limites de l'Autriche. L'Empereur des Français devait remettre le territoire cédé au roi de Sardaigne.

La Vénétie devait faire partie de la confédération italienne, tout en restant sous la couronne de l'Empereur d'Autriche.

Les deux Empereurs devaient demander au Pape d'introduire dans ses Etats des réformes indispensables.

VILLA-URRUTIA (Wenceslao Ramirez de), premier secrétaire de l'ambassade d'Espagne à Paris. Il a été attaché à Washington et secrétaire à Berlin, Montevideo, Tanger et Lisbonne, et a rempli à plusieurs reprises les fonctions de chargé d'affaires.

La littérature du droit international d'Espagne pendant le XVIIe siècle.

Fragment d'un livre inédit sur *L'histoire de la littérature du droit international en Espagne*, qui a été publié dans le num. 335, vol. LXXXIV, ann. XV, 1882 de la *Revista de España*, Madrid.

L'auteur présente un tableau très exact de l'état de l'Espagne au XVIIe siècle, au moment de la décadence, et fait une étude critique et bibliographique des principaux auteurs espagnols, parmi lesquels nous citerons outre Suarez, Ayala, Vitoria, Soto et Vazquez Menchaca, dont les ouvrages sont assez connus, *Don Francisco Montemajor de Cuenca* et *Don José Mouras* qui ont écrit des dissertations sur les prises; la *Collection des traités de l'Espagne* (la deuxième publiée en Europe) *) imprimée à Anvers en 1643; *Don Juan Antonio de Vera y*

---

* La première est celle de Paris 1498-1508 de Jean de Saint-Gelais.

Zuñiga qui publia à Séville, en 1620 *El Embaxador*. Ce livre traduit en français et en italien, a été, pendant longtemps, attribué aux traducteurs. *Don Cristobal de Benavente y Benavides, Advertencias para reyes, principes y embaxadores*, Madrid, 1643. M. Villa-Urrutia parle aussi de Frederich Maselaer, Carafa et Galardi, qui étaient sujets espagnols et au service des rois d'Espagne, mais ne sont pas nés dans la Péninsule. Ils ont écrit les ouvrages intitulés: *Legatus, L'Ambasciatore Politico Christiano*, le *Traité politique, touchant les ambassades, ligues et les ordres militaires d'Espagne*, les *Réflexions sur les mémoires pour les ambassadeurs et réponse au ministre prisonnier, avec des exemples curieux et d'importantes recherches*.

Francisco de Vitoria, precursor de Grotio (Francisco de Vitoria, précurseur de Grotius). Etude historique et critique, prouvant que ce célèbre dominicain, professeur de l'Université de Salamanque, a établi, bien avant Grotius, les bases du droit international, et que le savant Hollandais a puisé largement dans les doctrines du moine espagnol pour jeter les bases du droit moderne dans ses admirables écrits. *Revista de España*, Madrid, 1881, numéros 319—321.

La Jornada del condestable de Castilla á Inglaterra para los paces en 1604 (Voyage du connétable de Castille en Angleterre pour la paix de 1604).

La Embajada de Lord Nottinghan á España en 1605 (L'ambassade de Lord Nottingham en Espagne en 1605).

Tableaux très intéressants des mœurs de l'époque, donnant des explications curieuses sur les coutumes diplomatiques du XVIIe siècle.

Madrid, 1881. *Revista contemporanea*. Vol. XXXIV, num. 136 et vol. XXXV, num. 140.

VILLEFORT (Gabriel Jacques), publiciste français, né à Moulins (Allier) le 26 décembre 1820, ancien directeur du contentieux au ministère des affaires étrangères, ministre plénipotentiaire de première classe.

M. Villefort a condensé, sous une forme propre à faciliter les recherches et les études sur la guerre de 1870—1871 entre l'Allemagne et la France, les nombreux actes internationaux auxquels ce grand évènement a donné lieu, par la publication du *Recueil des traités, conventions, lois, décrets et autres actes relatifs à la paix avec l'Allemagne*. Cette publication n'a pas demandé moins de sept années d'un travail assidu.

L'ouvrage ne porte aucun nom sur la couverture; mais en tête du cinquième volume est un avertissement de l'éditeur, signé Villefort, ministre plénipotentiaire; on peut donc en toute certitude attribuer à M. Villefort, directeur du contentieux au ministère des affaires étrangères, la méthode logique et facile qui a présidé au classement de ces nombreux documents et surtout à la confection des tables analytiques qui les accompagnent.

Le recueil est divisé en huit parties, savoir:

I. *Traités et conventions diplomatiques et militaires.* — II. *Conséquences juridiques de la guerre sur les engagements privés, les lois de procédure et de prescription, et le commerce des armes de guerre.* — III. *Lois d'indemnité.* — IV. *Réorganisation administrative, judiciaire et religieuse des territoires morcelés par la nouvelle frontière; des officiers ministériels dont les titulaires ont été appelés sous les drapeaux; reconstitution des actes de l'état civil, des valeurs mobilières perdues ou détruites; constatation du sort des militaires disparus et sépulture des morts.* — V. *Rétablissement des grandes voies de communication interrompues par la nouvelle frontière et reconstitution de la défense nationale.* — VI. *Documents relatifs à la Commune insurrectionnelle de Paris en 1871.* — VII. *Comptes financiers.* — VIII. *Documents allemands.*

M. Villefort s'était déjà fait connaître par des travaux scientifiques, qui ont exercé une heureuse influence sur certaines parties du droit international. Il a publié en 1851 une importante brochure au sujet de la *Propriété littéraire et artistique au point de vue international*; c'est à partir de l'apparition de cet écrit que se sont multipliées les conventions diplomatiques concernant les œuvres d'esprit et d'art, et la consécration de leurs droits entre les différentes nations.

En 1855, une autre brochure de M. Villefort sur les *Crimes et délits commis à l'étranger* appela l'attention sur la nécessité d'une réforme à ce sujet dans la législation française, qui jusqu'alors ne permettait pas de poursuivre les Français ayant commis des crimes hors du territoire national; des modifications ont été depuis introduites à cet effet dans le code pénal français.

Enfin M. Villefort a écrit dans la *Gazette des Tribunaux*, sur diverses matières de droit international, un grand nombre d'articles anonymes ou publiés sous le pseudonyme de Descombes.

VILLE OUVERTE. On appelle ainsi toute ville qui n'est pas fortifiée.

Les villes ouvertes, qui ne sont pas militairement défendues, peuvent être occupées; mais dans aucun cas, sous aucun prétexte il n'est permis de les bombarder; agir contre elles comme les nécessités de la guerre autorisent à le faire contre des forteresses, c'est violer tous les principes du droit des gens.

On pourrait cependant admettre une exception à cette règle pour le cas où l'armée que l'on combat se renferme dans une ville ouverte, et pour celui où à l'approche de l'ennemi les habitants d'un endroit se rassemblent en armes et se retranchent au moyen d'ouvrages ou de barricades. L'ennemi, qui les considère comme combattants, cesse de regarder la place comme une ville ouverte et prend les mesures militaires qui lui semblent nécessaires pour vaincre la résistance qu'on lui oppose.

Lorsqu'une ville est reliée à des travaux de fortification, le bombardement, s'il devient nécessaire pour des motifs d'ordre militaire, doit être dirigé essentiellement sur les ouvrages détachés, et leurs abords; l'intérieur de la ville et les parties habitées par la population civile doivent être épargnés autant que possible.

VILLES LIBRES. Se dit des villes qui jouissent de l'indépendance politique, se gouvernent par leurs propres lois et leurs propres magistrats : telles sont les villes de l'Allemagne Hambourg, Brême et Lubeck.

On nomme aussi ces dernières *villes hanséatiques,* parce qu'elles formaient autrefois entre elles une *hanse* ou ligue dans un but de protection mutuelle.

VINCENT (C. E. Howard), publiciste anglais.

Procédure d'extradition et résumé des traités actuellement en vigueur conclus par le gouvernement de S. M. Britannique, par la France et la Belgique avec les autres puissances. Paris, 1881.

VINDICTE PUBLIQUE. Terme de jurisprudence, la poursuite d'un crime au nom de la société.

VIOLATION. Action d'enfreindre une loi, un règlement, de manquer à un engagement, de porter atteinte à un droit, de profaner une chose sacrée.

En droit international, se dit de toute atteinte portée aux droits d'autrui, aux stipulations des traités; de toute usurpation de droits étrangers ou de pouvoir; de tout infraction aux engagements contractés, aux règles établies, aux principes généralement admis; de tout manquement à ses devoirs de mutualité et d'impartialité. (*Voir* DROITS, DEVOIRS, NEUTRE, TRAITÉ.)

VIOLENCE. Force dont on use contre quelqu'un, contre les lois, contre la liberté publique. (*Voir* RÉVOLUTION, INSURRECTION, SÉDITION, SOULÈVEMENT, RÉBELLION, RÉVOLTE.)

Contrainte, physique ou morale, exercée contre une personne pour la forcer à contracter une obligation. Lorsque la violence est constatée, elle entraîne la nullité de l'acte qui en a été la suite.

Le droit des gens admet qu'un Etat a le droit de se défendre par des actes, de violence proportionnée contre des lésions existantes ou imminentes. Ces violences peuvent être exercées contre l'Etat lui-même duquel provient l'offense, ou contre ses sujets. Pour justifier de semblables mesures, il faut non seulement qu'il y ait eu lésion réelle d'un droit naturel ou acquis, mais aussi qu'il n'y ait point de moyen de réparation plus facile et moins violent, que les représentations et les menaces soient restées sans effet. Le but pour lequel la violence est employée en prescrit les bornes; elle doit cesser aussitôt que la réparation est obtenue. (*Voir* RÉPRESAILLES, GUERRE.)

VISA. Formule qui se met sur un acte et doit être signée par celui dont la signature est nécessaire pour que l'acte soit authentique ou valable.

Formule par laquelle un magistrat ou un officier de justice, un fonctionnaire d'administration, certifie qu'un acte lui a été présenté ou remis, ou qu'il en a reçu copie.

Visa pour timbre, équivalent du timbre, formalité qui a pour objet et résultat de suppléer à l'empreinte du timbre; s'applique sur des papiers soumis à cette formalité et qu'on avait omis de faire timbrer.

VISITE D'ÉTIQUETTE. Les agents diplomatiques, lorsqu'ils vont prendre possession de leur poste dans le pays où ils viennent d'être accrédités, sont astreints à la suite de la présentation de leurs lettres de créance, à certaines visites de cérémonie ou d'étiquette, qu'ils font aux autres membres du corps diplomatique, dans le but de se faire reconnaître dans leur qualité officielle.

Ces visites se font et se rendent selon le rang du ministre.

D'après le cérémonial de la plupart des cours, l'ambassadeur, après la remise de ses lettres de créance, fait notifier à ses collègues par un secrétaire d'ambassade ou toute autre personne de sa suite qu'il a été reconnu en sa qualité officielle. Puis il attend la première visite de leur part, qu'il rend en personne et solennellement aux autres ambassadeurs, et par cartes aux ministres de rang inférieur.

Les ministres de seconde et de troisième classe font des visites indistinctement à tous les ministres accrédités avant eux. Le cérémonial à observer dans les visites d'étiquette que se font mutuellement les ministres étrangers et les hauts fonctionnaires de l'Etat dépend des usages particuliers établis dans chaque pays.

(*Voir* CÉRÉMONIAL, ÉTIQUETTE, MINISTRE, AGENT DIPLOMATIQUE, CONSUL.)

VISITE EN MER. *Définition.* Droit qu'ont certains officiers de l'Etat de monter à bord d'un navire pour s'assurer qu'il ne fait ni un commerce illicite, ni la contrebande, et qu'il a son équipage composé selon les lois, les ordonnances et les traités.

Droit ou faculté que se sont mutuellement accordé les puissances maritimes de faire visiter par leurs bâtiments de guerre les navires de la marine marchande pour s'assurer en temps de guerre s'ils ne portent pas des marchandises dites de contrebande de guerre, et en temps de paix s'ils ne contreviennent pas à certains engagements internationaux, notamment à ceux pris relativement à la traite des noirs.

Droit de visite. Le droit de visite se rattache principalement à l'interdiction du commerce de contrebande et à l'observation des blocus; il en est même la conséquence nécessaire. La visite a en effet pour but de s'assurer si le navire qu'on arrête et son chargement n'appartiennent pas à l'ennemi, si le navire ne porte pas à l'ennemi des objets de contrebande de guerre, et ne transporte pas des personnes ennemies; elle peut tendre aussi à empêcher le navire de communiquer avec les ports bloqués. La tâche de la visite est donc de constater la nationalité du navire, le caractère, l'origine et la destination de son chargement et la nationalité de l'équipage, lorsque cette nationalité ne résulte pas

du pavillon du navire, comme cela a été stipulé dans plusieurs conventions internationales.

La visite se limite le plus souvent à l'examen des papiers de bord. On ne procède à des perquisitions qu'en cas de soupçons de fraude, particulièrement quand on constate que les papiers de bord sont faux ou que le pavillon sous lequel le bâtiment navigue n'est pas celui de l'Etat duquel il dépend. On peut donc, en résumé, considérer la visite comme vérification de la nationalité et de la neutralité des navires.

Généralement le droit de visite ne peut être exercé que par les belligérants, non par des navires de commerce, mais exclusivement par des bâtiments de guerre, ou par des corsaires ou des navires commissionnés par l'autorité de l'Etat auquel ils appartiennent.

En général les capitaines des corsaires peuvent être obligés à justifier du droit de visite dont ils veulent user par la production de leurs lettres de marque.

Quant aux lieux où doit s'exercer le droit de visite, quelques auteurs le circonscrivent dans les plus étroites limites et soutiennent qu'il ne peut s'exercer que sur les côtes appartenant aux nations belligérantes; mais la plupart admettent que le belligérant peut visiter les navires portant pavillon neutre sur son propre territoire, sur le territoire de l'ennemi, c'est-à-dire dans les rades, les ports et les mers ennemis, sans exception même des fleuves, sur la haute mer: en un mot, dans les lieux où il y a intérêt à connaître le navire rencontré et où il est permis d'exercer des actes d'hostilité. Mais la visite ne peut se faire dans les lieux ou les hostilités sont interdites, dans les eaux territoriales, les ports, les hâvres des neutres, ni dans ceux des puissances alliées ou amies sans leur consentement exprès ou tacite; car alors elle constituerait une violation de la souveraineté de ces Etats.

Le principe qui interdit absolument toute capture dans les eaux neutres ou amies s'applique à *fortiori* à la visite des navires, laquelle, à moins d'autorisations expresses ou tacites consenties par le souverain territorial, ne peut légalement s'exercer qu'en pleine mer ou dans la zone maritime appartenant en propre à l'Etat belligérant.

En ce qui concerne le temps où le belligérant a le droit de visite, il est borné à la durée de l'état de guerre par rapport aux nations neutres, depuis le moment où cet état est régulièrement notifié jusqu'à la cessation des hostilités.

Formalités de la visite. Relativement aux règles et aux formalités à suivre pour l'exercice du droit de visite, comme il n'existe pas de règlement international positif à ce sujet, il faut nécessairement s'en tenir aux usages que la pratique des temps anciens a sanctionnés; ils peuvent se résumer ainsi :

Le belligérant doit manifester son intention de procéder à la visite en hissant son pavillon et en tirant un coup de canon à poudre, ou en se servant du porte-voix. Aussitôt après que l'un ou l'autre signal a été fait, le navire neutre est tenu de s'arrêter, s'il ne veut s'exposer à être semoncé à boulets. Dès que le neutre a mis en travers, le croiseur détache un de ses canots armés, placé sous le commandement d'un officier, pour procéder à la visite. On procède quelquefois dans le sens inverse, c'est-à-dire que le capitaine visité est tenu de se rendre lui-même, avec ses papiers, à bord du croiseur qui l'a semoncé.

Parmi les papiers de bord quelques-uns ont une importance particulière; aussi sont-ils désignés spécialement dans la plupart des traités comme ceux dont l'exhibition est prescrite avant tout : ce sont les passeports, les certificats d'origine du navire et de la cargaison, les connaissements, les chartes parties, le rôle de l'équipage et le journal de bord.

Si les papiers présentés par les navires marchands, tels que l'usage les prescrit, constatent l'innocence du chargement, la visite devient superflue; seuls les soupçons peuvent faire exception à cette règle, encore faut-il que ces soupçons soient fondés.

Le jet à la mer des papiers de bord, leur soustraction, leur détournement, ou leur destruction sont autant de circonstances aggravantes de nature à légitimer les soupçons et même à entraîner la prise du navire. (*Voir* PAPIERS DE BORD, JET A LA MER.)

L'Etat donc les navires sont chargés de procéder à la visite est responsable envers l'Etat neutre des actes de violence commis pendant la visite ou les recherches.

Bâtiments de guerre. Les égards que les gouvernements se doivent entre eux, ainsi que le respect qui doit entourer partout le pavillon militaire, ont naturellement soustrait les bâtiments de guerre à l'application du droit de visite. C'est pourquoi dans la pratique, lorsque deux navires de la marine militaire se rencontrent en pleine mer, celui qui désire savoir à quelle nation l'autre appartient, arbore son pavillon en l'assurant par un coup de canon à poudre. Le navire interrogé en répondant par la même manœuvre affirme ses couleurs et les met à l'abri de tout doute. Le marin qui dissimulerait sa véritable nationalité serait considéré comme déshonoré.

Par suite sont également exempts de visite les navires qui voyagent sous *convoi* (voir ce mot), c'est-à-dire qui, en temps de guerre, voyagent sous l'escorte et la protection d'un ou de plusieurs navires de la marine militaire, neutres ou amis.

Emploi de la force. A moins de vouloir rendre illusoires dans la pratique les garanties que le belligérant recherche par l'exercice du droit de visite, il faut admettre qu'en cas de refus ou de résistance opposés par le neutre le visiteur est pleinement autorisé à faire usage de la force pour atteindre le but qu'il poursuit. Si la visite constitue un droit souverain incontestable, les navires qui en sont passibles doivent s'y soumettre. Toute résistance de leur part revêtirait *de plano* le caractère d'infraction à une loi d'ordre supérieur et assujettirait le délinquant à des pénalités plus ou moins rigoureuses. Nous n'avons pas besoin d'ajouter que si l'emploi de la force est intrinsèquement licite, il ne se justifie toutefois qu'autant qu'il ne dépasse pas les limites de la stricte nécessité, et que tout excès, imputable au visiteur, engagerait la responsabilité du gouvernement dont il aurait compromis le pavillon militaire.

Aussitôt qu'un navire belligérant a fait le signal convenu pour annoncer au bâtiment neutre son intention d'exercer le droit de visite, le navire neutre doit s'arrêter et attendre que le croiseur soit arrivé à une distance convenable pour mettre son embarcation à la mer et procéder aux formalités de la visite.

Le navire neutre ainsi semoncé ne peut se soustraire à la visite par la fuite et encore moins par la résistance de force.

Comme l'usage généralement admis et les traités ont reconnu le droit de visite et imposé aux navires neutres l'obligation de s'y soumettre, il est évident que cette obligation équivaut à la défense positive de l'esquiver par un moyen quelconque. La fuite est donc, ainsi que tout autre mode de résistance, illicite;

c'est une violation à la fois du devoir du neutre et du droit du belligérant, et celui-ci est autorisé à tirer à boulets sur le navire neutre qui tente de fuir, sans qu'en cas d'avarie le navire neutre puisse réclamer des dommages et intérêts, alors même qu'il a prouvé sa nationalité et l'innocuité de son chargement. C'est l'unique genre de pénalité indirecte qui s'impose à la tentative de fuir; et lorsque la tentative a échoué et que le navire a été atteint et visité, après qu'il a justifié de sa nationalité et de sa neutralité, il doit être laissé libre de continuer sa route.

On conçoit difficilement que des navires marchands, presque toujours dépourvus d'armes et de canons, n'ayant que de faibles équipages, osent tenter la lutte contre des bâtiments de guerre ou des corsaires armés et équipés pour la guerre; cependant, cela peut arriver. Or la résistance par la force est par elle-même un acte direct d'hostilité, qui fait perdre au neutre son caractère de neutre et le classe parmi les ennemis; la conséquence nécessaire de ce changement de qualité est que le neutre se trouve désormais assujetti au traitement réservé à l'ennemi, confisqué, déclaré de bonne prise.

Expiration du droit de visite. Les circonstances exceptionnelles qui peuvent justifier le droit de visite de la part des belligérants, n'existant plus après la cessation des hostilités, il s'ensuit que ce droit ne doit plus s'exercer en temps de paix. En effet, après la guerre, il n'y a plus ni belligérants ni neutres; chaque nation rentre dans la possession de ses droits de souveraineté et d'indépendance; il n'y a plus de contrebande, et partant plus d'intérêt à vérifier la nature du chargement des navires; la liberté du commerce et l'indépendance du pavillon ne sauraient plus subir d'exception ni de restriction. Or le droit de visite en temps de paix ne peut s'exercer sans porter atteinte à cette liberté et à cette indépendance.

Cependant nous voyons que plusieurs États se sont accordé réciproquement le droit de visite en temps de paix, et que ce droit a été exercé en vue de sauvegarder certains intérêts spéciaux, notamment pour empêcher la traite des noirs; mais ces exceptions ne suffisent pas pour invalider la règle générale, d'autant plus que, précisément dans le cas auquel nous faisons allusion, celui de la traite, l'expérience à démontré que

non seulement le droit de visite n'était pas nécessaire, mais encore qu'il n'a pas réussi à détruire l'abus qu'on avait en vue de réprimer, et qu'en définitive l'exercice n'en a pas été maintenu.

On peut donc considérer l'exercice du droit de visite en temps de paix comme tombé généralement en désuétude.

VIVANDIER, VIVANDIÈRE. Marchand qui suit l'armée pour y vendre des vivres et des boissons. Ils sont soumis à certains règlements.

En temps de guerre, les vivandiers sont rangés parmi les militaires non-combattants et partant considérés comme passifs ou innocents. Il va de soi que pour conserver ce caractère ils doivent s'abstenir avec soin de tout acte agressif quelconque.

Il est contraire aux usages de la guerre d'attaquer, de blesser ou de tuer les personnes attachées à ce service. Cependant dans la chaleur du combat ou dans une poursuite on ne peut pas toujours les distinguer; alors il est naturellement permis au non-combattant de se défendre; il peut donc être tué ou tuer son adversaire.

(Voir COMBAT, NON-COMBATTANT).

VIVRES. Dans le langage militaire on comprend sous ce nom tout ce qui sert à la subsistance du soldat.

Les vivres ne sont pas considérés comme *contrebande* de guerre (*voir* CONTREBANDE); le commerce en reste donc essentiellement libre en temps de guerre; il est contraire aux usages de saisir les vivres comme contrebande, même lorsqu'ils sont destinés à l'armée ennemie. Toutefois une armée assiégeante, une escadre de blocus a le droit d'empêcher l'entrée de vivres dans la place ou le port, et de forcer par ce moyen cette place ou ce port à se rendre.

La fourniture de vivres aux belligérants ou l'autorisation d'en acheter sur le territoire neutre pour leur approvisionnement n'est pas regardée comme un acte illicite, pourvu qu'elle s'étende aux deux adversaires indistinctement; mais elle pourrait revêtir le caractère d'une participation indirecte à la guerre, si elle se transformait en faveur accordée à l'un des belligérants seulement.

VIZIR ou VÉZIR. Titre d'honneur attribué en Turquie aux pachas à trois-queues, mais plus particulièrement aux membres du divan ou conseil du Sultan.

Le premier d'entre eux est qualifié de

grand vizir ou *sadrazam*, qui réunit dans ses mains tous les pouvoirs de l'Etat : c'est le *premier ministre* de l'Empire ; ce dernier titre a été souvent substitué à celui de *grand vizir*, temporairement supprimé.

Il existe toutefois une différence entre les deux titres : elle pourrait être comparée à celle qu'on établit en droit international entre un ambassadeur et un ministre plénipotentiaire, le premier représentant le souverain à un degré de personnalité plus accentué que le second.

Si le premier ministre était tenu à une certaine solidarité avec son collègue des affaires étrangères et à un semblant d'homogénéité avec les autres ministres, le *grand vizir*, lieutenant de l'Empereur, peut s'en dispenser.

VIZIRAT ou VIZIRIAT. Dignité de vizir ; durée de cette fonction.

VLADIKA. Ancien titre du prince de Monténégro.

VOCAL, VOCALE, VOCAUX. Dans certaines assemblées ou associations, celui, celle ou ceux qui ont droit de suffrage, qui sont admis à donner leur voix dans quelque élection.

VOET (Paul), jurisconsulte hollandais, né à Heusden le 7 juin 1619, mort à Utrecht le 1er août 1677.

Il professa à Utrecht la logique, la métaphysique et le droit.

On a de lui :

De usu juris civilis et canonici in Belgio usito. (De l'usage du droit civil et canonique.) Utrecht 1658. in-12°.

De jure militari. (Du droit militaire.) Utrecht 1666. in-8°.

Commentarius in Institutiones imperiales. (Commentaires des Institutions impériales.) Gorcum 1668. 2 vol. in-4°.

VOET (Jean), publiciste hollandais, né à Utrecht le 3 octobre 1647, mort à Leyde le 11 septembre 1714.

Il professa le droit à Herborn, à Utrecht et à Leyde.

Compendium juris (Abrégé de droit). Louvain, 1730, in-4°.

Comentarius ad Pandectas (Commentaires sur les Pandectes). (1689.) 6e édition La Haye, 1734. 2 vol. in-fol°.

J. van Linden a donné à Utrecht en 1793 la 1re partie in fol. d'un supplément à ce commentaire ; la 2e partie a été publié depuis.

Edition de Genève ; 1757 et 1769. 2 vol. in-folio.

Nouvelle édition, 1829. in 4°.

VŒU. Suffrage en certains lieux, dans certaines délibérations.

Synonyme de *souhait, désir*, exprimé par le suffrage.

Certains corps délibérants ont le droit d'exprimer des vœux, c'est-à-dire de faire parvenir à l'autorité supérieure leurs désirs ou leurs observations ; en France, les conseils municipaux, d'arrondissement et généraux jouissent d'un pareil droit.

VOIE DE DROIT. Moyen indiqué par la loi pour l'exercice d'un droit ou pour la révision ou l'exécution d'un acte.

Lorsqu'il s'agit d'attaquer un jugement, on emploie plus particulièrement le mot *voie de recours*.

Au pluriel, *voies de droit*, recours à la justice dans les formes légales.

VOIE DE FAIT. Tout acte par lequel on s'empare violemment d'une chose.

Au pluriel, *voies de fait*, actes de violence, mauvais traitements, coups donnés à quelqu'un.

Les *voies de fait* contre les personnes sont réputées crimes ou délits, selon la gravité de l'offense.

Lorsqu'un Etat se trouve lésé dans l'exercice de ses droits par un autre Etat, et que les représentations qu'il lui a adressées à ce sujet ou les bons offices qu'il a employés pour obtenir réparation, n'ont pas eu le résultat désiré, l'Etat lésé peut recourir à des voies de fait. L'usage qu'il est autorisé à faire de ces voies de fait dépend non seulement de l'étendue du but qu'on se propose et des moyens nécessaires pour l'atteindre, mais aussi de la nature, de l'importance du grief dont on se plaint. (*Voir* VIOLENCE, GUERRE, RÉTORSION, REPRÉSAILLES.)

VOIE PARÉE. Se dit de la force exécutoire qui appartient à certains actes en raison de la qualité du fonctionnaire duquel ils émanent, et en vertu de laquelle ils peuvent être exécutés tels qu'ils sont sans avoir besoin de recourir aux tribunaux ou à aucune autre formalité. On dit aussi *exécution parée*.

Par *voie parée*, en forme exécutoire.

VOIES ET MOYENS. En matière de finances, on entend par cette expression l'énumération des ressources mises à la disposition de l'Etat par le budget pour couvrir les dépenses publiques.

Les *voies et moyens* se distinguent en

ordinaires, composés des différents impôts et revenus publics, et *extraordinaires*, formés des emprunts remboursables à terme fixe au moyen de la dette flottante et des emprunts à rente perpétuelle.

VOISINAGE. Rapport que les personnes ont entre elles à raison de la proximité de leurs habitations ou de leurs propriétés.

Ces rapports existent aussi bien entre les Etats limitrophes.

La première règle à observer entre des Etats voisins, c'est que l'un n'empiète pas sur le territoire de l'autre; il importe donc qu'ils déterminent clairement les limites qui les séparent. *(Voir* FRONTIÈRE, DÉLIMITATION.)

Cependant les Etats voisins admettent ou tolèrent réciproquement certaines mesures exceptionnelles, de police ou autres dont l'exécution peut avoir lieu instinctivement sur l'un ou l'autre territoire, sans l'intervention des autorités locales respectives : telles sont, par exemple, les mesures prises pour la répression des délits ruraux, forestiers, de chasse ou de pêche dans la zone frontière, des contraventions aux règlements de douane. (Voir ces divers termes.)

VOITURE. L'immunité des souverains en voyage et des envoyés diplomatiques s'étend à leurs voitures et à leurs chevaux.

Entre autres privilèges, les voitures des ministres publics ont celui de ne pas garder la file dans les cérémonies publiques, ou lorsque les ministres se rendent à la cour.

VOIX. Suffrage, vote, avis; on dit dans ce sens : aller aux voix, recueillir les voix; à la pluralité, à l'unanimité des voix.

Droit de suffrage.

Voix délibérative équivaut au droit de voter; se dit par opposition à *voix consultative*, ou simple droit d'opiner, c'est-à-dire d'exprimer son opinion, mais sans voter : dans les assemblées on entend l'opinion de celui qui a voix consultative, mais on ne la compte pas.

Voix active, pouvoir d'élire.

Voix passive, capacité d'être élu.

Voix virile, droit de séance, de représentation et de vote dans l'ancienne diète germanique.

Sentiment, jugement, opinion.

La *voix publique*, l'opinion générale. Absolument, se dit quelque fois pour *approbation*.

VOLONTAIRE. Celui qui sert dans une armée sans y être obligé par la loi.

Les Etats ont la faculté de provoquer et de décréter des enrôlements volontaires; ce droit appartient au souverain, ou au pouvoir qui a le droit de déclarer la guerre; l'exercice en est régi par la constitution de chaque Etat. *(Voir* ENROLEMENT, NEUTRE.)

VOLONTÉ DES ÉTATS. La volonté des Etats s'exprime par le chef de l'Etat, par le souverain ou les organes chargés de le représenter. *(Voir* SOUVERAIN.)

VOTATION. Action de voter, de donner sa voix, son suffrage.

L'énoncé même du vote.

VOTE. Vœu exprimé dans un corps politique, dans une assemblée délibérante; suffrage donné; acte par lequel on exprime ce vœu, on donne ce suffrage.

Acte par lequel un citoyen exerce le droit de suffrage, vœu ou sentiment exprimé par cet acte.

Le droit de vote s'exerce dans un grand nombre de circonstances, qui peuvent se résumer en trois principales : les élections, les délibérations d'assemblées, les décisions en matières judiciaires; d'où le vote *électoral* ou *électif* et le vote *délibératif*, qui ne s'appliquent pas seulement aux fonctions politiques et publiques, mais auxquels on a recours dans certaines assemblées civiles ou privées, associations scientifiques ou littéraires, sociétés commerciales, etc.; et le vote *juridique*, qui s'applique plus particulièrement aux verdicts des jurés, au mode employé par les juges pour former la décision du tribunal ou de la cour.

Dans l'ordre politique, on dit que le vote électoral est *universel* lorsque tous les citoyens de l'Etat, sauf cependant ceux qu'une disposition expresse de la loi en déclare incapables, sont appelés à y concourir; il est dit *restreint*, lorsqu'il est le privilège d'un catégorie ou d'un nombre limité de citoyens, comme ceux, par exemple, qui paient une certaine quotité d'impôts.

Qu'il soit *universel* ou *restreint*, le vote est *direct*, quand l'élection est la conséquence immédiate du suffrage donné par les électeurs; il est *indirect* ou *à deux degrés*, quand les électeurs sont divisés en deux catégories, dont la première nomme la seconde, qui seule a le droit d'élection définitive.

Autrefois en France, dans les assemblées des Etats généraux, on votait *var ordres,* c'est-à-dire que les représentants de chacun des trois ordres de l'Etat, la noblesse, le clergé et le tiers-état, se séparaient en trois chambres, dont chacune délibérait et votait indépendamment des deux autres sur les mesures proposées; il fallait alors, pour l'adoption que dans deux des ordres la majorité se prononçât en faveur de la mesure.

Il y avait encore une autre mode de prendre les décisions : elle consistait en la réunion des trois ordres en une seule assemblée, où chaque représentant donnait son suffrage individuellement, de sorte que la décision dépendît de la majorité des votes énoncés pour ou contre : c'était le *vote par tête.*

On appelait *double vote* le privilège que sous la Restauration certains électeurs, les plus imposés, avaient de voter deux fois dans la même élection : une première fois dans le collège d'arrondissement, puis une seconde fois dans le collège de département, où ils étaient seuls admis. Le *double vote* subsiste encore dans plusieurs pays.

Quant aux procédés usités pour exprimer le vote, donner le suffrage, ils varient selon les temps et les lieux.

Ainsi, lorsque tous les citoyens ayant le droit de voter sont réunis, ils peuvent exprimer leur vote en *levant la main,* et des membres choisis dans l'assemblée calculent le nombre des mains levées pour ou contre un candidat ou une mesure en délibération.

Le vote peut aussi avoir lieu par *assis et levé,* lorsque les membres de l'assemblée qui votent pour une mesure se lèvent, tandis que ceux qui votent contre restent assis : on fait alors le compte des assis et des levés.

Ou bien encore une partie des votants vont se ranger dans un côté de la salle des délibérations, et ceux qui votent dans le sens contraire vont dans un autre : c'est ce qu'on appelle le *vote par division.*

Mais le mode qui est le plus généralement adopté, celui d'ailleurs qui offre le plus de garantie contre les erreurs, c'est le *vote au scrutin (Voir* SCRUTIN), qui consiste à exprimer son vote secrètement au moyen d'une boule blanche (en faveur d'une mesure) ou noire (contre la mesure) ou d'un bulletin écrit : l'emploi des boules n'est guère applicable qu'aux résultats des délibérations, tandis que le bulletin s'emploie également pour les élections et les décisions.

Le vote prend aussi certaines dénominations, suivant les matières sur les quelles il porte et les milieux dans lesquels il est exprimé. Nous avons indiqué déjà le vote *juridique,* qui appartient exclusivement aux tribunaux et s'applique aux décisions en matières civiles et en matières criminelles. Il y a de même le vote *législatif* ou *parlementaire,* qui s'exprime dans les parlements ou les chambres législatives.

Ici nous trouvons le vote *par appel nominal,* où chaque membre d'une chambre est obligé de répondre à l'appel de son nom et d'exprimer son suffrage à haute voix.

Il y a en outre le vote par *procès-verbal;* chaque votant ayant déposé dans une urne un bulletin portant son nom et d'une couleur déterminée selon qu'il adopte ou repousse la mesure proposée, un *procès-verbal* est dressé de tous ceux qui ont voté pour ou contre, de ceux qui se sont abstenus, de voter, et des membres de l'assemblée qui sont en congé.

Enfin dans certains pays il est encore un mode de suffrage, qui consiste à inscrire sur un registre le nom et le vote des électeurs : c'est le vote *par inscription.*

Cette expression : *le vote est acquis,* d'usage dans les assemblées délibérantes, signifie qu'on refuse de remettre en délibération une question sur laquelle on a déjà délibéré.

En diplomatie on appelle *vote* ou *opinion* un écrit en forme de mémoire ou de note, de peu d'étendue, par lequel un plénipotentiaire dans une négociation formule et motive son suffrage, ou celui de son commettant ; dans ce dernier cas le plénipotentiaire ne fait aucune mention de son opinion personnelle.

Cette note, après avoir été signée par le plénipotentiaire qui l'a écrite, est remise aux autres plénipotentiaires et jointe au procès-verbal de la séance.

VOYAGE DES SOUVERAINS. Le souverain hors de son territoire jouit des droits de l'hospitalité dans le pays où il se rend; ainsi, au moment d'en franchir la frontière, il est l'objet d'une réception solennelle et d'un traitement conforme à son rang, à moins qu'il n'ait préféré y renoncer en adoptant l'*incognito* (voir ce mot, CÉRÉMONIAL).

En tout cas, le souverain jouit du droit d'*exterritorialité,* qui est lié au caractère même de la souveraineté (*Voir* EXTERRITORIALITÉ).

VOYVODE, VOIVODE. Titre qu'on donnait autrefois aux princes de la Moldavie, de la Valachie et de la Transylvanie, et aux gouverneurs de province en Pologne.

Il est encore en usage en Turquie, où il désigne les fermiers de contributions dans un district.

VOYVODIE, VOVVODAT. Gouvernement d'un voyvode; pays qui lui est soumis.

VULGAIRE. *Ere vulgaire*, se dit de l'ère chrétienne, mode de chronologie d'après lequel les nations modernes, excepté les musulmans, supputent les années avant et après la venue du Christ.

Langues vulgaires se dit des langues vivantes et modernes par opposition aux langues savants ou langues mortes.

L'*idiome vulgaire*, la langue en usage dans un pays.

VULGATE. Version latine de la Bible, qu'on croit avoir été faite sur le texte hébreu vers la fin du quatrième siècle et le commencement du cinquième; c'est la seule reconnue comme canonique par le concile de Trente. (*Voir* SEPTANTE.)

VU. Formule équivalente au *visa* (voir ce mot).

S'emploie, sont forme invariable, dans certaines formules de pratique, de chancellerie, d'administration.

Ainsi : *Vu* par la cour les pièces mentionnées, c'est-à-dire les pièces ayant été vues par la cour.

C'est aussi un rappel de lois, d'ordonnances, etc. : *Vu* les ordonnances précitées, c'est-à-dire en vertu des ordonnances.

Ou bien une déduction de conséquences: *Vu* les raisons, les allégations de part et d'autre.

En terme de pratique, *vu* s'emploie aussi substantivement : le *vu* d'un arrêt, d'une sentence, ce qui est exposé dans une sentence, les pièces et les raisons énoncées avant le dispositif.

Sur le *vu* des pièces, c'est-à-dire après leur examen.

W

WÄCHTER (Oscar de), jurisconsulte allemand, né à Tubingue en 1825, ancien membre des chambres wurtembergeoises.

Encyclopädie des Wechselrechts der europäischen und ausser-europäischen Länder auf Grundlage des gemeinen deutschen Rechts (Encyclopédie du droit de change des Etats européens et extra-européens sur la base du droit commun allemand). 2 vol. Stuttgart, 1880.

WARD (Robert Panner), publiciste anglais; né à Gibraltar le 19 mars 1765, mort à Okeover Hall le 13 août 1846.

Il fut sous-secrétaire d'Etat pour les affaires étrangères, depuis 1807 à 1811 lord de l'amirauté, et pendant de longues années membre du parlement.

An inquiry into the foundation and history of the law of nations in Europe, from the time of the Greeks and Romans to the age of Grotius (Recherches sur les fondements et l'histoire du droit des gens en Europe, depuis les temps des Grecs et des Romains jusqu'à l'époque de Grotius). Londres, 1795. 2 vol. in-8⁰.

Treatise on the relative rights and duties of belligerants and neutral powers in maritime affairs; in which the principles of armed neutralities and opinions of Hubner and Schlegel are fully discussed. (Traité sur les droits et les devoirs relatifs des puissances belligérantes et neutres dans les affaires maritimes, — dans lequel les principes des neutralités armées et les opinions de Hubner et de Schlegel sont pleinement commentés). Londres, 1875.

Cet ouvrage est demeuré inachevé; l'auteur n'a mis à exécution que la première partie du programme qu'il s'était tracé.

Le traité de Ward, d'après le plan primitif, devait se diviser en sept parties, destinées à réfuter autant de propositions que comprenait la thèse des neutres. C'est à l'examen de la première proposition : „les navires libres font les marchandises libres“, que se borne ce qui a paru du livre de Ward : L'auteur se place successivement, en trois sections, à autant de points de vue différents, savoir : 1⁰ le sens commun et l'équité générale; 2⁰ l'autorité et la coutume; 3⁰ les traités. Le savant jurisconsulte américain Kent a dit que cet écrit „a épuisé tout le droit et toute la science applicables à la matière“.

Cet ouvrage, ou plutôt ce fragment d'ouvrage, avait paru pour la première fois à Londres en 1801. Une nouvelle édition en a été publiée à Londres en 1875 — 1 vol. in-8⁰ — par les soins du *Diplomatic Review Office* (Direction de la Revue diplomatique), avec une préface de Lord Stanley of Alderley et un appendice.

Ward a aussi publié, en 1803, *An inquiry into the conduct of european wars* (Recherches sur la manière dont sont conduites les guerres européennes);

Et, en 1838, *Historical Essay on the Revolution of 1688* (Essai historique sur la révolution de 1688). 2 vol. in-8⁰.

WARDEN (David Bailie), publiciste américain, né dans le comté du Down (Irlande) en 1778, mort le 9 octobre 1845.

Il fut secrétaire de légation, puis consul des Etats-Unis à Paris de 1806 à 1814; membre correspondant de l'Académie des sciences.

Warden s'est surtout livré aux études archéologiques notamment sur l'Amérique septentrionale; néanmoins il a publié d'utiles ouvrages sur des questions de droit public. Nous citerons :

A treatise on the origin, nature, progress and influence of the consular establishment. Paris, 1814. in-8⁰. Traduit en français par Barrère sous le titre suivant:

De l'origine, du progrès et de l'influence des établissements consulaires. Paris, 1815. in-8⁰. Traduit de l'anglais en français par Barrère.

Description statistique, historique et politique des Etats-Unis de l'Amérique septentrionale depuis l'époque des premiers établissements jusqu'à nos jours. Paris, 1820. 5 vol. in-8⁰. Traduit sur l'édition anglaise publiée à Edimbourg en 1819. 3 vol.

WARRANT. Terme de pratique anglais. Il signifie *garantie* et désigne un ordre écrit en vertu duquel le porteur agit par autorité — assignation, mandat d'amener.

En commerce, le *warrant* est un récépissé délivré à un commerçant qui dépose des marchandises dans un dock ou un entrepôt; le *warrant* constate la valeur des marchandises déposées; il peut être négocié comme une lettre de change, la valeur en étant garantie par celle des marchandises qu'il représente.

WASHINGTON (traité de), 1819.

Toutes les réclamations existant entre le gouvernement espagnol et celui des Etats-Unis pour dommages et préjudices causés aux ressortissants des deux puissances pendant les guerres de l'indépendance américaine et d'Europe ont été réglées par un traité signé à Washington le 22 février 1818, aux termes duquel les deux parties contractantes renonçaient à toutes les réclamations pour dommages ou griefs qu'elles-mêmes, ou leurs citoyens respectifs et sujets, auraient pu souffrir jusqu'au jour de la signature du présent traité.

La renonciation des Etats-Unis comprenait tous les griefs qui avaient été réglés par une convention antérieure du 11 août 1802; toutes les réclamations en conséquence de prises faites par les corsaires français et condamnées par les consuls français dans le territoire et sous la juridiction espagnole; toutes les demandes d'indemnités pour cause de la suspension en 1802 du droit de dépôt à la Nouvelle-Orléans; toutes les réclamations des citoyens des Etats-Unis sur le gouvernement espagnol, dont les prétentions, sur l'interposition du gouvernement des Etats-Unis, avaient été présentées soit au ministre d'Etat, soit au ministre des Etats-Unis en Espagne depuis la date de la convention de 1802 jusqu'à la signature du traité actuel.

Le gouvernement espagnol renonçait, de son côté, à toutes réclamations contre le gouvernement des Etats-Unis pour des griefs analogues.

Les deux gouvernements renonçaient en outre respectivement à toutes indemnités motivées sur les évènements récents ou sur les transactions de leurs commandants ou officiers respectifs dans les Florides; et, pour leur part, les Etats-Unis s'engageaient à faire donner satisfaction pour les dommages, s'il en existait, qui seraient établis légalement comme ayant été soufferts par les officiers et les individus espagnols lors des dernières opérations de l'armée américaine dans les Florides.

Dans leur ensemble les réclamations espagnoles représentaient une valeur beaucoup moindre que celle des Etats-Unis, et de plus les Etats-Unis déchargeaient l'Espagne de toutes demandes à l'avenir sous le rapport des réclamations de leurs citoyens, comprises dans les renonciations ci-dessus spécifiées, et se chargeaient de satisfaire à ces réclamations jusqu'à concurrence de la somme de cinq millions de dollars.

En compensation, l'Espagne cédait aux Etats-Unis, en toute propriété et souveraineté, tous les territoires qui lui appartenaient, situés à l'est du Mississipi et connus sous le nom de Florides orientales et occidentales, avec les îles adjacentes.

Cette cession entraîna une fixation de limites entre les deux puissances voisines, l'Espagne possédant encore le Mexique à cette époque.

La frontière était ainsi établie par le traité:

La ligne limitrophe à l'est du Mississipi commence au golfe du Mexique, à l'embouchure du fleuve jusqu'au 3e degré de latitude; de là par une ligne droite au nord jusqu'au degré de latitude où cette ligne remonta la Rivière Rouge de Natchitoches; puis, suivant le cours de cette rivière à l'ouest jusqu'au 100e degré de longitude ouest méridien de Londres et 23e de Washington, elle traversait la Rivière Rouge en courant droit au nord de la rivière d'Arkansas; de là elle suivait le cours de la rive méridionale de l'Arkansas jusqu'à sa source au 42e degré de latitude nord, et de là par cette parallèle de latitude jusqu'à la mer du Sud.

Toutes les îles de la Sabine, de la Rivière Rouge et de l'Arkansas, dans tout le cours décrit ci-dessus, étaient déclarées appartenir aux Etats-Unis, mais l'usage des eaux et de la navigation de la Sabine jusqu'à la mer, de la Rivière Rouge et de l'Arkansas, dans toute l'étendue de la frontière et sur leurs rives respectives, devait être commun aux habitants des deux nations.

Ce traité, qui fut dit aussi „traité des Florides", reçut son exécution finale le 10 juillet 1821 par la remise de la Floride aux Etats-Unis.

WASHINGTON (convention de), 1854.

En 1854, à la veille d'engager les hostilités avec la Turquie, appuyée de l'alliance de la France et de l'Angleterre, le gouvernement russe conclut le 22 juillet, à Washington, avec le gouvernement des Etats-Unis une convention ayant pour objet de définir et de garantir les droits des neutres pendant la guerre.

Les deux puissances reconnaissent comme permanents et immuables les principes suivants:

1º Le pavillon couvre la marchandise, c'est-à-dire les effets ou marchandises qui sont la propriété des sujets ou citoyens d'une puissance ou d'un Etat en guerre, sont exempts de capture ou de confiscation sur les navires neutres, à l'exception des objets de contrebande de guerre.

2º. La propriété neutre à bord d'un navire ennemi n'est pas sujette à confiscation, à moins qu'elle ne soit contrebande de guerre.

Les deux puissances s'engageaient à appliquer ces principes au commerce et à la navigation de toutes puissances et Etats qui voudraient les adopter de leur coté comme permanents et immuables.

WEBSTER (Daniel), homme d'Etat et jurisconsulte américain, né à Salisbury (New Hampshire) le 18 janvier 1782, mort à Marshfield (Massachusetts) le 24 octobre 1852.

A partir de l'année 1813, où il fut élu membre de la Chambre des représentants pour l'Etat du New-Hampshire, Daniel Webster a été pendant presque toute sa vie un des hommes et des orateurs les plus éminents du Congrès des Etats-Unis. Il a été ministre d'Etat sous la présidence du général Harrison de 1842-1843, et sous la présidence de M. Tillmore en 1850.

On trouve dans sa *correspondance diplomatique* et ses *discours,* publiés après sa mort, d'utiles renseignements sur les questions de politique étrangère, et partant de droit international, discutées au Congrès Américain et traitées entre les Etats-Unis et les autres pays pendant que M. Webster occupait la tribune parlementaire ou dirigeait les affaires extérieures de l'Union.

WENK (F. A., en latin *Wenckius*), publiciste allemand.

Codex juris gentium recentissimi (Le code du droit des gens le plus moderne). Lipsiae, 1781-1786. 3 vol. in-8º embrassant une période de trente-sept ans, de 1735 à 1772, et continuant le *Corps universel diplomatique.*

WERCLŒ (traité de), 1790.

En 1788, la Suède, comme alliée de la Porte ottomane, avait ouvert les hostilités contre la Russie, sur laquelle elle tentait de reprendre ce qu'elle avait perdu dans la Livonie et la Finlande; mais, après un grand nombre de combats qui n'eurent pas de résultats importants, le roi Gustave III et l'Impératrice Catherine II, conclurent, à Wercloe sur le Ryméné, le 14 août 1790, un traité de paix, qui avait pour base le *statu quo* avant le commencement des hostilités, et pour conséquence l'évacuation de toutes les places réciproquement occupées par les troupes de l'une ou de l'autre puissance sur le territoire de son ennemi.

WESTLAKE (John), publiciste anglais, né dans le Comté de Cornouailles en 1828.

Conseiller de la Reine d'Angleterre; un des fondateurs et des directeurs de la *Revue de droit international;* membre fondateur de l'Institut de droit international.

A treatise on private international law, or the conflict of laws, with principal reference to its practice in the english and other cognote systems of jurisprudence.

(Traité du droit international privé, ou le conflit des lois, principalement par rapport à la pratique de ce droit dans le système anglais et les autres systèmes similaires de jurisprudence.) Londres, 1858. Une seconde édition en a été imprimée en 1880.

Comme l'indique ce titre, l'auteur traite du conflit des lois d'après la jurisprudence suivie en Angleterre et dans les pays qui ont un droit analogue; cependant il ne s'est pas borné à l'étude du droit des gens privé de l'Angleterre; en examinant spécialement chacune des différentes matières, il fait une étude comparative de la législation et de la jurisprudence anglaise avec celles du continent : de sorte que son ouvrage est fort utile à consulter, parce qu'il permet d'apprécier les différences existant en Angleterre et dans les autres pays en matière de droit international privé.

M. Westlake a limité son travail au droit civil et aux questions de procédure civile; il en a exclu tout ce qui touche au droit criminel. En terminant, il déplore, comme un obstacle aux relations internationales de toute espèce, le manque d'unité d'opinions et de décisions en matière de droit international privé, malgré la tendance de la jurisprudence de tous les pays à considérer le monde civilisé comme une unité pour l'acquisition de tous les droits consacrés par la société moderne, et pour leur protection, n'importe dans quel pays et sous quelle législation ils aient été acquis.

WESTPHALIE (traité de). 1648.
Nom collectif de deux traités signés l'un à Osnabruck le 6 août 1648 entre l'Empereur d'Allemagne et la Suède, l'autre à Munster le 8 septembre de la même année entre l'Empereur et la France.

Ces traités mirent fin à la guerre de *Trente Ans*. (Voir ce mot.)

Les négociations en vue de conclure la paix avaient été engagées longtemps avant la cessation des hostilités. Dès le 25 décembre 1641 des préliminaires avaient stipulé qu'un congrès se tiendrait en même temps à Münster et à Osnabrück en Westphalie et que les deux assemblées seraient réputées pour une seule; mais l'ouverture de ce congrès, fixée au 25 mars 1642, n'eut lieu que le 4 décembre 1644.

Les Etats de l'Europe qui y avaient envoyé des plénipotentiaires, étaient : l'Empereur d'Allemagne, la France, la Suède, le Pape, la République de Venise, le roi de Danemark, l'Espagne, le Portugal, les Etats Généraux de Hollande, le duc de Savoie, le grand-duc de Florence, le duc de Mantoue, les 13 cantons suisses. En outre tous les électeurs, princes et Etats d'Empire, la noblesse immédiate et plusieurs villes et corporations médiates avaient, soit à Munster, soit à Osnabruck, des ambassadeurs, des ministres et des députés.

Les négociations furent divisées en quatre chefs principaux, savoir : *Affaires de l'Empire, satisfaction des couronnes, sûreté et garantie de la paix et exécution de la paix.* Puis les *affaires* de l'Empire furent subdivisés en quatre autres points : *Amnistie, droits et prérogatives des Etats, composition des griefs* et *rétablissement du commerce.*

L'amnistie est réelle, générale tant à l'égard des choses que des personnes. Tout ceux qui ont été dépossédés pendant la guerre sont rétablis dans l'état où ils étaient avant.

Les Etats sont maintenus à jamais dans l'exercice de la supériorité territoriale et des autres droits, prérogatives et privilèges dont ils avaient joui précédemment. Leur supériorité territoriale est déclarée s'étendre aussi bien sur les choses ecclésiastique que sur les choses politiques ou le temporel.

Pour la composition des griefs politiques, il est stipulé : nulle loi ou interprétation de loi, nulle déclaration de guerre, nulle paix ou alliance d'Empire, nulle taxe, nulle levée d'hommes, nulle construction de forts, etc. ne peuvent avoir lieu sans le consentement des co-

Etats réunis en diète; tout Etat immédiat aura séance et suffrage à la Diète.

En ce qui concerne les griefs religieux, la paix d'Augsbourg est confirmée et adoptée pour fondement des décisions relativement aux articles contestés entre les Etats des deux religions; les avantages accordés aux Luthériens sont étendus aux Calvinistes; la juridiction ecclésiastique est suspendue, tant d'Etat catholique à Etat protestant qu'entre deux Etats protestants; toutes les députations de l'Empire seront composées de députés en nombre égal des deux religions; sur les 50 assesseurs de la Chambre impériale, 24 seront protestants; dans le conseil aulique il y aura égalité de juges de l'une et de l'autre religion.

Relativement au rétablissement du commerce, les nouveaux péages et les autres entraves introduits pendant la guerre sont abolis, et les choses remises à cet égard dans l'état où elles étaient auparavant; toutefois sont maintenus les péages établis avant la guerre du consentement de l'Empereur et des électeurs.

Parmi les satisfactions territoriales et autres données aux couronnes, la Suède reçoit la Poméranie citérieure avec la ville de Stettin et l'île de Wollin, plus l'expectative de toute la Poméranie et de l'évêché de Cammin, à l'extinction des mâles de la maison de Brandebourg; l'île de Rugen, à titre de principauté; le port de Wismar, à titre de seigneurie; l'archevêché de Brême, sous le titre de duché, et l'évêché de Verden, sous celui de principauté. En outre la Suède est admise aux Diètes de l'Empire pour ses possessions en Allemagne.

A la maison de Brandebourg échurent pour la partie de la Poméranie abandonnée à la Suède, l'archevêché de Magdebourg, et les évêchés de Minden, de Cammin et de Halberstadt sécularisés.

A la maison de Mecklembourg, en compensation de la ville de Wismar, cédée à la Suède, on donna les évêchés de Schwerin et de Ratzebourg, etc.

Quelques satisfactions peu importantes furent accordées aux maisons de Brunswick-Lunebourg et de Hesse-Cassel.

L'électeur palatin fut rétabli dans ses domaines, moins le Haut-Palatinat, laissé à la Bavière.

L'indépendance des Provinces-Unies de Hollande fut reconnue, ainsi que celle des 13 cantons suisses, qui existait de fait depuis longtemps, mais qu'aucun acte public n'avait encore sanctionnée.

Les stipulations que nous venons d'énumérer sont contenues dans le traité d'Osnabruck, conclu plus particulièrement entre l'Empereur et la Suède, leurs alliés et leurs adhérents; celles qui concernent la France font l'objet du traité de Munster, conclu séparément entre cette puissance et l'Empereur. Il fut cédé à la France la souveraineté de l'Empire sur les trois évêchés de Metz, de Toul et de Verdun et leurs districts ou territoires; la souveraineté et les droits de l'Empire sur la ville de Pignerol; le Vieux Brisach avec sa banlieue, son territoire et les villages en dépendant; le droit de garnison dans Philippsbourg; le landgraviat de la Haute et de la Basse Alsace. La France restituait à la maison d'Autriche les villes forestières, le comté de Hauenstein, la Forêt Noire, le Brisgau et tout l'Ortenau. La liberté du commerce était rétablie sur les deux rives du Rhin, dont la navigation était déclarée libre, sans qu'il fût permis d'y imposer aucun nouveau droit.

Pour assurer et garantir la paix, toutes les parties contractantes s'engagèrent à réunir leurs armes contre tous ceux qui en enfreindraient les dispositions, après avoir tenté inutilement pendant trois ans les voies de la justice ordinaire et de la conciliation.

Il fut convenu qu'immédiatement après la signature de la paix les hostilités devaient cesser réciproquement, et l'Empereur ordonner par des édits l'exécution de la paix, qui devait se faire par les directeurs et les chefs des cercles.

L'Empereur publia ses édits le 7 novembre 1648; mais l'échange des ratifications n'eut lieu que le 8 février 1649 : ce qui retarda jusqu'au 2 mars les lettres patentes que l'Empereur dut adresser aux chefs des cercles.

Le nonce du Pape et le Pape lui-même, Innocent X, protestèrent contre le traité de Westphalie. Les Espagnols firent de même à cause de la cession de l'Alsace faite à la France.

Envisagée dans son ensemble, la paix de Westphalie peut être regardée comme point de départ de l'histoire du droit international moderne et comme la base des rapports de peuple à peuple jusqu'à la révolution française.

Les traités d'Osnabruck et de Munster ont en effet proclamé la légitimité de la Réforme, consacré en droit une entière égalité entre le catholicisme, le luthérianisme et le calvinisme, fermé l'ère des luttes religieuses et mis un terme aux guerres qui avaient déchiré si long-temps l'Allemagne; c'est de ces traités que date l'affranchissement de la supré-matie de l'Empereur des nombreux (355) États souverains de l'Allemagne, et la nouvelle organisation fédérative du corps germanique, qui a duré jusqu'à la sup-pression de ce corps en 1806.

WHARTON (Francis), jurisconsulte américain, né à Philadelphie en 1820. Membre de l'Institut de Droit international.

Il a publié un *Traité du droit criminel des Etats-Unis* (Treatise on the criminal law of the United States), et en 1872, à Philadelphie, *A treatise on the conflict of laws, or private international law* (Traité sur le conflit des lois, ou droit interna-tional privé). (2e édition, Philadelphie, 1881.)

L'ouvrage de Wharton commence par une introduction, dans laquelle il indique les causes qui ont dans ces derniers temps modifié le droit international privé et les principes généraux admis en cette matière. Une grande partie est consacrée à la théorie du droit par rapport à la capacité des personnes. L'auteur ne s'oc-cupe pas exclusivement des règles obser-vées aux Etats-Unis et en Angleterre, à l'appui desquelles il cite les décisions judiciaires les plus récentes; son étude porte également sur le droit français, sur le droit allemand et même sur le droit romain. Un chapitre spécial traite du droit pénal.

WHEATON (Henry), publiciste amé-ricain, né à Providence (Rhode Island) le 27 novembre 1785, mort à Dorchester (Massachusetts) le 11 mars 1848.

Après avoir exercé la profession d'a-vocat à Providence, puis à New-York jusqu'en 1816, et les fonctions de *reporter* (rapporteur) de la Cour suprême des Etats-Unis jusqu'en 1827, il occupa les postes de chargé d'affaires au Danemark de 1827 à 1835, et de ministre plénipo-tentiaire près la cour de Berlin jusqu'en 1846, de sorte que sa double qualité de jurisconsulte et d'homme versé dans la pratique des affaires publiques donne à ses ouvrages un crédit pleinement jus-tifié, du reste, par leur mérite.

En 1815 Wheaton fit paraître sa pre-mière œuvre : *Digest of the law of mari-time captures or prizes* (Digeste du droit des prises maritimes), traité pratique de la matière, appuyé sur une analyse com-plète des jugements prononcés par les tribunaux des différents pays, surtout ceux de l'Angleterre et des Etats-Unis, sur des questions de prises.

En 1841, Wheaton publia à Leipzig la première édition d'un essai proposé au concours par l'Académie des Sciences morales et politiques de France et ayant pour titre : *Histoire des progrès du droit des gens en Europe depuis la paix de Westphalie jusqu'au Congrès de Vienne,* qu'il transforma en 1846, dans une édition considérablement augmentée, en un traité sur l'*Histoire du droit des gens en Europe et en Amérique depuis les temps les plus reculés jusqu'au traité de Washington en 1842,* lequel a été généralement regardé comme le travail le plus complet publié jusqu'alors sur le même sujet. Cet ou-vrage était le complément nécessaire de celui que l'auteur avait publié quelques années auparavant (1836) à Londres : *Les Eléments du droit international,* qui avait été, dès son apparition, rangé au nom-bre des traités classiques. Plusieurs édi-tions en parurent en peu de temps en Amérique, en Angleterre et en Allema-gne, ainsi qu'une traduction en français en 1848; il a été depuis traduit dans toutes les langues.

Wheaton donne pour fondements au droit international d'une part les traités et les conventions, et d'autre part les principes de justice applicables aux re-lations des nations indépendantes; et il arrive à cette définition du droit inter-national : „c'est l'ensemble des règles de conduite que la raison déduit, comme étant conforme à la justice, de la nature de la société qui existe parmi les nations indépendantes, en y admettant toutefois les définitions ou les modifications qui peuvent être établies par l'usage et le consentement général".

Les commentateurs et les annotateurs n'ont point manqué à l'œuvre de Whea-ton. Nous citerons en première ligne M. W.-B. Lawrence, ancien ministre des Etats-Unis à Londres, dont les annota-tions sur les deux grands ouvrages de Wheaton ont pris un tel développement qu'elles ont dépassé le texte en étendue; aussi les a-t-il publiées en un ouvrage séparé, sous le titre de *Commentaires* sur les *Eléments du droit international* et sur l'*Histoire des progrès du droit des gens* (Leipzig, 1868, 1869 et 1873) : de sorte que M. Lawrence est devenu non seule-ment le biographe et l'annotateur de Wheaton, mais encore son interprète et son continuateur.

En 1866 une huitième édition des *Elé-ments du droit international* a paru à Boston par les soins de M. R.-H. Dana, qui a enrichi le livre de Wheaton de commentaires et de développements suppléant à l'argumentation parfois vague et insuffisante de l'auteur.

En 1878, un jurisconsulte anglais, M. A. C. Boyd, a publié une nouvelle édition révisée des *Elements of international law*, avec numérotation suivie des sections comme dans l'édition de M. Dana, réduction des anciennes notes et insertion dans le texte d'une grande quantité d'additions; de plus, six appendices contiennent des actes anglais et américains, divers traités et documents, qui ramènent le livre de Wheaton au courant des événements et des modifications apportées au droit international à l'époque où a paru cette plus récente édition.

WHIG. Nom d'un parti politique en Angleterre, opposé aux *tories :* il est considéré comme le parti libéral et ayant des tendances démocratiques, tandis que le parti tory est conservateur et aristocratique.

WIASMA (traité de paix de). 1634.

La trève de 14 ans signée en 1618 à Diwilina venait d'expirer en 1633 et les hostilités étaient reprises entre les Polonais et les Russes; la fortune des armes paraissait tourner contre ceux-ci, lorsque les Turcs déclarèrent la guerre à la Pologne pour faire une diversion en faveur de la Russie.

Alors le roi de Pologne, Wladislas VII, crut prudent de prêter l'oreille aux propositions de paix que lui faisait le Czar Michel Romanoff.

Un traité fut signé, à Wiasma sur la rivière de Polianowa, le 15 juin 1634, aux termes duquel le roi de Pologne se désistait de ses droits au trône de Russie.

Le Czar cédait ou roi de Pologne la province de Tchernigoff, les villes et les territoires de Siewior et de Nowgorod-Sewerskoi, la province de Smolensk, les territoires et les châteaux de Dorogobouje, de Biala, de Roslaff, de Staradonb, de Tronbiesk, de Potchapoff, de Newel, de Siebiesz, de Krasno, de Maromsk et de Poponagora.

Le Czar s'engageait à ne plus former aucune prétention sur la Livonie, l'Esthonie et la Courlande.

WICQUEFORT (Abraham de), diplomate. hollandais, né à Amsterdam en 1598, mort à Zell en 1682.

On a de lui *Mémoires touchant les ambassadeurs* (Cologne, 1676-79. 2 volumes in-12º.

L'ambassadeur et ses fonctions. (La Haye, 1680-81.)

(Ibid. Amsterdam, 1724. 2 vol. in-4º.)

WILDMAN (Richard), publiciste anglais né en 1802, mort le 26 août 1881.

Institutes of international law. (Institutes de droit international). Londres, 1849. 3 vol. in-8º.

M. Wildman définit le droit international „le droit coutumier qui règle les relations des Etats indépendants en temps de paix et en temps de guerre", „le droit naturel ne fait pas partie du droit international; les coutumes des nations forment le droit des gens. Les droits dérivent du *droit commun (common law)* des nations et s'acquièrent par les traités. Lorsqu'on discute le droit des gens, il faut s'en référer aux usages des nations et ne pas se fier à notre propre raisonnement. Différentes règles peuvent également s'appuyer sur la raison; mais la raison qui doit prévaloir est celle qui est sanctionnée par l'usage des nations..."

WOLFF (Jean Chrétien), philosophe allemand, né à Breslau en 1679, mort en 1754 à Halle, où il était vice-chancelier de l'Université.

On a de Wolff plus de soixante ouvrages, tant en allemand qu'en latin, sur des matières de mathématiques et de philosophie. Son but principal paraît avoir été de coordonner les matériaux de la science épars des tous côtés. Il a composé dans ce dessein un grand corps de philosophie (corpus philosophiae) en 24 volumes in-4º., rédigé en latin, lequel comprend la logique, la psychologie empirique et rationnelle, l'ontologie, la cosmologie, les mathématiques, la théologie, la morale, la politique, le droit naturel. De ces ouvrages publié de 1740 à 1743, il a tiré son traité sur le droit des gens : *Jus gentium methodo scientifico pertractatum, in quo jus gentium naturale ab eo quod voluntarii, pactitii et consuetudinarii est accurate distinguitur.* (Le droit des gens traité par la méthode scientifique, ouvrage dans laquelle le droit des gens naturel est distingué avec soin de celui qui est dit volontaire, conventionnel et coutumier.) Halle, 1749.

Dans le même ordre de travaux, Wolff a publié, aussi à Halle en 1754, *Institutiones juris naturæ et gentium.* (Institutions du droit de la nature et des gens.)

Wolff a le mérite d'avoir le premier séparé les principes du droit des gens de ceux qui constituent la morale individuelle. Il divise le droit des gens en droit *volontaire,* fondé sur le consentement présumé des nations; en droit *con-*

ventionnel, basé sur le consentement exprès; et en droit *coutumier*, qui s'appuie sur le consentement tacite. Selon lui, le le fondement du droit des gens volontaire est la grande république des nations, établie par la nature elle-même et dont tous les Etats font partie.

WOOLSEY (Théodore Dwight), littérateur et jurisconsulte américain, né à New-York le 31 octobre 1801.

Il fut en 1846 président du Collège d'Yule, à New-Haven (Etats-Unis), et en 1862 un des régents de l'Institut Smithsonian. Il est membre de l'Institut de droit international.

M. Woolsey s'est occupé principalement de l'enseignement de la langue et de la littérature grecques; mais il a fait en outre des cours sur diverses matières de politique, d'histoire et de droit international.

En 1860 il a publié la première édition de son *Introduction to the study of International law* (Introduction à l'étude du droit international), dont il a paru à New-York en 1879 une 5e édition, revue et considérablement augmentée.

Ce livre n'est pas une simple *introduction* dans le sens strict du mot, car il y est traité de l'ensemble des matières qui se rattachent au droit international. Après un chapitre *introductoire*, contenant la définition, un exposé du développement des bases et des sources du droit, l'ouvrage se divise en deux parties, dont une est consacrée aux attributs essentiels des Etats, à leurs droits et à leurs obligations en temps de paix; l'autre, à l'application du droit international en temps de guerre; enfin dans une conclusion l'auteur en signale les sanctions, les progrès et les lacunes. Le livre se termine par une énumération des principaux ouvrages relatifs au droit international et une liste analysique des traités les plus importants depuis la Réforme jusqu'au traité de Berlin.

Nous citerons encore de M. Woolsey.

Essay on divorce and divorce legislation in the United States (Essai sur le divorce et la législation relative au divorce aux Etats-Unis), 1869.

Political science, or the State theoretically and practically considered (La science politique ou l'Etat considéré au point de vue théorique et pratique). 2 vol. in-8°. 1878.

En outre M. Woolsey a édité en 1874 l'ouvrage de M. Lieber *Civil liberty* (la liberté civile), et en 1875 les *Political Ethics* (la Morale politique).

WRIT. Terme anglais de droit : ordre par écrit, se dit notamment d'une ordonnance de cour de justice, d'une assignation.

WURM (Chr. Fréd.), historien allemand.

Diplomatische Geschichte der orientalischen Frage (Histoire diplomatique de la question d'Orient). Leipzig, 1858.

X

XÉNIE. Contrat d'hospitalité usité entre les chefs de la Grèce, aux temps heroïques.

Les contractants inscrivaient leurs noms sur une tablette de métal ou d'ivoire, qu'ils brisaient ensuite et dont chacun conservaient la moitié, afin de se la présenter réciproquement à l'occasion.

Les citoyens des républiques firent plus tard des alliances semblables.

On nommait *xénies* les présents que les hôtes se faisaient mutuellement pour renouveler l'amitié et le droit d'hospitalité.

XÉNILOSIE. Chez les Grecs, interdiction faite aux étrangers de séjourner dans une ville.

XÉNOGRAPHIE. Science des langues étrangères.

Y

YANKEE. En Amérique c'est le nom sous lequel on désigne les habitants de la *Nouvelle Angleterre*, ou plusieurs Etats du Nord de l'Union américaine ou Etats-Unis (Maine, New-Hampshire, Vermont, Connecticut, Rhode Island, Massachusetts).

En Europe on étend cette dénomination aux habitants des Etats-Unis en général.

YEOMANRY. En Angleterre, corps de propriétaires venant après la *gentry* (bourgeoisie).

La masse des propriétaires considérés comme formant une sorte de garde civique ou nationale.

Z

ZACHARIÆ VON LINGENTHAL (Charles Salomon), jurisconsulte allemand, né à Meissen le 14 septembre 1769, mort à Heidelberg le 27 mars 1843.

Professeur de droit à Wittenberg et à Heidelberg, membre de la législature du grand-duché de Bade.

Il est l'auteur d'ouvrages sur le droit civil français, qui font autorité en France. MM. Massé et Vergé (voir ces noms) ont publié une traduction de son *Droit civil français* (1854—1859, 5 vol.).

Philosophische Rechtslehre, oder Naturrecht und Staatslehre (Enseignement philosophique du droit, ou droit naturel et science politique). Breslau, 1820.

Vierzig Bücher vom Staate (Quarante livres sur l'Etat). Heidelberg, 1841.

Ueber die verbindende Kraft der Regierungshandlungen des Eroberers (Sur la valeur obligatoire des actes de gouvernement des conquérants). Heidelberg, 1816.

ZACHARIÆ (Henri Albin), jurisconsulte allemand, né à Herbsleben le 20 novembre 1806, mort à Canstatt le 29 avril 1875.

Nommé en 1835 et 1842 professeur à l'Université de Gotha, il embrassa dans ses cours le droit canonique, le droit public et la législation européenne comparée. Il a publié de nombreux écrits juridiques et des brochures sur les diverses questions politiques du temps, Il a été conseiller d'Etat du Hanovre en 1863; il est membre à vie de la Chambre des Seigneurs de Prusse.

Ses principaux travaux juridiques portent sur le droit pénal et sur le droit public allemand; dans cette dernière catégorie nous mentionnerons:

Deutsches Staats- und Bundesrecht (Le droit public fédéral allemand). Gœttingue, 1841—1845, 3 vol. 3e édition 1865—1866, 2 vol.

Die deutschen Verfassungsgesetze der Gegenwart (Les lois constitutionnelles de l'Allemagne moderne). Gœttingue, 1865.

ZAMORIN. Titre que les Portugais donnaient au souverain de Calicut (ville de l'Inde sur la côte de Malabar).

ZEND-AVESTA. Livre sacré des Perses, écrit dans la langue *zend*, idiome très ancien de l'Asie, mort depuis longtemps, mais dans lequel sont écrites des prières, que les Guèbres récitent sans en comprendre le sens.

ZENTGRAF ou **ZENGRAVIUS** (Jean Joachim), publiciste allemand, né à Strasbourg le 27 mars 1643, mort le 28 novembre 1707.

C'est en 1678 que parut à Strasbourg,

où il était professeur, son principal ouvrage : *Disquisitio de origine, veritate et obligatione juris gentium* (Recherches sur l'origine, la vérité et l'obligation du droit des gens), dans lequel l'auteur soutient, contrairement à Pufendorf, l'existence d'un droit des gens positif.

La même année il avait également publié *Specimen doctrinæ juris naturalis secundum disciplinam christianorum* (Exposé de la doctrine du droit naturel selon l'enseignement des chrétiens).

ZOLLVEREIN. Association formée entre les divers Etats de l'Allemagne dans le but de supprimer les douanes à leurs frontières respectives et d'établir une seule ligne de douanes, avec des tarifs uniformes, à la limite de leurs territoires compris dans l'association.

Créé en 1833, le *zollverein* a cessé, depuis la création de l'Empire d'Allemagne, d'exister comme institution séparée; on peut dire cependant qu'il continue de subsister, mais sous la direction du gouvernement impérial, et en ce sens que le grand-duché de Luxembourg, bien que ne faisant pas partie de l'Empire d'Allemagne, a conservé son union douanière avec ce pays.

ZONE. Se dit, en administration, d'une certaine étendue de pays soumise à des droits de douane plus ou moins élevés que dans une autre partie du même Etat.

On s'en sert dans un sens analogue pour l'administration des postes, ou la délimitation des juridictions en général.

ZOUCH (Richard), jurisconsulte anglais, né à Ansley, comté de Wilt en 1590, mort le 1er mars 1660.

Il fut professeur à l'Université d'Oxford de 1629 à 1661, et ensuite juge de la haute cour de l'amirauté.

Il publia en 1650 un abrégé de droit international qu'il intitula : *Juris et judicii fecialis, sive juris inter gentes et quæstionum de eodem explicatio* (Explication du droit et de l'action juridique des féciaux, ou du droit entre les nations et des questions qui s'y rattachent). C'était le premier ouvrage élémentaire qui eût encore paru sur le droit des gens dans toute son étendue; c'est aussi le premier où le *jus gentium* (droit des gens) de l'ancienne législation romaine est désigné par les mots *jus inter gentes* (droit entre les gens ou les nations), dénomination nouvelle d'où est dérivé depuis celle de *droit international*.

La doctrine du docteur Zouch est entièrement d'accord avec celle de Grotius : il divise les lois qui régissent les relations des princes ou des Etats entre eux, en droit *naturel*, fondé sur le consentement tacite des nations, et en droit *positif*, basé sur l'accord exprès des nations exprimé dans leurs traités et leurs alliances.

ZURICH (traités de paix de) 1859. Les préliminaires de paix de Villafranca ne tardèrent pas à être convertis en un traité définitif, qui fut signé à Zurich le 10 novembre 1859 par les plénipotentiaires des trois puissances intéressées, savoir :

Pour la France, le baron de Bourqueney et le marquis de Banneville;

Pour l'Autriche, le comte Karolyi et le baron de Meysenbug;

Pour la Sardaigne, M. des Ambrois de Nevache et le chevalier Jocteau.

Le traité proprement dit comprend trois instruments séparés.

Au premier sont seules parties la France et l'Autriche : l'Empereur d'Autriche y renonce en faveur de l'Empereur des Français à ses droits et titres sur la Lombardie, à l'exception des forteresses de Peschiera et de Mantoue et des territoires déterminés par une nouvelle délimitation, lesquels restent en la possession de l'Autriche ; la nouvelle frontière, partant de la limite méridionale du Tyrol sur le lac de Garde, suit le milieu de ce lac jusqu'à la hauteur de Bardolino et de Manerba, d'où elle rejoint en ligne droite le point d'intersection de la zone de défense de la place de Peschiera avec le lac de Garde. L'Empereur des Français déclare son intention de remettre au roi de Sardaigne les territoires ainsi cédés.

Le second traité, conclu entre la France et la Sardaigne, avait pour objet spécial la mise à exécution de cette intention dans les conditions stipulées avec l'Autriche.

Le troisième traité, signé par les trois puissances, consacrait la reconnaissance par l'Autriche des engagements stipulés dans les deux autres instruments séparés

TABLES DES MATIÈRES

———

———

TABLE DES TRAITÉS

PAR ORDRE ALPHABÉTIQUE

—

(Les chiffres romains renvoient au volume, les chiffres arabes à la page.)

L

M

TABLE DES AUTEURS

(Les chiffres romains renvoient au volume, les chiffres arabes à la page.)

TOME II

TABLE DES OUVRAGES SANS NOM D'AUTEUR

(Les chiffres romains renvoient au volume, les chiffres arabes à la page.)

TABLE GÉNÉRALE DES MATIÈRES

(Les chiffres romains renvoient au volume du Dictionnaire, les chiffres arabes à la page.)

A

Actor sequitur forum rei, I 14.
Adair, Sir Robert, I 14.
Adhésion, I 14.
Administrateur, I 14.
Administration, I 14.
Admis, admission, admissible, admissibilité, I 15.
Admonition, I 15.
Adoption, I 15.
Ad referendum, I 15.
Adresse, I 15.
Ad statum legendi, I 16.
Ad valorem, I 16.
Adultère, adultérin, I 16.
Ægidi, I 16.
Affirmation, I 17.
Affranchi, I 17.
Affranchissement, I 17.
— I 17.
Agent, I 17.
Agent administratif, I 17.
Agent de l'autorité, I 17.
Agent de la force publique, I 17.
Agent de police, I 17.
Agent consulaire, I 17.
Agents diplomatiques, politiques, ministres publics, I 18.
Agitateur, agitation, I 30.
Agnat et cognat, I 30.
Agraire, I 30.
Agression, agresseur, attaque, I 31.
Ahrens, Henri, I 31.
Aix-la-chappelle, traité de paix d', 1668, I 31.
— traité de paix d', 1748, I 31.
Ajournement, I 32.
Alberi, E., I 32.
Albertini, Luis Eugenio, I 32.
Albistur, Jacinto, I 32.
Alcorta, Amancio, I 32.
Alien, Alien bill, I 33.
Aliénation, I 33.
Allégation, I 33.
Allégeance, I 33.
Allocation, I 33.
Allocution, I 33.
Alleu, terres allodiales, I 34.
Alliance, I 34.
Alluvions, I 36.
Almanach de Gotha, I 36.

Alt, P., I 36.
Alternat, I 36.
Altesse, I 37.
Altmark, trève d', 1629, I 37.
Altona, traité d', 1689, I 37.
Amari, Carnazza, I 38.
Amariner un vaisseau, I 38.
Ambassade, I 38.
Ambassadeur, I 38.
Ambassadrice, I 39.
Ambulance, I 39.
Amé, L., I 39.
Amelot de la Houssaye, Abraham Nicolas, I 39.
Amendement, I 39.
Amérique Centrale, proclamation d'indépendance, I 39.
Ami, I 40.
Amiable, à l'amiable, I 40.
Amiable compositeur, I 41.
Amiens, traité de paix d', 1802, I 41.
Amiral, I 41.
Amitié, I 40.
Amirauté, I 41.
Amnistie, I 41.
Amovible; — inamovible, I 42.
Amphictyons, conseil des, I 42.
Ampliation, I 42.
Amunátegui, Miguel Luis, I 43.
An, année, I 43.
Anachronisme, I 45.
Analogie, I 45.
Analyse, I 45.
Anarchie, I 45.
Anathème, I 45.
Ancienneté, I 45.
Andrews, J. D., I 45.
Andrinople, traité de paix d', 1713. I 45.
— traité de paix d', 1829, I 46.
Andrussoff, trève d', 1667, I 47.
Angarie, I 47.
Angeberg, I 48.
Angoulème, Charles de Valois, comte de Bethune, duc d', I 48.
Annalen, I 48.
Annales, I 48.
Annates, I 48.
Annexe, I 48.
Annexion, I 48.
Anniversaire, I 49.

M

N

S

U

BERLIN. — IMPRIMERIE G. BERNSTEIN.